Micro Application

CW01626645

Langage C

www.microapp.com

1ère Édition - Janvier 2001

Auteurs Gerhard WILLMS

Adaptation WAGNER Stéphane

ISBN : 2-7429-2008-0
Réf DB : 441381

MICRO APPLICATION
20,22 rue des Petits-Hôtels
75010 PARIS
Tél : (01) 53 34 20 20 - Fax : (01) 53 34 20 00
http://www.microapp.com

Support Technique :
Tél : (01) 53 34 20 46 - Fax : (01) 53 34 20 00
E-Mail : info-ma@microapp.com

Achevé d'imprimer en allemagne
Par l'imprimerie Clausen & Bosse
25917 Leck
Janvier 2001

AVANT-PROPOS

La collection *PC Poche* fournit des connaissances essentielles sur un sujet donné sans jamais s'éloigner de leur application pratique. Les volumes de la collection sont basés sur une structure identique :

- Les puces introduisent une énumération ou des solutions alternatives.

1. La numération accompagne chaque étape d'une technique.

Astuce

propose conseils et trucs pratiques.

Attention

met l'accent sur un point important, souvent d'ordre technique, qu'il ne faut négliger à aucun prix.

Remarque

donne des informations supplémentaires relatives au sujet traité.

Le premier chapitre des *PC Poche* constitue une entrée en matière condensée qui vous permettra d'être rapidement productif avant de perfectionner vos connaissances dans les chapitres suivants.

Afin de faciliter la compréhension des techniques décrites, nous avons adopté les conventions typographiques suivantes :

- **GRAS** : menu, commande, boîte de dialogue, onglet, bouton, touche.
- *Italique* : rubrique, zone de texte, liste déroulante, case à cocher, bouton d'option.
- `Courier` : instruction, listing, adresse Internet, texte à saisir.

Sommaire

Chapitre 1

C parti

1.1 Pour bien démarrer

Un programme est une suite d'instructions à destination de la machine. Pour formuler ces instructions d'une manière qui soit compréhensible par l'ordinateur, il faut un langage spécial. Le langage de l'ordinateur est le langage machine qui n'utilise que deux symboles : 0 et 1 (langage binaire donc). Si nous écrivions nos programmes en langage machine, nous verrions aussitôt survenir quelques inconvénients : le texte du programme se composerait de longues et illisibles séries de 0 et de 1. Une conséquence particulière en est que la détection des erreurs est presque exclue. On utilise donc, en général, un langage de programmation permettant de produire des programmes bien lisibles et facilement rectifiables, programmes qui sont ensuite traduits en langage machine à l'aide d'un compilateur. C est un exemple de langage de programmation.

À quoi ressemble un programme C ? Voici un exemple.

```
# include <stdio.h>
main()
{
   printf("Voici un programme C.\n");
}
```

Les différentes phases pour l'élaboration d'un programme.

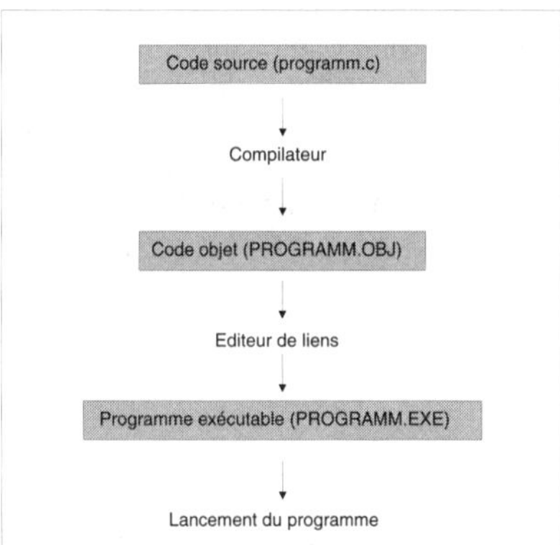

◄ Fig. 1.1 :
Phases du programme

Création du code source

Nous écrirons ce programme avec un traitement de texte ou avec un éditeur de texte.

Sous Linux, nous pouvons utiliser emacs, vi ou un autre éditeur.

Sous Windows, le Bloc-notes est suffisant.

Nous le stockerons ensuite sous forme de fichier avec le nom *un.c*. Lors de l'enregistrement du programme, il faut prendre quelques précautions. De nombreux traitements de texte créent des fichiers formatés, en ce sens qu'ils y ajoutent des codes de contrôle indispensables pour la mise en forme du texte. Ces codes de contrôle, la plupart du temps, ne sont pas affichés. Cependant, le compilateur C les prendrait pour des portions de programme, ce qui naturellement amènerait des erreurs. Il est donc vital que les fichiers soient sauvegardés en mode non formaté (format ASCII).

Une fois enregistré comme précédemment exposé, le fichier *un.c* renferme le code source de notre programme, c'est à dire le texte du programme rédigé en langage C. En ce qui concerne l'attribution du nom, nous avons suivi la convention qui consiste à proposer l'extension *.c* pour les fichiers contenant un programme C.

Compilation et édition de liens

La version en langage machine d'un programme s'appelle aussi le code objet du programme. Elle est rangée à part dans un fichier objet dont l'extension est *.obj*. Dans notre cas, cela créera le fichier *un.obj*. Le fichier contenant le texte source reste naturellement conservé en tant que fichier. Vous voudrez peut-être, en effet, modifier votre programme ou bien vous devrez corriger les erreurs contenues dans le code source. Nombre de compilateurs produisent, comme étape intermédiaire avant la génération du code objet, une version du programme en assembleur (lisible). Cette dernière est, dans une seconde phase, convertie en code objet. Par "assembleur", on désigne un langage de programmation qui ne modifie pas fondamentalement les commandes du langage machine, mais les représente en symboles mnémotechniques et non en binaire. Par exemple, l'instruction machine :

```
00011010  0001  0010
```

qui signifie "additionner les nombres 1 et 2" donne en code assembleur :

```
ADD  1,2
```

`ADD` représente ici une abréviation symbolique pour l'opération d'addition. Notre programme, une fois traduit en langage machine, n'est pas encore exécutable, car il n'est pas tout à fait complet. Nous avons déjà mentionné que la fonction printf réside dans une bibliothèque et que son code doit être intégré à notre programme. C'est la tâche de l'éditeur de liens.

L'éditeur de liens (linker ou binder) est un programme auxiliaire qui intègre, après la compilation du fichier source, le code machine de toutes les fonctions utilisées dans le programme, mais non définies à l'intérieur. À partir du fichier objet d'extension *.obj*, l'éditeur de liens génère un fichier exécutable d'extension *.exe*. Le fichier objet lui-même est conservé, de sorte qu'après une traduction réussie il existe trois fichiers pour notre programme.

```
un.c
un.obj
un.exe
```

Le fichier *un.exe* renferme le programme exécutable qui peut maintenant être chargé dans la mémoire de l'ordinateur et être exécuté. L'image qui suit illustre les diverses phases du programme.

Les environnements de programmation pilotés par menus permettent de créer le texte source avec un éditeur de texte intégré, puis d'appuyer sur une combinaison de touches pour compiler, linker et exécuter le programme. Néanmoins, ces environnements permettent toujours d'entrer manuellement les commandes de compilation. D'autres environnements exigent que la saisie des commandes de compilation et d'édition de liens se fasse au niveau de la ligne de commande du système d'exploitation.

Sous Linux, la commande de compilation et d'édition de liens d'un programme ressemble habituellement à l'une de ces deux lignes.

```
cc  program.c <Entrée>    (utilise le compilateur cc)

ou gcc  program.c <Entrée>   (utilise le compilateur gcc)
```

Ces deux compilateurs génèrent un fichier exécutable *a.out*. Si vous voulez changer le nom de l'exécutable, il faut taper :

```
cc  program.c -o program.exe <Entrée>

ou gcc  program.c -o program.exe <Entrée>
```

L'exécutable généré est maintenant *program.exe*.

Il existe d'autres options pour ces compilateurs. Pour avoir plus de précision, il faut regarder la documentation en tapant :

```
man gcc<Entrée>
```

Les compilateurs qui ont été développés pour les PC ont des commandes similaires. Le compilateur C Microsoft, par exemple, est lancé par :

```
cl  program.c <Entrée>
```

1.2 Structure d'un programme C

Le jeu de caractères du C

Notre programme a pour mission d'afficher le message "Voici un programme C.".

Il se compose de quatre lignes. Le texte contient des lettres, mais aussi d'autres caractères, par exemple les accolades { et }. Pour la création de programmes C, en fait, on utilise un certain sous-ensemble du jeu de caractères de l'ordinateur. les caractères autorisés sont donnés sur l'image qui suit.

Lettres majuscules :
ABCDEFGHIJKLMNOPQRSTUVWXYZ

Lettres minuscules :
abcdefghijklmnopqrstuvwxyz

Chiffres :
0123456789

Caractère de soulignement :
_

Caractères non visibles :
Caractère d'espace, de tabulation, de retour arrière, de nouvelle ligne, de saut de page

Caractères spéciaux et de ponctuation :

,	virgule	!	point d'exclamation
.	point	|	barre verticale
;	point virgule	/	barre oblique (slash)
:	double point	\	barre oblique inversée (backslach)
?	point d'interrogation	~	tilde
'	apostrophe	+	signe plus
"	guillemet	#	dièse
(	parenthèse gauche	%	caractère de pourcentage
)	parenthèse droite	&	"et" commercial
[	crochet ouvrant	^	accent circonflexe
]	crochet fermant	*	caractère étoile
{	accolade ouvrante	-	signe moins
}	accolade fermante	=	signe d'égalité
<	caractère inférieur	>	caractère supérieur

Fig. 1.2 : *Les caractères du langage C*

L'instruction #include

Les informations dont le compilateur a besoin pour les fonctions prédéfinies telles que printf se trouvent dans des fichiers dits fichiers include. Ce terme découle du mot anglais *include* qui signifie "inclure". Comme nous le précisons dans ce qui suit, ces fichiers sont inclus dans le fichier du programme (donc ajoutés au texte source) via une commande #include. On les appelle aussi fichiers de définitions, fichiers d'en-tête ou headers. Ce dernier nom explique pourquoi ces fichiers sont munis de l'extension *.h*.

Ils renferment, entre autres, les déclarations des fonctions du système. Les déclarations de fonctions servent à fournir au compilateur des informations sur les fonctions, par exemple la nature et le nombre de paramètres de ces fonctions.

Renvoi

Reportez-vous au chapitre ***Fonctions***.

Les différents fichiers headers sont organisés de manière thématique. Ainsi, le fichier *<stdio.h>* contient les déclarations des fonctions mathématiques, le fichier *<graph.h>* est nécessaire si le programme travaille avec des fonctions graphiques. Le header le plus utilisé est *<stdio.h>* qui renferme les déclarations des fonctions standard d'entrée/sortie, et donc la déclaration de la fonction `printf`.

Le préprocesseur C est un programme qui modifie, avant la compilation, le texte source d'un programme, par exemple en y incluant le contenu d'un fichier header.

Renvoi

Pour plus de détails sur le préprocesseur, reportez-vous au chapitre ***Le préprocesseur C***.

Blocs d'un programme C

La ligne 3 de *un.c* renferme, en tout et pour tout, une accolade ouvrante. Ce caractère signifie qu'ici débutent les instructions de la fonction main. L'accolade correspondante qui ferme la partie instructions se trouve sur la ligne 5. La zone entre les deux accolades est également désignée par le terme de bloc. Les accolades sont donc appelées "accolades de blocs". Notre exemple contient un seul bloc. À la base, un programme C peut contenir un nombre quelconque de blocs. Ceux-ci, de leur côté, renferment toutes sortes d'instructions. Ces blocs peuvent aussi être inclus les uns dans les autres.

Le concept de bloc prend toute sa signification au travers des multiples possibilités de structuration qui en découlent pour les programmes C. Plus vos programmes seront complexes, et plus ce concept sera mis en évidence. En particulier, le concept de bloc régit la portée et la durée de vie des données du programme (par exemple les variables). Par portée, on entend la portion de programme dans laquelle une donnée est définie, par exemple un bloc, plusieurs blocs ou le programme tout entier. La durée de vie d'un nom indique si la donnée représentée par ce nom va être conservée pendant toute la durée du programme ou bien seulement pendant une partie du programme.

Renvoi

Le chapitre ***Classes de mémorisation***, traite ce thème de manière approfondie.

Fonctions

Les caractères du jeu précédent servent à former des combinaisons (mots), à partir desquelles se construisent les programmes C. Éclairons cela sur l'exemple du programme *un.c*. La deuxième ligne du programme contient trois combinaisons de caractères, à savoir le mot "main" ainsi qu'une parenthèse ouvrante et une parenthèse fermante (deux mots, chacun comprenant un unique caractère). Tout cela dans l'ordre.

```
main()
```

`main` est le nom d'une fonction particulière du C. Une fonction C est elle-même une portion de programme chargée d'exécuter une tâche bien précise. Un tel extrait de programme se compose en principe d'une ou de plusieurs instructions qui doivent être exécutées afin que soit réalisée la tâche dévolue à la fonction. Les programmes C peuvent normalement contenir un nombre quelconque de telles fonctions. Chacune d'entre elles, grâce à ses propres instructions, remplit une tâche spécifique. Nous pouvons donc maintenant préciser ce que nous avons écrit au début du chapitre, à savoir qu'un programme (et en particulier un programme C) n'est qu'une suite d'instructions adressées à la machine, et fondamentalement présenter un programme C comme une suite de fonctions, lesquelles contiennent un certain nombre d'instructions. Cette suite de fonctions peut, à vrai dire, être complétée par des instructions spéciales placées soit entre les diverses fonctions, soit à part. La structure générale du programme, en tant que suite de fonctions, n'en est cependant guère altérée.

Renvoi

Nous vous renvoyons ici à la suite du chapitre ainsi qu'aux chapitres intitulés *Classes de mémorisation* et *Le préprocesseur C*.

L'image suivante montre ce qu'est un programme C en tant que suite de fonctions.

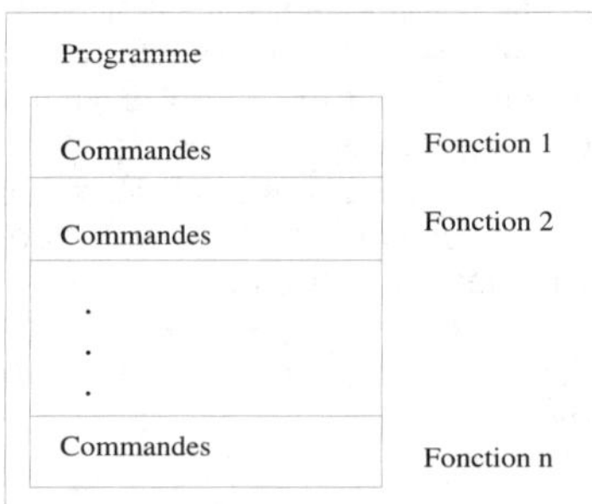

◄ Fig. 1.3 : *Un programme C est une suite de fonctions*

Chaque programme C doit renfermer une fonction main. Autrement dit, dans tout programme C, on trouve au minimum une fonction (à savoir main). main est la fonction principale de chaque programme C. C'est par elle que commence l'exécution du programme.

Notre exemple *un.c* comprend uniquement la fonction main. Celle-ci renferme les instructions (ici, il n'y en a qu'une) que doit exécuter le programme. Cette instruction se situe entre les deux accolades des lignes 3 et 5. Mais le mot "main" est immédiatement suivi de deux parenthèses que l'on trouve systématiquement avec toute fonction. Entre ces parenthèses, vous pouvez spécifier les données (paramètres) sur lesquelles opère la fonction. Les parenthèses doivent toujours accompagner la fonction, même si aucun paramètre (c'est le cas dans notre exemple) ne figure entre elles.

La ligne `main()` informe le compilateur qu'à cet endroit commence la fonction main et que main n'a aucun paramètre. Notez bien ici que la graphie du nom de la fonction main a son importance, car le compilateur C distingue les majuscules des minuscules. Si au lieu de `main()`, vous écriviez, par exemple `MAIN()`ou `Main()`, alors vous obtiendriez un message d'erreur lors de la compilation du programme.

Instructions

La partie instructions de main dans notre programme n'est pas très importante. Elle se compose d'une seule instruction sur la quatrième ligne.

```
printf("Voici un programme C.\n");
```

Mais elle suffit à exécuter la tâche dévolue au programme, à savoir afficher une certaine phrase à l'écran. Le langage C utilise, pour ses opérations d'entrée/sortie, des fonctions spécifiques. `printf` en est une. Elle permet d'afficher des données.

Renvoi

Le chapitre ***Entrée et sortie***, présente la fonction printf de manière approfondie.

Dans notre cas, les données à afficher sont représentées par la phrase "Voici un programme C.".

Cette phrase, placée entre les parenthèses de fonction, sert de paramètre. Le fait de donner le nom d'une fonction dans une instruction active cette fonction. La fonction exécute sa mission, puis le programme continue à l'instruction suivante. Dans notre exemple, le programme se termine, car il n'y a pas d'autres instructions.

Les instructions de la fonction principale main sont écrites dans notre programme. Mais `printf` est aussi une fonction utilisée dans ce programme. On peut alors se demander où se trouvent les instructions composant printf. Une différence entre main et `printf` est que vous devez réécrire vous-même main dans chaque programme. `printf`, en revanche, est une fonction prédéfinie fournie avec le compilateur. Elle se trouve dans un fichier spécial appelé "bibliothèque". Lorsque vous utilisez une fonction d'une bibliothèque, ses instructions (son code) sont automatiquement intégrées par le compilateur à votre programme. Vous n'avez donc pas besoin d'écrire vous-même les instructions de la fonction dans votre texte source.

L'instruction `printf` se termine par un point-virgule. C'est la règle générale pour toutes les instructions du C à l'exception des instructions du préprocesseur.

Au sujet du point-virgule
Les instructions C se terminent par un point-virgule.

Attention

Ainsi s'achève l'analyse de notre programme un.c. Pour le faire exécuter par l'ordinateur, il faut le convertir en langage machine. C'est le rôle du compilateur qui est un programme de traduction qui produit, à partir de notre texte source, une version du programme en langage machine : le fichier *un.c* est compilé. Le terme "compilateur" a d'ailleurs plusieurs significations. Il désigne, en effet, non seulement le programme de traduction proprement dit (qui convertit le code source en langage machine), mais aussi tout l'ensemble constitué par le compilateur, par l'éditeur de liens et par tous les autres utilitaires.

Commentaires

Le programme un.c est simple et très court. Même pour un novice en C, il est facile de comprendre immédiatement le texte source. Mais qu'en est-il lorsque le programme est plus long et plus compliqué ? En pareil cas, il serait préférable que le programme contienne des explications aux endroits complexes, afin d'en faciliter la compréhension. Effectivement, le C vous donne la possibilité d'insérer des explications dans le texte d'un programme. Cela se fait au moyen de commentaires.

Un commentaire est une suite de caractères placés entre les délimiteurs suivants.

```
//
/*   et   */
```

Par exemple :

```
/*  Les commentaires documentent les programmes  */
```

Les caractères placés entre les délimiteurs sont ignorés par le compilateur lorsqu'il traduit le programme. On peut mettre n'importe quel signe entre les délimiteurs, à l'exception du délimiteur de fin de commentaire (*/). Il s'ensuit que les commentaires ne peuvent être imbriqués. D'après sa syntaxe, le commentaire suivant serait donc faux.

```
/*  Ce commentaire est /* syntaxiquement /* faux  */
```

Les commentaires peuvent s'étaler sur plusieurs lignes.

```
/*  Ce commentaire
    s'étend
    sur plusieurs
    lignes   */
```

Les commentaires peuvent être écrits n'importe où dans le programme. D'une manière plus précise, on peut les placer partout où on peut avoir des blancs (espaces, tabulations, sauts de ligne). Montrons cela sur notre programme *un.c* qui est muni de trois commentaires, à des fins de meilleure lisibilité. En outre, nous donnerons à cette version un nom différent qui précise l'utilité de ce programme.

▼ Listing 1.1 : comment.c

```
/*  Montre l'utilisation des commentaires   */
#include <stdio.h>
/*  pour printf  */
main()
{
/*  La commande qui suit affiche une phrase */
   printf("Voici un programme C.\n");
}
```

Le programme *comment.c* possède un commentaire d'introduction qui avertit le lecteur de l'utilité du programme. Le second commentaire justifie l'instruction #include. Le troisième commentaire explique l'unique instruction de la fonction principale main. D'après leur syntaxe, tous les commentaires sont corrects, donc entre deux mots C ou avant le premier mot. Par exemple, le troisième commentaire se trouve entre { et `printf`. Par contre, un commentaire ne peut pas être mis dans un mot C et le couper en deux. Le programme *fauxcomm.c* montre un commentaire erroné qui tronçonne le mot `main`. Lors de la traduction du programme, on obtient donc un message d'erreur de la part du compilateur.

▼ Listing 1.2 : fauxcomm.c

```
/*  Commentaire faux   */
#include <stdio.h>      /*  pour printf  */

ma/* commentaire mal placé, car situé dans le mot main */in()
{
 /*  La commande qui suit affiche une phrase */
   printf("Voici un programme C.\n");
}
```

Remarque

À propos de la double barre oblique

La double barre oblique (//) est acceptée par la plupart des compilateurs et signifie que la fin de la ligne est un commentaire. Néanmoins, il peut y avoir des problèmes de portabilité.

Nos programmes, jusqu'alors, ne font rien d'autre qu'afficher des messages. Les données manipulées sont la phrase "Voici un programme C.", autrement dit une chaîne de caractères. Mais nous pouvons, via un programme C, communiquer à la machine d'autres types de données à traiter. Par exemple, des caractères isolés ou des nombres permettant d'effectuer toutes sortes de calculs. Pour manipuler des types de données différents, le langage C dispose du concept de type. Cela signifie que chaque valeur (les caractères aussi) traitée par le programme se voit affecter un certain type de données. On peut séparer ces types de données en deux groupes : les types élémentaires (scalaires) et les types composés (agrégats). Qui plus est, on peut définir ses propres types de données. Occupons-nous, pour commencer, des types de données élémentaires.

1.3 Types de données élémentaires

Toute donnée en C appartient à un certain type. Toutes les valeurs (constantes et variables) que vous utilisez dans vos programmes sont classées selon cette typologie. Si donc vous vous servez d'une variable nommée `x`, cette variable a non seulement un nom, mais aussi un des types de données décrits un peu plus loin. Ce type décide de l'occupation mémoire (en octets) de la donnée, ainsi que du format de sa représentation.

Les types élémentaires se divisent en deux groupes. Pour représenter des nombres entiers (sans chiffres décimaux), on emploie des types de données entières. Pour les nombres réels (avec positions décimales), il y a des types à virgule flottante. Il existe, en outre, un autre type de données faisant partie des types simples (non composés) : le type pointeur (en anglais : *pointer*). Les pointeurs peuvent stocker l'adresse d'une autre donnée. On dit aussi qu'ils pointent vers une certaine donnée.

Renvoi — Les pointeurs seront traités au chapitre *Pointeurs*.

Types de données entières

En C, on trouve les types suivants :

- `char` ;
- `int` ;
- `short` ;
- `long`.

Selon qu'on veut stocker la donnée correspondante avec ou sans signe, on pourra compléter ces types de données avec la clause `signed` (avec signe) ou `unsigned` (sans signe). Si ces clauses sont omises, le compilateur suppose que les données sont signées. De ce fait, cela revient au même d'écrire :

- `char` et `signed char` ;
- `int` et `signed int` ;
- `short` et `signed short` ;
- `long` et `signed long`.

Inversement, si une donnée entière ne doit pas avoir de signe, on prendra un des types suivants : `unsigned char`, `unsigned int`, `unsigned short` ou `unsigned long`.

Qui plus est, `signed` équivaut à `signed int` et `unsigned`, à `unsigned int`. L'image suivante récapitule les spécifications de types entiers avec les mots-clés correspondants.

Type d'entrée	Mots clé
signed char signed int signed short int signed long int	char signed, int short, signed short long, signed long
unsigned char unsigned int unsigned short int unsigned long int	- unsigned unsigned short unsigned long

◄ Fig. 1.4 : *Types de données entières*

Type char

Le type `char` (du mot anglais *character*, "caractère") est utilisé pour représenter un caractère, plus précisément la valeur entière d'un élément de l'ensemble des caractères représentables. Ce nombre entier est le code ASCII *(American Standard Code for Information Interchange)* du caractère. Un caractère unique occupe 1 octet. Voici un extrait de la table ASCII

Renvoi

La table complète figure à l'annexe B.

Tab. 1.1 : Extrait de la table ASCII

Décimal	Hexadécimal	Caractère
0	00	NULL
....		
65	41	A
66	42	B
67	43	C
...		
255	FF	ESPACE 'FF'

La colonne gauche contient le code ASCII décimal du caractère correspondant. La colonne du milieu renferme l'équivalent hexadécimal.

Si donc le caractère A est stocké sous forme `char`, l'ordinateur n'écrit pas le signe A, mais le nombre 65 (valeur ASCII du caractère) sur un octet (sous forme binaire

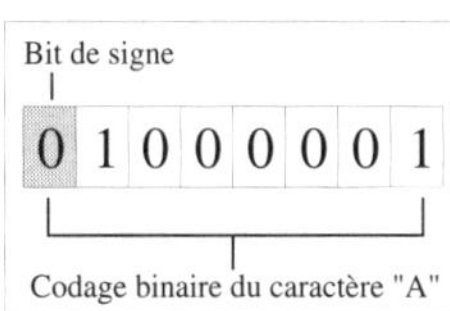

◄ Fig. 1.5 : *Le caractère A rangé sur 1 octet sous forme char (avec signe)*

naturellement). La figure suivante montre à quoi ressemblerait l'image mémoire de cet octet contenant le codage du caractère A.

La combinaison binaire 01000001 correspond à la valeur décimale 65. Cette dernière, à son tour, représente le caractère A. Le bit situé à l'extrême gauche est le bit de signe qui indique si la donnée est positive ou négative. Le fait que le caractère A soit stocké en tant que donnée signée ne veut pas dire que A est en quelque sorte positif ou négatif. Il signifie simplement que notre donnée (la lettre A) est codifiée par l'ordinateur sous la forme d'un nombre muni d'un signe. Si le bit de signe est positionné, c'est à dire égal à 1, alors le nombre est négatif. Si ce bit n'est pas positionné, c'est à dire égal à 0, alors le nombre est positif. Cette règle est fondée sur le fait qu'en général les ordinateurs utilisent le complément à deux pour représenter les nombres signés.

Complément à un et complément à deux

Dans un nombre binaire, si on remplace chaque bit valant 1 par 0 et chaque bit valant 0 par 1, on obtient le complément à un de ce nombre. Par exemple, le nombre binaire :

```
1010
```

aurait pour complément à un le nombre :

```
0101
```

Le complément à deux d'un nombre binaire est donné par l'addition de 1 au complément à un. Dans notre exemple, le calcul du complément à deux du nombre 1010 est obtenu en formant d'abord son complément à un, puis en y ajoutant 1.

```
010 1
+   1
-- -
011 0   <= complément à deux de 1010
```

La représentation binaire des nombres positifs et négatifs dans l'ordinateur repose sur une convention dont la base est le complément à deux. Nous allons illustrer cela sur un exemple de nombres entiers sur 8 bits.

Binaire	Valeur	Complément à 2	Complément à 1
00000000	0	0	0
00000001	1	1	1
00000010	2	2	2
00000011	3	3	3
00000100	4	4	4
...	...	...	...
...	...	...	...
...	...	...	...
...	...	...	...
...	...	...	...
01111011	123	123	123
01111100	124	124	124
01111101	125	125	125
01111110	126	126	126
01111111	127	127	127

Fig. 1.6 : *Représentation par complément de nombres entiers sur 8 bits (1re partie)*

Binaire	Valeur	Complément à 2	Complément à 1
10000000	128	-128	-127
10000001	129	-127	-126
10000010	130	-126	-125
10000011	131	-125	-124
10000100	132	-124	-123
...	...	...	...
...	...	...	...
...	...	...	...
...	...	...	...
...	...	...	...
11111011	251	-5	-4
11111100	252	-4	-3
11111101	253	-3	-2
11111110	254	-2	-1
11111111	255	-1	-0

Fig. 1.7 : *Représentation par complément de nombres entiers sur 8 bits (2e partie)*

Type unsigned char

Les symboles 0 et 1 permettent de représenter sur huit positions binaires 256 (28) combinaisons binaires différentes. On peut donc coder en binaire les nombres de 0 à 255. Ces combinaisons se trouvent dans la colonne gauche du tableau.

Si nous n'utilisions que des nombres d'un octet et sans signe (positifs), par exemple les codages décimaux des 256 signes du jeu (étendu) de caractères ASCII (qui permettent d'affecter à chaque caractère un nombre compris entre 0 et 255), alors nous pourrions choisir pour ces nombres le type `unsigned char`. La première et la seconde colonne à gauche montrent la relation entre la combinaison binaire et le nombre non signé.

Si on stockait, par exemple, le caractère Ç sous forme `unsigned char`, l'octet correspondant recevrait le contenu que voici.

Pas de bit de signe							
1	0	0	0	0	0	0	0

◄ Fig. 1.8 :
Le caractère Ç rangé sous forme unsigned char (sans signe)

L'ordinateur interprète cette combinaison binaire comme le nombre 128, cela à cause du type `unsigned char`, ce qui correspond au codage ASCII du caractère Ç. Il en irait autrement si la donnée représentée par 10000000 était un nombre signé.

Représentation d'un nombre entier positif et négatif

Pour représenter des entiers positifs et négatifs, on partage en deux moitiés l'ensemble des combinaisons binaires disponibles. On utilise l'une des moitiés pour représenter les nombres positifs et l'autre moitié pour coder les nombres négatifs. Dans notre tableau (voir l'image précédente sur la représentation par complément des entiers sur 8 bits, colonnes 1 et 3 à partir de la gauche), les 128 premières des 256 combinaisons (de 00000000 à 01111111) correspondent aux nombres de 0 à 127. Les combinaisons de 10000000 à 11111111 représentent les nombres -128 à -1.

On constate donc qu'il est très facile de lire le premier bit (à gauche) de la représentation binaire pour savoir si on a devant soi un nombre positif ou négatif : le bit vaut 0 pour les nombres positifs et 1 pour les négatifs. En outre, on passe de la représentation binaire d'un nombre N à la représentation binaire du nombre -N en formant le complément à 2 de N. Le nombre 3, par exemple, est représenté (avec la convention du complément à deux) par :

```
00000011
```

Pour représenter le nombre -3, on forme le complément à deux de 3.

```
00000011 (3)
=>   11111100 (complément à un de 3)
=>   11111101 (complément à deux de 3 = -3)
```

Si l'ordinateur travaille avec la représentation par complément à deux (par exemple si une donnée est rangée sous forme `char`), alors la combinaison binaire suivante ne représente plus le nombre 128 (qui correspondrait au codage ASCII du caractère Ç en tant que `unsigned char`), mais le nombre -128 (non utilisé pour le codage d'un caractère).

1	0	0	0	0	0	0	0

À titre d'exercice, convertissez les nombres binaires :

```
10101110
11111111
10001010
```

en nombres décimaux. On supposera successivement que les nombres binaires sont interprétés comme suit :

- non signés ;
- représentation par complément à deux ;
- représentation par complément à un.

Le type `char` est approprié aux données qui occupent 1 octet. Pour des données plus volumineuses, on a les types `short`, `int` et `long` (ou `unsigned short`, `unsigned int` et `unsigned long`).

Les types short, int et long

Le type `short` permet de stocker des données sur 2 octets, le type `long` sur 4 octets. Sur 2 octets (soit 16 bits), on peut former 65 536 (256 x 256) combinaisons (nombres) différentes. Cela signifie que le type `short` permet de coder les nombres signés entre -32768 et 32767 et que le type `unsigned short` permet de coder les nombres non signés entre 0 et 65535. De manière similaire, le type `long` (32 bits) peut représenter 4 294 967 296 (232) combinaisons et donc couvrir les plages de valeurs suivantes :

- de -2 147 843 648 à 2 147 843 647 (signés) ;
- de 0 à 4 294 967 295 (non signés).

Sur la figure suivante, vous pouvez voir à quoi ressemblerait le nombre 1000 (décimal) rangé sous forme `short` (2 octets).

00000011	11101000

00000000	00000000	00000011	11101000

Contrairement aux types `short` et `long`, le type `int` n'occupe pas un nombre figé d'octets. Son occupation mémoire dépend de l'ordinateur utilisé et peut valoir 2 ou 4 octets, donc correspondre soit au `short`, soit au `long`. Nous supposerons ici que le type `int` occupe 2 octets, ce qui est le cas le plus fréquent.

Types de données réelles

Les nombres décimaux (nombres réels) sont en C stockés autrement que les nombres entiers. Ils sont dits à virgule flottante. Les nombres à virgule flottante sont des nombres dans lesquels la position de la virgule en tant que séparateur entre partie entière et partie décimale n'est pas figée (contrairement aux nombres à virgule fixe). La grandeur d'un tel nombre est donnée par un exposant adéquat. Par exemple, le nombre 13,5 peut être écrit sous les trois formes suivantes.

```
  1,35   *   101
  0,135  *   102
135,0    *   10-1
```

Sa virgule se déplace vers la droite ou vers la gauche selon la valeur de l'exposant. Dans l'ordinateur, les nombres à virgule flottante se composent d'une suite de chiffres binaires (mantisse) donnant la valeur du nombre, d'un exposant et d'un signe. C dispose des deux types `float` (4 octets) et `double` (8 octets) pour représenter les nombres en virgule flottante. Les compilateurs ANSI les plus récents connaissent aussi le type `long double` (10 octets).

float

Un nombre du type `float` est habituellement rangé en mémoire sous la forme suivante : mantisse sur 23 bits, exposant sur 8 bits et signe sur 1 bit. Par exemple, le nombre 13,5 serait codé en `float` avec le format suivant.

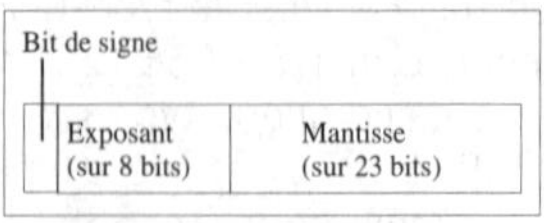

◄ Fig. 1.9 : *Codage d'un nombre à virgule flottante de type float*

La mantisse contiendrait ici l'équivalent binaire de 135. Cela tient au fait que le nombre 13,5 est représenté par :

```
0,135    *    102
```

Ce qui donne en binaire :

```
0,11011  *    24
```

En effet, l'ordinateur, en interne, ne connaît que le système binaire. La suite `11011` est stockée comme mantisse. À l'aide de l'exposant 4 et de la base 2, on peut alors déterminer la valeur réelle du nombre. Comme pour les entiers, le nombre est positif si le bit de signe vaut 0. Autrement, il est négatif.

Le type double

Le type `double` est stocké sur 8 octets et il est codé comme le type `float`, à ceci près que sa mantisse est sur 52 bits et son exposant sur 11 bits.

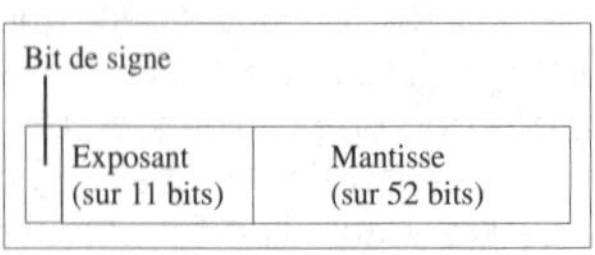

◄ Fig. 1.10 : *Codage d'un nombre en virgule flottante de type double*

De manière analogue, le type long double possède une mantisse de 64 bits et un exposant de 15 bits.

Les nombres à virgule flottante sont des nombres approchés

Les nombres à virgule flottante sont des valeurs approchées. Cela veut dire que leur précision est donnée par le nombre de leurs positions décimales. Cette précision dépend de la machine. Dans tous les cas, le type `float` garantit une précision d'au moins 6 chiffres après la virgule, le type `double` une précision d'au moins 15 chiffres après la virgule et le type `long double` une précision d'au moins 17 chiffres après la virgule. Les nombres qui dépassent le nombre de positions disponibles sont arrondis. Cela peut entraîner des erreurs d'arrondis, par exemple lorsqu'on additionne des nombres ayant une grande quantité de décimales. L'image suivante donne l'occupation mémoire et les plages de valeurs des types élémentaires.

Type	Occupation mémoire	Plage de valeur
char	1 octet	-128 à 127
unsigned char	1 octet	0 à 255
int	(2 ou 4 octets) selon implémentation	
unsigned int	(2 ou 4 octets) selon implémentation	
short	2 octets	-32768 à 32767
unsigned short	2 octets	0 à 65535
long	4 octets	-2 147 483 647 à 2 147 483 648
unsigned long	4 octets	0 à 4 294 967 295
	Type à virgule flottante	
float	4 octets	$3,4*10^{-38}$ à $3,4*10^{38}$
double	8 octets	$1,7*10^{-308}$ à $1,7*10^{308}$
long double	10 octets	$3,4*10^{-4932}$ à $3,4*10^{4932}$

▲ Fig. 1.11 : *Occupation mémoire et plages de valeurs des types élémentaires*

1.4 Constantes

Les données les plus simples qu'on puisse classer selon le schéma de types précédemment présenté sont les constantes. On définit une constante de la façon suivante.

Attention

> **Qu'est ce qu'une constante ?**
>
> Une constante est une donnée dont la valeur ne peut varier. Cette donnée peut être un nombre, un caractère ou une chaîne de caractères.

C distingue les constantes entières, les constantes à virgule flottante, les constantes de type caractère et les constantes de type chaîne.

Constantes entières

Les constantes entières se composent d'un ou de plusieurs chiffres et peuvent être transmises à l'ordinateur sous forme décimale, octale ou hexadécimale. Les nombres négatifs sont précédés d'un signe moins. Si on opte pour la forme décimale, alors le premier chiffre ne doit pas être nul. Au contraire, les chiffres octaux doivent commencer par un zéro et les constantes hexadécimales par 0x ou 0X.

Constantes		
Décimal	Octal	Hexadécimal
12	014	0xC, 0xc, 0XC
144	0220	0x90
1729	03301	0x6C1, 0x6c1

◄ Fig. 1.12 : *Constantes entières*

Le tableau montre les nombres 12, 144 et 1729 sous forme décimale, octale et hexadécimale. Les constantes entières sont de type `int` ou bien (au cas où la valeur de la constante serait trop grande pour le type `int`) de type `long`. Si on veut qu'une constante entière quelconque reçoive explicitement le type `long`, on ajoute à la fin la lettre L ou l.

Constantes		
Décimal	Octal	Hexadécimal
12L	014L	0xCL
144l	0220l	0x90l

◄ Fig. 1.13 : *Constantes entières de type Long*

Constantes à virgule flottante

Les constantes à virgule flottante sont des nombres décimaux et représentent des nombres réels signés. Ces constantes peuvent présenter diverses formes syntaxiques.

	Format	Exemple
Syntaxe 1	Chiffres.[Exposant]	150., 1500.e-1, 15.E1, -16
Syntaxe 2	.Chiffres[Exposant]	.179, -.0567, .0089e2
Syntaxe 3	ChiffresExposant	21E-4, 418e2, -4005E3
Syntaxe 4	Chiffres.Chiffres.[Exposant]	3.141, 314.1E-2, 0.3141e1

◄ Fig. 1.14 : *Constantes en virgule flottante*

Les indications entre les crochets sont facultatives et ne doivent donc pas être obligatoirement spécifiées. On voit que l'on peut écrire des constantes à virgule flottante soit comme des nombres décimaux classiques avec un point pour séparer la partie entière de la partie décimale. On peut aussi utiliser la notation scientifique avec mantisse et exposant. L'exposant se compose de la lettre E ou e et d'un nombre entier qui peut aussi être négatif. Une constante telle que :

```
15.E1
```

doit ici être interprétée comme :

```
15.0   *   101
```

De même :

```
314.1E-2
```

est là pour :

```
314.1   *   10-2
```

ou

```
314.1   *   1/100
```

De la syntaxe 1 et 2 découle le fait que la partie entière ou la partie décimale n'est pas obligatoire. Le point décimal ne peut être omis que s'il y a un exposant (syntaxe 3).

Comme les constantes entières, les constantes à virgule flottante peuvent être munies d'un suffixe déterminant leur type. Si on ajoute à une constante réelle un `f` ou un `F`, alors elle est de type `float`. Si on ajoute `l` ou `L`, la constante est traitée comme une valeur `long double`. Une constante dépourvue de suffixe est de type `double`.

Constantes de type caractère

Une constante caractère est un symbole appartenant à l'ensemble des caractères représentables, symbole inclus entre des apostrophes.

```
'a'   'A'   '?'   '1'
```

Les constantes ci-dessus, par exemple, représentent les signes qui apparaissent à l'écran comme a, A, ? et 1. Il faut ici ne pas confondre le caractère '1' avec le nombre 1. Les constantes caractère sont de type `char` (1 octet) et sont codées en interne à l'aide de leur valeur ASCII. Ainsi, le caractère 'A' est rangé dans la machine en tant que nombre 65 (code ASCII de A) et le caractère '1' en tant que nombre 49 (code ASCII de 1).

00110001	= '1'

Le nombre 1, par contre, n'est pas un caractère, mais une constante numérique entière de type `int`, rangée en mémoire sous la forme suivante.

00000000	00000001	= 1

Les symboles ' (apostrophe), " (guillemet) et \ (barre oblique inversée) font exception à la notation normale des constantes de caractères. Pour les utiliser comme constante, on doit les faire précéder d'une barre oblique inversée ce qui a pour effet de générer une séquence d'échappement (voir plus bas).

- \' donne ' (apostrophe) ;
- \" donne " (guillemet) ;
- \\ donne \ (barre oblique inversée).

Séquences d'échappement

Les constantes caractère permettent aussi de représenter des caractères non imprimables. Il existe une série de signes non représentables qu'on peut produire à l'aide de séquences d'échappement. Les séquences d'échappement sont des suites de caractères qui commencent par une barre oblique inversée suivi d'un ou de plusieurs symboles. Le nom séquence d'échappement provient de ce que nombre de ces séquences débutent par le code du caractère de contrôle ECHAP (ASCII : 27 décimal ou 33 octal). Bien que les séquences d'échappement soient composées de plusieurs signes, elles sont interprétées comme un caractère unique et peuvent donc être aussi des constantes caractère. L'image qui suit montre une liste des séquences d'échappement les plus courantes.

Séquence	Signification
\n	génère une nouvelle ligne (new line)
\t	pose une tabulation horizontale
\v	pose une tabulation verticale
\b	retour d'un caractère en arrière (backspace)
\r	provoque un "retour chariot" (carriage return)
\f	provoque un saut de page (form feed)
\a	déclenche un signal sonore (alarm)
\'	affiche une apostrophe
\"	affiche un guillemet
\\	affiche une barre oblique inverse (backslash)
\ddd	affiche des codes ASCII en notation octale
\xddd	affiche des codes ASCII en notation hexadécimale

◄ Fig. 1.15 : *Séquences d'échappement*

Les séquences d'échappement de cette liste peuvent apparaître dans nos programmes en tant que constantes caractère. Il existe en outre des séquences d'échappement qui n'agissent qu'en relation avec un pilote d'écran et de clavier. Ce pilote qui gère l'écran et le clavier n'est autre que le fichier ANSI.SYS pour le système d'exploitation DOS. Les séquences d'échappement ANSI commencent par la combinaison \033 qui représente la valeur octale du caractère ECHAP dans le code ASCII. Ainsi, la séquence d'échappement :

```
\033[2J
```

combinée avec la fonction printf efface l'écran.

```
printf("\033[2J");                              /* efface l'écran */
```

Représentation octale et hexadécimale des caractères

La séquence d'échappement `\ddd`, où `ddd` correspond à un nombre octal de un, deux ou trois chiffres, permet de représenter n'importe quel caractère du jeu ASCII. Le nombre octal correspond à la valeur ASCII du caractère, exprimée en octal. De manière similaire, `\xddd` représente un caractère par son code hexadécimal. Le programme suivant représente les mots "est" et "un" de la phrase exemple "Cela est un programme C." sous la forme de séquences d'échappement avec codage octal ou hexadécimal.

▼ Listing 1.3 : hexoct.c

```
#include <stdio.h>                              /*  pour printf  */
main()
{
   printf("Cela \145\163\164 \x75\x6E programme C.");
}
```

Constante caractère ou constante chaîne

Les constantes de type chaîne peuvent être d'une longueur quelconque. La chaîne la plus courte est la chaîne vide " ", sans aucun caractère entre les délimiteurs " et ". On pourrait penser que la chaîne C contient la lettre C. Mais rappelons-nous qu'il existe aussi une constante caractère 'C'. On peut alors se demander quelle est la différence entre les deux représentations du caractère C.

```
'C'   et   "C"
```

Si vous affichez la constante caractère et la constante chaîne avec une instruction appropriée, c'est toujours la lettre C qui apparaît sur l'écran. La différence ne devient visible que si on examine le stockage en mémoire des données `C` et `"C"`.

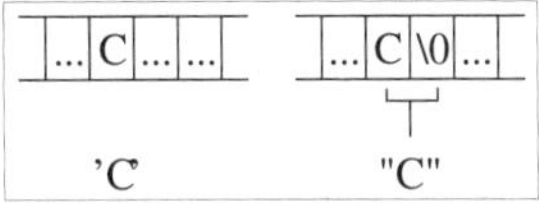

◄ Fig. 1.16 :
Le caractère C en mémoire, sous forme de constante caractère et de chaîne

L'image montre une portion de la mémoire. Les cases représentent des positions mémoire d'un octet. Les données se trouvent naturellement sous forme binaire en mémoire, mais nous les représentons ici avec leur forme naturelle. Comme on le voit, une constante caractère occupe 1 octet en mémoire. Les chaînes de caractères, par contre, occupent autant d'octets qu'elles ont de caractères, plus un octet pour un caractère supplémentaire, à savoir le caractère nul `\0` qui matérialise en mémoire la fin de chaque chaîne de caractères.

Renvoi

Reportez-vous au chapitre ***Types de données complexes***.

La constante chaîne `"C"` occupe donc 2 octets en mémoire, alors que la constante caractère `C` n'en occupe qu'un seul.

Le caractère nul, de code ASCII 0, est un caractère de contrôle qu'il ne faut pas confondre avec le caractère affichable 0, lequel est codé par le nombre ASCII 48. Lorsqu'une chaîne de caractères est générée en mémoire, l'ordinateur ajoute automatiquement le caractère nul (`null terminator`) à la fin de la chaîne.

Ainsi s'achève notre étude des constantes du C. Nous allons maintenant aborder une autre grande catégorie de données, à savoir les variables.

1.5 Variables

Les variables, en tant que données, se différencient des constantes avant tout par le fait qu'on peut leur affecter des valeurs qui se laissent modifier pendant l'exécution du programme. Contrairement aux constantes, elles ont aussi un nom par lequel on peut les manipuler. Qui plus est, elles possèdent un type de données et une adresse en mémoire. Pendant l'exécution du programme, elles occupent de la place mémoire.

Nous pouvons donc définir ainsi une variable.

Remarque

Qu'est ce qu'une donnée ?

Une variable est une donnée dont la valeur est modifiable, qui possède un nom et un type et qui est rangée en mémoire à partir d'une certaine adresse.

Supposons qu'un de nos programmes contienne, par exemple, des variables nommées `c`, `i` et `f`, où `c` est de type `char` (1 octet), `i`, de type `int` (2 octets) et `f`, de type `float` (4 octets). On peut alors se représenter ces données en mémoire de la façon suivante.

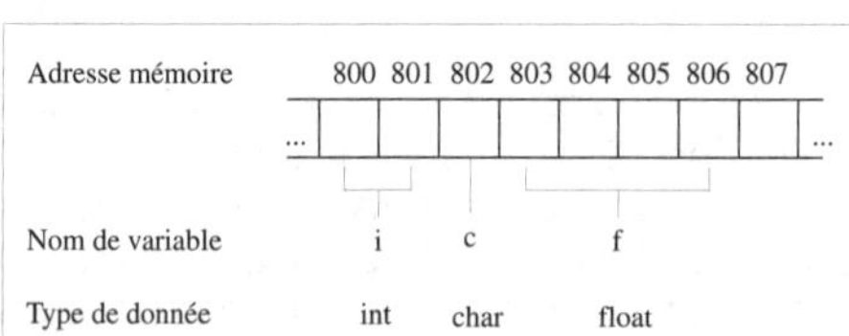

◄ Fig. 1.17 : *Variables de différents types en mémoire*

On peut imaginer la mémoire d'un ordinateur comme une suite de cellules, chacune occupant un octet, ainsi que le montre l'image précédente. Les cellules mémoire ont des numéros croissants dont le premier vaut 0. Ces numéros sont les adresses des cellules mémoire. L'adresse à partir de laquelle une donnée est rangée en mémoire est l'adresse de l'objet, plus précisément l'adresse du début de la donnée. Notre diagramme montre une portion de mémoire contenant les adresses de 800 à 807. La variable `i` occupe, à cause de son type `int`, deux octets, dans notre exemple les octets d'adresses 800 et 801. 800 est donc l'adresse de `i`. La variable `c` occupe un octet en mémoire, à savoir l'octet d'adresse 802. Son adresse est donc 802. La variable `f` occupe les octets de 803 à 806 et a donc l'adresse 803. (Beaucoup d'ordinateurs alignent les données en mémoire sur des adresses paires. Cela signifie qu'une donnée commence toujours à une adresse paire. Dans notre cas, la variable `f` n'aurait donc pas l'adresse 803, mais 804).

Dans notre exemple, les adresses des variables sont prises arbitrairement. En fait, c'est le compilateur et non le programmeur qui détermine l'emplacement d'une variable en mémoire.

Définition des variables

Avant qu'une variable ne soit utilisée dans le programme, il faut la définir. Une telle définition détermine le nom et le type de la variable et lui réserve de l'espace mémoire conformément à son type. Avec la syntaxe :

```
type varnom1 [, varnom2, ...];
```

on définit une ou plusieurs variables d'un certain type. Avec :

```
int i;
```

on définit donc une variable de type `int` et de nom `i`. L'espace mémoire alloué à la variable est de 2 octets. De manière similaire, l'instruction :

```
float a, b, c;
```

définit trois variables de type `float` nommées `a`, `b` et `c`. L'espace mémoire réservé ici est de 12 octets (3 x 4).

Lors de l'attribution de noms aux variables (ou à d'autres éléments du programme, par exemple les fonctions ou les types de données personnalisés), il faut observer certaines règles.

Un nom est une suite d'un ou de plusieurs caractères qui peuvent être des lettres, des chiffres ou le caractère de soulignement (_), avec la restriction que le nom ne doit pas commencer par un chiffre. Les noms peuvent être de longueur quelconque, mais le compilateur habituellement ne tient compte que des 32 premiers caractères, souvent même des huit premiers. Afin d'éviter des confusions, les noms devraient donc toujours se différencier sur les huit premiers caractères. Le résumé suivant montre quelques exemples de noms corrects, erronés et éventuellement ambigus.

Correcte	z, z_1, nombre, NOMBRE, Nombre1, nombre_A, XYZ99a
Faux	1z, nombre-A, Z?_9, 999
Problématique	Nombreprem_1, Nombreprem_2

◄ Fig. 1.18 : *Noms de variables corrects, faux et problématiques*

La rubrique *correct* du tableau précédent contient des noms de variables licites. Comme nous l'avons déjà mentionné dans la section *Éléments fondamentaux*, les compilateurs C font la distinction entre les majuscules et les minuscules. De ce fait, les mots "nombre" et "NOMBRE" sont considérés comme distincts. les noms comme 1z ou 999 sont non valides, car ils commencent par un chiffre, ni les libellés nombre-A et Z?_9 qui renferment les caractères non autorisés - et ?. Si vous utilisez des variables nommées `Nombreprem_1` et `Nombreprem_2`, vous devrez compter sur le fait que le compilateur ne peut distinguer ces désignations, car elles ne se différencient qu'au douzième caractère, alors que pour le compilateur, seuls les huit premiers caractères sont significatifs.

Mots réservés

L'attribution des noms est soumise à une autre limitation due au groupe des mots dits réservés (keywords). Les mots réservés sont des noms prédéfinis qui ont une signification particulière. Ils sont réservés au système et ne doivent pas être employés pour la désignation des variables personnelles. Le langage C contient les mots réservés standard suivants.

auto	double	int	struct
break	else	long	switch
case	enum	register	typedef
char	extern	return	union
const	float	short	unsigned
continue	for	signed	void
default	goto	sizeof	volatile
do	if	static	while

Vous connaissez déjà les désignations des types propres au système : `char`, `double`, `float`, `int`, `long` et `short`. Vous découvrirez l'usage des autres mots réservés à travers les différents chapitres.

Outre les mots réservés standard, il en existe d'autres propres aux diverses implémentations du langage. Voici quelques exemples : les termes `fortran` et `pascal` identifient des sous-programmes écrits dans les langages Fortran et Pascal et devant être utilisés dans un programme C. Les libellés **near** et **far** servent à adresser des données situées à l'intérieur (near) et à l'extérieur (far) d'une zone de 64 ko (voir le chapitre *Pointeurs*). Le mot réservé **huge** est parfois nécessaire pour utiliser des plages de données extrêmement volumineuses.

Un premier exemple avec des variables

Nos programmes précédents ne comportaient aucune variable, car il n'y avait aucune donnée modifiable à traiter. Le programme suivant variable.c définit quelques variables et exécute sur elles des opérations simples.

▼ Listing 1.4 : variable.c

```
/*  Ce programme montre comment définir et utiliser des variables.
    Le programme n'affichant rien, on omet ici l'inclusion du header
    d'entrée-sortie STDIO.H via l'instruction préprocesseur :
    #include <stdio.h>  */
main()
{
   char c;                  /*  Définition d'une variable char */
   int i, j;                /*  Définition de deux variables int */
   float f;                 /*  Définition d'une variable float */
   c = 'Z';                 /*  la  variable c reçoit comme valeur
➥ le code ASCII du caractère 'Z', donc la valeur 90  */
   i = 1;                   /*  la variable i prend la valeur 1  */
   j = 2;                   /*  la variable j prend la valeur 2  */
   f = 3.14;                /*  la variable f prend la valeur 3.14  */
   c = 'A';                 /* la variable c prend comme nouvelle
➥ valeur le code ASCII du caractère 'A', donc la valeur 65.
➥ L'ancienne valeur de la variable c, à savoir 90, est écrasée
➥ et définitivement perdue.  */
   i = j;                  /*  la variable i reçoit comme nouvelle
➥ valeur la valeur actuelle de la variable j, donc 2.
➥ L'ancienne valeur 1 de la variable i est écrasée et
➥ définitivement perdue.  */
   f = -3.14;              /*  la variable f prend comme nouvelle
➥ valeur -3.14. L'ancienne valeur 3.14 est écra*sée et
➥ définitivement perdue.  */
}
```

Analysons le programme. Tout d'abord, les variables `c`, `i`, `j` et `f` sont définies. Ces définitions se font à l'intérieur de main après l'accolade ouvrante, mais avant la première instruction de main. Fondamentalement, on peut définir des variables à l'intérieur de chaque bloc, mais à la condition que ces définitions soient placées avant la première instruction du bloc. Mais on peut aussi définir des variables hors de toute fonction, donc hors de tout bloc, par exemple avant la fonction main.

```
.
.
.
char c;
int i, j;
float f;

main
{
   .
   .
   .
}
```

◄ Fig. 1.19 :
Définition de variables hors de toute fonction (définition globale)

Les variables définies comme sur l'image précédente sont dites globales. Les variables globales, contrairement aux variables définies dans une fonction, sont utilisables dans tout le programme. La définition d'une variable au sein d'un bloc entraîne que cette variable ne peut être utilisée que dans ce bloc. On dit aussi que la variable n'est connue ou visible qu'à l'intérieur du bloc. Cette sorte de variable est dite variable locale. Les variables du programme *variable.c* sont des variables locales, donc valables seulement entre les accolades ouvrante et fermante de main, bref connues uniquement de main.

Affectations

La première instruction du programme *variable.c* :

```
c = 'Z';
```

est une affectation. Nous l'interprétons ainsi : à la variable `c` (à gauche du signe d'égalité), on attribue la valeur à droite du signe d'égalité. Cela veut dire que la variable char `c` prend la valeur 90 (décimal) correspondant au code ASCII du caractère 'Z'. D'une manière moins précise mais plus usuelle, nous pouvons dire également que la constante caractère `Z` est affectée à la variable `c`. Le caractère Z est ainsi rangé dans la variable `c` (variable `char`), longue de 1 octet. Une instruction appropriée suffirait donc à afficher le caractère Z comme contenu actuel de la variable.

L'affectation d'une variable se fait au moyen d'un opérateur symbolisé par le caractère =.

Renvoi

Reportez-vous au chapitre ***Expressions et opérateurs***.

Ce signe d'égalité, par sa signification, n'est donc pas identique au signe d'égalité tel qu'on l'utilise en mathématiques.

Il n'exprime pas, par exemple, l'égalité de deux données et ne veut donc pas dire :

```
c est égal à 'Z'
```

Au contraire, en tant qu'opérateur d'affectation, il fait en sorte que la valeur située à sa droite soit mise dans la variable située à sa gauche. Nous pouvons donc décrire en langage courant l'affectation :

```
c = 'Z';
```

par "c reçoit comme contenu le caractère Z". La variable c conservera cette valeur affectée jusqu'à ce que sa valeur soit à nouveau modifiée. Avant cette affectation, la valeur de la variable c était indéfinie. Cela signifie que la simple définition :

```
char c;
```

ne confère à la variable c aucune valeur déterminée. Bien plus, à cet instant précis, sa valeur n'est autre que le contenu aléatoire de l'adresse mémoire que le compilateur a réservé à la variable c. Ce contenu mémoire aléatoire est appelé aussi "garbage" (détritus) et peut provenir, par exemple, d'un programme qui vient d'être exécuté.

Initialisation

Pour qu'une variable, dès sa définition, possède une certaine valeur, il faut l'initialiser. Par initialisation d'une variable, on entend l'affectation d'une valeur initiale à cette variable. On pourrait ainsi affecter le caractère Z à la variable c dès sa définition :

```
char c = 'Z';
```

De manière similaire, on pourrait initialiser les autres variables de notre programme.

```
int i = 1, j = 2;
float f = 3.14;
```

qui auraient ainsi des valeurs définies. Qui plus est, le mot réservé `const` permet de s'assurer qu'une variable prendra une valeur unique et ne pourra plus être changée en cours de programme. Par exemple, l'instruction :

```
const char c = 'Z';
```

entraînerait la définition d'une variable c non modifiable et conservant en permanence la valeur Z.

Égalité des types

Dans notre version du programme, à vrai dire, les variables ne prennent leurs valeurs que par des affectations spécifiques survenant après leur définition. Les variables `i` et `j` (`int`) reçoivent les valeurs `1` et `2`, alors que la variable `f` (`float`) reçoit la valeur `3.14`. Notez bien qu'il faut, dans toutes les affectations, que le type de la valeur affectée corresponde au type de la variable réceptacle. Nous avons ainsi attribué une constante caractère de type char à une variable char, deux valeurs entières à des variables entières et une valeur à virgule flottante à une variable `float`. Si les types de données des membres gauche et droit de l'affectation ne concordent pas, il peut en résulter des erreurs.

Renvoi **Cette problématique est traitée au chapitre *Expressions et opérateurs*, dans la section *Conversions de types*.**

Égalité des variables

L'instruction :

```
c = 'A';
```

modifie la valeur de la variable `c`. Elle ne contient plus maintenant le caractère 'Z', mais au contraire le caractère A (autrement dit, son code ASCII 65). L'ancien contenu Z a été écrasé par l'affectation précédente et est définitivement perdu. L'affectation :

```
i = j;
```

montre que le contenu d'une variable peut aussi être affecté à une autre variable. Ici, la valeur de la variable `j` (= `2`) est attribuée à la variable `i`. La nouvelle valeur de `i` est donc `2`. Ici aussi, l'ancien contenu `1` est écrasé par la nouvelle valeur `2`. De manière similaire, dans la dernière instruction du programme la valeur de la variable à virgule flottante `f` passe de `3.14` à `-3.14`.

Le programme variable.c manipule certes des données, mais le fait qu'on ne visualise pas les résultats peut parfois présenter un inconvénient. Il faut donc des instructions avec lesquelles on puisse sortir les résultats de certaines opérations, par exemple les afficher à l'écran. L'écran est le périphérique de sortie par défaut. Mais on peut sortir les données sur d'autres périphériques, par exemple sur une imprimante ou même dans un fichier.

Il peut aussi advenir que les valeurs à traiter par le programme doivent être saisies par l'utilisateur seulement en cours d'exécution. Pour cela, il faudra des commandes permettant à l'utilisateur d'entrer des données.

Mais avant de nous occuper de l'entrée et de la sortie des données (voir le chapitre Entrée et sortie), nous terminerons par quelques considérations sur l'apparence des fichiers source.

1.6 Allure d'un programme

À la section *Pour bien démarrer*, nous avons décomposé un texte de programme en composants élémentaires que nous avons baptisés "mots C". La caractéristique fondamentale de ces mots C était qu'on ne pouvait pas les décomposer plus avant, même s'ils comportaient plusieurs caractères : tel était le cas de la fonction main. Font partie de ces mots (appelés aussi tokens) les noms, les mots réservés et les constantes, et aussi des opérateurs tels que = ou + et des signes de ponctuation comme la virgule ou les parenthèses. La contrainte d'indivisibilité entraîne que les noms, les mots réservés ou les constantes ne peuvent contenir aucun blanc (espace, tabulation, saut de ligne).

Si vous aviez donc une définition de variable du style :

```
float somme = 1000.00;
```

vous ne pourriez pas l'écrire ainsi :

```
flo at  s o m m e  = 1   000.00;
```

En effet, les termes `float`, `somme` et `1000.00` ne peuvent contenir de blanc. Entre les mots de base, les blancs ne sont pas fondamentalement nécessaires. Ainsi, les instructions :

```
somme = 1000.00;
difference = 0.00;
```

pourraient aussi s'écrire :

```
somme=1000.00;difference=0.00;
```

L'inconvénient d'une telle écriture saute aux yeux : la lisibilité du texte source, particulièrement avec les programmes volumineux, est fortement compromise. En outre, de mauvaises interprétations du compilateur provoqueraient, dans bien des cas, des erreurs. Le programme suivant définit une variable `float` nommée `somme` et l'initialise à la valeur `1000.00`. Ensuite, la valeur de la variable `somme` est changée en `0.00` via une affectation.

```
main()
{
    float somme = 1000.00;
    somme = 0.00;
}
```

Écrit sans aucun blanc entre les mots élémentaires, ce programme ressemblerait à :

```
main(){floatsomme=1000.00;somme=0.00;}
```

La syntaxe de ce programme est correcte. Mais le compilateur manifestera son mécontentement parce que ni la variable `floatsomme` ni la variable `somme` n'ont été définies. Cela tient au fait qu'en raison du manque d'espace entre la définition de type `float` et le nom de la variable `somme`, le compilateur suppose que `floatsomme` est le nom d'une variable qui se voit affecter la valeur 1000.00. Il regrette donc l'absence de définition de cette variable. De plus, l'interprétation de `float somme` comme `floatsomme` supprime la définition de la variable `somme`. Le compilateur affiche donc une seconde erreur.

Il est donc souhaitable que les textes source soient rédigés de manière lisible et non ambiguë, en y insérant des blancs. Ne tombez pas non plus dans l'excès inverse. Le compilateur, en effet, traite tous les blancs de la même manière, quelle que soit leur dimension. Ainsi, notre programme *un.c* :

```
main()
{
   printf("Voici un programme C.\n");
}
```

pourrait ressembler à :

```
main    /*  nom de fonction indivisible */
(
)
{
printf   /* nom de fonction indivisible */
(
" Voici un programme C. \n"   /*  constante chaîne, non divisible */
)
;
}
```

La syntaxe de la seconde source est également correcte. Mais de si larges blancs (une nouvelle ligne pour chaque mot) rendent le programme peu facile à comprendre. Écrivez donc votre code source d'une manière qui prenne en compte la lisibilité du texte du programme.

Chapitre 2

Entrée et sortie

Pour transmettre des données saisies au clavier à un programme ou pour faire afficher des données par un programme, il faut des commandes adéquates. Le vocabulaire de base du langage C ne contient pas directement ce genre de commandes, mais chaque compilateur dispose de bibliothèques qui renferment des commandes d'entrée/sortie cataloguées sous forme de fonctions. Ces bibliothèques sont des fichiers spéciaux, habituellement munis de l'extension *.lib*, qui contiennent le code objet des fonctions correspondantes. Après la compilation, le linker lit le code de ces fonctions dans les bibliothèques et l'incorpore dans le programme. Les programmes qui utilisent les fonctions d'entrée/sortie des bibliothèques doivent contenir l'instruction préprocesseur.

```
#include <stdio.h>
```

Nous avons déjà employé une de ces fonctions, à savoir la fonction d'affichage `printf`. Qui plus est, il existe toute une série d'autres fonctions d'entrée/sortie pouvant recueillir ou afficher des données formatées ou non.

2.1 Sortie formatée

Pour l'affichage formaté des données, on utilise la fonction `printf`. Formaté signifie ici que vous pouvez contrôler la forme et le format des données affichées. Jusqu'à présent, nous avions employé la fonction `printf` uniquement pour afficher des chaînes de caractères constantes, par exemple le libellé **Voici un programme C**. Mais on peut aussi afficher des valeurs numériques, par exemple les valeurs du programme *variable.c*. La fonction `printf` admet la syntaxe suivante :

```
printf("string_format", [ argument_1, argument_2, ..., argument_n ]);
```

Le paramètre **string_format** (appelé : control string ou chaîne de contrôle) est donc une chaîne de caractères qui indique sous quelle forme doit s'effectuer l'affichage. Ce paramètre de formatage est placé entre des guillemets et évalué de la gauche vers la droite. Il peut contenir des spécifications de format aussi bien que des caractères usuels. Les spécifications de format contrôlent le formatage et l'affichage des arguments dont le nombre est variable. Les crochets signifient que les arguments ne sont pas absolument nécessaires. L'appel de fonction :

```
printf("Voici un programme C.\n");
```

de notre programme *variable.c* ne renferme ni spécifications de formatage dans la chaîne de contrôle, ni arguments (voir plus avant dans le texte pour cela).

Saut de ligne (line feed)

La séquence d'échappement `\n`, par exemple, provoque un saut de ligne. Les caractères qui suivent sont donc affichés au début de la ligne suivante.

Nous pouvons utiliser cette séquence dans notre programme initial variable.c avec l'instruction `printf`, afin d'éclater sur plusieurs lignes la chaîne de caractères à afficher.

```
Voici un programme C.
```

La fonction `printf`, en effet, ne traite pas que les caractères affichables, mais aussi les caractères non affichables tels que les séquences d'échappement. Ces dernières sont d'ailleurs des données formelles dont on peut afficher le résultat. Cet affichage, à vrai dire, ne montre en général aucun caractère sur l'écran ou sur d'autres périphériques de sortie, mais consiste à effectuer une certaine action, par exemple à sauter à la ligne. Notre nouvelle version du programme s'appellera *newline.c*.

▼ Listing 2.1 : newline.c

```
#include <stdio.h> /*  pour printf  */

main()
{
   printf("Voici\nun\nprogramme C\n.");
}
```

L'affichage `Voici un programme C.` se présente maintenant comme ci-dessous.

```
Voici
un
programme C.
```

Tabulations

La séquence d'échappement `\t` place des tabulations horizontales. Remplaçons dans notre programme newline.c les caractères de saut de ligne par des caractères de tabulation, et appelons-le *tab.c*.

▼ Listing 2.2 : tab.c

```
#include <stdio.h> /*  pour printf  */

main()
{
      printf("Voici\tun\tprogramme C.\n");
}
```

Maintenant, la chaîne de caractères est affichée avec des tabulations entre les différents mots.

```
Voici   un   programme C.
```

Les tabulations verticales sont devenues inusitées et ne sont plus interprétées comme tabulations par la plupart des périphériques de sortie actuels.

Placement du curseur

La séquence `\b` fait reculer sur l'écran le curseur d'un caractère, mais n'efface pas le caractère précédant le curseur.

▼ Listing 2.3 : backspac.c

```
#include <stdio.h> /*  pour printf  */
main()
{
   printf("Voici un brogramme C.\b\b\b\b\b\b\b\b\b\b\b\bp\n");
}
```

Le programme backspac.c affiche, d'une manière quelque peu tarabiscotée, la phrase suivante.

```
Voici un programme C.
```

Voici l'explication. Si la fonction printf rencontre la séquence d'échappement `\b` dans la chaîne à afficher, elle recule le curseur d'une position et passe ensuite à l'affichage des caractères qui suivent. Il y a en tout douze séquences `\b` les unes à la suite des autres, ce qui fait reculer le curseur de douze positions et le ramène donc sur la lettre *b* (déjà affichée) du mot `brogramme`. Ce *b* est ensuite écrasé par la lettre *p*, puis la suite de la chaîne à afficher. D'où le résultat précédent.

Retour chariot (carriage return)

Contrairement à la séquence d'échappement `\n` qui exécute un saut de ligne et positionne le curseur au début de la ligne suivante, la séquence `\r` ramène le curseur au début de la ligne courante. Là l'affichage reprend, sur la même ligne donc. Montrons cela avec le programme *carriage.c*.

▼ Listing 2.4 : carriage.c

```
#include <stdio.h> /*  pour printf  */
main()
{
   printf("Voici un programme C.\rVoici un programme C.\n");
}
```

Ce programme affiche :

```
   Voici un programme C.
```

Mais en réalité le texte `Voici un programme C.` est écrit deux fois sur l'écran. La phrase est affichée une première fois. La séquence d'échappement `\r` fait alors afficher la phrase une seconde fois, à partir de l'emplacement exact où avait commencé la première phrase, à savoir le début de la ligne. La première phrase est donc complètement écrasée par la seconde. Comme l'ordinateur exécute ces opérations successives très rapidement, on a l'impression que la phrase n'est écrite qu'une seule fois sur l'écran.

Saut de page (form feed)

Avec la séquence `\f`, on obtient que l'impression continue à la page suivante.

▼ Listing 2.5 : pages.c

```
#include <stdio.h> /*  pour printf  */
main()
{
   printf("Voici\fun\fprogramme C.\n");
}
```

Si on sort la phrase `Voici un programme C.` non pas à l'écran, mais sur l'imprimante, la séquence d'échappement `\f` entraîne que chaque mot se termine par un saut à la page suivante. On aura donc en tout trois pages, chacune comprenant un mot.

Renvoi

L'impression des données vers l'imprimante ou vers des fichiers est traitée au chapitre ***Gestion de fichiers***.

Signal sonore

La séquence d'échappement `\a` émet un signal sonore. Dans le programme *sound.c*, un signal sonore est produit par les séquences d'échappement insérées dans la chaîne avant et après l'affichage de la phrase `Voici un programme C.`.

▼ Listing 2.6 : sound.c

```
#include <stdio.h> /*  pour printf  */
main()
{
   printf("\a Voici un programme C. \n\a");
}
```

Si vous voulez que la phrase `Voici un programme C.` soit affichée entre guillemets, ces derniers doivent être représentés par une séquence d'échappement car ils ont en C une signification spéciale en tant que délimiteurs de chaînes de caractères. Vous devrez donc les masquer avec une barre oblique inversée afin de leur rendre leur signification d'origine et les afficher.

```
printf("\"Voici un programme C.\"\n");
```

L'instruction ci-dessus affiche :

```
"Voici un programme C."
```

Si vous vouliez afficher :

```
\ " Voici un programme C." \
```

vous devriez compléter comme suit l'instruction de tout à l'heure :

```
printf("\\ \" Voici un programme C.\" \\\n");
```

Affichage formaté des entiers

Les spécifications de format commencent par le caractère %, suivi d'une lettre clé qui identifie le type de l'argument correspondant. Ainsi, pour afficher le nombre décimal entier 5, on pourrait utiliser le programme suivant.

▼ Listing 2.7 : intout.c

```
/*  intout affiche un entier décimal  */
#include <stdio.h>
main()
{
   printf("%d\n", 5);
}
```

La spécification `%d` (`d` est la lettre clé correspondant aux entiers décimaux) entraîne que, lors de l'affichage, un nombre entier décimal est mis dans la chaîne de contrôle à l'emplacement de cette spécification. Il s'agit ici du premier argument situé après la chaîne de contrôle, donc de la valeur `5`. Les spécifications de format précisent donc les endroits où il faut faire apparaître les arguments de la fonction `printf`.

Vous obtiendriez le même affichage si vous n'utilisiez pas la constante entière 5 comme argument, mais une variable pouvant prendre une valeur entière.

▼ Listing 2.8 : intout2.c

```
/*  intout2 affiche une variable int  */
#include <stdio.h>
main()
{
   int i = 5; /* définition de la variable " i "
              ➥ et initialisation simultanée à 5 */
   printf("%d\n", i); /*  affichage de la variable int " i " */
}
```

La différence avec le programme précédent n'est pas énorme. Nous avons défini la variable entière `i` à l'aide d'une instruction supplémentaire et nous l'avons utilisée comme argument de `printf` à la place de la constante entière `5`. Comme `i` a reçu la valeur 5 par son initialisation, cette valeur est affichée. Ce n'est donc pas la forme de la donnée à afficher qui compte vraiment, mais sa valeur et le fait que le type de cette valeur corresponde à la spécification de formatage. Vous pourriez afficher la valeur entière `5` par une troisième méthode.

▼ Listing 2.9 : intout3.c

```
/*  intout3 affiche la valeur d'une expression entière  */
#include <stdio.h>
main()
{
   printf("%d\n", 2 + 3);
}
```

Dans cette variante de *intout.c*, l'argument possédant la valeur 5 n'est pas représenté par une constante ou par une variable, mais par une somme (expression). Cette expression se compose de deux nombres (opérandes) et de l'opérateur d'addition +. Dans l'instruction `printf`, on commence ici par calculer la somme 2 + 3 (donc l'entier 5) qu'on passe ensuite à la chaîne de contrôle.

Dans les trois derniers programmes, la chaîne de contrôle se composait purement et simplement de la spécification `%d`. Mais on peut aussi placer des caractères normaux dans cette chaîne de formatage. Ces derniers sont alors affichés tels quels. Le programme *intout4.c* complète la chaîne de contrôle en lui ajoutant un message d'explication.

▼ **Listing 2.10 : intout4.c**

```
/* intout4 affiche un entier décimal avec un message d'explication */
#include <stdio.h>
main()
{
   printf("La somme 2 + 3 donne %d\n", 2 + 3);
}
```

Tous les caractères de la chaîne de contrôle placés avant la spécification `%` sont affichés tels quels. Sur l'écran apparaît donc :

```
La somme 2 + 3 donne 5
```

Notez bien qu'ici à l'intérieur de la chaîne de contrôle le signe + n'est pas compris comme un opérateur d'addition, mais comme une constante classique de type caractère. De la même façon, les symboles 2 et 3 dans la chaîne de formatage ne représentent pas des constantes entières. Ce ne sont pas des nombres sur lesquels on pourrait faire des opérations, mais des caractères (constantes de type caractère) avec lesquels on ne peut procéder aux calculs classiques. Les constantes caractère autorisent cependant, dans une certaine mesure, les opérations de calcul.

Renvoi

Reportez-vous au chapitre ***Expressions et opérateurs*** sous la rubrique ***Opérateurs arithmétiques***.

Au contraire, l'argument de la fonction printf à droite de la chaîne de formatage, à savoir l'expression `2 + 3`, est une donnée entière, donc une valeur numérique entière dans laquelle le signe + est utilisé en tant que symbole de calcul (opérateur d'addition). Les deux données `2` et `3` sont maintenant des constantes entières sur lesquelles on peut procéder aux calculs habituels.

Nombre variable de paramètres

La syntaxe générale de `printf` montre que la fonction peut traiter un nombre variable de paramètres. Montrons cela sur le programme *intout5.c*, lequel affiche plusieurs valeurs entières en une seule instruction.

▼ Listing 2.11 : intout5.c

```
/* intout5 affiche des valeurs décimales */
#include <stdio.h>
main()
{
   int i = 5;
   printf("%d plus %d donne : %d.\n", 1000, i, i+1000);
}
```

La chaîne de contrôle contient trois spécifications de format pour des entiers décimaux, séparées par du texte normal. À chacune de ces spécifications de format, on affecte un des trois arguments, l'évaluation se faisant de la gauche vers la droite. La première spécification **%d** correspond donc au premier argument **1000**, la seconde spécification **%d** à l'argument **i** (possédant la valeur 5) et la troisième spécification **%d** à l'expression entière **i + 1000** (de valeur **1005**). Il est essentiel qu'à chaque argument corresponde une et une seule spécification de formatage. En d'autres termes, le nombre d'arguments de printf doit correspondre au nombre de spécifications de format. L'image suivante illustre cela.

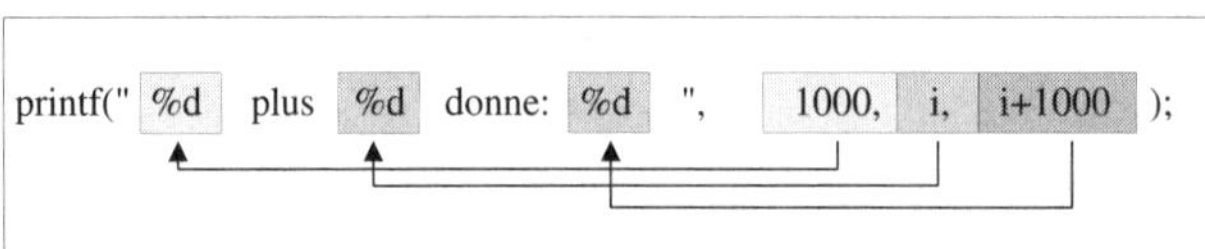

▲ Fig. 2.1 : *Affectation des arguments de printf aux spécifications de format*

Lors de l'exécution de l'instruction précédente, les arguments sont insérés à la place des spécifications de formatage et le programme affiche :

```
1000 plus 5 donne 1005
```

Selon votre version de C, les entiers décimaux admettent aussi la spécification de format `%i` (mais **%d** est plus courant). Les instructions :

```
printf("%d + %d = %d\n", 1, 1, 2);
printf("%i + %i = %i\n", 1, 1, 2);
```

sont donc équivalentes et donnent toutes deux :

```
1 + 1 = 2
```

Rappelons encore une fois que les symboles + et = à l'intérieur de la chaîne de format ne représentent pas des opérateurs, mais des caractères habituels.

Affichage formaté des nombres signés ou non

La spécification %d permet naturellement d'afficher aussi des entiers négatifs.

▼ Listing 2.12 : intout6.c

```
/*  intout6 affiche un entier négatif  */
#include <stdio.h>
main()
{
   printf("%d est un nombre négatif.\n",-4);
}
```

Le programme affiche la valeur décimale -4.

Si nous avions voulu, par contre, n'afficher que des nombres positifs ou non signés, nous aurions pu employer le format %u (pour les entiers décimaux sans signe).

▼ Listing 2.13 : intout7.c

```
/*  intout7 affiche des entiers négatifs non signés  */
#include <stdio.h>
main()
{
   printf("%u et %u sont des nombres sans signe.\n", 4, 65532);
}
```

Nous obtenons sur l'écran :

```
4 et 65532 sont des nombres sans signe.
```

Pour montrer la différence entre les spécifications %d et %u, nous compléterons le programme *intout7.c* et le nommerons *intout8.c*.

▼ Listing 2.14 : intout8.c

```
/*  intout8 montre la différence entre %d et %u.  */
#include <stdio.h>
main()
{
  printf("4 et 65532 en tant que nombres sans signe : %u %u\n",4,65532);
  printf("4 et 65532 en tant que nombres avec signe : %d %d\n",4,65532);
}
```

Nous obtiendrons maintenant :

```
4 et 65532 en tant que nombres sans signe : 4 65532
4 et 65532 en tant que nombres avec signe : 4 -4
```

Que s'est-il passé ? La première ligne est aisée à comprendre : `4` et `65532` sont des constantes entières de type `int` et doivent être interprétées comme des nombres non signés.

Les valeurs `4` et `65532` sont dans cet intervalle et sont donc affichées sans problème. La seconde ligne donne pour les nombres 4 et 65532 les valeurs `4` et `-4`, bien que nous ayons demandé dans l'instruction `printf` l'affichage des arguments `4` et `65532`. Voici la raison du phénomène : le type `int` avec signe (`int` ou `signed int`) peut représenter des valeurs positives et négatives sur les intervalles de 0 à 32767 et de -1 à -32768. Cela ne pose aucun problème pour le nombre 4, car il appartient à l'intervalle positif. Le nombre 65532, assurément, sort du cadre de cet intervalle. En raison de la spécification `%d` demandée, le compilateur interprète alors la représentation binaire en mémoire du nombre 65532 (1111 1111 1111 1100...) comme un nombre signé codifié selon la convention du complément à deux. La représentation qui en résulte n'est donc pas celle d'un nombre positif : c'est la représentation binaire du nombre -4.

Remarque

Type int

Si le type `int` est sur 4 octets, les intervalles sont de 0 à 2147483647 et de -1 à -2147483648 pour les entiers signés et de 0 à 4294967295 pour les entiers non signés.

Seules les spécifications de format contrôlent donc comment les données seront affichées (voir aussi plus loin dans le texte).

Affichage formaté des nombres octaux et hexadécimaux

Pour l'affichage des données octales ou hexadécimales, il existe les formats `%o` (octal) et `%x` ou `%X` (hexadécimal). Le programme *intout9.c* affiche la valeur décimale 90 sous forme décimale, octale et hexadécimale.

▼ Listing 2.15 : intout9.c

```
/*  intout9 affiche des nombres octaux et décimaux  */
#include <stdio.h>
main()
{
   printf("%d décimal donne l'octal %o et l'hexadécimal %x
   ➥ ou %X.\n", 90, 90, 90, 90);
}
```

Le programme affiche :

```
90 décimal donne l'octal 132 et l'hexadécimal 5a ou 5A.
```

La différence entre les deux spécifications `%x` et `%X` réside simplement dans la graphie des lettres A-F qui, dans le système hexadécimal, correspondant aux valeurs décimales de 10 à 15. `%x` affiche les chiffres A-F en minuscules, alors que %X les affiche en majuscules. Contrairement aux nombres décimaux, l'affichage des entiers octaux et hexadécimaux opère toujours sur des nombres non signés (unsigned). Le programme *intout10.c* montre tout cela.

▼ Listing 2.16 : intout10.c

```
/*  intout10 montre que les affichages d'octaux ou d'hexadécimaux  */
/*  sont fondés sur des valeurs non signées.  */
#include <stdio.h>
main()
{
    printf("%d donne en octal %o et en hexadécimal %x\n", -4, -4, -4);
}
```

Nous obtenons sur l'écran :

```
-4 donne en octal 177774 et en hexadécimal fffc.
```

Pourquoi ? La valeur -4 est une constante entière de type int. Sa représentation binaire en mémoire est 1111 1111 1111 1100. Si le compilateur interprète cette combinaison binaire comme un nombre entier signé (signed), il utilise pour sa représentation le complément à deux, ce qui donne -4. Mais comme les affichages octaux et hexadécimaux se font toujours sur des valeurs non signées (unsigned), le nombre binaire 1111 1111 1111 1100 est interprété comme un nombre sans signe, ce qui donne en octal la valeur 177774 et en hexadécimal la valeur fffc.

Pour afficher plus distinctement des nombres octaux et hexadécimaux, on peut utiliser le caractère #. Dans une spécification de format, combiné avec les lettres clé o et x (ou X), il entraîne que les valeurs octales seront précédées de 0 et les valeurs hexadécimales de 0x ou 0X. Appliqué au programme intout9.c, l'instruction :

```
printf("% décimal donne l'octal %#o
➥ et l'hexadécimal %#x ou %#X.\n", 90, 90, 90, 90);
```

donne :

```
90 décimal donne l'octal 0132 et l'hexadécimal 0x5a ou 0X5A.STOP
```

Affichage formaté des caractères

On sait que les nombres (décimaux) 0-255 peuvent aussi être interprétés comme représentation des caractères ASCII. Pour que printf affiche un tel caractère en tant que caractère (et non comme valeur numérique), on utilise la spécification de format %c. Le programme suivant affiche les caractères a et A.

▼ Listing 2.17 : intout11.c

```
/*  intout11 affiche des caractères  */
#include <stdio.h>
main()
```

```
{
   printf("%c et %c sont des  caractères.\n", 'a', 'A');
}
```

Le résultat sur l'écran est :

```
a et A sont des  caractères.
```

Comme dans le programme *intout2.c*, les arguments pourraient être des variables de type `char` et non des constantes caractère. Le résultat du programme qui suit est identique à celui de *intout11.c*.

▼ Listing 2.18 : intout12.c

```
/*  intout12 affiche des caractères   */
#include <stdio.h>
main()
{
   char k = 'a', g = 'A';  /* définition et Initialisation
                           ➥ des variables char g et k */
   printf("%c et %c sont des caractères.\n", k, g);
}
```

Pour afficher non pas les caractères eux-mêmes mais leurs codes ASCII (nombre entier), vous prendrez le format `%d`.

▼ Listing 2.19 : intout13.c

```
/* intout13 affiche des caractères sous forme de caractères
ainsi que leurs codes ASCII*/
#include <stdio.h>
main()
{
   printf("%c et %c ont les codes ASCII %d et %d.\n", 'a', 'A', 'a', 'A');
}
```

Le programme affiche :

```
a et A ont les codes ASCII 97 et 65.
```

Ici aussi, vous constatez que seule la spécification de format contrôle l'aspect de la donnée affichée. Le format `%c` affiche les constantes caractère 'a' et 'A' en tant que a et A, alors que le format `%d` les affiche en tant que 97 et 65. Comme les symboles `a` et `A` équivalent pour le compilateur à leurs codes ASCII 97 et 65, l'instruction :

```
printf("%c et %c ont les codes ASCII %d et %d.\n", 97, 65, 97, 65);
```

afficherait :

```
a et A ont les codes ASCII 97 et 65.
```

Dans ce cas, le format `%c` entraînerait que les constantes entières 97 et 65 seraient affichées sous la forme des caractères correspondant aux codes

ASCII 97 et 65. Le format %d, par contre, les fait interpréter et afficher comme des nombres.

Remarque

Affichage des caractères spéciaux

Pour afficher les caractères spéciaux (*é, è, à*...), il vaut mieux passer par leurs valeurs ASCII.

Affichage formaté des valeurs à virgule flottante

Quand la fonction printf manipule des arguments, il ne faut pas seulement que leur nombre concorde avec le nombre de spécifications d'affichage. Il faut aussi vérifier que l'argument s'accorde avec le format du type de donnée. Pour ce qui concerne l'affichage des nombres à virgule flottante par exemple, un format pour nombre entier tel que %d est inadéquat. Le programme suivant montre ce qui arrive lorsque l'argument ne s'accorde pas avec la spécification de formatage.

▼ Listing 2.20 : nomatch.c

```
/*  nomatch démontre les erreurs qui résultent d'un format
    ➥ d'affichage erroné.  */
#include <stdio.h>
main()
{
   printf("%d est un nombre réel.\n", 3.14);
}
```

Le programme fournit le résultat insensé, par exemple :

```
-31457 est un nombre réel.
```

Ce résultat provient de ce qu'on a essayé de représenter une donnée à virgule flottante (type `double`) de 8 octets de long (à savoir la constante réelle 3,14) comme une donnée entière de 2 octets. Pour afficher des valeurs à virgule flottante, vous disposez des formats %f, %e (%E) et %g (%G). Ces formats valent aussi bine pour le type `float` que pour le type `double`. Pour ce qui concerne le type `long double`, on utilise %Lf. La spécification la plus usuelle est %f. Le programme *floout.c* s'en sert pour afficher plus correctement la constante flottante `3,14`.

▼ Listing 2.21 : floout.c

```
/*  floout affiche un réel.  */
#include <stdio.h>
main()
{
   printf("%f est un réel.\n", 3.14);
}
```

Le programme affiche :

```
3.140000 est un réel.
```

Le résultat est affiché avec six chiffres après la virgule. C'est le format standard (par défaut). Dans ce chapitre, nous verrons notamment comment régler le nombre de décimales. La valeur est affichée en tant que nombre à virgule fixe, c'est à dire sous la forme classique avec un point comme séparateur décimal.

Formats E et G

Les formats %e ou %E entraînent l'affichage d'un nombre réel sous forme exponentielle. La différence entre les deux spécifications consiste dans la graphie de la lettre *e* qui représente l'exposant : %e affiche le symbole exponentiel en minuscule tandis que %E l'affiche en majuscule.

▼ Listing 2.22 : eformat.c

```
/*  eformat affiche des valeurs à virgule flottante
    ➥ sous forme exponentielle.  */
#include <stdio.h>
main()
{
   printf("%e  %E  %e  %E\n", 314.0, 0.00314, 0.0314E4, 314.0e-5);
}
```

Le programme eformat.c affiche les valeurs suivantes.

```
3.140000e+02  3.140000E-03  3.140000e+02  3.140000E-03
```

Les valeurs sont affichées au format standard, avec un chiffre avant la virgule et six chiffres après la virgule. Il s'avère ici à nouveau que la forme extérieure des arguments n'est pas décisive pour ce qui concerne l'affichage, ce dernier dépendant seulement du format. Peu importe donc, par exemple, que les arguments soient donnés sous forme décimale ou exponentielle. Il n'est pas important non plus que l'exposant dans le troisième argument soit représenté par la majuscule E : le format %e l'affiche avec la lettre e.

Les formats %g et %G sont moins courants. Ils affichent une valeur à virgule flottante sous forme décimale (comme avec %f) ou sous forme exponentielle (comme avec %e). Cela dépend de la précision demandée à la valeur. La représentation exponentielle est prise lorsque l'exposant de la valeur est inférieur à -4 (mesuré à l'aune du format d'affichage par défaut avec un chiffre avant la virgule) ou bien supérieur à la précision de la valeur. La précision d'une valeur flottante au format %g n'est autre que le nombre maximal de chiffres significatifs à afficher. (Avec les formats %f et %e, la précision désigne le nombre de décimales à afficher.) Les spécifications %g et %G se différencient par le fait que %g affiche un e dans le format exponentiel et %G affiche un E. Le programme gformat.c donne quelques valeurs au format g.

▼ Listing 2.23 : gformat.c

```
/*  gformat affiche des valeurs à virgule flottante.  */
#include <stdio.h>
```

```
main()
{
   printf("%g  %G  %g  %G\n", 314.0, 0.0000314, 3.14E6, 314.0e-5);
}
```

Le programme donne les valeurs suivantes.

```
314  3.14E-05  3.14e+06  0.00314
```

La première valeur `314` résulte de ce que l'argument correspondant `314.0` aurait l'exposant 2 (`3.14e2`) s'il était affiché au format exponentiel standard. Ce dernier n'est ni trop petit ni trop grand. Le résultat est donc celui que donnerait le format `%f` au lieu du format `%g`. À vrai dire, le format `g` supprime les zéros qui suivent et n'affiche de point décimal que si celui-ci est suivi de chiffres non nuls. C'est pourquoi c'est 314 qui est affiché et non 314.0. La seconde valeur est au format exponentiel, car l'exposant de l'argument correspondant dans le format exponentiel standard serait -5 (`3.14e-5`), donc inférieur à -4. Le troisième argument contient un exposant supérieur à la précision standard et il est donc affiché au format exponentiel. Le dernier argument `314.0e-5` aurait l'exposant -3 dans le format exponentiel standard (`3.14e-3`). Celui-ci n'est pas assez petit et la valeur est donc affichée classiquement avec un point décimal.

Affichage formaté des chaînes de caractères

Outre les formats déjà présentés, les spécifications `%s`, `%p` et `%n` sont intéressantes pour nous. Le format `%s` sert à afficher des chaînes de caractères, notamment des variables de type chaîne (variables `string`). Ces dernières ont pour caractéristique d'être des types de données composées.

Renvoi

Elles ne seront présentées qu'au chapitre *Types de données complexes.*

Mais vous pouvez déjà afficher des constantes de type chaîne à l'aide du format `%s`.

▼ Listing 2.24 : strout.c

```
/*  strout affiche une constante chaîne de caractères  */
#include <stdio.h>
main()
{
   printf("%s", "Voici une chaîne de caractères.\n");
}
```

La chaîne de caractères `"Voici une chaîne de caractères."` est ici l'argument de `printf` et sera transmise, lors de l'affichage, à la spécification `%s`.

Est affiché le texte :

```
Voici une chaîne de caractères.
```

Nous savons naturellement déjà que nous aurions pu arriver au même résultat par l'instruction :

```
printf("Voici une chaîne de caractères.\n");
```

donc non par l'affichage d'un argument, mais par l'affichage d'une chaîne de contrôle dépourvue de spécification de format. La fonction **printf**, dans l'exemple précédent, n'aurait aucun argument. On tient compte ici de ce que la chaîne de contrôle affiche tels quels les caractères usuels et on écrit donc le texte à afficher en tant que chaîne de formatage sans aucune spécification de format entre les parenthèses de la fonction **printf**.

Les chaînes de caractères peuvent être transmises à la fonction **printf**, étalées sur plusieurs lignes, mais à l'affichage on n'obtient qu'une seule ligne.

▼ Listing 2.25 : strout2.c

```
/*  strout2 affiche des chaînes de caractères   */
#include <stdio.h>
main()
{
   printf("Cette");
   printf(" chaîne de caractères");
   printf(" tient");
   printf(" sur");
   printf(" une");
   printf(" ligne.\n");
}
```

Voici le résultat correspondant.

```
Cette chaîne de caractères tient sur une ligne.
```

Une autre technique pour transmettre à la fonction printf des chaînes de caractères sur plusieurs lignes consiste à placer les portions de chaînes entre guillemets. L'instruction :

```
printf("Cette chaîne de caractères"
    " tient"
    " sur une ligne.\n");
```

produit aussi à l'écran :

```
Cette chaîne de caractères tient sur une ligne.
```

Une troisième possibilité pour éclater une chaîne de caractères est de la couper par le symbole \.

```
printf("Cette chaîne de caractères tient\
sur une ligne.\n");
```

L'instruction donne le même résultat que précédemment. Il faut faire attention ici à ne pas indenter la seconde portion de la chaîne de caractères. Autrement, les espaces ainsi insérés feraient partie du résultat affiché.

Les formats `%p` et `%n` sont prévus pour le type de données **`pointeur`** (pointer) qui sera traité lui aussi ultérieurement. Sont de type **`pointeur`** les données pouvant recevoir les adresses d'autres données. `%p` permet d'afficher des adresses (comme les adresses sont des données entières, `%d` ou `%x` fonctionne également). `%n` est utilisé pour stocker le nombre de caractères déjà affichés par `printf` avant que n'arrive le format `%n`. Le tableau suivant résume les spécifications de format que nous venons d'exposer pour `printf`.

Tab. 2.1 : Formats de printf

Format	Objet de donnée
%d	Nombre décimal
%i	Nombre entier
%u	Nombre entier non signé
%o	Nombre entier octal
%x, %X	Nombre entier hexadécimal
%c	Caractère ASCII
%f	Nombre à virgule flottante
%e, %E	Nombre à virgule flottante en format exponentiel
%g, %G	Nombre à virgule flottante aux formats %f ou %e
%s	Chaîne de caractères
%p	Pointeur
%n	Pointeur (nombre de caractères déjà donnés)

Affichage du symbole de pourcentage

Un caractère `%` placé dans une chaîne de contrôle provoque le test du caractère qui suit. Si ce dernier ne figure pas dans la liste des caractères de formatage (les lettres du tableau précédent), alors le signe % est ignoré et le caractère qui suit est affiché tel quel. Il s'ensuit que pour afficher le caractère `%` lui-même on utilisera la combinaison :

```
%%
```

L'instruction :

```
printf("50%% de 100 donne 50.\n");
```

affiche donc le message :

```
50% de 100 donne 50.
```

Affichage formaté des valeurs long, double et short

Entre le symbole de pourcentage et la lettre clé identifiant le format d'affichage, on peut encore placer d'autres caractères de formatage.

Pour les types entiers, le caractère `h` placé devant une des lettres `d`, `i`, `o`, `x`, `X`, `u` permet d'afficher un argument de type `short` ou `unsigned short`. De manière analogue, le caractère `l` sert à représenter des arguments de type `long` ou `unsigned long`. Avec des valeurs réelles, le caractère `l` placé devant une des lettres `f`, `e`, `E`, `g`, `G` indique que l'argument est de type `double`. Naturellement, le format `%f` suffit aussi pour une valeur `double`. Pour le type `long double`, on utilise `%Lf`.

Le programme prefix.c affiche quelques variables de type `short`, `long` et `double`.

▼ Listing 2.26 : prefix.c

```
/*  prefix affiche des variables short, long et double  */
#include <stdio.h>
main()
{
   short s = 123;
   long l = 123456;
   double d = 0.123456789;
   printf("short :\t déc = %hd\t\t  unsigned = %hu\n\t"
          " oct = %ho\t\t  hex = %hx\n\n", s, s, s, s);
   printf("long :\t déc = %ld\t\t  unsigned = %lu\n\t"
          " oct = %lo\t\t  hex = %lx\n\n", l, l, l, l);
   printf("double :\t normal = %lf\t  exponentiel = %le\n",
   d, d, d, d);
}
```

Vous obtiendrez à l'écran :

```
short:       déc = 123               unsigned = 123
             oct = 173               hex = 7b

long:        déc = 123456            unsigned = 123456
             oct = 361100            hex = 1e240

double:      normal = 0.123457       exponentiel = 1.234568e-01
```

Les valeurs `double` sont affichées avec six chiffres après la virgule, ce qui correspond au format standard (par défaut). La dernière décimale est arrondie ce faisant. Mais comme notre valeur `double` a neuf décimales, les trois derniers chiffres après la virgule ne sont pas pris en compte par le format standard qui s'arrête à 6. Il existe cependant des caractères spéciaux de formatage qui permettent de régler le nombre de décimales affichées (précision) ou la largeur d'affichage ou d'autres choses encore (par exemple l'alignement du résultat).

Largeur minimale

La largeur d'une valeur détermine le nombre de caractères ou de chiffres minimaux qu'il faudra afficher (largeur de champ minimale). Pour spécifier la largeur minimale, on place un nombre entier entre le caractère `%` et la lettre clé de formatage. Si la représentation d'une valeur nécessite moins de positions que n'en indique la largeur minimale, les positions restant avant la valeur sont complétées par des espaces. Si la représentation nécessite plus de positions que n'indique la largeur minimale, l'espace supplémentaire exigé est occupé par `printf`. La largeur minimale peut être utilisée indépendamment du type de données de l'argument à afficher. Pour les nombres à virgule flottante, le point décimal compte pour la largeur du champ. Nous afficherons ici quelques valeurs de différents types.

▼ Listing 2.27 : wide.c

```
/*  wide affiche des valeurs avec spécification de largeur d'affichage.  */
#include <stdio.h>
main()
{
   printf("%d\n%1d\n%4d\n", 17, 17, 17);
   printf("%f\n%4f\n%16f\n", 3.141593, 3.141593, 3.141593);
   printf("%s\n%4s\n%12s\n", "string", "string", "string");
}
```

Le programme affiche :

```
17
17
  17
3.141593
3.141593
        3.141593
string
string
      string
```

Le premier argument de chacune des trois instructions `printf` est affiché dans le format standard car aucune largeur minimale n'est indiquée. Pour ce qui concerne le second argument, la largeur minimale est inférieure au nombre de positions requis par la valeur et l'on constate que la place supplémentaire nécessaire est remplie. Pour ce qui est du troisième argument, la largeur minimale proposée est le double de la largeur standard, ce qui entraîne l'insertion d'espaces pour obtenir le nombre de positions requis. Si on souhaite que le remplissage se fasse à l'aide de zéros et non d'espaces, alors on place un zéro avant la spécification de largeur d'affichage.

▼ Listing 2.28 : zero.c

```
/*  zero remplace les espaces de complétion par des zéros.  */
#include <stdio.h>
main()
```

```
{
   printf("%04d  %016f  %012s\n", 17, 3.141593, "string");
}
```

L'affichage donne :

```
0017  000000003.141593      000000string
```

Remarque

A propos de gcc sous Linux

Avec gcc sous Linux, les 0 devant `string` n'apparaissent pas.

Précision

Outre la largeur minimale, on peut spécifier la précision des valeurs à afficher. La spécification de précision est un nombre entier qui suit la largeur minimale et est séparé de cette dernière par un point. Selon le type de données, le terme précision peut prendre différentes significations.

Pour les nombres réels, il indique le nombre de chiffres après la virgule. Avec des nombres entiers, il donne en revanche le nombre minimal de chiffres à afficher (à ne pas confondre avec la largeur minimale qui indique le nombre de positions à afficher). Pour ce qui concerne les chaîne de caractères, la précision détermine le nombre maximal de caractères à afficher.

S'il le faut, les nombres à virgule flottante sont arrondis à l'affichage et les positions après la virgule sont complétées avec des zéros. Les valeurs entières sont éventuellement complétées avec des zéros placés devant. Nous illustrerons cette notion de précision avec le programme suivant.

▼ Listing 2.29 : accuracy.c

```
/*  accuracy affiche des valeurs de différents types
    ➥ avec des spécifications de précision*/
#include <stdio.h>
main()
{
   printf("%5.3f\n%11.6f\n", 3.1415, 3.1415);
   printf("%5.5d\n%8.5d\n", 314, 314);
   printf("%6.6s\n%6.3s\n", "string", "string");
}
```

Les valeurs suivantes sont affichées :

```
3.142
   3.141500
00314
   00314
string
   str
```

La spécification de précision pour le premier nombre réel exige trois chiffres après la virgule, ce qui entraîne que la troisième des quatre décimales est arrondie. La largeur minimale de 5 (point décimal inclus) exigée par la spécification de largeur est obtenue sans qu'il faille insérer des espaces. La seconde valeur est représentée avec trois espaces avant et deux zéros après, afin d'arriver à une largeur minimale de onze positions en tout dont six chiffres après la virgule.

L'affichage des valeurs entières montre que le nombre minimal de chiffres à afficher est réalisé à l'aide de zéros placés devant, si le nombre lui-même ne contient pas suffisamment de chiffres significatifs. En outre, on ajoute ici à la seconde valeur trois espaces de complétion placés devant afin d'obtenir la largeur minimale exigée. La première chaîne de caractères est entièrement affichée car la spécification de précision autorise six caractères au maximum. Pour la seconde chaîne de caractères, trois caractères au plus sont autorisés. Cela amène que seuls les trois premiers caractères sont affichés, avec trois espaces de complétion placés devant car la spécification de largeur requiert six positions au moins. Pour ce qui concerne la précision des nombres réels, il faut faire attention au point suivant : si la spécification de précision est explicitement zéro, alors aucun point décimal ne sera affiché. Des instructions telles que :

```
printf("%5.0f", 314.0);
printf("%5.f", 314.0);
printf("%5.0f", 314.);
printf("%5.f", 314.);
```

entraînent donc que le nombre `314.0` sera affiché sans point décimal, sous la forme 314. Le même effet serait obtenu par la spécification `%g` ou `%5.0f` ou `%5.f`. La disparition du point décimal est fort utile lorsqu'on travaille avec des valeurs énormes que les types `long` ou `unsigned long` ne peuvent représenter (nombres supérieurs à 4 294 967 296). Dans ce cas, on peut traiter les valeurs entières comme des nombres réels (avec point décimal et sans chiffres après la virgule) qu'on affichera ensuite en se débarrassant du point décimal superflu via la spécification de précision explicite 0 ou via le format `%g`.

Si en revanche on veut que le point décimal soit systématiquement affiché, on ajoute le caractère # à la spécification de formatage. L'instruction :

```
printf("%#5.0f", 314.0);
```

assure que le nombre `314.0` sera affiché avec le point décimal sous la forme 314., bien qu'il n'ait pas de chiffres après la virgule.

Alignement et signe

La fonction `printf` affiche par défaut des résultats alignés sur la droite. Cela signifie qu'en cas de besoin, ce sont les emplacements à gauche de la valeur qui seront complétés avec des espaces ou des zéros. Un signe - placé dans la spécification de format renverse l'alignement de la valeur.

▼ Listing 2.30 : justify.c

```
/*  justify affiche des valeurs cadrées à gauche et à droite  */
#include <stdio.h>
main()
{
printf("alignement à droite :\t*%9.4f*\nà gauche :\t*%-9.4f*\n",
➥ 3.1415, 3.1415);
printf("alignement à droite :\t*%6d*\nà gauche :\t*%-6d*\n", 314, 314);
printf("alignement à droite :\t*%9s*\nà gauche :\t*%-9s*\n",
➥ "string", "string");
}
```

Le programme affiche des résultats cadrés à gauche et à droite. Le symbole * délimite ici le début et la fin du champ d'affichage, mais ne fait pas partie du format.

```
alignement à droite :        *   3.1415*
à gauche :                   *3.1415   *
alignement à droite :        *   314*
à gauche :                   *314   *
alignement à droite :        *   string*
à gauche :                   *string   *
```

Un signe + dans la spécification de format fait afficher un signe aussi bien pour les valeurs négatives que positives.

▼ Listing 2.31 : signout.c

```
/*  signout affiche des nombres avec les signes  */
#include <stdio.h>
main()
{
    printf("Le nombre %+d est positif.\n", 100);
    printf("Le nombre %+d est négatif.\n", -100);
}
```

Nous obtenons l'affichage :

```
Le nombre +100 est positif.
Le nombre -100 est négatif.
```

2.2 Saisie formatée

La fonction scanf autorise la saisie formatée de données (depuis le clavier du terminal) et on la désigne souvent comme le pendant de `printf`. Au premier coup d'œil, sa syntaxe est pratiquement identique à celle de `printf`.

```
scanf("string_format", [argument_1, argument_2,..., argument_n]);
```

La chaîne de format peut contenir ici aussi bien des caractères usuels que des spécifications de format, ces dernières commençant par le caractère % comme avec `printf`. Une différence fondamentale entre scanf et printf réside dans la nature des arguments manipulés par la fonction.

La fonction `printf` affiche les valeurs de constantes et de variables. Mais en fait, printf opère non pas sur l'original de la donnée, mais avec une copie de celle-ci. Si donc `printf` affiche la valeur de la variable `x`, la fonction travaille avec un duplicata du contenu mémoire affecté à cette variable. Supposons que la variable `x` doive être affichée avec la valeur `10`. Dans ce cas, le compilateur stocke une copie du contenu 10 dans un emplacement mémoire disponible et informe ensuite la fonction `printf` de l'endroit où se trouve la copie. De cette façon, la fonction printf apprend la valeur de la variable `x`, à savoir 10, sans obtenir son adresse, donc sans savoir où se trouve l'original de la variable. De toute façon, cela n'a pas d'importance car la fonction `printf` ne modifie pas la valeur de ses arguments et n'a donc pas besoin de connaître l'adresse réelle de la variable `x`.

Il en va autrement avec la fonction `scanf`. La fonction `scanf` lit des valeurs sur le périphérique d'entrée standard (en principe le clavier), les interprète à l'aide de la chaîne de format et les range dans les arguments spécifiés. Ces opérations de stockage en mémoire entraînent donc une modification des valeurs originelles des arguments. Cela n'est possible que si la fonction manipule les originaux des données et non des copies. Supposons que l'utilisateur veuille que la variable x reçoive la valeur `20`. Il faut alors que l'original de x soit changé, la modification d'une quelconque copie ne présentant ici aucun intérêt. La fonction scanf doit donc connaître les emplacements mémoire (c'est à dire les adresses) dans lesquels sont rangés ses arguments (originaux). La connaissance de ces adresses et donc la possibilité d'accéder à celles-ci est réalisée grâce à un opérateur particulier : l'opérateur d'adressage `&`. Ce dernier fournit l'adresse mémoire de son opérande. Une expression telle que `&x` donne l'adresse de la donnée baptisée x (et non sa valeur), plus précisément l'adresse du début de la donnée, donc l'adresse de l'emplacement mémoire à partir duquel l'objet est rangé. Il s'ensuit que l'opérateur d'adressage ne peut être appliqué qu'à des objets possédant une adresse mémoire, donc à des variables. Mais pas à des constantes, par exemple, pour lesquelles le compilateur ne réserve pas d'espace en mémoire. De plus, l'opérateur d'adressage ne peut être utilisé ni sur des données ayant la classe de mémorisation `register`, ni sur des composants de champs de bits. La portion de programme qui suit définit la variable entière `x` et l'initialise à la valeur `10`.

```
#include <stdio.h>
main()
{
    int x = 10;
```

```
.
.
.
```

La position de cette variable x en mémoire peut se représenter ainsi.

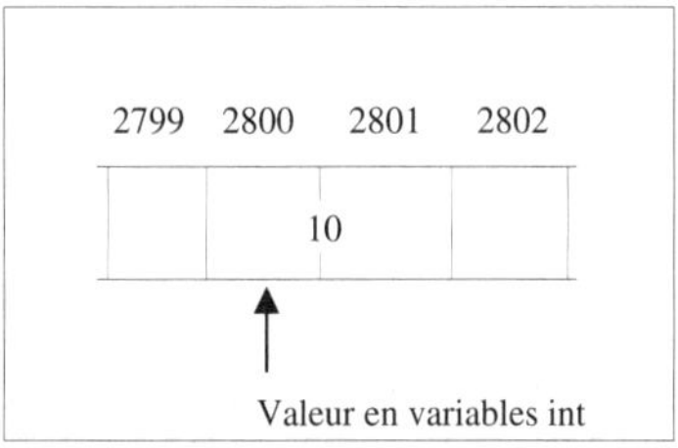

Fig. 2.2 : *Valeur et adresse d'une variable int en mémoire*

La variable x vaut actuellement 10, alors que l'expression &x donnant l'adresse de la variable vaut 2800. Nous pouvons aussi afficher cette adresse. Les adresses sont des données entières et sont habituellement affichées en notation hexadécimale. Nous utiliserons donc le format %x pour l'affichage.

▼ Listing 2.32 : address.c

```
/*  address affiche des valeurs avec leurs adresses  */
#include <stdio.h>
main()
{
   int x = 10;
   float f = 3.14;
   char c = 'A';
   printf("integer x = %d\tAdresse de x = %x (hex)\n", x, &x);
   printf("float f = %.2f\tAdresse de f = %x (hex)\n", f, &f);
   printf("char c = %c\tAdresse de c = %x (hex)\n", c, &c);
}
```

On voit d'après l'écran :

```
integer x = 10      Adresse de x = 2984 (hex)
float f = 3.14      Adresse de f = 2986 (hex)
char c = A          Adresse de c = 298a (hex)
```

que les adresses sont des données de nature identique, quel que soit le type des données correspondantes. En effet, les adresses ont un format indépendant du type de données. Cela signifie que l'adresse d'un objet ne renseigne pas sur le type de donnée qui se cache derrière. Les adresses de notre exemple sont des adresses que le compilateur a affectées aux variables lors de l'exécution du programme address.c. Lors d'une autre exécution ou sur un autre système, ces adresses peuvent avoir d'autres valeurs, selon l'emplacement mémoire du programme à exécuter.

Les adresses, selon la machine, occupent 2 ou 4 octets en mémoire. Nous supposerons ici que les adresses sont rangées sur 2 octets, ce qui est habituellement le cas sur les compatibles PC. On parle d'adresses d'offset. L'offset donne la distance d'une donnée ou de son adresse par rapport au début d'une certaine plage de mémoire contenant la donnée. Sur les PC équipés de DOS par exemple, les variables sont rangées dans le segment de données. Cette zone de 64 ko héberge les données manipulées par le programme. On peut considérer ce segment comme une suite de cases mémoire d'un octet, numérotées à partir de zéro. Chaque numéro exprime une adresse relative par rapport au début du segment. Ainsi, l'adresse offset 2800 de la variable x dans notre exemple est la 2 801e adresse calculée à partir du début du segment des données. Bien évidemment, le segment lui-même a une adresse en mémoire. On peut donc exprimer l'adresse complète d'une donnée en combinant l'adresse de segment avec l'offset correspondant. Au lieu d'afficher uniquement l'adresse d'offset :

```
2800
```

on afficherait par exemple :

```
0460:2800
```

où 0460 représente l'adresse de segment et 2800, l'offset correspondant. Mise sous cette forme, une adresse exige 4 octets au lieu de 2.

Renvoi

Reportez-vous au chapitre ***Pointeurs***.

Spécifications de format pour scanf

L'opérateur d'adressage & appliqué au nom de la variable informe donc la fonction scanf de l'emplacement de stockage de la valeur saisie. scanf attend donc comme argument non pas le nom (donc la valeur) d'une variable, mais au contraire son adresse. L'instruction :

```
scanf("%d", &x);
```

permet donc de transmettre à la fonction scanf une valeur saisie au clavier et qui sera rangée dans la variable x. La spécification de format %d dit que cette valeur doit être un entier décimal. Naturellement, la variable x doit avoir été préalablement définie et son type doit être compatible avec le format, donc int dans ce cas.

Outre la lettre d pour les nombres entiers décimaux, il existe ici, comme avec printf, une liste de lettres clé permettant d'annoncer à la fonction le type de la donnée à lire. Qui plus est, il y a encore d'autres caractères de formatage. Les spécifications de formats introduites par le caractère % ont en partie la même signification que sous printf.

Tab. 2.2 : Spécifications de format de scanf	
Format	**Valeur de saisie**
%d	Entier décimal de type `int`
%hd	Entier décimal de type `short`
%Id	Entier décimal de type `long`
%i	Entier de type `int` (saisie entière)
%u	Entier décimal de type `int` non signé
%hu	Entier décimal de type `short` non signé
%lu	Entier décimal de type `long` non signé
%o	Entier octal de type `int`
%ho	Entier octal de type `short`
%lo	Entier octal de type `long`
%x	Entier hexadécimal de type `int`
%hx	Entier hexadécimal de type `short`
%lx	Entier hexadécimal de type `long`
%c	Caractères ASCII (type `char`)
%f	Nombre à virgule flottante de type `float`
%lf	Nombre à virgule flottante de type `double`
%e, %E	Nombre à virgule flottante de type `float`
%le, %LE	Nombre à virgule flottante de type `double` (exponentiel)
%g, %G	Nombre à virgule flottante de type `float` (exponentiel ou décimal)
%Lg, %LG	Nombre à virgule flottante de type `long double` (exponentiel ou décimal)
%s	Chaîne de caractères
%p	Pointeur
%n	Aucune donnée utilisateur (montre le nombre des caractères déjà lus)

Une opération simple d'entrée/sortie

Nous allons essayer d'écrire un programme qui lit une valeur saisie par l'utilisateur et ensuite l'affiche. Cette valeur doit être décimale, entière et positive, et non supérieure à 1000. Nous diviserons ce travail en trois phases :

1. l'utilisateur est informé qu'il doit entrer une valeur, qui plus est d'un certain type.
2. la valeur entrée est récupérée et rangée dans une variable appropriée.
3. la valeur stockée est affichée.

La première partie du travail sera réalisée par quelques instructions `printf`.

```
printf("Entrez un entier décimal compris entre 1 et 1000.\n");
printf("Puis validez par <Entrée>.\n");
printf("Votre nombre ? ");
```

Pourquoi la confirmation par `<Entrée>` ? La raison en est que la fonction `scanf` ne lit pas la valeur qui lui est destinée directement depuis le périphérique d'entrée/sortie standard (habituellement le clavier), mais depuis un tampon de lecture dans lequel sont rangées toutes les valeurs saisies par l'utilisateur. Ce n'est qu'après réception d'un certain caractère marquant la fin de la saisie que ces valeurs sont récupérables par la fonction `scanf` pour un traitement ultérieur. Ce caractère de fin de saisie est produit par l'activation de la touche [Entrée] : c'est le caractère de saut de ligne qui fait partie des caractères de contrôle invisibles et est représenté dans les programmes par la séquence d'échappement `'\n'`. Nous devons donc informer l'utilisateur du programme, via une des instructions `printf` précédant l'instruction `scanf`, qu'il doit conclure sa saisie par [Entrée].

Une saisie telle que celle que nous venons de décrire est dite saisie bufférisée. Elle présente l'avantage que l'utilisateur peut modifier ce qu'il vient d'entrer tant qu'il n'a pas appuyé sur la touche [Entrée]. Il peut ainsi, par exemple, corriger une faute de frappe. Mais la saisie bufférisée (tamponnée) a aussi des inconvénients. Maintes fonctions, dont `scanf`, qui lisent et manipulent les caractères depuis le tampon de lecture laissent les caractères non traités (notamment le `<Entrée>` final) dans le tampon. Ces caractères restent alors disponibles dans le tampon clavier et sont récupérés intempestivement par le prochain appel de fonction accédant au tampon à la place d'un caractère saisi par l'utilisateur. Cela entraîne généralement une erreur. (voir le chapitre *Entrée et sortie*). Pour ce qui est de la seconde phase de l'exercice, à savoir la saisie et le rangement de la valeur, nous utiliserons la fonction `scanf`. Comme la valeur doit être comprise entre 1 et 1000, nous prendrons le format `%d` utilisable avec les valeurs `int` de -32768 à 32767. Au préalable, nous devons définir une variable `int` pour recevoir la valeur saisie au clavier. Nous la nommerons `iNb`.

L'instruction `scanf` aura donc l'allure suivante.

```
scanf("%d", &iNb);
```

Pour la troisième phase de l'exercice, à savoir l'affichage de la valeur saisie, nous reprendrons `printf`.

```
printf("Le caractère lu est : %d\n", iNb);
```

Cet affichage se fait sur une nouvelle ligne, car la saisie réalisée via l'instruction précédente a été terminée par `<Entrée>`, donc par un saut de ligne. Il est maintenant aisé de rassembler les trois portions pour en faire un seul programme.

▼ Listing 2.33 : iscan.c

```
/*   iscan lit une valeur décimale entière et l'affiche   */
#include <stdio.h> /*   pour printf et scanf   */
main()
{
```

```
    int iNb;  /*   variable int pour recevoir la valeur lue    */
    printf("Entrez un entier décimal compris entre 1 et 1000.\n");
    printf("Puis validez par <Entrée>.\n");
    printf("Votre nombre ? ");
    scanf("%d", &iNb);   /*   rangement de la valeur saisie
                              ➥ dans la variable iNb   */
    printf("Le caractère lu est : %d\n", iNb);
}
```

Suivez bien le déroulement du programme. Au début, les premières instructions `printf` font apparaître l'invite :

```
Entrez un entier décimal compris entre 1 et 1000.
Puis validez par <Entrée>.
Votre nombre ?
```

sur l'écran. À la suite de l'instruction `scanf`, le curseur clignote ensuite après le point d'interrogation sur la troisième ligne. Il montre ainsi qu'on attend ici que l'utilisateur entre quelque chose. Saisissez donc, par exemple, le nombre `729`. Vous avez alors l'écran suivant :

```
Entrez un entier décimal compris entre 1 et 1000.
Puis validez par <Entrée>.
Votre nombre ? 729
```

Appuyez maintenant sur la touche [Entrée]. Cela termine la saisie pour la fonction `scanf` et l'instruction suivante est exécutée. Qui plus est, l'activation de `<Entrée>` engendre un saut de ligne ce qui entraîne que l'affichage qui suit commence sur une nouvelle ligne. Nous avons donc en tout :

```
Entrez un entier décimal compris entre 1 et 1000.
Puis validez par <Entrée>.
Votre nombre ? 729
Le caractère lu est : 729
```

Nombre variable de paramètres

Comme printf, scanf peut aussi opérer sur plusieurs valeurs en une seule instruction. Par exemple, l'instruction :

```
scanf("%d %d %d", &a, &b, &c);
```

lit successivement plusieurs entiers qui sont rangés respectivement dans les variables (`int`) `a`, `b`, `c`. Les espaces entre les spécifications de formatage ne sont pas absolument nécessaires, car scanf ignore les blancs dans la chaîne de contrôle. L'instruction :

```
scanf("%d%d%d", &a, &b, &c);
```

aurait ainsi le même effet que :

```
scanf("%d %d %d", &a, &b, &c);
```

ou que :

```
scanf("%d   %d   %d", &a, &b, &c);
```

Il faut cependant noter certaines points pour lire plusieurs valeurs en une seule instruction. Comme la fonction `printf` qui relie chaque spécification de format à un argument, scanf affecte à chaque indication de formatage, de la gauche vers la droite, la valeur saisie qui est ensuite rangée dans l'argument adéquat.

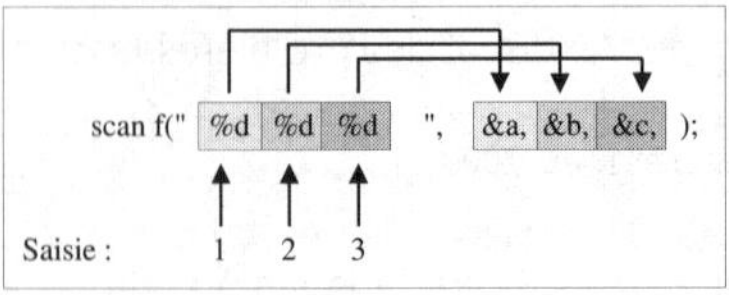

Fig. 2.3 : *Saisie de plusieurs valeurs en un seul scanf*

Comme dans printf, les spécifications de format, les valeurs saisies et les arguments doivent correspondre en nombre et en type. S'il y a plus de valeurs saisies, par exemple, que de formats et d'arguments, les valeurs en trop sont ignorées. Les arguments pour lesquels il n'y a pas de spécification de format ont une valeur indéfinie. Si le type de la valeur saisie ne convient pas à l'indication de formatage, la fonction scanf s'arrête sans s'occuper des éventuelles saisies qui restent en attente.

Pour distinguer les diverses valeurs saisies, il faut les séparer par des blancs (sauts de ligne, tabulations ou espaces). Ces caractères de séparation sont sautés par `scanf`. Une saisie par l'instruction :

```
scanf("%d %d %d", &a, &b, &c);
```

pourrait donc ressembler à ce qui suit (pour une meilleure illustration, nous avons représenté les caractères invisibles).

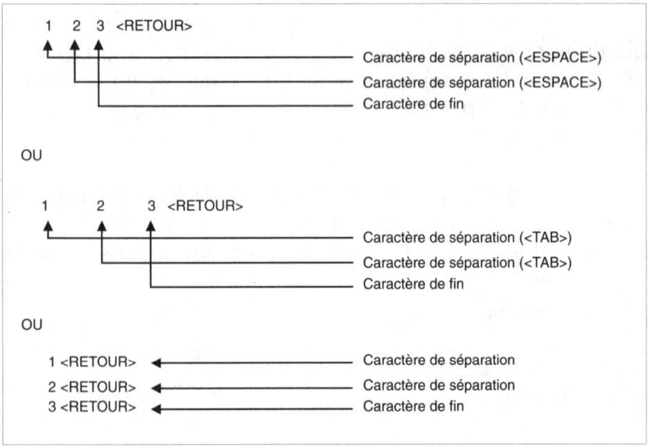

Notez bien que ce n'est que le dernier **<Entrée>** qui met fin à la saisie lorsqu'on utilise des sauts de ligne comme séparateurs. Les blancs initiaux sont également ignorés par **scanf**. Cela signifie que des saisies du style :

```
<TAB> 1 <TAB> 2 <TAB> 3 <Entrée>
```

donnent le même résultat que :

```
1 <TAB> 2 <TAB> 3 <Entrée>
```

Qu'arrive-t-il lorsque l'utilisateur appuie sur [Entrée] sans avoir saisi de valeur ? Dans ce cas, la fonction ignore ce caractère et attend la saisie d'une valeur. En d'autres termes, seule la saisie d'un caractère différent d'un blanc met fin à la fonction `scanf`.

Saisies formatées de nombres octaux et hexadécimaux

La dernière instruction `scanf` lisait trois nombres de type `int` sous forme de valeurs décimales. Pour la saisies des valeurs octales et hexadécimales, on dispose des spécifications `%o`, `%x` et `%i`. Ce faisant, `%o` et `%x` signifie que les saisies se font sous forme octale ou hexadécimale, alors que `%i` demande que les valeurs octales soient munies d'un zéro placé en tête et que les valeurs hexadécimales soient dotées des caractères `0x` placés devant. En l'absence de ces préfixes, la valeur formatée en `%i` est considérée comme décimale. Le programme *ohscan.c* lit des valeurs octales et hexadécimales dans les trois formats, et les affiche ensuite.

▼ Listing 2.34 : ohscan.c

```
/*   ohscan lit des valeurs octales et hexadécimales et les affiche   */
#include <stdio.h> /*   pour printf, scanf   */
main()
{
   int oct1, oct2, hex1, hex2, dec;
   scanf("%o %i %x %i %i", &oct1, &oct2, &hex1, &hex2, &dec);
   printf("\noct1:%o \t oct2:%o \t hex1:%x \t hex2:%x \
           ➥ t dec:%d\n\n", oct1, oct2, hex1, hex2, dec);
   printf("Toutes valeurs décimales :\n\n");
   printf("oct1:%d \t oct2:%d \t hex1:%d \t hex2:%d \t dec:%d\n\n",
          ➥ oct1, oct2, hex1, hex2, dec);
}
```

Saisissez :

```
12 012 12 0x12 12
```

L'affichage résultant :

```
oct1:12         oct2:12         hex1:12         hex2:12         dec:12
```

Toutes valeurs décimales :

```
oct1:10         oct2:10         hex1:18         hex2:18         dec:12
```

prouve l'effet des spécifications de format. La dernière instruction `printf` affiche toutes les valeurs saisies sous forme décimale, à des fins de contrôle.

Saisies formatées de valeurs short et long

Pour le type `short`, `scanf` utilise (comme `printf`) les formats `%hd`, `%hi`, `%ho`, `%hx` et `%hu`. Pour la saisie de valeurs `long`, certains compilateurs acceptent les spécifications suivantes :

```
%D        %I        %O        %X        %U
```

équivalentes à :

```
%ld       %li       %lo       %lx       %lu
```

Les formats `%f`, `%e` (`%E`) et `%g` (`%G`) sont (contrairement à printf) uniquement adaptés au type `float`. Pour le type `double`, on exige les formats `%lf`, `%le` (`%lE`) et `%lg` (`%lG`). Commençons par manipuler quelques valeurs `float`.

▼ Listing 2.35 : fscan.c

```
/*  fscan lit des valeurs à virgule flottante et affiche leur somme   */
#include <stdio.h> /*   pour printf, scanf   */
main()
{
   float f, e, g;
   printf(  "Ce programme lit trois réels saisis par vous et affiche"
             "leur somme.\nValidez chaque saisie par <Entrée>.\n");
   printf(  "Entrez maintenant le premier nombre.\n"
      "écrit sous forme décimale (x.x) :\n");
   scanf("%f", &f);  /*   lecture du premier nombre au format f   */
   printf("Entrez le second nombre sous forme exponentielle
          ➥ (x.xEx) :\n");
   scanf("%e", &e);  /*   lecture du second nombre au format e    */
   printf("Entrez le troisième nombre sous forme décimale
          ➥ ou exponentielle :\n");
   scanf("%g", &g);  /* lecture du troisième nombre au format g   */
   printf("La somme des nombres est : %f\n", f+e+g);
}
```

L'exécution du programme pourrait ressembler à :

```
Ce programme lit trois réels saisis par vous et affiche leur somme.
Validez chaque saisie par <Entrée>.
Entrez maintenant le premier nombre
écrit sous forme décimale (x.x) :
3.1415
Entrez le second nombre sous forme exponentielle (x.xEx) :
0.027E2
Entrez le troisième nombre sous forme décimale ou exponentielle :
5.0
La somme des nombres est : 10.841500
```

Pour saisir des nombres très grands ou avec une double précision, nous prendrons des variables de type `double` (ou `long double`) avec le format `%lf` (ou `%le` ou `%lg`) au lieu de `%f`. Pour le type `long double`, on utilisera le format `%Lf`.

▼ Listing 2.36 : dscan.c

```
/*   dscan lit un nombre "double"  */
#include <stdio.h> /*   pour printf, scanf   */
main()
{
   double d;
   printf("Entrez un réel avec 8 chiffres après la virgule :\n");
   scanf("%lf", &d);
   printf("Votre nombre est : %.8f\n", d);
}
```

Un déroulement possible de programme serait :

```
Entrez un réel à avec 8 chiffres après la virgule :
9.87654321
Votre nombre est : 9.87654321
```

Outre les valeurs numériques, scanf permet de saisir des données non numériques ou alphanumériques telles que des caractères ou des chaînes de caractères. Comme nous l'avons déjà signalé dans la section précédente consacrée à printf, les chaînes de caractères sont des données de type complexe.

Renvoi

La saisie et l'affichage des chaînes de caractères sont traités seulement au chapitre ***Types de données complexes***. Nous y verrons, en particulier, comment définir une variable chaîne de caractères et comment saisir une chaîne de caractères via le format **%s**.

Saisie formatée de caractères

Le format `%c` autorise la saisie d'un unique caractère (ASCII) en tant que valeur alphanumérique. Nous écrirons, à titre d'exemple, le programme *cscan.c*.

▼ Listing 2.37 : cscan.C

```
/*   cscan lit des caractères  ASCII   */
#include <stdio.h> /*   pour printf, scanf   */
main()
{
   char z1, z2, z3;    /* 3 variables char pour recevoir
                        ➥ les caractères saisis */
   printf("Le système décimal contient les chiffres: 0 - 9.\n");
   printf("Complétez la phrase suivante avec 3 caractères
           ➥ adéquats.\n");
   printf("(N'oubliez pas les séparateurs entre les valeurs.)\n");
   printf("L'alphabet contient les lettres : ");
   scanf("%c %c %c", &z1, &z2, &z3);
```

```
    printf("Votre phrase donne :\n");
    printf("L'alphabet contient les lettres : %c %c %c\n", z1, z2, z3);
}
```

On doit raisonnablement obtenir le déroulement suivant :

```
Le système décimal contient les chiffres: 0 - 9.
Complétez la phrase suivante avec 3 caractères adéquats.
(N'oubliez pas les séparateurs entre les valeurs.)
L'alphabet contient les lettres : A - Z
Votre phrase donne :
L'alphabet contient les lettres : A - Z
```

Pour la lecture de caractères isolés, on n'utilise pas en principe la fonction `scanf` (avec le format `%c`), mais la macro `getchar` ou bien les fonctions `getche` ou `getch`. Du reste, une macro n'est qu'un nom derrière lequel se cachent un certain nombre d'instructions ou d'expressions. Comme une fonction, une macro peut être appelée par son nom et exécutée.

Renvoi

Reportez-vous à la section suivante ou au chapitre *Le préprocesseur C*.

`scanf` avec le format `%c` sera utilisé pour lire des caractères mélangés avec des données d'autres types dans une même instruction. Par exemple, vous pourriez saisir par :

```
scanf("%d %c %d", &a, &carlu, &b);
```

deux entiers et un caractère les reliant entre eux. Si l'utilisateur entre, par exemple :

```
1 + 1
```

on pourrait faire en sorte que le programme calcule la somme des valeurs numériques saisies.

Formats %n et %p

Avec `printf`, nous avions brièvement mentionné le format `%n`. Il permet de déterminer le nombre de caractères qui ont déjà été affichés (`printf`) ou saisis (`scanf`) avant l'apparition de `%n` dans la chaîne de format. Ce nombre est rangé dans une variable dont l'adresse est fournie comme argument aux deux fonctions. Si l'argument ou le paramètre d'une fonction est l'adresse d'une donnée, on dira que l'argument (paramètre) est de type `pointeur`. Un pointeur est une donnée pouvant recevoir l'adresse d'une autre donnée. On pourrait donc utiliser ce pointeur comme argument pour remplacer l'opérateur d'adressage explicite (par exemple `&variable`), une fois l'adresse de la donnée correspondante rangée dans le pointeur.

Renvoi

Reportez-vous au chapitre ***Pointeurs***, et au chapitre ***Fonctions***.

Le programme qui suit montre comment utiliser la spécification de format `%n`.

▼ Listing 2.38 : prinscan.c

```
/* prinscan montre comment utiliser le format %n avec printf et scanf */
#include <stdio.h>    /*   pour printf, scanf    */
main()
{
   long number;  /* nombre entier de type long, au cas
                  ➥ où l'utilisateur entre une valeur élevée   */
   int printcount;  /* nombre de caractères déjà affichés   */
   int scancount;  /* nombre de caractères déjà saisis    */
   printf("Compter les caractères avec %%n :\n");
   printf("123456%n789\n", &printcount);
   printf("Jusqu'au chiffre 6, %d caractères ont été affichés.\n",
          ➥ printcount);
   printf("Entrez maintenant un nombre entier : ");
   scanf("%ld%n", &number, &scancount);
   printf("%ld a %d chiffres.\n", number, scancount);
}
```

Par la seconde instruction, le programme affiche les chiffres de 1 à 9. Le format `%n` placé après le sixième chiffre compte les caractères déjà affichés et range le résultat dans la variable `int` nommée `printcount` dont l'adresse sert d'argument à `printf`. L'instruction `printf` qui suit affiche la valeur de cette variable. L'instruction `scanf` lit un nombre entier. En outre, elle mémorise, via `%n`, le nombre de caractères lus. La dernière instruction affiche la valeur lue et le nombre de ses chiffres (soit le nombre de caractères lus). Voici un exemple de déroulement du programme.

```
Compter les caractères avec %n :
123456789
Jusqu'au chiffre 6, 6 caractères ont été affichés.
Entrez maintenant un nombre entier : 1234567
1234567 a 7 chiffres.
```

Le format `%p` est rarement utilisé, car on n'a pas souvent l'occasion de saisir des adresses. Une telle saisie devrait se faire sous la forme :

```
SSSS.FFFF
```

`SSSS` désignant ici l'adresse du segment et `FFFF`, l'offset (adresses hexadécimales et en majuscules).

Largeur de champ maximale

Comme pour `printf`, on peut spécifier une largeur maximale de champ. Cette spécification est un nombre entier qui détermine le nombre maximal de caractères à saisir dans l'argument correspondant. Il n'est pas absolument nécessaire ici de séparer les différentes valeurs par des espaces. Le programme qui suit sépare les caractères identiques et les affiche sur des lignes distinctes.

▼ Listing 2.39 : scandigt.c

```
/*   scandigt lit une saisie sans espaces de séparation et range les
➥ caractères identiques, via une spécification de largeur,
➥ dans différentes variables   */
#include <stdio.h> /*   pour printf, scanf   */

main()
{
   long one, two, three, four, five;
   printf("Entrez un nombre entier selon le modèle \n");
   printf("                 abbcccddddeeeee\n");
   printf("les lettres a, b, c, d, e désignant\n");
   printf("des chiffres identiques.\n");
   scanf("%1ld %2ld %3ld %4ld %5ld", &one, &two, &three, &four, &five);
   printf("%ld\n%ld\n%ld\n%ld\n%ld\n", one, two, three, four, five);
}
```

Montrons un déroulement possible du programme :

```
Entrez un nombre entier selon le modèle
                 abbcccddddeeeee
les lettres a, b, c, d, e désignant
des chiffres identiques.
122333444455555
1
22
333
4444
55555
```

Comme vous le voyez, la fonction **scanf** a su interpréter la saisie effectuée sans espaces de séparation, conformément aux spécifications de largeur attribuées aux diverses variables : la variable **one** reçoit le premier caractère entré, la variable **two**, les deux suivants, etc.

Sauter les valeurs saisies

Le symbole * dans une chaîne de format indique que la donnée correspondante sera lue, mais non mémorisée. Le programme *scanskip.c* le montre.

▼ Listing 2.40 : scanskip.c

```
/*   scanskip lit trois valeurs saisies, mais n'en stocke que deux   */
#include <stdio.h> /*   pour printf, scanf   */

main()
{
   int iNb1 = 5, iNb2 = 5, iNb3 = 5;
   printf("4 = %d\t4 = %d\t4 = %d\n", iNb1, iNb2, iNb3);
```

```
    printf(  "Entrez trois valeurs\n"
       "pour corriger le membre DROIT des équations précédentes :\n");
    scanf("%d %*d %d", /*   "*" dans le second format */
    &iNb1, &iNb3);  /*   saute la seconde valeur saisie */
                               /*   et continue par l'affectation */
                               /*   de la troisième valeur à la */
                               /*   variable iNb3    */
    printf("\n4 = %d\t4 = %d\t4 = %d\n", iNb1, iNb2, iNb3);
}
```

L'exécution du programme doit donner quelque chose comme :

```
4 = 5           4 = 5           4 = 5
Entrez trois valeurs
pour corriger le membre DROIT des équations précédentes :
4 4 4
4 = 4           4 = 5           4 = 4
```

Ces opérations de saisie ont pour effet de modifier les variables `iNb1` et `iNb3`. La variable `iNb2`, par contre, a conservé sa valeur d'origine, car elle ne figure pas dans l'instruction `scanf` et donc n'est pas altérée. Le caractère * dans la deuxième spécification de format assure que la deuxième valeur saisie n'est pas prise en compte et que la troisième valeur est transmise à la variable `iNb3`.

Autres caractères de la chaîne de format

Jusqu'à présent, les chaînes de format de scanf ne contenaient rien d'autre que des spécifications de format et des espaces de séparation. Mais il est tout à fait possible d'y inclure d'autres caractères, à condition de respecter la règle suivante : les caractères d'une chaîne de format (à l'exception du caractère `%`) qui ne sont pas des spécifications de formatage ou des espaces de séparation doivent figurer aussi dans la saisie à l'emplacement adéquat. Si le caractère saisi ne correspond pas au caractère spécifié dans la chaîne de format, alors `scanf` s'arrête.

En revanche, les caractères qui coïncident sont lus, mais non mémorisés. On peut utiliser cette spécificité de scanf pour obliger l'utilisateur, via ces caractères additionnels, à entrer des données devant normalement contenir des caractères prédéfinis complétant les valeurs proprement dites. Pour ne saisir que les portions souhaitées, cette technique remplace l'affichage d'explications circonstanciées.

Par exemple, les heures ou les dates sont souvent munies de caractères de séparation placés entre les différents composants. Une heure peut être saisie au format :

```
HH:MM:SS
```

`HH` désignant les heures, `MM`, les minutes et `SS`, les secondes. Dans ce cas, le caractère de séparation serait un deux-points. Les composants d'une date au format européen pourraient être séparés par un point, une barre oblique ou un tiret.

```
12.12.1874
12/12/1874
12-12-1874
```

Le programme *timedate.c* lit l'heure et la date. Il propose ici un des formats usuels à l'utilisateur.

▼ Listing 2.41 : timedate.c

```
/*   timedate lit date et heure dans un format pourvu de caractères
➥  additionnels,puis affiche les valeurs   */
#include <stdio.h>   /*   pour printf, scanf   */

main()
{
   int hour, min, sec; /*   variables d'heure */
   int day, mon, year;  /*   variables de date   */
   printf("Entrez l'heure sous la forme HH:MM:SS :\n");
   scanf("%d:%d:%d", &hour, &min, &sec);
   printf("Puis la date au format JJ/MM/AAAA :\n");
   scanf("%d/%d/%d", &day, &mon, &year);

   printf("Heure :\t%d:%d:%d\n", hour, min, sec);
   printf("Date :\t%d/%d/%d\n", day, mon, year);
}
```

Voici un déroulement possible du programme.

```
Entrez l'heure sous la forme HH:MM:SS :
13:10:20
Puis la date au format JJ/MM/AAAA :
20/12/1874
Heure :      13:10:20
Date :      20/12/1874
```

Lecture du signe de pourcentage

Comme avec printf, le caractère `%` a une signification particulière avec `scanf`. Pour qu'il soit accepté comme faisant partie de la saisie, il faut le doubler (`%%`) dans la chaîne de format à l'emplacement adéquat. Le caractère `%` est alors lu, mais non mémorisé.

L'instruction :

```
scanf("%d%%", &prcent)
```

autorise une saisie du style :

```
100%
```

la valeur `100` seule étant rangée dans la variable `prcent`, mais pas le caractère `%` qui l'accompagne.

2.3 Entrée et sortie non formatées

Les fonctions printf et scanf transforment, par le biais de spécifications particulières, en un certain format les valeurs qu'elles manipulent, avant que ces valeurs ne soient mémorisées ou affichées. Ainsi le format `%d` signale-t-il que la valeur à saisir ou à afficher doit être interprétée comme un nombre entier décimal. Il existe, à côté de cela, une série de fonctions (et de macros) avec lesquelles on peut entrer et afficher des données sans que ces dernières ne soient préalablement transformées en un certain format. Cette technique d'entrée/sortie est dite non formatée.

L'entrée/sortie non formatée manipule des caractères isolés et des chaînes de caractères.

Renvoi

L'entrée/sortie des chaînes de caractères, en raison du type particulier de ces dernières, sera reportée au chapitre *Types de données complexes*.

Saisie en mode caractère

Pour la lecture des caractères isolés (type `char`) depuis le périphérique d'entrée standard (clavier), on utilise habituellement la macro `getchar`. Une macro est un nom qui représente une ou plusieurs instructions ou expressions.

Renvoi

La création de macros est présentée au chapitre intitulé *Le préprocesseur C*.

Lorsque ce nom surgit dans le texte d'un programme, alors le préprocesseur, avant la compilation, remplace ce nom par les instructions ou expressions qui se cachent derrière. Bien que l'appel d'une macro puisse ressembler à un appel de fonction (voir plus loin dans le chapitre), la technique que nous venons de décrire consiste purement et simplement en du remplacement de texte. Ce mécanisme demande moins de temps qu'un véritable appel de fonction. Les macros doivent être définies comme des fonctions. La définition des macros devant être utilisées comme routines standard d'entrée/sortie est écrite dans le header `<stdio.h>`, à l'instar des déclarations des fonctions d'entrée/sortie. Il faut donc inclure ce dernier, via l'instruction :

```
#include <stdio.h>
```

non seulement à cause des fonctions d'entrée/sortie mais aussi à cause des macros d'entrée/sortie.

La macro `getchar` lit un caractère isolé depuis le clavier et le met à la disposition du programme. Après l'instruction :

```
getchar();    /*   appel de la macro getchar   */
```

le programme attend une saisie de l'utilisateur. L'instruction précédente lit certes un caractère, mais ne s'occupe pas de sa mémorisation. La saisie effectuée par cette instruction serait donc perdue. Pour mémoriser le caractère lu, il faut l'affecter à une variable de type `char` ou `int`. Le programme qui suit lit un caractère à l'aide de `getchar`, puis l'affiche.

▼ Listing 2.42 : getchar.c

```
/*   getchar lit un caractère et l'affiche    */
#include <stdio.h> /*   pour printf, getchar    */
main()
{
   char carlu;    /* définition d'une variable char pour stocker
                     ➥ le caractère lu      */
   printf("Entrez un caractère.\n");
   printf("Validez votre saisie par <Entrée> : ");
   carlu = getchar();          /* lecture d'un caractère via getchar
                                  ➥ et affectation du caractère à la
                                  ➥ variable carlu    */
   printf("Le caractère saisi est %c.\n", carlu);
}
```

Voici un exemple de déroulement.

```
Entrez un caractère.
Validez votre saisie par <Entrée> : a
Le caractère saisi est a.
```

Affichage en mode caractère

Dans le programme getchar.c un caractère a été saisi de façon non formatée certes, mais l'affichage s'effectue toujours par la fonction `printf`. Il existe naturellement une routine d'affichage correspondant à `getchar`.

La macro putchar affiche un caractère non formaté sur le périphérique de sortie standard (normalement l'écran). La donnée à afficher est écrite sous forme de paramètre entre les parenthèses de la macro. L'instruction :

```
putchar('a');  /*   appel de la macro putchar avec le paramètre 'a'   */
```

entraîne l'affichage de la lettre `a`. Vous pouvez remplacer la constante caractère elle-même par le code ASCII du caractère entre les parenthèses de `putchar` :

```
putchar(97);  /*   appel de la macro putchar avec le paramètre 97   */
```

Dans ce cas-là également, `putchar` affiche la lettre `a`. Qui plus est, `putchar` peut traiter des séquences d'échappement (on sait qu'elles sont considérées comme des caractères uniques ; voir le chapitre *Structure des programmes*) ou le contenu d'une variable `char`. Nous montrerons les diverses possibilités d'affichage en modifiant quelque peu notre programme *getachar.c*. Nous appellerons cette variante *getput.c*.

▼ Listing 2.43 : getput.c

```
/* getput lit un caractère via getchar et l'affiche
➥ avec d'autres via putchar   */
#include <stdio.h> /*   pour getchar, putchar   */
main()
{
   char carlu;   /* définition d'une variable char pour stocker
➥ le caractère lu    */
   printf("Entrez la lettre a \n");
   printf("Validez votre saisie par <Entrée> : ");
   carlu = getchar(); /* lecture du caractère 'a' via getchar
➥ et affectation du caractère à la variable carlu   */
   putchar(carlu);  /* affiche la lettre saisie 'a'   */
   putchar('\n');  /* saut de ligne via la séquence '\n'.   */
   putchar(97);  /* affichage de la lettre 'a' via son code ASCII   */
   putchar('\n');  /* saut de ligne */
   putchar('a');  /* affichage de la lettre 'a' en tant que constante */
  putchar('\n');  /* saut de ligne */
}
```

Déroulement du programme :

```
Entrez la lettre a.
Validez votre saisie par <Entrée> : a
a
a
a
```

Il montre comment la lettre a peut être affichée avec putchar par l'intermédiaire de trois paramètres différents.

Élimination des erreurs

Considérez le programme suivant.

▼ Listing 2.44 : geterror.c

```
/*   geterror montre des erreurs de programme avec getchar   */
#include <stdio.h> /*   pour printf, getchar   */
main()
{
   char c;  /* définition d'une variable char pour stocker
              ➥ le caractère lu   */
   printf("Entrez un caractère.\n");
   printf("Validez la saisie par <Entrée> : ");
   c = getchar(); /* lecture d'un caractère avec getchar
                    ➥ et affectation du caractère à la variable c   */

   printf("\nLe caractère lu est %c.\n", c);
   printf("Entrez encore un caractère :");
   c = getchar();
   printf("Le caractère est %c.\n", c);
}
```

Lors du déroulement du programme, nous obtiendrons ce qui suit :

```
Entrez un caractère.
Validez la saisie par <Entrée> : a

Le caractère lu est a.

Entrez encore un caractère :
Le caractère est.
```

Après la seconde invite, l'utilisateur n'a pas l'occasion d'entrer un caractère, car le programme ne s'arrête pas. Au lieu de cela, la dernière instruction `printf` est exécutée. Elle n'affiche pas de caractère visible certes, mais le point qui marque la fin de la phrase est affiché sur une nouvelle ligne. Pourquoi ce déroulement curieux ?

Bufférisation de la saisie

La raison en est que getchar, comme scanf (voir le passage consacré à cette fonction), travaille avec une saisie tamponnée. Cela signifie que les caractères saisis arrivent d'abord dans un tampon de lecture (le tampon est une zone de mémoire) et ne sont mis à la disposition de la fonction scanf et de la macro `getchar` qu'après activation de la touche [Entrée]. La fonction `scanf` et la macro `getchar` ont la particularité de laisser dans le tampon de lecture les caractères `<Entrée>` (soit `\n`) nécessaires à la validation de la saisie. Cela a pour conséquence que la prochaine fonction de saisie qui lira un caractère dans le tampon rencontrera cet `<Entrée>` provenant de l'appel de fonction précédent et remplaçant la saisie de l'utilisateur.

Dans notre exemple, le caractère `a` est lu par le premier appel de `getchar` et validé par `<Entrée>`. Ce faisant, le tampon de lecture reçoit non seulement le caractère `a`, mais aussi le caractère `\n`. Au deuxième appel de `getchar`, la macro lit alors le caractère `\n` et non la saisie de l'utilisateur. Ce caractère est affecté à la variable `c` et `getchar` se termine car `\n` est aussi le caractère de fin de saisie.

Après le second appel de `getchar`, le contenu de la variable `c` est donc le caractère `\n`. Comme `getchar` a rencontré `<Entrée>` dans le tampon de lecture et a donc été validée, l'utilisateur n'a pas eu l'occasion de saisir quoi que ce soit. La dernière instruction `printf` affiche un message suivi du contenu actuel de la variable `c` : le caractère `\n` qui provoque un saut de ligne. Ce faisant, le point qui représente le dernier caractère à afficher apparaît sur une nouvelle ligne.

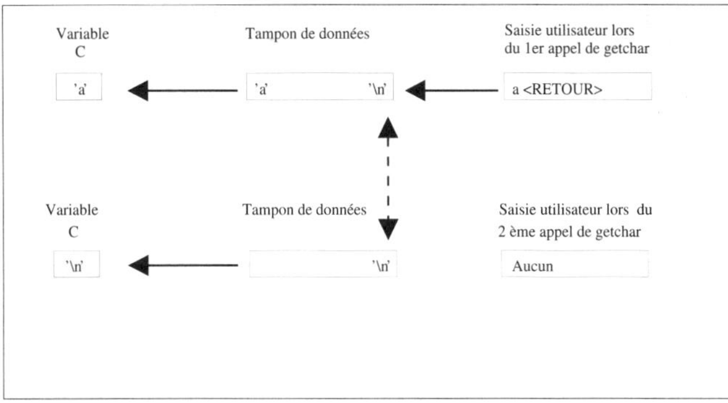

▲ Fig. 2.4 : *Erreur de programme due à des résidus dans le tampon de lecture*

Vous pouvez résoudre le problème précédemment décrit de plusieurs façons. Fondamentalement, il faut supprimer le `<Entrée>` superflu dans le tampon de lecture ou bien on fait en sorte qu'aucun `<Entrée>` n'apparaisse dans le tampon.

La méthode la plus simple pour supprimer le `<Entrée>` superflu dans le tampon consiste à insérer, après chaque instruction **getchar** (hormis la dernière), une instruction **getchar** supplémentaire. Cette méthode utilise le fait que les caractères traités ne restent pas dans le tampon de lecture (mais en sont extraits par la lecture). La première instruction **getchar** traite donc le caractère proprement dit et l'instruction nouvellement insérée traite le `<Entrée>` qui est donc éliminé du tampon. L'instruction **getchar** qui suit lit derechef un caractère régulier, etc. Pour notre programme *geterror.c*, cela signifierait que la première instruction **getchar** doit être complétée par une autre. Nous appellerons le programme modifié *getokay.c*.

▼ Listing 2.45 : getokay.c

```
/* getokay lit des caractères avec getchar et prévient des erreurs dues
   à des résidus restant dans le tampon, grâce à une double
   ➥ instruction getchar   */
#include <stdio.h> /*   pour printf, getchar   */
main()
{
   char c;  /* définition d'une variable char pour le caractère lu */
   printf("Entrez un caractère.\n");
   printf("Validez la saisie avec <Entrée> : ");
   c = getchar(); /* lecture d'un caractère avec getchar
                     ➥ et affectation du caractère à la variable c   */
   printf("Le caractère lu est %c.\n\n", c);
   printf("Entrez encore un caractère : ");

   getchar();  /* traite le <Entrée> résultant de la dernière
```

```
➥ instruction getchar et le supprime ainsi du tampon de lecture.
➥ Comme ce caractère n'est pas utilisé, point besoin de l'affecter
➥ à une variable et il est donc perdu   */
   c = getchar();   /* ce n'est que maintenant que le caractère
➥ "régulier" suivant est lu et affecté à c   */
   printf("Le caractère est %c.\n", c);
}
```

Nous obtenons alors le résultat souhaité :

```
Entrez un caractère.
Validez la saisie par <Entrée> : a

Le caractère lu est a.

Entrez encore un caractère : b
Le caractère est b.
```

Renvoi

Au chapitre intitulé ***Structures de contrôle de flux***, nous présenterons une variante plus sophistiquée de vidage du tampon au moyen d'une boucle qui supprime d'ailleurs non pas un seul caractère, mais plusieurs caractères dans le tampon.

Lecture directe de caractères depuis le clavier

Une alternative pour la suppression du caractère `<Entrée>` dans le tampon de lecture serait d'utiliser une fonction (ou une macro) n'employant pas de `<Entrée>` en guise de caractère final. En fait, il y a les fonctions `getch` et `getche` qui lisent aussi des caractères individuels. Contrairement à `getchar`, ces fonctions ne lisent pas dans le tampon de saisie, mais directement sur le clavier. Elles ne requièrent donc pas la validation de la saisie via [Entrée].

La fonction `getche` lit un caractère isolé et en plus affiche ce caractère lu (écho). La fonction `getch` lit un caractère sans l'afficher. Les déclarations des deux fonctions se trouvent dans le header `conio.h`.

Remarque

A propos de <conio.h>

`<conio.h>` n'existe que sous Windows. Sous Linux nous ne pouvons pas utiliser `getch` et `getche`, il faut utiliser `getchar`. Dans la suite de nos programme nous utiliserons `<conio.h>`, car nous sommes sous Windows. Il suffit de remplacer `getche` ou `getch` par `getchar` pour les personnes développant sous Linux, en pensant à vider le buffer d'entrée standard.

Une autre version correcte de *geterror.c* pourrait donc ressembler à ceci.

▼ Listing 2.46 : getcheok.c

```
/* getcheok lit avec deux appels de fonction getche deux caractères
 ➥ et évite ainsi les problèmes dus aux résidus du tampon de lecture   */
#include <stdio.h> /*   pour printf   */
#include <conio.h> /*   pour getche   */
main()
{
   char c;  /* définition d'un char pour le caractère lu    */
   printf("Entrez un caractère :");
   c = getche();  /* lecture d'un caractère avec getche et affectation
➥ du caractère à la variable c. La validation de la saisie
➥ par <Entrée> n'est pas exigée    */
   printf("Le caractère lu est %c.\n", c);
   printf("Entrez encore un caractère : ");
   c = getche(); /* lecture du second caractère    */
   printf("Le caractère est %c.\n", c);
}
```

Le déroulement du programme.

```
Entrez un caractère : a
Le caractère lu est a.

Entrez encore un caractère : b
Le caractère est b.
```

Chapitre 3

Expressions et opérateurs

3.1 Expressions

Au cours des opérations d'entrée/sortie du précédent chapitre, nous avons manipulé des variables et des constantes isolées, et parfois des données de nature plus complexe, par exemple des combinaisons de caractères.

```
printf("%d", 2 + 3);
scanf("%d", &x);
```

Des morceaux tels que 2 + 3 ou &x s'appellent des expressions. Fondamentalement, toute représentation de valeur en C est une expression. Il s'ensuit que des désignations telles que 13 x 'a', avec une constante entière, une variable et une constante caractère sont déjà des expressions. Mais la plupart du temps, les expressions, outre des nombres ou des noms, englobent d'autres signes appelés opérateurs. L'expression 2 + 3 par exemple contient les deux constantes entières 2 et 3 avec l'opérateur + par lequel les deux valeurs (opérandes) sont additionnées. La valeur du résultat est 5.

Les opérateurs indiquent la nature des opérations à effectuer sur les opérandes. Les opérandes, ce faisant, peuvent être des valeurs constantes ou variables. Si nous avions, par exemple, les variables entières x et y, alors elles se laisseraient additionner par l'opérateur + exactement comme une combinaison de variables et de constantes.

```
x + y
x + 2
x + 2 + y
x + y + 2 + 1...
```

Supposons que les variables x et y contiennent chacune la valeur 1. Les expressions précédentes donneraient les résultats successifs suivants : 2, 3, 4 et 5. Les exemples montrent de plus que des expressions peuvent naturellement contenir plus de deux opérandes et plus de deux opérateurs.

Les expressions arithmétiques courantes et aisément compréhensibles ne sont pas les seules à posséder une valeur. En fait, dans le langage C, toute expression possède une valeur.

Par exemple, si x est une variable, l'expression &x, utilisant l'opérateur d'adressage & bien connu, a pour valeur l'adresse de la variable x, par exemple 2800 si le compilateur a prévu cette adresse pour la variable x. L'opérateur d'affectation = que nous avons déjà utilisé est un autre opérateur. L'expression x = 2 possède la valeur 2, donc justement la valeur affectée à la variable x. Plus généralement, la valeur d'une opération d'affectation est égale à la valeur prise par le membre droit (ici la variable x) après réussite de l'opération d'affectation. La valeur de l'expression x = 2 est donc égale à la valeur de x après l'affectation. Il faut ici distinguer trois entités :

- la constante 2 (valeur 2) ;
- la variable x (qui vaut 2 après affectation) ;
- l'expression x = 2 (valeur 2, égale à la valeur du membre gauche de l'expression).

Constante, variable et expression dans notre dernier exemple sont trois entités différentes qui possèdent la même valeur. Un programme permet de vérifier cela. Nous utiliserons ici le point important suivant : du fait qu'elle possède une valeur, en C une expression peut figurer partout où on peut mettre une valeur.

Un cas particulier de cette règle a déjà été fourni par l'instruction suivante, dans laquelle l'argument de **printf** est constitué par une expression arithmétique (au lieu d'une variable ou d'une constante).

```
printf("%d", 2 + 3);
```

Le programme *showexpr.c* applique cette règle à l'instruction d'affectation x=2.

▼ Listing 3.1 : showexpr.c

```
/* showexpr montre comment utiliser une affectation
   comme argument de printf   */
#include <stdio.h> /*  pour printf  */
main()
{
     int x = 0;
     printf("%d ", x=2);  /*    affectation x=2 comme argument     */
     printf("%d ", x);    /*    variable x comme argument          */
     printf("%d\n", 2);   /*    constante 2 comme argument         */
}
```

Le résultat affiché 2 2 2 prouve que l'expression x=2 a la valeur 2 et est acceptée par la fonction printf en tant qu'argument pour la spécification de format %d. Il existe encore d'autres sortes d'expressions. Nous les étudierons tout au long de ce chapitre.

Expressions typées

En C les expressions ont non seulement une valeur, mais aussi (comme toutes les valeurs) un type de donnée. Le type d'une expression dépend du type des opérandes. Dans l'expression 2 + 3, les opérandes 2 et 3 sont des constantes de type int. L'expression complète est donc de type int.

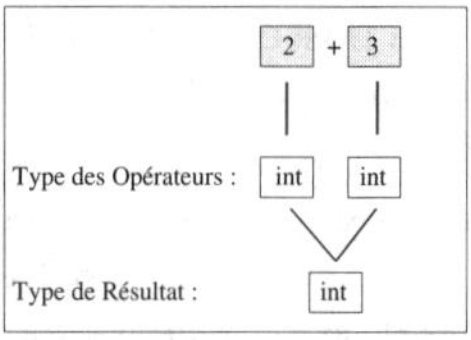

◄ Fig. 3.1 : *Type d'une expression arithmétique*

Plus généralement, si les opérandes d'une expression sont de même type, alors l'expression est aussi de ce type. Se pose alors naturellement la question de savoir ce qui se passe si une expression contient des opérandes de types différents. Nous reviendrons sur cette question dans le chapitre suivant. Commençons par résumer ce que nous savons déjà concernant les expressions :

- une expression est construite à partir d'opérandes et d'opérateurs et possède une valeur et un type ;
- un opérande isolé est déjà une expression par lui-même ;
- toute expression en C possède une valeur ;
- une expression peut donc se mettre partout où on peut placer une valeur ;
- le type d'une expression dépend du type de ses opérandes.

3.2 Opérateurs

Le langage C dispose de plus de 40 opérateurs. Un critère de classification de ces derniers pourra être le nombre d'opérandes manipulés par un opérateur.

- les opérateurs unaires (*unary operators*) admettent un unique opérande.

  ```
  Exemple : &x
  ```

  L'opérateur d'adressage **&** fournit l'adresse d'une donnée.
- les opérateurs binaires (binary operators) possèdent deux opérandes. Le terme "binaire" ici se réfère au nombre d'opérandes manipulés, c'est à dire deux. Il ne signifie pas que l'opérateur manipule des données binaires.

  ```
  Exemple:    a + b
  ```

  L'opérateur d'addition additionne deux valeurs.
- Les opérateurs ternaires (ternary operators) traitent trois opérandes.
- L'unique opérateur ternaire en C est l'opérateur conditionnel.

On peut aussi classer les opérateurs selon la nature des opérations qu'ils exécutent ou selon la nature de leurs opérandes.

- Opérateurs arithmétiques
- Opérateurs de comparaisons
- Opérateurs de logiques
- Opérateurs de bits
- Opérateurs d'affectation

Restant :
- Opérateur conditionnel
- Opérateur séquentiel
- Opérateur de taille
- Opérateur d'adresse
- Opérateur de cast
- Opérateur parenthèse
- Opérateur pour la sélection des composants (sélecteur de structure)
- Opérateur de renvoi (opérateur d'indirection)

◄ Fig. 3.2 : *Opérateurs*

Opérateurs arithmétiques

Les opérateurs de cette catégorie procèdent à des opérations arithmétiques sur leurs opérandes. Outre les opérateurs de calculs élémentaires, il existe aussi un opérateur de changement de signe et un opérateur pour calculer le reste entier d'une division. Le résumé suivant affiche les opérateurs arithmétiques groupés selon le nombre de leurs opérandes.

Tab. 3.1 : Opérateurs

Opérateurs arithmétiques	binaires		
	Opérateur	Signification	Exemple
	+	Addition	X+Y
	-	Soustraction	X-Y
	*	Multiplication	X*Y
	/	Division	X/Y
	%	Modulo	X%Y
Opérateur unaire			
	-	Négation	-X

Opérateurs de calcul élémentaires

Les opérateurs binaires + (addition), - (soustraction), * (multiplication) et / (division) fonctionnent comme en mathématiques. Le programme suivant calcule et affiche la somme, la différence, le produit et le quotient de deux nombres entiers.

▼ Listing 3.2 : arops1.c

```
/* arops1 calcule et affiche des expressions arithmétiques
   basées sur des constantes */
#include <stdio.h> /* pour printf */
main()
{
     printf("Somme = %d\tDifférence = %d\tProduit"
                                  " = %d\tQuotient = %d\n", 4+2,
                                     ➥4-2, 4*2, 4/2);
}
```

On obtient le résultat suivant.

```
Somme = 6    Différence = 2    Produit = 8    Quotient = 2
```

Naturellement, on peut aussi faire afficher ces valeurs par le biais d'expressions utilisant des variables.

▼ Listing 3.3 : arops2.c

```
/*  arops2 calcule et affiche des expressions arithmétiques basées
 sur des constantes  et sur des variables  */
#include <stdio.h> /*  pour printf  */
```

```
main()
{
      int x = 4, y = 2;   /*  définition et initialisation des opérandes  */
                                          /*  variables comme opérandes :  */
      printf("Somme = %d\tDifférence = %d\tProduit = %d\tQuotient ="
                ➥ " %d\n", x+y, x-y, x*y, x/y);
                                     /* variables et constantes comme
                                        opérandes :  */

      printf("Somme = %d\tDifférence = %d\tProduit = %d\tQuotient ="
              ➥ "%d\n", x+2, 4-y, x*2, 4/y);
}
```

On obtient le résultat suivant.

```
Somme = 6    Différence = 2    Produit = 8    Quotient = 2
Somme = 6    Différence = 2    Produit = 8    Quotient = 2
```

Arithmétique entière

Dans les expressions affichées par nos derniers programmes, le premier opérande était plus grand que le second. Échangeons maintenant les valeurs des deux opérandes 2 et 4 dans notre programme *arops1.c*.

▼ Listing 3.4 : arops3.c

```
/*  arops3 calcule et affiche les mêmes expressions que arops1
    avec des opérandes permutés */
#include <stdio.h> /*  pour printf  */
main()
{
      printf("Somme = %d\tDifférence = %d\tProduit = %d\tQuotient ="
                                        ➥ %d\n", 2+4, 2-4, 2*4, 2/4);
}
```

Le programme donne l'affichage suivant.

```
Somme = 6    Différence = -2    Produit = 8    Quotient = 0
```

D'où provient ce résultat ? La différence correspond au résultat escompté -2. Mais le quotient affiché est 0, ce qui ne correspond pas à la valeur 2/4 (soit 0.5). Le fait est qu'après permutation des opérandes, le résultat mathématique de l'expression n'est plus considéré comme un nombre entier. Le format %d signale cependant que la fonction `printf` attend une valeur entière.

Examinons les opérandes de l'opérateur / dans l'expression 2/4. Ce sont deux constantes entières de type `int`. D'après la règle formulée précédemment, le type d'une expression est celui de ses opérandes lorsqu'ils sont de même type. D'un côté l'expression 2/4 est donc de type `int`, d'un autre côté sa valeur théoriquement calculée vaut 0.5, fraction décimale avec des chiffres après la virgule que le compilateur ne peut représenter qu'en format virgule flottante.

Le compilateur résout ce problème de la manière suivante : il calcule la partie entière du résultat de la division `2/4` et ignore le reste qui en résulte.

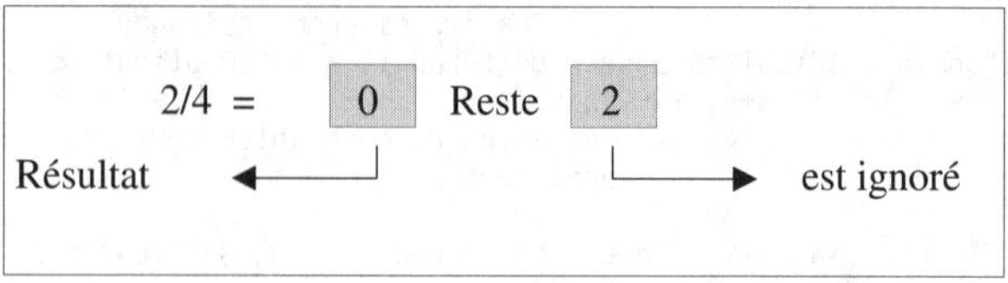

▲ Fig. 3.3 : *Division entière avec reste*

```
  7 : 3 =  2 avec un reste  1
-18: 4 = -4 avec un reste -2
```

De manière analogue, du fait des deux lignes ci-dessus, des divisions comme `7/3` ou `-18/4` donnent les résultats `2` et `-4`. Cette manière de calculer dans laquelle on ne tient compte que des nombres entiers est appelée arithmétique entière. Des erreurs de programme arrivent fréquemment lorsque le programmeur oublie que certaines opérations de calcul, surtout la division des nombres entiers, sont exécutées en arithmétique entière.

Arithmétique réelle

Les problèmes avec l'opérateur de division ne surviennent naturellement pas si on utilise des valeurs réelles au lieu de nombres entiers. Nous pourrions programmer notre dernier exemple en arithmétique réelle, de la façon suivante.

▼ Listing 3.5 : arops4.c

```
/*    arops4 calcule et affiche les expressions de AROPS1
      avec des opérandes réels permutés   */
#include <stdio.h> /*  pour printf  */
main()
{
      printf("Somme = %.2f\tDifférence = %.2f\tProduit = %.2f\
            ➥ tQuotient =""%.2f\n", 2.+4., 2.-4., 2.*4., 2./4.);
}
```

Cette fois, on obtient sur l'écran le résultat suivant.

```
Somme = 6.00   Différence = -2.00   Produit = 8.00   Quotient = 0.50
```

On obtient ce résultat si on utilise le format `%g` au lieu du format `%f`.

```
Somme = 6   Différence = -2   Produit = 8   Quotient = 0.5
```

Opérateurs numériques avec constantes caractère

Il apparaît naturel d'appliquer des opérateurs arithmétiques à des entités numériques. Dans nos exemples, les opérandes étaient des nombres entiers ou des valeurs à virgule flottante. Mais d'une certaine façon, les constantes caractère font aussi partie des valeurs entières. Ce sont en effet des objets de type `char` qui, en interne, sont mémorisés à l'aide de leur code ASCII (ou sous le code de la table des caractères utilisée par l'ordinateur concerné), donc en tant que nombre entier. Par exemple, le caractère `'A'` est rangé en mémoire avec la valeur 65 (décimale). On peut tirer profit de cette caractéristique pour effectuer une espèce d'arithmétique sur des constantes caractère. Dans l'expression `'A' + 1`, on ajoute à la constante caractère `'A'` (type `char`) la valeur numérique `1` (type `int`). Cette opération est possible parce que le compilateur, pour le calcul de l'expression, utilise pour le caractère `'A'` son code ASCII 65. De ce fait, l'expression `'A' + 1` est transformée en `65 + 1`, ce qui donne la valeur `66`. Celle-ci, de son côté, peut être interprétée comme code ASCII du caractère `'B'`. L'instruction suivante affiche donc le caractère `'B'`.

```
printf("%c", 'A'+1);
```

De manière analogue, des expressions comme celles-ci représentent la lettre `'B'`.

```
'$' + 30     =>   36  +  30    =>   66
'c' - '!'    =>    99  - 33    =>   66
'a' / 3      =>   198 /  3     =>   66...
```

En effet, les opérations de calcul sur des caractères cachent les opérations correspondantes avec les codes ASCII des caractères. Cela donne ici la valeur `66`. Du reste, sur les ordinateurs utilisant les codes ASCII on peut générer chaque caractère par la combinaison clavier suivante.

```
ALT + <code ASCII décimal du caractère>
```

Par exemple, [ALT]+[198] donne le caractère `'õ'`, le nombre 198 ne devant pas être tapé sur les touches du pavé alphanumérique, mais sur le pavé numérique (*numeric keypad*).

```
printf("%c %c %c %c\n", 'A'+1, '$' + 30, 'c' - '!', 'õ' / 3);
```

L'instruction ci-dessus produirait de ce fait l'affichage suivant.

```
B B B B
```

Est-il intéressant de procéder à ce genre de calcul ? Imaginez que vous deviez écrire un programme qui transforme une lettre minuscule saisie par l'utilisateur en la majuscule correspondante et l'affiche ensuite. Ce programme devrait remplir deux tâches :

- saisir la lettre ;
- convertir et afficher la lettre.

La première phase ne contient pas de difficultés particulières, car vous avez déjà bien souvent rencontré des saisies utilisateur dans les chapitres précédents. Vous devez, cette fois, lire un caractère et donc employer la macro getchar.

Les instructions correspondantes du programme donnent le résultat suivant.

```
printf("Entrez une lettre minuscule" : );
c = getchar();
```

Vous avez bien sûr préalablement défini une variable **char** nommée c. Pour la seconde phase du programme, un coup d'œil sur la table ASCII pourrait peut-être vous aider.

Tab. 3.2 : Extrait de la table ASCII

DEC	HEX	CARACTERES	DEC	HEX	CARACTERES
.	.	.	.	.	.
.	.	.	97	61	a
.	.	.	98	62	b
65	41	A	99	63	c
66	42	B	.	.	.
67	43	C	.	.	.
.	.	.	.	.	.
.	.	.	120	78	x
.	.	.	121	79	y
88	58	X	122	80	z
89	59	Y	123	81	{
90	5A	Z	.	.	.
.	.	.	.	.	.
.	.	.	.	.	.

Les majuscules A-Z occupent dans la table les places (codes) de 65 à 90, les minuscules a-z commencent à 97 et finissent à 122. On voit donc que les lettres sont rangées dans la table d'une façon telle que la distance entre une majuscule et la minuscule correspondante est toujours de 32.

Par exemple :

```
'a' - 'A' = 32
'b' - 'B' = 32
'c' - 'C' = 32
etc.
```

Pour obtenir la majuscule correspondante à partir d'une lettre minuscule, il suffit donc de retrancher 32 à la valeur de la minuscule. À partir de la minuscule m, par exemple, vous obtiendrez 'm' - 32.

Si le programme doit tourner sur des systèmes qui utilisent d'autres tables de codes, la distance entre les majuscules et les minuscules peut être différente (64 par exemple avec EBCDIC). Mais vous pourrez toujours obtenir la majuscule souhaitée si vous retranchez à la minuscule la différence entre un couple quelconque de lettres correspondantes. En effet, une expression telle que `'a' - 'A'` ou `'x' - 'X'` indique la distance entre les majuscules et les minuscules. Pour notre exemple avec la lettre `m`, on obtiendrait alors la majuscule M par `'m' - ('a' - 'A')`, ce qui équivaut à `'m' - 'a' + 'A'`.

Nous voilà ainsi en mesure désormais de concevoir notre programme de conversion, appelé *upperlet.c*.

▼ Listing 3.6 : upperlet.c

```
/* upperlet lit une minuscule saisie au clavier et la convertit
   en majuscule  */
#include <stdio.h> /*  pour printf, getchar  */
main()
{
     char c;  /*  pour le caractère lu */
      printf("Ce programme transforme une minuscule
              en une majuscule.\n");
     printf("tapez une minuscule : ");
     c = getchar(); /* lecture de la minuscule dans la variable c  */
     printf("\n\nMinuscule : %c\tMajuscule : %c\n", c, c-'a'+'A');
}
```

L'instruction `printf` affichant la lettre convertie pourrait avoir comme argument, à la place de `c - 'a' + 'A'`, l'expression `c - 32`, si la machine codifie les caractères selon le code ASCII.

```
printf("\n\nMinuscule : %c\tMajuscule : %c\n", c, c - 32);
```

Conversion de majuscules en minuscules

La conversion de lettres majuscules en minuscules fonctionne selon le principe de la conversion des minuscules en majuscules. Partant d'une majuscule donnée, nous ne retranchons plus maintenant la valeur 32 ou la différence `'a'- 'A'`, mais nous ajoutons cette valeur à celle de la majuscule afin de produire la minuscule correspondante. Inspiré par *upperlet.c*, le programme s'appelle *lowerlet.c*.

▼ Listing 3.7 : lowerlet.c

```
/* lowerlet lit une majuscule saisie au clavier et la convertit
   en minuscule  */
#include <stdio.h> /*  pour printf, getchar  */
main()
{
     char c;  /*  pour le caractère lu */
     printf(     "Ce programme transforme une majuscule
                 ➥ en une minuscule.\n");
     printf("tapez une majuscule : ");
```

```
    c = getchar(); /* lecture de la majuscule dans la variable c  */
    printf("\n\nMajuscule : %c\tMinuscule : %c\n", c, c+'a'-'A');
}
```

A priori, nos programmes de conversion paraissent satisfaisants. Mais si on les examine de plus près, on y trouve quelques faiblesses. Qu'arrive-t-il, par exemple, si l'utilisateur saisit des trémas ? La frappe de la minuscule ä, par exemple, donne dans le programme *upperlet.c* non pas la majuscule Ä, mais le caractère ñ.

Cela tient au fait que les lettres avec trémas (ä, ö, ü, Ä, Ö, Ü) ne sont pas distantes les unes des autres selon une valeur constante comme pour les autres lettres (voir la table ASCII). Ainsi les caractères ä (ASCII : 132) et Ä (ASCII : 142) sont-ils distants de 10, les caractères ü (ASCII : 129) et Ü (ASCII : 154) par contre sont distants de 25.

Il en va de même lorsque l'utilisateur entre d'autres signes que des lettres (par exemple des chiffres). En outre, il pourrait être gênant que le programme ne transforme qu'une seule lettre à la fois, puis s'arrête alors qu'il y a peut-être d'autres lettres à convertir. Pour résoudre ce genre de problèmes (par exemple la vérification de la saisie de l'utilisateur ou la réutilisation du programme pour plusieurs opérations de même nature), on a besoin cependant d'instructions spéciales, dites structures de contrôle, que nous traiterons au chapitre *Structures de contrôle de flux*. Nous reviendrons sur tous ces problèmes.

Expressions composées

Les expressions peuvent être de longueur quelconque et combiner à volonté opérateurs et opérandes. Considérez l'expression suivante.

```
1 + 2 + 3 + 4
```

Elle contient quatre opérandes de type `int` et trois opérateurs d'addition. Si vous calculez cette expression à l'aide d'un programme et si vous la faites afficher, par exemple avec l'instruction suivante, vous obtiendrez le résultat que vous pouvez escompter a priori, soit `10`.

```
printf("%d", 1+2+3+4);
```

Remplacez maintenant le second opérateur d'addition par l'opérateur de multiplication.

```
1 + 2 * 3 + 4
```

L'expression d'affichage correspondante donne alors la valeur `11`.

```
printf("%d", 1+2*3+4);
```

Le programme n'a donc pas effectué les calculs dans l'ordre d'écriture :

- calcul du morceau `1 + 2` (=3) ;

- multiplication du résultat intermédiaire par 3, ce qui donne 9 ;
- ajout de 4 ;

Cela aurait donné le résultat (erroné) 13.

Au contraire, le programme a respecté la règle mathématique "la multiplication est prioritaire par rapport à l'addition" et a ainsi déterminé le résultat correct 11. En d'autres termes, le compilateur a fixé des priorités relativement aux opérateurs + et *. L'opérateur de multiplication * a une priorité plus élevée que l'opérateur d'addition + et il est donc évalué avant ce dernier. Cela signifie que l'expression partielle 2 * 3 est calculée d'abord et que les additions sont effectuées ensuite. L'image suivante le montre.

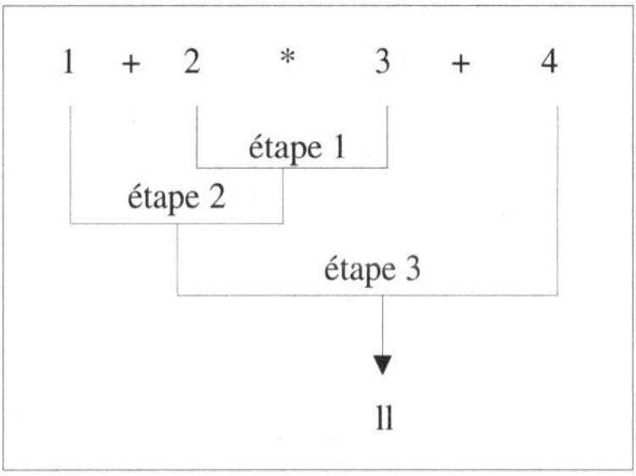

◄ **Fig. 3.4 :** *Évaluation d'une expression avec opérateurs de priorité différente*

- Phase 1 : calcule le résultat partiel 6.
- Phase 2 : additionne ce résultat partiel à la valeur 1.
- Phase 3 : ajoute 4 au résultat partiel 7, ce qui donne le résultat final 11.

Priorités

En fait, les opérateurs du C sont classés selon 15 niveaux de priorité, la plus haute priorité valant 15 et le plus faible valant 1. Nous construirons et expliquerons pas à pas le tableau des priorités. Parmi les opérateurs binaires arithmétiques, les opérateurs / et * ont une priorité plus élevée que + et -.

Tab. 3.3 : Tableau des priorités des opérateurs C (1)

Opérateurs binaires			
Description	Symbole de l'opérateur	Priorité	Ordre
Opérateur Arithmétique	*/ +-	13 12	De gauche à droite De gauche à droite

"Priorité plus haute" signifie exécution prioritaire de l'opérateur. La colonne *Ordre* sur l'image précédente indique dans quel sens il faut évaluer les opérateurs lorsqu'ils ont la même priorité, par exemple dans l'expression 1 + 2 - 3 + 4 qui est évaluée de la gauche vers la droite et a la valeur 4.

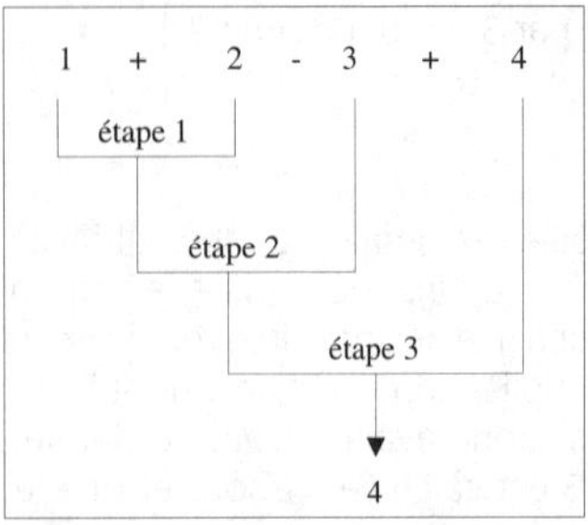

Fig. 3.5 : *Évaluation d'une expression avec des opérateurs de priorité identique*

En ce qui concerne les opérateurs binaires arithmétiques, on les évalue de la gauche vers la droite lorsqu'ils ont la même priorité.

Utilisation des parenthèses dans les expressions

On peut influencer explicitement l'ordre d'évaluation en plaçant correctement entre parenthèses les expressions, par exemple pour faire exécuter les opérations intermédiaires dans un certain ordre. Si vous voulez que dans l'expression `1 + 2 * 3 + 4`, ce ne soit pas la multiplication `2 * 3` qui soit d'abord exécutée, mais les sommes partielles `1 + 2 et 3 + 4` qui seront ensuite multipliées entre elles, alors vous utiliserez des parenthèses.

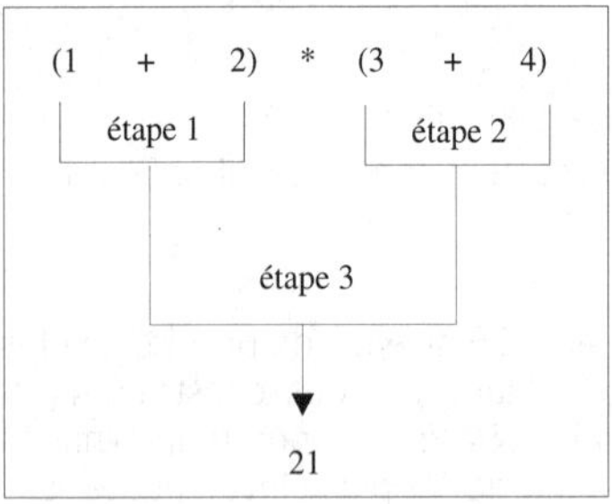

Fig. 3.6 : *Parenthèses dans une expression*

Les opérateurs arithmétiques `+` et `*` (ainsi que les opérateurs de bits `&`, `|` et `^`) sont commutatifs et associatifs. Mathématiquement parlant, "commutatif" signifie qu'une expression comme `a + b` ou `a * b` donne un résultat inchangé lorsqu'on permute les opérandes.

```
a + b  =  b + a
```

et

```
a * b  =  b * a
```

De manière similaire, "associatif "signifie que la valeur d'une expression ne bouge pas si on groupe différemment les opérandes.

```
(a + b) + c  =  a + (b + c)
```

et

```
(a * b) * c  =  a * (b * c)
```

Pour cette raison, on laisse le soin à de nombreux compilateurs C d'évaluer dans un ordre quelconque les opérandes des opérateurs commutatifs ou associatifs. Pour des opérandes dont la valeur ne change pas pendant le traitement, cela ne pose aucun problème, car des expressions comme `2 + 3` et `x * y` ont la même valeur que `3 + 2` et `y * x`.

Mais si les opérandes sont des expressions qui modifient la valeur d'une variable pendant le traitement de l'expression, par exemple par l'affectation d'une valeur, alors des complications peuvent survenir facilement. Après la définition de variable `int x = 5, y;` et après l'affectation `y  =  (x = 2) + (x = x - 1);`, il n'est pas évident de savoir quelles sont les valeurs des variables `x` et `y`. Si le compilateur évalue d'abord l'expression `x=2`, alors `x` a la valeur `2` et donc `y` a la valeur `2 + 1`, soit `3`. Si le compilateur évalue d'abord l'expression partielle `x=x-1`, alors `x` a la valeur `4` et `y`, la valeur `2 + 4`, donc `6`.

Renvoi

Reportez-vous au chapitre *Incrément et décrément* dans lequel le problème de tels effets est traité.

Les parenthèses sont donc également recommandées pour accroître la lisibilité des expressions. L'exemple suivant montre une expression qui doit calculer la somme de trois produits. Il n'est pas absolument nécessaire de placer des parenthèses, mais cela rend l'expression plus lisible.

```
(1 * 2) + (3 * 4) + (5 * 6)
1 * 2 + 3 * 4 + 5 * 6
```

Pour ces deux expressions, le compilateur calcule la valeur `44`. Les parenthèses sont aussi des opérateurs. Afin que le programmeur puisse réguler à sa convenance la priorité dans des expressions (par exemple comme le montre l'image précédente), les parenthèses doivent posséder le niveau de priorité le plus élevé. Elles ont donc la priorité 15. Nous complétons donc notre tableau des priorités comme il se doit.

Tab. 3.4 : Tableau des priorités des opérateurs C (2)

Description	Symbole de l'opérateur	Priorité	Ordre
Parenthèses	()	15	De gauche à droite
Opérateurs binaires			
Opérateur Arithmétique	*/ +-	13 12	De gauche à droite De gauche à droite

Conversions de types

Jusqu'à présent, nous avons considéré des expressions dont les opérateurs étaient de type identique. Qu'arrive-t-il si des expressions renferment des opérateurs de types différents ou si on affecte la valeur d'une expression d'un certain type à une variable d'un autre type ?

Le langage C dispose en pareil cas d'une série de règles de conversion qui guident les changements (conversions, harmonisations) de types. Ces conversions de type sont nécessaires, entre autres, parce que des opérations internes à la machine ne sont réalisables qu'avec des opérandes de même type ou parce que des valeurs doivent être adaptées à la taille de données utilisées en interne par le processeur. Nous distinguerons ici entre les conversions de type implicites et explicites.

Conversions de type implicites

Les conversions implicites sont automatiquement entreprises, en cas de besoin, par le compilateur sans que le programme doive explicitement intervenir. Cela peut se produire lorsque des expressions sont évaluées ou des affectations sont réalisées.

Les appels de fonction également peuvent donner lieu à des conversions implicites (des paramètres réels de la fonction).

Renvoi

Reportez-vous au chapitre ***Fonctions***.

Conversion de type lors de l'évaluation d'expressions

Dans l'évaluation des expressions, les conversions de type obéissent aux règles suivantes concernant tous les opérateurs binaires :

- Les opérandes de type `char` ou `short` sont convertis en `int`. De manière analogue, les opérandes de type `unsigned char` ou `unsigned short` sont transformés en `unsignedint`.
- Sur les anciens systèmes, les opérandes de type `float` étaient convertis automatiquement en `double`. La raison en était que les opérations à virgule flottante en C devaient fondamentalement être exécutées avec une double précision. Il n'en est plus ainsi avec la dernière norme ANSI qui autorise le calcul en virgule flottante avec simple précision. Sur les nouveaux systèmes, le type `float` n'est donc plus automatiquement converti en `double`.
- Si un des opérandes est de type `longdouble`, l'autre est aussi converti en `longdouble`. Le résultat de l'opération est également de type `longdouble`.
- Si aucun des opérandes n'est de type `longdouble`, alors on a la règle suivante : si un des opérandes est de type `double`, l'autre est transformé en `double`. Le résultat de l'opération est également de type `double`.

- Si aucun des opérandes n'est de type `longdouble` ou `double`, alors on a la règle suivante : si un des opérandes est de type `float`, l'autre est transformé en `float`. Le résultat de l'opération est également de type `float`.
- Si aucun des opérandes n'est de type `longdouble`, `double` ou `float`, alors on a la règle suivante : si un des opérandes est de type `unsignedlong`, l'autre est transformé en `unsignedlong`. Le résultat de l'opération a le type `unsignedlong`.
- Si les deux opérandes ne sont ni d'un type réel ni du type `unsignedlong`, alors, si un des opérandes est de type `long`, l'autre est converti en `long`, et le résultat de l'opération est aussi de type `long`.
- Si les deux opérandes ne sont ni d'un type réel, ni du type `unsignedlong` ou `long`, alors, si un des opérandes est de type `unsignedint`, l'autre est converti en `unsignedint`. Le résultat de l'opération est aussi de type `unsignedint`.
- Dans tous les autres cas, les deux opérandes sont de type `int` et le résultat de l'opération est de type `int`.

Les règles pour la conversion de type implicite sont appliquées aux divers opérateurs en séquence, selon la priorité des opérateurs.

```
char charvalue;
long longvalue;
double doublevalue;
```

Si nous avons, par exemple, les variables ci-dessus dans l'instruction `charvalue * longvalue - doublevalue`, les conversions suivantes auront lieu :

1. La variable `charvalue` est convertie en type `int` (règle 1).
2. La multiplication est exécutée. La variable `charvalue` est pour cela convertie en `long`. Le résultat de la multiplication est de type `long` (règle 5).
3. La soustraction est exécutée. L'expression partielle `charvalue*longvalue` est alors convertie en type `double`. Le résultat de la soustraction est de type `double` (règle 3).

Conversion de type lors des affectations

Dans les affectations, le type de la valeur du membre droit est harmonisé avec le type du membre gauche lorsque les valeurs des deux membres sont de types différents.

```
int ival = 3;
double dval = 3.14;
```

Si vous avez, par exemple, les deux variables ci-dessus et si vous affectez à la variable `dval` la valeur de la variable `ival` (`dval = ival;`), alors la valeur `int` qui doit être passée à la variable `dval` est convertie dans le type `double`.

Quelles sont les conséquences de la transformation d'une valeur entière sans décimales en une valeur à virgule flottante avec décimales ? Si nous affichons la variable `dval` après l'affectation via `printf("%f\n", dval);`, c'est la valeur `3.000000` qui apparaît. L'ancienne valeur de la variable `dval` (`3.14`) a été écrasée par la nouvelle valeur `3.000000`. Le nombre entier 3 est désormais représenté en format à virgule flottante avec des décimales, mais sa valeur n'a changé en rien. Mais si vous affectez, en sens inverse, à la variable `ival` la valeur de la variable `dval`, cela a des conséquences plus graves. Le résultat de l'affectation `ival = dval;` affiche via `printf("%d\n", ival);` la valeur `3`.

La transformation du type `double` en `int` a donc fait disparaître les chiffres après la virgule. Qui plus est, en pareil cas, il peut advenir d'autres pertes de données si la valeur réelle à convertir en nombre entier est trop grande pour le type entier auquel elle est affectée. Le résumé qui suit rassemble les précautions à observer lors des conversions de type implicites (et aussi explicites).

Tab. 3.5 : Précautions relatives aux conversions de type

Conversion	Phénomène concomitant
`double` vers `float`	Perte éventuelle de précision (erreur d'arrondi).
`float` vers `double`	Aucune modification de la valeur.

`float` vers `long`
`float` vers `int`
`float` vers `short`
`float` vers `char`
	Tout d'abord, conversion en long, puis, si disponible, conversion dans le type de données correspondant au plus petit. Les chiffres après la virgule sont perdus. Le résultat est indéfini si la valeur à virgule flottante est trop importante pour le type de données `long`.

`long` vers `float`
`int` vers `float`
`short` vers `float`
`char` vers `float`
	Pour `int`, `short`, `char`, tout d'abord conversion en `long`, éventuellement perte de précision si la valeur `long` est trop importante pour la mantisse de la valeur `float`.

`long` vers `int`
`long` vers `short`
`long` vers `char`
`int` vers `short`
`int` vers `char`
`short` vers `char`
	Les bits à gauche excédentaires qui ne peuvent être pris en compte par le nouveau type de données sont coupés.

`int` vers `long`
`short` vers `long`
`char` vers `long`
`short` vers `int`
`char` vers `int`
`char` vers `short`
	Aucune modification de valeur.

Conversion de type explicite

Outre les conversions de type implicites faites par le compilateur, il existe des conversions explicites que le programmeur peut effectuer lui-même à l'aide de l'opérateur unaire `cast`. L'opérateur `cast` se compose de deux parenthèses entre lesquelles figure le libellé du type de données dans lequel il faut convertir. Une transformation de type explicite a la syntaxe suivante :

```
(<type>) <expression>
```

`<expression>` désigne l'opérande dont il faut convertir la valeur en type de données représenté par `<type>`. Ainsi, l'expression `(int) 1.234` convertit le réel `1.234` (type `double`) en une valeur entière de type `int`. Comme pour la conversion de type implicite, il s'ensuit ici aussi que la transformation d'un réel en un entier fait perdre les chiffres après la virgule. La valeur de l'expression `(int) 1.234` est donc `1`, ce qu'on peut facilement vérifier par l'instruction d'affichage `printf("%d\n", (int)1.234);`.

```
int intval1 = 3, intval2 = 2;
double doubval;
```

Inversement, avec les variables ci-dessus, vous pourriez par l'instruction `doubval = (double) (intval1 * intval2);`, transformer le produit des deux entiers en type `double` et affecter le résultat à la variable `doubval`.

La conversion du produit n'est ici pas indispensable, car le compilateur, lors d'une affectation, adapte automatiquement le type de la valeur du membre droit au type du membre gauche. En d'autres termes, même sans conversion de type explicite, le résultat de la multiplication convertie serait toujours `6.000000`.

Priorité de Cast

Mais il faut aussi considérer autre chose. L'opérateur `cast` possède le niveau 14 dans l'échelle des priorités des opérateurs. Il a donc une priorité plus élevée que l'opérateur de multiplication `*` qui possède le niveau de priorité 13. Otez les parenthèses autour du produit `intval1*intval2` de telle sorte que l'affectation devienne la suivante.

```
doubval = (double) intval1 * intval2;
```

L'opérateur `cast` maintenant ne s'applique plus qu'à l'opérande `intval1`. Cela provient de la priorité plus élevée de l'opérateur `cast`. Ce dernier est évalué en premier et l'opérande `intval1` est donc plus fortement lié à l'opérateur `cast` qu'à l'opérateur `*`. Il en résulte que seul l'opérande `intval1` est converti en type `double` par l'opérateur `cast`. Mais la conversion implicite de type (règle 3) qui est ensuite effectuée fait que, dans la multiplication, l'opérande `intval2` est aussi converti en `double`. L'utilisation de l'opérateur `cast` amène donc dans les deux cas (avec ou sans parenthèses) au même résultat, à savoir `6.000000`.

Il en va autrement si vous remplacez la multiplication entière par une division entière. Si vous attachez de la valeur à un résultat correct, alors l'expression `doubval = intval1 / intval2;` requiert une conversion des opérandes du membre droit de l'affectation. En effet, dans notre exemple, la division 3 / 2 serait effectuée en arithmétique entière. Cela donnerait non pas la valeur correcte 1.5, mais la valeur 1, car les décimales seraient tronquées. Vous pourriez donc essayer ce qui suit, inspiré par l'exemple de la multiplication.

```
doubval = (double) (intval1 / intval2);
```

Est-ce futé ? Pas particulièrement, car l'opérateur **cast** est appliqué ici à la parenthèse entière dont la division serait effectuée en arithmétique entière.

Le résultat de cette division serait derechef la valeur (fausse) 1 qui donnerait alors après conversion par **cast** la valeur **double** suivante.

```
1.000000
```

Pour arriver au résultat correct, il faut renoncer à la mise entre parenthèses des opérandes de la division.

```
doubval = (double) intval1 / intval2;
```

Maintenant, comme dans l'exemple de la multiplication, l'opérateur **cast** n'est appliqué qu'à l'opérande **intval1**, ce qui entraîne que ce dernier est converti en **double**. Comme désormais un des deux opérandes de la division est de type **double**, l'autre opérande (**intval2**) est aussi converti en **double** (règle 3). La division s'effectue ensuite en arithmétique flottante et livre donc le résultat exact **1.5** ou **1.50000** dans le format d'affichage standard.

Nous terminerons par le placement de l'opérateur **cast** dans notre tableau des priorités.

Tab. 3.6 : Tableau des priorités des opérateurs C (3)

Description	Symbole de l'opérateur	Priorité	Ordre
Parenthèses	()	15	De gauche à droite
Opérateur unaire			
Opérateur cast	(Type de données)	14	De droite à gauche
Opérateur binaire			
Opérateur arithmétiques	*/ +-	13 12	De gauche à droite De gauche à droite

Reste de division entière

L'opérateur de reste ou de modulo %, à ne pas confondre avec le symbole de formatage %, calcule le reste entier de la division de deux nombres entiers. Il n'est donc pas adapté aux valeurs réelles.

La valeur de l'expression 7 % 3 ,par exemple (en langage parlé : 7modulo3 ou le reste de la division de 7 par 3) est 1, car 7 divisé par 3 donne le reste 1.

```
7 : 3  =  2 reste 1
```

Plus généralement, le reste entier d'une division entière est donné par la formule suivante.

```
x % y  =  x - ((x / y) * y)
```

Si nous utilisons nos valeurs exemple 7 et 3, nous obtenons le résultat suivant.

```
7 % 3  =  7 - ((7 / 3) * 3)
```

L'expression du membre droit est évaluée comme suit.

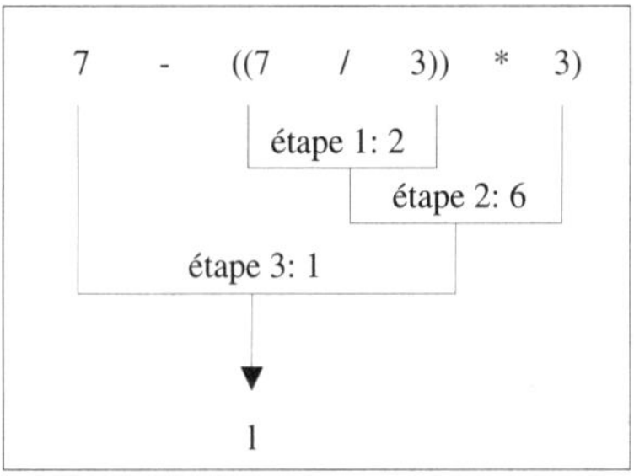

Fig. 3.7 : *Calcul du reste d'une division entière*

- Phase 1 : effectuer une division entière dont le résultat est 2 (et non pas 2.333...).
- Phase 2 : multiplier le résultat partiel 2 par la valeur 3, ce qui donne 6.
- Phase 3 : soustraire le résultat intermédiaire 6 du nombre 7, ce qui donne le résultat final 1, correspondant effectivement au reste de la division que vous obtiendriez avec le calcul mathématique habituel.

  ```
  7 : 3  =  2 reste 1
  ```

L'expression `x - ((x / y) * y)` ou `7 - ((7 / 3) * 3)` n'a pas besoin de parenthèses. Les priorités des opérateurs arithmétiques qui participent au calcul garantissent un résultat correct même sans parenthèses.

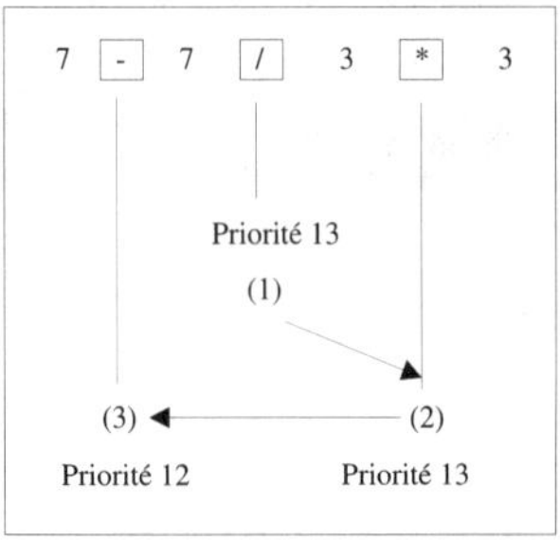

Fig. 3.8 : *Priorités lors du calcul du reste de la division*

*Priorité de / et de **

Les opérateurs / et * possèdent une priorité plus élevée que l'opérateur -. Ils sont donc évalués en premier. Lorsque les opérateurs arithmétiques binaires ont la même priorité, ils sont évalués de la gauche vers la droite. Cela veut dire que l'opérateur / est traité avant l'opérateur * (résultat : 2). La multiplication qui suit donne 6. La dernière opération partielle est la soustraction qui produit le résultat final 1.

Le programme suivant utilise l'opérateur modulo pour afficher le reste de la division de deux entiers.

▼ Listing 3.8 : divmod.c

```
/* divmod lit deux entiers, les divise et affiche le résultat
   ainsi que le reste de la division */
#include <stdio.h> /*  pour printf, scanf  */
main()
{
     long x, y;  /*  en cas de valeurs élevées */
     printf("Ce programme divise des entiers.\n");
     printf("Entrez deux nombres entiers.\n"); /* division par 0
                                                  interdite, d'où */
     printf("Le second doit être non nul : ");
     scanf("%ld %ld", &x, &y);  /* saisie des valeurs */
     printf("\n%ld divisé par %ld donne %ld reste %ld\n", x, y, x/y, x%y);
}
```

Notez bien que vos connaissances actuelles ne vous permettent pas d'empêcher que l'utilisateur saisisse une valeur nulle en dépit de l'avertissement. Cela produirait un résultat imprévisible ou bien une erreur d'exécution.

Renvoi

Pour ce genre de contrôle, vous aurez besoin des structures de programmation traitées au chapitre *Structures de contrôle de flux*.

Priorité de modulo

L'opérateur modulo a la priorité 13. Il est donc égal en rang aux opérateurs * et /. Nous compléterons donc, comme il se doit, notre tableau des priorités.

Tab. 3.7 : Tableau des priorités des opérateurs C (4)

Description	Symbole de l'opérateur	Priorité	Ordre
Parenthèses	()	15	De gauche à droite
Opérateur unaire			
Opérateur cast	(Type de données)	14	De droite à gauche
Opérateur binaire			
Opérateurs arithmétiques	*/% +-	13 12	De gauche à droite De gauche à droite

Nombres opposés

L'opérateur -, à l'instar de quelques autres opérateurs, peut être utilisé dans deux cas de figure. Soit il sert d'opérateur de soustraction pour former la différence de deux valeurs et fait alors partie des opérateurs binaires, par exemple dans les expressions suivantes.

```
x - y
17.83 - 3.5
255  - ('a' - 'A')
```

Soit il est employé comme opérateur unaire pour représenter des valeurs opposées.

Par exemple :

```
-x
-17.83
- ('A' + 1)
```

Dans ce cas, ce n'est pas un symbole opératoire, mais un préfixe.

Au contraire, l'opérateur + est normalement utilisé uniquement comme opérateur binaire. Comme opérateur unaire, il n'est implémenté que de manière syntaxique et non sémantique. En d'autres termes, il n'a aucune signification particulière.

Une instruction comme x = 5;, qui affecte à une variable int la valeur positive 5, donne le même résultat que l'instruction x = +5;, acceptée également par le compilateur.

L'opérateur de changement de signe - a la plus haute priorité parmi les opérateurs arithmétiques, à savoir 14.

Tab. 3.8 : Tableau des priorités des opérateurs C (5)

Description	Symbole de l'opérateur	Priorité	Ordre
Parenthèses	()	15	De gauche à droite
Opérateur unaire			
Opérateur cast Opération de négation	(Type de données) -	14 14	De droite à gauche De droite à gauche
Opérateur binaire			
Opérateurs arithmétiques	*/% +-	13 12	De gauche à droite De gauche à droite

Opérateurs de comparaison (opérateurs relationnels)

Les opérateurs de comparaison en C font partie des opérateurs binaires et comparent les valeurs de leurs opérandes. Ils testent, ce faisant, la nature de la relation entre les deux opérandes.

Tab. 3.9 : Opérateurs de comparaison

Opérateur	Liens (relations)	Exemple
==	Opérateur 1 égal à opérateur 2 ?	x == y
!=	Opérateur 1 différent de opérateur 2 ?	x != y
<=	Opérateur 1 inférieur ou égal à opérateur 2 ?	x <= y
>=	Opérateur 1 supérieur ou égal à opérateur 2 ?	x >= y
<	Opérateur 1 inférieur à opérateur 2 ?	x < y
>	Opérateur 1 supérieur à opérateur 2 ?	x > y

Les opérandes d'une comparaison n'ont pas besoin d'être du même type. Sont autorisés, outre les types entiers et réels, également des valeurs de type `pointeur`, c'est à dire des adresses. Le résultat d'une comparaison telle que `x == y     /*  x est-il égal à y?  */`, est, d'un point de vue logique, une assertion de type vrai ou faux, selon que `x` est égal ou non à `y`. Il n'existe pas en C de type spécifique pour la représentation des valeurs de vérité vrai (`TRUE`) ou faux (`FALSE`). Les constantes logiques `TRUE` et `FALSE` sont plutôt formées à partir de grandeurs numériques, en général des entiers de type `int`. Ce faisant, la valeur `0` correspond au résultat logique `FALSE` (faux) et toute valeur différente de `0` correspond au résultat logique `TRUE` (vrai).

D'autres langages de programmation (par exemple Pascal ou Fortran) disposent d'un tel type de données, habituellement désigné par booléen (boolean, en Fortran : logical), conçu pour accepter les valeurs logiques `TRUE` et `FALSE`. Le terme "booléen" vient du nom du mathématicien et logicien anglais George Boole (1815-1864) qui développa une algèbre que l'on appela ensuite, en son honneur, algèbre de Boole (logique des prédicats).

Valeurs logiques et numériques des expressions

En C, l'évaluation logique des expressions obéit à la règle fondamentale que voici.

- Une expression est logiquement fausse (`FALSE`), si sa valeur numérique est 0.
- Une expression est logiquement vraie (`TRUE`), si sa valeur numérique est différente de 0.

Toute expression en C peut donc être testée sur sa valeur logique et sur sa valeur numérique. L'expression `1 + 2`, par exemple, de valeur numérique 3, est la valeur logique `TRUE`, car sa valeur numérique diffère de 0. Un opérande isolé, par lui-même, représente déjà une expression. La constante `2`, par exemple, en tant qu'expression, a la valeur numérique 2. Sa valeur logique est donc `TRUE`. En revanche, les expressions ci-dessous ont toutes la valeur numérique 0.

```
0     x = 0     5 - 5     y * 0
```

De ce fait, elles sont logiquement fausses et possèdent la valeur logique FALSE.

La nécessité de juger des expressions (et surtout des expressions de comparaison, bien évidemment) d'après leur valeur logique se produit lorsqu'elles doivent servir à formuler des conditions dont l'état (TRUE ou FALSE) détermine l'exécution ou non d'instructions bien précises dans un programme.

Nous étudierons cela de manière plus approfondie dans le chapitre ***Structures de contrôle de flux*** qui traite des structures de contrôle du C.

Vérification des expressions de comparaison

Les opérateurs de comparaison vérifient l'existence d'une certaine relation entre leurs opérandes. Le résultat de cette vérification est une des deux valeurs `0` et `1` (valeur de l'expression), selon que la relation testée est vraie ou fausse. Dans notre exemple initial `x == y`, si `x` est effectivement égal à `y`, alors l'expression `x==y` vaut `TRUE`. L'opérateur de comparaison, dans ce cas, donne la valeur 1 comme valeur de l'expression.

Dans l'exemple précédent, si `x` n'était pas égal à `y` (par exemple parce que `x` vaut 4 et `y` vaut 783), alors l'expression `x==y` vaudrait `FALSE` et l'opérateur de comparaison donnerait la valeur 0 comme valeur de l'expression.

Vous récupérerez donc comme valeur d'une expression de comparaison.

- 0 : si la relation à vérifier n'existe pas, l'opérateur de comparaison ayant donc le résultat logique `FALSE`.
- 1 : si la relation à vérifier existe, l'opérateur de comparaison ayant donc le résultat logique `TRUE`.

Ainsi, l'expression `5 == 10` a la valeur `0` et elle vaut donc `FALSE`, car 5 n'est pas égal à 10. La relation d'égalité n'existe donc pas. Si nous avons une variable `int x;` et l'affectation `x = (5 == 10);`, alors la variable `x` reçoit la valeur `0`, car la valeur de l'expression du membre droit de l'affectation est `FALSE`, donc égale à 0. Notez bien ici qu'il ne faut pas confondre l'opérateur de comparaison `==` avec l'opérateur d'affectation `=`. Remplacez dans l'expression `5 == 10` l'opérateur d'égalité `==` par l'opérateur d'inégalité`!=`, et la valeur de l'expression change. L'instruction `x = (5 != 10);` affecte maintenant à la variable `x` la valeur `1`, car 5 est effectivement différent de 10. La relation d'inégalité entre les deux opérandes `5` et `10` existe donc, en d'autres termes vaut `TRUE` (vrai). L'expression du membre de droite prend donc la valeur `1`.

Le programme suivant compvals.c affiche, à des fins de démonstration, les relations de comparaison existant entre deux nombres saisis par l'utilisateur. Notez ici que les expressions de comparaison peuvent elles-mêmes servir d'arguments à la fonction printf. En effet, toute expression en C possède une valeur. On pourrait naturellement affecter les résultats des opérations de comparaison à des variables spécifiques. En 0ce qui concerne l'information (1 = OUI, 0 = NON) destinée à l'utilisateur, OUI correspond bien sûr à la valeur de vérité TRUE et NON, à la valeur de vérité FALSE.

▼ Listing 3.9 : compvals.c

```
/* compvals affiche les valeurs d'expressions de comparaison */
#include <stdio.h> /*  pour printf, scanf  */
main()
{
     long x, y;  /*  en cas de valeurs élevées */
                 /*  lecture des nombres :  */
     printf("Ce programme compare les valeurs de deux nombres.\n");
     printf("Entrez deux nombres entiers :\n");
     printf("x = ");
     scanf("%ld", &x);
     printf("y = ");
     scanf("%ld", &y);
                           /*  affichage des résultats :  */
     printf("\nRésultat de la comparaison pour x = %ld  et y = %ld r
                                      (1 = OUI  0 = NON):\n", x, y);
     printf("x égal à y ?\t\t\t%d\n", x==y);
     printf("x différent de y ?\t\t\t%d\n", x!=y);
     printf("x plus grand que y ?\t\t\t%d\n", x>y);
     printf("x plus grand ou égal à y ?\t\t%d\n", x>=y);
     printf("x plus petit que y ?\t\t%d\n", x<y);
     printf("x plus petit ou égal à y ?\t%d", x<=y);
}
```

Si l'utilisateur, pour x et y, entre par exemple les valeurs 93 et 7000, alors le programme produit l'affichage suivant.

```
 Résultat de la comparaison pour x = 93 et y = 7000 (1 = OUI  0 = NON)
x égal à y?                 0
x différent de y ?          1
x plus grand que y ?        0
x plus grand ou égal à y ?  0
x plus petit que y ?        1
x plus petit ou égal à y ?  1
```

Les opérateurs de comparaison sont classés dans l'échelle des priorités selon différents degrés : Les opérateurs suivants ont la priorité 10.

```
>    >=    <    <=
```

Ces opérateurs ont la priorité 9.

```
==    !=
```

Tab. 3.10 : Tableau des priorités des opérateurs C			
Description	**Symbole de l'opérateur**	**Priorité**	**Ordre**
Parenthèses	()	15	De gauche à droite
Opérateur unaire			
Opérateur `cast` Opération de négation	(Type de données) -	14 14	De droite à gauche De droite à gauche
Opérateur binaire			
Opérateurs arithmétiques	`*/%` `+-`	13 12	De gauche à droite De gauche à droite
Opérateurs de comparaison	`> >= < <=` `== !=`	10 9	De gauche à droite De gauche à droite

Opérateurs logiques

Les opérateurs logiques en C effectuent les opérations classiques de la logique des prédicats : `ET` (`AND`), `OU` (`OR`) et `NON` (`NOT`). Grâce à eux, il est possible de relier logiquement des instructions. Il y a trois opérateurs logiques. Deux d'entre eux sont binaires et l'un est unaire.

Tab. 3.11 : Opérateurs logiques			
Opérateur		**Liaison (Relation)**	**Exemple**
Binaire	`&&` `||`	Connexion ET Connexion OU	`x && y` `x || y`
Unaire	`!`	NON logique (Négation)	`!x`

Comme avec les opérateurs de comparaison, l'évaluation des expressions comportant des opérateurs logiques donne un résultat de type vrai (`TRUE`) ou faux (`FALSE`), exprimé en tant que grandeur numérique de type `int` (voir la section précédente). Ce résultat peut prendre les valeurs `0` ou `1`, selon que l'expression vaut `FALSE` ou `TRUE`.

- 0 : l'expression évaluée est logiquement fausse (`FALSE`).
- 1 : l'expression évaluée est logiquement vraie (`TRUE`).

ET logique

La connexion logique ET entre deux expressions a le résultat 1 (`TRUE`) lorsque les deux expressions valent `TRUE`, c'est-à-dire ont toutes deux la valeur `1`. Dans tous les autres cas, le résultat de la connexion est `FALSE`, donc égal à 0. L'expression `(5 < 7) && (3 > 2)` a la valeur 1 (`TRUE`), étant donné que les deux expressions partielles `(5 < 7)` et `(3 > 2)` valent `TRUE` et ont donc la valeur `1`. En effet, il est vrai que 5 est inférieur à 7, comme il est également vrai que 3 est plus grand que 2. L'expression totale vaut donc aussi `TRUE`.

L'image suivante le montre.

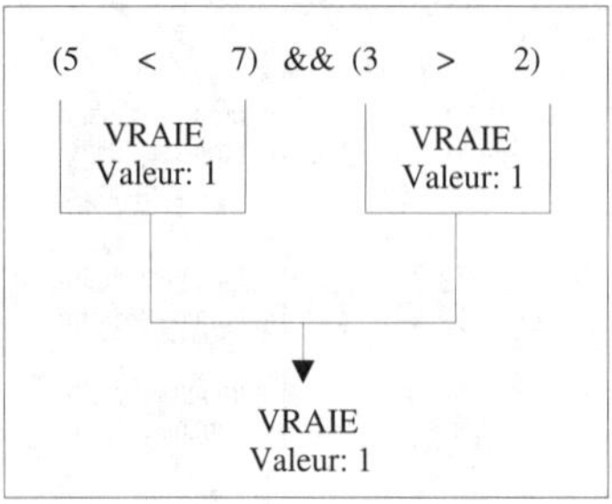

Fig. 3.9 : *Connexion ET avec la valeur de vérité TRUE*

L'expression `(5 < 7)  &&  (3 > 2)` n'a pas besoin d'être mises entre parenthèses, car l'opérateur `&&` n'a que la priorité 5, alors que les opérateurs `>` et `<` ont la priorité 10. C'est pourquoi, dans l'expression `5 < 7  &&  3 > 2`, l'évaluation de la gauche vers la droite commence par les opérateurs `>` et `<` ou par les expressions partielles `5 < 7` et `3 > 2`. Ce n'est qu'ensuite que l'opérateur `&&` est évalué. Si vous permutez dans l'exemple précédent les opérateurs `<` et `>`, alors la nouvelle expression `5 > 7  &&  3 < 2` prend le résultat logique `FALSE`, c'est à dire vaut 0. En effet, les deux expressions partielles sont égales à `FALSE` : 5 n'est pas plus grand que 7 et 3 n'est pas plus petit que 2. De toute façon, il suffirait qu'une seule des deux expressions partielles soit `FALSE` pour que l'expression complète soit aussi égale à `FALSE`.

```
5 > 7  &&  3 > 2
```

Comme l'expression partielle de gauche `5>7` vaut `FALSE`, l'expression totale vaut aussi `FALSE` et a donc la valeur `0`.

Nous rassemblerons les tables de vérité du connecteur logique ET `&&` dans un tableau.

Tab. 3.12 : Valeur logique et valeur numérique du connecteur &&

Résultat 1	Résultat 2	Résultat 1 && Résultat 2
TRUE	TRUE	TRUE Valeur : 1
TRUE	FALSE	FALSE Valeur : 0
FALSE	TRUE	FALSE Valeur : 0
FALSE	FALSE	FALSE Valeur : 0

Ordre d'évaluation

Les expressions comportant l'opérateur && sont évaluées de la gauche vers la droite. L'évaluation ici se poursuit tant que la valeur de vérité de l'expression n'est pas déterminée. Cela signifie qu'il n'y a pas systématiquement évaluation des deux expressions partielles. Si par exemple l'expression partielle de gauche d'une connexion logique ET vaut FALSE, alors le compilateur interrompt l'évaluation de l'expression entière, car sa valeur logique, à savoir FALSE, est maintenant connue. C'est facile à comprendre d'après le tableau de l'image qui précède. En effet, si l'opérande gauche (expression 1) d'une connexion ET vaut FALSE, alors on sait dès ce moment-là que l'expression complète vaut également FALSE, cela quelle que soit la valeur logique de l'opérande droit (expression 2).

Ce fait peut être d'importance, surtout si l'expression partielle de droite qui n'est plus évaluée contient des variables dont la valeur est modifiée. Ces modifications sont dites effets de bord. Ces modifications de valeurs, en pareil cas, ne sont plus effectuées. Considérons pour cela le programme suivant.

▼ Listing 3.10 : logops.c

```
/*logops montre les effets des règles d'évaluation
  concernant l'opérateur &&  */
#include <stdio.h> /*  pour printf  */
main()
{
     int x = 4, y;
     y  =  (x > 5)  &&  (x = x + 1);
                   /* x a la valeur 4, donc x > 5 est FALSE,
➥ ainsi que (x > 5) && (x = x + 1). x n'est donc pas augmenté de 1
➥ et y reçoit la valeur 0.  */
     printf("Première évaluation :\tx = %d    y = %d\n", x, y);
     x = 6;  /* accroissement de x pour que x > 5 soit vrai */
     y  =  (x > 5)  &&  (x = x + 1);  /* x > 5 est maintenant TRUE,
➥ ainsi que (x > 5) && (x = x + 1). (x=x+1) est évalué, x augmente
➥ de 1 et y reçoit la valeur 1.  */
     printf("Seconde évaluation :\tx = %d    y = %d\n", x, y);
}
```

Le programme affiche les lignes suivantes.

```
Première évaluation :     x = 4    y = 0
Seconde évaluation :      x = 7    y = 1
```

Dans le premier cas, x avait la valeur 4. L'expression partielle de gauche x>5, évaluée en premier dans l'expression ci-dessous vaut FALSE.

```
 (x > 5)  &&  (x = x + 1)
```

L'expression complète (x>5) && (x=x+1) vaut également FALSE et a donc la valeur 0. L'évaluation de l'expression complète est donc interrompue sans qu'il soit procédé à l'évaluation de la seconde expression partielle. Conséquence : l'instruction (x=x+1) n'est pas effectuée et la variable x n'est donc pas augmentée de 1. x conserve donc son ancienne valeur 4 et y prend la valeur 0.

Dans le second cas, l'augmentation préalable de x qui passe à 6 entraîne que l'expression partielle gauche x > 5 prend la valeur logique TRUE. La seconde partie de l'expression est donc aussi évaluée.

```
(x >5 ) && (x = x+1)
```

La valeur de x s'accroît de 1 et x contient 7. Ce faisant, l'expression partielle (x=x+1) est différente de 0 (à savoir 7), donc vaut TRUE. En tout, l'expression ci-dessous a pris la valeur TRUE et vaut donc 1.

```
(x > 5)  &&  (x = x + 1)
```

Cette dernière valeur est affectée à la variable y.

OU logique

La connexion logique OU de deux expressions par l'opérateur || est logiquement fausse (FALSE) si et seulement si les deux expressions sont fausses. La valeur de la connexion est dans ce cas 0. Dans tous les autres cas, le résultat de la connexion est TRUE, c'est à dire prend la valeur 1. L'expression 5 < 7 || 3 > 2 est vraie et a donc la valeur 1, comme les expressions suivantes.

```
5 > 7  ||  3 > 2
5 < 7  ||  3 < 2
```

En effet, dans les trois cas, une au moins des deux expressions partielles vaut TRUE, ce qui suffit pour conférer la même valeur logique à l'expression complète. Par contre, l'expression 5 > 7 || 3 < 2 serait FALSE et aurait donc la valeur 0, étant donné que les deux expressions partielles valent FALSE. L'expression précédente n'a pas besoin d'être mise entre parenthèses, car l'opérateur || possède seulement la priorité 4, alors que les opérateurs > et < sont traités en premier à cause de leur priorité plus élevée. Nous rangerons également les tables de vérité du connecteur OU dans un tableau.

Tab. 3.13 : Valeur de vérité et valeur numérique du connecteur ||

Résultat 1	Résultat 2	Résultat 1 1/21/2 Résultat 2
TRUE	TRUE	TRUE Valeur : 1
TRUE	FALSE	TRUE Valeur : 1
FALSE	TRUE	TRUE Valeur : 1
FALSE	FALSE	FALSE Valeur : 0

Ordre d'évaluation

Comme avec le connecteur ET (&&), les deux expressions partielles ne sont pas systématiquement évaluées par l'opérateur OU. En effet, si l'expression partielle gauche d'une connexion OU vaut TRUE, alors le résultat de l'évaluation donne aussi TRUE pour l'expression entière, quelle que soit la valeur de vérité de l'expression partielle droite (voir le tableau précédent). Le compilateur, ici aussi, interrompt donc l'évaluation de l'expression complète dès que sa valeur de vérité est déterminée clairement. Là aussi, des effets de bord peuvent en résulter.

Après la définition `int x = 6;`, l'évaluation de l'expression `(x > 5) || (x = x + 1)` est interrompue après l'évaluation de l'expression partielle gauche `x > 5`.

En effet, cette dernière vaut TRUE qui est donc également la valeur logique de l'expression tout entière. L'expression complète prend donc la valeur 1. L'expression partielle droite n'est plus évaluée, ce qui entraîne que l'effet de bord qui s'y trouve (l'augmentation de la variable x) n'est plus réalisé. x conserve donc l'ancienne valeur 6.

De tout cela, il ressort qu'il n'est guère recommandé de programmer des opérations qui modifient des valeurs (effets de bord) avec les opérateurs logiques, lorsque l'exécution de ces opérations dépend de la valeur de vérité du premier opérande.

NON logique

L'opérateur de négation unaire exécute une opération consistant à inverser logiquement l'opérande concerné. Le résultat de l'expression vaut 0 (FALSE) si l'opérande est différent de 0, donc vaut TRUE. Il vaut 1 (TRUE) si l'opérande est égal à 0, donc vaut FALSE. L'expression `!(2 > 0)` a la valeur 0, donc vaut FALSE, étant donné que l'opérande de l'opérateur, à savoir l'expression `2 > 0`, vaut TRUE : en effet, 2 est supérieur à 0. La valeur de l'expression `2 > 0` est donc 1, donc différente de 0. La négation logique donne alors la valeur 0 (FALSE).

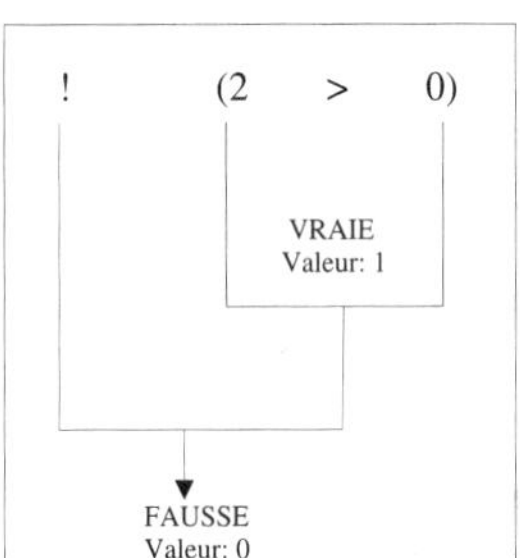

Fig. 3.10 : *Négation logique avec un opérande de valeur logique TRUE*

Inversement, l'évaluation de l'expression `!(2 < 0)` donne la valeur `1`, ce qui signifie que l'expression `!(2 < 0)` vaut `TRUE`, car `2 < 0` est `FALSE` et a, de ce fait, la valeur `0`.

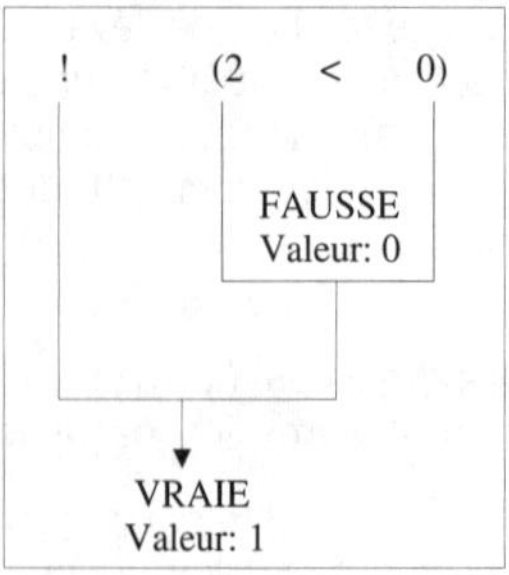

◄ Fig. 3.11 :
Négation logique avec un opérande de valeur logique FALSE

L'opérateur de négation logique a la priorité 14. Les parenthèses autour des expressions précédentes sont donc obligatoires lorsque l'opérateur doit porter sur l'expression complète. Si vous omettez les parenthèses, l'expression `!2 < 0` prendrait, au contraire, la valeur `FALSE`, car l'opérateur de négation, par sa priorité plus élevée (14), est évalué avant l'opérateur de comparaison `<` (10). La négation ne s'appliquerait alors qu'au seul opérande `2`. L'expression `!2` vaut `FALSE` et a donc la valeur `0`, étant donné que l'opérande de l'opérateur de négation, la constante `2`, est différente de 0 et a donc la valeur `TRUE`. De ce fait, l'opération de comparaison qui suit vaut également `FALSE`, car 0 n'est pas inférieur à 0.

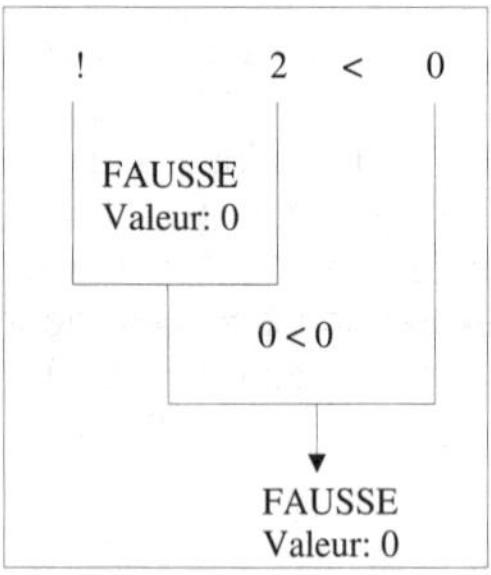

◄ Fig. 3.12 :
Effet de l'opérateur de négation sur une expression non parenthésée

Une relation équivalente fort utile

La relation qui suit est des plus utiles et elle est fréquemment employée avec les structures de contrôle du C.

Renvoi

Reportez-vous au chapitre ***Structures de contrôle***.

Quelle que soit la variable `x`, l'expression `!x` équivaut à l'expression `x == 0`.

En effet, si x est égal à 0, alors l'expression x == 0 vaut TRUE, c'est à dire a la valeur 1. De même, l'expression !x vaut TRUE et a donc la valeur 1 si x est différent de 0. Il est donc vrai que l'opérateur de négation redonne la valeur 1 comme valeur de l'expression !x. Si vous définissez une variable int x = 0;, alors l'instruction suivante affiche deux fois la valeur 1.

```
printf("%d %d\n", !x, x == 0);
```

Modifiez la valeur de x en y rangeant une valeur différente de 0, par exemple via l'instruction x = 5.

Maintenant, l'expression !x devient FALSE, c'est à dire prend la valeur 0, car x est différent de 0 et l'opérateur de négation fournit 0 comme valeur de l'expression !x. De même, l'expression x == 0 vaut FALSE si x diffère de 0. Elle a alors la valeur 0. L'instruction printf("%d %d\n", !x, x == 0); donnerait maintenant 0 0 comme résultat. Les deux formulations suivantes donnent donc toujours la même valeur logique, que x soit ou non égal à 0.

```
 !x
x == 0
```

Elles sont logiquement et numériquement équivalentes. On peut donc les employer l'une pour l'autre. La première formulation est plus concise, mais la seconde est plus claire, surtout pour le débutant.

Une relation d'équivalence analogue existe aussi pour les deux expressions suivantes.

```
x
x != 0
```

Toutes les deux sont logiquement équivalentes, mais pas forcément numériquement équivalentes.

Si x, par exemple, est égal à 0, alors l'expression x != 0 vaut FALSE, c'est à dire a la valeur 0. Il en est de même, dans ce cas, pour l'expression x qui vaut FALSE, étant donné que toute expression de valeur nulle est considérée comme logiquement fausse.

Si x est différent de 0, par exemple égal à 5, alors l'expression x != 0 vaut TRUE et a donc la valeur 1. L'expression x vaut également TRUE, étant donné qu'elle possède une valeur non nulle. Sa valeur numérique est naturellement égale à 5, car égale à la valeur de la variable x. L'affectation à une expression de la valeur 1 pour TRUE et 0 pour FALSE est réalisée par l'opérateur logique ou de comparaison concerné. Dans l'expression x, aucun opérateur n'intervient. Cependant, l'expression vaut TRUE, car elle diffère de 0. Mais la valeur TRUE, dans ce cas, n'est pas exprimée par la valeur numérique 1. Les deux expressions, néanmoins, possèdent toujours les mêmes valeurs logiques (les valeurs de vérité TRUE ou FALSE), indépendamment de la valeur de la variable x.

Priorités

Pour conclure le thème des opérateurs logiques, mettons à jour notre tableau des priorités (Fig. 3.13)

Opérateurs de bits

Des opérations de connexion, semblables à celles qu'effectuent les opérateurs logiques sur des expressions, sont également réalisables sur les bits de deux données. Ici, l'opération correspondante est appliquée en parallèle (donc en même temps) sur chaque bit individuel des données. Outre les opérations logiques ET, OU et NON sur les bits, on peut également effectuer des opérations de décalage. Toutes les opérations de bits exigent des opérandes entiers (Fig. 3.14).

<table>
<tr><th>Description</th><th>Symbole de l'opérateur</th><th>Priorité</th><th>Ordre</th></tr>
<tr><td>Parenthèses</td><td>()</td><td>15</td><td>de gauche à droite</td></tr>
<tr><td colspan="4">Opération unaire</td></tr>
<tr><td>Opérateur Cast</td><td>(Type de données)</td><td>14</td><td>de droite à gauche</td></tr>
<tr><td>Opérateurs de négation
arithmétiques
logiques</td><td>
-
!</td><td>
14
14</td><td>
de droite à gauche
de droite à gauche</td></tr>
<tr><td colspan="4">Opérateurs binaires</td></tr>
<tr><td>Opérateurs arithmétiques</td><td>* / %
+ -</td><td>13
12</td><td>de gauche à droite
de gauche à droite</td></tr>
<tr><td>Opérateurs de comparaison</td><td>> >= < <=
== !=</td><td>10
9</td><td>de gauche à droite
de gauche à droite</td></tr>
<tr><td>Opérateurs logiques</td><td>&&
||</td><td>5
4</td><td>de gauche à droite
de gauche à droite</td></tr>
</table>

◄ Fig. 3.13 : *Tableau des priorités des opérateurs C (7)*

<table>
<tr><th colspan="2">Opérateur</th><th>Opération</th><th>exemple</th></tr>
<tr><td colspan="4">Opérateurs logiques de bits</td></tr>
<tr><td rowspan="3">Binaire</td><td>&</td><td>Connexion binaire ET</td><td>x & y</td></tr>
<tr><td>|</td><td>Connexion binaire OU (OU inclusif)</td><td>x | y</td></tr>
<tr><td>|</td><td>Connexion binaire OU (OU exclusif)</td><td>x ^ y</td></tr>
<tr><td>unaire</td><td>~</td><td>Non binaire (Complément à 1 de x)</td><td>~ x</td></tr>
<tr><td colspan="4">Opérateurs de décalage</td></tr>
<tr><td rowspan="2">Binaire</td><td>>></td><td>Décalage de y bits vers la droite</td><td>x >> y</td></tr>
<tr><td><<</td><td>Décalage de y bits vers la gauche</td><td>x << y</td></tr>
</table>

◄ Fig. 3.14 : *Opérateurs de bits*

Opérateurs logiques de bits

Les opérateurs de bits exécutent les opérations logiques ET, OU, OU exclusif et NON sur tous les bits, pris un à un, de leurs opérandes entiers. Ce faisant, les règles de connexion suivantes sont appliquées.

bit1	bit2	~bit1	bit1 & bit2	bit1 | bit2	bit1 ^ bit2
0	0	1	0	0	0
0	1	1	0	1	1
1	0	0	0	1	1
1	1	0	1	1	0

◄ Fig. 3.15 :
Règles pour la connexion logique bit à bit

ET binaire

On s'aperçoit que la connexion ET de deux bits ne donne un bit activé, donc un 1, que si les deux bits de départ ont la valeur 1, donc sont positionnés. Dans tous les autres cas, la connexion ET donne la valeur 0 pour le bit résultant. Le bit n'est donc pas positionné. Il est aisé de voir que les valeurs `1` et `0` utilisées par les opérateurs de bits correspondent aux valeurs logiques `TRUE` et `FALSE` qui vous sont familières depuis les opérateurs de comparaison et logiques. Par exemple, avec les variables `char`.

```
char x = 10, y = 50;
```

on range dans `x` et `y`, par initialisation, les séries de bits suivants.

```
00001010      /*  Décimal : 10  */
00110010      /*  Décimal : 50  */
```

Le ET binaire de `x` et `y` :

```
x & y
```

donne au niveau du bit :

```
   00001010
 & 00110010
 ----------
   00000010
```

Le résultat de la connexion `&` est la combinaison binaire `00000010` qui correspond à la valeur décimale 2 que vous pourrez afficher via `printf("%d\n", x & y);`.

Vous découvrirez ultérieurement des méthodes par lesquelles vous pourrez afficher des valeurs binaires également sous forme binaire. Notez bien ici que l'opération précédente avec l'opérateur `&` ne représente pas une addition binaire par exemple (laquelle aurait d'ailleurs le résultat numérique 60, bien entendu), mais au contraire la connexion logique ET appliquée à deux valeurs.

OU binaire

Le OU binaire existe sous deux variantes. Le OU non exclusif (inclusif) donne un bit résultat égal à 0 seulement si les deux bits de départ ne sont pas positionnés, c'est à dire ont la valeur 0. Dans tous les autres cas, le résultat de la connexion donne un bit positionné, c'est à dire un bit ayant la valeur 1. C'est le connecteur OU, analogue à celui que vous connaissez pour les valeurs logiques `TRUE` et `FALSE` des opérateurs logiques. Avec ces derniers, une connexion OU ne donnait `FALSE` (avait donc la valeur 0) que si les deux expressions partielles (opérandes) valaient `FALSE`.

Le concept OU non exclusif veut dire que la connexion OU retourne un résultat vrai (`TRUE`, bit avec la valeur `1`), même si les deux opérandes de départ valent `TRUE` (sont égaux à 1).

Nous illustrerons cela sur un exemple tiré du langage courant.

```
Il pleut le matin.
Il pleut l'après-midi.
```

De ces deux assertions, l'une peut être vraie (sans que la seconde le soit), la seconde peut être vraie (sans que la première le soit) ou les deux peuvent être vraies en même temps. Il est en effet tout à fait possible qu'il pleuve aussi bien le matin que l'après-midi.

```
Il pleut le matin OU il pleut l'après-midi.
```

Les deux assertions ne s'excluent pas mutuellement, en ce sens qu'elles peuvent être vraies (`TRUE`) toutes les deux.

Il en va autrement avec le OU exclusif.

```
Il pleut.
Il ne pleut pas.
```

Les assertions se contredisent si elles doivent être vraies toutes les deux en même temps.

```
Il pleut OU il ne pleut pas.
```

Dans l'assertion liée, c'est soit la première assertion qui est vraie, soit la seconde. Mais pas les deux à la fois : les deux assertions s'excluent mutuellement.

De manière analogue, le OU binaire exclusif ne donne un bit résultant égal à 1 que si un et un seul des deux bits de départ a la valeur `1`. Si les deux bits sont positionnés (égaux à 1) ou bien si aucun n'est positionné (égal à 0), le bit résultant a la valeur 0.

```
int x = 10, y = 50;
```

Pour nos variables exemple, le OU binaire inclusif `x | y` donne le résultat suivant.

```
      00001010
  |   00110010
     ---------
      00111010
```

Cela correspond à la valeur décimale 58.

Le OU binaire exclusif `x ^ y` donne par contre la valeur décimale 56 comme résultat.

```
     00001010
  ^  00110010
    ---------
     00111000
```

NON binaire

Le NON binaire, symbolisé par l'opérateur unaire ~, produit enfin le complément à 1 d'un nombre entier. Chaque bit ayant la valeur `1` est converti en un bit de valeur `0`, et vice-versa. La variable `x` contenant la valeur décimale 10 contient la série binaire `00001010`.

La négation logique `~x` donne la combinaison binaire `11110101` qui représente la valeur décimale 245.

Positionnement et désactivation de bits

Les opérateurs de bits `&` et `|` permettent de désactiver ou de positionner, de manière ciblée, les divers bits d'une donnée. Désactiver un bit signifie lui donner la valeur `0`. Positionner un bit veut dire lui attribuer la valeur `1`. Quelle est donc l'application de ces techniques ?

On a souvent besoin d'informations disponibles sous une simple forme OUI/NON : par exemple, on ne veut pas savoir de combien de mémoire on dispose, mais s'il en reste. En pareil cas, on ne s'intéresse pas (pour commencer) à la quantité de quelque chose, mais à l'état de quelque chose. À titre d'exemple, les attributs d'un fichier indiquent comment le fichier doit être géré et si certaines opérations sont permises dessus. Ainsi, l'attribut READ ONLY signifie-t-il que le fichier ne peut être modifié, et surtout pas effacé. Habituellement, on doit tenir compte, dans ce genre de contexte, de plusieurs informations de type OUI/NON. En ce qui concerne chaque information en particulier, on remplacera par exemple la question "Quels sont les attributs du fichier ?" par les questions suivantes.

- Le fichier a-t-il l'attribut R (pour READ ONLY) ?
- Le fichier a-t-il l'attribut H (pour HIDDEN, caché) ?
- Le fichier a-t-il l'attribut A (pour ARCHIVE) ?

  etc.

À chacune de ces questions, on peut répondre par OUI ou par NON. Cela signifie que l'information résultant de cette réponse se laisserait déjà représenter par un unique bit. Celui-ci, en effet, peut prendre justement deux états, à savoir 0 et 1. Vous pourriez, par exemple, faire correspondre 0 à NON et 1 à OUI. Qu'on se rappelle, par exemple, le bit de signe des types entiers `char`, `short`, `int` et `long` sur lequel on peut lire si un nombre est positif ou négatif. Si ce bit est positionné, donc égal à 1, alors le nombre est négatif. S'il n'est pas activé, donc égal à 0, le nombre n'est pas négatif (donc positif). Les bits qui affichent ce type d'informations sont aussi appelés "flags". (Le concept de flag s'emploie fréquemment non seulement pour des bits isolés, mais aussi pour des variables complètes lorsque celles-ci remplissent une fonction de signalisation d'état.) Les flags sont naturellement très économiques lorsqu'ils renferment plusieurs informations de type OUI/NON, rangées sur les bits d'une variable `char` ou `int`. Pour mémoriser une simple information de type OUI/NON, on pourrait tout aussi bien utiliser la variable tout entière comme flag.

Revenons à notre exemple des attributs de fichier. Vous pourriez maintenant définir une variable spécifique dont les bits indiquent les attributs du fichier. Pour simplifier le problème, nous ne considérerons ici que les attributs R, H et A. En d'autres termes, nous nous intéressons aux trois bits par lesquels on indique lesquels de ces attributs sont positionnés. Pour ce qui est des autres bits, nous prendrons la valeur `0`. Nous définirons une variable `unsignedchar` dont les huit bits suffisent pour notre problème.

```
unsigned char flags;
```

Nous supposerons ici que les troisième, quatrième et cinquième bits à droite montrent si les attributs R, H et A sont positionnés, c'est à dire si les bits correspondants ont la valeur 1. La variable `flags` pourrait se trouver déjà dans l'état suivant.

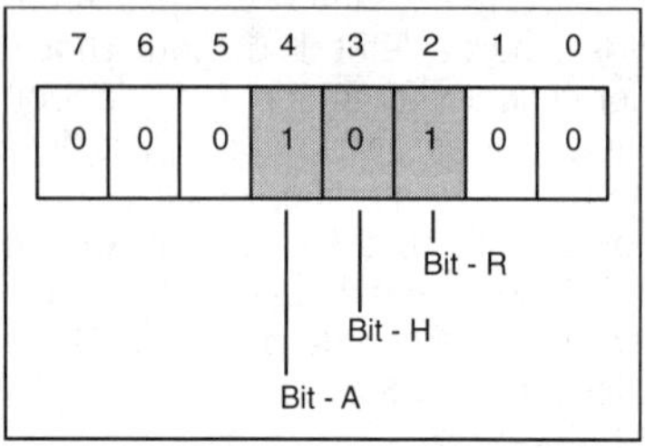

Fig. 3.16 : *Bits flag pour attributs de fichier (1)*

L'image montre que les bits des attributs R (READ ONLY) et A (ARCHIVE) sont déjà activés. Si un utilisateur veut maintenant connaître les attributs d'un certain fichier, un programme pourrait vérifier la variable `flags` et informer l'utilisateur que le fichier concerné est protégé contre l'écriture et sera pris en compte par les opérations de sauvegarde.

Si nous voulons, de plus, inscrire dans la variable **flags** que le fichier a également l'attribut H (HIDDEN), il faut alors basculer le quatrième bit de droite dans l'état 1, c'est à dire le positionner. Tous les autres bits, ce faisant, conservent leur état antérieur. Pour le positionnement des bits, vous utiliserez le connecteur binaire OU (opérateur |).

Positionnement de bits

Le connecteur OU (inclusif) appliqué à deux bits produit un bit de valeur 1 si au moins un des deux bits initiaux est égal à 1. Pour nous assurer que dans notre exemple le quatrième bit de droite prend la valeur 1, nous devrons donc le connecter avec un bit à 1. Quelle que soit la valeur du premier bit, le bit résultant vaut alors 1.

Au contraire, tous les autres bits doivent conserver leur ancienne valeur. Vous arriverez à ce résultat en connectant chacun de ces autres bits avec un bit valant 0, car cela ne modifie pas la valeur antérieure du bit. Pour notre variable **flags** comportant la série de bits **00010100** cela signifie que vous devrez la connecter avec le champ de bits **00001000** qui correspond d'ailleurs au nombre décimal 8.

```
      00010100     /*  champ de bits de la variable flags */
   |  00001000     /*  Décimal : 8  */
      -------
      00011100     /*  résultat : activation du 4ème bit de droite  */
```

Le quatrième bit à droite est maintenant bien positionné : il a donc la valeur 1. Tous les autres bits, par contre, ont conservé leur valeur d'origine. Les champs de bits que l'on connecte avec des valeurs à placer dans un état déterminé s'appellent des masques de bits. Lors du OU binaire, un 1 dans le masque assure que le bit correspondant de la valeur à modifier sera positionné, alors qu'un 0 conserve l'ancienne valeur du bit situé à cet emplacement.

Ces opérations de connexion par lesquelles nous avons activé le quatrième bit à droite ne peuvent naturellement pas s'utiliser ainsi dans un programme.

```
      00010100
  |   00001000
     _________
     00011100
```

L'instruction C correspondant à l'opération qui précède donnerait cela.

```
flags = flags | 8     /* dans la variable flags,
                         on active le 4ème bit de droite */
```

Cette instruction connecte les bits de la variable **flags** avec les bits de la constante 8 via l'opérateur OU (|) et active ainsi le quatrième bit à droite. Le résultat de cette connexion est affecté à la variable **flags**, c'est à dire que l'ancien contenu de la variable est écrasé. Il faut ici expressément signaler que l'expression `flags | 8` a certes la valeur (binaire) 00011100, mais ne modifie pas en elle-même la variable `flags`. C'est seulement l'affectation du résultat de la connexion à la variable `flags` qui modifie l'ancienne valeur. La variable `flags`, au niveau du bit, ressemble désormais à cela.

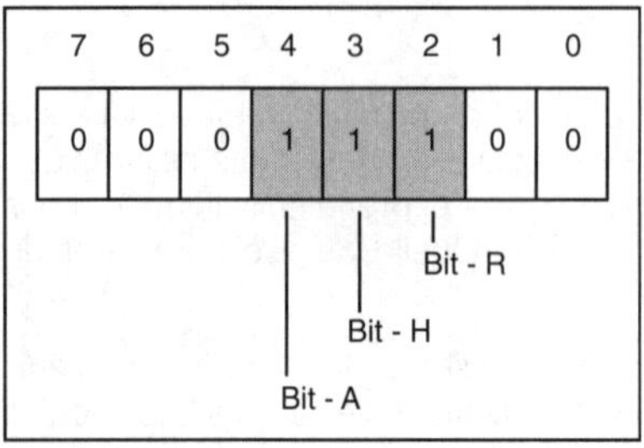

Fig. 3.17 : *Bits flag pour attributs de fichier (2)*

Les trois bits d'attribut sont maintenant tous positionnés et informent que le fichier concerné est protégé contre l'écriture, caché et archivable.

Désactivation de bits

L'opération inverse du positionnement d'un bit est la désactivation d'un bit. On emploie pour cela le connecteur binaire ET (opérateur &). Étant donné que le ET binaire appliqué à deux bits ne donne un bit à 1 que si les deux bits initiaux sont égaux à 1, alors tout 0 du masque de bits désactive le bit correspondant de l'autre valeur. Au contraire, un 1 dans le masque conserve la valeur d'origine.

Supposons, par exemple, que vous vouliez désactiver dans la variable `flags` le cinquième bit de droite (bit A) afin de montrer que le fichier ne doit pas être traité lors des opérations de sauvegarde. Vous devez alors connecter ce cinquième bit de droite avec un bit de valeur 0, par l'intermédiaire de l'opérateur &. Comme tous les autres bits ici doivent garder leur valeur antérieure, il faut absolument les connecter avec des bits positionnés. Le masque binaire qui désactive le cinquième bit de droite de la variable `flags` doit donc ressembler à 11101111 `/* Décimal : 239 */`.

```
      00011100     /* plage de bits de la variable flags */
&     11101111     /* masque : Décimal 239  */
      ________
      00001100     /* résultat: 5ème bit de droite désactivé  */
```

La connexion est réalisée par programme via l'affectation du résultat de cette connexion à la variable `flags`, cela grâce à l'instruction ci-dessous.

```
flags = flags & 239;      /*désactive le 5ème bit de droite
                            dans variable flags */
```

Après la connexion, la variable `flags` est ainsi.

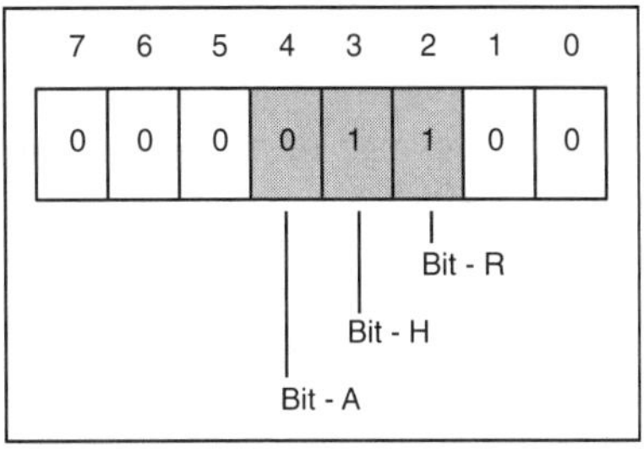

Fig. 3.18 :
Bits flag pour attributs de fichier (3)

Comme le cinquième bit à droite n'est maintenant plus positionné, la variable `flags` mémorise grâce à ses bits d'attribut l'information suivante : le fichier est caché et protégé contre l'écriture, mais ne doit plus être sauvegardé.

Opérateurs de décalage

Les opérateurs de décalage >> et << connectent deux valeurs entières et décalent vers la gauche (<<) ou vers la droite (>>) tous les bits de l'opérande gauche, d'un nombre de positions égal à la valeur de l'opérande de droite. Le résultat de l'opération a le type de l'opérande gauche, donc est entier également. Pour l'opérande droit, il faut faire attention à ce qui suit : s'il est négatif, alors le décalage produit un résultat indéfini.

Décalage vers la gauche

L'opérateur << décale vers la gauche tous les bits de l'opérande gauche, d'un nombre de positions correspondant à la valeur de l'opérande droit. Les positions binaires laissées libres sur la droite par le décalage sont mises à 0.

La constante décimale 15, par exemple, est une donnée de type `int`. Ses 2 octets peuvent être distingués l'un de l'autre par des appellations telles que "octet de poids fort" (High-order Byte) et "octet de poids faible" (Low-order Byte). Dans la représentation graphique, c'est l'octet gauche qui possède le poids le plus fort. La constante 15 possède la représentation binaire suivante.

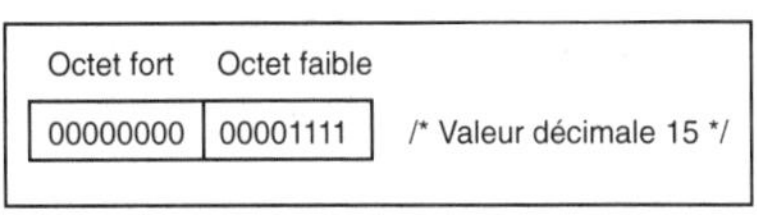

Fig. 3.19 :
Représentation binaire de la constante décimale 15

L'expression `15 << 4` décale tous les bits de la constante 15 de quatre positions vers la gauche et met à zéro les positions libres sur la droite. Au niveau du bit, la valeur de l'expression donne le résultat suivant.

Octet fort	Octet faible	
00000000	11110000	/* Valeur décimale 240 */

Fig. 3.20 :
Représentation binaire de l'expression 15 << 4

Cela correspond à la valeur décimale 240, c'est à dire que l'instruction `printf("%d\n", 15 << 4);`afficherait la valeur **240**.

Définissons une variable :

```
unsigned int x = 15;
```

Alors, l'expression `x << 4` a aussi la valeur 240, tandis que la variable `x` contient toujours la valeur `15`. Avec l'instruction suivante, nous arrivons à mémoriser le résultat du décalage dans la variable `x` qui contient ensuite la valeur 240.

```
x  =  x << 4;      /* décalage de 4 positions vers la gauche
                      et affectation du résultat à la variable x */
```

Mathématiquement parlant, dans le système à base deux (système binaire) le décalage des bits d'une position vers la gauche correspond à une multiplication de la valeur concernée par 2. Le fait de décaler de quatre positions revient donc à multiplier par `2 * 2 * 2 * 2` ou `24`.

En effet :

```
15 * 24 = 15 * 16 = 240
```

Plus généralement, on constate que dans le système à base deux un décalage de N positions vers la gauche correspond à une multiplication par 2^N.

Décalage vers la droite

Semblable à l'opérateur <<, l'opérateur >> décale vers la droite tous les bits de l'opérande de gauche, d'un nombre de positions correspondant à la valeur de l'opérande droit. Lors d'un décalage vers la droite, les positions binaires laissées libres sur la gauche par le décalage sont mises à 0 si l'opérande gauche est non signé (donc de type `unsigned`). Si l'opérande de gauche est signé, les positions binaires laissées libres sur la gauche sont occupées par des copies du bit de signe.

Nous appliquerons l'opération de décalage vers la droite à la variable `x` de notre dernier exemple. La variable, à la fin, avait la valeur 240. Voici sa représentation binaire.

Octet fort	Octet faible	
00000000	11110000	/* Valeur décimale 240 */

```
x = x >> 4;  /* décalage de 4 positions vers la droite.
```

```
                    Mémorisation du résultat dans la variable x */
```

L'instruction décale tous les bits de la variable `x` de quatre positions vers la droite et affecte le résultat de cette opération à `x` elle-même. Au niveau du bit, la valeur de la variable donne cela.

Octet fort	Octet faible	
00000000	00001111	/* Valeur décimale 15 */

Comme résultat du décalage vers la droite, la variable `x` a retrouvé sa valeur d'origine 15. Le décalage correspond donc à une division de l'opérande gauche par la valeur `2^4`.

```
240 : 24 = 240 : 16 = 15
```

Plus généralement, dans le système à base deux un décalage de N positions vers la droite correspond à une division par 2^N.

Exemple d'application des opérateurs binaires

Bien que cela ne ressorte pas du standard ANSI, la plupart des compilateurs disposent d'une fonction qui permet de connaître la touche du clavier sur laquelle on vient d'appuyer. Une de ces fonctions (entre autres variantes) est la fonction _bios_keybrd (Microsoft C). Celle-ci lit un caractère au clavier et donne le résultat sous la forme d'une valeur de type `unsigned int` (2 octets) que le programme peut ensuite retraiter, par exemple pour l'afficher. Cette valeur indique la touche qui a été enfoncée et le caractère qui a été saisi.

L'octet gauche (fort) de la valeur donne le scancode de la touche. Le scancode d'une touche est un numéro qui permet d'identifier chaque touche du clavier. Par exemple, la touche a le scancode 59 (décimal). L'octet droit (faible) de la valeur contient le code ASCII du caractère.

Si l'utilisateur a, par exemple, entré un grand `X`, alors la fonction _bios_keybrd fournit au programme la valeur suivante.

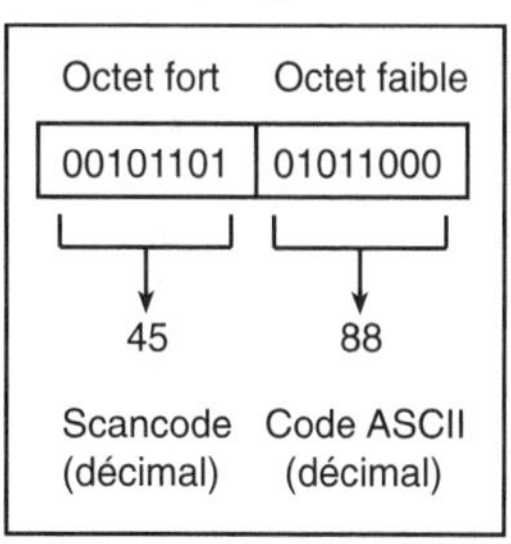

Fig. 3.21 :
Valeur retournée par la fonction _bios_keybrd après saisie de X

La valeur décimale 45 est le scancode de la touche portant le signe [X], alors que la valeur décimale 88 représente le code ASCII du caractère X.

Si on a appuyé sur une touche de fonction ou sur une flèche directionnelle, alors l'octet faible Byte contient la valeur 0. Dans l'image suivante, c'est ainsi que la valeur retournée indique que l'utilisateur a enfoncé la touche [F1] (scancode : 59 décimal).

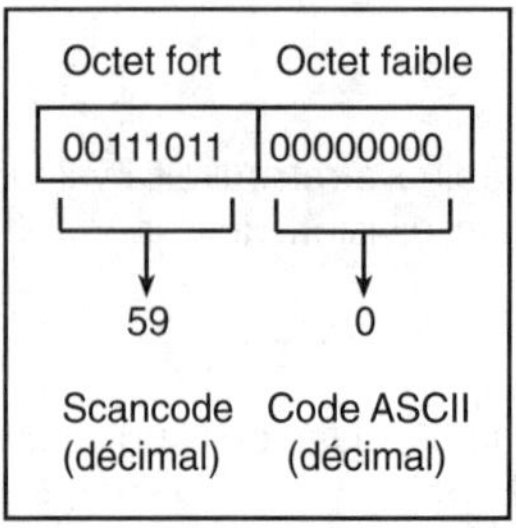

◄ Fig. 3.22 : *Valeur de retour de la fonction _bios_keybrd après appui sur F1*

La fonction _bios_keybrd donne deux informations (scancode et code ASCII en une seule valeur). Une autre possibilité pour connaître le scancode des touches de fonction et des touches du curseur est offerte par les fonctions getch ou getche.

Renvoi

Reportez-vous pour cela au chapitre ***Fonctions***.

Cependant, il est souvent nécessaire de traiter séparément le scancode et le code ASCII. On doit donc isoler les deux valeurs. Cela peut se faire à l'aide des opérateurs de bits. Le programme *whichkey.c* invite l'utilisateur à appuyer sur une touche, puis affiche le scancode de la touche et le code ASCII du caractère (s'il existe).

▼ Listing 3.11 : whichkey.c

```
/*      whichkey montre, via scancode et code ASCII,
        la touche enfoncée       */
#include <stdio.h> /* pour printf  */
#include <bios.h> /* pour _bios_keybrd  */
main()
{
     unsigned int saisie;  /* pour le résultat de _bios_keybrd */
     int carlu, scancode;  /*  pour code ASCII et scancode  */
     printf("Appuyez sur une touche :");
     saisie = _bios_keybrd(_KEYBRD_READ);  /*prise en compte de la
                                             saisie */
     carlu = saisie & 255;  /*  isole Low Byte  */
     scancode = saisie >> 8;  /*  isole High Byte  */
     printf("\nScancode : %d  Caractère : %c\n", scancode, carlu);
}
```

Commentaires

Comment fonctionne ce programme ? Après que l'utilisateur a été invité à appuyer sur une touche, la fonction _bios_keybrd, via l'instruction suivante reçoit la saisie de ce dernier.

```
saisie = _bios_keybrd(_KEYBRD_READ);
```

Le paramètre `_KEYBRD_READ` entraîne que la fonction lit le caractère entré ou détecte la touche sur laquelle on a appuyé. Le résultat de cette vérification est stocké dans les deux octets de la variable **saisie** : le scancode dans l'octet fort et (s'il existe) le code ASCII dans l'octet faible. Après quoi l'instruction suivante isole l'octet faible de la variable **saisie** et le mémorise dans la variable **carlu**.

```
carlu = saisie & 255;
```

Si l'utilisateur, par exemple, a entré **X** en appuyant sur [Maj] et sur la touche [x], alors la connexion avec la valeur 255 via l'opérateur **&** donne ce résultat au niveau du bit.

```
      00101101 01011000   /* valeur de la variable " saisie "    */
    & 00000000 11111111   /* masque pour mettre à 0 l'octet fort */
    -------------------
      00000000 01011000   /* résultat : octet fort effacé       */
```

Le ET binaire met à 0 tous les bits de l'octet fort. En effet, les zéros du masque binaire désactivent les bits correspondants de la variable **saisie**. L'octet faible de la variable reste par contre inchangé par la connexion avec les bits positionnés du masque. Donc la variable **carlu** se voit affecter la valeur qui correspond au nombre décimal 88, à savoir le code ASCII du caractère X.

00000000	01011000

```
scancode = saisie >> 8;
```

L'instruction entraîne que dans le champ de bits de la variable **saisie**, tous les bits de l'octet fort (qui renferme le scancode) sont décalés de huit positions vers la droite et que le résultat du décalage est affecté à la variable **scancode**.

00101101	01011000

Il s'ensuit que la variable **scancode** contient maintenant la valeur suivante, étant donné que les positions binaires laissées libres sur la gauche par le décalage sont remplies par des zéros.

00000000	01011000

De cette façon, l'octet faible, et donc le scancode de la touche [x], est isolé dans la variable **scancode**. On peut alors afficher séparément les deux valeurs.

Priorités

Les opérateurs de bits ont différentes priorités. Le NON binaire ~ a la priorité 14, les deux opérateurs de décalage << et >> ont la priorité 11, et les connecteurs logiques binaires &, ^ et | ont respectivement les priorités 8, 7 et 6. :

```
unsigned int x = 0, y = 0;
```

Après les définitions ci-dessus, dans l'expression `~x >> 8 & 15 ^ 15 | y`, les opérateurs, en raison de leurs priorités, seraient évalués dans l'ordre de leur apparition, de la gauche vers la droite. La valeur de l'expression est 0.

```
0000 0000 0000 0000     /*    x                        */
1111 1111 1111 1111     /*    ~x                       */
0000 0000 1111 1111     /*    ~x >> 8                  */
0000 0000 0000 1111     /*    ~x >> 8 & 15             */
0000 0000 0000 0000     /*    ~x >> 8 & 15 ^ 15        */
0000 0000 0000 0000     /*    ~x >> 8 & 15 ^ 15 | y    */
```

Pour conclure, complétons notre tableau des priorités.

Désignation	symbole d'opérateur	Priotité	Ordre
parenthèse	()	15	de gauche à droite
Opérateurs unaires			
Opérateur Cast	(type de donnée)	14	de droite à gauche
Opérateurs de négation			de droite à gauche
arithmétique	-	14	de droite à gauche
logique	!	14	de droite à gauche
logique de bit	~	14	de droite à gauche
Opérateurs binaires			
Opérateurs	*/%	13	de gauche à droite
arithmétique	+ -	12	de gauche à droite
Opérateurs de décalage	<>	11	de gauche à droite
Opérateurs de comparaison	> >= > >= == ! ==	10 9	de gauche à droite de gauche à droite
Opérateurs de bit	& ^ |	8 7 6	de gauche à droite de gauche à droite de gauche à droite
Opérateurs logiques	&& ||	5 4	de gauche à droite de gauche à droite

◄ Fig. 3.23 : *Tableau des priorités des opérateurs C (8)*

Opérateurs d'affectation

Les opérateurs d'affectation mettent dans leur opérande gauche la valeur de leur opérande de droite. L'opérande gauche doit être ce qu'on appelle une Lvalue : une expression désignant une adresse dans la mémoire de l'ordinateur, par exemple le nom d'une variable. Une constante ne peut donc pas être une Lvalue et ne peut pas figurer dans la partie gauche d'une affectation. L'opérande droit peut être n'importe quelle expression.

Bien que les opérations d'affectation concernent systématiquement deux opérandes, à savoir celui auquel on affecte et celui qui est affecté, le langage C possède des opérateurs d'affectation unaires et binaires. Nous verrons cependant que les opérations avec les opérateurs d'affectation unaires ne représentent que des notations abrégées d'opérations binaires.

Les affectations sont évaluées de la droite vers la gauche. Le type des données de la valeur du membre de droite est converti en le type de la valeur du membre de gauche lorsque les types des deux côtés ne coïncident pas (voir la partie *Conversions de types*). C dispose des opérateurs d'affectation suivants.

<table>
<tr><th>opérateur</th><th>opération</th><th>exemple</th></tr>
<tr><td colspan="3">unaire (incrément et décrément)</td></tr>
<tr><td>++</td><td>Augmentation de 1</td><td>x++ (postfixé)
++x (préfixé)</td></tr>
<tr><td>--</td><td>Diminution de 1</td><td>x-- (postfixé)
x++ (préfixé)</td></tr>
<tr><td colspan="3">binaire</td></tr>
<tr><td>=</td><td>Affectation simple</td><td>x=y</td></tr>
<tr><td>+=</td><td>Affectation avec addition</td><td>x+=y</td></tr>
<tr><td>-=</td><td>Affectation avec soustraction</td><td>x-=y</td></tr>
<tr><td>*=</td><td>" " multiplication</td><td>x*=y</td></tr>
<tr><td>/=</td><td>" " division</td><td>x/=y</td></tr>
<tr><td>%=</td><td>" " opération de reste</td><td>x%=y</td></tr>
<tr><td>>>=</td><td>" " déplacement vers la droite</td><td>x>>=y</td></tr>
<tr><td><<=</td><td>" " déplacement vers la gauche</td><td>x<<=y</td></tr>
<tr><td>&=</td><td>" " connexion binaire ET</td><td>x&=y</td></tr>
<tr><td>|=</td><td>connexion binaire OU inclusif</td><td>x|=y</td></tr>
<tr><td>^=</td><td>" " connexion binaire OU exclusif</td><td>x^=y</td></tr>
</table>

◄ Fig. 3.24 :
Opérateurs d'affectation

Affectation simple

Les affectations simples sont réalisées par l'opérateur = que vous avez déjà rencontré. Une fois défini `int x;`, l'affectation `x = 1;` entraîne que la variable `x` du membre droit de l'affectation reçoit la valeur `1`. L'opération d'affectation précédente peut être découpée en deux étapes :

1. D'abord, le membre droit de l'affectation est évalué et donne la valeur `1`.

2. La valeur du membre droit est attribuée à la variable du membre gauche.

Bien évidemment, une variable peut également figurer sur le côté droit de l'affectation.

```
int x = 0, y = 1;
```

Avec ces variables, `x`, après l'affectation `x = y;`, a la valeur de `y`, à savoir `1`. La variable `y` reste inchangée. On aurait le même résultat avec `x = x + 1;`, si `x` avait la valeur initiale 0.

Toute expression du C a une valeur et donc une affectation possède aussi une valeur. D'après la section *Expressions*, nous savons déjà que la valeur d'une affectation est la valeur de son membre gauche, après exécution de l'opération d'affectation. Si par exemple la variable entière `x` a la valeur `1`, alors l'expression `x = x + 1;`a la valeur `2`, à savoir la valeur du membre gauche, en d'autres termes la valeur de la variable `x` après qu'a été réalisée l'affectation. Vous pouvez naturellement réaffecter cette valeur à une variable. On peut ainsi arriver à réaliser des affectations multiples. Après les définitions `int x, y;` l'instruction `x = y = 1;` affecte la valeur `1` aux deux variables. Pour commencer, l'affectation `y = 1;` est exécutée, `y` recevant ici la valeur `1`. Ensuite, la valeur de l'affectation `y=1`, à savoir 1, est repassée à la variable `x` qui prend ensuite la valeur `1`, elle aussi. L'affectation multiple précédente est donc équivalente aux instructions suivantes.

```
x = 1;
y = 1;
```

ou

```
x = 1;
y = x;
```

Comme les affectations sont traitées de la droite vers la gauche, une mise entre parenthèses n'est pas nécessaire. Avec les variables `int a, b, c, d;`, les instructions suivantes sont équivalentes.

```
a = b = c = d = 0;
a = (b = (c = (d = 0)));
```

Dans les deux cas, les quatre variables prennent la valeur `0`.

Affectation combinée

Les affectations combinées mélangent une opération d'affectation avec une opération arithmétique ou de bits (logique ou décalage). Dans le récapitulatif suivant, pour les deux opérandes `x` et `y` les expressions de la colonne gauche équivalent eux expressions de la colonne droite.

x += y	↔	x = x + y
x -= y	↔	x = x - y
x *= y	↔	x = x * y
x /= y	↔	x = x / y
x %= y	↔	x = x % y
x >>= y	↔	x = x >> y
x <<= y	↔	x = x << y
x &= y	↔	x = x & y
x |= y	↔	x = x | y
x ^= y	↔	x = x ^ y

◄ Fig. 3.25 :
Affectations combinées

Chaque affectation combinée relie ses deux opérandes avec un opérateur arithmétique ou de bits, puis affecte le résultat de cette relation à l'opérande de gauche.

```
int x = 10, y = 3;
```

Pour ces variables, l'instruction `x += y;` donne la valeur 13 pour la variable x, ce qui est aisé à comprendre si on considère l'instruction équivalente.

```
x = x + y;
```

De manière analogue, l'affectation combinée avec l'opération modulo donne pour x la valeur 1, comme on peut le constater immédiatement sur la formulation équivalente.

```
x %= y;
```

et

```
x = x % y;
```

Considérons ces deux instructions :

```
x = x & 255; /* connexion de x avec le masque 255       */
```

et

```
x = x >> 8;       /* décalage de 8 pos. vers la droite de tous les
bits de x */
```

Elles s'abrègent ainsi.

```
x &= 255;
```

ou

```
x >>= 8;
```

Incrément et décrément

Comme le montreront nos manipulations ultérieures, il est fréquent qu'on doive augmenter ou diminuer de 1 une variable. Si par exemple x est une variable, on peut faire cela avec les instructions suivantes.

```
x = x + 1;
```

ou

```
x = x -1;
```

La section qui précède nous a montré qu'on peut formuler cela sous une forme abrégée.

```
x += 1;
x -= 1;
```

Mais on peut faire encore plus bref.

Fonction d'affectation des opérateurs unaires

Les opérateurs d'incrément et de décrément unaires `++` et `--` augmentent (incrémentent) ou diminuent (décrémentent) la valeur d'une variable de la quantité 1. Ils renferment donc une opération d'affectation, bien que l'opérateur `=` ne soit pas utilisé ici. Les opérateurs d'incrément et de décrément ne sont pas utilisables sur des données constantes. Ils peuvent être placés devant leur opérande (préfixe) ou après leur opérande (postfixe).

Si notre variable `x` a par exemple la valeur `1`, alors les instructions `x++;` ou `++x;` accroissent la valeur de la variable `x` de 1. La nouvelle valeur de `x` est donc 2. Les instructions précédentes ont donc le même effet que l'instruction suivante.

```
x  =  x +1;
```

De même, les instructions `x--;` ou `--x;` diminuent la valeur originelle 1 de la variable pour la faire passer à 0, donc conduisent au même résultat que la ligne ci-dessous.

```
x  =  x - 1;
```

Dans les exemples que nous venons de présenter, peu importe que l'opérateur soit placé avant ou après. Fondamentalement cependant, la position de l'opérateur fait une grande différence. Cela se remarque de manière évidente si les opérateurs d'incrément et de décrément sont utilisés dans des instructions plus complexes.

Préfixe et postfixe

Si on définit par `int x = 1, y;` deux variables entières `x` et `y`, alors l'instruction `y  =  x++;` entraîne deux effets.

Tout d'abord, à la variable `y` est affectée la valeur de la variable `x`, avant que celle-ci ne soit incrémentée. `y` prend donc la valeur `1`.

Ensuite, la valeur de la variable `x` augmente de 1. Sa nouvelle valeur est `2`.

Une fois l'instruction `y  =  x++;` effectuée, `x` a donc la valeur `2` et `y`, la valeur 1. L'instruction précédente équivaut donc aux deux instructions suivantes.

```
y = x;
x++;
```

De même y = x--; affecterait à y la valeur 1, puis ferait passer x de 1 à 0. Nous pouvons donc formuler la règle générale : un opérateur de post-incrémentation ou de post-décrémentation entraîne que son opérande est d'abord utilisé, puis seulement alors incrémenté ou décrémenté.

Inversement, un opérateur de pré-incrémentation ou de pré-décrémentation entraîne que son opérande est incrémenté ou décrémenté avant d'être utilisé.

Appliquons cela à notre exemple (avec x égal à 1). Cela signifie que l'instruction y = ++x; commence par faire augmenter la valeur de x de 1 à 2. Ensuite, cette nouvelle valeur est affectée à la variable y. y ne prend donc pas la valeur d'origine de x, mais la valeur accrue de 1, et vaut donc 2 comme x. La décrémentation y = --x; entraînerait, en supposant que x soit égal à 1, que la valeur de x serait d'abord abaissée de 1 à 0, puis affectée à la variable y. Le résultat serait que x et y auraient la valeur 0.

Incrémentation et décrémentation des variables réelles

Les opérateurs d'incrément et de décrément peuvent aussi s'appliquer aux variables à virgule flottante.

```
float f = 3.14;
```

Après cette définition, l'instruction f++; augmente de 1 la valeur de la variable f qui passe à 4.14. Les cas où une variable réelle est incrémentée ou décrémentée de 1 sont bien plus rares qu'avec les variables de types entiers. Un exemple très fréquent est la réalisation d'opérations de comptage, notamment dans les instructions répétitives (boucles), habituellement effectuées à l'aide de variables entières

Renvoi

Reportez-vous au chapitre ***Structures de contrôle de flux***.

Nous récapitulerons ici les résultats de nos exemples d'opérations.

Valeur de variable avant l'instruction		Instruction	Valeur de variable après l'instruction	
x:1	y:0	y = x++;	x:2	y:1
x:1	y:0	y = x--;	x:0	y:1
x:1	y:0	y= ++x;	x:2	y:2
x:1	y:0	y = --x;	x:0	y:0

▲ Fig. 3.26 :
Résultats des opérations d'incrémentation et de décrémentation

Effets de bord (side effects)

Les opérateurs d'incrément et de décrément sont des opérateurs avec effets de bord. Un effet de bord consiste en la modification de la valeur d'un opérande pendant le traitement d'une expression. Ainsi, toutes les affectations sont des opérations avec effets de bord car elles changent la valeur du membre gauche.

```
int x = 2, y = 2, z = 3;
```

Après ces définitions, l'instruction `z = x + y;` fait passer la valeur de la variable z de 3 à 4. La valeur des variables x et y reste, par contre, inchangée. Ce genre d'instruction ne pose pas de problème si on le compare avec l'instruction :

```
y = (x = 2) + (x = x-1);
```

où x et y sont ainsi définis.

```
int x = 5, y;
```

En raison de la commutativité de l'opérateur + qui permet normalement au compilateur d'évaluer les opérandes concernés dans un ordre quelconque, la variable y de l'exemple précédent se voit affecter soit la valeur 3, soit la valeur 6. Les deux opérandes de l'opérateur + du membre droit de l'affectation sont eux-mêmes des affectations (mise entre parenthèses) qui changent la valeur de la variable x. Si le compilateur évalue d'abord l'expression `(x = 2)`, alors x prend la valeur 2. Il en est de même pour l'opérande (x = 2), car la valeur d'une affectation est toujours la valeur de son membre gauche, une fois effectuée la transmission de la valeur du membre droit. L'autre opérande de l'opérateur +, `(x = x-1)`, modifie alors derechef la valeur actuelle 2 de la variable x, cette fois en y retranchant 1 pour donner 1. Ce faisant, l'expression complète (x = x-1) prend la valeur 1. L'addition des deux opérateurs donne la valeur 3 qui est affectée à la variable y.

Dans l'autre cas, le compilateur évalue d'abord le second opérande.

```
(x = x-1)
```

Cela affecte à la variable x la nouvelle valeur 4 et la valeur de l'expression (x = x-1) est alors aussi de 4. L'évaluation de l'autre opérande (x = 2) donnerait cette fois une nouvelle valeur pour la variable x et pour l'opérande complet, à savoir 2. L'addition des deux opérandes (4 + 2) aurait donc pour résultat 6, ce qui serait reporté dans la variable y.

Effet de bord dans les opérations d'incrémentation et de décrémentation

Comme les opérations d'incrément et de décrément des opérateurs ++ et - contiennent aussi des affectations, elles ont donc des effets de bord. L'exemple qui suit utilise une expression d'incrémentation comme paramètre de fonction. Il faut savoir ici qu'en langage C les paramètres d'une fonction peuvent être évalués par le compilateur dans un ordre quelconque. Cela ne pose aucun problème si les opérandes sont des constantes ou des variables normales. :

```
int x = 1, y = 1;
```

Avec ces variables par exemple, peu importe que dans l'instruction `printf("%d %d\n", x, y);`, ce soit d'abord `x` ou `y` qui soit évalué. Dans tous les cas, on affiche les valeurs `1 1`.

Si vous utilisez en revanche, comme paramètres de fonction, des expressions renfermant des opérateurs d'incrément ou de décrément (ou des affectations), il peut advenir des résultats imprévisibles.

```
printf("%d %d\n", ++x, y = x);
```

Cette instruction peut produire des affichages différents selon que c'est le paramètre `y=x` ou le paramètre `++x` qui est évalué en premier. Si les deux variables valent `1` au départ, l'instruction `printf` affiche les valeurs suivantes si l'argument `y = x` est évalué en premier.

```
2 1
```

La variable `y` et donc l'expression `y=x` prennent la valeur de `x`, donc `1`. Cette valeur est fixée pour l'affichage. Ensuite, l'argument `++x` est évalué. La valeur de `x` est incrémentée avant l'utilisation de `x`, donc passe de 1 à 2. Ensuite, les valeurs sont affichées.

Mais si le compilateur évalue d'abord l'expression `++x`, alors `x` est incrémenté et a maintenant la nouvelle valeur `2`. Lors de l'évaluation du second argument, `y` prend la valeur `2`, ainsi que l'expression `y=2`. Vous obtenez alors l'affichage suivant.

```
2 2
```

Les considérations qui précèdent suggèrent donc que la portabilité des programmes doit vous faire renoncer aux instructions dont les résultats dépendent de l'ordre d'évaluation d'opérandes à effet de bord.

Priorités

Les opérateurs d'affectation ont des priorités différentes. Les opérateurs unaires d'incrémentation et de décrémentation ont la priorité 14, alors que les opérateurs binaires d'affectation ont tous la priorité 2. Cette faible priorité permet d'affecter à une variable, sans parenthèses, la valeur d'expressions ne contenant pas d'opérateurs d'affectation. :

```
int x = 1, y = 10;
```

Avec ces variables, l'instruction `y = x * 3 +y;` affecte la valeur de l'expression ci-dessous à la variable `y`, `y` prenant ici la valeur 13 également.

```
x * 3 + y      /* valeur : 1 * 3 +10 = 13      */
```

Mais si l'opérateur d'affectation avait une priorité plus élevée que les opérateurs `*` et `+`, alors l'expression `x * 3 + y` devrait être mise entre parenthèses pour obtenir ce résultat. Autrement, c'est d'abord l'affectation `y = x` qui serait exécutée, ce qui donnerait à `y` la valeur `1`.

Complété par les opérateurs d'affectation, notre tableau des priorités ressemble maintenant à cela.

désignation	symbole d'opérateur	Priorité	Ordre
parenthèse	()	15	de gauche à droite
Opérateurs unaires			
Opérateur Cast	(type de donnée)	14	de droite à gauche
Opérateurs de négation			de droite à gauche
- arithmétique	-	14	de droite à gauche
- logique	!	14	de droite à gauche
- binaire	~	14	de droite à gauche
Opérateurs binaires			
Opérateurs	*/%	13	de gauche à droite
arithmétique	+ -	12	de gauche à droite
Opérateurs de décalage	<<>>	11	de gauche à droite
Opérateurs de comparaison	> >= < <= == ¦ ==	10 9	de gauche à droite de gauche à droite
Opérateurs de bit	& ^ |	8 7 6	de gauche à droite de gauche à droite de gauche à droite
Opérateurs logiques	&& ||	5 4	de gauche à droite de gauche à droite
Opérateurs d'affectation	=+=-=*=/= %=>>=<<=&=^=|=	2	de gauche à droite

◄ Fig. 3.27 : *Tableau des priorités des opérateurs C(9)*

Autres opérateurs

Dans l'exposé qui va suivre, nous présenterons les autres opérateurs du C, entre autres l'opérateur conditionnel ternaire `?` et l'opérateur `virgule`.

Opérateur conditionnel

L'opérateur conditionnel `?` est l'unique opérateur ternaire du C. Ses trois opérandes sont des expressions. Une instruction utilisant l'opérateur conditionnel obéit à la syntaxe suivante.

```
Expression1 ? Expression2 : Expression3
```

Expression1 représente la partie conditionnelle de l'instruction complète. On vérifie sa valeur de vérité, donc si elle vaut `TRUE` ou `FALSE`. Comme vous le savez déjà, la valeur logique `TRUE` signifie que l'expression a une valeur numérique différente de 0. Inversement, la valeur logique `FALSE` équivaut à la valeur numérique 0.

Si `Expression1` vaut `TRUE`, donc si la condition est remplie, alors `Expression2` est évalué et l'expression complète prend la valeur de `Expression2`.

Si `Expression1` vaut `FALSE`, donc si la condition n'est pas remplie, alors `Expression3` est évalué et l'expression complète prend la valeur de `Expression3`.

```
int x = 10, y = 5;
```

Avec ces deux variables, l'expression `x != y ? x : y` vaut 10, car `x` est effectivement différent de `y`. Par conséquent, la condition `x != y` vaut `TRUE`. L'expression tout entière prend donc la valeur de `x`, à savoir 10. Inversement, dans l'expression `x == y ? x : y`, la condition vaudrait `FALSE`, car `x` diffère de `y`. L'expression tout entière recevrait donc la valeur de `y`, à savoir 5. L'opérateur conditionnel a la priorité 3. De ce fait, dans notre exemple la condition `x == y` n'a pas besoin d'être mise entre parenthèses, étant donné que l'opérateur == possède une priorité supérieure, ce qui fait que l'expression partielle `x==y` est évaluée en premier. Mais si on remplace la condition

```
x == y      /* opérateur de comparaison */
```

par

```
x = y       /* opérateur d'affectation  */
```

alors dans l'expression, sans parenthèses

```
x = y ? x : y
```

c'est d'abord l'expression partielle

```
y ? x : y
```

qui est évaluée, étant donné que l'opérateur conditionnel possède une priorité plus haute (3) que l'opérateur d'affectation (2). Le résultat de cette expression partielle serait alors affecté à la variable `x`. `x` contiendrait dans ce cas la valeur 10 parce que l'expression `y` est différente de 0, donc vaut `TRUE`. Mais si c'est l'expression `x = y` qui doit faire office de condition, alors il faut la mettre entre parenthèses.

```
(x = y) ? x : y
```

Cela donne pour `x` la valeur `5`. En effet, en raison des parenthèses, `y` est d'abord affecté à `x` et ce n'est qu'ensuite que l'opérateur conditionnel est évalué. L'expression tout entière prendrait la valeur `10` car l'expression d'affectation a la valeur de `x` après affectation, donc est différente de 0 (`TRUE`).

```
printf("%d\n", x != y ? x:y);
```

Avec une instruction comme ci-dessus, on peut afficher directement la valeur (ici 10) d'une expression conditionnelle. Il faut faire attention ici à ce que le format corresponde au type de la valeur prise par l'expression. Si on remplaçait les variables entières `x` et `y` par deux variables `float` :

```
float p = 10.5, q = 5.5;
```

alors il faudrait utiliser le format `%f` :

```
printf("%f\n", p != q ? p:q);
```

Il en va de même si vous voulez affecter à une variable la valeur d'une expression conditionnelle. Le type de la variable `absvalue` dans l'instruction :

```
absvalue = x < 0 ? -x : x;
```

qui calcule la valeur absolue d'un nombre devrait correspondre au type de `x`. Si les types de `Expression2` et `Expression3` diffèrent, les conversions implicites usuelles sont effectuées.

Opérateur séquentiel

L'opérateur séquentiel ou opérateur virgule (`,`) permet de rassembler de manière syntaxique deux expressions en une seule.

```
++x;
++y;
```

Ces deux instructions pourraient aussi s'écrire ainsi.

```
++x, ++y;
```

Les deux opérandes de l'opérateur séquentiel sont évalués de la gauche vers la droite. La valeur et le type de l'expression complète sont ceux du second opérande. Si dans notre exemple `x` et `y` sont des variables entières valant respectivement 1 et 2, alors l'expression `++x, ++y` a la valeur de `++y`, soit `3`. L'opérateur séquentiel est très utile pour placer deux (ou plusieurs) expressions, là où une seule est permise.

Renvoi

Vous découvrirez une application très courante de cette possibilité dans le chapitre *Structures de contrôle de flux* à propos des structures de contrôle.

L'opérateur séquentiel a la priorité la plus faible de tous les opérateurs, à savoir 1.

Rappelez-vous ici que la virgule possède déjà une autre fonctionnalité qui n'a rien à voir avec l'opérateur séquentiel. Dans des définitions de variables comme :

```
int x = 1, y = 2, z = 3;
```

ou dans des appels de fonction tels que :

```
printf("%d %d %d\n", x, y, z);
```

la virgule sert simplement à séparer les divers éléments d'une liste (de noms, de paramètres, etc.). Dans l'instruction précédente, le séparateur virgule n'indique aucunement un ordre d'évaluation. Comme nous l'avons déjà signalé à la rubrique **Effets de bord**, c'est le compilateur qui décide librement de l'ordre d'évaluation des paramètres dans un appel de fonction (par exemple, les arguments de la fonction `printf`). La mise entre parenthèses des arguments dans l'appel de fonction :

```
printf("%d %d\n", (x, y), z);
```

entraîne cependant que le compilateur interprète la virgule entre les arguments `x` et `y` comme opérateur séquentiel. La fonction `printf`, dans ce cas, n'a que deux arguments, à savoir `(x,y)` et `z`. Dans l'expression entre parenthèses `(x,y)`, c'est d'abord `x` qui est évalué, puis `y`. L'argument `(x, y)` a la valeur de `y`, donc vaut `2`.

Opérateur de dimension

L'opérateur unaire de dimension `sizeof` calcule l'occupation mémoire en octets requise par une variable ou par un type de données. Voici la syntaxe de l'opérateur `sizeof`.

```
sizeof(<expression>)
```

ou

```
sizeof (<type>)
```

Les parenthèses peuvent être omises lorsque l'opérande est une expression. Mais la tradition est de les laisser systématiquement.

```
short s;
long l;
double d;
```

Après ces définitions, les expressions suivantes ont les valeurs 2, 4 et 8, car les variables occupent justement ces nombres d'octets en mémoire.

```
sizeof(s)
sizeof(l)
sizeof(d)
```

L'opérateur `sizeof` manipule également les intitulés des types de données. Ainsi, les expressions suivantes valent aussi 2, 4 et 8, ce qui correspond à la place mémoire prise par ces types de données.

```
sizeof(short)
sizeof(long)
sizeof(double)
```

L'expression `sizeof(int)` en revanche prend la valeur 2 ou 4 selon l'occupation mémoire du type `int` sur l'ordinateur concerné.

L'opérateur `sizeof` a la priorité 14.

Opérateur d'adressage

L'opérateur unaire d'adressage `&` ne doit pas être confondu avec l'opérateur binaire ET qui manipule les bits.

Renvoi

Vous l'avez déjà rencontré au chapitre ***Entrée et sortie***.

Il fournit l'adresse de son opérande qui doit être une Lvalue (voir la rubrique *Opérateurs d'affectation*), donc par exemple un nom de variable. Si `x` est une variable, alors l'expression `&x` donne l'adresse de la variable `x`. L'opérateur d'adressage a la priorité 14.

Renvoi

Pour plus de détails, reportez-vous aux chapitre ***Entrée et sortie***, et ***Pointeurs***.

Opérateur de moulage (cast)

L'opérateur unaire `cast` a déjà été traité. Il a la priorité 14. C'est lui qui permet de convertir explicitement le type d'une donnée en un autre type. Ainsi, l'expression `(double) x` transforme le type d'une variable `int` en `double`.

Renvoi

Pour plus de détails sur l'opérateur de moulage, reportez-vous au chapitre ***Conversions de types***.

Opérateurs de mise entre parenthèses

Les parenthèses ont la priorité la plus élevée (15). C'est logique, car une de leurs fonctionnalités essentielles consiste à permettre de regrouper librement des expressions comportant d'autres opérateurs. En d'autres termes, cet opérateur détermine l'ordre d'évaluation au sein d'une expression. Par exemple, l'évaluation de l'expression `5 * 7 + 3` donne une autre valeur (38) que l'évaluation de l'expression `5 * (7 + 3)`qui donne le résultat 50.

Les parenthèses sont aussi utilisées comme parenthèses de fonction, c'est à dire qu'elles délimitent les paramètres d'une fonction C qui sont donnés après le nom de la fonction. Cela aussi bien lors de l'appel que de la déclaration ou définition de la fonction. Les parenthèses sont requises même si la fonction est dépourvue d'arguments.

Les crochets `[` et `]` sont utilisés avec le type de donnée complexe `tableau` (Array). Ils ont la priorité 15.

Renvoi

Reportez-vous au chapitre ***Types de données complexes***.

Opérateurs de champ et d'indirection

Les opérateurs `.` et `->` servent à sélectionner des composants dans les données complexes de type `struct` (structures). Les opérateurs `.` et `->` ont la priorité 15.

Renvoi

Ils sont expliqués aux chapitres ***Types de données personnalisés*** et ***Pointeurs***.

L'opérateur unaire d'indirection * (à ne pas confondre avec l'opérateur de la multiplication) a la priorité 14.

Renvoi

Il est traité au chapitre *Pointeurs*.

Priorités

Nous voilà désormais en mesure de dresser une liste complète des opérateurs du C, avec leurs priorités.

Tab. 3.14 : Tableau des priorités des opérateurs C (10)

Désignation	Symbole d'opérateur	Priorité	Ordre
parenthèse	() []	15	De gauche à droite
Opérateur de champ	`.->`	15	De gauche à droite
Opération unaire			
Opérateur `Cast`	(type de données)	14	De droite à gauche
Opérateur de taille	`sizeof`	14	De droite à gauche
Opérateur d'adresse	&	14	De droite à gauche
Opérateur d'indirection	*	14	De droite à gauche
Opérateur de négation - arithmétique - logique - binaire	- ! ~	14 14 14	De droite à gauche De droite à gauche De droite à gauche
Incrément	++	14	De droite à gauche
Décrément	--	14	De droite à gauche
Opération binaire et ternaire			
Opérateurs	`*/%`	13	De gauche à droite

Tab. 3.14 : Tableau des priorités des opérateurs C (10)			
Désignation	**Symbole d'opérateur**	**Priorité**	**Ordre**
arithmétiques	+-	12	De gauche à droite
Opérateurs de décalage	<< >>	11	De gauche à droite
Opérateurs de comparaison	> >= < <= == !=	10 9	De gauche à droite De gauche à droite
Opérateurs de bit	& ^ 1/2	8 7 6	De gauche à droite De gauche à droite De gauche à droite
Opérateurs logiques	&& 1/21/2	5 4	De gauche à droite De gauche à droite
Opérateurs conditionnels (ternaire)	?:	3	De droite à gauche
Opérateurs d'affectation	= += -= *= /= % => >= < <= &= ^= 1/2 =	2	De droite à gauche
Opérateur séquentiel	,	1	De droite à gauche

Chapitre 4

Structures de contrôle de flux

Parfois, il est bien de disposer d'une instruction qui permettrait de faire répéter certaines phases de traitement. Il est souvent également nécessaire de rendre l'exécution de certaines instructions dépendantes d'une certaine condition.

C'est pour cela que le langage C met à votre disposition des structures dites de contrôle de flux. Il s'agit d'instructions par lesquelles on peut piloter (contrôler) le déroulement du programme. Nous distinguerons trois groupes de structures de contrôle de flux :

- les instructions alternatives (tests) ;
- les instructions répétitives (itérations) ;
- les instructions de branchement.

4.1 Instructions alternatives (tests)

Les structures alternatives permettent de ne pas exécuter systématiquement certaines instructions, mais seulement dans certains cas bien prévus par le programmeur. Dans ce contexte, nous étudierons les instructions `if` (test), `if else` (test avec alternative) et `switch` (test multiple).

Test if

L'instruction de test ou instruction `if` permet de ne faire exécuter certaines instructions que si une certaine condition est remplie. Voici la syntaxe de l'instruction `if`.

```
if (<expression>)
    <instruction>;
```

La partie entre parenthèses de l'expression représente la condition de l'instruction `if`. C'est d'elle que dépend l'exécution ou non de l'instruction qui suit. Si `<expression>` a une valeur non nulle, alors la condition de l'instruction `if` est considérée comme valant `TRUE` (vraie) et l'instruction concernée est exécutée. Si en revanche `<expression>` a une valeur nulle, alors la condition est considérée comme `FALSE` (fausse) et l'instruction n'est pas exécutée.

Avec les deux variables :

```
int x = 5, y = 3;
```

par exemple, l'instruction `if` dans ce fragment de programme :

```
.
.
.
if (x > y)
   printf("x est plus grand que y.\n");
printf("C'est moi qui suis l'instruction suivant l'instruction if.\n");
.
.
.
```

fait que le message "x est plus grand que y." n'est affiché que si la variable x a une valeur supérieure à la variable y, ce qui est ici le cas. La condition du if, à savoir l'expression de comparaison :

```
x > y
```

est donc TRUE, donc différente de 0. La portion de programme précédemment schématisée produit donc l'affichage suivant.

```
x est plus grand que y.
C'est moi qui suis l'instruction suivant l'instruction if.
```

Prenons pour x et y les définitions suivantes.

```
int x = 3, y = 5;
```

La condition du if n'est alors pas remplie, donc vaut FALSE. En effet, x étant inférieur à y, l'expression :

```
x > y
```

retourne la valeur 0. De ce fait, le message "x est plus grand que y." n'est pas affiché et le programme poursuit son exécution à l'instruction qui suit le if. On obtient donc ici comme affichage suivant :

```
C'est moi qui suis l'instruction suivant l'instruction if.
```

L'indentation de l'instruction dépendante n'est là que pour des raisons de lisibilité et n'a aucune influence sur l'exécution du if. Il serait correct d'un point de vue syntaxique (mais beaucoup moins lisible) d'écrire :

```
if (x > y) printf("x est plus grand que y.");
```

ou

```
if (x > y)
printf("x est plus grand que y.\n");
```

Dans ce dernier test, il n'est pas évident à première vue que l'instruction printf dépend de la condition du if.

Conditions plus complexes

La condition du if peut comporter plusieurs conditions partielles. Supposons que vous vouliez faire dépendre l'affichage de "x est plus grand que y." également du fait que x est supérieur à 0. Il faut alors écrire :

```
if (x > y  &&  x > 0)
   printf("x est plus grand que y.");
```

La phrase "x est plus grand que y" n'est affichée que si x est plus grand que x et plus grand que 0, donc si les variables sont définies par exemple ainsi.

```
int x = 5, y = 3;
```

Si vous attribuez aux variable x et y les valeurs suivantes :

```
x = -2;
y = -3;
```

avant l'exécution du if, alors x sera certes plus grand que y, mais inférieur à 0. La condition :

```
(x > y  &&  x > 0)
```

ne vaudrait pas TRUE, ce qui signifie que son évaluation donnerait la valeur 0 (pour FALSE) et donc que le message ne serait pas affiché.

Condition représentée par des expressions constantes

Il n'est pas indispensable que la condition d'un if soit une opération logique ou comparative (comme dans nos exemples précédents). Étant donné que chaque expression dont la valeur diffère de 0 vaut TRUE et que chaque expression de valeur nulle vaut FALSE, des expressions comme :

```
(3+4)          (5)      (0)      etc.
```

sont utilisables comme conditions d'instructions if. Dans le cas de :

```
if (5)
    printf("La condition vaut TRUE.\n");
```

la phrase "La condition vaut TRUE." sera affichée, car l'expression (5) est différente de 0 et donc TRUE.

En revanche, dans la structure conditionnelle :

```
if (0)
    printf("Cette phrase n'est pas affichée.\n");
```

la condition du if a la valeur 0 et vaut donc FALSE. Cela entraîne que l'instruction printf n'est pas exécutée.

Dans la formulation des conditions, vous pouvez aussi employer l'écriture abrégée pour les expressions de comparaison, écriture que nous avons étudiée en relation avec la négation logique !

Renvoi

Reportez-vous au chapitre ***Expressions et opérateurs***.

Si x est une variable, alors on sait que les expressions :

```
x      et      x != 0
```

ont toujours les mêmes valeurs de vérité et sont donc logiquement équivalentes. Les deux expressions, en effet, valent TRUE lorsque x est différent de 0 et valent FALSE lorsque x est égal à 0. Il en va de même pour les expressions :

```
!x      et      x == 0
```

Si x est égal à 0, les deux expressions valent TRUE, car les opérateurs ! et == donnent dans ce cas la valeur 1 pour l'expression concernée. De même, les deux expressions prennent la valeur 0, valent donc FALSE, si x diffère de 0. Les équivalences précédentes permettent donc d'abréger la formulation des conditions de if. Au lieu d'écrire :

```
if(x == 0)
```

vous raccourcirez par :

```
if(!x)
```

Au lieu de :

```
if(x != 0)
```

vous prendrez :

```
if(x)
```

Dans le programme qui suit, la valeur d'une certaine variable conditionne l'interruption ou la poursuite du programme (qui consiste en un simple calcul). Pour interrompre le programme, on emploie la fonction C nommée exit.

▼ Listing 4.1 : recip1.c

```
/* recip1 calcule l'inverse d'un nombre. Le programme est interrompu
   par la fonction exit si c'est la valeur 0 qui est saisie. */

#include <stdio.h> /* pour printf, scanf */
#include <stdlib.h> /* pour exit */
main()
{
  float x;

 printf("Calcul de la valeur inverse pour tous les nombres non nuls.\n");
  printf("Votre nombre : ");
  scanf("%f", &x);

  if (!x)  /* si x vaut 0 : */
    exit(1);  /* fin du programme pour éviter une division  par 0. */

  printf("L'inverse du nombre saisi est %f\n", 1/x);
}
```

Commentaires

Le programme *recip1.c* calcule l'inverse d'un nombre et montre, ce faisant, l'élimination d'une erreur grossière. Comme une division par 0 est mathématiquement impossible, le programme s'arrête si l'utilisateur, en dépit de l'avertissement, entre la valeur 0. Dans ce cas, la condition de if vaut effectivement TRUE, car l'expression :

```
!x
```

vaut TRUE lorsque x est égal à 0 (donc FALSE). Au lieu de la formulation "normale" :

```
if (x == 0)
```

le programme utilise l'écriture abrégée équivalente :

```
if (!x)
```

Pour interrompre le programme, la fonction exit est tout à fait qualifiée. Elle met fin à un programme (par exemple en cas d'erreur) et informe le système d'exploitation, via un paramètre, des circonstances qui ont provoqué la fin du programme. Le paramètre 0 dans l'instruction :

```
exit(0);      /* exécution sans erreurs */
```

indique ici que le programme s'est déroulé sans erreurs. La valeur 1 ou toute autre valeur supérieure à 1 annonce qu'une certaine erreur est survenue. Ce genre de valeur d'état peut être récupéré par le système d'exploitation (par exemple dans un fichier batch). Sous DOS, par exemple, on a pour cela la commande :

```
IF ERRORLEVEL
```

Notez bien que la fonction exit requiert l'incorporation du fichier *<stdlib.h>*.

On pourrait éviter la division par 0, même sans la fonction exit.

▼ Listing 4.2 : recip2.c

```
/* Recip2 calcule l'inverse d'un nombre.
             La division par 0 est empêchée via une construction
             if adéquate. */
#include <stdio.h> /* pour printf, scanf */

main()
{
   float x;

   printf("Calcul de l'inverse d'un nombre non nul.\n");
   printf("Votre nombre : ");
   scanf("%f", &x);
   if (x)  /* si x est différent de 0 */
     printf("L'inverse du nombre est %f\n", 1/x);
}
```

Contrairement à *recip1.c*, on ne teste pas dans if si le nombre saisi est égal à 0, mais s'il est différent de 0. C'est seulement dans ce cas que le calcul est effectué. Il n'est donc plus nécessaire d'interrompre le programme. Si le nombre entré vaut 0, alors la condition de if est FALSE, et l'instruction :

```
printf("L'inverse du nombre est %f\n", 1/x);
```

n'est pas exécutée. Comme le programme ne contient pas d'autres instructions, il se termine après if.

Blocs instruction (compound statements)

Qu'en est-il lorsque une condition doit déterminer l'exécution non pas d'une seule instruction, mais de plusieurs instructions ? Imaginons que dans notre programme *recip1.c* il faille, outre l'interruption du programme, afficher un message d'explications. Si on essaie :

```
if (!x)
  printf("Division par zéro interdite. Sortie du programme.\n");
exit(1);
```

on n'obtient pas le résultat escompté. Dans la construction précédente, seule l'instruction :

```
printf("Division par zéro interdite. Sortie du programme.\n");
```

dépend de la condition de `if`. C'est d'ailleurs la règle générale : la condition détermine l'exécution de la seule instruction suivant immédiatement la condition. L'instruction :

```
exit(1);
```

ne dépendrait donc pas de la condition de `if` et serait systématiquement exécutée. Ce qui veut dire que le programme s'arrêterait même si l'utilisateur entre un nombre différent de 0. Pour résoudre le problème, vous placerez les instructions concernées entre des accolades (accolades de bloc).

```
if (!x)
 {
  printf("Division par zéro interdite. Sortie du programme.\n");
  exit(1);
 }
```

Les instructions :

```
{
 printf("Division par zéro interdite. Sortie du programme.\n");
 exit(1);
}
```

forment un bloc. L'ensemble constitué par plusieurs instructions entre accolades est appelé aussi "bloc instruction" (*compound statement*). D'un point de vue syntaxique, un bloc instruction compte pour une seule instruction. Cela permet de faire exécuter, de manière conditionnelle, non pas une seule instruction, mais un nombre quelconque d'instructions. Le seul impératif est de les placer entre des accolades. Ce faisant, on respecte formellement l'exigence relative à l'unicité de l'instruction dépendante. Bien évidemment on peut, si on veut, mettre une instruction unique entre des accolades.

Nous pouvons donc remplacer la syntaxe primitive :

```
if (<expression>)
    <instruction>;
```

par une seconde syntaxe équivalente :

```
if (<expression>)
 {
    <instruction1>;
    <instruction2>;
.
.
.
    <instructionN>;
 }
```

Appliqué au problème du calcul de l'inverse, cela donne maintenant un programme correct dont l'exécution s'arrête effectivement seulement lorsque la variable **x** a la valeur **0**.

▼ Listing 4.3 : recip3.c

```
/* recip3 calcule l'inverse d'un nombre.
   Le programme est interrompu par la fonction exit
   si c'est la valeur 0 qui est saisie. */

#include <stdio.h> /* pour printf, scanf */
#include <stdlib.h> /* pour exit */

main()
{
  float x;
  printf("Calcul de la valeur inverse pour tous les nombres non nuls.\n");
  printf("Votre nombre : ");
  scanf("%f", &x);
  if (!x)  /* si x vaut 0 : */
    { /*  début de bloc */
    printf("Division par zéro interdite. Sortie du programme.\n");
  exit(1);  /* fin du programme pour éviter une division par 0. */

   } /* fin de bloc */
  printf("L'inverse du nombre saisi est %f\n", 1/x);
}
```

Diagramme de l'instruction if

On peut représenter l'instruction `if` par un schéma. Une des formes de représentation les plus courantes est constituée par les diagrammes de Nassi-Shneiderman (en l'honneur de I. Nassi et B. Shneiderman).

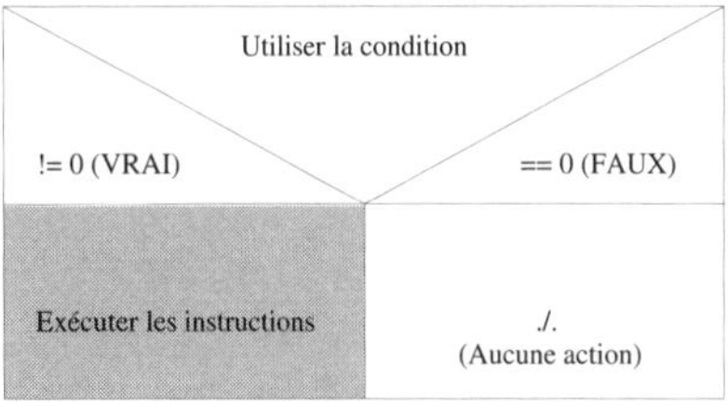

◄ Fig. 4.1 : *Diagramme de Nassi-Shneiderman pour l'instruction if*

Sur la moitié gauche du diagramme, dans la branche `OUI` (OUI comme réponse à la question : "La condition est-elle remplie ?"), on note ce qu'il faut faire lorsque la condition de `if` vaut `TRUE` (donc est différente de 0). La moitié droite, ou branche `NON`, montre que rien ne se passe dans la structure `if` si l'évaluation de la condition a donné le résultat `FALSE` (donc 0). Dans la langue de tous les jours, on pourrait donc décrire ainsi l'instruction `if` : si la condition est remplie, exécuter l'instruction qui suit. Sinon ne rien faire.

Dans la section suivante, vous verrez qu'il est possible de "faire quelque chose", c'est à dire d'exécuter des instructions lorsque la condition de `if` vaut `FALSE`.

Test avec alternative (if else)

Dans certains cas, on voudra faire exécuter des instructions non seulement si la condition de `if` est `TRUE`, mais également si elle est `FALSE`. Étant données deux variables `x` et `y`, supposons qu'on veuille afficher le message "x est plus grand que y" si `x` est supérieur à `y` ou le message "x n'est pas plus grand que y" sinon. Vous pourriez naturellement obtenir cela avec deux `if`.

```
if (x > y)
   printf("x est plus grand que y.\n");
if !(x > y)
   printf("x n'est pas plus grand que y.\n");
```

Pour avoir le même résultat avec une seule instruction, vous remplacerez les deux `if` par une instruction `if else`. La structure `if else` fonctionne selon le principe suivant : si la condition est remplie, exécute l'instruction (les instructions) venant immédiatement après, sinon exécute l'instruction (les instructions) suivant le mot-clé `else`.

Voici la syntaxe de la structure `if else`.

```
if (<expression>)
     <instruction>;
else
     <instruction>;
```

ou

```
if (<expression>)
     {
      <instruction(s)>;
     }
else
     {
      <instruction(s)>;
     }
```

Appliqué à notre exemple, cela donne :

```
if (x > y)
```

```
    printf("x est plus grand que y.\n");
else
    printf("x n'est pas plus grand que y.\n");
```

Contrairement au `if` simple, on exécute ici une instruction alternative dans le cas où la condition vaudrait `FALSE`. Le diagramme de Nassi-Shneiderman correspondant fait ressortir le fait que la structure `if else` réalise, plus généralement, un choix entre deux alternatives concrètes. Le diagramme renferme des instructions aussi bien dans sa moitié gauche (branche `OUI` ou branche `if`) que dans sa moitié droite (branche `NON` ou branche `else`).

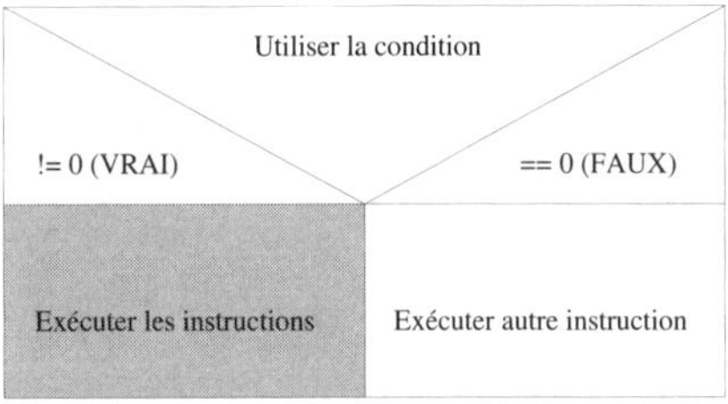

◄ Fig. 4.2 : *Diagramme de Nassi-Shneiderman pour la structure if else*

Structure if else contre opérateur conditionnel

Dans bien des cas, la structure `if else` se laisse remplacer par l'opérateur conditionnel, ce qui diminue un peu la quantité de code source. Par exemple, soient les variables `x`, `y` et `minimum`. L'instruction :

```
if (x > y)
      minimum = y;
else
      minimum = x;
```

équivaut à :

```
minimum = x > y ? y : x;
```

Ces deux portions de code calculent le plus petit de deux nombres.

Tests imbriqués

Il peut arriver que des instructions englobent d'autres instructions de même nature. On parle alors d'instructions imbriquées. Si `a`, `b`, `c` et `d` sont quatre variables, alors l'instruction :

```
d = (c = (a = b));
```

renferme trois affectations imbriquées. La valeur affectée à la variable `d` est elle-même une expression contenant une affectation (à la variable `c`), et cette valeur affectée à `c` est à nouveau une affectation (à la variable `a`).

De semblables constructions sont possibles avec les instructions conditionnelles, étant donné qu'un `if` ou un `if else` peut lui-même contenir un autre `if` ou `if else` en tant qu'instruction dépendante. Le programme suivant doit laisser saisir un numéro de mois entre 1 (janvier) et 12 (décembre), puis dire si le mois est février ou si le mois fait partie du second semestre. Pour cela, on utilise une structure `if` imbriquée. Ainsi que vous le verrez, le programme contient une erreur de logique fort instructive.

▼ Listing 4.4 : badmonth.c

```
/* badmonth montre une erreur de logique lors de l'utilisation
   de if imbriqués*/

#include <stdio.h> /* pour printf, scanf */

main()
{
  int mois;

  printf("Entrez un numéro de mois (1 - 12) : ");
  scanf("%d", &mois);

if (mois <= 6)  /* si premier semestre */
if(mois == 2)  /* si premier semestre et février */
  printf("premier semestre : février\n");
  else
printf("second semestre\n"); /* si second semestre */
}
```

Le programme contient une structure `if else` dont la branche `if` renferme une autre instruction `if`. L'intention ici est de vérifier, dans un premier test, si on a entré un mois entre 1 et 6. Ensuite, à l'intérieur de ce groupe de mois, on doit contrôler, au moyen du second `if`, s'il s'agit du mois de février. Tel est le cas si le numéro saisi est `2`. Si le nombre est supérieur à 6, alors la branche `else` doit afficher le message "second semestre".

Après l'invite :

```
Entrez un numéro de mois (1 - 12) :
```

tapez la valeur 3 (pour mars) :

```
Entrez un numéro de mois (1 - 12) :
     3
```

Vous obtenez sur l'écran :

```
second semestre
```

ce qui, de toute évidence, est faux.

Voici l'explication :

dans une instruction `if else`, le compilateur rattache une branche `else` systématiquement à la première branche `if` la précédant et ne possédant pas de branche `else`.

Pour notre programme, cela signifie que le compilateur, dans l'instruction :

```
if (mois <= 6)  /* si premier semestre */
   if (mois == 2)  /* si premier semestre et février */
      printf("premier semestre : février\n");
   else
      printf("second semestre\n"); /* si second semestre */
```

fait correspondre la branche **else** (malgré nos indentations qui font ressortir le rattachement de la branche **else** au **if** ayant le plus haut niveau) au **if** immédiatement précédent.

```
if (mois == 2)
```

La conséquence en est que le message "second semestre" est systématiquement et intempestivement affiché lorsque le numéro saisi est inférieur à 7 et différent de 2. Si vous tapiez un numéro supérieur à 6, aucun affichage n'aurait lieu, car ce cas n'est pas traité dans la structure **if else** en raison de cette erreur de logique.

Pour éviter ce genre d'erreur, respectez la règle qui suit :
Pour rattacher une branche **else** à un autre **if** que le premier **if** la précédant et dépourvu de branche **else**, utilisez des accolades judicieuses en créant un ou plusieurs blocs.

Dans notre cas, cela signifie que vous devez mettre entre accolades la seconde instruction **if**.

```
if (mois <= 6)  /* si premier semestre */
   { /* début de bloc du if interne */
    if(mois == 2)  /* si premier semestre et février */
    printf("premier semestre : février\n");
   } /* fin de bloc du if interne */
else /* rattaché désormais au if externe */
    printf("second semestre\n"); /* si second semestre */
```

Maintenant, le second **if** à partir du haut est placé dans un bloc à part et n'est donc plus disponible pour se marier avec la branche **else** située à l'extérieur de ce bloc. Pour cette raison, le compilateur interprète désormais l'instruction **if else** comme on le veut : si c'est le numéro de mois 3, par exemple, qui est saisi, alors la condition du **if** externe est remplie. Ce qui signifie qu'on exécute le second **if**. Mais comme le numéro diffère de 2, on n'affiche pas le message "premier semestre : février". La branche **else**, dans ce cas, n'est absolument pas traitée, chose tout à fait conforme à la logique de l'instruction **if else**. Aucun affichage n'a donc lieu. Par contre, si vous tapez le nombre 2, vous obtenez le message :

```
premier semestre : février
```

et si vous entrez une valeur supérieur à 6, vous obtenez le message tout à fait correct :

```
second semestre
```

Corrigeons donc le programme *badmonth.c* comme il se doit et nommons-le *okmonth.c*.

▼ Listing 4.5 : okmonth.c

```
/* okmonth montre comment manipuler des if imbriqués */

#include <stdio.h> /* pour printf, scanf */

main()
 {
  int mois;
  printf("Entrez un numéro de mois (1 - 12) : ");
  scanf("%d", &mois);
  if (mois <= 6) /* si premier semestre */
     { /* début de bloc du if interne */
      if(mois == 2)  /* si premier semestre et février */
        printf("premier semestre : février\n");
     } /* fin de bloc du if interne */
     else /* rattaché désormais au if externe */
      printf("second semestre\n"); /* si second semestre */
  }
```

Instruction conditionnelle dans une branche else

Naturellement, la branche `else` d'une structure `if else` peut contenir d'autres instructions conditionnelles. Un de nos précédents exemples affichait la somme de deux nombres. À l'aide d'un `if else`, vous pouvez maintenant laisser l'utilisateur choisir de faire calculer par le programme la somme, la différence, le produit ou le quotient.

▼ Listing 4.6 : calcul.c

```
/* Calcul détermine au choix, la somme, la différence, le produit
   ou le quotient  de deux nombres. Le programme prévient, par une
   instruction adéquate, une erreur résultant d'une division par 0.*/

#include <stdio.h> /* pour printf, scanf */
#include <stdlib.h> /* pour exit */
#include <conio.h> /* pour getche */

main()
 {
  float x, y; /* valeurs saisies */
  char selection; /* choix de l'opération */
  printf("Le programme calcule au choix la somme, la différence,
  ➥ le produit\n");
  printf("ou le quotient de deux nombres.\nEntrez les deux nombres :\n");
  scanf("%f %f", &x, &y);
  printf("Quelle opération désirez-vous ?\n");
  printf("\t\ta\tpour\tAddition\n");
  printf("\t\ts\tpour\tSoustraction\n");
  printf("\t\tm\tpour\tMultiplication\n");
  printf("\t\td\tpour\tDivision\n");
  printf("Votre choix : ");
```

```
  selection = getche(); /* getche et non getchar ou scanf, pour
  ➥ sauter le <Entrée> résultant du scanf qui se trouve encore
  ➥ dans le tampon de lecture */
/* vérification de la saisie et affichage du résultat : */
  if (selection == 'a' || selection == 'A')  /*  Addition ? */
     printf("\nLa somme des nombres est : %f\n", x+y);
  else     if (selection == 's' || selection == 'S')  /* Soustraction  */
     printf("\nLa différence des nombres est : %f\n", x-y);
  else     if (selection == 'm' || selection == 'M')/* Multiplication ? */
     printf("\nLe produit des nombres est : %f\n", x*y);
  else     if (selection == 'd' || selection == 'D')  /* Division ? */
             if (y == 0)  /* 2ème nombre égal à 0 ? */
               {
                 printf("\nDivision par zéro. Sortie du programme.\n");
                 exit(1);  /* arrêt du programme */
               }
             else /* 2ème nombre différent de 0 ? */
               printf("\nLe quotient des nombres : %f\n", x/y);
  else /* saisie erronée */
    printf("\nChoix erroné\n");
}
```

Le programme `calcul.c` vous laisse saisir deux nombres, puis vous présente un petit menu dans lequel vous pourrez choisir l'opération désirée (pour les nombres on a pris le type `float` afin de pouvoir traiter des valeurs quelconques). Le choix de l'utilisateur est mémorisé dans la variable `selection`. On utilise ici non pas getchar ou scanf, mais la fonction getche qui lit directement le clavier. On économise ainsi une instruction supplémentaire pour ôter du tampon de lecture le `<Entrée>` que la fonction scanf laisse derrière elle après son appel. Avec scanf (format `%c`) ou getchar à la place de getche, cette instruction supplémentaire serait obligatoire. Autrement, cet `<Entrée>` serait lu à la place de la saisie de l'utilisateur dans la variable `selection`. Rappelez-vous que ce problème survient toujours lorsqu'une première saisie validée par [Entrée] est suivie d'une autre opération de saisie effectuée par une fonction qui lit le tampon de lecture. En effet, si c'est un caractère (donc une donnée de type `char`) qui doit être traité, alors le `<Entrée>` du tampon sera intempestivement interprété comme étant la saisie de l'utilisateur.

Renvoi

Reportez-vous au chapitre *Entrée et sortie*.

L'évaluation de la variable `selection` est à la base des `if else` imbriqués qui suivent. Le premier `if` vérifie si c'est l'addition qui a été choisie. Ici on utilise dans la condition le connecteur logique OU :

```
if (selection == 'a' || selection == 'A')
```

et non le simple :

```
if (selection == 'a')
```

afin de prendre en compte le cas où l'utilisateur tape par mégarde une majuscule au lieu d'une minuscule. Si ce n'est pas l'addition qui a été prise, la branche **else** qui suit, à l'aide d'un deuxième **if**, vérifie si c'est la soustraction qui a été sélectionnée parmi les trois autres opérations. Si ce n'est pas le cas, ce deuxième **if** dispose d'un deuxième **else** qui, par le biais d'un troisième **if**, teste si c'est la multiplication qui, parmi les deux opérations restantes, a été choisie. Là aussi, un autre (troisième) **else** gère la dernière possibilité, à savoir la division.

Ce troisième **else** renferme deux autres **if**. Le premier de ceux-ci serait superflu si vous ne vouliez pas tenir compte du fait que, outre les quatre choix "officiels" de l'utilisateur, ce dernier peut entrer un caractère autre que a, A, s, S, m, M, d ou D. Le dernier **else** est là pour gérer ce cas d'une saisie erronée. Si nous renoncions à cette gestion d'erreur (et donc au dernier **else**), alors le troisième else serait simplifié.

```
else if (y == 0)  /* Nombre égal à 0 ? */
          {
           printf("\nDivision par zéro. Sortie du programme.\n");
           exit(1);  /* arrêt du programme */
          }
      else /* 2e nombre différent de 0 */
           printf("\nLe quotient des nombres est : %f\n", x/y);
```

Il n'est pas absolument nécessaire, dans ce cas-là, de tester explicitement l'alternative Division par :

```
else if (selection == 'd' || selection == 'D')
```

En effet, il ne reste qu'elle comme dernière possibilité. L'inconvénient est que d'autres réponses que d ou D déclenchent l'opération de division, même si l'utilisateur ne se tient pas aux saisies prévues et entre, par exemple, le caractère p.

La partie :

```
if (y == 0) /* Nombre égal à 0 ? */
    {
     printf("\nDivision par zéro. Sortie du programme.\n");
     exit(1);  /* arrêt du programme */
    }
else /* 2ème nombre différent de 0 */
     printf("\nLe quotient des nombres est : %f\n", x/y);
```

teste si le second nombre saisi était nul et interrompt le programme si tel est le cas.

Autrement, le résultat de la division est affiché.

Disposition des instructions

La disposition du `if else` a été choisie afin qu'on puisse distinguer, du premier coup d'œil, qu'il y a cinq possibilités de choix (y compris une saisie erronée). L'écriture suivante serait également correcte, mais peut-être moins lisible.

```
if (selection == 'a' || selection == 'A')
   printf("\nLa somme des nombres est : %f\n", x+y);
else
   if (selection == 's' || selection == 'S')
      printf("\nLa différence des nombres est : %f\n", x-y);
else
   if (selection == 'm' || selection == 'M')
      printf("\nLe produit des nombres est : %f\n", x*y);
else
   if (selection == 'd' || selection == 'D')
      if (y == 0)
         {
           printf("\nDivision par zéro. Sortie du programme.\n");
           exit(1);
         }
     else
        printf("\nLe quotient des nombres est : %f\n", x/y);
   else
       printf("\nChoix erroné \n");
}
```

Ici les `if` et `else` correspondants du point de vue de leur syntaxe sont indentés de telle sorte qu'ils sont alignés verticalement. Une mise entre parenthèses supplémentaire serait possible, mais n'est pas indispensable. En effet, et on le voit aisément, même sans parenthèses chaque `else` est correctement rattaché au `if` adéquat.

Élimination des erreurs

On pourrait croire qu'une condition comme :

```
if (selection == 'a' || selection == 'A')
```

équivaut à la condition (non équivalente en réalité) :

```
if (selection == 'a' || 'A')
```

Dans le premier cas, la condition vaut `TRUE` si la variable `selection` contient le caractère `a` ou `A`, c'est à dire la valeur décimale 97 (code ASCII de a) ou 65 (code ASCII de A).

Dans le second cas, la condition est toujours `TRUE`, car dans l'expression :

```
(selection == 'a' || 'A')
```

la priorité plus élevée de l'opérateur `==` (9) par rapport à l'opérateur `||` (4) fait qu'on évalue d'abord l'expression partielle :

```
selection == 'a'
```

puis la seconde expression partielle :

```
'A'
```

constituant l'opérande droit de la connexion OU. Mais l'expression :

```
'A'
```

est une constante (caractère) de valeur décimale 65. Sa valeur est donc toujours différente de 0, et donc toujours `TRUE`. Ce faisant, la connexion OU :

```
selection == 'a' || 'A'
```

avec les deux opérandes :

```
selection == 'a'     et     'A'
```

est toujours `TRUE`, car il suffit ici qu'un des opérandes soit `TRUE`.

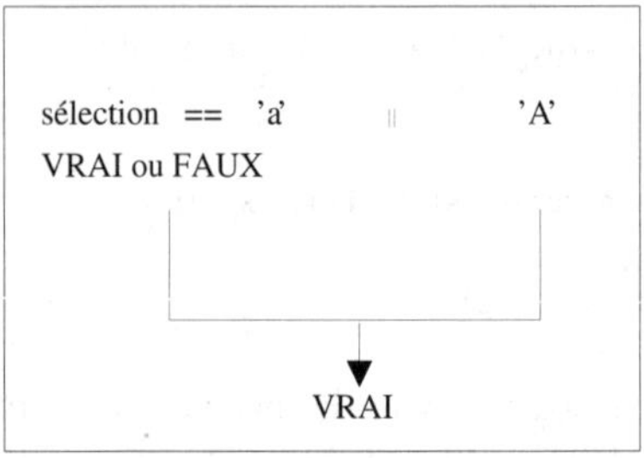

◄ Fig. 4.3 : *Une connexion OU qui est toujours TRUE*

Le fait que la condition :

```
if (selection == 'a' || 'A')
```

soit toujours remplie aurait pour conséquence que l'instruction qui en dépend :

```
printf("\nLa somme des nombres est : %f\n", x+y);
```

serait systématiquement exécutée, quel que soit le caractère saisi par l'utilisateur. En outre, comme on ne peut exécuter qu'une seule des alternatives d'un `if else`, cela aurait pour conséquence indésirable que les opérations de soustraction, de multiplication et de division ne seraient jamais effectuées. En effet, n'importe quelle saisie, donc même `s`, `m` ou `d`, entraînerait systématiquement l'exécution d'une addition.

Test multiple (switch)

Une unique instruction `if` autorise deux choix. L'écriture du programme `calcul.c` a cependant montré que l'imbrication d'une structure `if else` permet d'étendre presque à volonté le nombre de choix. Ainsi, la construction `if else` de *calcul.c* traitait en tout cinq cas possibles pour la saisie de l'utilisateur. L'inconvénient d'une imbrication multiple de structures `if else` est que plus il y a de niveaux d'imbrication (et donc plus il y a d'alternatives) et plus la lisibilité du programme diminue. De plus, le manque de place pour une indentation conforme des diverses alternatives se fait sentir. En fait, il existe une instruction spécifique pour le cas où il faudrait choisir entre plusieurs possibilités : cette instruction est nommée `switch`. Voici sa syntaxe.

```
switch(<expression>)
{
 case constante_1     : [<instruction(s)>;]
 case constante_2     : [<instruction(s)>;]
.
.
.
 case constante_N     : [<instruction(s)>;]
 [default     : [<instruction(s)>;]]
}
```

Le mot-clé `switch` doit être suivi d'une expression de type entier, par exemple le nom d'une variable de type correspondant, une expression arithmétique, etc. Le bloc qui suit contient un nombre quelconque d'étiquettes (ou branches) `case`. Chacune de ces étiquettes se compose du mot-clé `case`, d'une constante obligatoirement différente de toutes les autres constantes `case` de la structure `switch` et du deux-points (`:`). Après le deux-points de chaque branche `case`, on peut spécifier des instructions à exécuter lorsque la valeur de l'expression placée après le mot-clé `switch` coïncide avec la valeur de la constante concernée située après le mot-clé `case`.

Les crochets ne font pas partie de l'instruction `switch`, mais indiquent simplement que les instructions sont facultatives après une constante `case`, donc qu'il n'est pas obligatoire de spécifier quelque chose (voir plus loin dans le chapitre).

Le mot-clé `default` (standard) peut être suivi d'instructions qui sont exécutées si aucune des constantes `case` ne concorde avec la valeur de l'expression placée après le `switch`. La branche `default` est facultative. Si elle est omise et qu'il n'y a pas égalité entre l'expression située après le `switch` et l'une des constantes `case`, alors la structure `switch` n'exécutera aucune instruction. En principe, on place l'étiquette `default` en dernier bien qu'elle puisse figurer n'importe où dans le `switch`.

Une particularité dans l'exécution du switch

Lorsque la valeur de l'expression située après le `switch` coïncide avec l'une des constantes `case`, attention au piège suivant ! Le programme ne se contente pas d'exécuter la ou les instructions de la branche `case` concernée, mais exécute aussi toutes les instructions suivantes, cela jusqu'à la fin du `switch` (à moins que la structure `switch` soit quittée à l'aide d'une commande adéquate ; voir plus loin dans le chapitre). Considérons, à titre d'exemple, le programme suivant. Il a pour simple mission d'afficher un nombre entre

1 et 5 saisi par l'utilisateur. Plutôt qu'une structure `if else` imbriquée, nous utilisons cette fois l'instruction `switch`.

▼ Listing 4.7 : swtchnr1.c

```
/* swtchnr1 montre comment utiliser le switch */

#include <stdio.h>                          /* pour printf, scanf */

main()
 {
  int nombre;
  printf("Entrez un nombre entier entre 1 et 5 : ");
  scanf("%d", &nombre);
  switch (nombre)  /* quel est le nombre saisi ? */
   {
    case 1:     printf("Votre nombre est 1.\n");
    case 2:     printf("Votre nombre est 2.\n");
    case 3:     printf("Votre nombre est 3.\n");
    case 4:     printf("Votre nombre est 4.\n");
    case 5:     printf("Votre nombre est 5.\n");
    default:    printf("Nombre erroné.\n"); /* nombre pas entre 1 et 5 */
   }
}
```

l'instruction **switch** évalue la variable **nombre** et continue l'exécution du programme à la branche **case** concernée ou à la branche `default`, selon le contenu de cette variable. À l'invite de saisie, tapez par exemple le nombre 2. Vous n'obtiendrez certainement pas l'affichage souhaité.

```
Votre nombre est 2.
```

Mais au contraire :

```
Votre nombre est 2.
Votre nombre est 3.
Votre nombre est 4.
Votre nombre est 5.
Nombre erroné.
```

La raison est que le `switch` fait certes continuer le programme à la bonne étiquette `case`, mais qu'à partir de cet endroit-là (comme précédemment mentionné) il fait aussi exécuter toutes les instructions incluses dans le `switch`. Normalement, on ne veut pas que soient exécutées les instructions des autres branches suivantes. Il faut donc une instruction spéciale pour assurer que seules les instructions souhaitées seront effectuées. Cette instruction spéciale est l'instruction `break`.

Renvoi

Reportez-vous également au chapitre *Instructions de branchement*.

Sortie d'une structure switch

À l'intérieur d'une structure `switch` une instruction `break` fait sortir (avant terme) du `switch` et provoque un saut après la structure `switch`. Cela signifie que toutes les instructions éventuelles (du `switch`) placées après l'instruction `break` ne seront pas exécutées. Le programme se poursuit à l'instruction (si elle existe) placée immédiatement après la structure `switch`. La syntaxe de l'instruction `break` est des plus simples.

```
break;
```

Appliqué à notre exemple *swthnr1.c*, cela signifie que vous devez munir chaque branche `case` d'une instruction `break` si vous désirez que soit systématiquement exécutée uniquement la branche `case` concernée (et pas les branches qui la suivent).

▼ Listing 4.8 : swtchnr2.c

```
/* swtchnr2 montre comment utiliser le switch avec break */

#include <stdio.h> /* pour printf, scanf */

main()
  {
   int nombre;
   printf("Entrez un nombre entier entre 1 et 5 : ");
   scanf("%d", &nombre);
   switch (nombre)  /* quel est le nombre saisi ? */
   {
   case 1: printf("Votre nombre est 1.\n");
           break;  /* on saute les instructions suivantes */

   case 2: printf("Votre nombre est 2.\n");
           break;  /* on saute les instructions suivantes */

   case 3: printf("Votre nombre est 3.\n");
           break;  /* on saute les instructions suivantes */

   case 4: printf("Votre nombre est 4.\n");
           break;  /* on saute les instructions suivantes */

   case 5: printf("Votre nombre est 5.\n");
           break;  /* on saute les instructions suivantes */

   default:printf("Nombre erroné.\n"); /* nombre pas entre 1 et 5 */
           break; /* on saute les instructions suivantes */
  }
}
```

Si maintenant vous entrez le nombre 2, vous obtiendrez bien l'affichage escompté.

```
Votre nombre est 2.
```

L'instruction **break** dans la seconde branche **case** entraîne que seule l'instruction de cette branche est exécutée. Toutes les instructions qui suivent sont sautées. L'instruction **break** de la branche **default** n'est pas vraiment indispensable, car la structure **switch** se termine de toute façon après exécution de la dernière branche. Qu'on se souvienne cependant que la branche **default** peut être mise n'importe où, donc en tête par exemple.

Constantes caractère comme constantes case

Les constantes **case** ne sont pas forcément des valeurs numériques entières. Les constantes caractère, représentées dans la machine par des nombres entiers également, sont autorisées. Voici une variante du programme *calcul.c* (voir la section précédente) où pour effectuer un choix multiple on a remplacé le **if else** imbriqué par un **switch**. Cela pourrait donner cela.

▼ Listing 4.9 : swtchca.c

```
/* swtchca.c montre comment réaliser une alternative à 5 branches
   via un switch */

#include <stdio.h> /* pour printf, scanf */
#include <stdlib.h> /* pour exit */
#include <conio.h> /* pour getche */

main()
 {
  float x, y;  /* valeurs saisies */
  char selection;  /* choix de l'opération */
  printf("Le programme calcule au choix la somme, la différence,
  ➥ le produit\n");
  printf("ou le quotient de deux nombres.\nEntrez les deux nombres :");
  scanf("%f %f", &x, &y);
  printf("Quelle opération désirez-vous ?\n");
  printf("\t\ta\tpour\tAddition\n");
  printf("\t\ts\tpour\tSoustraction\n");
  printf("\t\tm\tpour\tMultiplication\n");
  printf("\t\td\tpour\tDivision\n");
  printf("Votre choix : ");
  selection = getche();       /* getche et non getchar ou scanf,
  ➥ pour sauter le <Entrée> résultant du scanf qui se trouve encore
  ➥ dans le tampon de lecture */

/* vérification de la saisie et affichage du résultat : */
  switch (selection)  /* quelle opération ? */
 {
  case 'a':
  case 'A':      printf("\nLa somme des nombres est : %f\n", x+y);
     break;

  case 's':
  case 'S':      printf("\nLa différence des nombres est : %f\n", x-y);
     break;
  case 'm':
```

```
    case 'M':     printf("\nLe produit des nombres est : %f\n", x*y);
       break;
    case 'd':
    case 'D':     if (y == 0)
                     {
                     printf("\nDivision par zéro. Sortie du programme.\n");
                     exit(1);
                     }
                  else
                       printf("\nLe quotient des nombres est : %f\n", x/y);
                  break;
    default:     printf("\nSaisie erronée.\n");
  }
}
```

Une instruction pour plusieurs étiquettes case

Dans cet exemple, les constantes des diverses branches **case** sont des constantes caractère . Le **switch** précédent montre en outre qu'on n'est pas obligé de spécifier une instruction après chaque étiquette **case**. Bien au contraire, une seule instruction ou un seul groupe d'instructions peut correspondre à plusieurs étiquettes **case** : dans ce cas, on écrit les instructions après la dernière des étiquettes **case** concernées par les instructions. La portion :

```
case 'a':
case 'A': printf("\nLa somme des nombres est : %f\n", x+y);
          break;
```

exécute une addition et affiche le résultat aussi bien pour la minuscule **a** que pour la majuscule **A**, sans qu'il faille explicitement indiquer les instructions concernées après les deux étiquettes **case**. Pour la branche **default**, nous renonçons cette fois au **break** car cette branche est la dernière du **switch** qui se termine après elle de toute façon.

Diagramme de la structure switch

Comme pour les structures **if** et **if else**, la structure **switch** admet une représentation graphique. Pour en faire une véritable structure à choix multiple, dans laquelle on n'exécute que les instructions relatives à une branche **case**, l'instruction **break** doit en faire partie. La désignation "structure à choix multiple" pourrait d'ailleurs être remplacée par les descriptions équivalentes "structure case" ou "alternative multiple".

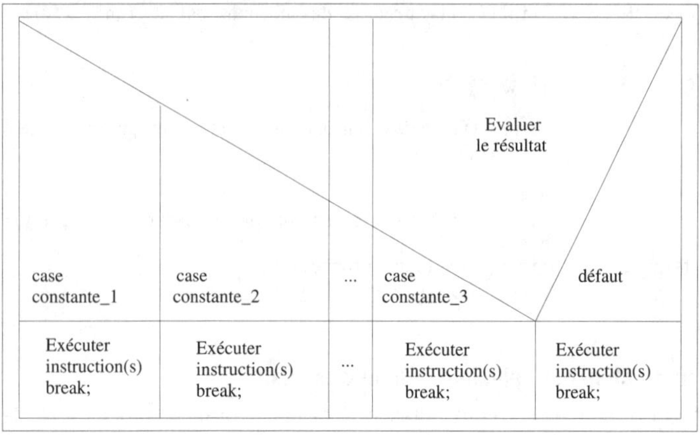

▲ Fig. 4.4 : *Diagramme de Nassi-Shneiderman pour la structure case*

4.2 Instructions répétitives (itérations)

Les itérations, appelées aussi structures répétitives ou encore boucles (*loops*), permettent de faire exécuter plusieurs fois certaines phases de programme, sans qu'il soit nécessaire à chaque fois de réécrire les instructions correspondantes. Le langage C dispose, avec les structures répétitives `while`, `for` et `do while`, de trois types de boucles. Elles ont toutes en commun le fait que l'exécution des instructions à répéter dépend, comme avec les instructions alternatives, d'une condition, c'est à dire de la valeur de vérité (`TRUE` ou `FALSE`) de celle-ci. Ce qui les différencie, c'est le moment auquel on contrôle la valeur logique de la condition : les boucles `while` et `for` procèdent à la vérification avant que soit exécutée une quelconque instruction, donc en début de boucle. La boucle `do while`, en revanche, commence par exécuter toutes les instructions dépendant de la condition et vérifient seulement à la fin de la boucle si la condition autorise une reprise des instructions dépendantes. Cela signifie que les instructions de la boucle `do while`, contrairement à `while` et à `for`, sont exécutées au moins une fois, que la condition soit remplie ou non.

instruction while

La structure `while` ou boucle `while` permet de faire répéter l'exécution d'instructions tant qu'une certaine condition est remplie (`TRUE`). Avec la syntaxe :

```
while (<expression>)
 <instruction>;
```

ou

```
while (<expression>)
{
 <instruction(s)>;
}
```

la boucle `while`, dans sa structuration formelle, fait penser à la structure `if`. Le mot-clé `while` est suivi d'une expression entre parenthèses représentant la condition de la boucle (critère de bouclage). Viennent ensuite les instructions qui doivent être exécutées en fonction de cette condition. Si l'instruction est unique, les accolades sont facultatives. Autrement, on place entre les accolades les instructions concernées, ce qui permet de satisfaire formellement, comme pour les structures alternatives, à l'exigence relative à l'unicité de l'instruction à cet emplacement-là.

La portion :

```
while (<expression>)
```

est appelée en-tête de boucle. La ou les instructions venant après forment ce qu'on appelle le corps de la boucle.

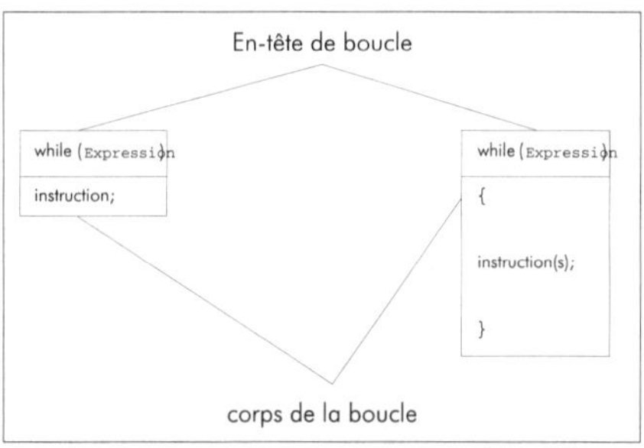

Fig. 4.5 : *Structure de la boucle while*

La boucle `while`, avant chaque exécution des instructions du corps de la boucle, évalue la condition placée dans son en-tête. Si cette évaluation donne une valeur non nulle, alors la condition est `TRUE` et les instructions du corps de la boucle sont exécutées. Ensuite, on vérifie de nouveau la condition et si elle est toujours remplie les instructions sont derechef exécutées.

1. Évaluer la condition de bouclage.
2. Si condition `TRUE`, exécuter les instructions du corps de la boucle.

Le déroulement des deux phases se répète tant que l'expression dans l'en-tête de boucle possède une valeur différente de 0, c'est à dire vaut `TRUE`. Lorsqu'une évaluation de la condition donne la valeur `0`, alors la condition n'est plus remplie, donc `FALSE`, et la boucle `while` s'arrête sans que soient exécutées une dernière fois les instructions du corps de la boucle. Si la condition possède la valeur 0 dès la première évaluation, donc si elle est FALSE dès le départ, alors les instructions du corps de la boucle ne sont jamais exécutées.

Si l'on considère, par exemple, une variable :

```
int z = 3;
```

alors l'instruction :

```
while (z > 0)
 {
  printf("%d\n", z);
  z--;
 }
```

affiche les nombres :

```
3
2
1
```

Voici la raison de cet affichage : on commence par vérifier la condition de bouclage et comme z, par son initialisation, possède la valeur 3, l'expression :

```
z > 0
```

vaut TRUE, puisque z est effectivement supérieur à 0. La condition est donc remplie, ce qui entraîne que le bloc instruction :

```
{
 printf("%d\n", z);
 z--;
}
```

est exécuté. D'où l'affichage de la valeur 3, suivi de la décrémentation de la variable z. Celle-ci a désormais la valeur 2. La vérification de la condition :

```
z > 0
```

pour la nouvelle valeur de z donne encore le résultat TRUE, car 2 est supérieur à 0. Les instructions du corps de la boucle sont donc à nouveau exécutées. Cette fois, c'est la valeur 2 qui est affichée. La variable z est de nouveau décrémentée et a maintenant la valeur 1. Comme cette valeur aussi est supérieure à 0, la condition de bouclage est toujours TRUE. Ce qui entraîne l'affichage de la valeur 1. z est décrémenté une dernière fois. Sa valeur maintenant est égale à 0, ce qui signifie que la condition :

```
z > 0
```

n'est plus satisfaite et donc vaut FALSE. L'expression précédente a donc pour valeur 0 et les instructions du corps de la boucle ne sont plus exécutées : la boucle se termine et le programme continue à l'instruction (si elle existe) placée immédiatement après la boucle.

Une variable comme **z** dont la valeur conditionne l'exécution des instructions du corps de la boucle, donc contrôle le déroulement d'une structure répétitive, est également appelée variable de boucle ou variable de contrôle de boucle.

Mise entre accolades du corps de la boucle

Dans la structure `while` précédente, deux instructions dépendaient de la condition de bouclage. Comme un `while` formellement n'accepte qu'une instruction dépendante, il a fallu transformer les deux instructions :

```
printf("%d\n", z);
z--;
```

en bloc mis entre accolade, afin de tenir compte de cette exigence syntaxique. Le programme qui suit montre ce qui peut advenir lorsqu'on omet les accolades dans le cas où il y aurait plusieurs instructions dépendantes.

▼ Listing 4.10 : whiblock.c.C

```
/* whiblock montre l'effet des accolades sur l'exécution des
   instructions du corps de la boucle */

#include <stdio.h> /* pour printf */

main()
 {
  int a = -4;
  while (a != 0)
   { /* instructions */
    a++; /* sous forme de */
    printf("%d\t", a);  /* bloc */
   } /* entre accolades */
   printf("\n\n");
   a = -4;  /* a est réinitialisé */

  while (a != 0)
   a++; /* instructions non placées */
   printf("%d\t", a);  /* entre accolades de bloc */
 }
```

Le programme affiche ce qui suit :

```
-3      -2      -1      0
 0
```

Le premier affichage est facile à comprendre. La boucle `while` exécute le bloc instruction tant que la variable **a** possède une valeur non nulle. À chaque passage dans la boucle, **a** est donc incrémenté, puis affiché. Ce faisant, la variable **a** prend les valeurs successives `-3`, `-2`, `-1` et `0`. Notez bien ici que contrairement à l'exemple précédent la modification de la variable a lieu avant son affichage. Après le quatrième passage, `a` possède la valeur `0`. Comme la condition de bouclage n'est plus remplie, plus aucun passage dans la boucle n'est effectué.

Le programme restaure ensuite `a` à la valeur `-4` afin de recréer les conditions initiales pour la boucle `while` suivante, dans laquelle les instructions du corps de la boucle ne sont pas placées entre accolades. Les accolades manquantes ont pour effet que seule l'instruction :

```
a++ ;
```

dépend de la condition de bouclage, mais pas l'instruction `printf` qui la suit. De ce fait, la boucle `while`, à chacun de ses quatre passages, n'exécute que l'instruction :

```
a++ ;
```

et accroît ainsi la valeur de `a` qui passe de `-3` à `0`. L'instruction `printf` qui suit ne dépend d'aucune condition et n'est donc exécutée qu'une seule fois. Le résultat est l'affichage de la valeur actuelle de `a`, à savoir 0.

Réduction du code (1)

Si vous examinez d'un peu plus près la construction de la boucle :

```
while (a != 0)
{
 a++;
 printf("%d\t", a);
  }
```

vous remarquerez rapidement qu'on peut formuler le `while` précédent de manière plus concise et plus élégante, sans nuire à son efficacité ni à sa lisibilité.

On s'aperçoit pour commencer qu'on utilise deux instructions afin d'incrémenter la variable `a`, puis de l'afficher. Le même résultat peut être atteint par une seule instruction si on utilise les possibilités des notations préfixées ou postfixées des opérateurs d'incrément et de décrément. Plutôt que d'incrémenter la variable `a` dans une instruction séparée, faites-le à l'intérieur de l'instruction d'affichage.

```
while (a != 0)
   printf("%d\t", ++a);
```

La position préfixée de l'opérateur `++` fait qu'ici aussi la valeur des `a` est accrue de 1 systématiquement avant d'être affichée. Comme la boucle `while` sous cette forme ne renferme plus qu'une instruction dépendante, vous pouvez en outre renoncer aux accolades. Mais ce n'est pas fini.

Nous avons déjà vu avec la structure `if` que lorsque la condition est fondée sur la comparaison avec 0 de la valeur d'une variable, on peut remplacer les formulations :

```
if (Variable == 0)
```

et

```
if (Variable != 0)
```

par les écritures respectivement équivalentes, mais plus concises :

```
if (!Variable)
```

et

```
if (Variable)
```

En effet, les expressions :

```
Variable == 0      et      !Variable
```

ou

```
Variable != 0      et      Variable
```

possèdent toujours la même valeur de vérité, quelle que soit la valeur de la variable concernée. Elles sont donc toutes les deux `TRUE` ou toutes les deux `FALSE`. Vous pouvez faire de même avec toutes les structures itératives. Appliqué au `while` précédent, cela permet donc de remplacer l'en-tête de boucle :

```
while (a != 0)
```

par :

```
while (a)
```

Nous obtenons donc finalement :

```
while (a)
 printf("%d\t", ++a);
```

écriture équivalente, mais plus compacte, de :

```
while (a != 0)
  {
   a++;
   printf("%d\t", a);
  }
```

Élimination des erreurs

Signalons ici une erreur susceptible de se produire avec les conditions de bouclage. Considérez le programme qui suit.

▼ Listing 4.11 : noinit.c

```
/* noinit montre des erreurs de programme produites
```

```
   par des variables non initialisées */

#include <stdio.h> /* pour printf, scanf */

main()
{
   long n;
   int cnt;  /* compte les nombres pairs saisis */

   printf("Le programme avale les entiers pairs,\n");
   printf("jusqu'à ce que vous tapiez un nombre impair.\n");
   printf("Vous saurez alors combien de nombres pairs vous avez saisis.\n");

   while (!(n % 2))  /* tant qu'un nombre pair a été entré */
    {
     printf("\nUn nombre pair SVP : ");
     scanf("%ld", &n);
     cnt++;
    }

   printf("\nVous avez entré %d nombres pairs :\n", cnt-1);
}
```

Le programme accepte des nombres entiers tant qu'ils sont pairs. Dès la saisie du premier nombre impair, le programme se termine par l'annonce du nombre de nombres saisis. L'opération de saisie est contrôlée par une boucle `while`. La condition :

```
!(n % 2)
```

d'ailleurs équivalente à :

```
(n % 2 == 0)
```

contrôle, via l'opérateur modulo, si le nombre saisi est divisible par 2 (sans reste). Elle a pour rôle donc de ne faire exécuter les instructions de la boucle que si on a tapé un nombre pair. La boucle finit lorsqu'on a saisi un nombre impair. La structure `while` est suivie par l'affichage du nombre de nombres pairs entrés.

Notez bien que la variable `cnt` qui sert de compteur pour les nombres pairs saisis doit être diminuée de 1 avant d'être affichée. Cela tient à ce que le nombre saisi dans le corps de la boucle n'est contrôlé, quant à sa parité, qu'avant le prochain passage. Si l'utilisateur, par exemple, entre quatre nombres pairs (quatre passages) et ensuite un nombre impair, alors la saisie du nombre impair tapé au cinquième passage fait encore augmenter de 1 le compteur `cnt`. Le nombre impair est donc décompté avec les autres. Ce n'est qu'ensuite que la condition est de nouveau vérifiée et que la boucle est interrompue.

Si vous lancez le programme *noinit.c* tel quel, vous devez vous attendre à deux erreurs.

D'une part, la boucle `while` utilise dans sa condition, comme variable de contrôle, la variable `n` de type `long` qui doit recevoir la saisie de l'utilisateur. L'utilisateur ne peut, dans ce programme, procéder à sa saisie que si les instructions de la boucle sont exécutées. Mais celles-ci, à leur tour, ne sont exécutées que si la condition de bouclage vaut `TRUE`, donc si `n` est pair. À cet instant précis, la variable `n` n'a aucune valeur définie, étant donnée qu'elle n'a pas été initialisée et qu'aucune saisie susceptible de l'alimenter ne peut se produire. La valeur de `n` est donc totalement aléatoire, plus précisément ce n'est autre que le contenu actuel des quatre octets de mémoire que le compilateur a réservé pour la variable lors de sa définition. Il peut s'agir aussi bien d'une nombre pair que d'un nombre impair. Dans le dernier cas, la boucle n'est pas exécutée et l'utilisateur n'a pas l'occasion de saisir le moindre nombre.

Pour résoudre ce problème, vous initialiserez la variable `n` avant toute utilisation dans la condition de bouclage. Vous lui attribuerez donc une valeur de départ. Cette dernière devrait être paire (par exemple 2) afin que la boucle soit exécutée et que l'utilisateur puisse saisir d'autres valeurs pour `n`. L'initialisation peut se faire par :

```
long n = 2;
```

dès la définition de la variable, ou bien plus tard dans le programme, via une instruction séparée, mais en tout cas avant le `while`.

L'autre erreur découle également d'une initialisation absente : comme la variable `n`, la variable `cnt` n'a aucune valeur initiale définie. Le décompte des nombres pairs que vous aurez entrés est donc complètement imprévisible, à moins que par un hasard miraculeux la valeur de `cnt` ne soit déjà `0`. Vous devez donc aussi initialiser la variable `cnt` avant de vous en servir comme compteur : donnez-lui la valeur `0`. L'instruction :

```
cnt++;
```

lance alors l'opération de comptage avec la valeur `1` après la saisie du premier nombre. Voici donc à quoi ressemble une version corrigée de notre programme dévoreur de nombres.

▼ Listing 4.12 : numeater.c

```
/* numeater lit au moyen d'un while des nombres pairs et s'arrête
   dès qu'un nombre impair a été saisi. Ensuite, il affiche le
   nombre d'entiers pairs saisis. */

#include <stdio.h> /* pour printf, scanf */

main()
{
```

```
  long n = 2;  /* initialise avec nb. pair afin que la condition
                  de boucle soit TRUE */
  int cnt = 0;  /* pour compter les nombres pairs saisis :
                   initialisation à 0 */

  printf("Le programme avale les entiers pairs,\n");
  printf("jusqu'à ce que vous tapiez un nombre impair.\n");
  printf("Vous saurez alors combien de nombres pairs vous avez
          saisis.");
  while (!(n % 2))  /* tant qu'un nombre pair a été entré */
    {
     printf("\nUn nombre pair SVP : ");
     scanf("%ld", &n);
     cnt++; /* comptage du nombre de valeurs saisies */
    }
   printf("\nVous avez entré %d nombres pairs :\n", cnt-1);
}
```

Extension du modèle conceptuel de boucle : initialisation des variables

Ces considérations doivent nous amener à préciser ou à étendre la décomposition primitive d'une structure itérative du type de la boucle `while` :

- évaluation de la condition de bouclage ;
- exécution des instructions du corps de la boucle.

Une exécution correcte de l'instruction `while` exige habituellement la prise en compte de tout ou partie des éléments suivants.

- Initialisation des variables qui sont utilisées comme variables de contrôle dans la condition de bouclage, ainsi que des variables dont la valeur est testée dans la boucle. Ces initialisations sont, en général, obligatoires.
- Réinitialisation (c'est à dire modification) des variables de contrôle avant le prochain passage dans la boucle.

La réinitialisation d'une variable de contrôle n'est pas obligatoire pour chaque passage dans la boucle. Dans bien des cas, il suffit que la variable soit modifiée une seule fois, en fait pour mettre fin à la boucle.

Examinez d'abord le cas où la réinitialisation se produit à chaque passage dans la boucle. Prenons pour cela le `while` de notre dernier programme *numeater.c*.

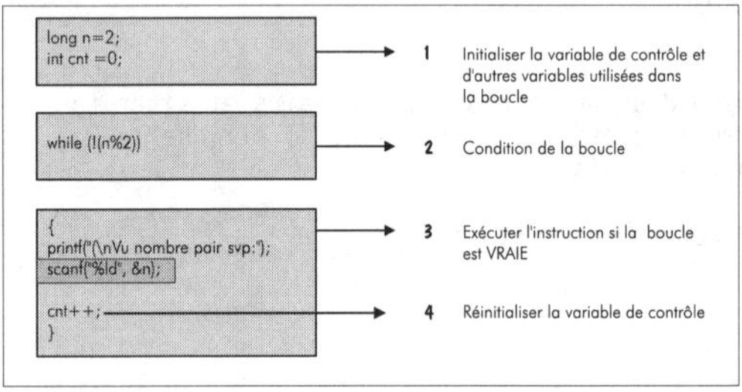

Fig. 4.6 : *Structure de la boucle while*

L'instruction `while` précédente a pour but de lire et de compter des nombres pairs, et cela jusqu'à ce que la saisie d'un nombre impair marque la fin de l'opération. La variable `n` contrôle ici le nombre de passages dans la boucle. À chaque passage, elle reçoit une nouvelle valeur. Il en va autrement avec la variable de contrôle du programme suivant.

▼ Listing 4.13 : threeout.c

```
/* threeout affiche les cubes d'entiers positifs. Le programme
   utilise un while dont la variable de contrôle n'est pas modifiée
   à chaque passage dans la boucle,mais seulement à la fin
   du programme et en cas de saisie erronée répétée. */

#include <stdio.h> /* pour printf, scanf */

main()
{
  int ok = 1;  /* variable de contrôle */
  int n;  /* nombre lu */
  int error = 0;  /* compteur d'erreurs */

  printf("Calcul des cubes de nombres entiers entre 0 et 1000.\n");
  printf("Fin de saisie par -1.\n");
  while (ok == 1)
   {
    printf("\nVotre nombre : ");
    scanf("%d", &n);
    if (n == -1)  /* si fin de saisie */
        ok = 0;  /* pour stopper la boucle */
    else  if (n > 1000 || n < -1)  /* nombre hors fourchette */
            {
             error++; /* comptage des erreurs de saisie */
             printf("Saisie erronée.\n");
             if (error > 2)  /* trois erreurs de saisie successives */
               {
                printf("Trois erreurs d'affilée, c'est trop.
                        Sortie du programme.\n");
                ok = 0;  /* pour stopper la boucle */
               }
            } /* fin du else if */
    else
      {
       if(error > 0)  /* moins de 3 erreurs d'affilée */
         error = 0;  /* on remet le compteur à 0 */
       printf("Cube de %d : %ld\n",n, (long) n*n*n);
          /* conversion à cause de la taille */
      } /* fin du else */
   } /* fin du while */
} /* fin du main */
```

Dans ce programme, la variable `ok` pilote la boucle `while`. Mais elle n'est pas modifiée à chaque passage dans la boucle, mais seulement lorsque l'utilisateur veut sortir du programme ou lorsqu'il a fait trois erreurs de saisie successives. Il n'y a donc pas ici de réinitialisation après chaque passage dans la boucle. L'image suivante illustre cela.

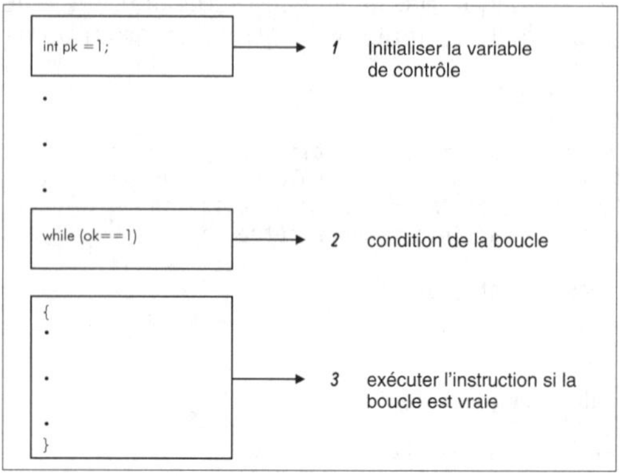

◄ Fig. 4.7 : *Structure while sans réinitialisation à chaque passage dans la boucle*

Réduction du code (2)

L'initialisation de la variable de contrôle du dernier `while` avait lieu hors de la boucle elle-même et la réinitialisation demandait une instruction spécifique. Vous ne serez certainement pas particulièrement surpris d'apprendre qu'on peut souvent réduire le code requis par ce genre de construction. À cet effet, voici un autre programme.

Le nouveau programme, via les macros getchar et putchar, lit au clavier et affiche un nombre quelconque de caractères isolés. La fin de la saisie est marquée par la frappe d'un caractère particulier. Comme la saisie peut comprendre plusieurs lignes, le caractère de fin de saisie n'est pas le caractère de fin de ligne `'\n'` (`<Entrée>`), ce qui permettrait de saisir une seule ligne, mais un autre caractère qui signale, en général, une fin de fichier. Ce caractère peut être utilisé dans le programme sous l'appellation EOF (*End Of File*, "fin de fichier").

Remarque

Les fichiers

Il n'y a pas que les données rangées sur des mémoires auxiliaires comme disques durs, bandes ou disquettes à pouvoir faire office de fichiers. Les flux de données lus sur le clavier, par exemple, sont aussi considérés comme des fichiers. Les périphériques d'entrée/sortie, en effet, sont traités comme des fichiers par le compilateur : on y lit des données en entrée et on y écrit des données en sortie (voir le chapitre *Gestion de fichiers*).

Le nom EOF est ce qu'on appelle une constante symbolique (un nom qui fait office de constante, qui "symbolise" donc une constante ; voir le chapitre *Le préprocesseur C*). On le trouve habituellement défini avec la valeur -1 dans le fichier *<stdio.h>*. Au clavier, ce caractère n'est pas saisi par la frappe de la chaîne EOF ou de la valeur -1, mais par une combinaison de touches qui varie d'un système à un autre : sous le système UNIX, par exemple, c'est la combinaison [Ctrl]+[D], alors que sur les machines DOS c'est en principe [Ctrl]+[Z].

▼ Listing 4.14 : ioloop1.c

```
/* ioloop1 lit, via une boucle, un nombre quelconque de caractères et les
affiche. La fin de la saisie est provoquée par une certaine
combinaison de touches générant le caractère EOF. IOLOOP1 est écrit
pour des machines DOS et invite donc l'utilisateur à taper
<CTRL>+<Z> pour mettre fin à la saisie. Sur d'autres systèmes,
il faut adapter le programme en conséquence. */

#include <stdio.h> /* pour getchar, putchar et EOF */

main()
{
  int input;
  printf("Entrez un caractère. Fin de saisie par <CTRL>+<Z>.\n");

  input = getchar();  /* lit premier caractère : initialise la variable input */

  while (input != EOF)  /* comparaison du caractère lu avec EOF */
  {
   putchar(input);  /* affiche le caractère */
   input = getchar(); /* lit le caractère suivant : réinitialise input */
  }
}
```

L'initialisation de la variable de contrôle de boucle `input`, dans cette version du programme, a lieu avant l'exécution de la boucle `while`, cela par le biais de la lecture du premier caractère dans la variable :

```
input = getchar();
```

Là-dessus, la condition de bouclage compare cette valeur de la variable `input` avec la valeur EOF (-1) et lit des caractères tant que la valeur du caractère lu diffère de EOF. La réinitialisation de la variable s'effectue par la même instruction, à la fin du corps de la boucle.

Maintenant, rappelez-vous qu'en C une expression (qui représente bien une valeur) peut figurer partout où on peut mettre une valeur et en outre qu'une expression d'affectation :

```
input = getchar()
```

possède justement la valeur affectée à son membre de gauche. La valeur de l'instruction qui précède est donc la valeur de la variable **input** après l'affectation. Il s'ensuit, chose fort logique, que l'équivalence entre expression d'affectation et variable de contrôle de l'instruction d'affectation (et d'initialisation) entraîne que dans la condition la variable **input** peut être remplacée par :

```
while ((input = getchar()) != EOF)
```

Cette formulation a le même effet que :

```
input = getchar();
while (input != EOF)
```

Dans les deux cas, en effet, on commence par lire un caractère via la macro getchar, caractère affecté à la variable **input**. La valeur de la variable est ensuite comparée à la valeur EOF. Notez bien que l'expression d'affectation :

```
input = getchar()
```

doit être mise entre parenthèses à l'intérieur de la condition de bouclage. En effet, l'opérateur **!=** possède une priorité plus élevée (9) que celle de l'opérateur = (2). Si au lieu de :

```
while ((input = getchar()) != EOF)
```

vous écriviez :

```
while (input = getchar() != EOF)
```

cela entraînerait que la comparaison :

```
getchar() != EOF
```

serait effectuée avant l'affectation =. La variable **input** recevrait alors non pas la valeur saisie escomptée, mais une des deux valeurs **0** ou **1** selon que le résultat de l'évaluation préalable de l'expression :

```
getchar() != EOF
```

vaudrait **FALSE** (0) ou **TRUE** (1). Ce qui dépendrait, en dernier ressort, de la nature du caractère lu par getchar : caractère normal ou caractère EOF de fin de saisie. Qui plus est, avec la condition écrite sous la forme :

```
while ((input = getchar()) != EOF)
```

la réinitialisation :

```
input = getchar();
```

qui affecte le caractère suivant à la variable de contrôle en fin du corps de la boucle est devenue superflue. Étant donné que la condition du **while** est réévaluée après chaque passage dans la boucle, à chaque fois la macro **getchar** est rappelée et elle lit le prochain caractère qui est ensuite rangé dans la variable `input`. On arrive ainsi à une version plus compacte du programme *ioloop1.c*.

▼ Listing 4.15 : ioloop2.c

```
/* ioloop2 lit, via une boucle, un nombre quelconque de caractères
et les affiche.La fin de la saisie est provoquée par une certaine
combinaison de touches générant le caractère EOF. IOLOOP2 est écrit
pour des machines DOS et invite  donc l'utilisateur à taper
<CTRL>+<Z> pour mettre fin à la saisie. Sur d'autres systèmes, il
faut adapter le programme en conséquence. */

#include <stdio.h> /* pour getchar, putchar et EOF */

main()
{
  int input;
  printf("Entrez un caractère. Fin de saisie par <CTRL>+<Z>.\n");

  while ((input = getchar()) != EOF)

/* lecture d'un caractère et comparaison avec EOF : l'en-tête de
   boucle comporte :    initialisation évaluation de la condition
   réinitialisation */

   putchar(input);  /* affichage du caractère */
}
```

Remarque

Le programme précédent nécessite quelques commentaires additionnels. D'une part, on peut se demander pourquoi la variable `input` n'est pas de type `char`, mais `int`. Cela est dû à la valeur `-1` qui doit pouvoir être entrée en tant que caractère EOF dans la variable `input`. Le langage C n'impose pas au type `char` d'être signé ou non signé. Dans cet ouvrage, nous partons du principe (implémenté sur la plupart des systèmes) que le type `char` est signé et peut donc représenter des valeurs positives ou négatives. Nous pourrions donc définir la variable `input` également comme `char`, car sa taille lui permettrait alors de recevoir sans problème la valeur `int -1`. La condition requise pour une mémorisation correcte de la valeur de la constante `int -1` (2 octets) dans une variable `char` (1 octet) est que le bit de signe de la constante `int` soit repris dans la variable `char`. L'image suivante représente la valeur `-1` sous les formes binaires 1111111111111111 (`int`) et 11111111 (`char`) avec la convention du complément à deux.

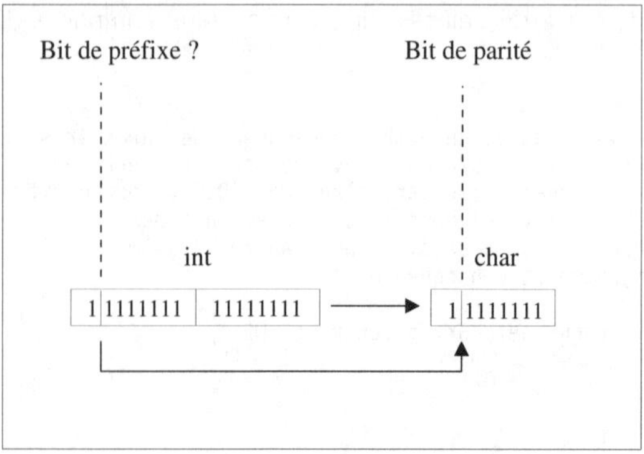

▲ Fig. 4.8 : *Mémorisation de la valeur int -1 dans une variable (signée) char*

Sur d'autres systèmes où le type `char` n'est pas signé, donc est toujours positif, la définition de la variable `input` sous forme de `char` amènerait une erreur, car EOF a la valeur `-1`, donc est négatif et ne peut être représenté correctement par une variable d'un type sans signe (toujours positif). Par exemple, une condition de bouclage comme :

```
while (<unsigned_var> != EOF)
```

donnerait dans ce cas toujours `TRUE`, puisque `unsigned_var` ne pourrait jamais prendre la valeur `-1`. La boucle, de ce fait, ne pourrait pas être arrêtée. La portabilité d'un programme vers d'autres systèmes fait qu'il est donc recommandé de définir les variables de contrôle utilisées avec getchar et avec EOF comme variables `int` et non `char`. Abstraction faite de ce que la macro getchar retourne au programme, comme résultat de son appel, une valeur de type `int`. Il tombe sous le sens que la variable récupérant cette valeur devrait plutôt avoir le même type.

Renvoi

En ce qui concerne le thème des valeurs retournées, reportez-vous au chapitre *Fonctions*.

Si vous exécutez les programmes *ioloop1.c* ou *ioloop2.c*, vous constaterez que l'affichage des caractères saisis n'a lieu que lorsque vous appuyez sur la touche [Entrée]. Entrez, par exemple, les caractères :

```
abc
```

puis quittez l'affichage via [Ctrl]+[Z] (ou par la combinaison de touches requise par votre système d'exploitation). Le programme n'affiche pas chaque caractère dès que vous l'avez frappé, mais au contraire affiche tous les caractères (sauf <Entrée>) saisis seulement après activation de la touche [Entrée]. La saisie précédente donnerait donc sur l'écran non pas :

```
aabbcc^Z
```

mais plutôt :

```
abc^Z
abc
```

La raison d'un tel comportement est due au mécanisme (déjà mentionné) de la buffférisation des caractères saisis avec certaines routines de lecture du clavier (entre autres la macro getchar). Cette bufférisation s'effectue ligne à ligne. Cela veut dire que tous les caractères tapés vont d'abord dans une zone mémoire spéciale (tampon de lecture). Ils y resteront et ne seront traités par la routine de lecture que lorsque l'utilisateur aura terminé sa saisie via le séparateur de lignes '\n' et libéré ainsi une ligne de caractères. Les caractères sont alors transmis au programme qui les range dans la variable input et les affiche par putchar. Le tampon de lecture présente l'avantage qu'on peut éditer (modifier) la saisie tant qu'elle n'a pas été validée par [Entrée]. Sur bon nombre de systèmes, il est possible de désactiver la bufférisation des saisies.

instruction for

Comme la structure while, la structure for est une boucle qui teste une condition avant d'exécuter les instructions qui en dépendent. Les instructions sont exécutées (répétées) tant que la condition est remplie (TRUE). Voici la syntaxe de l'instruction for.

```
for (<expression_I> ; <expression_C> ; <expression_R>)
     <instruction>;
```

ou

```
for (<expression_I> ; <expression_C> ; <expression_R>)
    {
     <instruction(s)>;
    }
```

Comme pour la boucle while, le morceau :

```
for (<expression_I> ; <expression_C> ; <expression_R>)
```

représente ici l'en-tête de boucle qui est suivi par le corps de la boucle contenant les instructions à exécuter. L'en-tête de boucle contient successivement, séparées par des points-virgules :

- une expression initialisant les variables de contrôle (et d'autres variables éventuellement) qu'il faut initialiser avant d'entrer dans la boucle (<expression_I>) ;
- la condition de bouclage (<expression_C>) ;

- une expression permettant de réinitialiser les variables de contrôle utilisées (`<expression_R>`).

La structure `for` constitue donc une alternative syntaxique au `while`, dans laquelle tous les éléments relatifs au contrôle de la boucle (initialisation, condition, réinitialisation) sont rassemblés, de manière lisible et compacte, dans l'en-tête de boucle.

Déroulement du for

La première phase dans le déroulement du `for` consiste à initialiser les variables de contrôle et autres variables de la boucle. Ensuite, on teste la valeur de vérité de la condition de bouclage. Si cette vérification rend une valeur non nulle, c'est que la condition vaut `TRUE`. Les instructions du corps de la boucle sont alors exécutées. Après quoi, les variables de contrôle présentes sont réinitialisées (leurs valeurs sont modifiées). La condition de bouclage est alors de nouveau contrôlée. Dans le cas où elle vaudrait `TRUE`, on répète l'exécution des instructions de la boucle. Dès qu'une vérification de la condition donne la valeur `0`, c'est que la condition est `FALSE` et la boucle s'arrête sans que soient exécutées une dernière fois les instructions du corps de la boucle. L'initialisation des variables de boucle, contrairement à ce qui se passe pour l'évaluation de la condition et pour la réinitialisation des variables de boucle, n'est exécutée qu'une seule fois, au début de la boucle.

Une fois définie la variable :

```
int i;
```

la boucle `for` que voici affiche les nombres de 1 à 10 jusqu'à ce que la condition soit `FALSE` et interrompe la boucle.

```
for (i = 1; i < 11; i++)
    printf("%d ", i);
```

La variable de contrôle est initialisée à la valeur `1` au début de la boucle. La condition `i < 11` est donc `TRUE`, et `i` est affiché. Via la réinitialisation `i++`, `i` prend ensuite la valeur `2`. La condition est à nouveau vérifiée : comme 2 est inférieur à 11, la condition est toujours `TRUE`, et l'instruction d'affichage est donc exécutée une nouvelle fois. La variable `i` est réinitialisée... Lorsque `i`, après la dixième réinitialisation atteint la valeur `11`, alors l'évaluation suivante de la condition a pour résultat `FALSE` et la boucle se termine.

La boucle précédente manipule, dans ses phases d'initialisation et de réinitialisation, une unique variable. Mais l'opérateur séquentiel permet, en principe, d'initialiser ou de réinitialiser autant de variables que l'on veut dans ces deux portions de l'instruction. Considérez pour cela le programme suivant qui calcule la somme des N premiers nombres impairs entre 1 et 15 000. Le programme n'emploie pas la formule classique :

```
Somme des N premiers impairs = N / 2 * (1 + N-ème nombre)
```

mais utilise la méthode un peu plus artisanale dans laquelle les nombres sont additionnés l'un après l'autre.

▼ Listing 4.16 : odd1.c

```
/* odd1 calcule la somme des N premiers nombres impairs pour N
compris entre 1 et 15000.  L'utilisateur ici ne propose pas le
nombre (N) des nombres impairs à additionner, mais une valeur
supérieure (max) jusqu'à laquelle il faut continuer l'addition.
La somme correspondante et le nombre (N) des termes à additionner
sont affichés. Le total "s_odd" est défini comme long pour le cas
où les nombres seraient élevés. La variable "k" (type int) est
implicitement convertie en long lors de la totalisation. */

#include <stdio.h> /* pour printf, scanf */

main()
{
  long s_odd;  /* somme des nombres impairs */
  int k;  /* variable de boucle */
  int max;  /* valeur limite */
  int n;  /* nombre de termes à ajouter */

  printf("Ce programme calcule la somme des nombres impairs\n");
  printf("depuis 1 jusqu'à une valeur limite choisie par vous
       ➥ (1 - 30000).\n");
  printf("Valeur limite :");
  scanf("%d", &max);
  s_odd = 0;  /* Initialise le total */
  n = 0;  /* Initialise le nombre de termes */
  for (k = 1; k <= max; k += 2)  /* tant que k <= limite */
      {
       s_odd = s_odd + k;  /* ajouter */
       n++; /* comptage des termes */
  }

  printf("\nOn a additionné les %d nombres impairs depuis 1
        ➥ jusqu'à %d.\n", n, max);
  printf("La somme de ces nombres vaut : %ld\n", s_odd);
}
```

Réduction du code (1)

Au lieu d'initialiser les variables `s_odd` et `n` hors de la boucle `for`, on peut le faire dans l'en-tête de la boucle.

```
for (k = 1, s_odd = 0, n = 0; k <= max; k += 2)
 {
  s_odd = s_odd + k;
  n++;
}
```

L'opérateur séquentiel virgule (`,`) fait que les expressions :

```
k = 1, s_odd = 0, n = 0
```

sont comptées du point de vue syntaxique comme une unique instruction, et donc acceptées dans l'expression d'initialisation. Il est donc possible d'initialiser les trois variables dans le premier morceau de l'en-tête de boucle. L'incrémentation de la variable n, consistant à l'augmenter de 1 à chaque passage dans la boucle (quasi-réinitialisation), pourrait également être incorporée dans l'en-tête de boucle.

```
for (k = 1, s_odd = 0, n = 0; k <= max; k += 2, n++)
    s_odd = s_odd + k;
```

La partie des instructions du for se réduit ainsi à une unique instruction et les accolades peuvent être omises. Voici donc une second version de notre programme de totalisation.

▼ Listing 4.17 : odd2.c

```
/* odd2 calcule la somme des N premiers nombres impairs pour N
compris entre 1 et 15000.  L'utilisateur ici ne propose pas le
nombre (N) des nombres impairs à additionner, mais une valeur
supérieure (max) jusqu'à laquelle il faut continuer l'addition.
La somme correspondante et le nombre (N) des termes à additionner
sont affichés. Le total "s_odd" est défini comme long pour le cas
où les nombres seraient élevés. La variable "k" (type int) est
implicitement convertie en long lors de la totalisation. */

#include <stdio.h> /* pour printf, scanf */

main()
 {
  long s_odd;  /* somme des nombres impairs */
  int k;  /* variable de boucle */
  int max;  /* valeur limite */
  int n;  /* nombre de termes à ajouter */

   printf("Ce programme calcule la somme des nombres impairs\n");
  printf("depuis 1 jusqu'à une valeur limite choisie par vous
        (1 - 30000).\n");
  printf("Valeur limite :");
  scanf("%d", &max);
  for (k = 1, s_odd = 0, n = 0 ; k <= max; k += 2, n++)
       s_odd = s_odd + k;
  printf("\nOn a additionné les %d nombres impairs depuis 1
           jusqu'à %d.\n", n, max);
  printf("La somme de ces nombres vaut : %ld\n", s_odd);
}
```

Réduction de code (2)

Même *odd2.c* peut encore maigrir. En y regardant d'un peu plus près, on constate en effet que l'on n'a pas vraiment besoin de la variable de contrôle k qui est comparée à la valeur max saisie par l'utilisateur, cela à des fins de pilotage de la boucle. On peut, à la place, utiliser directement la valeur max pour faire exécuter les instructions de la boucle autant de fois que nécessaire. Dans ce cas, vous ne ferez pas, comme tout à l'heure, commencer l'addition par la valeur 1 :

```
1 + 3 + 5 + ... + max-2 + max
```

mais vous renverserez l'ordre des opérations :

```
max + max-2 + ... + 5 + 3 + 1
```

À chaque passage dans la boucle, la variable max décroît de la valeur 2, cela jusqu'à ce que max prenne une valeur inférieure à 1. De cette façon aussi, vous arrivez à additionner tous les nombres impairs entre max et 1 (inclus), mais vous économisez une variable. Petit inconvénient ici : la modification de la valeur de max fait que vous ne disposez plus de sa valeur initiale pour l'afficher à la fin du programme. Il faudrait alors mémoriser cette valeur dans une autre variable. Comme notre programme ne l'exige pas vraiment, nous renoncerons à afficher la valeur initiale de max.

▼ Listing 4.18 : odd3.c

```
/* odd3 calcule la somme des N premiers nombres impairs pour N
   compris entre 1 et 15000.  L'utilisateur ici ne propose pas
   le nombre (N) des nombres impairs à additionner, mais une valeur
   supérieure (max) jusqu'à laquelle il faut continuer
   l'addition. La somme correspondante et le nombre (N) des termes
   à additionner sont affichés. Le total "s_odd" est défini
   comme long pour le cas où les nombres seraient élevés. */

#include <stdio.h> /* pour printf, scanf */

main()
{
  long s_odd;  /* somme des nombres impairs */
  int max;  /* valeur limite */
  int n;  /* nombre de termes à ajouter */

  printf("Ce programme calcule la somme des nombres impairs\n");
  printf("depuis 1 jusqu'à une valeur limite choisie par vous
       ➥ (1 - 30000).\n");
  printf("Valeur limite :");
  scanf("%d", &max);
  for (s_odd = 0, n = 0 ; max >= 1; max -= 2, n++)
      s_odd = s_odd + max;

  printf("\nOn a additionné les %d premiers nombres impairs.\n", n);
   printf("La somme de ces nombres vaut : %ld\n", s_odd);
}
```

Particularités de la boucle for

Les deux derniers exemples ont montré comment placer plusieurs expressions dans les phases d'initialisation et de réinitialisation. Une autre particularité du `for` est que les expressions d'initialisation et de réinitialisation, comme d'ailleurs aussi la condition de bouclage, peuvent être complètement omises sans que le compilateur s'y oppose pour cause d'erreur syntaxique. La seule chose qui soit vraiment nécessaire dans l'en-tête de la boucle, ce sont les deux points-virgules servant à séparer les trois morceaux.

En particulier, si la condition de bouclage (`<expression_C>`) manque, les instructions du corps de la boucle sont néanmoins exécutées car une condition absente est considérée comme valant `TRUE`. L'omission de la condition dans la boucle `for` produit donc le même effet qu'une condition qui serait toujours remplie : la boucle tourne indéfiniment (voir également la rubrique *boucles particulières*).

La boucle :

```
for (;;)
    printf("Voici une boucle infinie.\n");
```

ne contient ni initialisations, ni conditions, ni réinitialisations. Le fait de n'avoir spécifié aucune condition fait comme si l'on avait dans l'en-tête de boucle une condition qui serait toujours `TRUE`. L'instruction du corps de la boucle est donc théoriquement répétée indéfiniment. Il en irait de même avec la boucle que voici.

```
for (;5;)
    printf("Voici une boucle infinie.\n");
```

La condition ici est présente, mais constituée par une constante dont la valeur diffère toujours de 0, donc est toujours `TRUE`. Notez bien ici que, comme avec la boucle `while`, le compilateur tolère du point de vue syntaxique l'omission de l'initialisation et de la réinitialisation, mais il peut en résulter des erreurs de logique (telle l'utilisation d'une variable non initialisée dans le corps de la boucle) dont la responsabilité incombe au programmeur.

Équivalence des boucles for et while

Les boucles `for` et `while` suivent la même logique de déroulement et disposent des mêmes éléments de contrôle pour le pilotage de la boucle. En fait, les structures `while` et `for` sont équivalentes, ce qui signifie que toute boucle `for` peut être remplacée par une boucle `while` et inversement.

Par exemple, considérons le tableau produit par la boucle `for` que voici.

```
for (k = 0; k <= 200; k += 10)
    printf("%d\t %.1f\n", k, 1.6 * k);
```

Ce tableau affiche, pour les valeurs allant de 0 à 200 par pas de 10, les conversions des kilomètres en miles. Vous pourriez obtenir ce même tableau par une boucle `while`.

```
k = 0;
while ( k <= 200)
      {
         printf("%d\t %.1f\n", k, 1.6 * k);
         k += 10;
      }
```

L'image suivante illustre cela.

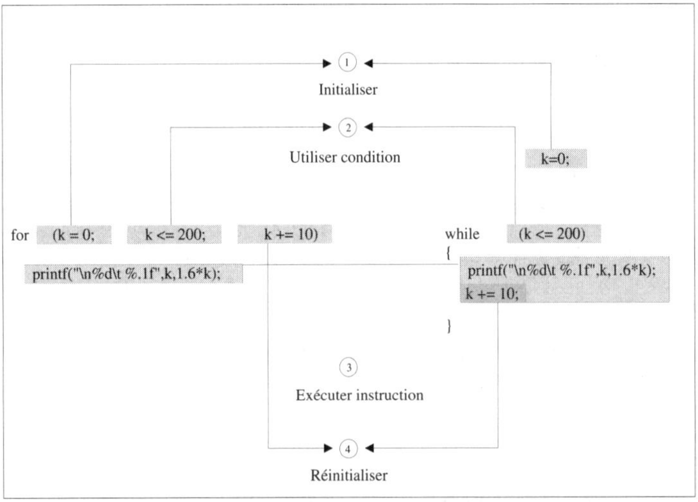

▲ Fig. 4.9 : *Équivalence entre les boucles for et while*

Le mieux est de choisir le type de boucle en fonction de chaque cas concret. On peut supposer que dans l'exemple précédent on préférera la boucle `for` en raison de sa formulation plus concise, alors que le même motif nous fera recourir au bon vieux `while` dans :

```
while ((input = getchar()) != EOF)
      printf("%c", input);
```

Diagrammes des boucles for et while

Dans la représentation de Nassi-Shneiderman, les structures répétitives `for` et `while` se représentent ainsi.

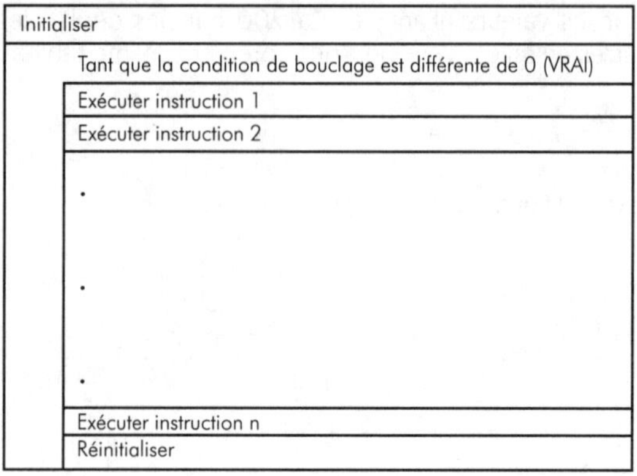

▲ Fig. 4.10 : *Diagrammes de Nassi-Shneiderman pour les boucles for*

Ici un trait horizontal entre deux traits verticaux symbolise la fin d'une instruction : l'instruction d'initialisation est suivie de la boucle proprement dite qui renferme les instructions dépendant de la condition de bouclage. Font partie de ces dernières également les instructions de réinitialisation. La vérification de la condition de bouclage a lieu au début de la boucle, avant l'exécution des instructions.

La syntaxe du `while`, contrairement à celle du `for`, ne présente formellement ni phase d'initialisation ni phase de réinitialisation. Mais le programmeur doit naturellement s'assurer que ces phases, lorsqu'elles sont requises, sont prises en compte dans la structure. On trouve donc, pour la boucle `while`, une autre représentation.

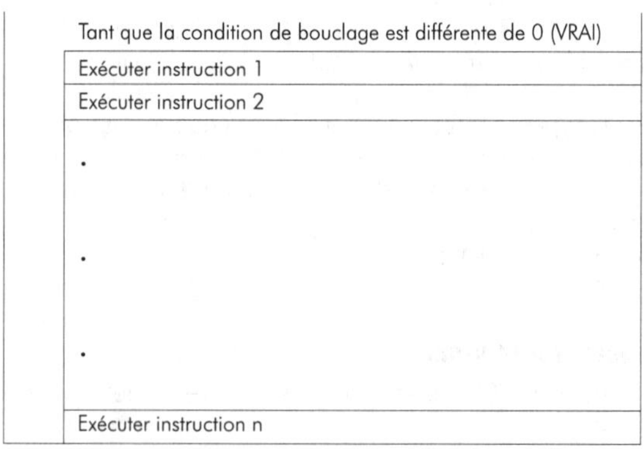

▲ Fig. 4.11 : *Diagramme de Nassi-Shneiderman pour la boucle while sans initialisation ni réinitialisation*

Mais le "caractère itératif" d'une structure répétitive se traduit peut-être mieux par un organigramme.

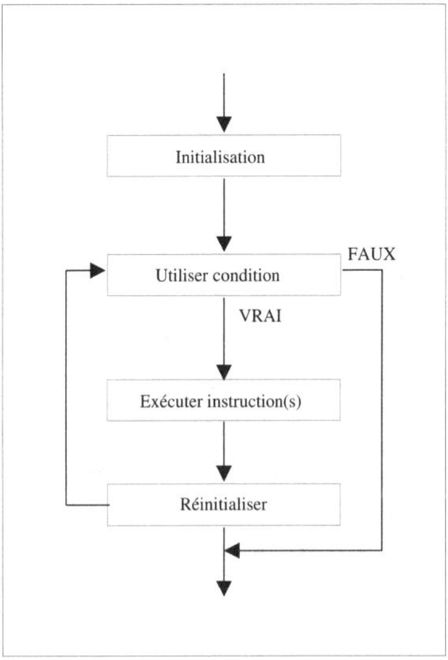

◄ Fig. 4.12 : *Organigramme de flux pour les boucles for et while*

Nous ajouterons encore l'organigramme correspondant à une boucle `while` sans initialisation ni réinitialisation.

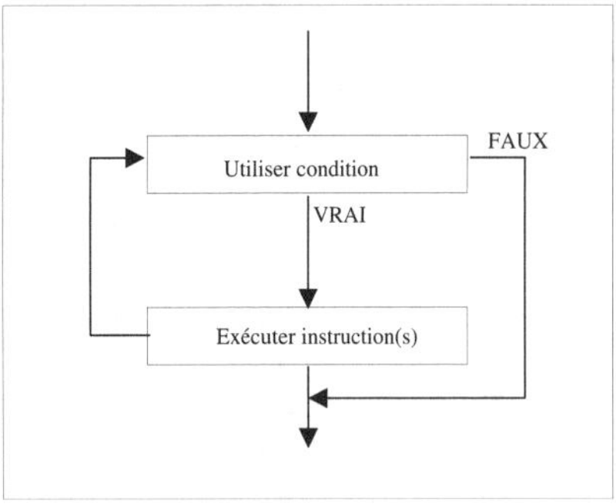

◄ Fig. 4.13 : *Organigramme d'une boucle " while " sans initialisation ni réinitialisation*

Instruction do while

Contrairement aux structures `for` et `while`, la boucle `do while` teste sa condition après exécution de l'instruction du corps de la boucle. Cela ressort aussi de la syntaxe du `do while` qui, selon que le corps de la boucle renferme une ou plusieurs instructions, n'aura pas d'accolades.

```
do
 <instruction>;
while (<expression>);
```

Ou bien on aura :

```
do
 {
  <instruction(s)>;
 } while (<expression>);
```

Le mot-clé **do** est suivi par une ou plusieurs instructions qui sont exécutées avant que soit évaluée la condition de bouclage **<expression>** placée entre parenthèses après le mot-clé **while** (remarquez le point-virgule à la fin de la boucle). Si la condition vaut TRUE, donc diffère de 0, alors les instructions sont exécutées derechef. Dès que la vérification donne la valeur 0 (FALSE) pour la condition, la boucle **do while** se termine sans que les instructions soient exécutées une nouvelle fois. L'organigramme suivant illustre le fait que, en comparaison des boucles **for** et **while**, l'ordre des phases "exécution des instructions" et "évaluation de la condition" a ici été inversé.

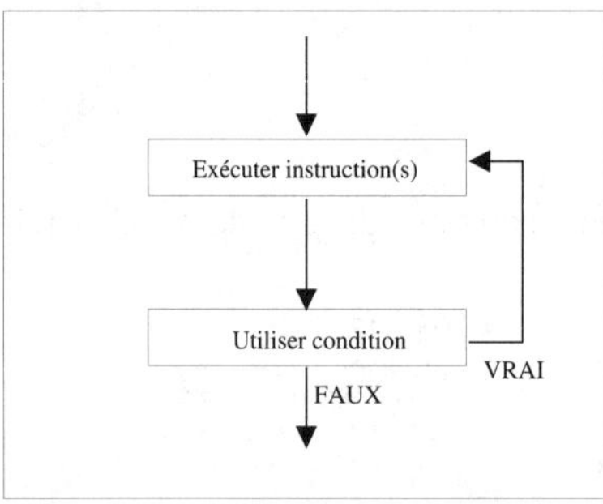

Fig. 4.14 : *Organigramme de la boucle do while*

Le diagramme de Nassi-Shneiderman correspondant fait ressortir, d'une manière visuelle très frappante, le même comportement. La condition de bouclage ici est évaluée à la fin de la boucle, après exécution des instructions.

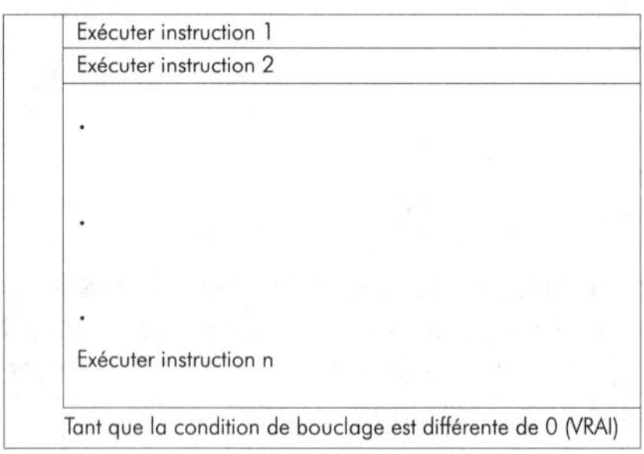

Fig. 4.15 : *Diagramme de Nassi-Shneiderman pour une boucle do while*

Les boucles do while sont exécutées au moins une fois

Le fait que la condition de bouclage soit vérifiée seulement lorsque les instructions du corps de la boucle ont été exécutées entraîne une conséquence très importante : contrairement aux structures `for` et `while`, les instructions du `do while` sont effectuées au moins une fois, que la condition de bouclage soit égale ou non à `TRUE` (différente de 0). Pour cette raison, l'initialisation peut être omise. Nous éviterons en outre de parler de "réinitialisation" pour la modification (répétée) de la variable de contrôle, car cela a moins d'intérêt sans une initialisation préalable.

Quand donc utilise-t-on une construction répétitive qui teste sa condition seulement lorsque les instructions ont déjà été exécutées ? En général, bien évidemment, lorsque le problème exige que la boucle soit exécutée au moins une fois. Une application courante est l'affichage de menus. On affiche ici une série de commandes de menus dans lesquels l'utilisateur effectue son choix via une saisie appropriée. Après le choix d'une commande de menu et après exécution de l'action associée, une boucle assure que le menu réapparaît sur l'écran afin que l'utilisateur puisse entreprendre une nouvelle saisie. La saisie faite par l'utilisateur pilote également cette boucle par laquelle on affiche le menu. En d'autres termes, c'est d'elle que dépend le nombre de passages dans la boucle. Pour que l'utilisateur sache quelles sont ses possibilités de saisie, le menu doit lui être présenté avant même la première saisie. Ce qui veut dire que les instructions de la boucle affichant le menu doivent être exécutées au moins une fois, quelle que soit la valeur de la condition de bouclage. Cela peut être réalisé avec une boucle `do while`. Le programme suivant simule un menu simple permettant de gérer des enregistrements.

▼ Listing 4.19 : menusim.c

```
/* menusim simule, via un do while, un menu pour gérer
des enregistrements dans lequel l'utilisateur peut choisir
entre diverses actions. */

#include <stdio.h> /* pour printf */
#include <conio.h> /* pour getche */

main()
 {
  int sel;  /* variable de contrôle, non initialisée */
  do /* exécuter les instructions suivantes */
    {
      printf("Menu de gestion des données SIM 1\n");
      printf("\t1 = Création\n");
      printf("\t2 = Modification\n");
      printf("\t3 = Suppression\n");
      printf("\t4 = Impression\n");
      printf("\t0 = Fin\n\n");
      printf("\tVotre choix :");
```

```
        sel = getche(); /* saisie du choix */
        switch (sel)  /* qu'a-t-on saisi ? */
           {
            case '1':
                              printf("\nSimulation de création.\n");
                              printf("Retour au menu par une touche
                              ➥ quelconque.\n");
                              getche();
                              break;
            case '2':
                              printf("\nSimulation de modification.\n");
                              printf("Retour au menu par une touche
                              ➥ quelconque.\n");
                              getche();
                              break;
            case '3':
                              printf("\nSimulation de suppression.\n");
                              printf("Retour au menu par une touche
                              ➥ quelconque.\n");
                              getche();
                              break;
            case '4':
                              printf("\nSimulation d'impression.\n");
                              printf("Retour au menu par une touche
                              ➥ quelconque.\n");
                              getche();
                              break;
            case '0':                                 /* fin du programme */
                              printf("\n\t\t***\tFin de la
                              ➥ simulation\t***\n");
                              break;
            default:                                  /* erreur de saisie */
                              printf("\nSaisie erronée\n");
                              printf("Retour au menu par une touche
                              ➥ quelconque.\n");
                              getche();
                              break;
           }                                          /* fin du switch */
      } while (sel != '0');          /* tant que la saisie n'est pas 0 */
}                                                     /* fin du main */
```

Commentaires

Le programme *menusim.c* se compose essentiellement d'une boucle `do while`. Toutes les actions effectuées par le programme sont réalisées par des instructions dans le corps de cette boucle.

L'instruction `do while` ne se préoccupe pas, pour commencer, de savoir si la condition de bouclage est remplie (`TRUE`) ou pas, mais exécute d'abord une fois, conformément à sa logique, les instructions placées dans le corps de la boucle. Le menu est affiché et l'utilisateur fait son choix.

Supposons qu'il se soit décidé pour la première commande (`Création`). L'instruction `switch` qui suit évalue cette saisie et se met ensuite à exécuter les instructions placées après la constante `case` correspondante. Après l'affichage d'un message spécifique (dans un vrai programme de gestion, on effectuerait ici les actions nécessaires à la création d'un enregistrement), l'utilisateur peut retourner au menu en appuyant sur une touche quelconque. La fonction getche récupère cette saisie. Comme nous n'avons pas besoin du caractère saisi, nous ne le mémorisons pas dans une variable. L'instruction :

```
getche();
```

a d'ailleurs pour objectif d'arrêter le programme et de garder le message :

```
Simulation de création.
Retour au menu par une touche quelconque.
```

affiché à l'écran jusqu'à ce que l'utilisateur en ait pris connaissance et se soit décidé à revenir au menu. Si l'instruction getche manquait, le programme ne s'arrêterait pas et le message précédent serait certes affiché, mais disparaîtrait aussitôt car le programme continuerait et reviendrait immédiatement au menu (sans aucune pause). Comme l'écran, ce faisant, est effacé, puis redessiné, le message ne serait visible que pendant quelques fractions de secondes.

L'instruction `break` fait sortir de la structure `switch` et la fin de la boucle `do while` est atteinte. C'est seulement maintenant que la condition est testée : comme c'est le caractère 1 qui a été saisi pour sélectionner la première commande de menu, la condition de bouclage est remplie (`TRUE`) car la variable `sel` a une valeur non nulle. Les instructions de la boucle sont exécutées à nouveau et le menu réapparaît sur l'écran.

La branche `default` du `switch` entre en jeu si la sélection est un caractère non prévu dans le menu. Si l'utilisateur entre `0`, alors la boucle `do while` se termine (et donc aussi le programme).

while ou do while ?

Naturellement, le `do while` permet d'effectuer également des itérations classiques. Comme dans le cas suivant :

```
do
 printf("%d ", x--);
while (x > 0);
```

Cette boucle affiche la valeur de `x` tant qu'il est supérieur à 0. Notez que la valeur de `x` est totalement aléatoire car la variable n'a reçu de valeur nulle part. Mais même si `x` est inférieur ou égal à 0, la boucle serait exécutée une fois puisque la condition :

```
x > 0
```

n'est vérifiée, pour la première fois, qu'à la fin du premier passage dans la boucle.

Mais si on veut, par la boucle précédente, faire afficher les valeurs :

```
10 9 8 7 6 5 4 3 2 1
```

on doit initialiser la variable `x` hors de la boucle :

```
int x = 10;
.
.
.
do
 printf("%d ", x--);
while (x > 0);
printf("\n");
```

On peut naturellement se demander si, dans les cas où il faut initialiser, le même résultat ne peut pas être atteint par une simple boucle `for` ou `while`. En réalité, cette dernière est en outre plus concise.

```
int x = 10;
.
.
.
while (x > 0)
 printf("%d ", x--);
printf("\n");
```

Dans le cas où le problème admettrait, comme dans l'exemple suivant, que la boucle ne puisse éventuellement pas être exécutée du tout, on ne choisira pas bien sûr l'écriture :

```
int i;
.
.
.
printf("Combien de fois doit tourner la boucle ?");
scanf("%d", &i);
do
 printf("C'est le passage numéro %d\n", i--);
while (i > 0);
```

avec laquelle la boucle est exécutée (une fois) même si on a entré pour `i` la valeur 0. On prendra plutôt une des deux autres boucles, par exemple :

```
int i;
.
.
.
printf("Combien de fois doit tourner la boucle ?");
scanf("%d", &i);
while (i > 0)
 printf("C'est le passage numéro %d\n", i--);
```

Boucles imbriquées

Voici un exercice qui permet d'exposer de manière simple la technique des boucles imbriquées : il faut ici afficher un motif rectangulaire composé de caractères quelconques.

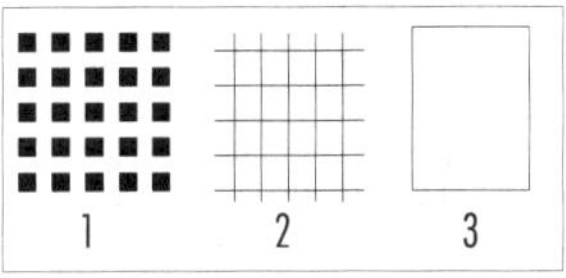

◄ Fig. 4.16 : *Motifs à afficher*

On peut interpréter les motifs précédents comme des figures qui se composent de lignes et de colonnes. Ainsi, le motif 1 contient cinq lignes et cinq colonnes faites à partir du caractère ■ (code ASCII décimal : 254). De la même façon, le motif 2 résulte de la répétition du caractère ┼ (code ASCII décimal : 197). Le troisième motif se distingue des deux précédents en ce sens qu'il est fait à partir de l'assemblage de divers caractères : le cadre est réalisé avec les traits horizontaux et verticaux (─) et (│) (codes ASCII décimaux : 196, 179), alors que les angles sont dessinés avec ┐, └, ┘, ┌, (codes décimaux ASCII : 191, 192, 217, 218). Mais on peut également se le représenter comme étant composé de lignes et de colonnes. Par exemple : la première ligne est produite par les caractères ┌ (angle supérieur gauche), - et '┐ (angle supérieur droit).

Motif 1

pour afficher par exemple le motif 1, vous devrez, en raison de notre interprétation par lignes/colonnes, afficher cinq fois une ligne constituée elle-même par cinq exemplaires du caractère n (les colonnes). Vous avez donc ici à effectuer la répétition d'une action (complexe) : l'affichage d'une ligne, action elle-même décomposable en répétitions d'une action (élémentaire) : l'affichage d'un unique caractère . Une action qui se répète et qui elle-même contient d'autres actions à répéter donne un bon exemple d'imbrication. Vous avez déjà rencontré des imbrications en relation avec des affectations multiples, dans lesquelles plusieurs opérations d'affectation étaient contenues (imbriquées) l'une dans l'autre. De la même façon, on peut également imbriquer des instructions répétitives, autrement dit des boucles : une boucle contient une autre boucle qui, à son tour, contient une boucle, etc.

Nous utiliserons cette technique pour notre problème qui consiste à répéter des lignes, et pour chaque ligne à répéter un certain nombre de caractères (colonnes). Pour le cas où la traduction directe de la solution en langage de programmation poserait des difficultés, vous pouvez passer par une étape intermédiaire avant d'atteindre la solution programmée : la formulation en pseudocode (un mélange de langage courant et de jargon de programmeur).

```
Pour chaque ligne
      Pour chaque colonne
           Affiche le caractère " _ "
```

Il n'est guère compliqué ensuite de spécifier la construction répétitive adéquate. Prenez une boucle `for` (une boucle `while` ferait aussi l'affaire).

```
for (ligne = 1; ligne < 6; ligne++)                /* pour chaque ligne */
     {
      for (col = 1; col < 6; col++)              /* pour chaque colonne */
          printf("_");                         /* affichage du caractère */
      printf("\n");               /* après 5 caractères : saut de ligne */
     }
```

Les variables `ligne` et `col` ont ici été définies par :

```
int ligne;  /* variable de contrôle pour la boucle externe */
int col;  /* variable de contrôle pour la boucle interne */
```

Le déroulement des structures `for` imbriquées est ainsi conçu :

1. La variable `ligne` est initialisée à 1 (pour la première ligne) dans le `for` externe.
2. Comme la condition `ligne < 6` est remplie, les instructions du corps de la boucle externe sont exécutées.
3. La première de ces instructions est la boucle `for` interne : la variable `col` est initialisée à 1 (premier caractère de la première ligne). La condition `col < 6` est donc `TRUE`, et le caractère ■ est affiché. `Col` est incrémenté, la condition est de nouveau vérifiée et le caractère ■ est affiché pour la seconde fois. `Col` est incrémenté, etc. En tout, le caractère ■ est affiché cinq fois par ce procédé. Après quoi, `col` vaut 6, la condition `col < 6` ne vaut plus `TRUE`, et le `for` interne se termine.
4. Un saut de ligne est effectué. Le premier passage dans la boucle `for` externe est terminé.
5. La variable `ligne` est incrémentée. La condition `ligne < 6` est encore `TRUE`, et le corps de la boucle externe est de nouveau exécuté (voir phase 3), c'est à dire que la seconde ligne est affichée. Après un total de cinq passages dans la boucle `for` externe, l'incrémentation suivante fait passer la variable `ligne` à 6. La condition n'étant plus `TRUE`, le `for` externe (et donc toute l'imbrication des `for`) se termine.

Motifs 2 et 3

Vous obtiendrez le motif 2 par la même structure. Il suffit de remplacer le caractère ■ par le caractère †. Le troisième motif n'est pas aussi simple, car il se compose de différents caractères.

```
ligne du haut   :    ` , 3/4 , '
```

```
lignes médianes :     3/4 , ',' , 3/4
ligne du bas    :     É , 3/4 , Ê
```

Formulons d'abord en pseudocode :

```
Ligne du haut :     Affiche le coin gauche.
                    Pour chacune des trois colonnes qui suivent
                    affiche le caractère '3/4'.
                    Affiche le coin droit.

Lignes médianes :   Pour chaque ligne
                    affiche le caractère '1/2'
                    pour chacune des trois colonnes suivantes
                    affiche un espace
                    affiche le caractère '1/2'.

Ligne du haut :       Affiche le coin gauche.
                    Pour chacune des trois colonnes qui suivent
                    affiche le caractère '3/4'.
                    Affiche le coin droit.
```

D'où le programme :

```
/* ligne du haut : */
printf("\n["); /* coin supérieur gauche */
for (col = 0; col < 4; col++) /* colonnes médianes */
     printf("3/4");
printf("]"); /* coin supérieur droit */

/* lignes médianes : */
for (ligne = 0; ligne < 4; ligne++)
 {
  printf("\n1/2"); /* bord gauche */
  for (col = 0; col < 4; col++)
      printf(" "); /* espace */
  printf("1/2"); /* bord droit */
 }
/* ligne du bas : */
printf("\n["); /* coin inférieur gauche */
for (col = 0; col < 4; col++) /* colonnes médianes */
    printf("3/4");
printf("]"); /* coin inférieur droit */
```

On peut faire facilement varier la taille des motifs de 1 à 3 : il suffit de faire saisir par l'utilisateur la hauteur et la largeur de la figure. Le programme suivant montre cela pour le cadre. Pour qu'on puisse dessiner des cadres de différentes tailles l'un après l'autre, la boucle de dessin du cadre est incluse dans une boucle qui permet à l'utilisateur de dire s'il veut ou non dessiner un autre cadre. Pour cette boucle supplémentaire, vous choisirez une structure `do while`, ce qui vous donnera un exemple de boucles imbriquées de natures différentes.

▼ Listing 4.20 : frame.c

```
/* frame dessine, via des boucles imbriquées,
   des cadres de tailles différentes */

#include <stdio.h> /* pour printf, scanf */
#include <conio.h> /* pour getche */

main()
{
  char response;  /*réponse de l'utilisateur,
  ➥ variable de contrôle du do while */
  int high;  /* hauteur du cadre */
  int wide;  /* largeur du cadre */
  int ligne; /* lignes : variable de contrôle du for externe */
  int col;    /* colonnes (caractères) : variable de contrôle
  ➥ du for interne */

  do
    {
  printf("Le programme dessine un cadre de taille variable.\n");

  /* saisie de la taille du cadre : */

      printf("Hauteur du cadre :");
      scanf("%d", &high);
      printf("Largeur du cadre :");
      scanf("%d", &wide);

/* affichage du cadre : */

/* ligne du haut :
  Les deux bords latéraux sont compris dans la largeur qui vient
  ➥ d'être saisie. Afin de ne pas les compter deux fois, il faut
  ➥ diminuer de 2 la variable "wide" dans la boucle for. */

      printf("\n["); /* coin supérieur gauche */
      for (col = 0; col < wide-2; col++) /* colonnes médianes */
         printf("3/4");
      printf("]"); /* coin supérieur droit */

  /* lignes médianes : Les lignes du haut et du bas sont comprises
     ➥ dans la hauteur du cadre. Afin de ne pas les compter deux
     ➥ fois, il faut diminuer de 2 la variable "high"
     ➥ dans la boucle for. */

      for (ligne = 0; ligne < high-2; ligne++)
        {
          printf("\n1/2"); /* bord gauche */
          for (col = 0; col < wide-2; col++)
              printf(" "); /* espace */
          printf("1/2"); /* bord droit */
        }
```

```
/* lignes du bas : */

        printf("\n["); /* coin inférieur gauche */
        for (col = 0; col < wide-2; col++) /* colonnes médianes */
          printf("3/4");
        printf("]"); /* coin inférieur droit */

  /* pour savoir si l'utilisateur veut continuer à dessiner : */
         printf("\nAutre cadre ? (o/n)");
         response = getche(); /* saisie de la réponse */

     } while (response == 'o');  /* nouveau cadre si 'o' */

} /* fin du main */
```

Boucle simple ou boucle imbriquée

On pourrait naturellement interpréter les motifs de 1 à 3 non pas comme des figures formées de lignes et de colonnes, mais également comme des séquences de caractères individuels, simplement disposés dans un ordre particulier. Le motif 1, par exemple, dans cette optique se compose tout bonnement de 25 répétitions du caractère de soulignement (_). Tous les cinq caractères, un saut de ligne est effectué. Avec cette interprétation linéaire, le motif 1 se laisse en fait afficher par une boucle `for` simple.

```
int i; /* variable de contrôle de boucle */
.
.
.
for (i = 1; i < 26; i++)
     {
      printf("_ ");
      if (i % 5 == 0)  /* après 5 caractères */
         printf("\n"); /* saut de ligne */
}
```

La condition du `if` de la boucle `for` assure qu'un saut de ligne est réalisé tous les cinq caractères et qu'ainsi il en résulte les cinq lignes souhaitées. On vérifie ce faisant quel est le reste dans la division de la variable `i` par 5. Si ce reste vaut 0, ce qui est le cas pour `i` égal à 5, 10, 15, etc., alors l'affichage continue sur une nouvelle ligne.

En comparaison, la version avec les boucles imbriquées qui produit le motif 1 apparaît plus élégante et, avant tout, plus logique. Cependant, la taille du code est à peu près la même dans les deux cas. Pour ce qui concerne ce dernier aspect plus particulièrement, considérez l'exemple suivant.

Les chiffres d'affaires mensuels de trois entreprises A, B et C pour le premier trimestre d'une année doivent être lus, additionnés et affichés. L'action :

```
Lecture, Addition et affichage des chiffres d'affaires mensuels
```

doit se faire pour chaque entreprise, dont en tout trois fois. Mais cette action englobe une autre action à répéter, à savoir l'addition des montants mensuels. En pseudocode, ce traitement peut s'exprimer ainsi.

```
Pour chaque entreprise
   Pour chaque mois
       Lis le CA.
         Additionne-le aux autres CA mensuels.
      Affiche le CA total de l'entreprise pour le trimestre.
```

Avec une boucle simple, la solution du problème serait laborieuse. Pour chaque entreprise, il faudrait écrire une boucle qui lit les CA mensuels et les totalise. Une solution basée sur une imbrication de boucles est ici non seulement plus proche de la structuration logique du problème, mais aussi nettement plus concise car la boucle concernée n'est écrite qu'une seule fois.

Partant de la formulation en pseudocode, nous arrivons à la boucle suivante. Cette fois, nous prenons une boucle `while` (une boucle `for` ferait tout aussi bien l'affaire).

```
int e;  /* entreprise */
int m;  /* mois */
float ca;  /* CA mensuels */
float s;  /* total des CA mensuels */

.
.
.

e = 'A';  /* Initialisation de "e" : A (valeur : 65 décimal)
➥ pour la première entreprise */
while (e < 'D')  /* pour chacune des entreprises A, B, C */
    {
      s = 0.0;  /* initialise à 0 le total de l'entreprise */
      m = 1; /* initialise la variable de contrôle du while interne */
      printf("Entreprise %c\n", e);
      while (m < 4)  /* pour chacun des trois mois */
            {
               printf("CA du mois %d: ", m);
               scanf("%f", &ca);  /* saisie du CA */
               s = s + ca;  /* totalisation des CA */
               m++; /* mois suivant */
            } /* fin du while interne */

      printf("\nCA total de l'entreprise %c : %.2f\n\n", e, s);
      e++; /* entreprise suivante */
     } /* fin du while externe */
```

Commentaires

Une fois initialisée la variable de contrôle `e` (`while` externe) à la valeur `'A'` (derrière laquelle se cache en fait le code ASCII décimal 65), la condition du while vaut TRUE et les instructions du corps de la boucle sont exécutées (nous prenons ici pour la variable e les caractères consécutifs 'A', 'B' et 'C', car ils permettent aussi bien de compter les entreprises que de les afficher par leurs noms). Avec :

```
s = 0.0;
```

on initialise à la valeur 0.0 le total des CA mensuels pour chaque passage dans la boucle externe (c'est à dire pour chaque entreprise). Après avoir affiché un titre (nom de l'entreprise), le while interne lit et totalise le CA de chacun des trois mois du trimestre pour l'entreprise concernée. La boucle interne se termine et le total des CA mensuels de l'entreprise est alors affiché. La variable e, via une incrémentation, prend la nouvelle valeur 'B' (entreprise suivante). Le while externe répète ses instructions jusqu'à ce que la variable e prenne la valeur 'D' (décimal 68) après le troisième passage.

Une imbrication à trois niveaux

Dans le cas où on voudrait traiter non seulement les CA d'un trimestre, mais les CA de tous les trimestres d'une année, alors il faudrait rajouter un autre niveau d'imbrication. Ce faisant, l'imbrication ne serait plus à deux étages, mais à trois étages.

```
Pour chaque trimestre
       Pour chaque entreprise
           Pour chaque mois
                Lis le CA.
               Additionne-le aux autres CA mensuels.
                 Affiche le CA total de l'entreprise pour le trimestre.
```

D'où le programme suivant :

▼ Listing 4.21 : sales.c

```
/* sales lit les CA mensuels de 3 entreprises, par trimestres,
  les totalise et les affiche. Le programme utilise pour cela
  une triple imbrication de while. */

#include <stdio.h> /* pour printf, scanf*/
#include <conio.h> /* pour getche */

main()
{
  int e, m, t;  /* variables de boucles */
  float ca;  /* CA mensuels */
  float s;  /* somme des CA mensuels */

  t = 1;            /* variable de la boucle la plus externe :
                        initialisée au premier trimestre */

  while (t < 5)  /* boucle la plus externe : Pour chaque trimestre */
    {
      printf("Trimestre %d\n", t);
```

```
      e = 'A';  /* variable de la boucle médiane initialisée :
                   'A' (= 65 décimal) pour la première entreprise */

      while (e < 'D')    /* boucle médiane: pour chacune des
                            entreprises A, B, C */
        {
          s = 0.0;  /* initialisation à 0 du total de chaque
                       entreprise */
          m = 1;  /* variable de la boucle interne initialisée */
          printf("\nEntreprise %c\n", e);
          while (m < 4) /* boucle interne : Pour chacun des 3 mois */
            {
              printf("Ca du mois %d: ", m);
              scanf("%f", &ca);  /* saisie du CA */
              s = s + ca; /* totalisation du CA */
              m++; /* mois suivant */
            } /* fin du while interne */
          printf("CA total de l'entreprise %c: %.2f\n\n", e, s);
         e++; /* entreprise suivante */
        } /* fin du while médian */
      if (t < 4 )  /* pour ne pas afficher le message suivant
                      après le quatrième trimestre */
       {
         printf("Appuyez sur une touche pour passer au trimestre suivant ");
         getche();
       }
      t++; /* trimestre suivant */
    } /* fin du while externe */
} /* fin du main */
```

On aura peut-être remarqué que dans ce programme les différents CA sont certes lus, totalisés et affichés, mais ne sont pas mémorisés durablement. Chaque nouvelle saisie dans la variable **ca** écrase donc l'ancienne valeur. Il en va de même pour la variable **s** qui repart de 0 pour chaque entreprise. Les valeurs préalablement saisies ne sont donc plus disponibles pour une éventuelle réutilisation dans le programme.

Renvoi

Pour résoudre ce problème, reportez-vous au chapitre *Types de données complexes*.

Boucles particulières

Il existe une série de constructions répétitives qui sont, en quelque sorte, des cas particuliers vis à vis des applications normales. Dans ce contexte, nous considérerons deux groupes de boucles :

- boucles infinies ;
- boucles vides.

Boucles infinies

Les boucles infinies résultent souvent d'erreurs de programmation. Après la définition :

```
int i = 1;
```

la boucle :

```
   while (i < 4)
      printf("%d ", i);
      i++;
```

n'est pas, comme on s'y attend, exécutée trois fois, mais tourne indéfiniment. Au lieu d'afficher les nombres :

```
1 2 3
```

elle affiche continuellement la valeur :

```
1
```

La raison en est qu'il manque les accolades de bloc autour du corps de la boucle. Seule l'instruction :

```
printf("%d ", i);
```

dépend de la condition de bouclage dans la version précédente. Mais pas l'incrémentation de la variable de contrôle `i`. Comme `i` vaut 1, la condition de bouclage est `TRUE` et la valeur `1` est affichée pour `i`. Ensuite, il n'y a pas incrémentation de la variable `i`, mais seulement revérification de la condition : `i` est égal à 1, la condition est donc `TRUE`, `i` est affiché avec la valeur `1`, et ainsi de suite jusqu'à l'infini.

Remarque

Interruption d'une boucle infinie

L'interruption d'une telle boucle involontairement infinie peut souvent être réalisée via une commande du système d'exploitation qui met fin au programme en cours d'exécution. Sur le système DOS et sur certaines versions d'UNIX par exemple, on peut déclencher cette commande par la combinaison de touches [Ctrl]+[C]. Cette combinaison clavier varie d'un système à un autre.

Vous pourrez éviter la boucle infinie qui précède grâce à des accolades adéquates.

```
while (i < 4)
 {
  printf("%d ", i);
  i++;
 }
  printf("\n");
```

Ce qui amène ensuite l'affichage désiré :

```
1 2 3
```

Une boucle infinie résulte d'une condition de bouclage qui est toujours remplie, par exemple dans :

```
while (1)
      printf("Sans fin");
```

ou

```
for (;;)
     printf("Sans fin");
```

Dans la première boucle, la condition se compose seulement de la constante 1 dont la valeur est naturellement toujours différente de 0, donc TRUE. Avec la seconde boucle, on doit ici se rappeler qu'une condition manquante dans l'en-tête d'un **for** est considérée comme une condition valant toujours TRUE.

On peut, à l'occasion, tirer profit de ce comportement pour programmer une boucle volontairement infinie. Par exemple, le programme suivant *forever1.c*, à l'aide d'une boucle infinie, affiche la phrase :

```
C is FUN
```

puis remplace chaque caractère, de la droite vers la gauche, par le signe n de sorte qu'il en résulte l'affichage :

```
nnnnnnnn
```

et ensuite réécrit la phrase :

```
C is FUN
```

sur l'écran, la replace à nouveau, etc. Ce genre de construction s'emploie, par exemple, dans des programmes de démonstration qui doivent répéter une certaine tâche pendant un laps de temps non défini.

▼ Listing 4.22 : forever1.c

```
/* forever1 montre l'utilisation d'une boucle infinie. On affiche
   indéfiniment ici une phrase dont on remplace les caractères,
   un à un et de la droite vers la gauche, par un autre caractère. */

#include <stdio.h> /* pour printf */

main()
{
  int i; /* variable de boucle */
  printf("\033[2J\n\n\n\n\n");
  for(;;) /* boucle infinie */
     {
      for (i = 1; i < 31; i++) /* indenter le texte */
        printf(" ");
        printf("C is FUN "); /* notez l'espace à la fin de C is FUN. */
```

```
      for (i = 1; i < 9; i++) /* pour chaque caractère de C is FUN. */
        {
          printf("\b\b"); /* deux pas en arrière */
          printf("_"); /* affichage du caractère de remplacement */
        }
      printf("\r"); /* Pour la prochaine répétition, on place le
      ➥ curseur au début de la même ligne. */
    } /* fin du for infini */
} /* fin du main */
```

Analyse

Dans le programme précédent, avant d'afficher le texte :

```
C is FUN
```

la première instruction du `for` infini l'indente un peu. À la fin du texte figure un espace additionnel. En voilà la raison : le curseur doit, pour chaque remplacement de caractère, être reculé de deux positions. S'il n'était reculé que d'une seule position avant que le caractère ne soit remplacé, le curseur se retrouverait ensuite à son ancien emplacement étant donné que affichage d'un caractère fait avancer le curseur d'une position vers la droite. À chaque action de remplacement, il reculerait donc d'un pas puis avancerait d'un pas, ce qui le ferait rester toujours à la même place.

Par contre, si le curseur recule de deux positions et n'avance que d'une seule, alors à chacun des huit passages dans le second `for` interne il recule en tout d'une position vers la gauche et écrit ce faisant le caractère _ à l'emplacement de la lettre. L'espace à la fin de la chaîne de caractères assure que le curseur, après les deux premiers pas en arrière, se retrouve sur la bonne lettre, à savoir la dernière (N). La lettre N est remplacée, et le curseur avance alors d'une position. Il recule ensuite de deux positions, se trouve alors sur la lettre U, etc.

Lorsque vous aurez ainsi écrasé la phrase depuis la droite vers la gauche, le curseur, via la séquence d'échappement `'\r'` (*carriage return*, "retour chariot"), sera replacé au début de la même ligne avant d'entamer le prochain passage dans la boucle infinie. Le texte est alors à nouveau indenté, et tout recommence depuis le début.

Il manque assurément quelque chose dans la version précédente du programme : certes, elle est correcte, mais la machine exécute les diverses actions si rapidement que l'œil ne peut pas suivre. Tout ce qu'on voit à l'écran, c'est une image double qui clignote et affiche les deux chaînes de caractères :

```
C is FUN
```

et

```
nnnnnnn
```

qui semblent alors être affichées l'une sur l'autre. Nous devons donc faire en sorte que les phases visuelles du programme s'enchaînent de manière à ce que l'œil puisse les suivre. Ce serait le cas, par exemple, si les diverses actions de remplacement étaient séparées par des pauses. La réalisation de pauses et leur incorporation dans les programmes est traitée à la section qui suit.

Boucles vides

Il arrive que l'on s'aperçoive qu'une construction répétitive n'exige pas la présence d'instructions dans le corps de la boucle. Cela parce que les actions qui nous intéressent sont déjà exécutées dans l'en-tête de la boucle. Après la définition :

```
int i = 0
```

la boucle :

```
for (i = 0; getchar() != EOF; i++);
```

vous permet de compter le nombre de caractères saisis. La variable `i` est incrémentée jusqu'à ce que, via la combinaison clavier `<CTRL>+<Z>`, le caractère EOF ait été frappé.

La valeur courante de `i` donne alors le nombre de caractères entrés. Étant donné que le comptage a déjà lieu dans la partie réinitialisation de l'en-tête de boucle, aucune instruction n'est vraiment requise dans le corps de la boucle. Mais une boucle, pour des raisons syntaxiques, doit cependant contenir au moins un point-virgule (instruction `vide`). L'instruction `vide` ne fait rien, si ce n'est satisfaire à l'exigence syntaxique qui réclame une instruction à cet endroit-là. Au lieu de :

```
for (i = 0; getchar() != EOF; i++)
                                  ;
```

on trouve aussi :

```
for (i = 0; getchar() != EOF; i++);
```

Ici, le point-virgule est placé directement derrière l'en-tête de la boucle. C'est naturellement tout à fait possible du point de vue syntaxique, car le compilateur traite tous les blancs de la même façon, quelle que soit leur largeur. Peu importe donc la distance qui sépare le point-virgule de l'en-tête de boucle. Néanmoins, pour des raisons de lisibilité, on recommande de placer l'instruction vide sur une ligne à part.

Boucles de temporisation

Quel est l'intérêt d'une telle construction répétitive par rapport à notre problème d'affichage dans le programme *forever1.c* ? L'idée ici est que la machine met un certain temps pour exécuter une boucle, même une boucle qui ne fait rien si ce n'est incrémenter une variable. Si vous ajoutez ce genre de boucle enter deux remplacements de caractère dans le programme *forever1.c*, alors les phases visuelles seront séparées dans le temps, ce qui provoquera une pause entre elles et donc un ralentissement apparent du programme. Avec ce genre de comptage, ce n'est pas le résultat qui nous intéresse donc, mais uniquement sa durée.

Le temps requis par l'exécution de la boucle dépend du nombre de passages dans la boucle et du type de la variable compteur (entier ou réel). Les opérations de comptage avec des variables à virgule flottante durent fondamentalement plus longtemps que les opérations correspondantes avec des variables entières. Dans notre version *forever2.c*, nous utiliserons un compteur de type `float`.

▼ Listing 4.23 : forever2.c

```
/* forever2 montre l'utilisation d'une boucle infinie. On affiche
indéfiniment ici une phrase dont on remplace les caractères,
un à un et de la droite vers la gauche, par un autre caractère.
Pour des questions de présentation, le déroulement est ralenti
par boucle de temporisation (avec instruction vide). */

#include <stdio.h> /* pour printf */

main()
{
  int i;  /* variable de boucle */
  float f;  /* variable de contrôle pour la boucle de temporisation */

  for(;;) /* boucle infinie */
   {
    for (i = 1; i < 31; i++) /* indenter le texte */
      printf(" ");
      printf("C is FUN "); /* notez l'espace à la fin de C is FUN. */
      for (f = 1.0; f < 2500.0; f++);     /* Pause via boucle de
                                             temporisation */
                                           /* avec instruction vide */
        for (i = 1; i < 9; i++) /* pour chaque caractère de C is FUN. */
         {
           printf("\b\b");                     /* deux pas en arrière */
           printf("_");  /* affichage du caractère de remplacement */
             for (f = 1.0; f < 2500.0; f++)      /* Pause via boucle
                                                    de temporisation */

             ;  /* avec instruction vide */
         }
      printf("\r");      /* Pour la prochaine répétition, on place
                                le curseur au début de la même ligne. */
   }                                        /* fin du for infini */
}                                                     /* fin du main */
```

Les deux boucles de temporisation supplémentaires entraînent qu'après l'affichage du texte le remplacement des caractères se fait au pas, ce qui donne l'effet visuel souhaité. L'image suivante montre la modification pas à pas de l'affichage sur l'écran.

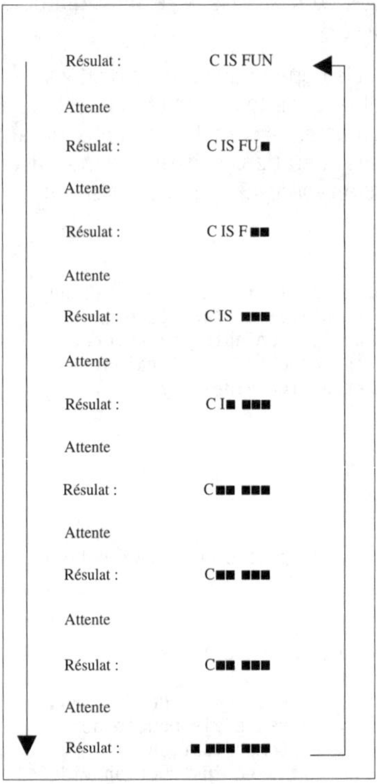

Fig. 4.17 : *Modification pas à pas d'un affichage*

La durée d'exécution de la boucle de temporisation précédente dépend de la machine utilisée et bien évidemment de la limite supérieur prise pour la variable `f`. Si on augmente cette valeur , le déroulement de l'affichage est ralenti. Si on la diminue, l'enchaînement des diverses phases est accéléré.

Vidange du tampon de saisie

Pour nous, il existe une autre application fort intéressante des boucles vides. Elle concerne la vidange du tampon de saisie lorsqu'il faut utiliser des routines telles que la macro getchar ou la fonction scanf. Nous avons déjà parlé, au chapitre *Entrée et sortie*, des problèmes qui surgissent alors. Ces problèmes viennent de ce que les routines mentionnées n'ôtent pas du tampon de lecture le caractère de validation de saisie `'\n'` (frappé via la touche [Entrée]). Au prochain appel d'une routine lisant les caractères dans le tampon, ce caractère sera pris à la place d'un caractère normal saisi par l'utilisateur. Nous avons déjà présenté deux possibilités de solution pour ce problème : d'une part un appel supplémentaire de getchar (afin de supprimer ainsi le caractère '\n' du tampon), d'autre part l'utilisation des fonctions getche ou getch qui lisent directement le clavier et non le tampon de saisie (et d'autre part n'exigent pas de validation de la saisie par [Entrée]). La structure while qui suit offre une troisième possibilité :

```
while (getchar() != '\n');                    /* instruction vide */
```

À chaque passage, cette boucle récupère, à l'aide de getchar, un caractère lu dans le tampon de saisie et ainsi le supprime du tampon. La boucle fonctionne de la manière suivante : si le caractère lu est différent du caractère de fin de saisie '\n', alors la condition de bouclage est TRUE et l'instruction vide du corps de la boucle est exécutée, c'est à dire que rien n'est fait. Ensuite, le caractère suivant est pris dans le tampon. Si le caractère lu est égal à '\n', alors la condition vaut FALSE et la boucle se termine. Le résultat de cette opération répétitive est que tous les caractères susceptibles de traîner dans le tampon, en particulier le caractère '\n' également, sont récupérés et supprimés du tampon. Notez que les caractères lus par getchar ne sont pas affectés à des variables : ils ne sont pas utilisés car ce sont, pour ainsi dire, des "résidus" (garbage) qui doivent partir. Le petit programme qui suit lit avec getchar deux caractères l'un après l'autre, mais ne vide pas le tampon entre-temps. Le résultat est un déroulement de programme erroné.

▼ Listing 4.24 : buferreor.c

```
/* buferror montre les erreurs produites par des résidus restés
   dans le tampon. */

#include <stdio.h> /* pour getchar, printf */

main()
{
  char c;

  printf("Entrez un caractère : ");
  c = getchar(); /* le caractère <Entrée> reste dans le tampon */
  printf("Le caractère est %c \n", c);
  printf("Entrez un autre caractère : ");
  c = getchar(); /* lit le <Entrée> de la première saisie
  ➥ et non la deuxième saisie régulière de l'utilisateur */

  printf("Le caractère est %c.\n", c);
}
```

Voilà ce que donne l'exécution du programme.

```
Entrez un caractère :
x
```

```
Le caractère est x.
Entrez un autre caractère : Le caractère est.
.
```

Après la seconde invite, l'utilisateur n'a pas l'occasion de taper un caractère car le programme ne s'arrête pas pour attendre une saisie. Au lieu de cela, l'instruction `printf` qui suit est exécutée et le point de fin de phrase est affiché sur une nouvelle ligne. Voilà pourquoi : lors de la première saisie, le tampon a reçu non seulement le caractère `'x'`, mais aussi le caractère `'\n'` qui a validé la saisie. Au second appel, getchar lit non pas une saisie de l'utilisateur, mais le caractère `'\n'` resté dans le tampon. Ce caractère est rangé dans la variable `c` et getchar se termine, car `'\n'` marque aussi la fin de la saisie. L'utilisateur n'a donc pas l'occasion de procéder à une seconde saisie. L'instruction `printf` qui suit affiche un message, ainsi que le contenu de la variable `c` : le caractère `'\n'`, lequel provoque un saut de ligne. Ce faisant, le point qui correspond au dernier caractère à afficher apparaît sur une nouvelle ligne.

Pour remédier à cette erreur, vous viderez le tampon après la première saisie, via l'instruction :

▼ Listing 4.25 : bufokay.c

```
while (getchar() != '\n');
/* bufokay corrige les erreurs dues aux résidus restant
   dans le tampon. */

#include <stdio.h>                           /* pour getchar, printf */

main()
{
  char c;
  printf("Entrez un caractère: ");
  c = getchar(); /* le caractère  <Entrée> reste dans le tampon */
  printf("Le caractère est %c.\n", c);
  while (getchar() != '\n')  /* vidage du tampon de saisie */
    ; /* et suppression du <Entrée> qui y traîne */
  printf("Entrez un autre caractère : ");
  c = getchar(); /* lit correctement la seconde saisie de
                    l'utilisateur, car le tampon a été vidé */
  printf("Le caractère est %c.\n", c);
}
```

Le programme maintenant se déroule comme prévu.

```
Entrez un caractère : x
Le caractère est x.
Entrez un autre caractère : y
Le caractère est : y
```

4.3 Instructions de branchement

Les instructions de branchement transfèrent le contrôle du programme d'une instruction à une autre, cette dernière n'étant pas directement écrite après l'exécution précédemment effectuée. Nous examinerons ici les instructions :

```
break
continue
goto
```

Renvoi

Il existe encore l'instruction **return** que nous traiterons, à des fins de cohérence pédagogique, seulement au chapitre ***Fonctions***.

Instruction break

L'instruction `break` admet une syntaxe très simple.

```
break;
```

Elle ne peut s'utiliser qu'à l'intérieur d'une structure `for`, `while`, `do while` ou `switch`. Elle provoque l'arrêt avant terme de ces instructions. Pour ce qui concerne l'instruction `switch`, nous avons déjà étudié ce mécanisme. Considérons, par exemple, la variable :

```
int x;
```

et la structure :

```
switch (x)
 {
  case 1: printf("x a la valeur 1\n");
          break;
  case 2: printf("x a la valeur 2\n");
          break;
  case 3: printf("x a la valeur 3\n");
          break;
  default: printf("x n'a aucune des valeurs 1 - 3\n");
 }
```

Seules sont exécutées les instructions de la branche `case` dont la constante coïncide avec la valeur de `x`. Ensuite, l'instruction `switch` prend fin à cause de l'instruction `break` qui y est contenue et le programme continue à l'instruction (si elle existe) qui suit la structure `switch`. Notez qu'après la dernière branche de l'alternative (ici, la branche `default`) une instruction `break` n'est pas indispensable car, de toute façon, la structure `switch` se termine ensuite. Dans l'exemple précédent, si les instructions `break` manquaient, alors il n'y aurait pas que les instructions du `case` dont la constante concorde avec la valeur de `x` qui seraient exécutées, mais aussi toutes les instructions qui suivraient dans le `switch`.

Placée dans une boucle, l'instruction **break** provoque l'interruption immédiate de la boucle. Ici aussi le contrôle est rendu à l'instruction suivante : le programme se poursuit à cette instruction suivante (si elle existe). Comme exemple, considérons une nouvelle version du programme de calcul de l'inverse, programme que nous avions créé pour expliciter le fonctionnement de la structure `if`.

▼ Listing 4.26 : recip4.c

```
/* recip4 calcule avec une boucle while l'inverse d'un nombre
   quelconque. La boucle est interrompue par l'instruction break
   si on entre la valeur 0. */

#include <stdio.h> /* pour printf, scanf */
#include <conio.h> /* pour getche */

main()
{
  float x;  /* valeur saisie */
  char reply = 'o';  /* variable de boucle initialisée */

  while (reply == 'o')
        {
          printf("Calcul de l'inverse des nombres non nuls.\n");
          printf("Votre nombre : ");
          scanf("%f", &x);
          if (!x)  /* si x vaut 0 */
            {
              printf("Division par zéro interdite.\n");
              break;  /* interruption de la boucle afin d'empêcher
                         la division par 0 */
            }
          printf("\nL'inverse du nombre entré est %f\n", 1/x);
          printf("Autre calcul ? (o/n) ");
          reply = getche(); /* réinitialisation de la variable
                               de boucle */
        }                                            /* fin du while */
  if (x)                                     /* si x différent de 0 */
     printf("\nLe programme a fini normalement.\n");
  else
     printf("\nLe programme a fini à cause d'une erreur de saisie.\n");
} /* fin du main */
```

Le programme précédent contient une boucle `while` par laquelle on peut saisir un nombre autant de fois qu'on veut, nombre dont on calcule alors l'inverse. Si on a entré le nombre 0 (ce qui amènerait à une division par 0, chose interdite), la boucle est interrompue via une instruction `break` sans que soient exécutées les autres instructions du corps de la boucle. Dans ce cas, le programme continue à la première instruction qui suit la boucle `while` et affiche un message de fin de programme (si le dernier `if` n'était pas contenu dans le programme, ce dernier finirait directement après le `while`).

break ou pas break ?

L'emploi systématique de l'instruction **break** dès qu'elle est possible du point de vue syntaxique témoigne parfois d'un style de programmation quelque peu maladroit et affecté. Il vaudrait mieux dans certains cas se demander si la portion de programme concernée ne peut pas se passer de cette instruction. On pourrait ainsi remplacer la construction répétitive (néanmoins correcte) :

```
while (c = getchar())
 {
  if (c == EOF)
  break;
  printf("%c", c);
 }
```

par une boucle plus élégante et en même temps plus concise :

```
while ((c = getchar()) != EOF)
       printf("%c", c);
```

Lorsque le **break** se trouve dans une imbrication de boucles, il stoppe uniquement la boucle la plus interne qui le contient. Dans le programme **ipower.c** qui calcule, via une méthode "brutale", la puissance d'un nombre entier avec un exposant entier positif, l'instruction **break** n'arrête que le **while** interne lorsque la base saisie est 0 ou 1. Ensuite, on exécute les autres instructions du **while** externe, instructions par lesquelles on affiche le résultat du calcul et on donne à l'utilisateur la possibilité d'entrer de nouvelles valeurs. Le **break** empêche qu'avec une base (**a**) égale à 0 ou 1 et avec un exposant (**n**) supérieur à 0 les instructions de la boucle interne ne soient inutilement exécutées. Dans ces cas-là, en effet, le résultat est connu à l'avance : 0 si **a** est égal à 0 et 1 si **a** est égal à 1. Avec le **if** placé après la boucle **while** interne, on tient compte du fait que le résultat d'une puissance d'un nombre quelconque vaut 1 lorsque l'exposant vaut 0.

Bien évidemment, on pourrait remplacer l'itération précédente par une formule ou une fonction mathématique : avec

```
pow(a,n);
```

on peut calculer la valeur de a^n où pow est la fonction C adéquate, **a** représentant la base et **n** l'exposant. Les variables **a** et **n** doivent être définies avec le type **double** pour la fonction pow. Qui plus est, pow exige l'incorporation du fichier *<math.h>*.

Renvoi

Pour plus de détails sur les fonctions du C, reportez-vous au chapitre ***Fonctions***.

▼ Listing 4.27 : ipower.c

```
/* ipower calcule itérativement la puissance d'un nombre entier avec un
   exposant positif et entier. */

#include <stdio.h> /* pour printf, scanf */
#include <conio.h> /* pour getche */

main()
{
  int a; /* Base */
  int n;  /* Exposant */
  long p = 1; /* variable résultat : Base puissance exposant,
                 initialisée */
  char reply = 'o'; /* variable de contrôle de la boucle externe,
                       initialisée */
  int i = 1; /* variable de contrôle de la boucle interne, initialisée */

  while (reply == 'o')  /* boucle externe */
        {
          printf("Entrez une base entière : ");
          scanf("%d", &a);
          printf("\nEntrer un exposant entier positif : ");
          scanf("%d", &n);

          while (i <= n)  /* boucle interne; nombre de passages */
            { /* donné par la valeur de l'exposant */
              if (a == 0 || a == 1)  /* si  base 0 ou 1 */
                break;  /* itération inutile */

              p = p * a;  /* autrement on élève à la puissance */
              i++; /* variable de contrôle réinitialisée */
            } /* fin du while interne */

          if (n == 0)  /* si exposant 0 */
            printf("\n%d puissance %d vaut 1 \n", a, n);
          else
            printf("\n%d puissance %d vaut %ld \n", a, n, a ? p : 0);

          printf("\nAutre calcul ? (o/n) ");
          reply = getche();
        } /* fin du while externe */
} /* fin du main */
```

Observons l'opérateur conditionnel dans l'instruction :

```
printf("\n%d puissance %d vaut %ld\n", a, n, a ? p : 0);
```

Il fait en sorte que soit affichée :

- pour une base a différente de 0, la variable résultat p ;
- pour une base a égale à 0, la valeur 0.

Comme pour cet exemple avec deux boucles imbriquées, dans une boucle qui contiendrait une structure `switch` l'instruction `break` ne mettrait fin qu'à la plus "intérieure" des deux structures, c'est à dire à `switch`.

Instruction continue

Alors que l'instruction `break` stoppe complètement une boucle simple (ou une structure `switch`), l'instruction `continue` permet de sauter un seul passage dans la boucle. L'exécution reprend alors au prochain passage dans la boucle, c'est à dire que l'instruction `continue` provoque un "saut" au début du prochain passage dans la boucle et là le programme reprend son cours. Pour les boucles `while` et `do while`, cela signifie que la première action effectuée après l'instruction `continue` est la revérification de la condition de bouclage. Pour une boucle `for`, on commence par réaliser les instructions de réinitialisation avant de contrôler la condition pour le prochain passage dans la boucle.

L'instruction `continue` n'est possible qu'au sein d'une structure `for`, `while` ou `do while`, donc à l'intérieur d'une boucle. Voici sa syntaxe.

```
continue;
```

Le programme suivant *recip5.c* est une variante du programme de calcul de l'inverse. Alors que dans *recip4.c* l'instruction `break` interrompait toute la boucle en cas d'erreur de saisie, puis mettait fin au programme, l'instruction `continue`, placée au même endroit dans *recip5.c*, n'interrompt que le passage actuel dans la boucle. Au prochain passage, l'utilisateur retrouve l'occasion d'entrer une nouvelle valeur.

▼ Listing 4.28 : recip5.c

```
/* recip5 calcule par une boucle while l'inverse d'un nombre quelconque.
   Le passage actuel dans la boucle est interrompu par une
   instruction continue
   si on entre la valeur 0. Ensuite, on peut saisir une nouvelle
   valeur. */

#include <stdio.h> /* pour printf, scanf */
#include <conio.h> /* pour getche */

main()
{
  float x;  /* valeur saisie */
  char reply = 'o';  /* variable de boucle initialisée */

  while (reply == 'o')
    {
      printf("Calcul de l'inverse des nombres non nuls.\n");
      printf("Votre nombre : ");
      scanf("%f", &x);
      if (!x)     /* si x vaut 0  */
         continue;  /* stoppe le passage en cours pour empêcher
```

```
                        une division par 0 */
        printf("\nL'inverse du nombre saisi est %f\n", 1/x);
        printf("Autre calcul ? (o/n) ");
        reply = getche(); /* variable de contrôle réinitialisée */
      } /* fin du while */
   } /* fin du main */
```

À l'instar de l'instruction **break**, une instruction **continue** placée dans une imbrication de boucles opère uniquement sur la boucle la plus interne qui la contient. En d'autres termes, on n'interrompra que le passage en cours de la boucle dans laquelle se trouve l'instruction **continue**. Comme l'instruction **break**, l'instruction **continue** peut souvent être évitée. Après la définition :

```
int x = 1;
```

la boucle :

```
while (x < 20)
    {
     printf("%d ", x);
     x += 2;
    }
```

permet d'afficher les nombres impairs entre 1 et 20, sans qu'on s'encombre de l'instruction **continue** comme c'est le cas avec la construction suivante qui fait le même travail.

```
    int x = 0;
        .
        .
        .
    while (x++ < 20)
        {
           if (x % 2 == 0)
              continue;
           printf("%d ", x);
}
```

Ce qu'il faut d'ailleurs mentionner dans la boucle précédente, c'est que l'incrémentation de la variable **x** doit se faire avant la vérification de sa parité ou de son imparité (soit comme ici dans l'en-tête de la boucle, ou bien dans la boucle avant l'instruction **if**). Si tel n'était pas le cas, si par exemple l'instruction d'incrémentation se trouvait dans ou après l'instruction **printf**, l'instruction **continue** ferait que **x** ne serait plus modifié après avoir pris sa première valeur paire car le passage dans la boucle serait systématiquement interrompu.

Instruction goto

L'instruction **goto** provoque un saut à un endroit du programme repéré par une étiquette (label). Le programme continue alors à l'instruction qui se trouve à cet endroit-là. Voici la syntaxe de l'instruction **goto**.

```
goto <étiquette>;
```

<étiquette> peut être n'importe quel libellé admis par le langage. L'instruction identifiée par **<étiquette>** doit avoir la forme syntaxique suivante.

```
<étiquette>:     <instruction>;
```

Contrairement à son emploi dans l'instruction **goto**, ici le libellé **<étiquette>** est suivi de **:**. La commande de branchement **goto** et l'instruction repérée par **<étiquette>** doivent se trouver dans la même fonction. Un saut d'une fonction à une autre n'est donc pas permis.

L'instruction **goto** n'a pas particulièrement bonne réputation, car son emploi abusif amène facilement à des programmes structurés de manière illisible. En fait, on pourrait en principe y renoncer car toute portion de programme peut aussi s'écrire sans **goto**. Après la définition :

```
int x = 1, s = 0;
```

la boucle :

```
loop: s = s + x;
      x++;
      if (x <= 100)
          goto loop;
```

calcule la somme des cent premiers entiers naturels. À vrai dire, l'écriture suivante est plus élégante :

```
for (x = 1; x <= 100; x++)
    s = s + x;
```

Dans cet exemple simple, **goto** ne nuit pas à la lisibilité du code. Mais il peut en aller autrement dès que le programme renferme plusieurs sauts (vers le haut ou vers le bas). Suivre le déroulement du programme (au sens de la programmation structurée) devient alors de plus en plus difficile. L'exemple courant d'utilisation, dans lequel l'instruction **goto** conserve un intérêt certain, est l'interruption d'une imbrication de boucles à plusieurs niveaux. Il faut ici stopper immédiatement non seulement une boucle, mais toutes les boucles concernées. Cela ne serait pas possible avec l'instruction **break**, par exemple, car elle ne permet de quitter qu'une seule boucle.

```
    int x, y, z;
    int error = 0;   /* 0 pour "aucune erreur" */
    .
    .
    while (x < 100)
```

```
      while (y < x)
         while (z < y)
          {
            .
            .
            if (error == 1)  /* si erreur, */
            goto errorhandler;  /* quitter les 3 boucles */
            .
            .
          }
     .
     .
     errorhandler:     printf("Erreur dans la boucle .\n");
  /* suite du programme après la boucle à l'étiquette "errorhandler" */
```

Chapitre 5

Types de données complexes

Au chapitre précédent, nous avons déjà observé l'utilité qu'il y aurait à pouvoir ranger des valeurs logiquement rattachées, non pas dans des variables distinctes, mais dans une variable commune. Supposons, à titre d'exemple, qu'on veuille mémoriser les températures journalières d'une année complète. Une structure de données tabulaire hébergeant ces valeurs présenterait quelques avantages par rapport à la création d'une multitude de variables différentes (une par jour) : le programmeur aurait moins de code à rédiger, l'ordinateur gérerait plus facilement les données (une variable au lieu de 365) et, comme nous le découvrirons bientôt, au lieu d'exécuter des opérations d'entrées-sorties laborieuses avec des variables distinctes, nous pourrions accélérer et simplifier la lecture et l'affichage de toutes les valeurs, à l'aide de boucles. Les variables qui peuvent stocker non pas une mais plusieurs valeurs sont de types complexes (composés). Complexes parce qu'on peut imaginer une telle variable comme constituée d'une série de variables élémentaires. Le langage C dispose de deux types de données complexes : les tableaux et les structures. La différence entre les deux provient de la nature des éléments susceptibles d'y être rangés : un tableau ne contient que des données de type identique, alors qu'une structure peut être composée à partir d'éléments dissemblables.

5.1 Tableaux

Un tableau est une variable qui se compose d'un certain nombre de données élémentaires de même type, rangées en mémoire les unes à la suite des autres. Chaque donnée élémentaire représente elle-même une variable. Le type des éléments du tableau peut être n'importe lequel du langage C :

- types élémentaires : char, short, int, long, float, double ;
- pointeur (type utilisé pour la mémorisation des adresses de données ; ce type est détaillé au chapitre intitulé *Pointeurs*) ;
- tableau ;
- structure.

Le tableau est unidimensionnel lorsque ses éléments ne sont pas eux-mêmes des tableaux. Mais un élément de tableau peut à son tour être un tableau, donc un objet de type complexe. On peut ainsi arriver à des tableaux imbriqués, également appelés multidimensionnels. Le terme "tableau" admet comme synonymes les mots "vecteur" (tableaux unidimensionnels uniquement), "table" ou "matrice".

Tableaux à une dimension

Dans ce qui suit, nous montrerons comment manipuler des tableaux unidimensionnels, depuis leur définition, jusqu'à l'accès aux différents éléments qui les composent, en passant par leur rangement en mémoire et leur indexation.

Définition

Un tableau unidimensionnel est composé d'éléments qui ne sont pas eux-mêmes des tableaux. On pourrait le considérer comme ayant un nombre arbitraire de colonnes, mais une seule ligne. Un tableau peut être constitué d'éléments de type `int`, par exemple, comme le montre l'image suivante :

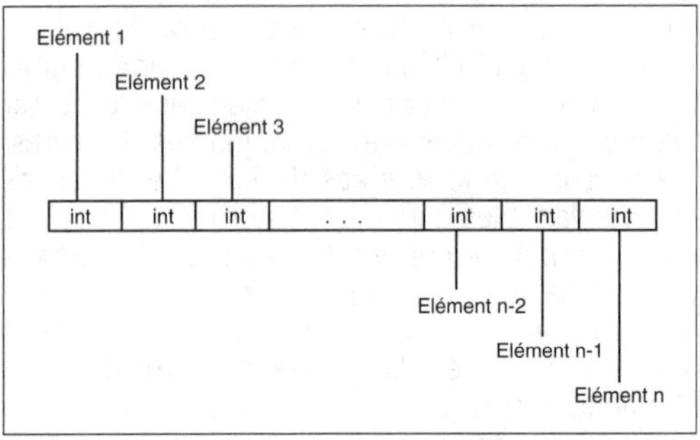

◄ Fig. 5.1 : *Tableau d'éléments de type int*

Ce tableau permet de ranger en mémoire N données de type `int`. Le type de ses éléments, leur nombre ainsi que le nom sous lequel le programme pourra y accéder, sont des données précisées lors de sa définition. La définition d'un tableau unidimensionnel (plus précisément : d'une variable de type tableau) admet la syntaxe suivante :

```
<Type> <Nom du tableau> [Nombre d'éléments];
```

`<Type>` spécifie le type des éléments dont doit se composer le tableau. Il peut s'agir (outre le type complexe tableau lui-même) de n'importe quel type du langage C. Le nom du tableau obéit aux règles régissant les noms de variables. `<Nombre d'éléments>` est une valeur constante entière, qui détermine le nombre d'éléments du tableau. Les crochets autour de cette valeur ne signifient pas ici que l'indication est optionnelle : ils font partie de la syntaxe de la définition. Le fait que le nombre d'éléments soit spécifié à la définition a pour conséquence que celui-ci ne pourra plus être modifié dans le programme. Nous avons ici à faire à une donnée statique, dont la taille n'est pas variable. Nous verrons cependant que les techniques d'allocation dynamique de mémoire permettent de faire varier la taille des tableaux (voir chapitre *Pointeurs*).

Avec :

```
int i [4];
```

par exemple, nous définissons un tableau de nom `i`, pouvant stocker quatre données de type `int`. Il faut ici faire une distinction entre le type des éléments du tableau et le type de la variable tableau `i` : les éléments du tableau ont le type `int` alors que la variable tableau `i` est de type `int [4]`, c'est-à-dire que `i`, dans notre exemple, est de type "tableau de quatre entiers". Contrairement aux types élémentaires, par exemple, il n'existe aucun mot clé désignant le type complexe "tableau", et devant être placé quelque part dans la définition du tableau. Le type d'une variable tableau s'obtient dans sa définition :

```
<Type> <Nom du tableau> [Nombre d'éléments];
```

en prenant les spécifications figurant avant et après le nom du tableau. Quelle place ce tableau occupe-t-il en mémoire ? Partant d'une taille de 2 octets pour le type `int`, nous arrivons à une occupation mémoire de 4 * 2 = 8 octets :

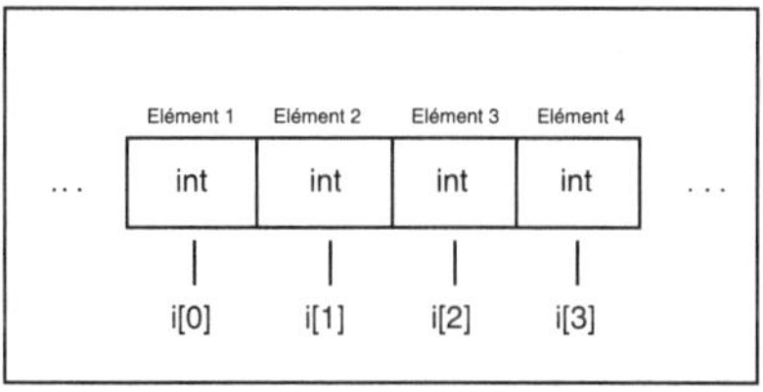

◄ Fig. 5.2 : *Occupation mémoire du tableau i à quatre éléments*

Les adresses mémoire de cet exemple sont prises au hasard. L'adresse réelle du tableau est décidée par le compilateur, et non par le programmeur (cette adresse peut néanmoins être connue, comme nous le verrons plus loin). Lorsqu'il rencontre la définition :

```
int i [4];
```

le compilateur réserve, à un emplacement mémoire adéquat, huit octets pour la variable tableau `i`. Si vous définissez d'une manière semblable :

```
long l [4];
```

un tableau comportant quatre éléments de type `long` (4 octets), alors l'espace mémoire requis est : 4 * 4 = 16 octets

Calcul de la taille du tableau

Généralement, l'occupation mémoire d'un tableau est obtenue en octets si on multiplie la taille du type des éléments par leur nombre. Vous pouvez vous faire confirmer cela par le compilateur, via l'opérateur `sizeof`. Supposons définies les variables :

```
double d [10]; /* Tableau avec 10 Eléments de type double */
float f [10]; /* Tableau avec 10 Eléments de type float */
long l [10]; /* Tableau avec 10 Eléments de type long */
int i [10]; /* Tableau avec 10 Eléments de type int */
short s [10]; /* Tableau avec 10 Eléments de type short */
char c [10]; /* Tableau avec 10 Eléments de type char */
```

Vous pouvez alors escompter, pour les différents tableaux, l'occupation mémoire :

```
8 * 10 = 80  (double)
4 * 10 = 40  (float)
4 * 10 = 40  (long)
2 * 10 = 20  (int)
2 * 10 = 20  (short)
1 * 10 = 10  (char)
```

Le programme *showsize.c* détermine l'occupation mémoire, grâce à l'opérateur `sizeof`.

▼ Listing 5.1 : showsize.c

```
/***    showsize calcule la dimension (l'occupation mémoire) ***/
/***    de différents tableaux ***/

#include <stdio.h> /* pour printf */

main()
{
    double d [10];
    float f [10];
    long l [10];
    int i [10];
    short s [10];
    char c [10];


    printf("%d %d %d %d %d %d\n",
        sizeof(d), sizeof(f), sizeof(l), sizeof(i), sizeof(s),
        ➥ sizeof(c));
    printf("%d %d %d %d %d %d\n",
        sizeof(double[10]), sizeof(float[10]), sizeof(long[10]),
        sizeof(int[10]), sizeof(short[10]), sizeof(char[10]));
}
```

showsize.c utilise le fait que l'opérateur `sizeof` accepte comme opérandes aussi bien des noms de variables que des libellés de types, et affiche les dimensions des tableaux (les occupations mémoire requises) de deux façons : une fois via le nom de la variable concernée, une autre via son type. Vous obtenez comme résultat (à supposer que le type `int` ait une dimension de 2 octets) :

```
80 40 40 20 20 10
80 40 40 20 20 10
```

Opérations

Comment peut-on exploiter les divers éléments d'un tableau en tant que variables ? Comment y lit-on des valeurs et comment les affiche-t-on ? Comment s'en sert-on dans des calculs ? En d'autres termes : comment accède-t-on à un élément quelconque du tableau ?

Indexation

L'accès à une variable s'effectue par son nom. Un tableau est composé de plusieurs variables individuelles de même type (éléments), qu'il faut distinguer nommément si on veut pouvoir y accéder individuellement, pour quelque manipulation que ce soit. Un moyen simple pour cela consiste à numéroter les éléments d'un tableau : on identifie chaque élément du tableau par un nombre spécifique, nommé indice ou index ; l'index d'un élément est différent de ceux de tous les autres. Combiné avec le nom de la variable tableau, cet index fournit une désignation non ambiguë de chaque élément du tableau. Ce faisant, les valeurs que peut prendre l'index doivent être des entiers positifs (0 inclus). L'indexation commence toujours à 0 (et non pas à 1), ce qui signifie que le premier élément d'un tableau est d'indice 0, le second d'indice 1, le troisième d'indice 2, etc. Le nom sous lequel on peut ainsi décrire un élément quelconque du tableau doit obéir à la syntaxe suivante :

```
<Nom du tableau> [<index>]
```

où `<Nom du tableau>` représente le nom du tableau et `<index>` une expression entière positive ou nulle. Les crochets font également partie de la syntaxe et encadrent l'index. Un tableau `i` défini par :

```
int i [4];
```

contient donc quatre éléments :

```
i[0]  i[1]  i[2]  i[3]
```

Chacun de ces éléments est une variable de type `int`. Le nième élément, du fait que l'indexation commence à 0, possède l'indice (n-1) :

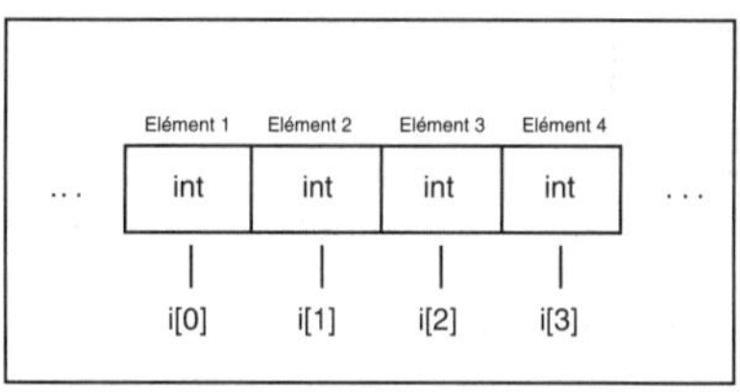

Fig. 5.3 :
Tableau i avec éléments indicés

Peu importe la forme sous laquelle on exprime la valeur de l'indice pour désigner un élément. L'important est qu'elle représente un entier supérieur ou égal à 0. Ainsi :

```
i[2]
i[1+1]
i[3-1]
```

désignent toutes le troisième élément du tableau `i`. De même, le nom d'une variable entière peut servir d'index. Une fois défini :

```
int k = 2;
```

les noms des éléments :

```
i[k-1]  i[k]  i[k+1]
```

équivalent successivement à :

```
i[1]  i[2]  i[3]
```

et désignent respectivement le second, le troisième et le quatrième élément du tableau i :

Accès au contenu des éléments du tableau

Jusqu'à présent, nous avons étudié le type de données que peut contenir un tableau et le nom sous lequel y accéder. Ce qui nous intéresse maintenant, c'est le contenu concret de ces données, et comment les manipuler. Les éléments de tableau sont des variables. Avec elles, on peut effectuer les mêmes opérations qu'avec les variables élémentaires du type concerné. Supposons que vous vouliez affecter la valeur 7 au troisième élément du tableau i. Cela peut se faire via l'instruction :

```
i[2] = 7;
```

De manière analogue, par :

```
i[0] = i[2] - 4;
```

le premier élément recevrait la valeur 3. Le résultat de ces deux opérations est que le tableau i présente désormais l'aspect suivant en mémoire :

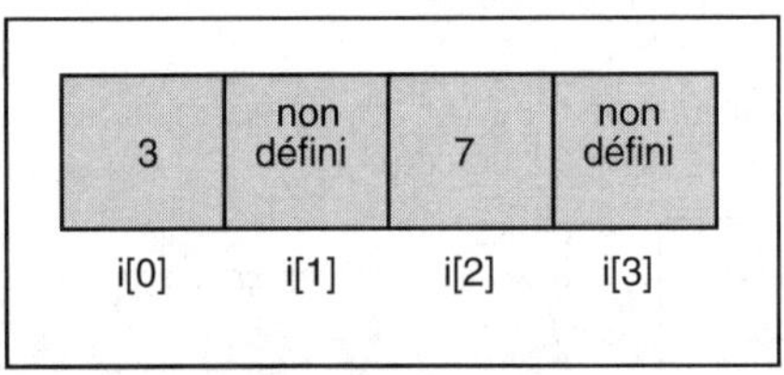

Fig. 5.4 : *Tableau i après affectation de valeurs aux premier et troisième éléments*

Notez bien que les éléments 2 et 4 du tableau ne possèdent aucune valeur définie ; en effet, on ne leur a pas encore affecté de valeurs concrètes. Cela vaut également pour les variables que nous avons utilisées jusqu'ici. Au chapitre *Classes de mémorisation*, vous découvrirez des variables qui sont automatiquement initialisées par le compilateur, lors de leur définition. Comme les valeurs de ces deux éléments de tableau sont totalement indéterminées (en fait, leur contenu est ce qui se trouvait, au moment de la définition du tableau, dans les troisième, quatrième, septième et huitième de ces huit octets que le compilateur a alloués au tableau), on ne peut, par exemple, rien prédire quant à la valeur qui serait affichée par l'instruction :

```
printf("%d", i[1]);
```

pour le second élément i[1]. C'est pour la même raison que l'on doit s'attendre à des résultats erronés dans le programme suivant, qui compte les fréquences des voyelles dans une saisie :

▼ Listing 5.2 : vowerror.c

```
/***  vowerror montre des erreurs d'affichage dues à des valeurs
      indéfinies dans des tableaux. Le caractère de fin de saisie
      EOF est produit par une combinaison de touches : VOWERROR
      indique à l'utilisateur de taper <CTRL>+<Z>, valable sous le
      système d'exploitation DOS. Pour d'autres systèmes, modifiez
      de manière conforme le message relatif à <CTRL>+<Z> ***/


#include <stdio.h> /* pour printf, getchar, EOF */

main()
{
     int c;
     int v [5]; /* pour les fréquences des voyelles a à u */

     printf("Le programme compte les voyelles dans ce que vous
     ➥ avez saisi.\n");
     printf("Entrez un texte. Fin par <CTRL>+<Z>:\n");

     while ((c = getchar()) != EOF)
        switch (c)
           {
            case 'A':
            case 'a':  v[0]++;  break;
            case 'E':
            case 'e':  v[1]++;  break;
            case 'I':
            case 'i':  v[2]++;  break;
            case 'O':
            case 'o':  v[3]++;  break;
            case 'U':
            case 'u':  v[4]++;
           }

     printf("\nFréquences de voyelles :\n\n");
     printf("a\te\ti\to\tu\n\n");
     printf("%d\t%d\t%d\t%d\t%d", v[0], v[1], v[2], v[3], v[4]);
} /* fin main */
```

La valeur des éléments du tableau v, lors de sa première utilisation dans le programme (structure switch), n'est pas encore définie, car aucune affectation préalable n'est intervenue. Leurs valeurs initiales sont donc purement aléatoires. Il s'agit en fait des valeurs qui se trouvaient dans les (dix) positions mémoire que le compilateur a allouées au tableau lors de sa définition. Un comptage correct nécessiterait cependant une initialisation à 0 des éléments du tableau. Dans le cas précédent, le caractère aléatoire des valeurs fait que les chances sont quasi nulles d'avoir un résultat cohérent. Nous pouvons donc être à peu près certains que le résultat des opérations de comptage et l'affichage des fréquences seront erronés. Une exécution du programme nous en convaincra facilement. Pour résoudre le problème, on affecte des valeurs initiales aux éléments du tableau avant la première opération où leurs valeurs jouent un rôle. En d'autres termes, il faut initialiser le tableau. Il y a façons de procéder.

Initialisation

Une des deux méthodes pour initialiser un tableau consiste, après définition du tableau, à doter ses éléments des valeurs initiales souhaitées, cela au moyen d'opérations d'affectation appropriées. Ici, une technique élémentaire utiliserait l'affectation multiple :

```
v[0] = v[1] = v[2] = v[3] = v[4] = 0;
```

après laquelle tous les éléments du tableau possèdent la valeur 0.

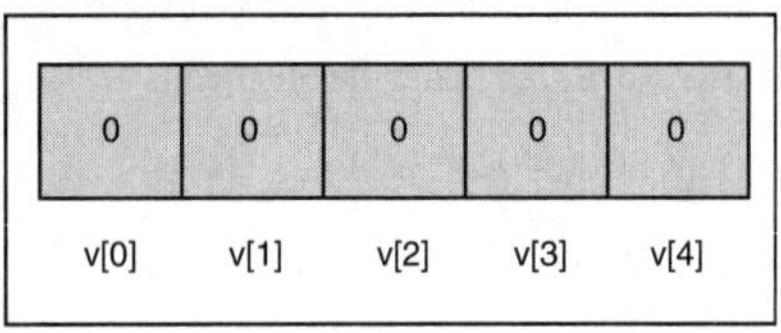

◄ Fig. 5.5 : *Initialisation d'un tableau d'int*

Cette méthode d'affectation devient cependant de plus en plus laborieuse, et d'autant plus coûteuse que le nombre d'éléments du tableau croît (imaginez une telle procédure pour un tableau de 1000 éléments !). De plus, elle n'apporte pas d'innovation essentielle comparée à l'emploi de variables individuelles. Mais rappelons-nous que, dans un tableau, ce n'est pas le nom du tableau qui varie d'un élément à un autre mais seulement l'index. Il est facile de voir alors l'avantage que présentent les éléments du tableau par rapport aux variables individuelles lors des affectations ou des entrées-sorties : à l'aide d'une boucle et d'une variable de contrôle entière adéquate, on peut faire prendre à l'index toutes les valeurs souhaitées et ainsi accéder rapidement et aisément à tous les éléments du tableau. Une fois défini :

```
int k; /* Variable de contrôle */
```

la boucle :

```
for (k = 0; k < 5; k++)
    v[k] = 0;
```

fait que, l'un après l'autre, les éléments v[0], v[1], v[2], v[3] et v[4] reçoivent la valeur 0. Vous pouvez ainsi rédiger une version correcte du programme *vowerror.c* en définissant une variable supplémentaire k et en introduisant une boucle d'initialisation pour le tableau. Nous appellerons cette nouvelle version *vowels1.c*.

▼ Listing 5.3 : vowels1.c

```
/***    vowels1 affiche les fréquences des voyelles dans une saisie.
        Les fréquences sont rangées dans un tableau  qui est
        initialisé par une boucle. Le caractère de fin de saisie EOF
        est produit par une combinaison de touches : VOWELS1
        indique à l'utilisateur de taper <CTRL>+<Z>, valable sous
        le système d'exploitation DOS.Pour d'autres systèmes,
        modifiez de manière conforme le message relatif
        à <CTRL>+<Z>.                                            ***/

#include <stdio.h> /* pour printf, getchar, EOF */

main()
{
     int c;
     int v [5]; /* pour les fréquences des voyelles a à u */
     int k; /* variable de contrôle */

     for (k = 0; k < 5; k++) /* initialisation des éléments du tableau */
       v[k] = 0;

     printf("Le programme compte les voyelles dans ce que vous
             ➥avez saisi.\n");
     printf("Entrez un texte. Fin par <CTRL>+<Z>:\n");

     while ((c = getchar()) != EOF)
        switch (c)
            {
               case 'A':
               case 'a':  v[0]++;  break;
               case 'E':
               case 'e':  v[1]++;  break;
               case 'I':
               case 'i':  v[2]++;  break;
               case 'O':
               case 'o':  v[3]++;  break;
               case 'U':
               case 'u':  v[4]++;
            }
     printf("\nFréquences de voyelles :\n");
     printf("a\te\ti\to\tu\n");
     printf("%d\t%d\t%d\t%d\t%d\n", v[0], v[1], v[2], v[3], v[4]);
} /* fin main */
```

Initialisation à la définition

L'autre méthode d'initialisation des tableaux correspond à celle que vous connaissez déjà, pour les variables de type élémentaire. Ici, on affecte des valeurs initiales aux éléments du tableau dès sa définition. Les diverses valeurs initiales sont séparées par des virgules, et placées entre accolades. D'où la syntaxe suivante :

```
<Type> <Nom du tableau> [<Nombre d'éléments>] = {k1, k2, k3, ... ,
```

```
➥ kn-1, kn};
```

Les valeurs `k1` à `kn` doivent être des constantes. Autrement, le compilateur affichera un message d'erreur. C'est le cas également lorsque le nombre de valeurs initiales dépasse le nombre d'éléments, c'est-à-dire s'il est supérieur à `<Nombre d'éléments>`. Si le nombre des valeurs initiales est inférieur au nombre d'éléments du tableau, les éléments complémentaires sont remplis avec des 0. Signalons qu'on peut renoncer à la spécification du nombre des éléments d'un tableau initialisé. En effet, dans ce cas, il aura autant d'éléments qu'il y a de valeurs initiales déclarées.

Les valeurs initiales sont affectées aux éléments du tableau depuis la gauche vers la droite : le premier élément reçoit la première valeur, le second reçoit la seconde valeur, etc. Supposons que vous ayez un tableau à dix éléments de type `short`, que vous voulez initialiser avec les nombres 0 à 9. Après sa définition :

```
short figures [10] = {0, 1, 2, 3, 4, 5, 6, 7, 8, 9};
```

le tableau a l'aspect suivant en mémoire :

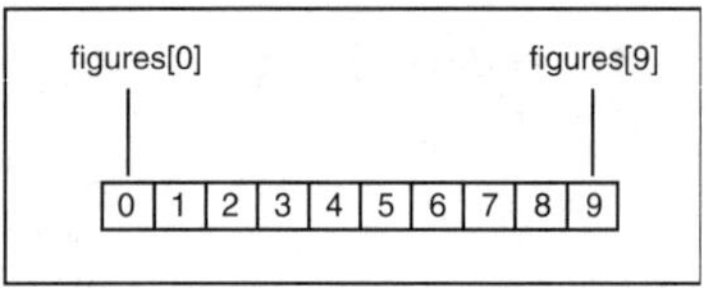

Fig. 5.6 : *Tableau short, après initialisation avec les valeurs 0 à 9*

Vous obtiendriez le même résultat par l'initialisation :

```
short figures [] = {0, 1, 2, 3, 4, 5, 6, 7, 8, 9};
```

dans laquelle vous ne précisez pas le nombre d'éléments. Pour le tableau, le compilateur créera et initialisera dix éléments, ce nombre correspondant à celui des valeurs initiales. Il y a cependant un petit inconvénient à prendre en considération : on ne sait pas immédiatement combien d'éléments il y a dans le tableau. Vous verrez une possibilité d'application à la rubrique *Strings* de ce chapitre.

Si, lors de l'initialisation du tableau, vous diminuez le nombre des valeurs initiales, si vous indiquez non plus dix valeurs, mais seulement cinq :

```
short figures [10] = {0, 1, 2, 3, 4};
```

alors le tableau aura le contenu suivant :

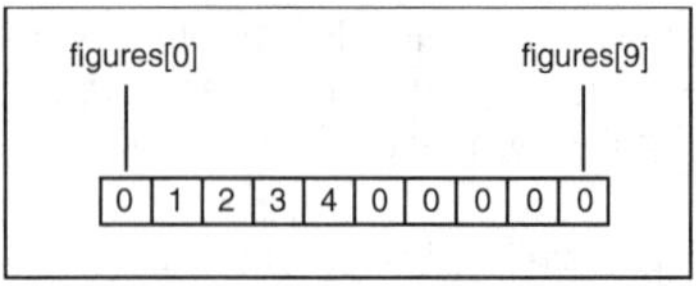

Fig. 5.7 : *Tableau figures, avec dix éléments après initialisation par les valeurs 0 à 4*

En raison d'une initialisation implicite, les cinq derniers éléments du tableau reçoivent la valeur 0. Lorsqu'il faut initialiser à 0 tous les éléments d'un tableau, on peut utiliser cet caractéristique. Pour le tableau **v** du programme *vowels1.c*, par exemple, vous avez besoin de la valeur initiale 0 pour chaque élément. Outre la méthode présentée dans *vowels1.c*, vous pouvez naturellement passer aussi par :

```
int v [5] = {0, 0, 0, 0, 0};
```

Mais il y a bien plus court avec :

```
int v [5] = {0};
```

Une fois le premier élément initialisé à 0, tous les autres éléments du tableau reçoivent également la valeur 0, en raison de l'absence des autres valeurs initiales. Nous appliquerons cela pour une variante de notre programme de comptage :

▼ Listing 5.4 : vowels2.c

```
/*** vowels2 affiche les fréquences des voyelles dans une saisie.
     Les fréquences sont rangées dans un tableau  qui est initialisé
     à sa définition. Le caractère de fin de saisie EOF est produit
     par une combinaison de touches : VOWELS2 indique à l'utilisateur
     de taper <CTRL>+<Z>, valable sous le système d'exploitation
     DOS. Pour d'autres systèmes, modifiez de manière conforme le
     message relatif à <CTRL>+<Z> ***/


#include <stdio.h> /* pour printf, getchar, EOF */

main()
{
    int c;
    int v [5] = {0}; /* pour les fréquences des voyelles a à u tous */
                     /* les éléments du tableau sont initialisés à 0 */

    printf("Le programme compte les voyelles dans ce que vous
        ➥avez saisi.\n");
    printf("Entrez un texte. Fin par <CTRL>+<Z>:\n");

    while ((c = getchar()) != EOF)
        switch (c)
            {
              case 'A':
              case 'a':  v[0]++;  break;
              case 'E':
              case 'e':  v[1]++;  break;
              case 'I':
              case 'i':  v[2]++;  break;
              case 'O':
              case 'o':  v[3]++;  break;
              case 'U':
              case 'u':  v[4]++;
```

```
        }
    printf("\nFréquences des voyelles :\n");
    printf("a\te\ti\to\tu\n");
    printf("%d\t%d\t%d\t%d\t%d\n", v[0], v[1], v[2], v[3], v[4]);
} /* fin main */
```

Problèmes de portabilité

Concernant la portabilité des programmes dans lesquels on initialise les tableaux dès leur définition, il faut faire attention au point suivant : certains compilateurs un peu anciens n'autorisent pas toujours cette technique d'initialisation d'un tableau ; elle n'est alors valide que lorsque le tableau est géré en mémoire d'une certaine façon (ou dans un certain domaine). Il faut savoir qu'en C, les variables ne sont pas classées uniquement selon leur type : chaque variable est également affectée à une certaine classe de mémorisation, qui détermine où et quand elle est générée en mémoire. C'est de la classe de mémorisation que dépend, en outre, la disponibilité de la variable, soit dans tout le programme, soit dans certaines parties (en d'autre termes, l'existence de la variable pendant toute la durée du programme ou à certains moments seulement). Les classes de mémorisation sont détaillées au chapitre *Classes de mémorisation*.

Toutes les variables que nous avons utilisées jusqu'à présent appartiennent à la classe de mémorisation `auto` (pour "automatic"). Les variables de cette classe sont facilement repérables dans un texte source ; elles répondent aux caractéristiques suivantes : elles sont toujours définies à l'intérieur d'une fonction (`main` par exemple) et leur définition ne contient pas d'ordinaire de spécification explicite de classe, alors que celle-ci doit être explicitement précisée pour les variables d'autres classes, définies dans les fonctions. Si la définition d'une variable dans une fonction n'est pas accompagnée d'une spécification de classe, le compilateur adopte la classe `auto`. Naturellement on peut également ajouter l'indication de classe auto. Ainsi les définitions :

```
int i;
```

et :

```
auto int i;
```

sont équivalentes.

D'anciens compilateurs n'autorisent pas l'initialisation des tableaux de classe `auto` à leur définition ; en revanche, ils admettent (à une autre exception près) l'initialisation des tableaux d'autres classes (cf. Chapitre *Classes de mémorisation*).

Opérations d'entrées-sorties avec les éléments des tableaux

Bien que les programmes *vowels1.c* et *vowels2.c* fonctionnent, on peut regretter la manière dont les fréquences mémorisées sont affichées. Il est facile d'imaginer que cette forme d'affichage pour des tableaux ayant un grand nombre d'éléments est extrêmement pénible. Nous remplacerons donc également, comme dans le cas de l'initialisation du tableau dans *vowels1.c*, l'instruction d'affichage :

```
printf("%d\t%d\t%d\t%d\t%d\n", v[0], v[1], v[2], v[3], v[4]);
```

par une boucle ad hoc :

```
for (k = 0; k < 5; k++)
    printf("%d\t", v[k]);
printf("\n");
```

Elle nous permet d'afficher également de grands tableaux, après modification conforme de la condition de bouclage. Quand on parle ici d'un "affichage de tableau", il faut bien se mettre dans l'esprit qu'on entend par là le fait d'afficher successivement tous ses éléments (via une boucle par exemple) et non pas le fait d'afficher le tableau "en bloc". A vrai dire, C ne possède pas directement de commandes pour accéder à un tableau globalement. Ainsi, le vocabulaire du langage ne connaît, par exemple, ni commande d'affichage susceptible d'opérer sur tout le tableau, ni opérateur permettant d'affecter un tableau tout entier à un autre tableau. Cependant, il existe quelques commandes de cet ordre, rangées sous forme de fonctions (ou de macros) dans les bibliothèques du système (voir rubrique *Strings*).

▼ Listing 5.5 : vowels3.c

```
/*** vowels3 calcule et affiche les fréquences des voyelles
dans une saisie. Les fréquences sont rangées dans un tableau
qui est initialisé à sa définition. L'affichage des fréquences se
fait également par un boucle. Le caractère de fin de saisie EOF est
produit par une combinaison de touches : VOWELS3 indique à
l'utilisateur de taper <CTRL>+<Z>, valable sous le système
d'exploitation DOS. Pour d'autres systèmes, modifiez de manière
conforme le message relatif à <CTRL>+<Z> ***/

#include <stdio.h> /* pour printf, getchar, EOF */

main()
{
    int c;
    int v [5]; /* pour les fréquences des voyelles a à u */
    int k; /* variable de contrôle */

    for (k = 0; k < 5; k++) /* initialise à 0 les éléments du tableau */
          v[k] = 0;

    printf("Le programme compte les voyelles dans ce que vous avez saisi.\n");
    printf("Entrez un texte. Fin par <CTRL>+<Z>:\n");
    while ((c = getchar()) != EOF)
           switch (c)
              {
                 case 'A':
                 case 'a':  v[0]++;  break;
```

```
                case 'E':
                case 'e':  v[1]++;  break;
                case 'I':
                case 'i':  v[2]++;  break;
                case 'O':
                case 'o':  v[3]++;  break;
                case 'U':
                case 'u':  v[4]++;
            }
    printf("\nFréquences des voyelles :\n");
    printf("a\te\ti\to\tu\n");
    for (k = 0; k < 5; k++) /* affichage des éléments du tableau */
      printf("%d\t", v[k]); /* via une boucle */
    printf("\n"); /* saut de ligne */
} /* fin main */
```

Boucles de saisie

Les structures répétitives que nous avons employée pour l'initialisation et pour l'affichage des éléments du tableau s'appliquent bien sûr également à la saisie des valeurs que l'utilisateur désire ranger dans un tableau. Le programme suivant *sample.c* simule la saisie d'un tableau de valeurs statistiques sur la circulation routière. Il faut saisir le nombre de véhicules qui sont passés, chaque jour de la semaine, dans une portion de rue à sélectionner.

▼ Listing 5.6 : samples.c

```
/*** sample lit, via une boucle, quelques valeurs statistiques (fréquences
/*** de véhicules par jour) qui sont rangées dans un tableau. Les valeurs
/*** sont saisies au clavier, totalisées et réaffichées pour
     contrôle (avec leur total). ***/

#include <stdio.h> /* pour printf, scanf */

main()
{
     long vehicles [8]; /* nombre de véhicules pour chacun des sept */
                        /* jours. 8 éléments et non 7 : Pour les jours */
                        /* 1 à 7 on utilise les éléments vehicles[1] à */
                       /*  vehicles[7]. vehicles[0] reste libre. */
     long s = 0; /* total des véhicules comptés */
     short i; /* Variable de contrôle */

     printf("Entrez les nombres de véhicules pour les jours 1 - 7 :\n");

     for (i = 1; i < 8; i++) /* boucle de saisie */
         {
            printf("Jour %hd : ", i);
            scanf("%ld", &vehicles[i]); /* opérateur d'adressage */
            s = s + vehicles[i]; /* totalisation */
         }

     printf("\nOn a saisi les valeurs suivantes :\n");
```

```
        for (i = 1; i < 8; i++)
            printf("Jour %hd\t", i);


        printf("\n");

        for (i = 1; i < 8; i++) /* boucle d'affichage */
            printf("%ld\t", vehicles[i]);

        printf("\nNombre total de véhicules : %ld\n", s);

}
```

Le programme *samples* lit et range dans chaque élément du tableau **vehicles** le nombre de véhicules comptés un certain jour. Le tableau a été créé avec huit éléments (et non sept, ce qui naturellement conviendrait également) afin que le numéro du jour et l'indice de l'élément correspondant concordent. L'élément **vehicles[0]** reste inutilisé. Le tableau n'est pas initialisé, car la valeur d'un de ses éléments n'est exploitée dans le programme (totalisation et affichage) que lorsqu'il a déjà été initialisé par la saisie de l'utilisateur.

Elimination des erreurs

L'indexation des éléments de tableau en C donne lieu à quelques sources d'erreurs. Il faut s'habituer au fait que les indexations commencent toujours à 0 ; mais cela ne donne pas lieu à erreur. Le programmeur doit par ailleurs faire attention à ne pas indiquer d'indice trop élevé lorsqu'il balaie les cellules du tableau. Le plus grand indice applicable est équivalent au nombre des éléments du tableau :

```
Index maximal = nombre d'éléments du tableau - 1
```

Les compilateurs C ne vérifient pas si l'index est valide, donc compris entre les bornes 0 et <Index maximal> (bornes comprises). Si vous employez des indices qui dépassent le maximum autorisé, alors vous adressez des emplacements de mémoire situés hors du tableau, sans que le compilateur ne signale systématiquement cette erreur. De semblables erreurs se produisent lorsqu'on utilise des indices négatifs, chose autorisée dans d'autres langages tels que Pascal ou Fortran. Nous allons donc examiner d'un peu plus près la manière dont le compilateur procède avec les variables de type tableau.

Soient une variable :

```
short i;
```

et un tableau :

```
short s [5];
```

que nous initialisons par :

```
for (i = 0; i < 5; i++)
```

```
    s[i] = i + 100;
```

avec les valeurs 100 à 104. Alors l'instruction :

```
printf("%hd\n", s[2]);
```

accède au troisième élément du tableau et affiche la valeur 102 :

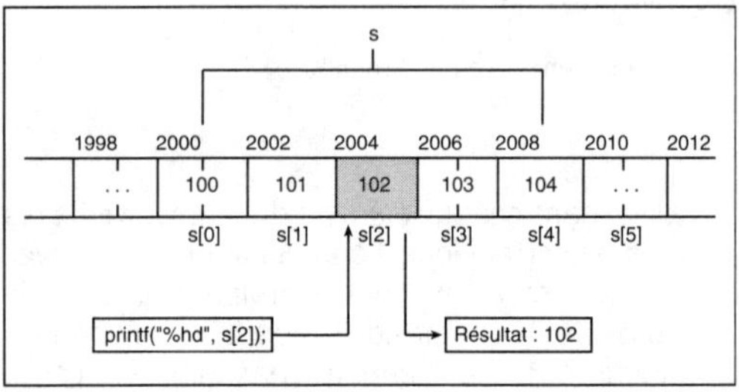

◄ Fig. 5.8 : *Accès à un élément de tableau correctement indicé*

Comment le compilateur parvient-il à déterminer de quel élément du tableau il s'agit avec `s[2]`, et où il se trouve en mémoire ? Comment trouve-t-il n'importe quel élément du tableau ? Lors de la définition d'une variable, le compilateur lui réserve une place correspondant à son type. Par exemple, sur l'image précédente montrant le tableau **s** avec ses cinq éléments de type **short** (2 octets), dix octets consécutifs (adresses 2000 à 2009) ont été alloués comme emplacements mémoire pour ce tableau. L'adresse 2000 est celle du début de la variable **s**, c'est-à-dire l'adresse à partir de laquelle est rangée la variable en mémoire. L'adresse 2000 ici a été choisie arbitrairement, à titre d'exemple. On peut faire afficher l'adresse réelle allouée par le compilateur au tableau, via l'instruction :

```
printf("%d\n", &s[0]);
```

qui fournit l'adresse du premier élément du tableau, laquelle est bien identique à celle du début du tableau (voir également le chapitre *Pointeurs*). Le compilateur exploite l'adresse de début et l'index pour localiser un élément quelconque du tableau. L'index mesure ici fondamentalement la distance (en octets) d'un élément par rapport au début du tableau. Cette distance est également appelée offset.

Ainsi, le premier élément `s[0]` commence à l'adresse 2000 (identique donc au début du tableau) et a de ce fait l'offset 0. Il occupe, du fait de son type **short**, deux octets de mémoire ; il prend donc les emplacements 2000 et 2001. Le second élément `s[1]` commence à l'adresse 2002, de taille correspondant également à deux octets, et possède une distance de 2002 - 2000 = 2 octets par rapport au début du tableau (donc a l'offset 2). Le troisième élément `s[2]` commence à l'adresse 2004 ; sa distance est de 2004 - 2000 = 4 octets par rapport au début du tableau (donc a l'offset 4).

Les deux éléments restants s[3] et s[4] commencent respectivement aux adresses 2006 et 2008 ; leurs offsets sont respectivement 6 et 8. On établit facilement la relation entre l'offset, l'index et la taille du type des éléments du tableau :

Elément	Index	Taille du type des éléments	Offset
1	0	2 Bytes	0 * 2 = **0**
2	1	2 Bytes	1 * 2 = **2**
3	2	2 Bytes	2 * 2 = **4**
4	3	2 Bytes	3 * 2 = **6**
5	4	2 Bytes	4 * 2 = **8**

◄ Fig. 5.9 : *Calcul de l'offset à partir de l'index et de la taille du type*

Formule générale de calcul de l'offset

On peut généraliser cette relation, et arriver ainsi à une formule donnant l'offset dans des tableaux de type quelconque :

```
Offset  =  Index  *  Taille du type d'un élément du tableau
```

Voici comment, à partir de l'offset, le compilateur calcule la position d'un élément de tableau, relativement au début du tableau :

```
Position       Adresse de début     Offset
de         =   du                +  de
l'élément      tableau              l'élément
```

Si vous accédez par :

```
printf("%hd\n", s[2]);
```

au troisième élément du tableau, alors le compilateur calcule sa position via :

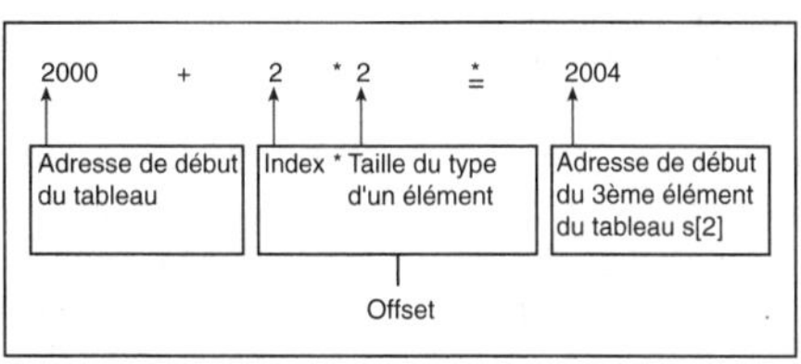

◄ Fig. 5.10 : *Détermination de la position d'un élément de tableau*

Ensuite, l'opération désirée (ici un affichage) pourra être effectuée sur l'élément du tableau. Mais si vous preniez dans l'instruction :

```
printf("%hd\n", s[5]);
```

avec s[5] un indice qui dépasse le maximum autorisé 4 pour le tableau s, alors le compilateur calculerait via :

```
2000 + (5 * 2) = 2010
```

une adresse mémoire (2010) qui n'appartient à aucun des éléments du tableau, ceux-ci n'occupant que les adresses entre 2000 et 2009. En fait, le compilateur accède donc à un endroit situé hors du tableau (sans aucun avertissement, à moins que cette zone mémoire ne soit interdite d'accès) :

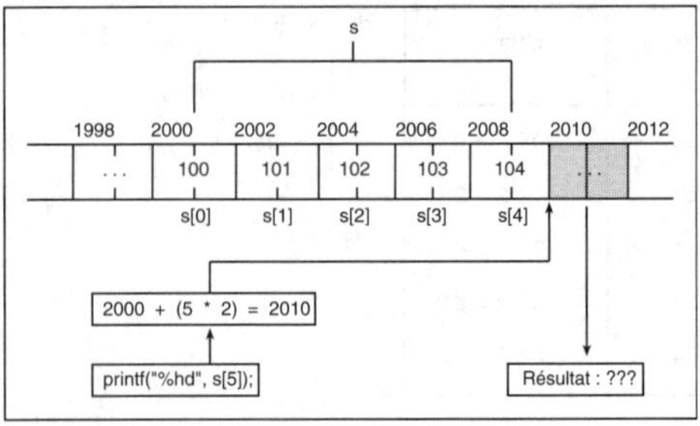

Fig. 5.11 : *Accès erroné à un tableau en raison d'une mauvaise indexation*

La valeur affichée dans ce cas est imprévisible. Elle résulte de l'interprétation en tant que donnée **short** du contenu de mémoire rangé aux adresses 2010 et 2011.

Effets de bord

L'indexation peut être cause d'erreurs dues à des effets de bord. La raison en est qu'en C, on ne sait pas exactement quand un effet de bord est exécuté. Ainsi, pour les variables :

```
int x [10] = {0}; /* initialise à 0 tout le tableau */
int n = 2;
```

il n'est pas évident dans l'affectation :

```
x  = n--;
```

de savoir à quel élément du tableau est affectée la valeur de n (2 dans notre exemple). Si le compilateur évalue effectivement l'indice avant de décrémenter la variable n, alors l'élément x[2] reçoit la valeur 2. Mais il se peut que le compilateur n'évalue l'indice qu'après avoir décrémenté la variable n. Dans ce cas, l'élément x[1] reçoit la valeur 2. Notez bien ici que dans les deux cas c'est la valeur 2 qui est affectée (duplicata de la valeur de la variable n) et non pas la valeur 1 (dans le second cas). La détermination de la valeur à affecter, à savoir 2, qui est la valeur de la variable n au moment de son évaluation dans le membre droit de l'instruction d'affectation, a toujours lieu avant la décrémentation de n.

De ce fait, après l'instruction :

```
x  = n--;
```

avec :

```
printf("x[1] = %d\tx[2] = %d\n", x[1], x[2]);
```

nous obtiendrons suivant le compilateur utilisé soit l'affichage :

```
x[1] = 2  x[2] = 0; /* n fut décrémenté avant évaluation */
                    /* de l'index : x  vaut x[1] */
```

soit :

```
x[1] = 0  x[2] = 2; /* n fut décrémenté après évaluation */
                   */ de l'index : x  vaut x[2] */
```

Il est donc en général préférable de renoncer aux instructions dont le résultat dépend du moment où sont effectués les effets de bord.

Tableaux à plusieurs dimensions

Lorsqu'on utilise des tableaux pour répondre à certaines tâches de programmation, il peut advenir que la variante à une dimension ne puissent pas vraiment résoudre le problème de manière satisfaisante. Considérons l'exemple suivant. Une entreprise K possède des filiales dans trois pays et, dans chacun, une agence dans les régions Nord, Sud, Est et Ouest. Il faut mémoriser le nombre d'employés de chaque agence. Ces données sont organisées sous forme de tableau :

Filiales

Entreprises

K	F0	F1	F2	F3
U0	700	500	200	500
U1	900	800	400	300
U2	600	700	900	800

◄ Fig. 5.12 : *Tableau des effectifs*

La table est à deux dimensions (matrice avec lignes et colonnes). Mais, nous pourrions malgré tout ranger toutes les valeurs dans un tableau à une dimension, préalablement défini par :

```
int k [12];
```

700	500	200	500	900	800	400	300	600	700	900	800
k[0]	k[1]	k[2]	k[3]	k[4]	k[5]	k[6]	k[7]	k[8]	k[9]	k[10]	k[11]

▲ Fig. 5.13 : *Tableau à une dimension contenant les effectifs*

L'inconvénient de ce tableau unidimensionnel est qu'il n'interprète pas la structure bidimensionnelle de la table des employés. Par exemple, on ne voit pas immédiatement sur le tableau précédent à quelle filiale (et pays) tel ou tel effectif se rattache. Mais, il existe en C des structures de données adaptées. Les tableaux dits multidimensionnels permettent de mémoriser des ensembles à plusieurs dimensions, comme le tableau précédent, en respectant leur structure logique. Il n'y a cependant pas d'image multidimensionnelle en mémoire pour représenter de tels objets. Il s'agit plutôt de transformer la structure multidimensionnelle des données à mémoriser en une structure linéaire (donc unidimensionnelle) équivalente. Cependant, contrairement aux tableaux unidimensionnels qui, eux aussi, sont linéaires, on pourra accéder à cette structure, depuis le programme, comme si elle était véritablement multidimensionnelle. Nous allons examiner tout cela sur notre exemple d'entreprise multinationale. Nous devons savoir, à cette fin, comment définir un tableau à plusieurs dimensions.

Définition

La définition des tableaux multidimensionnels s'effectue de manière analogue à celle des tableaux unidimensionnels. La différence est que l'on doit spécifier non plus une mais plusieurs dimensions :

```
<Type> <Nom du tableau> [e1] [e2] ... [eN];
```

Le nombre de dimensions d'un tableau n'est pas limité. Il est fixé par le nombre des valeurs entre crochets (`e1` ... `eN`). Ces valeurs sont des entiers positifs qui indiquent le nombre d'éléments dans chaque dimension du tableau. Leur produit :

```
e1 * e2 * ... * eN
```

fournit le nombre des éléments du tableau. La définition :

```
int k [3][4];
```

crée, en conséquence, un tableau bidimensionnel nommé `k` et possédant :

```
3 * 4 = 12
```

éléments de type `int`. Nous pouvons nous les représenter ainsi, disposés en lignes et colonnes :

k[0] [0]	k[0] [1]	k[0] [2]	k[0] [3]
k[1] [0]	k[1] [1]	k[1] [2]	k[1] [3]
k[2] [0]	k[2] [1]	k[2] [2]	k[2] [3]

Fig. 5.14 : *Eléments d'un tableau bidimensionnel, disposés sous forme rectangulaire*

L'image montre que, comme pour les tableaux unidimensionnels, les divers éléments d'un tableau multidimensionnel sont identifiés selon la syntaxe :

```
<Nom du tableau> [index1][index2] ... [indexN]
```

à l'aide du nom du tableau et d'un certain nombre d'indices. Il faut ici spécifier une valeur d'index valide pour chaque dimension, valeur qui détermine la position (les coordonnées) de l'élément dans la dimension considérée.

Par exemple :

```
k[0][0]
```

désigne, avec la représentation précédemment employée, l'élément de la première colonne de la première ligne. Le premier indice est celui de ligne (première dimension), et le second celui de colonne (seconde dimension). Comme la définition :

```
int k [3][4];
```

fait créer trois éléments dans la première dimension (lignes) et quatre dans la seconde (colonnes), notre représentation de tableau possède donc trois lignes, adressables par les valeurs d'index `[0]` à `[2]` et quatre colonnes accessibles via les valeurs d'index `[0]` à `[3]`. C'est exactement la même structure avec trois lignes et quatre colonnes que nous avons dans notre tableau des effectifs. Vous pouvez donc attribuer, à chacune des douze agences, un des éléments du tableau bidimensionnel `k` et y ranger le nombre d'employés concerné (Fig. 5.15)

Contrairement à la mémorisation dans un tableau unidimensionnel à 12 éléments, les valeurs des agences d'une même filiale sont regroupées sur une ligne du tableau bidimensionnel `k`, et directement reconnaissables comme telles. Ainsi, tous les effectifs régionaux de la filiale U0 sont rangés dans des éléments ayant l'indice de ligne `[0]`. Ceux de la filiale U1 sont rangés dans des éléments ayant l'indice de ligne `[1]` et ceux de la filiale U2 dans des éléments d'indice de ligne `[2]`.

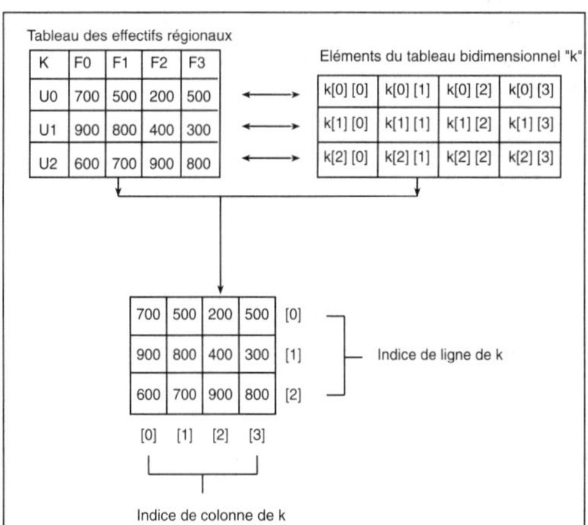

Fig. 5.15 : *Rangement des données dans un tableau à deux dimensions*

Entrée et sortie

Comment les valeurs arrivent-elles dans les tableaux ? Entre autres possibilités, on peut les saisir au clavier. Nous savons déjà, d'après les tableaux unidimensionnels, que le mieux est de mettre en œuvre une boucle. Mais ici, avec un tableau bidimensionnel, on doit assurément gérer des lignes et des colonnes. Nous avons donc besoin d'une construction répétitive qui tienne compte de cette structure. On peut ainsi la décrire :

```
Pour chaque ligne du tableau
    Pour chaque colonne du tableau
       Lire une valeur et la ranger.
```

Il nous faut donc une boucle imbriquée, qui commence par remplir la première ligne du tableau, avant de passer à la seconde, puis à la troisième. Comme le tableau possède deux index à faire varier, il nous faudra deux variables de contrôle. Une fois définis :

```
int k [3][4]; /* tableau 2D */
int i, j; /* Variable de contrôle */
```

la boucle de saisie pourrait ressembler à ceci :

```
for (i = 0; i < 3; i++) /* lignes */
  for(j = 0; j < 4; j++) /* colonnes */
     scanf("%d", &k[i][j]);
```

Cette boucle permet de remplir successivement les éléments du tableau : `k[0][0]`, `k[0][1]`, `k[0][2]`, `k[1][0]`, etc. Nous pouvons employer une construction analogue pour l'affichage des éléments du tableau. Nous ferons en sorte d'afficher les valeurs sur trois lignes et trois colonnes :

```
for (i = 0; i < 3; i++) /* lignes */
  {
    for(j = 0; j < 4; j++) /* colonnes */
       printf("%d\t", k[i][j]);
    printf("\n");
  }
```

Nous ajouterons ces portions de code pour la saisie et l'affichage à un petit programme avec lequel nous résoudrons, entre autres, notre exemple (mémorisation des effectifs d'une multinationale).

▼ Listing 5.7 : multinat.c

```
/*** multinat lit des valeurs, les range dans un ***/
/*** tableau à 2 dimensions et les affiche       ***/


#include <stdio.h> /* pour printf, scanf */


main()
{
```

```
    int k[3][4]; /* tableau 2D pour les effectifs */
    int i, j; /* Variables de contrôle */
    long s = 0; /* nombre total d'employés */

    printf("Saisie des effectifs d'une multinationale."
           "3 filiales ayant chacune 4 agences régionales.\n\n");

  /* saisie des valeurs */

    for (i = 0; i < 3; i++) /* lignes */
        for(j = 0; j < 4; j++) /* colonnes */
          {
            printf("Filiale %d Agence %d : ", i+1, j+1);
            scanf("%d", &k[ i ][ j ]);
          }

  /* calcul du total des effectifs */

    for (i = 0; i < 3; i++) /* lignes */
        for(j = 0; j < 4; j++) /* colonnes */
             s = s + k[ i ][ j ];

  /* affichage des valeurs */

    printf("\n\n\tA0\tA1\tA2\tA3\n");
    for (i = 0; i < 3; i++) /* lignes */
        {
          printf("F%d\t", i);
          for(j = 0; j < 4; j++) /* colonnes */
               printf("%d\t", k[ i ][ j ]);
          printf("\n");
        }

    printf("\nNombre total d'employés : %ld\n", s);

}
```

Rangement en mémoire

Contrairement à ce qui se passe avec le tableaux unidimensionnels, pour les variantes multidimensionnelles, l'image par laquelle on les représente habituellement ne concorde plus avec leur rangement en mémoire. Ainsi, un tableau bidimensionnel (comme le tableau k de notre dernier exemple) est généralement représenté sous la forme d'une matrice rectangulaire lignes x colonnes. En mémoire, en revanche, un tel tableau n'est nullement rangé sous forme de rectangle. Au contraire, les éléments des tableaux, même multidimensionnels, sont toujours disposés en ordre linéaire, les uns à la suite des autres. Le tableau bidimensionnel k de notre précédent exemple peut être représenté en mémoire ainsi :

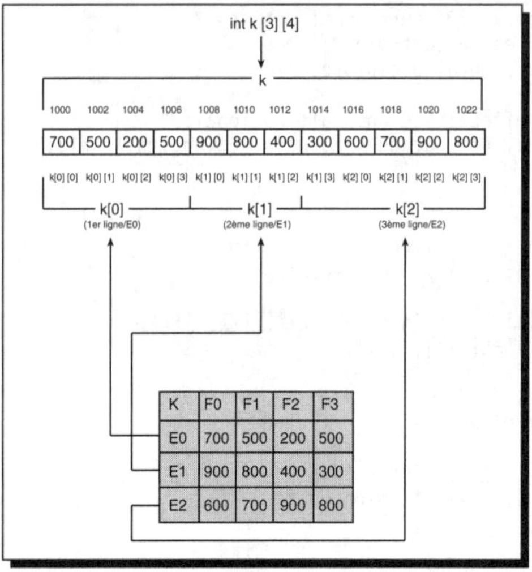

Fig. 5.16 : *Tableau bidimensionnel en mémoire*

Le tableau **k**, à cause du type **int** (supposé ici occuper 2 octets) de ses éléments, occupe 12 * 2 = 24 octets en mémoire. Il n'est pas difficile de reconnaître que ce tableau ne constitue en fait pas un objet multidimensionnel. En effet, de par sa disposition en mémoire, ce tableau bidimensionnel, avec ses douze éléments, est aussi linéaire qu'un tableau unidimensionnel ayant douze postes. L'image montre, de plus, que la multidimensionnalité du tableau n'est en vérité qu'une imbrication. On pourrait effectivement interpréter le tableau bidimensionnel **k** comme un tableau unidimensionnel à trois éléments (les lignes), chacun d'entre eux étant lui-même un tableau de quatre éléments (les colonnes). Cela correspond d'ailleurs à la structure de la multinationale K de notre exemple, qui se compose de trois filiales ayant chacune quatre agences régionales. En fait, vus sous cet angle-là, tous les tableaux multidimensionnels du C sont des imbrications de tableaux, le nombre des dimensions croissant au fur et à mesure que l'on descend d'un niveau dans la hiérarchie des imbrications : un tableau à N dimensions se compose d'éléments qui sont eux-mêmes des tableaux à (N-1) dimensions. Les éléments de ces tableaux à (N-1) dimensions sont à leur tour des tableaux à (N-2) dimensions, dont les éléments sont eux-mêmes des tableaux à (N-3) dimensions, etc. Le niveau le plus bas (le dernier) renferme, pour terminer, des éléments qui ne sont plus des tableaux.

Dans l'image précédente, l'ordre des éléments **k[i][j]** (pour i = 0, 1, 2 ; j = 0, 1, 2, 3) en mémoire est donné par l'ordre dans lequel les tableaux partiels unidimensionnels **k[i]** (les lignes) sont rangés en mémoire. Ces derniers représentent le plus haut niveau d'imbrication, et sont mémorisés dans leur ordre naturel. Le début du tableau est constitué par la première ligne (k[0]), laquelle est suivie de la seconde ligne (k[1]) qui, elle-même, précède la troisième ligne (k[2]).

Les tableaux multidimensionnels sont donc, dans une certaine mesure, rangés sous forme de lignes, le concept de ligne devant être compris ici comme une description imagée du plus haut niveau d'imbrication. Avec cet arrangement des éléments du tableau, les indices évoluent à des vitesses différentes : un index varie d'autant plus vite qu'il se trouve plus à droite dans la séquence des index d'un élément. Dans notre exemple de tableau à deux dimensions, k évolue dans l'ordre de mémorisation des éléments, donc dans l'ordre des colonnes, plus rapidement que l'indice des lignes :

```
k[0][0]
k[0][1]
k[0][2]
k[0][3]
k[1][0]
k[1][1]
k[1][2]
k[1][3]
k[2][0]
.
.
.
```

Détermination de l'emplacement mémoire d'un élément de tableau

La disposition des éléments d'un tableau multidimensionnel en mémoire joue aussi un rôle pour le procédé par lequel le compilateur localise leur position (adresse) en mémoire, lorsqu'il y accède. Pour un élément quelconque k[i][j] du tableau bidimensionnel k, son adresse se calcule ainsi :

```
Adresse de k[i][j]  =  adresse du début de k +
                       i * taille de k[i] (en octets)
                       + j * taille du type des éléments du tableau
                       ➥ (en octets)
                    =  adresse du début de k +
                       i * nombre d'éléments de la seconde dimension
                       * taille du type des éléments du tableau
                       ➥(en octets)
                       + j * taille du type des éléments du tableau
                       ➥ (en octets)
```

Avec les valeurs concrètes de notre tableau k, et à supposer que le type int occupe 2 octets, cela donne :

```
Adresse de k[i][j]  =  &k[0][0]  +  i * 4 * 2 + j * 2 = 1000 + i * 4
                       ➥ * 2 + j * 2
```

Pour l'élément k[1][3] par exemple, le calcul de l'adresse donne donc :

```
& k[1][3]  =  1000    +  1 * 4 * 2  +  3 * 2
           =  1014
```

ce que l'on vérifie facilement à l'aide de la représentation précédente du tableau en mémoire. L'offset de l'élément k[1][3], c'est-à-dire sa distance (en octets) par rapport au début du tableau, est donc :

```
1014 - 1000 = 14
```

Plus généralement, pour un tableau x défini par :

```
<Type> x [e1][e2] ... [eN];
```

qui possède :

```
e1 * e2 * ...* eN
```

éléments de type <Type> et N dimensions, l'adresse d'un élément quelconque d'indices i1 à iN peut être calculé ainsi :

```
& x[i1][i2] ... [iN]  =  adresse du début du tableau x
                          +  i1 * taille de x[i1]
                          +  i2 * taille de x[i1][i2]
                          +  .
                             .
                             .
                          +  iN-1 * taille de x[i1][i2] ... [iN-1]
                          +  iN * taille de x[i1][i2] ... [iN-1][iN]
                       =  &x[0][0] ... [0]
                          +  i1 * e2 * e3 * e4 * ...* eN * taille de <Type>
                          +  i2 * e3 * e4 * ...* eN * taille de <Type>
                          +  .
                             .
                             .
                          +  iN-1 * eN * taille de <Type>
                          +  iN * taille de <Type>
                       =  &x[0][0] ... [0]
                          +  taille de <Type> * (i1 * e2 * e3 * e4 *...* eN
                          + i2 * e3 * e4 * ...* eN
                          +
                             .
                             .
                             .
                          + iN-1 * eN
                          + iN)
```

Prenez, à titre d'exemple, un tableau tridimensionnel. Partant de l'entreprise K, nous modifions légèrement sa structure en ne prenant que trois agences régionales par filiale. Mais, chaque agence dispose désormais de trois départements. La multinationale présente alors l'aspect suivant :

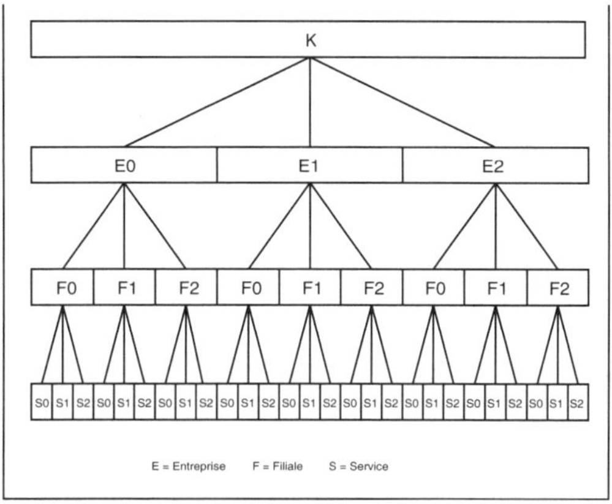

Fig. 5.17 : *Structure de la multinationale*

Les employés des divers départements peuvent être rangés dans le tableau à trois dimensions :

```
int k [3][3][3];
```

dont les éléments sont disposés ainsi en mémoire :

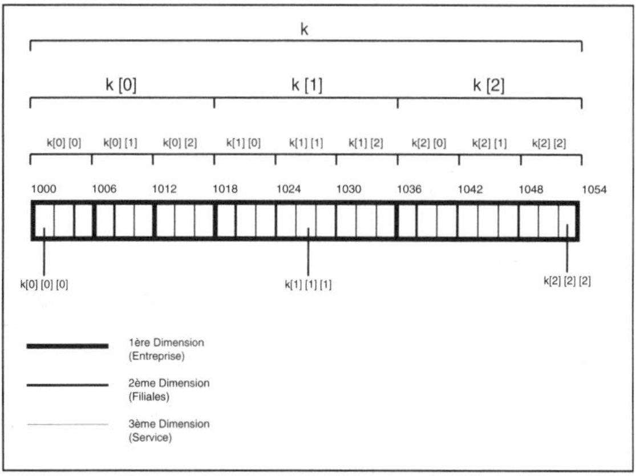

Fig. 5.18 : *Tableau 3D en mémoire*

Pour l'élément `k[1][1][1]`, par exemple, le calcul de la position, d'après le mécanisme précédemment exposé, produit l'adresse suivante :

```
& k[1][1][1]  =  1000  +  2  *  (1 * 3 * 3  +  1 * 3  +  1)
=  1026
```

L'offset correspondant est 1026 - 1000 = 26 (octets).

Initialisation

Les tableaux multidimensionnels, comme leurs homologues unidimensionnels, sont initialisables de diverses façons. L'affectation des valeurs initiales aux éléments du tableau peut s'effectuer au moyen d'instructions individuelles, ou bien via une boucle appropriée, ou encore en cours de définition du tableau. Supposons qu'il faille initialiser le tableau 2D :

```
int k[3][4];
```

avec les valeurs tirées du tableau des effectifs :

K	F0	F1	F2	F3
E0	700	500	200	500
E1	900	800	400	300
E2	600	700	900	800

La méthode :

```
k[0][0] = 700;
k[0][1] = 500;
k[0][2] = 200;
   .
   .
   .
k[2][3] = 800;
```

est certes utilisable ; mais, visiblement, elle risque d'être plutôt laborieuse. Même l'emploi d'une boucle n'est pas opportun, compte tenu de la répartition irrégulière des valeurs du tableau.

Initialisation à la définition

Pour la troisième possibilité, à savoir l'initialisation du tableau lors de sa définition, on peut procéder comme pour les tableaux à une dimension, en indiquant les valeurs d'initialisation à droite de l'opérateur d'affectation =, entre des accolades, et séparées les unes des autres par des virgules :

```
int k [3][4] = {700, 500, 200, 500, 900, 800, 400, 300, 600, 700, 900, 800};
```

Les valeurs sont attribuées aux éléments du tableau dans l'ordre. Le premier élément `k[0][0]` reçoit la première valeur de la liste (700), le second élément `k[0][1]` reçoit la seconde valeur de la liste (500), le troisième élément `k[0][2]` la troisième valeur de la liste (200), le quatrième élément `k[0][3]` la quatrième valeur (500), le cinquième élément `k[1][0]` la cinquième valeur (900), etc.

Cette séquence standard d'affectation peut être modifiée via des accolades supplémentaires. On peut ainsi explicitement définir les valeurs appartenant à une certaine ligne du tableau. Il suffit pour cela d'englober la liste d'initialisation par une paire supplémentaire d'accolades :

```
int k [3][4] =  {
                {700, 500, 200, 500},
                {900, 800, 400, 300},
                {600, 700, 900, 800}
                };
```

Dans cet exemple, les valeurs d'initialisation ont été groupées de façon à correspondre aux lignes du tableau. On reconnaît donc immédiatement à quelle ligne appartient telle ou telle valeur. Comme le nombre des valeurs d'initialisation coïncide avec le nombre d'éléments du tableau, cette initialisation du tableau **k** donne le même résultat que l'initialisation sans les accolades additionnelles. Elle est simplement plus lisible. L'exemple suivant montre un cas, pourtant, où le résultat n'est pas le même suivant que l'on mette ou non des accolades supplémentaires. Il faut maintenant initialiser le tableau bidimensionnel **k** avec une liste de valeurs qui contient moins de valeurs que le tableau n'a d'éléments. Pour cela, nous supprimerons de la liste les valeurs 400 et 300, de sorte que la liste ne compte plus que dix valeurs (au lieu de douze). Maintenant, la différence est réelle, selon qu'on initialise le tableau par :

```
int k [3][4] = {700, 500, 200, 500, 900, 800, 600, 700, 900, 800};
```

ou par :

```
int k [3][4] = { {700, 500, 200, 500}, {900, 800}, {600, 700, 900, 800} };
```

Dans le premier cas, le tableau présente l'aspect suivant :

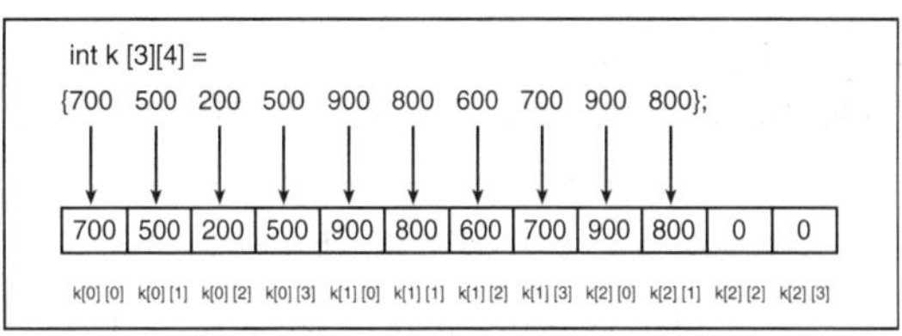

Fig. 5.19 : *Initialisation d'un tableau 2D avec groupage "par lignes" des valeurs*

Le compilateur initialise avec les valeurs de la liste, dans l'ordre, autant d'éléments qu'il y a de valeurs dans la liste, donc les dix premiers éléments `k[0][0]` à `k[2][1]`. Les onzième et douzième éléments à la fin du tableau, pour lesquels il n'y a plus de valeurs d'initialisation, sont initialisés à 0, comme c'est la règle.

Dans le second cas, les accolades supplémentaires (accolades de lignes) font que ce ne sont pas les deux derniers éléments du tableau qui reçoivent la valeur 0, mais les deux derniers éléments de la seconde ligne, à savoir les éléments k[1][2] et k[1][3] (les septième et huitième éléments du tableau) :

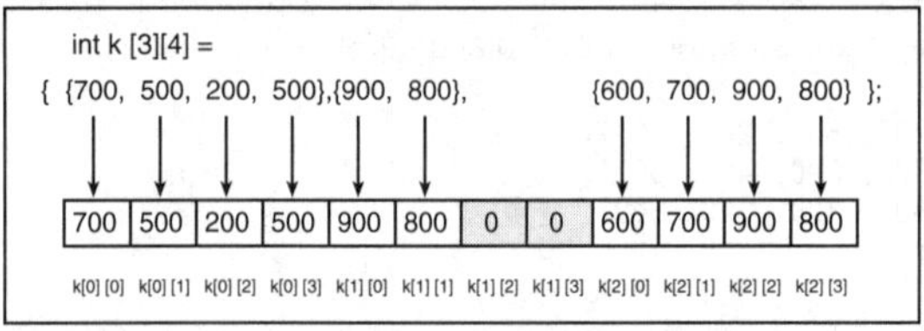

◄ Fig. 5.20 : *Initialisation d'un tableau 2D avec groupage "par lignes" des valeurs*

Les accolades de lignes signalent au compilateur que la seconde ligne doit être initialisée avec seulement deux valeurs. Là-dessus le compilateur affecte aux premier et second éléments de la seconde ligne les valeurs 900 et 800, et initialise à la valeur standard 0 les deux autres éléments de la seconde ligne. Les quatre dernières valeurs d'initialisation sont attribuées aux éléments de la troisième ligne.

Spécifications de dimensionnement lors de l'initialisation

Lors de l'initialisation des tableaux multidimensionnels, on peut renoncer à l'indication du nombre d'éléments de la première dimension. Maisl'indication du nombre d'éléments des autres dimensions doit être préservée, car le compilateur a besoin de ces valeurs pour déterminer l'emplacement mémoire d'un élément à partir de l'index multiple (voir plus haut, à la rubrique *Rangement en mémoire*). Le nombre d'éléments qui seront alors créés dépend de la liste des valeurs d'initialisation.

Si la liste englobe autant de valeurs qu'il y a d'éléments dans le tableau, le résultat est le même, que l'on indique ou non le nombre des éléments de la première dimension. Les deux initialisations :

```
int k [3][4] = {700, 500, 200, 500, 900, 800, 400, 300, 600, 700, 900, 800};
```

et :

```
int k [][4] = {700, 500, 200, 500, 900, 800, 400, 300, 600, 700, 900, 800};
```

produisent le même résultat. En effet, le compilateur, dans le second cas, à partir du nombre d'éléments de la seconde dimension et du nombre des valeurs d'initialisation, déduit que le tableau a trois lignes et quatre colonnes. Si nous avons, par exemple, seulement dix (et non douze) valeurs d'initialisation, avec :

```
int k [3][4] = {700, 500, 200, 500, 900, 800, 600, 700, 900, 800};
```

comme avec :

```
int k [][4] = {700, 500, 200, 500, 900, 800, 600, 700, 900, 800};
```

le compilateur crée un tableau 2D avec trois lignes et quatre colonnes, car dix valeurs exigent au moins trois lignes de quatre colonnes. Les deux derniers éléments du tableau sont initialisés à 0. Mais si la liste d'initialisation, par exemple, n'a que sept valeurs, alors :

```
int k [3][4] = {700, 500, 200, 500, 900, 800, 600};
```

génère le tableau :

700	500	200	500	900	800	600	0	0	0	0	0
k[0] [0]	k[0] [1]	k[0] [2]	k[0] [3]	k[1] [0]	k[1] [1]	k[1] [2]	k[1] [3]	k[2] [0]	k[2] [1]	k[2] [2]	k[2] [3]

L'indication du nombre des éléments de la première dimension demande en effet explicitement trois lignes.

Avec :

```
int k [][4] = {700, 500, 200, 500, 900, 800, 600};
```

en revanche, on crée simplement un tableau avec deux lignes et quatre colonnes, car avec sept valeurs on n'a plus besoin d'autant de lignes :

700	500	200	500	700	900	800	0
k[0] [0]	k[0] [1]	k[0] [2]	k[0] [3]	k[1] [0]	k[1] [1]	k[1] [2]	k[1] [3]

Si on omet le nombre des éléments de la première dimension, alors on ne crée pour la première dimension (lignes) que le nombre d'éléments suffisant pour mémoriser les valeurs d'initialisation spécifiées. Mais vous pouvez modifier cela via les accolades additionnelles. Ainsi, avec :

```
int k [][4] =  {
                   {700, 500, 200, 500}, {700, 900}, {800}
               };
```

vous créez tout de même un tableau de trois lignes et de quatre colonnes, car les accolades de lignes prescrivent trois lignes. La dernière valeur de la liste d'initialisation (800) est maintenant rangée dans le premier élément de la troisième ligne :

700	500	200	500	700	900	0	0	800	0	0	0
k[0] [0]	k[0] [1]	k[0] [2]	k[0] [3]	k[1] [0]	k[1] [1]	k[1] [2]	k[1] [3]	k[2] [0]	k[2] [1]	k[2] [2]	k[2] [3]

String (chaînes de caractères)

Les chaînes de caractères ou string, d'après ce que nous savons déjà, sont des suites de caractères composées de signes faisant partie du jeu de caractères représentables de l'ordinateur. Nous avons déjà utilise des string, le plus souvent comme paramètres de la fonction `printf`. Par exemple, dans l'instruction :

```
printf("Belle chaîne\n");
```

la fonction `printf` manipule la string :

```
"Belle chaîne"
```

et l'affiche ainsi :

```
Belle chaîne
```

La chaîne de caractères précédente est une constante. Mais les chaînes de caractères peuvent également être des variables. C'est le cas lorsque leurs divers caractères sont manipulables ou modifiables. En C, les chaînes de caractères, qu'elles soient constantes ou variables, sont de par leur structure des tableaux à une dimension, ayant des éléments de type `char`. La définition :

```
char s [13];
```

par exemple crée un tableau `s` comportant treize éléments de type `char`. Nous pouvons y ranger jusqu'à treize caractères, par exemple les douze caractères de la string :

```
"Belle chaîne"
```

Comme la valeur de chaque élément du tableau est modifiable, les caractères de la string, et donc la string elle-même, sont variables. En d'autres termes, nous n'avons pas à faire ici à une chaîne constante, mais à une variable chaîne.

Apparemment, il reste un élément libre (à savoir le treizième) dans le tableau précédent lorsqu'on y stocke la chaîne `Belle chaîne`. C'est vrai, mais la mémorisation de la string exige non pas douze mais treize éléments. En effet, contrairement aux données des autres types, les string doivent se terminer par un caractère spécial. Ce caractère matérialisant la fin d'une string est le caractère nul `\0`. Il s'agit d'un caractère de contrôle qui, avec le code 0, est habituellement le premier élément du jeu de caractères de l'ordinateur (il ne faut pas le confondre avec le caractère représentable `0` dont le code décimal est 48 dans la table ASCII ; voir *Table ASCII* en annexe B). La fonction du caractère nul est très simple : il indique où se termine la chaîne de caractères. Dans notre exemple, le tableau `s` aurait l'aspect suivant (caractère nul compris), après mémorisation correcte de la string `Belle chaîne` :

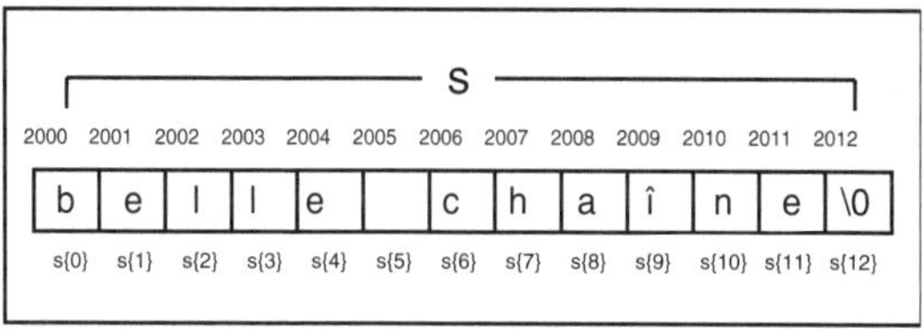

Fig. 5.21 : *Mémorisation d'un string sous forme de tableau char*

À cause du caractère nul de fin, un tableau `char` doit donc toujours être créé avec un élément (au moins) de plus que la longueur de la string à mémoriser. Selon la façon dont la chaîne de caractères est rangée, il peut incomber au programmeur d'ajouter explicitement le caractère nul à la fin de la chaîne (par exemple avec une instruction spécifique). Si on utilise, pour mémoriser une chaîne de caractères, une des fonctions de chaînes du C, en principe on n'a pas à s'en soucier.

Les chaînes de caractères sont des tableaux. Or le vocabulaire fondamental du C ne propose aucune opération ou commande permettant de manipuler globalement les tableaux. Il en va pour les string comme pour les autres types de tableaux : on les manipule élément par élément. Il existe pourtant une série de fonctions spécifiques pour le traitement des chaînes de caractères. Ces fonctions acceptent de manipuler les string "en bloc". Les sections suivantes détailleront les opérations sur les chaînes de caractères et présenteront, ce faisant, quelques-unes de ces fonctions de chaînes.

Opérations d'entrées-sorties

Comment notre string `Belle chaîne` arrive-t-elle dans le tableau `s` ? Entre autres possibilités, nous pouvons la saisir au clavier. Cela est réalisable de différentes façons. Nous pouvons saisir individuellement chaque caractère de la string et le ranger dans le tableau, exactement comme nous avions fait pour les valeurs numériques dans un tableau `int`. Pour cela, on utilise en général une boucle. Nous pourrions, d'une manière analogue, également afficher la chaîne de caractères. Mais nous pouvons, à la place, faire appel à certaines fonctions qui nous permettent de saisir et d'afficher les string comme qui dirait "en bloc".

Saisie et affichage de string en mode caractère

Une string n'est qu'une suite de caractères individuels gérés en mémoire sous forme de tableau `char`. Un procédé élémentaire pour saisir une chaîne de caractères consiste donc à lire, via une boucle, tous les caractères successivement, et à les ranger dans les éléments adéquats du tableau. Montrons cela sur un exemple simple. Le programme *name.c* mémorise le nom de l'utilisateur dans un tableau `char` et l'affiche ensuite à des fins de contrôle. La dimension prise pour le tableau doit lui permettre d'héberger des noms même longs.

▼ Listing 5.8 : name.c

```
/*** name lit une chaîne caractère par caractère, ***/
/*** la range dans un tableau et l'affiche         ***/


#include <stdio.h> /* pour printf, getchar, putchar */

main()
{
     char name [40];
     int i = 0;
     printf("Votre nom : ");
     while ((name[i] = getchar()) != '\n') /* saisie en mode caractère */
           i++;

     name[i] = '\0'; /* accroche le caractère nul à la chaîne. */
                     /* Le caractère '\n' est donc écrasé */

     printf("\nVotre nom est ");
     i = 0; /* réinitialise i  */
     while (name[i] != '\0') /* affichage du nom */
           {
              putchar(name[i]);
              i++;
           }
}
```

Notez bien que la saisie d'une chaîne de caractères sous cette forme exige que vous accrochiez explicitement le caractère nul à la fin de la chaîne, au moyen d'une instruction spécifique. Ce faisant, le caractère nul écrasera le caractère \n par lequel l'utilisateur a terminé sa saisie. Ce caractère était le dernier caractère lu, de sorte que le tableau name, après saisie du nom :

```
Félix Lechat
```

par exemple, devait d'abord avoir l'allure suivante :

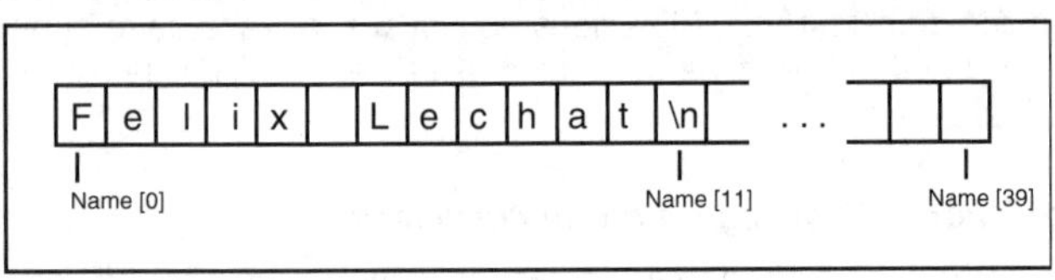

Comme vous n'avez pas besoin du caractère de saut de ligne, vous le remplacez via :

```
name[i] = '\0';
```

par le caractère nul qui, de toute façon, doit être ajouté à la chaîne. D'où le résultat final :

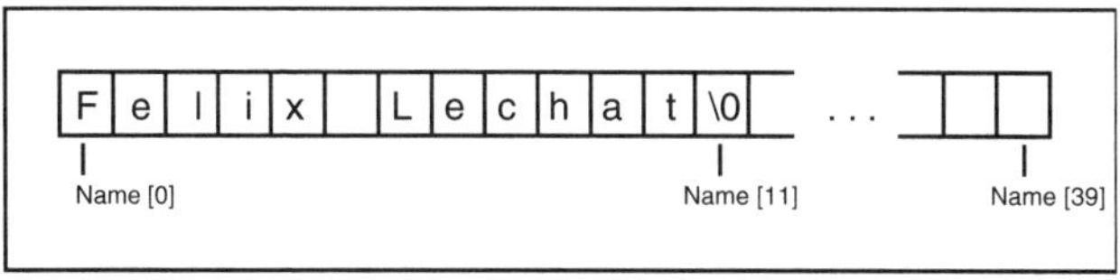

Les autres éléments du tableau `name` restent inutilisés dans cet exemple, et contiennent des valeurs strictement aléatoires puisque nous n'avons pas initialisé le tableau. Peu importe, car la fin de la chaîne mémorisée est bien repérée par le caractère `\0`. La boucle d'affichage en fin de programme livre, l'un après l'autre, les éléments du tableau jusqu'à ce qu'elle rencontre le caractère nul.

Saisie et affichage avec scanf et printf

Autres techniques de saisie et d'affichage de strings

Plutôt que de saisir ou d'afficher une string caractère après caractère, nous pouvons employer des fonctions, auxquelles il faut simplement fournir en argument le nom du tableau destiné à recevoir, ou contenant, la string concernée. Tout le reste est pris en charge par la fonction. Ainsi, les fonctions `scanf` et `printf` possèdent une spécification de format `%s` qui permet de manipuler des string. Avec :

```
char a [41];
```

nous définissons un tableau `char` pouvant recevoir 40 caractères, plus le caractère nul.

L'instruction :

```
scanf("%s", a); /* pas d'opérateur d'adressage devant la variable a */
```

permet de saisir une string de longueur maximale 40 et de le ranger dans le tableau `a`. Remarquons ici que l'opérateur d'adressage habituel avec `scanf` manque devant la variable tableau `a`. La raison en est que, pour le compilateur, le nom d'un tableau (quel que soit le type des éléments) équivaut à l'adresse du début du tableau en mémoire, c'est-à-dire à l'adresse du premier élément du tableau. En d'autres termes :

```
a     équivaut à    &a[0]
```

De ce fait, un opérateur d'adressage devant le tableau `a` dans l'instruction :

```
scanf("%s", a);
```

serait superflu. En pareil cas, on doit s'attendre à un message du compilateur. Cependant, l'opérateur d'adressage superflu est en principe ignoré et n'affecte pas le bon déroulement du programme. En raison de l'équivalence entre le nom du tableau et l'adresse de son premier élément, vous pourriez également saisir une chaîne dans le tableau **a** par l'instruction :

```
scanf("%s", &a[0]);
```

Dans les deux cas, la fonction **scanf** range les caractères de la string, à partir de l'adresse indiquée, dans les éléments contigus du tableau. Si vous tapez, par exemple, le libellé "Caractère nul", alors l'instruction :

```
scanf("%s", a);
```

ainsi que l'instruction :

```
scanf("%s", &a[0]);
```

donneront le résultat suivant en mémoire :

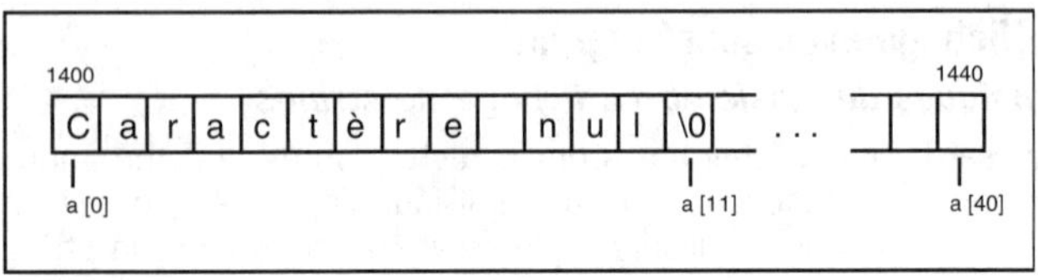

Comme vous le voyez, la fonction **scanf** ajoute d'elle-même le caractère nul **\0** à la fin de la string. Vous n'avez donc pas à vous en soucier. Pour afficher la chaîne de caractères saisie, vous pouvez passer par la fonction **printf** avec le format %s. Via l'instruction :

```
printf("%s", a);
```

La chaîne de caractères mémorisée est affichée à l'écran. Comme pour la saisie avec **scanf**, vous pouvez également afficher la chaîne par :

```
printf("%s", &a[0]);
```

Dans les deux cas en effet, la fonction **printf** reçoit l'adresse du début du tableau **char** contenant la string, cela à cause de son format **%s**. Elle affiche la string jusqu'à ce qu'elle rencontre le caractère nul marquant la fin de la string. Le format **%s** peut être complété, aussi bien pour **scanf** que pour **printf**, par un nombre entier qui indique le nombre maximal de caractères à lire ou à afficher. Ainsi :

```
scanf("%10s", a)
```

lit au plus dix caractères et les range dans le tableau **a** (les autres caractères saisis sont perdus). De même :

```
printf("%.10s", a); /* Point avant le nombre 10 */
```

affiche dix caractères au plus de la chaîne de caractères rangée dans **a**.

Les chaînes constantes sont des tableaux char

On sait que la fonction `printf` permet également d'afficher des chaînes de caractères constantes (constantes string). Au début dde la section *String*, de ce chapitre nous avons affirmé que les constantes `string` sont également gérées comme des tableaux `char`. On peut donc se demander, lorsqu'on examine le programme suivant, où est localisé le tableau contenant la chaîne de caractères `Belle chaîne` :

```
#include <stdio.h>                                  /* pour printf */
main()
   {
      printf("Belle chaîne\n");
   }
```

Ce programme ne fait aucune allusion explicite à un tableau qui contiendrait la string `Belle chaîne`. Pourtant, lorsqu'il rencontre une constante string (par exemple lors de l'appel d'une fonction), le compilateur crée un tableau `char`, de taille conforme, et y range la chaîne (avec le caractère nul). L'adresse initiale de ce tableau sans nom est ensuite communiquée à la fonction concernée, qui doit traiter la string, ici la fonction `printf`. Cette dernière peut alors afficher la chaîne de caractères à partir de l'adresse indiquée. L'affichage se termine lorsque la fonction rencontre le caractère nul, donc la fin de la chaîne :

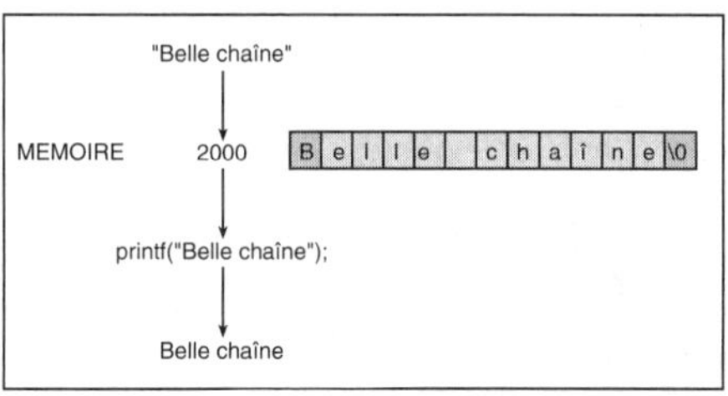

◄ Fig. 5.22 : *Affichage d'une constante string*

Après mémorisation de la constante sous forme de tableau `char` par le compilateur, la fonction `printf` reçoit l'adresse initiale du tableau et affiche celui-ci.

L'adresse initiale 2000 sur l'image qui précède est naturellement prise arbitrairement. C'est le compilateur seul qui détermine l'emplacement du tableau en mémoire.

Spécificités du formatage des chaînes de caractères avec scanf

Si vous utilisez les deux fonctions `scanf` et `printf` pour écrire une variante du programme *name2.c*, vous obtiendrez peut-être des résultats inattendus, avec la version que voici :

▼ Listing 5.9 : name2.c

```
/***    name2 range une chaîne dans un tableau   ***/
/***    via "scanf" et l'affiche avec "printf"   ***/

#include <stdio.h> /* pour printf, scanf */

main()
{
     char name [40];

     printf("Votre nom : ");
     scanf("%s", name);
     printf("\nVotre nom est %s.\n", name);
}
```

Si vous tapez, à l'invite de saisie, un nom comme :

```
Félix Lechat
```

vous n'obtiendrez pas, cette fois, le résultat :

```
Votre nom est Félix Lechat.
```

mais simplement :

```
Votre nom est Félix.
```

Cela est dû à une caractéristique de la fonction `scanf`. Celle-ci, avec le format %s, lit une chaîne de caractères uniquement jusqu'au premier blanc rencontré. La conséquence en est que seul le prénom est affecté à la variable `name`, car un espace sépare normalement le nom et le prénom. Le reste de la saisie est ignoré, puisqu'il n'y a plus d'autres arguments ou d'autres formats auxquels l'affecter. Cependant la fonction `scanf` dispose de deux autres formats dont l'un permet de résoudre le problème.

On peut faire suivre le symbole % d'une liste de caractères entre crochets, à la place de la lettre clé `s`. La fonction `scanf` lit alors tous les caractères jusqu'à ce qu'elle en rencontre un qui ne figure pas dans la liste. Avec le tableau :

```
char formula [81];
```

l'instruction :

```
scanf("%[0123456789+-*/=]", formula);
```

ne saisit dans le tableau formula que des caractères faisant partie de la liste entre crochets des chiffres et des signes opératoires. Par exemple, on pourrait saisir :

```
1+1=2;
```

Lorsqu'on tape un caractère ne faisant pas partie de la liste, la saisie dans la variable concernée s'arrête sans affecter ce caractère. On passe alors à la prochaine spécification de format, s'il y en a une. Dans le cas précédent, il n'y a plus d'arguments ni de formats. Voilà pourquoi tous les caractères sont ignorés dès qu'on en rencontre un de mauvais.

Inversement, on peut donner une liste de caractères interdits de saisie. Cette liste est également placée entre crochets, mais commence toujours par le caractère ^. La fonction `scanf`, dans ce cas, lit des caractères jusqu'à ce qu'on en tape un appartenant à la liste négative. Vous pouvez adopter ce procédé pour permettre à `scanf` de lire des string contenant également des espaces. Par l'instruction :

```
scanf("%[^\n]", name);
```

sont lus et rangés dans le tableau `name` tous les caractères (y compris l'espace donc), sauf le caractère de saut de ligne `\n`. Si l'utilisateur, en appuyant sur [Entrée], génère le caractère `\n`, la saisie est stoppée. Il est donc aisé de modifier le programme *name2.c* pour qu'il accepte des noms fractionnés.

▼ Listing 5.10 : name3.c

```
/***  name3 range une chaîne dans un tableau   ***/
/***  via "scanf" et l'affiche avec "printf"   ***/

#include <stdio.h> /* pour printf, scanf */

main()
{
    char name [40];

    printf("Votre nom : ");
    scanf("%[^\n]", name); /* string avec espaces autorisés */
    printf("\nVotre nom est %s.\n", name);
}
```

Saisie et affichage avec gets et puts

Une alternative simple à `scanf` est représentée par la fonction `gets`. Celle-ci lit une chaîne de caractères sur l'entrée standard (normalement le clavier) et la range dans un tableau `char`. Comme `scanf`, la fonction `gets` nécessite comme argument l'adresse du tableau où il faut ranger la chaîne saisie. Voici la syntaxe simple de la fonction `gets` :

```
gets(<Adresse tableau>);
```

`<Adresse tableau>` correspond ici à une expression qui donne l'adresse d'un tableau destiné à recevoir la chaîne de caractères. L'adresse est fournie à la fonction, le plus souvent, par le nom du tableau, nom que le compilateur interprète comme étant l'adresse du début du tableau. Du fait de cette particularité (à contenir l'adresse du début du tableau), on dit que le nom du tableau est un pointeur vers son premier élément (pour plus d'informations, reportez-vous au chapitre *Pointeurs*). Mais l'adresse peut également être spécifiée via l'opérateur & (par exemple &<Nom_Tableau>[0], adresse du premier élément) ou bien via une variable dite pointeur, c'est-à-dire une variable contenant l'adresse d'une autre variable. Par l'instruction :

```
gets(name);
```

nous pouvons, par exemple, saisir une string dans le tableau name de notre exemple précédent, donc taper un nom au clavier. La saisie est terminée par le caractère \n. Toutefois, avant de mémoriser la string, la fonction gets remplace ce caractère par \0 ; elle ajoute donc à la chaîne le caractère nul de rigueur.

La routine d'affichage correspondant à gets est donnée par la fonction puts, qui affiche une chaîne de caractères sur la sortie standard (normalement l'écran). Voici sa syntaxe :

```
puts(<Adresse du tableau>);
```

<Adresse du tableau> correspond ici à l'adresse du tableau char contenant la chaîne de caractères à afficher. Comme pour gets, cette adresse peut être un nom de tableau, une expression comportant l'opérateur & ou une variable pointeur. L'argument de puts peut également être une chaîne constante, comme dans l'instruction :

```
puts("Belle chaîne");
```

qui affiche la string Belle chaîne. Vous avez vu, en effet, avec la fonction printf, qu'une chaîne constante fournit également l'adresse d'un tableau à la fonction concernée. Le compilateur crée en mémoire un tableau char de taille conforme, et y range la chaîne de caractères constante. L'adresse de ce tableau est ici passée à la fonction puts, qui peut ainsi localiser le début de la string et afficher successivement les caractères de la chaîne, jusqu'à ce qu'elle rencontre le caractère nul de fin. La fonction puts remplace alors le caractère nul par le caractère de saut de ligne \n, de sorte que l'affichage de la string est suivi d'un renvoi à la ligne.

Dans l'instruction :

```
puts(name);
```

en revanche, l'argument name est le nom d'un tableau char préalablement défini par :

```
char name [40];
```

L'instruction affiche la chaîne de caractères mémorisée dans le tableau. Les fonctions gets et puts permettent de bâtir une autre version du programme :

▼ Listing 5.11 : name4.c

```
/***  name4 range une chaîne dans un tableau ***/
/***  via "gets" et l'affiche avec "puts"    ***/

```

```
#include <stdio.h> /* pour printf, gets, puts */

main()
{
     char name [40];

     printf("Votre nom : ");
     gets(name); /* saisie de la string */
     printf("\nVotre nom est ");
     puts(name); /* affichage de la string */
}
```

Tableaux char à deux dimensions

Le programme précédent ne conserve qu'un seul nom. Pour créer et mémoriser une liste de noms, vous aurez besoin de plusieurs tableaux **char**, un pour chaque nom. Bien évidemment, vous n'allez pas ici définir des tableaux séparés. Au contraire, vous créerez un tableau bidimensionnel dont chaque ligne renfermera un nom. Avec :

```
char names [10][20];
```

par exemple, vous définirez un tableau ayant 10 lignes et 20 colonnes. Vous pourrez donc y ranger 10 noms d'au plus 19 caractères (n'oubliez pas le caractère nul !). La saisie d'un nom dans une ligne quelconque peut se faire par la fonction **gets**. Ainsi :

```
gets(names[0]);
```

lit une chaîne de caractères et la range dans la première ligne du tableau **names**. L'expression :

```
names[0]
```

désigne ici le nom de cette première ligne, et donc le nom d'un tableau unidimensionnel. Le tableau bidimensionnel **names** se compose de dix tableaux unidimensionnels analogues. La fonction **gets**, via ce nom, reçoit donc le type d'argument requis, à savoir l'adresse d'un tableau **char** dans lequel sera mémorisée la chaîne de caractères à saisir. Point besoin donc d'opérateur d'adressage pour que **gets** puisse accéder à ce sous-tableau du tableau **names**. De même, avec :

```
puts(names[0]);
```

vous pourrez afficher la première ligne, c'est-à-dire le premier nom. Pour saisir et afficher tous les noms, vous utiliserez naturellement une boucle. Dans le programme *namelist.c*, vous pouvez stocker jusqu'à dix noms dans un tableau et les afficher. Pour stopper la saisie avant le dixième nom, on tapera non pas un nom mais le caractère #.

▼ Listing 5.12 : namelist.c

```
/***      namelist lit jusqu'à dix noms et les réaffiche     ***/
```

```
#include <stdio.h> /* pour printf, puts, gets */

main()
{
    char names [10][20];
    int i = 0; /* Variable de contrôle */

    printf("Le programme lit jusqu'à dix noms, les range\n"
    "dans une liste puis les affiche. Fin par \"#\".\n");

    do /* boucle de saisie */
      {
        printf("\nNom : ");
        gets(names[i++]); /* incrémentation de i */
      }
    while (i < 10 && names[i-1][0] != '#');

    printf("La liste contient les noms suivants :\n\n");
    i = 0; /* réinitialisation de i pour affichage */
    while(i < 10 && names[i][0] != '#') /* boucle d'affichage */
        puts(names[i++]);
}
```

Le programme, à l'aide d'une boucle `do while`, lit des chaînes de caractères jusqu'à en décompter dix, ou jusqu'à ce le caractère # soit saisi. Si on a tapé le caractère #, il se retrouve ensuite dans le premier élément :

```
names[i][0]
```

de la ligne prête à recevoir la saisie en cours. Comme la variable `i` a été incrémentée avant vérification de la condition de bouclage, il faut accéder à :

```
names[i-1][0]
```

et non à `names[i][0]`. La condition de bouclage, d'une part, autorise la sortie prématurée de la saisie et, d'autre part, empêche de saisir plus de dix noms. La condition de la boucle d'affichage tient compte (avec `i < 10`) du cas où la saisie de dix noms n'a pas été suivie de la frappe du caractère de fin.

Le programme *namelist.c* fonctionne, mais il s'y révèle deux inconvénients. D'une part, il faut définir avant le lancement du programme le nombre des éléments de chaque dimension du tableau, et donc le nombre maximal de chaînes susceptibles d'être mémorisées (= nombre d'éléments de la première dimension). Vous ne pouvez plus ensuite changer ces valeurs en cours de programme. Il n'est donc pas possible d'adapter dynamiquement la taille du tableau au nombre réel de chaînes de caractères saisies. Ainsi, on ne pourra pas diminuer le nombre de lignes si on n'a saisi, par exemple, que cinq strings. Inversement, il sera impossible d'accroître le nombre de lignes pour pouvoir saisir plus de dix noms. On ne peut donc qu'estimer la place mémoire requise. Nous présentons donc les problèmes qui vont en découler. Si le tableau est pris trop petit, on ne pourra pas y ranger toutes les données. S'il est trop grand, on gaspillera de la place mémoire. Dans la suite de l'ouvrage, nous présenterons donc des techniques qui nous permettront de créer le nombre de tableaux juste nécessaire à la mémorisation des chaînes de caractères.

L'autre inconvénient est évident, si on se rappelle à quoi ressemble le tableau `names` après stockage des chaînes de caractères. Nous supposons ici que dix noms ont été effectivement saisis (Fig. 5.23).

Les chaînes de caractères ont d'habitude des longueurs différentes, comme c'est le cas avec notre exemple. Les lignes d'un tableau 2D, en revanche, ont toutes la même longueur. Celle-ci est déterminée, lors de la définition du tableau, par la spécification du nombre d'éléments de la seconde dimension. Ce nombre doit être choisi de façon à ce que le tableau puisse contenir la plus grande string susceptible d'y être saisie (caractère nul compris). Dans l'exemple précédent, les tableaux partiels (lignes) `names[0]`... `names[9]` ont chacun 20 éléments, ce qui suffit justement à loger la chaîne la plus longue. Mais, comme la plupart des strings mémorisées n'atteindront pas la longueur maximale, il restera donc toujours un nombre plus ou moins grand d'éléments inutilisés (dans notre exemple, environ 1/3 des éléments). Au chapitre intitulé *Pointeurs*, vous apprendrez à faire varier la taille des tableaux. Un tableau ne sera pas alors géré en mémoire comme un objet statique de taille invariable, mais de manière dynamique, en ce sens qu'on y créera autant d'éléments que nécessaire, ni plus ni moins.

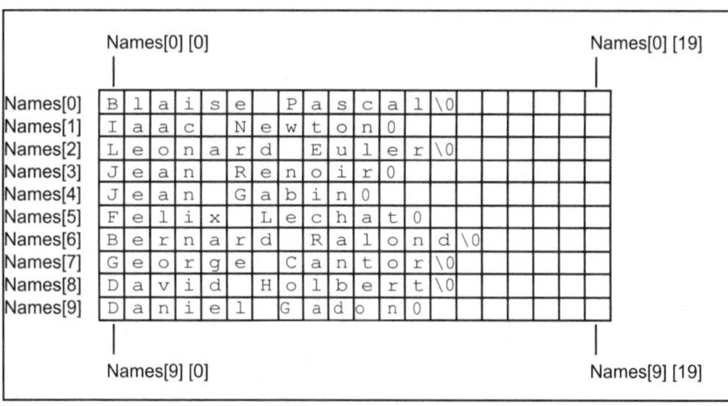

▲ Fig. 5.23 : *Tableau 2D contenant des strings sous forme de représentation matricielle*

Opérations d'affectation

Initialisation

Comme tous les autres tableaux, les variables chaînes peuvent être initialisées dès leur définition. Pour ce qui concerne les restrictions liées au compilateur avec cette forme d'initialisation, il faut savoir qu'un certain nombre de compilateurs (anciens) ne permettent pas toujours l'initialisation des tableaux à la définition (voir la section *Tableaux à une dimension*, dans ce même chapitre). Ainsi :

```
char s [13] = {'B', 'e', 'l', 'l', 'e', ' ', 'c', 'h', 'a', 'î', 'n', 'e', '\0'};
```

entraînerait la mémorisation de la string `Belle chaîne` dans le tableau `s`. Comme les éléments du tableau sont de type `char`, chaque valeur d'initialisation est placée entre apostrophes. Le caractère nul de fin doit ici être explicitement spécifié. On pourrait, en revanche, renoncer à l'indication du nombre d'éléments, de sorte que :

```
char s [] = {'B', 'e', 'l', 'l', 'e', ' ', 'c', 'h', 'a', 'î', 'n', 'e', '\0'};
```

donnerait le même résultat que l'initialisation précédente. En effet, avec les tableaux unidimensionnels, nous savons qu'il est créé autant d'éléments qu'il y a de valeurs d'initialisation. S'il y a plus d'éléments que de valeurs, les éléments superflus sont initialisés à 0 (voir les explications afférentes, dans les sections *Tableaux à une dimension* et *Tableaux à plusieurs dimensions*). L'initialisation d'un tableau `char` à l'aide d'une liste de caractères placés entre apostrophes est fort laborieuse. Pour cette raison, on peut utiliser à la place une écriture équivalente, plus courte, dans laquelle disparaissent liste, apostrophes, accolades et même spécification explicite du caractère nul. La string à mémoriser est alors fournie non pas comme une suite de caractères, mais sous forme de chaîne de caractères mise entre guillemets.

L'initialisation :

```
char s [13] = "Belle chaîne";
```

équivaut à :

```
char s [13] = {'B', 'e', 'l', 'l', 'e', ' ', 'c', 'h', 'a', 'î', 'n', 'e', '\0'};
```

Mais elle est nettement plus commode. On peut (et on doit) de même remplacer :

```
char s [] = {'B', 'e', 'l', 'l', 'e', ' ', 'c', 'h', 'a', 'î', 'n', 'e', '\0'};
```

par la formulation :

```
char s [] =  "Belle chaîne";
```

Si l'on doit cependant initialiser ainsi des tableaux `char` multidimensionnels, il faut remettre les accolades autour des chaînes d'initialisation. Via :

```
char s2 [4][6] = {"Alpha", "Beta", "Gamma", "Delta"};
```

les lignes `s2[0]` à `s2[3]` reçoivent, dans l'ordre, les chaînes de caractères spécifiées :

s2[0]	A	l	p	h	a	\0
s2[1]	B	e	t	a	\0	
s2[2]	G	a	m	m	a	\0
s2[3]	D	e	l	t	a	\0

Fig. 5.24 :
Tableau char 2D, après initialisation

Pour sauter une ligne lors de l'initialisation, le plus simple est d'y affecter la chaîne vide "". L'initialisation :

```
char s2 [4][6] = {"Alpha", "Beta", "", "Delta"};
```

laisse la troisième ligne du tableau libre :

s2[0]	A	l	p	h	a	\0
s2[1]	B	e	t	a	\0	
s2[2]	\0					
s2[3]	D	e	l	t	a	\0

Fig. 5.25 :
Sous-initialisation d'un tableau char 2D

À l'aide d'une variable de contrôle :

```
int i;
```

vous obtenez par :

```
for (i = 0; i < 4; i++)
  puts(s2[i]);
```

l'affichage :

```
Alpha
Beta
Delta
```

La troisième ligne ne contient que des caractères nuls qui sont invisibles.

Autres techniques d'affectation

Une méthode élémentaire pour ranger une chaîne de caractères dans un tableau `char` consiste à affecter chaque caractère de la chaîne (y compris le caractère nul), via une instruction spécifique, à un élément du tableau. La string `Belle chaîne` peut donc être également logée dans le tableau `s` par :

```
s[0]  =  'B';
s[1]  =  'e';
s[2]  =  'l';
s[3]  =  'l';
s[4]  =  'e';
```

```
s[5]  =  ' ';
s[6]  =  'c';
s[7]  =  'h';
s[8]  =  'a';
s[9]  =  'î';
s[10]  = 'n';
s[11]  = 'e';
s[13]  = '\0';
```

Cette technique est aussi peu commode que l'initialisation du tableau par une liste de valeurs individuelles. Il serait souhaitable de disposer d'une opération permettant d'affecter "en bloc" une string à un tableau de type **char**, comme cela se fait, par exemple, lorsqu'on initialise un tableau à sa définition. Le langage C, à la base, ne propose pas une telle commande ou opérateur. Il existe cependant une fonction de bibliothèque **strcpy**, qui permet de recopier un chaîne dans un tableau **char**, ce qui correspond bien à la manipulation demandée. On utilise la fonction **strcpy** selon le modèle suivant :

```
strcpy(<Adresse_Tableau1>, <Adresse_Tableau2>);
```

les deux paramètres de la fonction **<Adresse_Tableau1>** et **<Adresse_Tableau2>** représentent les adresses de deux tableaux **char**. La fonction **strcpy** copie le contenu du tableau dont l'adresse est spécifiée par le second paramètre de la fonction (caractère nul inclus) dans le tableau dont l'adresse est donnée par le premier paramètre. Le tableau "cible" devrait être ici au moins aussi grand que la chaîne qu'on y recopie. Les adresses des tableaux peuvent être transmises à la fonction sous l'une des formes que nous connaissons déjà (nom de tableau, constante chaîne, expression avec l'opérateur **&**, pointeur). Supposons donc que nous ayons défini un tableau **s** par :

```
char s [13];
```

Alors l'instruction :

```
strcpy(s, "Belle chaîne");
```

y recopie la string **Belle chaîne**, ce qui signifie simplement qu'elle y est mémorisée. L'ancien contenu de **s** est écrasé ce faisant. L'utilisation de **strcpy** et de quelques autres fonctions de traitement de chaînes de caractères exige l'inclusion dans le programme du

```
#include <string.h>
```

L'instruction :

```
puts(s);
```

affiche ensuite :

```
Belle chaîne
```

Bien évidemment, le second paramètre de la fonction peut être un nom de tableau au lieu d'une constante chaîne. Après les définitions :

```
char first [15] = "Long Integer";
char second [15] = "Short";
```

les deux tableaux `first` et `second` donnent en mémoire :

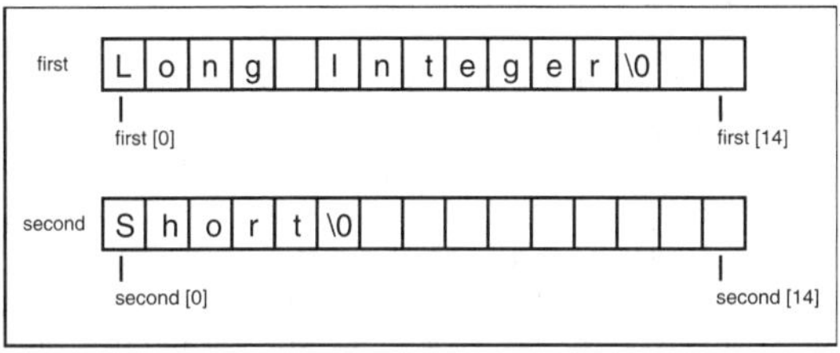

◄ **Fig. 5.26 :** *Variables string*

Si vous demandez l'affichage du contenu des deux tableaux via :

```
puts(first);
puts(second);
```

vous obtenez un résultat conforme à votre attente :

```
Long Integer
Short
```

L'instruction :

```
strcpy(first, second);
```

copie la string `Short` avec son caractère nul (c'est-à-dire le contenu des six premiers éléments du tableau second) dans le tableau `first`. Ensuite, le tableau `first` aura l'aspect suivant :

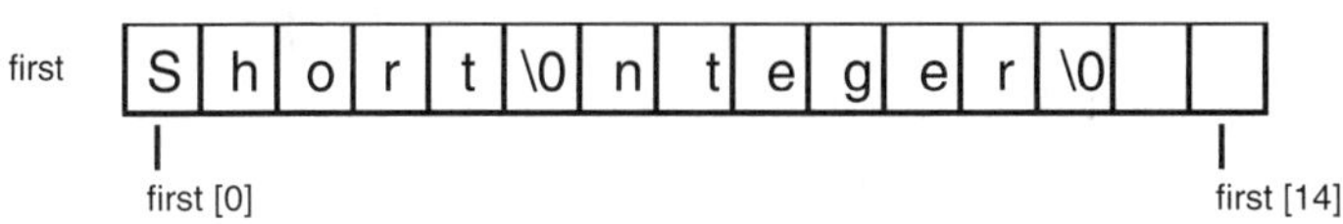

▲ **Fig. 5.27 :** *Tableau char dans lequel on a recopié la chaîne "Short"*

L'opération de copie a écrasé le contenu des six premiers éléments de `first` par les caractères `S`, `h`, `o`, `r`, `t`, `\0`. La commande d'affichage :

```
puts(first);
```

donne maintenant simplement :

```
Short
```

puisque l'affichage se termine lorsqu'on rencontre le caractère nul.

Autres opérations de chaînes

Concaténation de chaînes de caractères

On peut concaténer deux chaînes de caractères en accrochant l'une d'elles à la fin de l'autre. Cette opération s'effectue via la fonction `strcat`, dont la syntaxe générale est :

```
strcat(<Adresse_Tableau1>, <Adresse_Tableau2>);
```

La fonction `strcat` ajoute le contenu du tableau `char` dont l'adresse est donnée par <Adresse_Tableau2> au contenu du tableau d'adresse <Adresse_Tableau1>. Les deux paramètres de la fonction, <Adresse_Tableau1> et <Adresse_Tableau2>, peuvent, comme toujours, être des noms de tableaux, des constantes chaînes, ou toutes autres expressions représentant des adresses de tableaux `char`. Lors de la concaténation, le caractère nul de la première chaîne est écrasé. La nouvelle chaîne de caractères (plus longue) résultant de l'opération est terminée par un caractère nul. Il s'entend que le tableau devant recevoir les deux chaînes concaténées doit être de dimension suffisante.

Voici un exemple. Il arrive que l'on ait besoin d'un nom de fichier sous la forme :

```
<Nom_fichier>.<Extension>
```

mais que les deux composants <Nom_fichier> et <Extension> soient dans deux tableaux séparés, par exemple :

```
char filename [13];
char ext [5];
```

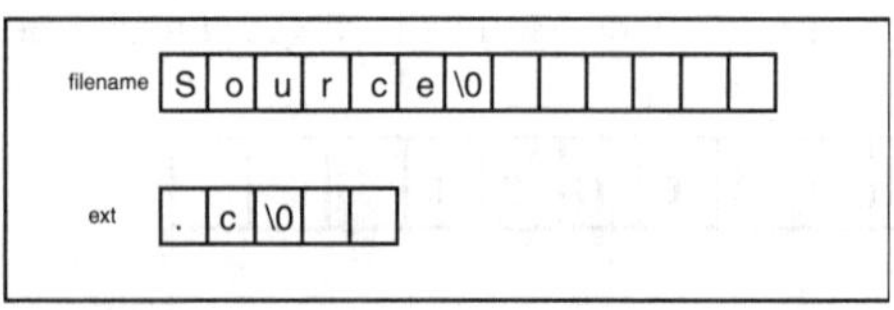

◄ Fig. 5.28 : *Tableaux char contenant les composants d'un nom de fichier*

L'instruction :

```
strcat(filename, ext);
```

dans laquelle les adresses de tableau sont représentées par les noms des tableaux, ajoute la chaîne `.c` à la chaîne `source`. Le résultat de cette opération est que le tableau `filename` a maintenant l'aspect que voici :

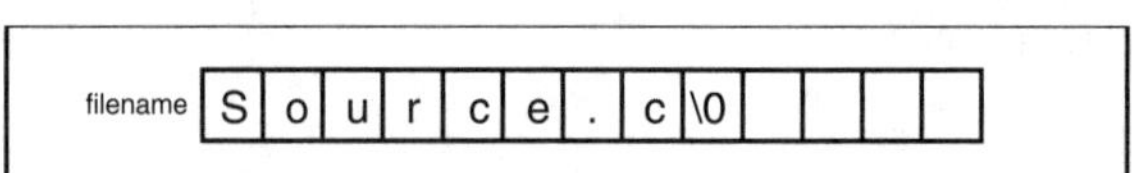

▲ Fig. 5.29 : *Tableau char après concaténation des chaînes "source" et ".c"*

alors que le tableau ext reste le même. Un résultat analogue serait produit par l'instruction :

```
strcat(filename, ".c");
```

dans laquelle la seconde spécification d'adresse est non pas un nom de tableau mais directement la chaîne constante qui doit être concaténée.

Comparaison de chaînes de caractères

La fonction strcmp compare deux chaînes caractère par caractère, jusqu'à ce que soit détectée une différence ou que soit atteint le caractère nul. La comparaison s'effectue dans l'ordre lexicographique (alphanumérique). En d'autres termes, on vérifie à chaque fois si les deux caractères à comparer occupent ou non la même place dans la table des caractères utilisés. Ici, un caractère est considéré comme supérieur à un autre s'il occupe une place plus élevée dans la table des caractères, et inférieur s'il occupe une place moins élevée. Les deux caractères comparés sont égaux lorsqu'ils ont la même position dans la table des caractères. Ainsi, dans la table ASCII, le caractère Z est plus grand que la caractère A, et plus petit que le caractère a. En effet, A occupe dans la table des codes (numérotés de 0 à 255) la position de rang 65 (décimal) alors que Z a le code 90 (décimal), lequel est inférieur au code de a (97 décimal).

strcmp renvoie NULL si les chaînes sont identiques.

Tri numérique et alphanumérique

La différence entre l'ordre de tri lexicographique (alphanumérique) et l'ordre de tri numérique ressort clairement lorsque les données triées sont des nombres ou des suites de chiffres. Un tri numérique croissant des valeurs :

```
20  100  3
```

donne :

```
3  20  100
```

car le nombre 100, de par sa valeur, est supérieur au nombre 20 qui lui-même est supérieur à 3. En revanche, si vous devez trier les chaînes de caractères :

```
"20" "100" "3"
```

selon l'ordre lexicographique croissant de la table ASCII, alors vous obtiendrez :

```
"100"  "20"  "3"
```

En effet, la comparaison lexicographique des chaînes de caractères donne que 3 est plus grand que 20, et 20 plus grand que 100. Ce qui est comparé ici, ce n'est pas par exemple la longueur des chaînes, c'est-à-dire le nombre des caractères. On compare plutôt les valeurs des codes des caractères dont les positions correspondent dans les deux chaînes :

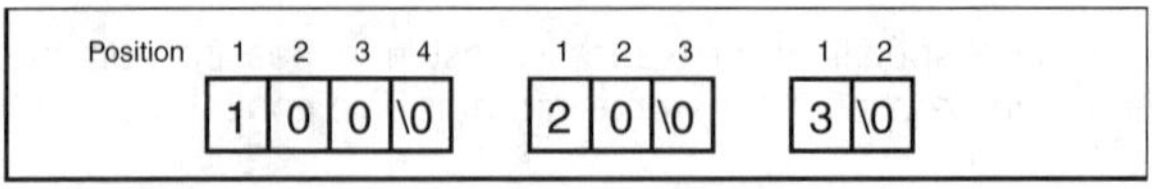

▲ Fig. 5.30 : *Chaînes de caractères rangées dans l'ordre lexicographique croissant*

Ainsi, la comparaison des caractères situés à la première position dans les chaînes donne le résultat suivant : le caractère 3 a le code ASCII 51 (décimal) ; il est donc plus grand que la caractère 2 qui n'a qu'un code ASCII de 50 (décimal). La constatation de cette différence entre les deux caractères suffit déjà à déterminer laquelle des deux chaînes est plus grande que l'autre. L'opération de comparaison se termine donc ici. Les autres caractères des chaînes comparées ne sont pas traités. Le résultat de la comparaison est donc établi dès qu'on a trouvé une discordance entre deux caractères ayant des positions homologues. Dans l'exemple précédent, 3 est lexicographiquement supérieur à 20, car le premier caractère de la chaîne 3 possède un code ASCII plus élevé que le premier caractère de la chaîne 20. Pour les mêmes raisons, 20 est plus grand que 100.

La fonction `strcmp` demande également comme paramètres les adresses des tableaux `char` contenant les chaînes à manipuler. La syntaxe de la fonction ressemble donc à celle de `strcpy` et de `strcat` :

```
strcmp(<Adresse_Tableau1>, <Adresse_Tableau2>);
```

Après les définitions :

```
char s1 [13] = "Ordre de tri";
char s2 [13] = "ORDRE DE TRI";
```

les instructions :

```
strcmp("Ordre de tri", "ORDRE DE TRI");
strcmp(s1, "ORDRE DE TRI");
strcmp("Ordre de tri", s2);
strcmp(s1, s2);
```

comparent les deux chaînes `Ordre de tri` et `ORDRE DE TRI`. Le résultat de cette opération est que la première chaîne est lexicographiquement supérieure à la seconde. Ce qui emporte la décision ici, ce sont les caractères ayant la position 2 dans les deux chaînes (les caractères ayant la position 1 sont identiques) : le caractère o a un code ASCII (111 décimal) supérieur à celui du caractère O (79 décimal). La fonction `strcmp` informe le programme, dans lequel elle est exécutée, de ce résultat. Celui-ci intervient sous la forme d'un nombre entier de type `int`, avec les conventions suivantes :

- si la valeur est inférieure à 0, alors la chaîne dont l'adresse est donnée par le premier paramètre de la fonction est lexicographiquement inférieure à l'autre chaîne.
- si la valeur est égale à 0, alors les deux chaînes de caractères sont égales.
- si la valeur est supérieure à 0, alors la chaîne dont l'adresse est donnée par le premier paramètre de la fonction est lexicographiquement supérieure à l'autre chaîne.

La valeur transmise au programme (dite "valeur retournée" ou encore "return value", cf. chapitre *Fonctions*) peut être mémorisée dans une variable de type adéquat, pour réutilisation ultérieure dans le programme. Si vous définissez, par exemple, une variable :

```
int result;
```

l'instruction :

```
result = strcmp(s1, s2);
```

détermine, sous forme de valeur numérique rangée dans la variable **result**, le résultat de la comparaison des deux chaînes contenues dans les tableaux **s1** et **s2**. Vous pouvez afficher le résultat de cette comparaison par :

```
if (result > 0)
  printf("\nChaîne 1 plus grande que chaîne 2.\n");
else if (result < 0)
  printf("\nChaîne 1 plus petite que chaîne 2.\n");
else
  printf("\nChaîne 1 égale à chaîne 2.\n");
```

Mais il y a, comme toujours en C, une autre possibilité de formulation plus concise. Au lieu d'affecter le résultat de la fonction **strcmp** à une variable spécifique, on peut l'utiliser directement et remplacer le codage précédent par :

```
if (strcmp(s1, s2) > 0)
  printf("\nChaîne 1 plus grande que chaîne 2.\n");
else if (strcmp(s1, s2) < 0)
  printf("\nChaîne 1 plus petite que chaîne 2.\n");
else
  printf("\nChaîne 1 égale à chaîne 2.\n");
```

La variable **result** a disparu ici. La valeur résultat est cachée en fait dans l'expression :

```
strcmp(s1, s2)
```

Partant de l'instruction :

```
result = strcmp(s1, s2);
```

on peut en tirer la conclusion suivante : l'expression

```
strcmp(s1, s2)
```

possède, comme toute expression du C, une valeur. Étant donné que la variable **result**, d'après l'affectation précédente, contient le résultat de la fonction **strcmp**, la valeur de l'expression du membre droit doit également être ce résultat (dont on sait qu'il est de type **int**). Une présentation détaillée de ce phénomène ne nous intéresse pas encore. Elle sera donnée au chapitre *Fonctions*. De ce fait, l'expression :

```
strcmp(s1, s2)
```

peut figurer partout où on peut introduire une expression de type **int**, par exemple dans une expression de comparaison.

Le programme suivant utilise cette possibilité pour afficher les relations lexicographiques existant entre deux chaînes saisies au clavier. La fonction **strcmp** veut que nous incorporions au programme le fichier header <string.h>, via la directive du préprocesseur :

```
#include <string.h>
```

▼ Listing 5.13 : strngrel.c

```
/*** strngrel lit deux chaînes, les compare lexicographiquement ***/
/*** et affiche le résultat de la comparaison                    ***/

#include <stdio.h>          /* pour printf, gets */
#include <string.h>         /* pour strcmp */
#include <conio.h>          /* pour getche */


main()
{
    char first [81];
    char second [81];

    do
      {
        printf("Le programme compare deux chaînes lexicographiquement.\n");

        printf("\nChaîne 1 : ");
        gets(first);

        printf("\n Chaîne 2 : ");
        gets(second);

        if (strcmp(first, second) > 0) /* évaluation du résultat */
           printf("\nChaîne 1 plus grande que chaîne 2.\n");
        else if (strcmp(first, second) < 0)
           printf("\n Chaîne 1 plus petite que chaîne 2.\n");
        else
           printf("\n Chaîne 1 égale à chaîne 2.\n");

        printf("\n<Entrée> pour continuer. Fin par <ECHAP>.\n");
        first[0] = getche();
```

```
        } while (first[0] != 27); /* fin do while par <ECHAP> */
}
```

Longueur d'une chaîne de caractères

La fonction **strlen** calcule la longueur d'une chaîne de caractères en octets (donc le nombre de caractères), le caractère nul n'étant pas compté ici. La fonction admet un seul paramètre, à savoir l'adresse (nom de tableau, constante chaîne, etc.) du début du tableau contenant la chaîne de caractères concernée :

```
strlen(<Adresse_Tableau>);
```

Le nombre des caractères comptés est retourné au programme par la fonction, cela sous forme de valeur entière (cf. nos explications sur strcmp dans la section précédente). Ainsi, après l'instruction :

```
characters = strlen("How many?");
```

la variable entière **characters** a la valeur 9. Elle aurait eu la même valeur avec :

```
characters = strlen(s);
```

si vous aviez préalablement mémorisé la chaîne de caractères How many? dans le tableau s, par exemple avec :

```
char s [] = "How many?";
```

Le programme qui suit montre une application de **strlen** pour la saisie d'un mot de passe ne devant pas dépasser une longueur maximale prédéfinie. Comme avec **strcmp** dans le programme *strngrel.c*, la valeur entière renvoyée par la fonction **strlen** n'est pas mémorisée dans une variable particulière, mais utilisée directement avec :

```
if (strlen(buffer) > 8)
```

Naturellement, une fois définie une variable appropriée, par exemple :

```
int l;
```

le codage :

```
l = strlen(buffer);
if(l > 8);
.
.
.
```

serait également possible.

Le mot de passe est saisi "à l'aveuglette" au moyen de la fonction getch, laquelle n'affiche pas le caractère saisi. Mais, dans notre exemple, on se donne la possibilité de faire afficher le mot de passe. La fonction getch (comme aussi **getche**) interprète le caractère **\r** (retour chariot, ASCII 13) comme équivalent de l'appui sur la touche [Entrée]. **Getchar** utilise en revanche le caractère **\n** (retour ligne) pour la même opération. C'est pourquoi, dans la boucle de saisie du mot de passe, le caractère **\n** est utilisé comme caractère de fin. Le programme se termine lorsqu'un mot de passe correct a été saisi.

▼ Listing 5.14 : password.c

```
/*** password lit un mot de passe sans l'afficher à l'écran   ***/
/*** et vérifie, via la fonction "strlen", si on n'a pas      ***/
/*** dépassé une certaine longueur maximale prédéfinie        ***/

#include <stdio.h> /* pour printf */
#include <conio.h> /* pour getche, getch */
#include <string.h> /* pour strlen, strcpy */

main()
{
    char buffer[81];      /* pour ranger la saisie */
    char pword[9];        /* mot de passe */
    char reply, new, i;   /* Variables de contrôle */

    do
      {
         printf("Entrez un mot de passe (8 caractères au plus) : ");

         i = 0;
         while ((buffer[i] = getch()) != '\n') /* lecture du mot
                                                  de passe */
               i++;
         buffer[i] = '\0';                     /*  caractère nul */

         if (strlen(buffer) > 8) /* si mot de passe trop long */
            {
               printf("Mot de passe trop long.\n");
               printf("<Entrée> pour nouvelle saisie.
               ➥ Fin par <ECHAP>.\n");
               new = getche();
            }
         else /* mot de passe correct */
            {
               strcpy(pword, buffer); /* mémoriser mot de passe */
               printf("\nMot de passe enregistré. Visualisation ?
               ➥ (o/n) ");
               if ((reply = getche()) == 'o')
                   printf("\nVotre mot de passe est \"%s\"\n",
                   ➥ pword);
                   new = 27;      /* pour finir do while, new doit
                                     recevoir 27 */
            }
         } while (new != 27); /* tant que nouvelle saisie */
}
```

Les fonctions de chaînes permettent de manipuler les chaînes de caractères sans que le programmeur doive lui-même explicitement opérer sur les tableaux **char** correspondants. Ces opérations élémentaires sont au contraire assurées par la fonction concernée. Par exemple, si nous déterminons par :

```
strlen(s);
```

la longueur d'une chaîne (plus précisément : la longueur d'une chaîne contenue dans le tableau **s**), nous pouvons être certains que la fonction **strlen** exécute, pour réaliser son travail, des instructions comme :

```
i = 0;
while (s[i] != '\0')
  i++;
```

Le chapitre *Fonctions* nous renseignera sur le contenu et sur le fonctionnement des fonctions de chaînes. Outre les fonctions présentées ici, sachez qu'il existe toute une série d'autres routines pour manipuler les chaînes de caractères.

5.2 Structures

Les tableaux recueillent des éléments de même nature. Mais il peut advenir qu'il faille regrouper des données de natures différentes. Dans le fichier des clients d'une entreprise, par exemple, on ne range pas que le nom du client, mais également d'autres données comme l'adresse, le chiffre d'affaires, etc. On y enregistre donc une fiche complète, dont les composants ne sont pas forcément du même type. Ainsi, le code postal dans une adresse sera un entier, alors que les chiffres d'affaires seront souvent dotés de deux décimales ; ils seront donc rangés sous forme de valeurs à virgule flottante. Théoriquement, on pourrait créer des variables distinctes pour ces données, par exemple :

```
char nom [20];
int cp;
char ville [20];
float ca;
```

Mais comme ces données constituent une entité logique et se réfèrent toutes à une seule et même personne, l'idée est de faire comme pour les tableaux, et de rassembler formellement ces données sous un seul nom de variable. Le type dans lequel une variable est composée d'éléments de types différents est réalisé en C à l'aide des structures. Les variables de ce type, comme les variables tableaux, sont des données constituées d'un certain nombre d'autres objets, qui sont également des variables. Ces variables partielles composant une structure sont appelées champs de la structure. C'est à la déclaration de la structure que l'on précise ses champs.

Déclaration des structures

Avant de pouvoir définir une variable structurée, il faut fournir au compilateur une définition de structure décrivant l'aspect de la structure à créer. On indique, pour cela, les champs de la structure, en d'autres termes de quelles variables partielles celle-ci se compose. Chaque champ est introduit avec son type et son nom. Il est même possible d'attribuer au type de la structure un nom distinctif. Voici la syntaxe d'une définition de structure :

```
struct <Nom_Structure>
   {
     <Type_Champ1> <Nom_Champ1>;
     <Type_Champ2> <Nom_Champ2>;
     .
     .
     .
     <Type_ChampN> <Nom_ChampN>;
   };
```

Le mot clé `struct` peut être suivi d'un nom définissant le type de la structure (ce n'est pas un nom de variable !). Ainsi, l'image qui suit montre comment définir une structure dont le type est appelé `Client` et dont les quatre champs se composent de deux variables `char`, d'une variable `int` et d'une variable `float`.

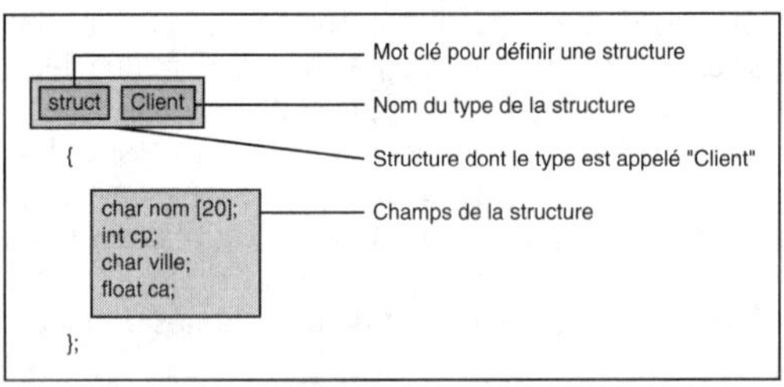

Les noms des champs d'une structure doivent être non ambigus. En d'autres termes, la structure ne peut contenir deux champs ayant le même nom. La définition de structure suivante n'est donc pas correcte :

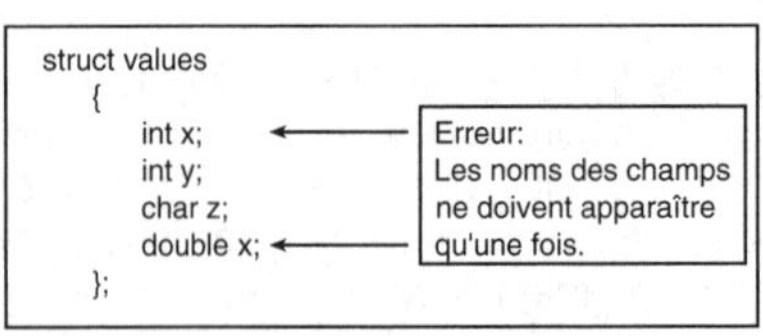

Les champs d'une structure peuvent avoir n'importe quel type, à une exception près. Le type d'un champ ne doit pas être celui de la structure dans laquelle le champ est contenu. La déclaration de structure :

```
struct false
    {
        char a;
        float b;
        struct false c;  <----
    };
```

Erreur :
Le type du champ **c** est celui de la structure dans laquelle il se trouve.

est erronée. En effet, au champ `c` a été attribué un type qui est celui de la structure elle-même. En revanche, il est permis de prendre comme champ une structure d'un autre type. Après la déclaration :

```
struct time
    {
        int heure;
        int minute;
    };
```

la définition d'une autre structure :

```
struct RDV
  {
      char nom [20];
      char jour [11];
      struct time horaire;
  };
```

peut très bien contenir comme champ la variable **`horaire`** ayant le type `struct time` (cf. plus loin dans ce chapitre, à la section *Opérations sur les variables structurées*). Pour compléter les considérations précédentes, il faut ajouter que si une structure ne peut contenir un champ ayant le type même de la structure, il est parfaitement possible d'avoir un champ de type pointeur renfermant l'adresse d'une structure de même type (cf. le chapitre *Pointeurs*).

Les déclarations précédentes de structures (hormis la dernière) ne contiennent pas de définitions de variables. En particulier, elles ne provoquent pas de réservation de mémoire pour des données. Les déclarations de structures représentent plutôt des informations sur un nouveau type de données, que le compilateur utilisera comme modèle pour les variables de ce type, qui seront ultérieurement définies.

Définition de variables structurées

Après avoir déclaré au compilateur la structure susceptible d'être utilisée dans le programme, nous pouvons définir des variables possédant ce type. Si vous avez, par exemple, déclaré avec :

```
struct livre
    {
      char auteur [12];
      char titre [20];
```

```
      short an;
   };
```

une structure de type `livre` permettant de mémoriser le nom de l'auteur, le titre et l'année de publication d'un livre, vous pourrez maintenant définir une variable `l` de type **`struct livre`** :

```
struct livre l;
```

La déclaration d'une structure et la définition d'une variable du type concerné peuvent être condensées dans une même instruction, avec laquelle on accroche quasiment la définition de la variable à la déclaration de la structure. L'instruction :

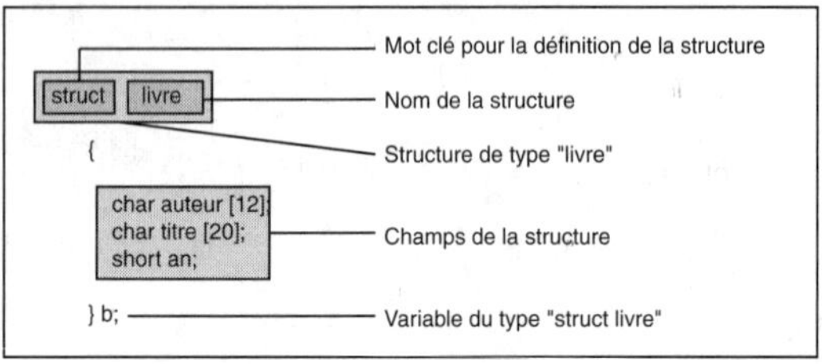

déclare également une structure de type `livre`, et définit en même temps une variable du type `struct livre`. Bien évidemment, on peut définir en un seul coup plusieurs variables structurées. Vous définirez n variables structurées `l1` à `ln`, aussi bien par :

```
struct livre
   {
      char auteur [12];
      char titre [20];
      short an;
   };
```

accompagné de :

```
struct livre l1, l2, l3, ... , ln;
```

que par :

```
struct livre
   {
      char auteur [12];
      char titre [20];
      short an;
   } l1, l2, l3, ... , ln;
```

Structures sans nom de type

Si l'on adopte, pour la déclaration d'une structure et la définition d'une variable, la seconde syntaxe avec laquelle la définition de la variable accompagne la déclaration de la structure, alors le nom de la structure peut être omis. L'instruction :

```
struct
   {
     char typ [10];
     int rotation;
     float puissance;
   } x;
```

déclare une structure sans nom de type, et définit une variable x possédant ce type. L'inconvénient saute aux yeux. Nommer le type de la structure aurait permis de reconnaître immédiatement pour quel type de données (moteurs, par exemple) on l'a créé. Cette façon de procéder peut toutefois convenir lorsque le programme n'utilise qu'un seul type de structure. Mais elle engendre un défaut de lisibilité, notamment lorsqu'il existe plusieurs types de structures sans nom, qui sont donc difficiles à distinguer les uns des autres.

Opérations sur les variables structurées

Affectations

La structure livre de la section précédente va nous servir à montrer comment on affecte des valeurs à une variable structurée ou à ses champs. Avec :

```
struct livre
{
  char auteur [12];
  char titre [20];
  short an;
} l;
```

Vous pouvez vous représenter ainsi la variable structurée l en mémoire :

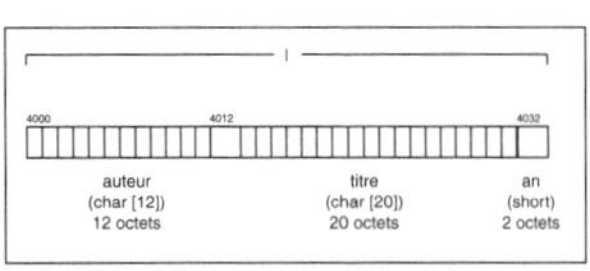

◄ Fig. 5.31 :
Variable structurée avec trois champs

Les champs d'une structure, comme c'est le cas sur l'image précédente, peuvent avoir des types différents, et donc une occupation mémoire différente. Il est donc clair que l'accès aux champs d'une structure ne peut se faire à l'aide d'un index comme pour les éléments d'un tableau. Un index, en effet, suppose que les éléments soient de même type, c'est-à-dire de même longueur. Il nous faut plutôt ici un opérateur spécifique : l'opérateur **.** (cf. également la rubrique *Opérateurs*).

L'opérateur de champ

L'opérateur de champ est placé entre le nom de la variable structurée et celui du champ concerné. Il en résulte donc une expression de la forme :

```
<Nom_Variable>.<Nom_Champ>
```

Les champs de la variable structurée `l` sont donc accessibles via les noms :

```
l.auteur  l.titre  l.an
```

Par exemple, avec les instructions :

```
l.an = 1993;
l.an = l.an + 1;
l.an--;
```

on affecterait au champ `an` de la variable structurée `l` la valeur entière 1993, puis on modifierait deux fois cette valeur. Il n'y a rien d'extraordinaire à de telles opérations car le champ `an` est une variable `short` tout à fait ordinaire. Par conséquent, on peut y appliquer toutes les opérations possibles sur des variables `short`. Il en va de même pour les deux autres champs, qui sont des tableaux `char`, donc des variables chaînes, pour lesquels sont valables toutes les opérations autorisées sur les tableaux `char`. Pour initialiser les champs `auteur` et `titre`, on peut par exemple employer la fonction `strcpy`.

Les instructions :

```
strcpy(l.auteur, "De Wyliers");
strcpy(l.titre, "Carnage à Mazamet");
```

rangent les chaînes de caractères `De Wyliers` et `Carnage à Mazamet` dans les champs `auteur` et `titre`. Naturellement, on peut également manipuler de manière élémentaire les champs qui sont des tableaux. Avec :

```
l.auteur[0]  =  'D';
l.auteur[1]  =  'e';
l.auteur[2]  =  ' ';
l.auteur[3]  =  'W';
l.auteur[4]  =  'y';
l.auteur[5]  =  'l';
l.auteur[6]  =  'i';
l.auteur[7]  =  'e';
l.auteur[8]  =  'r';
l.auteur[9]  =  's';
l.auteur[10]  = '\0';
```

le nom `De Wyliers` atterrit également dans le champ `auteur`.

Compliquons maintenant notre structure livre pour voir comment se réalise l'accès à un champ qui est lui-même une structure. On va donc créer ici une imbrication de structures. Rappelez-vous qu'une structure ne peut pas se contenir elle-même en tant que type d'un de ses champs, mais peut contenir un champ fondé sur une structure d'un autre type. La modification que vous allez entreprendre concerne le champ **auteur** dans lequel il faut désormais mémoriser non seulement le nom, mais également le prénom de l'auteur. Vous déclarerez, pour cela, une structure adéquate qui servira de type au champ concerné. Cette structure, de son côté, contiendra les champs **nom** et **prénom**. Après avoir déclaré ce nouveau type au compilateur, vous pourrez l'utiliser comme type du champ **auteur** dans la structure **livre**. Changez en outre le nom de la structure modifiée en remplaçant **livre** par **livre2**. Enfin, définissez une variable de type **struct livre2**. Le fragment de programme suivant illustre tout cela :

```
main()
  {
     struct nompre /* Déclaration d'une structure de type nompre */
       {
         char prenom [15];
         char nom [15];
       };

     struct livre2 /* Déclaration d'une structure de type livre2 */
       {
         struct nompre auteur; /* champ de type struct nompre */
         char titre [20];
         short an;
       };

     struct livre2 l; /* Définition d'une variable de type struct livre2 */
          .
          .
          .
  }
```

Pour accéder aux champs **nom** et **prenom** de la variable structurée **auteur**, qui est elle-même un champ de la variable structurée **l**, on imbrique les niveaux d'une manière quasi hiérarchique, et on sépare les variables des différents niveaux à l'aide de l'opérateur de champ. Via :

```
strcpy(l.auteur.prenom, "Claude");
strcpy(l.auteur.nom, "Paudel");
```

par exemple, on mémorise dans le champ auteur l'identité d'un écrivain. Vous remplacerez bien sûr **Claude** et **Paudel** par le prénom et le nom de l'auteur concerné.

Les deux déclarations distinctes pour les structures **nom** et **livre2** et les définitions des variables structurées **auteur** et **l** peuvent être condensées en une seule instruction, à la manière typique du C. L'imbrication des structures ressort plus clairement ici :

```
struct livre2 /* Déclaration d'une structure de type livre2 */
  {
    struct nompre /* Déclaration d'une structure de type nompre */
       { /* au sein d'une autre déclaration de structure */
```

```
            char prenom[15];
            char nom[15];
        } auteur; /* Variable/champ de type struct nompre */
  .
    char titre[20];
    short an;
  } l; /* Définition d'une variable de type struct livre2 */
```

Affectation entre champs de structures

On peut affecter des valeurs de champs d'une structure à d'autres champs de la même variable structurée, ou d'autres variables structurées (de même type ou non). Comme on le sait déjà pour les autres variables, il faut simplement faire attention, avec les affectations, à la compatibilité des types des données concernées, ou à la nature des conversions susceptibles de se produire. Avec deux variables l1 et l2 de type `struct livre2`, les affectations :

```
strcpy(l2.auteur.prenom, l1.auteur.prenom);
strcpy(l2.auteur.nom, l1.auteur.nom);
strcpy(l2.titre, l1.titre);
```

qui reportent le contenu des champs `auteur` et `titre` de la variable structurée l1 dans les champs correspondants de la variable l2 ne posent aucun problème, au même titre que la simple affectation :

```
l2.an = l1.an;
```

qui recopie une valeur entière (valeur du champ `an`) dans la variable du membre gauche.

Affectation globale de variables structurées

Il arrive que l'on ait à affecter complètement une variable structurée à une autre variable structurée de même type, en d'autres termes à affecter le contenu de tous les champs. On peut économiser du code si l'on dispose d'un compilateur fondé sur le tout dernier standard que l'American National Standards Institute (ANSI) a proposé pour le langage C. Dans ce cas, on peut effectivement affecter en une seule instruction le contenu de tous les champs d'une variable structurée aux champs correspondants d'une autre variable structurée. L'affectation lapidaire :

```
l2 = l1;
```

recopie les valeurs des champs `auteur`, `titre` et `an` de la variable l1 d'un seul coup dans les champs homonymes de la variable l2.

Comparaison, adressage et dimension

On ne peut pas comparer globalement des variables structurées. Pour vérifier si deux variables de type `struct livre2` possèdent les mêmes valeurs, nous devons donc comparer les différents champs un à un. Une instruction comme :

```
if (l1 == l2) /* comparaison interdite */
  printf("Les variables structurées sont égales.\n");
```

n'est pas permise.

L'opérateur de moulage (cast) ne peut pas non plus être utilisé sur une variable structurée dans sa globalité (c'est naturellement possible sur les différents champs, pour autant qu'ils ne soient pas eux-mêmes des structures).

En revanche, l'opérateur **&** permet de faire afficher l'adresse d'une variable structurée. Via :

```
printf("%u", &l1);
```

ou :

```
printf("%x", &l1);
```

par exemple, on affiche l'adresse de la variable **l1** de type **struct livre2** (c'est-à-dire l'adresse du premier champ **l1.auteur.prenom**) sous forme décimale ou hexadécimale. Si les adresses devaient être trop grandes pour pouvoir être représentées sur le domaine **int**, vous prendriez comme format **%lu** pour **unsigned long**, ou **%lx** pour un hexadécimal long.

L'opérateur **sizeof** calcule la dimension d'une variable structurée ou du type de structure correspondant. L'opérande de l'opérateur **sizeof** peut ici être le nom de la variable structurée, comme dans l'instruction :

```
printf("%d", sizeof(l1));
```

par exemple, où **l1** représente elle-même une variable du type **struct livre2**. Il peut également être le nom du type de la variable, comme dans :

```
printf("%d", sizeof(struct livre2));
```

Dans les deux cas, la valeur 52 serait affichée.

Initialisation

Les variables structurées, comme les autres variables, peuvent être initialisées lors de leur définition. Les mêmes restrictions qu'avec les tableaux valent ici. Avec des compilateurs un peu anciens, la validité de l'initialisation des variables structurées dès leur définition dépend de la classe de mémorisation de la variable concernée (voir le chapitre intitulé *Classes de mémorisation*). L'initialisation des structures ressemble à celle des tableaux. Les valeurs d'initialisation des divers champs sont données sous forme de liste placée entre accolades. Par exemple, une fois déclarées les structures :

```
struct nompre
   {
     char prenom [15];
     char nom [15];
```

```
    };
struct livre2
    {
      struct nompre auteur;
      char titre [20];
      short an;
    };
```

on peut définir et initialiser une variable l :

```
struct livre2 l = {"Gérald", "De Wyliers", "Kill Marcel Dubois",
1993};
```

Les valeurs d'initialisation sont ici affectées dans l'ordre des champs **auteur**, **titre** et **an**, les chaînes **Gérald** et **De Wyliers** étant ici ventilées sur les champs **prenom** et **nom** de la variable structurée **auteur**.

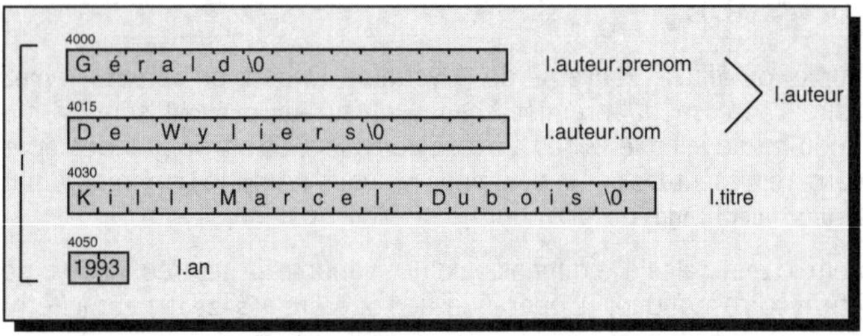

▲ Fig. 5.32 : *Variable structurée après l'initialisation précédente*

S'il y a moins de valeurs d'initialisation que de champs dans la structure, le procédé est analogue à ce qui se passe avec les tableaux. Les champs pour lesquels il n'y a pas de valeur sont initialisés à 0. Avec une structure quelconque **xyz**, une instruction comme :

```
struct xyz <Variable> = {0};
```

permet d'assurer très simplement que tous les champs d'une variable structurée prendront la valeur 0. Si on spécifie plus de valeurs d'initialisation qu'il n'y a de champs, alors le compilateur affiche une erreur.

Entrée et sortie

Jusqu'ici, c'est uniquement par des affectations internes que nous avons attribué des valeurs aux champs des variables structurées (que nous n'avons pas affichées non plus). Naturellement, les valeurs peuvent également arriver dans les variables de manière interactive, via une saisie utilisateur. Nous illustrerons cela par un programme simple, qui range dans une variable structurée un ensemble de valeurs saisies par l'utilisateur, puis les affiche. L'enregistrement se compose ici de données bibliographiques manipulables par l'intermédiaire d'un type de structure semblable au type **livre2**.

▼ Listing 5.15 : readrec1.c

```
/*** readrec1 lit un enregistrement, le range dans ***/
/*** une variable structurée et ensuite l'affiche. ***/

#include <stdio.h> /* pour printf, scanf, gets, puts */

main()
{
     struct nompre
       {
         char prenom [15];
         char nom [15];
       };

     struct livre3
       {
         struct nompre auteur; /* Nom de l'auteur */
         char titre [40]; /* Titre du livre */
         char editeur [20]; /* Publié par */
         short an; /* Année de publication */
       } l; /* Variable structurée */

    printf("FICHE BIBLIOGRAPHIQUE :\n");

     /* saisie de l'enregistrement */

     printf("Nom de l'auteur : ");
     gets(l.auteur.nom);
     printf("\nPrénom : ");
     gets(l.auteur.prenom);
     printf("\nTitre du livre : ");
     gets(l.titre);
     printf("\nEditeur : ");
     gets(l.editeur);
     printf("\nAnnée de publication : ");
     scanf("%hd", &l.an);

    /* affichage de l'enregistrement */

     printf("\n\nVous avez enregistré les données suivantes :\n\n");
     printf("%s %s\n", l.auteur.prenom, l.auteur.nom);
     puts(l.titre);
     printf("%s %hd\n", l.editeur, l.an);

}
```

Les quatre premières saisies sont des chaînes de caractères, et peuvent donc être introduites via la fonction **gets**, qui requiert pour cela les adresses des tableaux **char** contenant les strings. En conséquence, nous passons à la fonction le nom du tableau concerné comme paramètre, nom qui représente, comme vous le savez depuis la section Tableaux, l'adresse du début du tableau.

Le champ `an` étant une variable de type `short`, son nom ne représente pas directement son adresse de début pour le compilateur. Vous devez donc fournir, à l'aide de l'opérateur d'adressage `&`, cette adresse requise par la fonction `scanf`.

Pour stocker plus d'un enregistrement, il faut toute une série de variables structurées (de même nature). Lorsque le nombre d'enregistrements de même type est assez élevé, on définit habituellement un tableau dont les éléments sont de ce type. La prochaine section de ce chapitre va vous montrer comment utiliser des tableaux dont les éléments sont des variables structurées.

Tableaux de structures

Lorsque le nombre d'enregistrements à gérer est assez important, on peut créer un tableau dont les éléments sont des variables structurées. Une fois déclarées les structures :

```
struct nompre
   {
     char prenom [15];
     char nom [15];
   };
struct livre3
   {
     struct nompre auteur;
     char titre [40];
     char editeur [20];
     short an;
   };
```

la ligne :

```
struct livre3 l[50];
```

ne définit pas de variable structurée isolée, mais au contraire un tableau de 50 éléments, dont chacun est une variable structurée de type `struct livre3`. Comme d'habitude, les éléments seront ici désignés par le nom du tableau avec un index, soit `l[0]` à `l[49]` dans notre exemple :

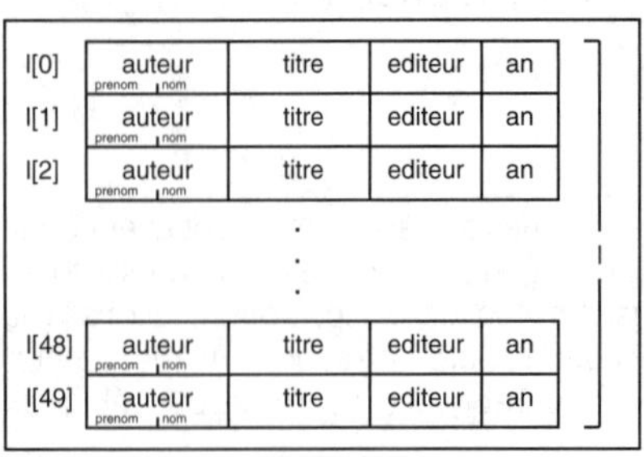

Fig. 5.33 : *Tableau de structures à 50 éléments*

On voit que le tableau de structures ressemble à un tableau bidimensionnel, dans lequel les lignes auraient la même longueur, mais pas les colonnes. Pour accéder à un certain champ d'un quelconque élément du tableau, il faut le désigner selon la syntaxe suivante :

```
<Nom_Tableau>[index].<Nom_Champ>
```

Supposons, par exemple, que l'on veuille que 1993 soit l'année de publication du livre dont les données sont rangées dans le 37ème élément du tableau l. On peut réaliser cela par :

```
l[36].an = 1993;
```

De manière analogue, on saisira pour le même élément le nom de l'auteur par l'instruction :

```
gets(l[36].auteur.nom);
```

On pourra également l'affecter comme dans l'exemple suivant :

```
strcpy(l[36].auteur.nom, "Miller");
```

Si un champ est lui-même un tableau, on peut vouloir connaître certains éléments isolés. Par exemple, pour vérifier si le nom de l'auteur commence par telle ou telle lettre. Avec la structure l, l'instruction :

```
if (l[36].auteur.nom[0] == 'M')
```

teste si l'initiale du nom de l'auteur du 37ème élément du tableau de structures est un M. Le code :

```
for (i = 0; i < 50; i++)
  if (l[i].auteur.nom[0] == 'M')
    puts(l[i].auteur.nom);
```

affiche tous les auteurs dont le nom commence par M. Le programme suivant, grâce à un tableau de structures, autorise la saisie d'au plus 50 enregistrements de type livre3. Vous pourrez l'utiliser comme modèle de programmes voisins.

▼ Listing 5.16 : readrec2.c

```
/***  readrec2 montre comment utiliser un tableau de structure   ***/
/***  pour la saisie et l'affichage d'enregistrements.           ***/

#include <stdio.h> /* pour printf, scanf, getchar() */
#include <conio.h> /* pour getche, getch */

main()
{
     struct nompre /* déclaration de structure */
       {
         char prenom [15];
         char nom [15];
       };
```

```
struct livre3 /* déclaration de structure */
  {
    struct nompre auteur;
    char titre [40];
    char editeur [20];
    short an;
  };

struct livre3 l[50]; /* Définition d'un tableau d'éléments */
                     /* de type struct livre3 */

int i = 0; /* Variable de contrôle pour boucle de saisie */
int last; /* Position du dernier enregistrement */
char reply; /* décide de l'affichage des enregistrements */
int nextorstop; /* écran suivant ou stop */
do
  {
    printf("Ce programme vous permet de saisir
    ➥ une bibliographie \n"
           "de 50 titres au plus. Fin de saisie par \'0\'.");

    /* saisie des enregistrements */

    printf("\n\n\nFiche no %d", i+1);
    printf("\n\nNom de l'auteur : ");
    gets(l[i].auteur.nom);

    if (l[i].auteur.nom[0] != '0')   /* ce n'est pas la fin
                                        de la saisie */
      {
        printf("\nPrénom : ");
        gets(l[i].auteur.prenom);
        printf("\nTitre du livre : ");
        gets(l[i].titre);
        printf("\nEditeur : ");
        gets(l[i].editeur);
        printf("\nAnnée de publication : ");
        scanf("%hd", &l[i].an);

        while (getchar() != '\n')  /* pour enlever '\n' du
                                        tampon. */
          ;            /* Sinon le caractère serait
                          compris par */
                       /*  gets comme étant le prochain nom. */
      }

    i++;

  } while (i < 50  &&  l[i-1].auteur.nom[0] != '0');
                              /* tant que ni 50 fiches ni '0' */

if (i == 50) /* Position */
   last = i-1;  /* du dernier */
```

```
    else /* enregistrement */
       last = i-2;

    if (i > 1) /* si on a saisi des fiches */
       {
         if (i > 49) /* tableau plein */
            printf("\n\n50 fiches enregistrées. Maximum atteint.");

       /* affichage des fiches */

         printf("\nVisualisation des fiches ? (o/n)");
         reply = getche();
         if (reply == 'o')
            {
              printf("\033[2J");
              for (i = 0; i <= last; i++)
                 {
                   printf("\n\n%s %s\n", l[i].auteur.prenom,
                   ➥ l[i].auteur.nom);
                   puts(l[i].titre);
                   printf("%s %hd", l[i].editeur, l[i].an);

                   if (!((i+1) % 4)  && (i != last))
                         /* Stop toutes les 4 fiches */
                      { /* sauf après les 4 dernières */
                         printf("\n\n<Entrée> pour page
                         ➥ suivante.");
                         printf("Fin affichage par <ECHAP>.");
                         nextorstop = getch();
                         if (nextorstop == 27)
                                       /* si <ECHAP>, fin boucle
                                          affichage */
                            i = last + 1;
                         else
                            printf("\033[2J");
                      } /* fin if(!((i+1) % 4)) */

                 } /* fin for */

            } /* fin if (reply == 'o') */

       } /* fin if(i > 1) */

} /* fin main */
```

Commentaires

Le programme *readrec2.c* lit, à l'aide d'une boucle `do while`, des enregistrements jusqu'à ce que l'utilisateur tape le caractère de fin de saisie `\0`, ou jusqu'à ce que la capacité du tableau de structures `l` soit épuisée. Pour vérifier si on a tapé le caractère de fin de saisie, on contrôle si le premier élément :

```
nom[0]
```

du champ **nom** (nom de l'auteur dans l'enregistrement en cours) est égal à ce caractère. Le `if` après la saisie du nom de l'auteur prévient le traitement des autres champs de saisie lorsque c'est le caractère de fin de saisie qui a été tapé. Comme la fonction **scanf** laisse dans le tampon de lecture le caractère de saut de ligne ayant servi à valider la saisie, il faut supprimer ce dernier avec :

```
while (getchar() != '\n')
  ;
```

Sinon, au prochain passage dans la boucle, la fonction **gets** prendrait ce caractère de saut de ligne pour le nouveau nom d'auteur saisi par l'utilisateur. Pour ce qui a trait à la suppression des résidus dans le tampon de saisie, voir les chapitres *Entrée et sortie* et *Structures de contrôle de flux*.

La condition de la boucle **do while** :

```
(i < 50  &&  l[i-1].auteur.nom[0] != '0')
```

ne fait pas que vérifier si on a tapé le caractère de fin de saisie. Dans sa première partie, elle teste si `i` est inférieur à 50. Lorsqu'après la saisie du 50ème enregistrement, `i` aura atteint la valeur 50 via :

```
i++;
```

la boucle s'arrêtera donc, et la saisie des fiches sera close. Étant donné que `i` a été incrémenté avant l'évaluation de la condition de bouclage, celle-ci doit vérifier, comme enregistrement venant d'être saisi, le (i-1)ème et non le ième.

La variable `last` mémorise l'index du dernier enregistrement saisi. Sa valeur doit être égale à `i-2` si on a tapé le caractère de fin de saisie, car ce dernier a été stocké en tant que dernier enregistrement, ce qui a fait incrémenter `i`. La valeur courante de `i` est donc supérieure de 2 à l'index de la dernière fiche normale. Si la boucle s'est terminée parce que la capacité du tableau était épuisée, aucun caractère de fin de saisie n'a alors été tapé ni mémorisé. Dans ce cas, la valeur de `last` est égale à `i-1`.

L'affichage ne doit intervenir que si on a saisi au moins une fiche, donc si la valeur de `i` est au moins 2 (en raison de l'incrémentation dans le corps de la boucle. Si on n'a rien saisi, `i` est égal à 1 après la boucle). D'où la condition :

```
if (i > 1)
```

Si `i` contient une valeur supérieure à 49, c'est que le tableau des structures est déjà rempli par 50 fiches. L'utilisateur reçoit un message l'informant qu'on ne peut plus saisir d'enregistrement.

L'instruction :

```
if (!((i+1) % 4)  &&  (i != last)))
```

```
    {
      printf("\n\n<Entrée> pour page suivante. Fin affichage
      ➥ par <ECHAP>.");
      nextorstop = getch();
      if (nextorstop == 27)
         i = last + 1;
      else
         printf("\033[2J");
    }
```

entraîne que que quatre enregistrements seulement sont affichés sur le même écran. L'utilisateur peut alors décider de visualiser les quatre suivants, ou d'interrompre l'affichage (et donc le programme) avec <ECHAP> (= ASCII 27 décimal).

La première partie de la condition du `if` :

```
!((i+1) % 4)
```

vérifie, via l'opérateur modulo, si (i+1) est divisible par 4 : `i+1` (et non `i`) car, sinon, pour `i` égal à 0, l'affichage serait interrompu après les quatre premiers enregistrements. L'expression précédente est, du reste, équivalente à :

```
(((i+1) % 4) == 0)
```

La seconde partie de la condition :

```
(i != last)
```

assure que le message de pause, dans le cas où on affiche un nombre d'enregistrements divisible par 4, n'apparaîtra pas après les quatre dernières fiches (il faut donc vérifier si `i`, après affichage des derniers enregistrements, a pris la valeur de `last`).

Emploi de chaînes de caractères pour marquer la fin de saisie

Dans le programme qui précède, la saisie des fiches se termine lorsque l'utilisateur tape un caractère spécial (0) au lieu d'un nom. Il arrive qu'on utilise non pas un simple caractère, mais une chaîne de caractères. Pour spécifier une marque de fin de saisie composée de plusieurs caractères (par exemple pour une variante de *readrec2.c*), vous devrez faire attention aux points suivants: étant donné que cette chaîne spéciale est rangée dans la variable contenant le nom de l'auteur, elle ne devrait pas être une suite de caractères susceptible de représenter un nom (plausible) de personne. Ainsi, il ne serait pas très habile de définir comme marque de fin de saisie le libellé `Fin`, car on peut très bien imaginer une fiche dans laquelle l'auteur s'appellerait `Fin` ! En revanche, des chaînes telles que `***`, `0000`, etc. ne présentent aucun problème.

L'utilisation d'une string comme marque de fin de saisie entraînerait une autre modification dans le programme. Comme il faudrait désormais comparer non plus deux caractères isolés, mais deux chaînes de caractères, vous devriez modifier la comparaison dans la condition de bouclage. Au lieu d'utiliser l'opérateur ==, vous prendriez par exemple la fonction `strcmp`. Cette dernière requiert l'inclusion du header <string.h> contenant la déclaration de la fonction :

```
#include <string.h>
```

Voici donc une formulation possible pour la boucle de saisie des fiches dans une nouvelle version *readrec3.c* :

```
     do
       {
         printf("\033[2J");
         printf("Ce programme vous permet de saisir une
         ➥ bibliographie\n"
                 "de 50 titres au plus. Fin de saisie par \'***\'.");

         /* saisie des fiches */

         printf("\n\n\nFiche no %d", i+1);
         printf("\n\nNom de l'auteur : ");
         gets(l[i].auteur.nom);
         if (strcmp(l[i].auteur.nom, "***") != 0)
             {
               printf("\nPrénom : ");
               gets(l[i].auteur.prenom);
               printf("\nTitre du livre : ");
               gets(l[i].titre);
               printf("\nEditeur : ");
               gets(l[i].editeur);
               printf("\nAnnée de parution : ");
               scanf("%hd", &l[i].an);
               while (getchar() != '\n')
               ;
             }

         i++;

       } while (i < 50  &&  strcmp(l[i-1].auteur.nom, "***") != 0);
```

Ici, on compare, via la fonction `strcmp`, la saisie de l'utilisateur avec le libellé ***. Si les deux chaînes ne sont pas identiques, ce qui est le cas lorsqu'on a saisi un nom normal, alors la fonction `strcmp` retourne une valeur entière non nulle. Cette valeur est elle-même comparée à 0, et ne lui est donc pas égale. Si on n'a pas encore saisi 50 fiches, alors la condition de bouclage toute entière vaut `TRUE` ; on va donc pouvoir saisir une nouvelle fiche au prochain passage dans la boucle. À l'instar de la condition de bouclage, le `if` du corps de la boucle `do while` a été modifié :

```
if(l[i].auteur.nom[0] != '0')
```

et a été remplacé par :

```
if (strcmp(l[i].auteur.nom, "***") != 0)
```

Structures spéciales

Dans ce qui suit, vous allez découvrir ces structures spéciales que sont les champs de bits ou les unions ; vous apprendrez bien sûr à les manipuler.

Unions

Les structures rangent dans leurs champs plusieurs données (de types différents) de telle sorte que ces dernières soient contiguës en mémoire. Si vous déclarez, par exemple, une structure :

```
struct triplet
   {
     float first;
     short second;
     char third;
   };
```

alors une variable :

```
struct triplet s;
```

serait ainsi rangée en mémoire :

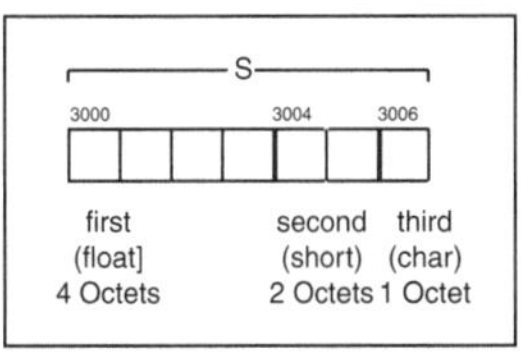

Fig. 5.34 : *Variable structurée avec trois champs*

Une union, en revanche, est un type spécial de structure qui permet de ranger des données de différents types dans une seule et même zone de mémoire. La dimension de cette zone est simplement celle de la plus grande donnée qui y est stockée. L'idée sur laquelle se fonde le concept d'union est de réserver une plage de mémoire commune pour plusieurs données (champs).

Voici comment cela se fait : la zone mémoire disponible n'est occupée, à un instant précis, que par un seul des champs. Cela signifie que, contrairement à une structure normale, les champs ne sont jamais accessibles par le programme en même temps. Un accès correct ne peut se faire qu'au champ qui est en train d'utiliser la plage de mémoire commune.

Déclaration

La déclaration d'une union ressemble à celle d'une structure, à la différence près que le mot clé `union` remplace le mot clé `struct`. Par :

```
union triplet
   {
     float first;
     short second;
     char third;
   };
```

on déclare une union de type **triplet** avec les trois champs **first**, second et **third** possédant respectivement les types **float**, **short** et **char**. Si vous définissez maintenant via :

```
union triplet u;
```

une variable **u** du type **union triplet**, alors cette variable n'occupe que quatre octets de mémoire, donc autant que l'exige le type **float** de son plus grand champ **first**.

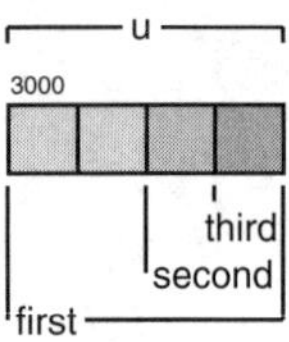

Fig. 5.35 :
Variable union avec trois champs

On le vérifie facilement en faisant afficher la taille de la variable **u** ou du type **union triplet**, cela par :

```
printf("%d\n", sizeof(u));
```

ou par :

```
printf("%d\n", sizeof(union triplet));
```

Dans les deux cas, la valeur 4 est affichée. Si on fait afficher, de manière similaire, la dimension de la variable structurée **s** ou du type **struct triplet** :

```
printf("%d\n", sizeof(s));
```

ou :

```
printf("%d\n", sizeof(struct triplet));
```

il peut arriver qu'on n'obtienne pas la valeur 7, mais 8. La raison en est que le compilateur que vous utilisez a ajouté ici un octet supplémentaire, car le total des composants donnait un nombre impair. On dit également que la donnée a été alignée sur une frontière de mot. La longueur d'un mot machine dépend de l'ordinateur : elle vaut habituellement 2, 4 ou 8 octets. Si on suppose une longueur de mots de 2 octets, des structures comme celles qui précèdent sont donc élargies d'un octet afin d'atteindre un nombre pair d'octets.

Rangement des champs en mémoire

Contrairement à une structure classique, les champs d'une union sont rangés à la même adresse. On s'en convaincra avec :

```
printf("%u %u %u %u\n", &u, &u.first, &u.second, &u.third);
```

ou :

```
printf("%x %x %x %x\n", &u, &u.first, &u.second, &u.third);
```

Si on affecte, via :

```
u.third = 'A';
```

au troisième champ `third` le caractère `A`, mémorisé en tant que valeur entière 65 (code décimal ASCII) dans le premier octet de `u`, la variable union `u` est dorénavant considérée comme une variable `char`, accessible par le nom `u.third` :

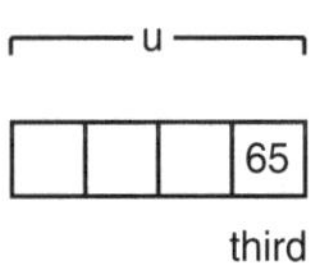

Si c'est l'instruction :

```
u.second = 1724;
```

qui est exécutée, on utilise alors la variable `u`, par l'intermédiaire de son second champ, comme une variable de type `short`. Comme conséquence de la dernière affectation, la valeur 1724 est rangée dans les deux octets de droite de `u`, et écrase donc l'ancien contenu du champ `third` (65), qui disparaît pour toujours :

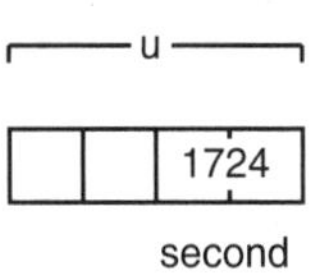

Une affectation au champ `float` écraserait, à son tour, le contenu de second : les quatre octets de `u` seraient alors pris par une valeur réelle. Il est donc recommandé de vérifier le champ (et donc le type) en cours d'utilisation.

Le programme suivant *typechek.c* exploite une variable union afin de mémoriser une valeur saisie soit comme nombre entier soit comme nombre réel, selon son type. Le programme commence par vérifier si la valeur tapée est un nombre entier ou réel. Pour cela, la valeur est saisie en tant que chaîne de caractères. Si la saisie contient un point décimal, la string est alors convertie en la valeur **float** correspondante, via la fonction **atof**. Autrement, la fonction **atol** le convertit en une valeur long. Selon le résultat de la détermination du type, c'est le champ entier ou réel d'une variable union qui est pris pour enregistrer la valeur saisie.

Les saisies sont d'abord mémorisées sous forme alphanumérique, puis transformées en valeurs numériques par des fonctions C spécifiques. La fonction **atol** (ou **atoi**) convertit une chaîne de caractères composée de chiffres en la valeur **long** (ou **int**) correspondante. L'instruction :

```
longvalue = atol(<Adresse_Tableau>);
```

convertit une chaîne contenue dans le tableau **char** d'adresse **<Adresse_Tableau>** en la valeur numérique ad hoc, et mémorise le résultat dans une variable de type **long**. Naturellement, cette dernière doit avoir été préalablement définie. Supposons que le tableau **numarray** renferme la string **99999**. L'instruction :

```
longvalue = atol(numarray); /* le nom du tableau est en fait son
adresse de début */
```

convertirait la string en la valeur numérique 99999, qu'elle stockerait dans la variable **long**. Celle-ci pourrait ensuite être affichée via :

```
printf("%ld\n", longvalue);
```

De manière analogue, la fonction **atof** convertit une chaîne de caractères en une valeur à virgule flottante de type **double** :

```
doublevalue = atof(<Nom_Tableau>);
```

Supposons que le tableau **numarray** renferme la chaîne **3.14**. L'instruction :

```
doublevalue = atof(numarray);
```

convertit cette chaîne en une valeur réelle, et la mémorise dans la variable **doublevalue**.

▼ Listing 5.17 : typechek.c

```
/*** typechek reçoit des valeurs saisies de différents       ***/
/*** types (entiers, réels) et les range selon à leur type  ***/
/*** à l'aide d'une variable union.   ***/


#include <stdio.h>   /* pour printf */
#include <string.h>  /* pour strcmp */
#include <stdlib.h>  /* pour atol, atof */
#include <conio.h>   /* pour getch */

main()
{
     char albuf[40]; /* buffer alphanumérique */
     int i; /* Variable de contrôle */
     int decpoint; /* Flag pour le point décimal */
```

```
    union values /* pour mémoriser des réels ou des entiers */
      {
        long l;
        double d;
      } x;
    do
      {
        printf("Saisie d'entiers ( 9 chiffres au plus)
        ➥ ou de réels.\n"
               "Fin par \'quit\': ");

        gets(albuf); /* saisie d'un nombre sous forme de chaîne */
        i = 0;
        decpoint = 0; /* initialisation du flag */
        if (strcmp(albuf, "quit") != 0)
              /* si première saisie différente de 'quit' */
           {
              /* on recherche le point décimal : */

             while (albuf[i] != '\0'  &&  decpoint != 1)
               {
                 if (albuf[i] == '.')
                     decpoint = 1;
                     i++;
               }
             if (decpoint) /* point décimal trouvé */
               {
                 x.d = atof(albuf); /* conversion en valeur
                                       à virgule flottante */
                 printf("\n\nNombre réel %f mémorisé comme valeur
                 ➥ à virgule"
                        " flottante.", x.d);
                 printf("\n\n<Entrée> pour continuer.");
                 getch();
               }
             else
               {
                 x.l = atol(albuf); /* conversion en valeur
                                       entière */
                 printf("\n\nNombre entier %ld mémorisé comme "
                        "valeur entière.", x.l);
                 printf("\n\n<Entrée> pour continuer.");
                 getch();
               }
           } /* fin if strcmp */
      } while (strcmp(albuf, "quit") != 0);
}
```

Champs de bits

On a souvent à faire à des informations pour la mémorisation desquelles une variable normale est à vrai dire excessive (bien que ces informations puissent naturellement y être stockées). Prenons le cas d'un programme manipulant des dates, dans lequel la valeur d'une variable `int` permettrait de dire si l'année est bissextile ou non. On conviendrait à cet effet, par exemple, que l'année concernée est bissextile si la variable vaut 1 et non bissextile si la variable vaut 0. Au lieu de prendre les valeurs 0 et 1 pour distinguer les deux cas, on pourrait, comme toujours en C, prendre 0 et n'importe quelle valeur non nulle. Supposons définie la variable :

```
int anbiss;
```

On peut alors, via :

```
if (anbiss == 1)
  printf("Année bissextile\n");
else if (anbiss == 0)
  printf("Année non bissextile\n");
```

détecter ce qu'il en est. Pour exprimer l'information :

```
"On a une année bissextile"
```

par la valeur 1, ou l'information contraire par la valeur 0, il n'est pas vraiment nécessaire de consacrer une variable `int` de 2 octets (= 16 bits). Une telle information de type OUI/NON (OUI = 1, NON = 0) pourrait tenir en fait sur un seul bit. Un bit, en effet, peut prendre justement deux états :

1 le bit est positionné (a la valeur 1).

0 le bit n'est pas positionné (a la valeur 0).

Vous connaissez déjà ce type de procédé, qui permet d'économiser de la mémoire : la valeur du bit de signe (voir chapitre *Structure des programmes*) indique si une variable est positive ou négative (1 pour négative, 0 pour positive). Par exemple, la représentation binaire d'une variable entière `x` ayant la valeur `-327` montre que le bit de signe (le 16ème à partir de la droite) est à 1:

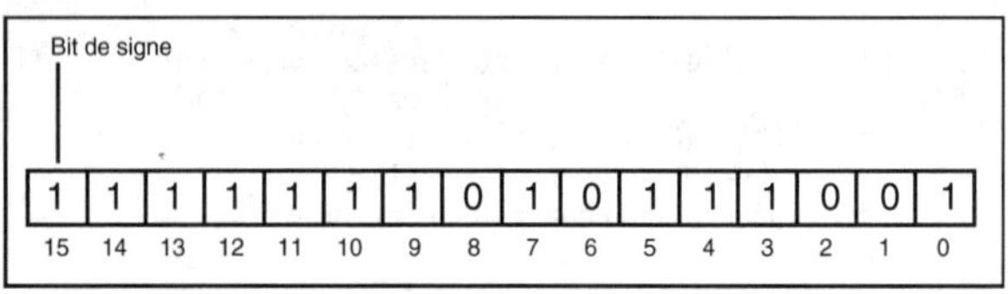

▲ **Fig. 5.36 :** *Représentation binaire du nombre -327 (décimal)*

Il existe une autre possibilité pour mémoriser des valeurs à l'aide de bits ou de groupes de bits à la place de variables entières. Il s'agit ici d'une variété particulière de structure, dont les champs ne sont pas des variables normales, mais des ensembles quelconques de bits. Une telle structure s'appelle champs de bits.

Déclaration et définition

Les champs de bits servent à mémoriser des données entières (petites). Ils ne correspondent pas, en eux-mêmes, à des variables complètes, mais occupent un certain nombre de bits dans une donnée (ou plusieurs données s'il le faut) de la taille d'un mot machine, donnée que le compilateur crée alors sous forme de variable structurée. La dimension d'un mot machine peut varier ; habituellement, elle est de 2, 4 ou 8 octets. La déclaration d'une structure dont les composants sont des champs de bits ressemble fort à celle d'une structure normale :

```
struct  <Nom_Structure>
   {
     <Type> <Nom_Champ1> : <Nombre_Bits>;
     <Type> <Nom_Champ2> : <Nombre_Bits>;
     .
     .
     .
     <Type> <Nom_ChampN> : <Nombre_Bits>;
   };
```

Pour les champs de bits, seuls les types `int` ou `unsigned int` sont en principe autorisés. La donnée entière `<Nombre_Bits>`, placée après le nom d'un champ de bits (et séparée de ce dernier par `:`), précise le nombre de bits attribués au champ concerné, dans une variable structurée composée de champs de bits. Par exemple, la déclaration :

```
struct langues
   {
     unsigned int anglais : 1;
     unsigned int allemand : 1;
     unsigned int espagnol : 1;
     unsigned int russe : 1;
     unsigned int japonais : 1;
   };
```

crée une structure de type `langues`, dont les champs `anglais`, `allemand`, `espagnol`, `russe` et `japonais` tiennent chacun sur un seul bit. La valeur de chaque bit (0 ou 1) permet de savoir si quelqu'un parle (1) ou non (0) la langue concernée. Les champs de bits ont été définis avec le type `unsigned int` (c'est généralement le cas), ce qui garantit qu'il seront interprétés comme des données non signées. Si nous définissions maintenant par :

```
struct langues employe;
```

une variable structurée de type `struct langues`, alors le compilateur réserve pour elle une place mémoire de la grandeur d'un mot machine. Les champs de bits `anglais`, `allemand`, `espagnol`, `russe` et `japonais` en occupent chacun un bit, ce qui donne en tout cinq bits. À supposer que la taille d'un mot soit de deux octets, vous pouvez alors vous représenter ainsi la variable structurée `employe` :

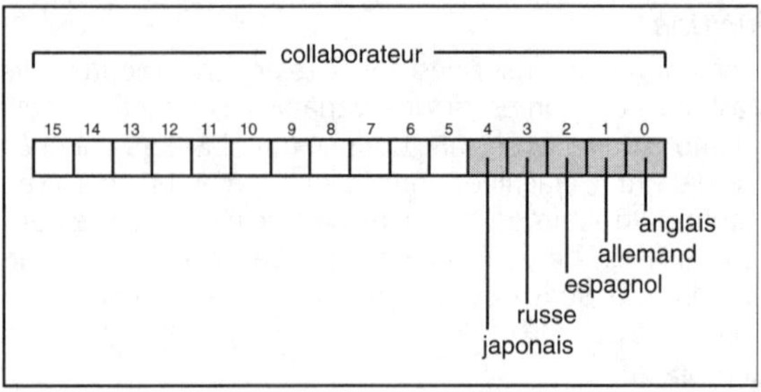

◄ Fig. 5.37 : *Variable structurée composée de champs de bits*

Sur l'image précédente, les champs de bits occupent les cinq premiers bits à partir de la droite dans la variable structurée. Mais, avec certains compilateurs, il se peut tout aussi bien que ce soient les cinq premiers bits à partir de la gauche qui soient utilisés. Il faut donc ici conseiller une certaine prudence. Dans tous les cas, les onze autres bits de la variable structurée restent inutilisés.

Manipulation des champs de bits

L'accès à un champ de bits s'effectue par l'intermédiaire de l'opérateur de champ, tout comme pour les champs d'une structure classique. Via :

```
employe.anglais = 0;
```

on peut mémoriser l'information selon laquelle le salarié concerné ne parle pas anglais. De même, l'instruction :

```
if (employe.espagnol == 1)
```

teste s'il parle espagnol. Notez ici qu'un champ de bits de la taille d'un seul bit ne peut prendre que deux valeurs, à savoir 0 et 1. De manière analogue, un champ de bits occupant deux bits peut prendre les valeurs 0 à 3, un champ de trois bits peut prendre les valeurs de 0 à 7, etc.

Plus généralement, un champ de N bits peut prendre toutes les valeurs de l'intervalle :

0 à $2^{n}-1$

La valeur de N ici ne doit pas être supérieure au nombre de bits d'un mot. Si un mot occupe 2 octets, un champ de bits peut prendre au maximum 16 bits, donc des valeurs allant de :

0 à $2^{16}-1$

c'est-à-dire de 0 à 65535. Les champs de bits, très souvent, font un seul bit, car les informations à gérer sont de type OUI/NON et donc ne requièrent que deux états (deux valeurs). Un objet de la longueur d'un mot machine suffit donc souvent à héberger tous les champs de bits d'une structure. Si les champs de bits d'une structure occupent au total plus de bits qu'il n'y en a dans un mot machine, le compilateur réserve autant de mots supplémentaires qu'il le faut pour loger les champs de bits.

Les champs de bits font gagner de la mémoire. Supposons qu'une entreprise de 2000 salariés doive pourvoir des postes à l'étranger. Dans ce but, elle désire mémoriser les capacités linguistiques de son personnel. On pourrait, pour chaque langue concernée, créer un tableau de 2000 variables **short** :

```
short ang [2000];
short all [2000];
short esp [2000];
short rus [2000];
short jap [2000];
```

Si chaque salarié a un matricule compris entre 0 et 1999, on peut alors enregistrer les langues qu'il connaît. Par exemple :

```
ang[400] = 1;
all[400] = 0;
esp[400] = 0;
rus[400] = 0;
jap[400] = 1;
```

permet de savoir que l'employé de matricule 400 parle anglais et japonais, mais ni allemand ni espagnol ni russe. Cette méthode assurément exige dix octets de mémoire par salarié, donc 20000 octets en tout. Avec une structure de champs de bits comme celle qui suit, on arriverait à réduire sensiblement l'espace mémoire nécessaire :

Une fois défini :

```
struct langues
    {
      unsigned ang : 1;
      unsigned all : 1;
      unsigned esp : 1;
      unsigned rus : 1;
      unsigned jap : 1;
    };
```

le tableau (de structures) :

```
struct langues employe [2000];
```

donnerait un tableau de 2000 variables structurées de type langues et occuperait seulement 2000 * 2 = 4000 octets de mémoire. En effet, les champs de chacune des variables structurées tiennent sur une seule variable **unsigned int**. Pour le salarié de matricule 400, les capacités linguistiques peuvent être désormais stockées via :

```
employe[400].ang = 1;
employe[400].all = 0;
```

```
employe[400].esp = 0;
employe[400].rus = 0;
employe[400].jap = 1;
```

Vous pouvez utiliser les champs de bits pratiquement comme des variables normales, à condition de ne pas oublier les restrictions relatives à leurs domaines de valeurs : vous pouvez leur affecter des valeurs, les comparer, les afficher ou effectuer sur eux des opérations arithmétiques. En revanche, ils ne conviennent pas aux calculs d'adresses. Cela signifie qu'on ne peut, entre autres, leur appliquer l'opérateur d'adressage. Il ne faut pas s'en étonner outre mesure, étant donné qu'une adresse commence toujours au début d'un octet et jamais sur un bit isolé. Les champs de bits ne sont pas très fréquemment utilisés, ce qui peut laisser penser que leurs avantages spécifiques sont trop peu appréciés par rapport aux restrictions dont il faut tenir compte avec eux.

Chapitre 6

Types de données personnalisés

Les deux mots clé :

```
typedef
enum
```

vous permettent de définir vos propres types de données, qui viendront s'ajouter aux types (ou noms de types) prédéfinis du C. Le mot clé `typedef` autorise simplement la définition de nouvelles appellations pour des types de données déjà existants. Avec `enum`, en revanche, vous pouvez réellement définir un nouveau type de données.

6.1 Définition de types personnalisés (typedef)

La principale motivation pour rebaptiser un type existant est, en général, la volonté de simplifier l'écriture de programmes. Supposons qu'un programme renferme un grand nombre de définitions de variables comportant des désignations de types assez longues, comme :

```
struct machinedata x;
```

Conformément à la syntaxe :

```
typedef <Type> <Nom_Remplacement1> [,<Nom_Remplacement2>, ... ,
➥ <Nom_RemplacementN>]
```

`typedef` permet alors de définir un ou plusieurs autres noms, en tant que synonymes du type `struct machinedata`. Ici `<Type>` spécifie le type pour lequel on crée un nouveau nom. Les indications `<Nom_Remplacement1>` à `<Nom_RemplacementN>` définissent les noms sous lesquels le type `<Type>` pourra également être reconnu dans le programme. Les crochets ne font pas partie de la syntaxe ; ils indiquent la possibilité, facultative, de définir plusieurs synonymes. Dans l'exemple précédent, l'instruction :

```
typedef struct machinedata mdata;
```

définit `mdata` comme synonyme du type `struct machinedata`. Par la suite, la définition de variable :

```
mdata x;
```

équivaudra à :

```
struct machinedata x;
```

cette dernière pouvant naturellement être utilisée simultanément.

Les noms de types créés par `typedef` sont utilisables exactement comme les types prédéfinis du compilateur. Cela n'est guère surprenant, car seul un nom différent (un synonyme) a été ainsi défini, pour le même concept. Une variable définie avec un tel type n'a aucune caractéristique supplémentaire par rapport à celle définie avec le type prédéfini correspondant. En fait, une instruction `typedef` ne fait rien d'autre que remplacer du texte que le compilateur, lors de la compilation, restaurera dans l'état d'origine : le nom de type défini par `typedef` (ici `mdata`) est retransformé en l'appellation initiale `struct machinedata`.

Quelques variantes pour la définition de types personnalisés

Pour ce qui concerne les structures, il est possible de définir un type personnalisé en même temps qu'on déclare la structure. La déclaration :

```
typedef struct machinedata
{
      float puissance;
      float rendement;
      int systeme;
} mdata;
```

ne définit pas une variable du nom de `mdata`, mais un type de structure baptisé `mdata` qui pourra être adopté comme synonyme du type `struct machinedata`.

Une instruction `typedef` peut servir dans les structures à d'autres fins qu'à créer un nom de remplacement pour des types de données existants. Ici, on peut également mettre en œuvre une troisième forme de déclaration de structure. Ainsi, la déclaration :

```
typedef struct
{
      float puissance;
      float rendement;
      int systeme;
} mdata;
```

créerait un synonyme `mdata` pour un type de structure sans nom. Au fond, cette déclaration équivaut à la déclaration :

```
struct mdata
{
      float puissance;
      float rendement;
      int systeme;
};
```

qui génère le même type de données, mais avec un autre nom. Dans le dernier cas, en effet, on définirait une variable `x` ayant ce type par :

```
struct mdata x;
```

alors que, dans le premier cas, il suffirait d'écrire :

```
mdata x;
```

L'inconvénient de ces appellations si courtes est qu'on ne reconnaît pas, lors de la définition d'une variable, qu'il s'agit d'une variable structurée.

Redéfinition de types simples

Vous pouvez naturellement rebaptiser des types simples, par exemple pour attirer l'attention sur tel ou tel aspect. Ainsi :

```
typedef int ENTIER;
```

définit pour le type `int` une autre appellation `ENTIER`, afin de mieux faire ressortir la nature (nombre entier) de la variable définie :

```
ENTIER x;
```

Le type personnalisé est très souvent écrit en majuscules (comme sur notre exemple), afin de bien le distinguer des types prédéfinis. De manière analogue :

```
typedef int bool;
```

définirait un synonyme du type `int` afin de signaler qu'une variable doit prendre seulement deux valeurs (par exemple 0 et 1). La définition :

```
bool commutateur;
```

équivaudrait alors à :

```
int commutateur;
```

Mais elle serait bien plus parlante, car elle annoncerait que la variable `commutateur` est utilisée vraisemblablement comme variable bascule (deux valeurs). Du reste, on pourrait condenser les deux instructions :

```
typedef int ENTIER;
typedef int bool;
```

en une seule :

```
typedef int ENTIER, bool;
```

qui définit pour le type `int` les deux synonymes `ENTIER` et `bool`.

Particularités de la redéfinition de types complexes

Il faut encore signaler une petite particularité lorsque l'on veut rebaptiser des types de tableaux ou d'autres données relativement complexes. Supposons qu'on utilise fréquemment des tableaux `char` de 80 éléments (ce qui correspond à la largeur d'une ligne d'écran), et que l'on souhaite donc, dans les définitions du style :

```
char l1 [80], l2 [80], l3 [80];
```

remplacer le type :

```
char [80]
```

par l'appellation raccourcie `LIGNE`. On peut y arriver par l'instruction suivante :

```
typedef char LIGNE [80];
```

La désignation LIGNE, synonyme de char 80 dans ce cas, ne se place pas après le nom du type prédéfini, mais entre char et [80], donc là où se met le nom de la variable lors de la définition. Il n'en est pas moins vrai que LIGNE est le nom d'un type, à savoir une nouvelle appellation pour char [80]. Vous pouvez donc maintenant remplacer :

```
char l1 [80], l2 [80], l3 [80];
```

par l'écriture plus concise :

```
LIGNE z1, z2, z3;
```

que le compilateur retraduira en l'écriture d'origine. Voici une règle utile, particulièrement pour la redéfinition des types complexes : le nom du type à définir doit toujours figurer dans la partie de l'instruction venant après le mot clé typedef, à l'endroit où il faudrait placer un nom de variable si la partie de l'instruction venant après typedef était une définition normale de variable, et non une portion d'une instruction typedef.

6.2 Définition de types personnalisés (enum)

Il n'est pas rare qu'une variable ne doive prendre qu'un certain nombre de valeurs. Par exemple, la variable commutateur de la section précédente a été conçue comme une variable booléenne, ne pouvant prendre que les valeurs 0 et 1 (bien que le type int l'autorise à connaître naturellement d'autres valeurs). Un autre exemple serait donné par la variable :

```
int trimestre;
```

pour laquelle il n'y aurait que quatre valeurs à prendre raisonnablement en considération, par exemple 1 à 4. Ici, la langue de tous les jours, comme le langage de programmation, identifient directement la période de l'année par une valeur numérique. Aux deux niveaux sémantiques, le symbole 1 ou la valeur 1 (et pas n'importe quel nom) par exemple désigne un certain trimestre, à savoir le premier. On parle alors de trimestre 1, ou bien on vérifie dans le programme par :

```
if (trimestre == 1)
    .
    .
    .
```

si la variable trimestre possède justement la valeur 1. Les quatre possibilités de trimestre sont donc différenciées l'une de l'autre par des valeurs numériques, et non par des libellés spécifiques (tels que Hiver, Printemps, etc.)

Il arrive, dans certains programmes, qu'il faille également distinguer des cas, ou des possibilités de choix, ne se présentant pas de prime abord sous forme de valeurs numériques (et donc directement compréhensibles par la machine). Supposons qu'on veuille, dans un certain contexte, différencier les continents

Afrique, Amérique, Asie, Océanie et Europe. Habituellement, il faut alors attribuer à chaque continent une valeur numérique : on pourrait affecter la valeur 0 à l'Afrique, 1 à l'Amérique, 2 à l'Asie, 3 à l'Océanie et 4 à l'Europe. À l'aide d'une variable adéquate, par exemple :

```
int conti;
```

nous pouvons ensuite formuler dans le programme des instructions spécifiques aux continents :

```
if (conti == 1)
     printf("Le continent américain a une superficie de 42.3
     ➥ millions de km.\n");
```

Une alternative à ce procédé consiste à ne pas affecter de valeurs numériques aux objets du langage courant comme les continents, les jours de la semaine, les noms des mois, etc., mais plutôt à créer un type spécifiquement adapté au contexte ; ce type sera composé d'une liste spéciale de valeurs textuelles et non numériques. Le langage C propose à cette fin le type `enum`. Ce nom dérive de l'anglais "enumerate" qui signifie "énumérer". On comprend donc pourquoi les types créés à l'aide du type `enum` sont également appelés types énumératifs. Ici on recense dans une liste les valeurs que peut prendre une variable ayant ce type spécial `enum`. Pour définir un type énumératif, il faut passer par une déclaration. Celle-ci ressemble assez à la déclaration d'une structure, et se présente ainsi dans sa forme la plus générale :

```
enum nom_des_type_énumération
{
   nom_1,
   nom_2,
   .
   .
   .
   nom_n,
};
```

Comme pour une déclaration de structure, où le mot clé `struct` précède le nom du type de la structure, le mot clé `enum` peut être suivi d'un nom relatif au type énumératif. La liste qui suit énumère les valeurs autorisées pour une variable de ce type. Ces valeurs ne sont pas données sous forme de nombres, mais sous forme de noms (libellés). En fait, comme vous allez le voir, derrière ces noms se cachent naturellement des valeurs numériques. En vous inspirant de cette syntaxe, vous pouvez maintenant créer le type énumératif suivant, pour le problème des continents.

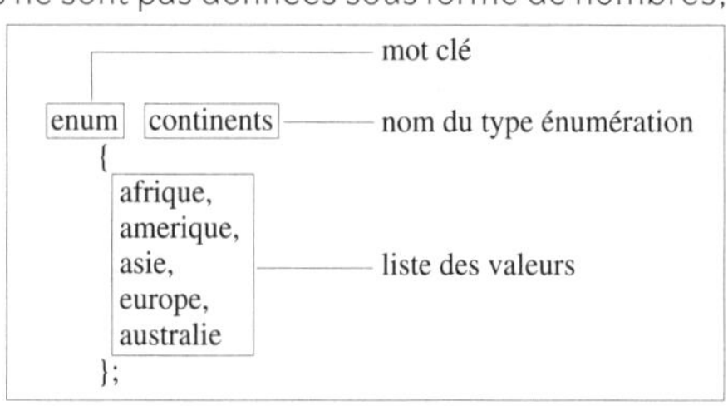

Ensuite, l'instruction :

```
enum continents conti;
```

définit une variable nommée `conti`, dont le type est `enum continents`.

Cette variable ne peut prendre qu'une des values contenues dans la liste spécifiée lors de la déclaration.

L'instruction :

```
if (conti == 1)
     printf("Le continent américain a une superficie
     ➥ de 42.3 millions de km.\n");
```

est remplacée maintenant par une instruction nettement plus lisible :

```
if (conti == amerique)
     printf("Le continent américain a une superficie
     ➥ de 42.3 millions de km.\n");
```

et une affectation comme :

```
conti = asie;
```

initialise la variable `conti` à la valeur `asie`.

Variantes de définition et de déclaration

Comme pour les structures, avec les types énumératifs, vous pouvez combiner la définition d'une variable avec la déclaration du type. Les deux instructions :

```
enum continents
{
  afrique,
  amérique,
  asie,
  europe,
 australie
};
enum continents conti;
```

peuvent être condensées en une seule (équivalente). L'instruction :

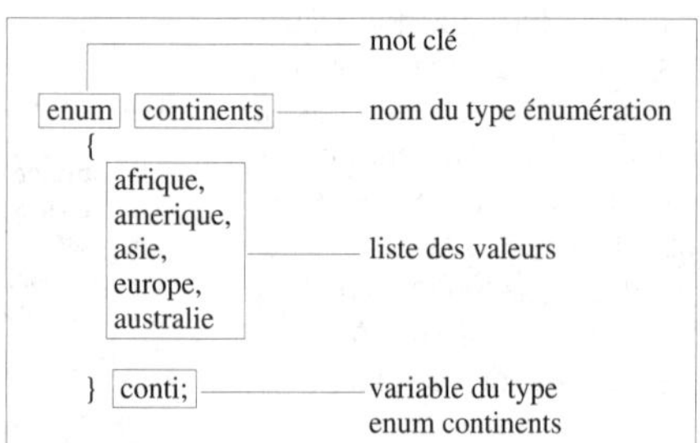

déclare également un type `enum continents`, et définit une variable `conti`. Avec cette dernière syntaxe, on peut omettre le nom du type énumératif. On pourrait ainsi, via :

```
enum
{
        afrique,
        amerique,
        asie,
        oceanie,
        europe
} conti;
```

déclarer un type énumératif sans nom et une variable énumérative `conti`. Pour des raisons qui ont déjà été exposées dans le contexte des déclarations de structures, on ne devrait pas non plus abuser de cette licence avec les types énumératifs, et se priver ainsi d'un repère simple favorisant la lisibilité du code.

Ce que cache la liste des valeurs d'un type énumératif

On peut se demander ce que le compilateur fait d'une valeur telle qu'`amerique` qui, d'après son apparence extérieure, n'est ni un nombre ni un nom de variable. En fait, de telles valeurs sont traitées de manière interne comme des objets numériques, plus précisément comme des constantes entières de type `int`. Mais, contrairement à d'autres constantes numériques, ces données ont des noms grâce auxquels on peut s'y référer. Vous pouvez donc les définir également comme des constantes symboliques.

Le compilateur affecte, de manière standard, à chaque valeur de la liste spécifiée lors de la déclaration (donc la liste des constantes symboliques) une certaine valeur entière. Le premier nom de la liste équivaut à la valeur 0, le second à la valeur 1, le troisième à la valeur 2, etc. Chaque nom reçoit systématiquement la valeur de son prédécesseur, augmentée de 1. Pour le type énumératif :

```
enum continents
{
        afrique,
        amerique,
        asie,
        oceanie,
        europe
};
```

les noms `afrique`, `amerique`, `asie`, `oceanie` et `europe` prennent respectivement les valeurs numériques 0, 1, 2, 3 et 4. On peut toutefois intervenir dans cette attribution de valeurs standard réalisée par le système, et affecter explicitement, lors de la déclaration, une valeur entière de type `int` à n'importe quel nom de la liste.

La déclaration :

```
enum continents
{
    afrique=100,
    amerique,
    asie,
    oceanie,
    europe
};
```

initialise à 100 la valeur de la constante symbolique **afrique**. La constante suivante, **amerique**, reçoit désormais automatiquement la valeur 101, **asie** vaut 102, **oceanie** 103 et **europe** 104. Chacune prend donc la valeur de la précédente, incrémentée de 1. Plus généralement, on applique toujours la règle du prédécesseur lorsqu'une constante ne reçoit pas explicitement de valeur. Bien évidemment, il est possible d'affecter des valeurs à plusieurs noms ou à tous les noms de la liste, sachant que des valeurs identiques pour des noms différents sont autorisées. Dans la déclaration :

```
enum continents
{
    afrique,
    amerique = 50,
    asie = 50,
    oceanie = 5,
    europe
};
```

afrique prend par défaut la valeur 0, **amerique** et **asie** prennent chacune la valeur 50, **oceanie** prend la valeur 5 et **europe**, suivant en cela la règle précédemment explicitée, prend la valeur du prédécesseur augmentée de 1, soit 6.

Comme les valeurs que peut prendre une variable de type **enum** sont, de manière interne, des constantes de type **int**, ce type de variable est traité par le compilateur comme une variable **int**. Elle a la même occupation mémoire, et peut notamment être utilisée dans des opérations comparatives ou arithmétiques. L'exemple suivant utilise une variable **enum** en tant que variable de contrôle ou index. La déclaration :

```
enum listemois
{
    janvier = 1, fevrier, mars, avril, mai, juin,
    juillet, aout, septembre, octobre, novembre, decembre
} mois;
```

crée un type **enum listemois** et définit une variable **mois** de ce type. La liste des valeurs englobe les noms des douze mois, lesquels possèdent les valeurs internes 1 à 12, puisque la valeur initiale par défaut de **janvier** est passée de 0 à 1, afin de faire correspondre les valeurs numériques des éléments de la liste aux numéros usuels des mois. Avec les variables :

```
float ca_annuel;
float ca_[13];      /* le premier élément reste libre */
```

nous pouvons, via l'instruction :

```
for (mois = janvier, ca_annuel = 0; mois <= decembre; mois++)
{
      scanf("%f", &ca[mois]);
      ca_annuel = ca_annuel + ca[mois]);
}
```

totaliser tous les chiffres d'affaires mensuels pour calculer le résultat annuel.

Les noms de la liste des valeurs du type énumératif doivent être non ambigus. En d'autres termes, on ne doit pas les reprendre pour d'autres données, par exemple pour des variables ou des éléments issus de la liste des valeurs d'un autre type énumératif. On ne peut pas non plus employer les valeurs d'un type énumératif pour les affecter aux variables d'un autre type énumératif. Une instruction comme :

```
mois = asie;
```

n'aurait guère de sens. En outre, elle est interdite.

Chapitre 7

Classes de mémorisation

La manière dont un programme C gère les variables n'est pas seulement conditionné par leur type ; elle dépend également de l'endroit du programme dans lequel elles sont définies, et de la classe de mémorisation qui leur a été attribuée à cette occasion. La classe de mémorisation (storage class) d'une variable détermine l'endroit où celle-ci sera rangée, au sein de la zone mémoire occupée par le programme C. En outre, l'emplacement de définition, ainsi que la classe de mémorisation d'une variable, conditionnent les points suivants :

- La partie du programme dans laquelle la variable est définie, c'est-à-dire valide (domaine de validité de la variable). Par exemple, une variable peut exister (être exploitée) dans tout le programme, ou seulement dans des portions de celui-ci. Pour un objet de données (tel qu'une variable), au lieu de dire qu'il est "valide" pour un certain morceau du programme, on dit plutôt qu'il est "visible" ou "connu" à cet endroit. Du reste, les réflexions relatives au domaine de validité (portée) des variables (c'est-à-dire au domaine de validité des noms qui les représentent) se généralisent à d'autres noms, susceptibles d'être rencontrés dans un programme C : par exemple, les noms des constantes symboliques, des types et des champs de structures, des types énumératifs et des fonctions.
- La fraction de la durée totale du programme pendant laquelle la variable existe vraiment (durée de vie de la variable). Par exemple, une variable peut exister (occuper de l'espace mémoire) pendant tout le programme, ou seulement pendant certains intervalles de temps (hors de ces moments-là, elle est effacée de la mémoire).

Les variables ne sont pas les seules entités à posséder une classe de mémorisation. Les fonctions sont également classifiées de cette façon. Le chapitre présenté ici traite des classes de mémorisation des variables, majeure partie du thème "Classes de mémorisation". Les classes de mémorisation des fonctions seront décrites au chapitre *Fonctions*.

7.1 Variables locales et globales

Selon l'emplacement de définition d'une variable dans le programme, on parle soit de variable locale, soit de variable globale. Une variable globale est définie hors de toute fonction. Toutes les variables utilisées jusqu'ici dans nos programmes n'étaient pas pour autant des variables globales, car elles étaient définies à l'intérieur de la fonction `main`. Une variable globale est connue (donc valide et utilisable) dans tout le fichier (soit dans chaque bloc, ou chaque fonction ; référez-vous au chapitre *Fonctions* à ce propos) où elle est définie, cela à partir de l'endroit de sa définition. Selon sa classe de mémorisation, sa portée peut même s'étendre éventuellement à d'autres fichiers (modules), si le programme en compte plusieurs.

Une variable locale, au contraire, est définie à l'intérieur d'une fonction ou d'un bloc. Une telle définition de variable est ainsi autorisée au début de n'importe quel bloc, et pas uniquement dans le bloc principal d'une fonction. Les variables utilisées jusqu'ici étaient donc toutes des variables locales, car elles étaient systématiquement définies dans `main`. Les variables locales sont connues (donc valides et utilisables) uniquement à l'intérieur de la fonction ou du bloc contenant leur définition. Le programme qui suit illustre l'exploitation des variables globales et locales.

```
/* scope 1 démontre la définition et l'utilisation des variables globales et locales */
#include <stdio.h>

int global=1000;                        /* variable global
                                           Portée : fichier entier */

func()                                  /* le programme, en dehors de main,
                                           contient encore toute fonction */
{
int local3=4000;                        /* variable locale
                                           Portée : func */

printf("  func: valeur de global est %d\n ", global);
printf("  func: valeur de local3 est %d\n ", local3);

}

main()
{                                       /* début du bloc main extérieur */
int local1=2000;                        /* variable locale
                                           Portée : main */
printf("bloc extérieur main: valeur de global est %d\n");
printf("bloc extérieur main: valeur de local1 est %d\n\n");

{                                       /* début du bloc main intérieur */

int local2=3000;                        /* variable locale
                                           Portée : bloc */

printf("bloc extérieur main: valeur de global est %d\n", global);
printf("bloc int. main: valeur de local1 est %d\n", local1);
printf("bloc int. main: valeur de local2 est %d\n", local2);
}                                       /* fin du bloc main intérieur */

func();                                 /* appel de fonction func */
}                                       /* fin du bloc main extérieur */
```

▲ Fig. 7.1 : *scope1.c*

Commentaires

Le programme *scope1.c* contient deux innovations. D'une part, il n'utilise pas que des variables locales, mais également une variable globale. D'autre part, contrairement à ses prédécesseurs, le programme ne se compose plus d'une seule fonction (à savoir `main`) : Il y a ici une autre fonction (personnelle), nommée `fonc`, dont le code suit celui de la fonction `main`. Le programme *scope1.c* fait quelque peu appel aux notions du chapitre *Fonctions*, dans lequel on traite en détail des structures de programme fondées sur plusieurs fonctions (personnelles). Cette anticipation est cependant très utile et (comme on le verra) fort instructive pour l'illustration de la "globalité" ou de la "localité" des variables. D'ailleurs, nous ne déborderons ici que très peu de ce qui a été déjà exposé, dans le chapitre *C parti*, au sujet des fonctions.

Dans ce premier chapitre, nous avions présenté un programme C comme une suite de fonctions, l'une d'elles (`main`) au moins devant être toujours présente. Toutes les autres fonctions éventuellement contenues dans le programme ressemblent formellement à `main`, ce que l'on vérifie aisément dans le cas de la fonction `fonc` de *scope1.c*. Le nom de la fonction (`fonc`) est suivi, comme `main`, de parenthèses de fonction. Ensuite viennent les accolades de bloc, au sein desquelles peuvent figurer des définitions, des déclarations et des instructions. Entre les accolades de bloc, on indique également ce que réalise la fonction. Dans le cas de `fonc`, on affiche les valeurs des variables `global` et `local3`. Comme vous le savez déjà, une fonction exécute les instructions qu'elle renferme lorsqu'elle est invoquée (c'est-à-dire lorsque son nom est cité dans une instruction du programme). La fonction `fonc` est exécutée dans le programme principal (donc dans `main`) de *scope1.c*, via l'instruction :

```
fonc();
```

Elle exécute alors les deux instructions qu'elle contient. Après cela, le programme *scope1.c* se termine, car l'appel de fonction :

```
fonc();
```

est la dernière instruction du programme.

Portée des variables

Consacrons-nous maintenant à l'autre innovation. Le programme *scope1.c* contient quatre variables, trois locales et une globale. La variable `global` est définie hors de toutes les fonctions contenues dans *scope1.c* ; c'est donc une variable globale. Sa portée s'étend de l'endroit où elle est définie jusqu'à la fin du fichier. Elle est donc connue aussi bien dans la fonction `main` que dans `fonc`, ce qu'illustre parfaitement l'affichage du programme :

```
Bloc externe main : Valeur de global est 1000
Bloc externe main : Valeur de local1 est 2000
Bloc interne main : Valeur de global est 1000
Bloc interne main : Valeur de local1 est 2000
Bloc interne main : Valeur de local2 est 3000
fonc : Valeur de global est 1000
fonc : Valeur de local3 est 4000
```

La variable `global` est affichée sans problème dans les deux fonctions (`main` et `fonc`), avec sa valeur correcte. En d'autres termes, les deux fonctions peuvent manipuler le nom `global`, car il représente pour elles une grandeur définie. Il n'est pas absolument obligatoire de définir une variable globale au début du fichier, bien que cela soit le cas le plus fréquent. Sa définition peut parfaitement se trouver entre deux fonctions, comme dans le fragment de programme suivant *scope2.c* :

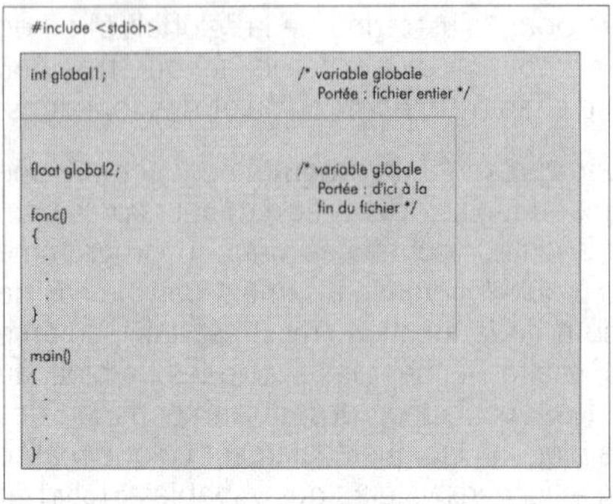

◄ Fig. 7.2 : *scope2.c*

Les deux variables globales ont des portées différentes : `global1` est valable dans tout le fichier *scope2.c*, car sa définition intervient au tout début. `global2` n'est connue qu'à partir de son emplacement de définition (après la fin de `main`), et dans tout le reste du fichier.

Contrairement à la variable `global`, les variables `local1`, `local2` et `local3`, ne sont pas connues dans tout le programme. La portée de `local1` est limitée à la fonction `main`. À ce titre, `local1` est naturellement connue dans le bloc qui se trouve à l'intérieur de `main`. `local2`, quant à elle, est certes définie dans `main`, mais à l'intérieur de ce bloc. Elle n'est donc valide que dans celui-là seulement. `local3` enfin n'est connue que de la fonction `fonc` et non pas dans `main`. On peut facilement vérifier le caractère local des variables `local1`, `local2` et `local3` en modifiant de manière conforme le programme *scope1.c* :

▼ Listing 7.1 : scope3.c

```
/*    scope3 montre une utilisation erronée de variables locales   */
#include <stdio.h>

int global = 1000; /* Variable globale : portée = tout le fichier  */

void fonc(void); /* le programme contient une autre fonction
                    que main : fonc */

main()
{ /*     début bloc externe de main     */
     int local1 = 2000; /*     Variable locale  : portée = main    */
     printf("Bloc externe main : La valeur de global est %d\n",
     ➥ global);
     printf("Bloc externe main : La valeur de local1 est %d\n",
     ➥ local1);
     printf("Bloc externe main : La valeur de local2 est %d\n",
     ➥ local2);
                                                         /* erreur */
     printf("Bloc externe main : La valeur de local3 est %d\n\n",
     ➥ local3);
                                                         /* erreur */
```

```
    { /* début bloc interne de main      */
    int local2 = 3000;  /* Variable locale  : portée = bloc      */
    printf("Bloc interne main : La valeur de global est %d\n",
    ➥ global);
    printf("Bloc interne main : La valeur de local1 est %d\n",
    ➥ local1);
    printf("Bloc interne main : La valeur de local2 est %d\n",
    ➥ local2);
    printf("Bloc interne main : La valeur de local3 est %d\n",
    ➥ local3);
                                                      /* erreur */
    } /*     fin bloc interne main      */
    fonc(); /*     appel de la fonction fonc      */
} /* fin bloc externe main      */

void fonc(void) /* le programme contient une autre fonction
                   que main : fonc */
{
    int local3 = 4000; /*     Variable locale : portée = fonc      */
    printf("\n\nfonc : La valeur de global est %d", global);
    printf("\nfonc : La valeur de local1 est %d", local1);
                                                      /* erreur */
    printf("\nfonc : La valeur de local2 est %d", local2);
                                                      /* erreur */
    printf("\nfonc : La valeur de local3 est %d\n", local3);
}
```

Les passages marqués **erreur**, du programme précédent, renferment des instructions qui doivent afficher des variables locales hors de leur domaine de validité. Ainsi, la variable `local2` n'est pas connue dans `main` hors du bloc interne, et `local3` n'y apparaît nulle part. De même, `local1` et `local2` ne sont pas connues dans `fonc`. Hors de leur domaine de validité, les noms de variables n'ont aucune signification pour le compilateur, et ne peuvent pas être exploités. La réaction du compilateur est attendue, lorsque vous lui soumettez le programme *scope3.c*. L'extrait suivant montre à quoi peut ressembler la liste des messages d'erreurs en pareil cas :

```
c:\scope3.c:
Error c:\scope3.c 13: Undefined symbol 'local2' in function main
Error c:\scope3.c 14: Undefined symbol 'local3' in function main
Error c:\scope3.c 37: Undefined symbol 'local1' in function fonc
Error c:\scope3.c 38: Undefined symbol 'local2' in function fonc
```

Sur les lignes 13 et 14, le compilateur a repéré des noms qui lui sont inconnus (`local2` et `local3`) dans le domaine de la fonction `main`, et avec lesquels il ne peut naturellement rien faire. Le fait que le nom inconnu `local3` figure une seconde fois dans `main`, dans le bloc interne, ne donne pas de message d'erreur spécifique. Mais cette anomalie est néanmoins enregistrée, et donnerait lieu à une erreur si on ne corrigeait pas comme il faut le bloc intérieur.

Sur les lignes 37 et 38, on signale des erreurs analogues pour ce qui concerne le domaine de la fonction `fonc` : `local1` et `local2` n'y sont pas connus, donc pas utilisables.

Variables homonymes

La possibilité d'utiliser des variables locales et globales en C, en relation avec le concept de bloc, permet d'en créer pour des portions de programme de toutes tailles. Il est donc autorisé (mais pas recommandé) de définir des variables de même nom au sein du même programme, du moment que leurs domaines de validité diffèrent. Si les domaines de validité de deux variables se recoupent, le compilateur n'accepte naturellement pas des variables portant le même nom.

Si les domaines de validité de deux variables homonymes sont exclusifs, alors la situation est claire : chaque variable est inconnue dans le domaine de validité de l'autre, et ne peut donc pas y être utilisée. Les deux variables n'entrent pas en conflit. En effet, peu importe pour le compilateur que leurs noms soient identiques ou pas. Comme leurs portées ne se recoupent pas, le compilateur n'a pas à décider laquelle des deux variables homonymes est concernée par une instruction quelconque. Le programme suivant *scope4.c* montre cela.

```
/* définit deux variables locales du même nom,
dont les zones de validité ne se recoupent pas,
et les restitue.*\

#include <stdio.h>

main()

{
  int x = 1000;                    /* variable locale
                                      Portée : main */
                                                          x de
  printf("valeur de x est %d\n", x);                      main

  fonc();                          /* appel de fonction */

}

fonc()

{

int x = 2000;                      /*variable locale
                                      Portée : fonc */    x de
                                                          fonc
printf("fonc: valeur de validité de x est %d\n", x);
```

◄ Fig. 7.3 : *scope4.c*

Les deux variables `x` sont des entités autonomes, et opèrent dans des domaines de validité différents (`main` et `fonc`) qui ne se recouvrent jamais. La variable `x` de `main` ne peut donc pas être confondue avec la variable `x` de `fonc` et, de ce fait, elle ne la "concurrence" pas. Dans chacun des domaines de validité, le compilateur sait, sans aucune ambiguïté, quelle est la variable de nom `x` qui est concernée. Le programme affiche, comme il se doit :

```
main : la valeur de x est 1000
fonc : la valeur de x est 2000
```

Considérons maintenant l'autre cas, dans lequel les domaines de validité de variables homonymes, sans être identiques, se recoupent. Cela veut dire ici que le domaine de validité d'une variable est inclus dans celui de l'autre. Par exemple, quelle est la variable qui sera affichée par les instructions `printf`, dans le programme suivant *scope5a.c* ?

▼ Listing 7.2 : scope5a.c

```
/*   scope5a définit des variables de même nom avec des domaines
     de validité qui se recoupent */
#include <stdio.h>
int x = 1000; /*     Variable globale     */

void fonc(void);

main()
{
     int x = 2000; /*     Variable locale     */
     printf("Bloc externe main: la valeur de x est %d\n", x);

     {
     int x = 3000; /*     Variable locale     */
     printf("Bloc interne de main : la valeur de x est %d\n", x);
     }
     fonc();/*     appel de fonction     */
}

void fonc(void)
{
     int x = 4000; /*     Variable locale     */
     printf("fonc : la valeur de x est %d\n", x);
}
```

Qu'affichera donc la première instruction `printf` dans `main` ? La valeur de la variable globale `x` (1000) ou la valeur de la première variable locale (2000) ? D'après ce que nous savons déjà, les deux variables devraient être valides dans le domaine de `main`. On trouve une situation analogue dans le bloc interne de `main`. Ici, théoriquement, les valeurs de trois variables devraient entrer en conflit : la valeur de la variable globale `x` et les valeurs des deux variables locales `x` (de `main` et du bloc inclus dans `main`). Il en va de même pour l'instruction `printf` de `fonc` : quelle valeur considérer ? Celle de la variable globale `x` ou celle de la variable locale `x` de `fonc` ?

Dans de telles situations, on suit la règle que voici :

Si, dans un programme, existent deux variables de même nom, et si la portée de l'une (contenu) est incluse dans celle de l'autre (contenant), alors on privilégie, dans le domaine intérieur (contenu), la variable qui y est définie. On dit également que la variable définie dans le contenu cache celle définie dans le contenant. Hors du contenu, on privilégie la variable définie dans le contenant.

Pour notre exemple *scope5a.c*, cela signifie que la première instruction `printf` affiche la valeur de la variable locale `x` de `main` (2000). En effet, la portée de cette variable est contenue dans celle de la variable globale `x`. La variable locale `x` de `main` cache donc la variable globale `x`. De même, dans le bloc interne de `main`, la seconde instruction `printf` affiche la variable locale ayant la valeur 3000, car sa portée est incluse dans celle de la variable locale `x` du bloc principal de `main`. La variable `x` du bloc interne cache la variable `x` du bloc contenant. Enfin, conformément à la règle précédemment formulée, la variable `x` de `fonc` cache également la variable globale `x` puisque la portée de `x` de `fonc` est contenue dans le domaine de validité de la variable globale `x`. Le programme *scope5a.c* affiche donc :

```
Bloc externe de main : la valeur de x est 2000
Bloc interne de main : la valeur de x est 3000
fonc : la valeur de x est 4000
```

Pour illustrer les portées des variables de *scope5a.c*, voici une variante du programme. À des fins de démonstration, on a ajouté une instruction d'affichage supplémentaire à la suite du bloc interne, dans `main` :

```
/* scope5b définit les variables de même nom avec des
portées qui s'entrecoupent et renvoie leur valeur */
#include <stdio.h>

int x = 1000;                /* variable globale  */

fonc()
{
  int x = 4000;              /* variable locale */
  printf("\n fonc: valeur de x est %d", x);
}

main()
{
  int x = 2000;              /*variable locale*/
  printf("main: la valeur de x avant le bloc intérieur est %d", x);
  {
    int x = 3000;            /*variable locale*/
    printf(\n bloc intérieur main: valeur de x est %d", x);
  }
  printf("\n main: valeur de x après le bloc intérieur est %d", x);
  fonc()                     /*appel de fonction */
}
```

◄ Fig. 7.4 : *scope5b.c*

Si on observe l'affichage des programmes *scope5a.c* ou *scope5b.c*, le premier donnant d'ailleurs :

```
main : la valeur de x avant le bloc interne est 2000
bloc interne de main : la valeur de x est 3000
main : la valeur de x après le bloc interne est 2000
fonc : la valeur de x est 4000
```

on remarque que la valeur de la variable globale x n'apparaît pas du tout. En raison des homonymies, on est arrivé à une situation très particulière, en ce sens que, dans le programme, on n'arrive plus à accéder de manière "normale" à la variable globale x. Dans chaque portion du programme, la variable globale x est cachée par une variable locale de même nom. Peut-on cependant encore accéder, de quelque façon que ce soit, à la variable globale x ? À vrai dire, il y aurait un moyen (compliqué) pour cela, de manière indirecte, à l'aide d'une variable pointeur (via l'adresse de la variable globale x). Cependant, cela ne présente pas d'intérêt pour nous ici, car nous examinerons ce problème en détail au chapitre *Pointeurs*. Occupons-nous plutôt des classes de mémorisation, qui entrent en jeu avec les variables globales et locales.

7.2 Classes de mémorisation

En C, toute variable possède une (et une seule) classe de mémorisation, parmi les suivantes :

- `extern`
- `static`
- `auto`
- `register`

Chacune de ces classes de mémorisation est utilisable avec les variables locales. En revanche, seules deux des classes de mémorisation, à savoir `extern` et `static`, sont exploitables avec les variables globales.

Classes de mémorisation des variables locales

Classe de mémorisation auto

La spécification de classe est donnée lors de la définition d'une variable (ou déclaration ; voir plus loin dans le chapitre). Elle précède l'indication du type, de sorte qu'on peut ainsi étendre la syntaxe relative à la définition des variables :

```
[classe]      <type>      <variable>;
```

Les crochets autour de la spécification de classe signifient que celle-ci est facultative, et ne doit pas forcément être fournie. En effet, jusqu'à présent, aucune des définitions de variables ne contenait ce type d'indication dans nos programmes. Cela tenait au fait qu'il s'agissait essentiellement de variables locales de classe **auto**, pour lesquelles la définition n'exige pas que soit explicitement spécifié le nom de la classe. La classe **auto** (automatic) est attribuée à une variable lorsque celle-ci est définie à l'intérieur d'une fonction, et lorsque la spécification de classe est soit omise, soit réglée sur le mot clé **auto**. Ici, la tradition est d'omettre le mot clé **auto**. Les définitions suivantes :

```
main()
{
        int a1;    /* Variable de classe auto. Définition sans mot clé  */
        auto int a2; /* Variable de classe auto. Définition avec mot clé  */
        .
        .
        .
}
```

créent toutes deux des variables locales de classe **auto**.

La classe **auto** influe spécifiquement sur la portée et sur la durée de vie des variables concernées. Ainsi, une variable **auto** est toujours locale, et donc valide (c'est à dire connue et utilisable) seulement à l'intérieur du bloc dans lequel elle a été définie. Sa durée de vie (c'est-à-dire l'intervalle de temps pendant lequel elle existe dans le programme) est également limitée. Une variable existe (physiquement) dans un programme depuis le moment où de l'espace mémoire lui a été alloué, jusqu'au moment où celui-ci est libéré (la variable est donc détruite). En fait, de manière fondamentale, une variable n'existe pas toujours tout au long du programme. Une variable locale de classe **auto**, par exemple, n'est créée en mémoire que lorsque le programme traite le bloc dans lequel elle est définie. Lorsque toutes les instructions du bloc sont exécutées (le traitement du bloc est donc terminé), la variable disparaît de la mémoire. En conséquence, la valeur qu'elle possédait est naturellement perdue pour le programme. Une variable de cette nature n'existe donc que pendant une certaine phase du programme, à savoir celle du déroulement du bloc contenant sa définition.

Si le bloc est à nouveau exécuté dans le programme, alors la variable est recréée en mémoire. On peut alors y accéder de nouveau (sous le même nom). Cependant, la valeur de son ancienne "incarnation" n'est plus disponible. Ce mécanisme de recréation à chaque nouvelle exécution du bloc, et d'effacement de la mémoire à la fin de celui-ci, peut être répété à volonté pour toute variable **auto**. Cela est illustré par le programme suivant *auto.c*, sur une variable définie dans un bloc constituant le corps d'une boucle **for**. Ce bloc est exécuté cinq fois, puisqu'il y a cinq passages dans la boucle.

▼ Listing 7.3 : auto.c

```
/*  auto utilise deux variables de classe auto, dont l'une est
    définie dans le bloc instruction d'une boucle exécutée cinq fois. */
#include <stdio.h>
main()
```

```
{
      int i;  /* variable de classe auto : existe seulement pendant
                 la durée de vie de main et n'est connue que de main */
      for (i = 0; i < 5; i++)
      { /* début de bloc     */
      int a = 0;     /* variable de classe auto : connue seulement
                        dans le bloc, recréée et réinitialisée à
                        chaque nouveau passage dans la boucle.      */
      printf("Valeur de la variable auto 'a' lors du passage no %d "
             "dans la boucle d'exécution du bloc :\t%d\n", i+1, a);
      a++;
      } /* fin du bloc   */
}
```

Le programme produit l'affichage :

```
Valeur de la variable auto 'a' lors du passage no 1
dans la boucle d'exécution du bloc : 0
Valeur de la variable auto 'a' lors du passage no 2
dans la boucle d'exécution du bloc : 0
Valeur de la variable auto 'a' lors du passage no 3
dans la boucle d'exécution du bloc : 0
Valeur de la variable auto 'a' lors du passage no 4
dans la boucle d'exécution du bloc : 0
Valeur de la variable auto 'a' lors du passage no 5
dans la boucle d'exécution du bloc : 0
```

Cela tient à ce que la variable `a` est recréée, et initialisée à chaque exécution du bloc situé dans le corps de la boucle. À la fin du bloc, elle est systématiquement effacée. Ainsi, à chaque début de bloc, la variable `a` reçoit la valeur 0, via l'initialisation, valeur avec laquelle elle est affichée. L'incrémentation qui suit reste sans effet, puisqu'à la fin du bloc, cette valeur disparaît lorsque la variable est détruite.

Contrairement à la variable `a`, la variable `i` (également de la classe `auto`) n'est créée qu'une seule fois au début de la fonction principale `main`, car son bloc n'est exécuté qu'à une occasion, pendant la durée de vie du programme.

Initialisation

Notez bien que la valeur de la variable `a` serait indéfinie si elle n'était pas initialisée lors de sa définition (ou, au plus tard, avant qu'on tente de la lire pour la première fois). Il en va de même pour toute variable de classe `auto`. Les valeurs d'initialisation peuvent ici être des constantes ou des expressions. Par exemple, supposons que l'on définisse une variable supplémentaire dans la procédure principale `main` du programme précédent (hors du bloc interne) :

```
int init = 0;
```

La variable a pourrait également être initialisée par :

```
int a = init;
main()
{
     int i;
     int init = 0;
     for (i = 0; i < 5; i++)
     {
     int a = init;  /* initialisation d'une variable auto
                        par une variable    */
     .
     .
     .
     }
}
```

L'initialisation de variables de types complexes (tableaux, structures) ayant la classe **auto** peut présenter des problèmes avec certains compilateurs. Comme nous l'avons déjà mentionné à plusieurs reprises dans les chapitres précédents (cf. par exemple le chapitre *Types de données complexes*), l'initialisation de telles variables lors de leur définition n'est pas licite sur des compilateurs (anciens), qui ne se conforment pas au standard ANSI.

Une initialisation telle que :

```
main()
{
     int x [4] = {1, 2, 3, 4}; /*     tableau de classe auto      */
     .
     .
     .
}
```

ne pose, en principe, aucun problème avec des compilateurs récents. Mais, sur un système ancien comme ceux que nous venons de citer, elle ne serait pas admise. En pareil cas, si l'on veut procéder à l'initialisation lors de la définition, il faut renoncer à prendre la classe **auto** pour la variable complexe, et lui attribuer la classe `static` ou **extern** (cf. plus loin dans le chapitre).

Classe static

Les variables locales de la classe `static` sont définies avec le mot clé `static`. Elles ont la même validité que les variables de la classe **auto**, en ce sens qu'elles ne sont connues qu'au sein du bloc où elles sont définies. L'instruction suivante définit une telle variable dans le domaine de la fonction `main` :

```
main()
{
     static int x;



}
```

Contrairement aux variables **auto**, la durée de vie d'une variable **static** n'est cependant pas limitée à l'intervalle de temps durant lequel le bloc concerné est traité dans le programme. Au contraire, les variables **static** existent pendant tout le programme, ne disparaissent pas de la mémoire à la fin du bloc et ne sont pas recréées à l'exécution suivante du bloc. Elles sont, ainsi que l'indique le libellé de leur classe de mémorisation, "statiques". Il est à noter que les variables locales statiques n'existent cependant que si le bloc dans lequel elles sont définies est exécuté au moins une fois !

Initialisation

Une variable de classe **static** n'est créée qu'une seule fois en mémoire, même si le bloc dans lequel elle est définie est exécuté plusieurs fois. Lors de sa définition, elle peut être initialisée explicitement par le programmeur avec une valeur constante. Si tel n'est pas le cas, la variable est automatiquement initialisée à 0 en début de programme. Contrairement aux variables de classe **auto**, la valeur initiale d'une variable **static** n'est donc jamais indéfinie. L'initialisation d'une variable **static** lors de sa définition a lieu seulement une fois, même si le bloc contenant sa définition est exécuté à plusieurs reprises (cf. le programme *static.c*, un peu plus loin).

Les variables statiques conservent leurs valeurs

Les variables locales **static** ne sont pas recréées et initialisées à chaque exécution du bloc contenant leur définition. En conséquence, contrairement aux variables de classe **auto**, elles conservent leurs valeurs entre deux exécutions du bloc. La valeur qu'elles possèdent à la fin de l'exécution de ce bloc n'est donc pas perdue ; elle est conservée jusqu'à la prochaine exécution du bloc. Cependant, la valeur d'une variable locale **static** pourrait être modifiée entre-temps à partir d'un autre endroit que le bloc, par l'intermédiaire d'un pointeur contenant son adresse (cf. chapitre *Pointeurs*). Le programme suivant, *static.c*, montre les résultats différents de deux portions de programme, identiques de par leur structure, mais qui utilisent deux variables locales dont l'une possède la classe **auto** et l'autre la classe **static**.

▼ Listing 7.4 : static.c

```
/*      static montre l'utilisation d'une variable static      */
#include <stdio.h>
main()
{
      int i;
      for (i = 0; i < 5; i++)
      {
      int a = 0;  /* Variable locale de la classe auto. Recréée et
                     réinitialisée à chaque exécution du bloc */
      printf("valeur de a (auto) lors de l'exécution no %d
      ➥ du bloc :\t%d\n", i+1, a);
      a++;
      }
      printf("\n");
```

```
        for (i = 0; i < 5; i++)
        {
        static int a = 0;      /* Variable locale de classe static.
                                  Créée et initialisée une seule fois.
                                  Conserve sa valeur entre deux
                                  exécutions du bloc. */
        printf("Valeur de a (static) lors de l'exécution no %d du bloc"
        ➥":\t%d\n", i+1, a);
        a++;
        }
}
```

Le programme *static.c* affiche :

```
Valeur de a (auto) lors de l'exécution no 1 du bloc : 0
Valeur de a (auto) lors de l'exécution no 2 du bloc : 0
Valeur de a (auto) lors de l'exécution no 3 du bloc : 0
Valeur de a (auto) lors de l'exécution no 4 du bloc : 0
Valeur de a (auto) lors de l'exécution no 5 du bloc : 0

Valeur de a (static) lors de l'exécution no 1 du bloc : 0
Valeur de a (static) lors de l'exécution no 2 du bloc : 1
Valeur de a (static) lors de l'exécution no 3 du bloc : 2
Valeur de a (static) lors de l'exécution no 4 du bloc : 3
Valeur de a (static) lors de l'exécution no 5 du bloc : 4
```

La première partie de l'affichage fonctionne comme dans *auto.c*. Comme la variable auto **a** est recréée et réinitialisée à 0 lors de chaque nouvelle exécution du bloc de boucle, elle est toujours affichée avec cette valeur, en dépit de l'incrémentation placée à la fin du bloc. En revanche, la variable static **a** conserve sa valeur entre deux exécutions du bloc de boucle. Au premier passage, elle est affichée avec la valeur 0 et incrémentée. Au passage suivant, elle sera comme il se doit affichée avec la valeur 1, puis incrémentée, etc. Indiquons de nouveau ici que l'initialisation à 0 de la variable static **a** n'est effectuée qu'à la première exécution du bloc. Pour toutes ses exécutions ultérieures, l'instruction :

```
static int a = 0;
```

n'est plus prise en compte.

L'initialisation explicite à 0 de la variable static **a** n'est d'ailleurs pas indispensable. En effet, dans tous les cas, une variable statique est initialisée par défaut à cette valeur, si le programmeur oublie d'y souscrire. On aurait donc pu remplacer :

```
static int a = 0;
```

par un simple :

```
static int a;  /*    a est initialisé à 0, car de classe static     */
```

Dans notre exemple de programme, la variable **static** se trouvait dans le bloc instruction d'une boucle qui était répétée. Elle aurait également pu être définie dans une fonction exécutée à plusieurs reprises. La variable **static** aurait alors conservé sa valeur entre deux appels de la fonction. Considérez pour cela à nouveau la fonction **fonc** des programmes *scope1.c* à *scope5b.c*. Modifions-la légèrement dans le programme suivant, et invoquons-la non pas une seule fois, mais deux.

▼ Listing 7.5 : offstat.c

```
#include <stdio.h>

void fonc(void);

main()
{
     fonc(); /*     1er appel de la fonction     */
     fonc(); /*     2ème appel de la fonction     */
}

void fonc(void)
{
     int x = 1;
     printf("Appel no %d de fonc : la valeur de x est %d\n", x, x);
     x++;
}
```

On obtient l'affichage :

```
Appel no 1 de fonc : la valeur de x est 1
Appel no 1 de fonc : la valeur de x est 1
```

Puisque la variable auto **x**, sitôt terminée l'exécution de toutes les instructions du bloc de la fonction **fonc**, est supprimée de la mémoire, et recréée au second appel de **fonc**, les affichages des deux appels de fonction sont identiques. Dans les deux cas, la variable **x** prend la valeur **1**. En particulier, on ne peut pas l'utiliser pour compter les appels de la fonction. Mais, si on définit la variable **x** avec la classe **static**, alors le résultat change. Le programme :

▼ Listing 7.6 : onstat.c

```
#include <stdio.h>

void fonc(void);

main()
{
     fonc(); /*     1er appel de la fonction     */
     fonc(); /*    2ème appel de la fonction     */
}

void fonc(void)
```

```
{
    static int x = 1;
    printf("Appel no %d de fonc : la valeur de x est %d\n", x, x);
    x++;
}
```

produit maintenant l'affichage :

```
Appel no 1 de fonc : la valeur de x est 1
Appel no 2 de fonc : la valeur de x est 2
```

On voit bien ici, et de manière simple, à quoi peuvent servir les variables locales `static` : à mémoriser des valeurs créées dans les blocs ou dans les fonctions, afin de les conserver au-delà de la durée d'exécution de ces blocs ou de ces fonctions.

Classe register

Une variable de classe de mémorisation register est définie à l'aide du mot clé `register` ; elle obéit aux mêmes règles, concernant la portée et la durée de vie, qu'une variable correspondante de classe `auto`. Mais, contrairement à cette dernière, une variable de classe `register` n'est pas toujours rangée dans la mémoire de travail. S'il le peut, le compilateur la stocke dans un registre, c'est-à-dire dans une zone de mémoire incluse dans le processeur. Le nombre de registres concernés est limité, et dépend du type d'ordinateur. Si aucun registre n'est disponible lors de la définition de la variable, celle-ci reçoit la classe `auto` ; elle est rangée en mémoire normale. Le rangement dans un registre du processeur n'est donc pas garanti.

Hormis cela, il existe encore deux limitations. D'une part, selon le type d'ordinateur, on ne peut pas placer dans un registre n'importe quel type de données. Si une définition de variable spécifie la classe `register` pour un type de données qui ne peut pas être mis dans un registre, alors cette classification est ignorée, et la donnée prend la classe `auto`. L'autre restriction concerne l'opérateur d'adressage `&` qui n'est pas utilisable sur des variables définies avec la classe `register`. Cela est vrai indépendamment du fait que la variable soit réellement rangée dans un registre du processeur ou que, pour des raisons de place, elle soit rangée dans la mémoire de travail en tant que variable `auto`.

L'avantage d'avoir une variable conservée dans un registre réside avant tout dans la rapidité d'accès, en comparaison avec une variable située dans la mémoire RAM. L'accès immédiat à une variable entraîne naturellement une réduction de la durée du programme. Cela est particulièrement notable lorsqu'une variable est souvent demandée, comme c'est le cas dans l'exemple suivant. Ici, on définit deux variables `r1` et `r2` de classe `register`, puis on les incrémente chacune jusqu'à 2000, à l'aide de deux boucles imbriquées :

```
register int r1, r2;
```

```
for (r1 = 1; r1 <= 2000; r1++)
    for(r2 = 1; r2 <= 2000; r2++)
        ;
```

On peut illustrer l'effet de cette technique, dans un programme, en comparant la durée d'exécution d'une telle boucle, utilisant une variable compteur de classe **register**, et celle d'une boucle avec une variable normale **auto**. Pour mesurer les durées, on fait appel ici à la fonction C **time**, laquelle requiert l'inclusion du header **time.h** dans le programme :

```
#include <time.h>
```

La fonction **time** fournit la durée, en secondes, écoulée depuis le 1er Janvier 1970, heure zéro GMT. Cette valeur est stockée dans une variable de type **long**, dont l'adresse sert de paramètre à la fonction **time**. Définissez donc par :

```
long start;
long end;
```

deux variables, dont l'une (**start**) contiendra l'heure au début de la boucle, et l'autre (**end**) l'heure à la fin de la boucle. La différence entre les deux valeurs correspond au temps écoulé (en secondes) durant l'exécution de la boucle.

L'instruction :

```
time(&start);
```

récupère l'heure au début de la boucle, et la stocke dans **start**. Lorsque la boucle est terminée, notez de nouveau l'heure par :

```
time(&end);
```

Rangez-la ainsi dans la variable end. Vous pourrez ensuite par :

```
printf("La boucle auto demande %ld secondes.\n", end-start);
```

ou par :

```
printf("La boucle register demande %ld secondes.\n", end-start);
```

afficher le temps consommé.

▼ Listing 7.7 : comptime.c

```
/* comptime compare les durées requises par l'exécution
   de deux boucles de comptage. Une des boucles utilise comme
   compteur une variable register et l'autre une variable normale
   auto. Le calcul de la durée se fait au moyen de la fonction C time. */
#include <stdio.h> /*     printf     */
#include <time.h> /*     time     */
main()
{
     long start;  /*     heure début boucle     */
```

```
    long end;  /*     heure fin boucle     */
    int a1, a2;  /*     compteurs de boucle auto     */
    register int r1, r2;  /*     compteurs de boucle register     */
    printf("\nLe programme compare les durées d'exécution\n"
    ➥ " d'une boucle de comptage (400000000 opérations de comptage)
    ➥ \n basée sur des "variables register\n"
    ➥ " et d'une autre boucle basée sur des variables auto\n.");
    time(&start);  /*     récupération heure début boucle auto     */
    for (a1 = 1; a1 <= 20000; a1++)
        for (a2 = 1; a2 <= 20000; a2++)
            ;
    time(&end);       /*   récupération heure fin boucle auto     */
    printf("La boucle auto demande %ld secondes.\n", end-start);
    time(&start);  /*  récupération heure début boucle register   */
    for (r1 = 1; r1 <= 20000; r1++)
        for (r2 = 1; r2 <= 20000; r2++)
            ;
    time(&end);  /*    récupération heure fin boucle register     */
    printf("La boucle register demande %ld secondes.\n", end-start);
}
```

Le programme affiche différentes durées d'exécution, selon la vitesse du processeur, aussi bien pour la boucle `auto` que pour la boucle `register`. Ce qui est plus intéressant, ce sont les relations entre les deux durées. Le résultat suivant montre à quel point le recours à une variable `register` peut accroître la vitesse du traitement :

```
La boucle auto demande 6 secondes.
La boucle register demande 3 secondes.
```

Classe extern

On emploie parfois, dans une fonction ou dans un bloc, le mot clé `extern` dans la définition d'une variable. Il sert à indiquer au compilateur qu'il ne s'agit pas de la définition d'une variable locale, mais de la déclaration d'une variable qui a été définie à une autre endroit du programme. Cette déclaration ne crée pas de nouvel objet et, en particulier, n'entraîne aucune allocation de mémoire pour quelque donnée que ce soit. Elle sert simplement à déclarer au compilateur qu'il doit faire appel à une variable globale, définie ailleurs dans le programme. En pareil cas, on parle également d'importation de variable globale. Le fait de savoir dans quelles circonstances il faut placer ce type de déclarations ressort du thème "variables globales" (définition et classe de mémorisation). Nous allons donc étudier ces connexions plus en détail dans la section suivante.

Classes de mémorisation des variables globales

Classe extern

Les variables globales ont la classe `extern`, lorsqu'elles sont définies sans aucune indication de classe de mémorisation. De ce fait, la variable globale `e` de l'exemple suivant :

```
int e;  /*     e a la classe extern.     */
main()
{
      .
      .
      .
}
```

possède la classe **extern**. La durée de vie d'une variable **extern** est égale à celle du programme. En d'autres termes, une variable **extern** existe pendant tout le programme, comme une variable **static**. Sa portée s'étend (depuis son emplacement de définition) sur le fichier tout entier, dans lequel elle est définie, et sur tous les autres fichiers (modules) faisant partie du programme (si celui-ci en compte plusieurs). Dans bien des cas cependant, il faut déclarer de nouveau la variable **extern** avant de pouvoir s'en servir dans une portion de programme.

Déclaration de variable

Contrairement à sa définition, lorsqu'on déclare une variable de classe **extern**, il faut indiquer le mot clé **extern**.

```
extern int e;          /*     déclaration d'une variable extern     */
```

Cela déclare une variable **extern e** qui a été définie comme globale, ailleurs dans le programme. Nous avons donc toujours une déclaration de variable lorsqu'on rencontre la spécification de classe **extern**. La déclaration d'une variable **extern** est, en quelque sorte, adressée au compilateur pour lui fournir des informations sur le nom et le type de la donnée. Ces informations, il les reçoit également lors de la définition de cette variable. La différence essentielle ici est que, lors de la définition, il y a en outre allocation d'espace mémoire pour la variable concernée, ce qui n'est pas le cas avec la déclaration. Cela n'est pas étonnant, car le but d'une déclaration n'est pas de définir une nouvelle entité, mais plutôt d'informer le compilateur que cette entité a été définie à un autre endroit du programme et qu'il ne la connaît pas encore. Selon les besoins, une variable peut être déclarée plusieurs fois dans un programme, alors qu'elle ne doit être définie qu'une seule et unique fois.

Quand une telle déclaration est-elle requise ? Une variable définie avec la classe **extern** doit être redéclarée quand se présente l'une des deux situations suivantes :

- le programme compte un seul fichier source, mais la variable doit être exploitée dans le programme avant sa définition.
- le programme se compose de plusieurs fichiers sources, et la variable doit intervenir dans un autre fichier que celui où elle est définie.

Commençons par le premier cas, dans lequel tout le programme tient sur un seul fichier source. Le programme *extern1.c* utilise une variable de classe **extern** avant la définition de celle-ci ; cette définition n'intervient que plus tard dans le fichier. Une déclaration de la variable est donc nécessaire avant sa première utilisation.

▼ Listing 7.8 : extern1.c

```
/*  extern1 accède à une variable de classe extern avant que celle-ci
    ne soit définie dans le programme. Une déclaration de la
    variable est donc ici nécessaire. */
#include <stdio.h>
int e;  /* définition de la variable globale e de classe extern.
           Se fait ici seulement après que la  variable ait déjà
           été utilisée    */

void fonc(void);

main()
{
      extern int e;  /*  déclaration de la variable extern e, définie
                         seulement après main. La variable est
                         utilisable dans main à partir de cette
                         déclaration          */
      e = 1;
      printf("main : valeur de e (extern) : %d\n", e);
      fonc(); /*     appel de fonction        */
}

void fonc(void)  /* aucune déclaration extern de e n'est requise
                    pour fonc, car fonc se trouve après la
                    définition de e */
{
      printf("fonc : valeur  de e (extern) : %d\n", e);
}
```

Le précédent programme *extern1.c* ne représente pas la manière habituelle d'exploiter des variables **extern**. Généralement, on définit les variables externes au début du fichier source (avant le **main**) ; on fait alors l'économie des redéclarations. Naturellement, le programmeur peut toujours redéclarer une variable **extern**, par exemple pour signaler qu'une fonction utilise de telles variables. Dans l'extrait de programme suivant, la déclaration de la variable globale **e** n'est pas indispensable, car la variable a été définie au début du fichier ; elle est donc connue partout. La déclaration est simplement là à des fins informatives :

```
int e = 1;
main()
{
      extern int e; /* cette déclaration n'est pas nécessaire.
                       Elle montre simplement que la fonction main
                       utilise une variable externe. */

      printf("La valeur de e est %d\n", e);
}
```

La portée de la variable **e** de l'exemple précédent, du fait de la déclaration **extern** dans **main**, comprend justement la fonction **main**, mais également la fonction **fonc** pour laquelle aucune déclaration n'est requise ; **fonc** se trouve en effet dans le programme après la définition de **e**. Dans la version suivante *extern2.c*, la déclaration de la variable se trouve également dans **main**, mais dans un bloc imbriqué dans le bloc extérieur de la fonction.

▼ Listing 7.9 : extern2.c

```
/*      extern2 accède à une variable de classe extern avant qu'elle
        ne soit définie dans le programme. Pour cela, une déclaration
        de la variable est nécessaire avant son utilisation.    */
#include <stdio.h>
int e;  /* définition de la variable globale e de classe extern.
            Se produit après utilisation dans 'main'.     */

void fonc(void);

main()
{
    {
    extern int e; /* déclaration de la variable extern e.
                     La variable est ensuite utilisable dans le
                     bloc intérieur de 'main'.     */
    e = 1;
    printf("Bloc intérieur de main : valeur de e (extern): %d\n", e);
    fonc(); /* appel de fonction     */
    }
}

void fonc(void)         /* aucune déclaration extern de e
                           nécessaire pour fonc */
{ /* car fonc se trouve après la définition de e.     */
    printf("fonc : valeur de e (extern): %d\n", e);
}
```

Dans ce cas, la variable **e** n'est valide que dans le bloc intérieur de **main**. Toute tentative d'accéder à la variable dans **main**, hors du bloc interne, provoquerait une erreur de compilation. De manière plus générale, dans les cas où une déclaration est nécessaire, et que cette déclaration intervient dans une fonction ou dans un bloc, l'emplacement de la déclaration d'une variable locale **extern**, comme son emplacement de définition, détermine sa portée. Dans ce contexte, on parle également d'importation locale d'une variable **extern** car, ainsi déclarée, elle ne peut être utilisée qu'à l'intérieur du bloc ou de la fonction concerné. De nombreux compilateurs disposent d'extensions spécifiques de la norme ANSI, extensions activables ou désactivables à volonté. Une de ces extensions du C fait qu'une variable **extern** importée localement est connue non seulement de la fonction ou du bloc contenant sa déclaration, mais également du reste du fichier, à partir de cette déclaration, indépendamment des limites du bloc ou de la fonction. Si vous alignez le code de vos programmes sur ce type d'extensions spécifiques, vous restreignez naturellement leur portabilité.

Programmes composés de plusieurs fichiers sources

Venons-en maintenant à la seconde des deux situations décrites au début, à savoir celle où le programme comprend non pas un mais plusieurs fichiers sources, et où une variable de classe **extern** doit être utilisée dans un autre fichier que celui de sa définition. Dans cet ouvrage, nous avons déjà signalé qu'un programme ne comprenait pas forcément un fichier source unique. Cela est même rare, avec les programmes d'une certaine dimension. Partager un programme en plusieurs fichiers sources (modules) présente des avantages :

- Le programme est découpé de manière plus lisible ; il est donc plus facilement compréhensible.
- Les divers modules (distincts) peuvent être réutilisés par d'autres programmes.
- En cas de modifications de programme (correction, échange et insertion de portions de code), seuls les modules concernés sont à modifier et à recompiler (et non le programme tout entier).

La modularisation d'un programme suppose qu'il se compose de plusieurs fonctions. Celles-ci se répartissent sur différents fichiers. Il faut simplement veiller à ce qu'une fonction soit contenue entièrement dans un seul et même module. L'exemple suivant (*extern3.c*) est intéressant à double titre : premièrement, le programme est réparti sur plusieurs modules ; deuxièmement (nous retrouvons ici le sujet qui nous intéresse en premier lieu), on déclare une variable externe dans un module ne contenant pas sa définition. Nous commencerons par écrire le programme sur un seul fichier, comme d'habitude :

▼ Listing 7.10 : extern3.c

```
#include<stdio.h> /* pour printf */

int e = 1;  /* Définition de la variable externe e. */
          /* Zone de validité: fichier entier */
void foncl(void);  /* Déclaration de foncl pour pouvoir mettre la
                      définition en dessous du main */
void fonc2(void); /*Déclaration de fonc2 */

main()
{
   printf("main:\tValeur de e est %d\n" , e) ;
    foncl(); /* Appel foncl */
    fonc2(); /* Appel fonc2 */
}

void foncl(void)
{
   printf("foncl:\tValeur de e est %d\n", e);
}
```

```
void fonc2(void)
{
   printf("fonc2:\tValeur de e est %d\n", e);
}
```

Le programme *extern3.c* contient en tout trois fonctions : `main` plus deux autres fonctions simples, `fonc1` et `fonc2`, bâties sur le principe de la fonction `fonc` déjà évoquée. Ce qu'elles réalisent est aisément compréhensible : si on les exécute, elles affichent la valeur de la variable `extern e`. La variable globale `e` est définie au début du fichier *extern3.c*. Elle est donc connue dans toutes les fonctions du programme. Une redéclaration (à des fins documentaires) pourrait intervenir dans chaque fonction, mais elle n'est pas obligatoire. Le programme produit l'affichage attendu :

```
main :       la valeur de e est 1
fonc1 :      la valeur de e est 1
fonc2 :      la valeur de e est 1
```

Éclatons maintenant notre programme *extern3.c* en deux fichiers sources, que nous appellerons *extern3b.c* et *foncs.c*. Ici, *extern3b.c* contient encore la fonction `main`, donc le programme principal, alors que le fichier *foncs.c* récupère les deux fonctions `fonc1` et `fonc2` :

▼ Listing 7.11 : foncs.c

```
#include<stdio.h> /* pour printf */

int e = 1;  /* Définition de la variable externe e. Zone de
               validité: Fichier externe3.c et, en raison de la
               déclaration qui s'y trouve, module de programme
               funcs.c */

main()
{
     printf("main:\tValeur de e est %d\n", e);
     fonc1(); /* Apple func1 */
     fonc2(); /* Appel func2 */
}
Legende=extern3b.c
#include<stdio.h> /* pour printf */

extern int e;  /* Déclaration globale de la variable est utilisable
                  dans funcs.c à partir de cette déclaration */

void fonc1(void)
{
     printf("fonc1:\tValeur de e est %d\n", e);
}

void fonc2(void)
{
     printf("fonc2:\tValeur de e est %d\n", e);
```

```
}
```

La déclaration **extern** de la variable **e**, dans le fichier *foncs.c*, est obligatoire ; la variable **e**, bien que définie globalement en début de *extern3b.c* (ce qui la rend visible partout dans ce fichier), est en effet également utilisée dans l'autre module *foncs.c*. Comme la déclaration, au début du fichier, est située hors de toute fonction, elle est considérée globale, et la variable **e**, depuis cet endroit-là, est connue dans tout le reste du fichier *foncs.c*. Les deux fonctions **foncl** et **fonc2** peuvent donc être exploitées sans problème : la variable **e** a été importée globalement.

La portée de la variable **e** s'étend en tout aux deux modules, donc au programme complet. Si on plaçait la déclaration de la variable **e**, dans le module *foncs.c*, non pas au début du fichier, mais dans une fonction, comme dans la variante suivante :

▼ Listing 7.12 : foncs2.c

```
#include<stdio.h> /* pour printf */


void fonc1(void)
{ /* La commande suivante provoque 1 erreur. La variable e n'est pas
     connue dans func 1 */
     printf("fonc1:\tValeur de e est %d\n", e);
}

void fonc2(void)
{
     extern int e;   /* Déclaration locale de la variable e.
                        N'est utilisable que dans func2 */
      printf("fonc2:\tValeur de e est %d\n", e);
}
```

alors la variable ne serait connue et utilisable que dans la fonction contenant la déclaration, donc seulement dans la fonction **fonc2** de l'exemple précédent : la variable **e** est importée localement. Sa portée, dans ce cas, correspond au module *extern3b.c* tout entier, plus la fonction **fonc2** du module *foncs2.c*. Si on essayait de compiler le programme avec cette version de *foncs2.c*, on obtiendrait une erreur, car la variable **e** n'est pas connue de la fonction **foncl**, qui contiendrait donc une instruction faisant référence à un objet non identifié.

Le programme *extern3.c* pourrait également s'étaler sur trois modules au lieu de deux :

▼ Listing 7.13 : extern3c.c

```
#include<stdio.h> /* pour printf */

int e = 1;  /* Définition de la variable externe e. Zone de
               validité: Fichier extern3.c et en raison des
```

```
                  déclarations qui s'y trouvent, les modules func1.c
                  et func2.c */

main()
{
```

▼ Listing 7.14 : fonc1.c

```
    printf("main:\tValeur de e est %d\n", e);
      fonc1(); /* Appel de fonc1 */
      fonc2(); /* Appel de fonc2 */
}
#include<stdio.h> /* pour printf */

extern int e;  /* Déclaration globale de la variable est utilisable
                  dans fonc1.c à partir de cette déclaration */
void fonc1(void)
{
     printf("fonc1:\tValeur de e est %d\n", e);
}
```

▼ Listing 7.15 : fonc2.c

```
#include<stdio.h> /* pour printf */

     extern int e;  /* Déclaration locale de la variable e.
                       N'est utilisable que dans fonc2 */
void fonc2(void)
{
     printf("fonc2:\tValeur de e est %d\n", e);
}
```

Dans la dernière variante du programme, chacun des deux modules *fonc1.c* et *fonc2.c* doit contenir une déclaration conforme de la variable **e**. Du reste, si on définissait dans les deux modules d'un programme une variable globale de même nom, et de classe **extern**, alors l'une des deux définitions serait comprise comme étant une déclaration.

Les trois versions du programme (un, deux ou trois modules) produisent le même résultat et, en particulier, donnent lieu au même affichage. D'un environnement à l'autre en revanche, il n'y a pas forcément les mêmes commandes de compilation pour traduire un programme C. Nous n'insisterons pas davantage sur ce sujet ici. Les informations correspondantes se trouvent dans la documentation du compilateur concerné.

Initialisation

Les variables de la classe **extern** peuvent être déclarées dès leur définition. À défaut, elles sont automatiquement mises à 0 au début du programme. Notre programme *extern1a.c* afficherait la valeur 0 pour la variable **extern e** si on ne l'initialisait pas, ou si on ne lui affectait pas de valeur.

▼ Listing 7.16 : extern1a.c

```
/* extern1a affiche une variable non initialisée de classe extern. */
#include <stdio.h>

void fonc(void);

main()
{
      extern int e;  /* déclaration de la variable externe e      */
      printf("main : valeur de e (extern) = %d\n", e);
      fonc(); /* appel de fonction     */
}
int e;  /* définition de la variable externe 'e' :
             initialisation automatique à 0        */
void fonc(void)
{
      printf("fonc : valeur de e (extern) = %d\n", e);
}
```

Les variables ne sont initialisées que lors de leur définition. Un erreur tentante consisterait à essayer d'initialiser une variable **extern** également à sa déclaration. L'instruction :

```
extern int e = 1;        /* donne une ERREUR : les variables ne  */
/*  peuvent pas être initialisées lors de leur déclaration.     */
```

est incorrecte.

Compléments

Les variables de classe **extern** ont leurs avantages : elles existent pendant tout le programme, et leur portée s'étend au programme tout entier. Chaque fonction peut y accéder directement, et les exploiter à loisir. On n'a pas besoin de variables supplémentaires internes aux fonctions (locales) pour récupérer les valeurs avec lesquelles celles-ci doivent travailler (pour plus de détails, voir le chapitre *Fonctions*). En contrepartie, les variables externes souffrent de certains inconvénients. Comme elles existent tout le temps, et qu'elles sont partout disponibles, on court le risque de modifier intempestivement une variable externe, donc de perdre une valeur qu'elle aurait dû conserver. Ce risque croît à mesure que les programmes se complexifient. Il n'est donc pas recommandé de définir toutes les variables comme **extern**. Il est plus sûr de s'en tenir le plus souvent à des variables locales, accessibles uniquement dans la fonction où elles sont définies.

Classe static

Si on spécifie la classe de mémorisation **static** dans la définition d'une variable globale, alors cette dernière n'est utilisable qu'à l'intérieur du fichier où elle est définie (à partir de son emplacement de définition jusqu'à la fin du fichier). Dans un programme composé de plusieurs modules, cela empêche que la variable soit exploitée dans un autre module que celui de sa définition. Une variable globale **static** ne peut donc pas être importée (ni par une déclaration, ni par un autre moyen) par un module tiers du programme. Dans l'exemple suivant, composé des fichiers source *modul1.c* et *modul2.c*, la variable **s** ne peut être invoquée qu'à l'intérieur du module *modul1.c*.

La durée de vie d'une variable **static** (locale ou globale) est celle du programme tout entier. À l'instar des variables locales **static**, les variables globales **static** sont initialisées à la valeur 0 en début de programme lorsqu'elles ne le sont pas explicitement, lors de leur définition.

▼ Listing 7.17 : modul2.c

```
#include<stdio.h> /* pour printf */

static int s = 1;  /* Définition de la variable static globale s.
Utilisation: Ce fichier uniquement. Pas d'importation possible
par d'autres modèles. */

void fonc1(void);

main()
{
     ...
     printf("main:\tValeur de s est %d\n", s);
     ...
}

void func1(void)
{
     ...
     printf("fonc1:\tValeur de s est %d\n", s);
     ...
}
Legende=modul1.c
#include<stdio.h>

void fonc2(void)
{
     ...
     printf("fonc2:Variable s du module 1 non utilisable.\n",s );
     ...
}

void fonc3(void)
{
     ...
     printf("fonc3:Variable s du module 1 non utilisable.\n",s );
     ...
}
```

Résumé

Résumons ce que nous avons appris sur les classes de mémorisation des variables, à l'aide d'un tableau récapitulatif :

	classe mémoire	zone de validité	durée de vie
LOCAL	auto	bloc	durée du bloc
	register	bloc	durée du bloc
	static	bloc	durée du programme
GLOBAL	extern	fichier source avec définition et après chaque déclaration tous les modules du programme	durée du programme
	static	fichier source avec définition	durée du programme

Fig. 7.5 : *Classes de mémorisation (résumé)*

Segments de programme

La classe de mémorisation d'une variable n'influe pas uniquement sur sa portée et sur sa durée de vie. Elle conditionne également la partie de la mémoire réservée au programme C dans laquelle elle sera conservée et gérée pendant l'exécution de celui-ci. En fait, l'espace mémoire alloué à un programme C se subdivise en plusieurs parties, appelées segments de programme. Les variables des classes `extern` et `static` sont rangées dans le segment de données (data segment). Les variables de la classe `auto` se trouvent dans une autre zone, nommée segment de pile (stack segment). L'image suivante montre la répartition d'un programme en segments (l'organisation des différents segments peut varier d'un système à un autre) :

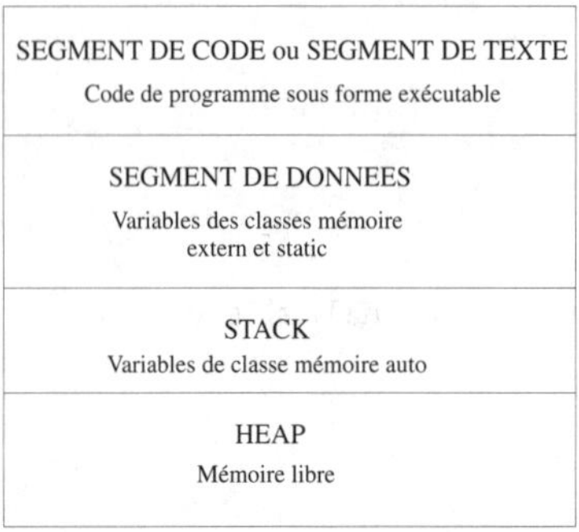

Fig. 7.6 : *Segments d'un programme C*

Comme on le voit, un programme C ne prend pas de la place que pour lui-même, donc pour son code, rangé dans le segment de code (ou segment de texte). Les segments de stack et de heap sont parfois désignés comme étant des segments dynamiques, car leur contenu varie en cours d'exécution du programme (par exemple avec la création et la suppression de variables `auto` lorsqu'un bloc est invoqué plusieurs fois). On abrège les dénominations de ces segments en parlant simplement de stack et de heap.

Le stack (en français pile) se nomme ainsi car on y range et on y gère des données comme sur une pile. Ce faisant, on applique la méthode "Last in, First out" (LIFO) : le dernier objet mis sur la pile est enlevé en premier. La pile contient non seulement les variables automatiques, mais également d'autres données, par exemple les paramètres ou les adresses de retour des fonctions. Pour plus de détails sur le fonctionnement de la pile, reportez-vous au chapitre intitulé *Fonctions*.

Le heap (tas) est une zone de mémoire libre qu'on peut occuper en cours de programme. Cela permet une gestion dynamique de la mémoire. En d'autres termes, on n'est pas toujours obligé de conférer aux données, via les définitions, des tailles figées (statiques). On peut, au contraire, les créer en cours de programme, et adapter en permanence leurs dimensions aux exigences du moment (cf. chapitre *Pointeurs*).

Chapitre 8

Le préprocesseur C

Comme vous le savez déjà, la compilation d'un programme C s'exécute en plus d'une étape (anglais : pass).

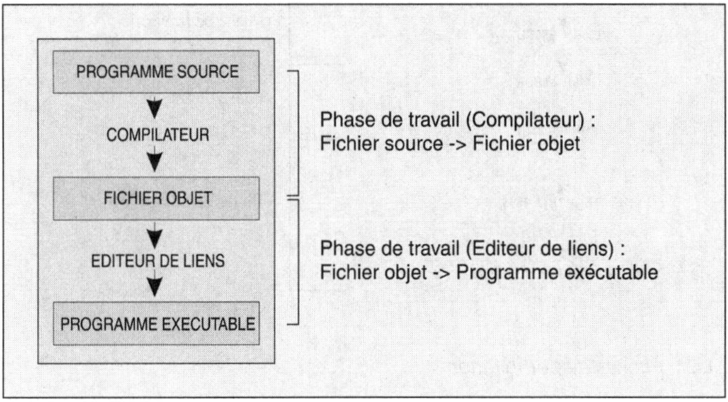

▲ Fig. 8.1 : *Phases de compilation*

L'image montre les deux principales phases du processus de compilation d'un programme source. Celles-ci vous sont déjà familières :

- La transformation par le compilateur du fichier source en un fichier objet (pas encore exécutable) écrit en langage machine. De nombreux compilateurs produisent d'abord une version (encore lisible) du programme rédigée en assembleur, version à partir de laquelle est créé le fichier objet en langage machine. Par abus de langage, compilateur sert à désigner non seulement le programme de traduction proprement dit, mais également tout l'environnement que constituent le compilateur, le lieur (linker ou éditeur de liens), et les autres programmes auxiliaires. Dans chaque cas, le contexte précisera ce dont on parle exactement.

```
program.c      ->      program.obj
```

- Le traitement suivant du fichier objet, à partir duquel le lieur crée un fichier exécutable :

```
program.obj      ->      program.exe
```

Mais, avant de procéder à la compilation proprement dite, qui traduit le code source en code objet, se déroule d'abord une autre phase (initiale) de transformation du texte du programme. Pour cela le compilateur lance un programme spécial : le préprocesseur C. Ce dernier, contrairement au compilateur, ne traduit pas le texte source en un autre niveau de langage. Au contraire, il modifie et étend le source, un peu comme le ferait un logiciel de traitement de texte. Nous allons donc affiner notre graphique d'introduction en y incorporant explicitement cette phase :

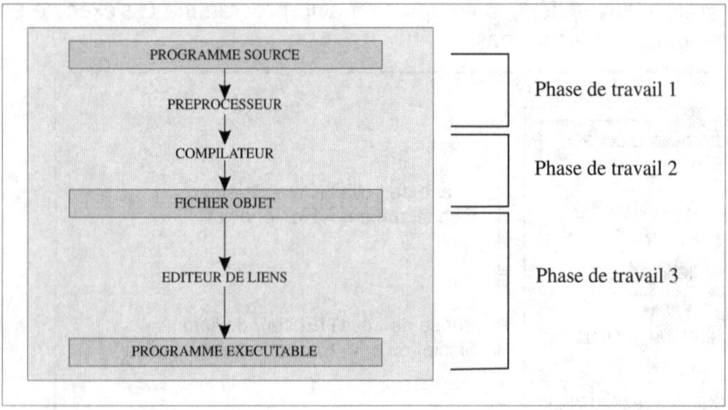

▲ Fig. 8.2 : *Phases de compilation*

Le préprocesseur peut effectuer les opérations suivantes sur un texte source.

Remplacement de texte

Le préprocesseur remplace les constantes symboliques et les macros par leurs équivalents (qui sont des passages de texte).

Instructions

```
#define, #undef
```

Insertion de fichier

Le préprocesseur insère le contenu des fichiers *Include* dans le texte source

Instruction

```
#include
```

Compilation conditionnelle

À l'aide du préprocesseur, on peut rendre la compilation de portions de programme tributaire de certaines conditions.

Instructions

```
#if, #elif, #else, #endif, #ifdef, #ifndef
```

Affichage des messages d'erreurs

Le préprocesseur peut, dans certains cas, interrompre le traitement du texte source, et afficher un message d'erreur.

Instruction

```
#error
```

Numérotation des lignes

Une instruction spécifique du préprocesseur permet de modifier la numérotation interne des lignes du fichier source.

Instruction

```
#line
```

Instructions de compilation

Habituellement, les instructions pour le compilateur sont spécifiées comme options de la commande de compilation, lancée depuis l'interpréteur de commandes ; cependant, elles peuvent être incorporées au code source, via une directive spécifique du préprocesseur.

Instruction

```
#pragma
```

Texte source après traitement par le préprocesseur

On peut visualiser un fichier source traité par le préprocesseur. Il suffit de lancer la compilation avec une option adéquate, propre à chaque compilateur. Ainsi, en ce qui concerne le compilateur Microsoft C, l'option /P (sur les systèmes UNIX, c'est habituellement -P) entraîne que la commande suivante se contente de lancer le préprocesseur ; mais le programme *program.c* n'est ni traduit ni lié :

```
cl /P program.c     /* program.c est traité seulement
                       par le préprocesseur et pas compilé.
                       Le texte transformé est rangé dans le fichier
                       program.i          */
```

La version du texte source produite par la phase du préprocesseur est ici stockée dans un fichier portant le nom du fichier source, avec l'extension *i*. Dans le cas précédent, on créerait donc un fichier *program.i*. Si on remplace l'option /P (ou -P) par l'option /E (ou -E), alors le code source résultant ne sera pas rangé dans un fichier, mais affiché à l'écran.

Directives du préprocesseur

Le préprocesseur reçoit ses instructions sous la forme de directives. Les directives se distinguent des instructions normales du C par deux caractéristiques : d'une part, elles commencent toujours par le caractère # ; d'autre part, elles ne finissent pas par un point-virgule. Vous connaissez déjà cette règle grâce à l'instruction **#include**, pratiquement obligatoire dans tous les programmes étudiés jusqu'ici. Par exemple, la directive :

```
#include <stdio.h>      /* directive préprocesseur : commence par #,
                           ne finit pas par ";" */
```

assure que le contenu du fichier **stdio.h** soit inséré dans le programme concerné (cf. plus loin dans le chapitre à la section *Fichiers Include*). On peut également placer des blancs (par exemple des espaces) entre le caractère # et le mot clé qui suit. On pourrait donc également formuler l'instruction précédente ainsi :

```
# include <stdio.h>
```

Habituellement, on place les directives du préprocesseur en tête du fichier source, avant toutes les fonctions et définitions/déclarations externes. Cependant, on pourrait théoriquement les mettre à n'importe quel endroit du programme, à l'extérieur comme à l'intérieur des fonctions (d'anciens compilateurs qui ne travaillent pas selon la norme ANSI exigent qu'une directive de préprocesseur commence dans la première colonne d'une ligne du texte source). Elles prennent effet à partir de leur emplacement d'apparition jusqu'à la fin du fichier source, indépendamment des limites de fonctions ou de blocs. Dans le cas d'un programme avec plusieurs modules, la directive concernée doit être répétée dans un autre module si on veut qu'elle y soit également prise en compte (voir les versions correspondantes du programme *extern3.c* dans le chapitre *Classes de mémorisation*).

8.1 Macros et constantes symboliques

En C, les variables, les fonctions ou les types de données ne sont pas les seuls objets susceptibles d'être désignés nommément. Tout passage de code source C peut être défini par un nom, qui peut ensuite être utilisé dans le programme à la place du bloc de texte initial. Durant son traitement du programme source, lorsque le préprocesseur rencontre un de ces noms, il le remplace par le bloc de texte qui lui a été affecté. On peut définir des noms pour des expressions, des instructions, mais également pour des nombres ou des caractères isolés. On fait ici le distinguo suivant : lorsque le nom défini représente une ou plusieurs instructions, alors on parle de macro (voir dans ce chapitre la section consacrée aux macros). Si le nom défini représente n'importe quelle constante (par exemple un nombre ou une chaîne de caractères), ou une portion de code source qui n'est ni une expression ni une instruction, alors on parle de constante symbolique. La directive du préprocesseur permettant de définir ces noms est **#define**.

Constantes symboliques

Les constantes symboliques vous sont familières (nous les connaissons depuis le chapitre+ *Types de données personnalisés*). La liste des valeurs d'un type **enum** y était composée de noms représentant des valeurs entières, employés pour rendre les instructions plus facilement compréhensibles. Pour des raisons similaires, via la directive du préprocesseur :

```
#define
```

sont définis des noms, qui correspondent à des nombres ou à d'autres suites de caractères : ces constantes symboliques sont censées conférer au texte source une meilleure lisibilité. La directive **#define** répond à la syntaxe que voici :

```
#define  nom  [texte à remplacer]
```

Ici <nom> représente la constante symbolique que l'on envisage d'introduire dans le texte source. Inversement, <**texte à remplacer**> constitue la chaîne de caractères qui est représentée par la constante symbolique. Le préprocesseur insérera cette chaîne de caractères ultérieurement (avant la compilation) dans le texte du programme, à la place de la constante symbolique. Les crochets indiquent par ailleurs qu'il n'est pas absolument nécessaire de spécifier un équivalent pour la constante symbolique (voir plus loin dans le chapitre).

Par exemple, la directive

```
#define TVA     20.6
```

définit une constante symbolique nommée **TVA**, et informe le préprocesseur que, partout dans le texte où elle intervient, il faut la remplacer par la valeur 20.6. Les constantes symboliques suivent les mêmes règles que les variables, en matière d'attribution des noms. On peut donc employer aussi bien des majuscules que des minuscules. Nous nous conformons ici aux conventions traditionnelles des programmeurs ; nous écrivons donc les constantes symboliques exclusivement en majuscules, afin de les distinguer visuellement des variables. Le programme suivant *calc.c* montre une première exploitation des constantes symboliques : la constante **TVA** est utilisée dans un simple calcul, à la place de la constante numérique correspondante.

▼ Listing 8.1 : calc.c

```
/*  calc calcule, pour un prix qui est saisi, la TVA ainsi
    que le prix TTC.  */
#include <stdio.h>

#define TVA     20.6   /* définition de la constante symbolique TVA    */

main()
{
     float prix;
```

```
        PRINT(QUESTION);
        reply = getche();
        END
    END
```

Une variante, un peu lourde, pour afficher les chaînes de caractères via :

```
PRINT(MESSAGE);
PRINT(QUESTION);
```

serait réalisée par les instructions :

```
PRINT("%s", MESSAGE);
PRINT("%s", QUESTION);
```

où les constantes symboliques remplacent non pas la chaîne de format, mais l'argument de la fonction.

Texte de remplacement sur plusieurs lignes

Comment procéder lorsque le texte de remplacement d'une constante symbolique ne tient pas sur une seule ligne ?

Supposons, par exemple, qu'au lieu du message :

```
Votre cercle n'a pas de surface
```

on veuille afficher :

```
La valeur que vous daignates entrer pour le rayon est égale à zéro.
 Le cercle n'a pas de surface.
```

Dans ce cas, on insère une barre oblique inversée (antislash) à la fin de la ligne, et on poursuit l'écriture du texte de remplacement sur la ligne suivante :

```
#define   MESSAGE  "La valeur que vous daignates entrer
pour le rayon est égale\à zéro. Le cercle n'a pas de surface.\n"
```

Constantes symboliques sans texte de remplacement

Le préprocesseur ne remplace pas toujours une constante symbolique par le texte de substitution spécifié. Si, par exemple, la constante symbolique apparaît dans une chaîne de caractères, elle n'est pas remplacée. Supposons qu'on ait défini la constante suivante :

```
#define PI 3.141529
```

alors l'instruction :

```
printf("PI est un nombre réel.\n");
```

ne donne pas le résultat :

```
3.141529 est un nombre réel.
```

Mais :

```
PI est un nombre réel.
```

Lorsque la constante symbolique est incluse dans un autre libellé, elle n'est également pas remplacée. Une fois définie la constante :

```
#define VALEUR 1
```

la définition de variable :

```
int nombreVALEUR;
```

ne définit pas le nom de la variable comme étant `nombre`, mais `nombreVALEUR`.

Signalons le cas particulier où une constante symbolique est définie, mais où aucun texte de remplacement n'est spécifié. La syntaxe d'une directive telle :

```
#define UNIX
```

est correcte. Elle a pour conséquence la suppression de la constante UNIX partout où elle apparaît dans le texte source. Cela paraît logique puisque le texte de remplacement de la constante, au lieu de contenir une suite de caractères, est totalement `vide`. Dans ce cas, la constante est bien éliminée du fichier source, tout en continuant pourtant à y être considérée comme définie (avec la valeur 1). Cela peut servir à la compilation conditionnelle de textes sources (voir section *Compilation conditionnelle*) : on utilise ici une constante symbolique non pas comme représentation d'un passage de texte particulier, mais comme indicateur d'un certain état. Par exemple, elle servira pour indiquer que le système d'exploitation employé est de type UNIX. C'est le cas lorsque la constante est définie comme dans la directive précédente.

En revanche, une constante symbolique cesse d'être définie, et donc d'être connue du préprocesseur, dès lors que l'on a supprimé sa définition via la directive **#undef**. Celle-ci répond à la syntaxe :

```
#undef  <nom>
```

Ici <nom> représente la constante symbolique. L'instruction `#undef` supprime la définition d'une constante symbolique précédemment créée via `#define`. Ainsi, à partir de cet endroit, la constante n'a plus aucun sens dans le programme. La directive `#undef` est assez peu employée, car il n'y a guère de situations qui l'exigent réellement. Le programme suivant illustre son fonctionnement.

▼ Listing 8.3 : undeferr.c

```
/* undeferr montre une erreur produite par l'utilisation d'une
/* constante symbolique déjà effacée par #undef */
#include <stdio.h>

#define PRINT printf

```

```
main()
{
      PRINT("Cette instruction utilise la constante symbolique PRINT "
      ➥ "et non la commande printf.\n");
      #undef PRINT                /* efface la définition de PRINT */
      PRINT("Cette instruction engendre une erreur car la constante
      ➥ symbolique""PRINT n'est plus valable.\n");
}
```

Dans le programme qui précède, l'instruction **#undef** entraîne que la constante PRINT du préprocesseur n'est plus remplacée par le texte printf. Elle n'est donc plus connue du programme et provoque dans la seconde instruction PRINT un message d'erreur du lieur ; en effet, celui-ci ne trouve pas de fonction PRINT dans la bibliothèque, et ne peut donc pas l'incorporer au programme. Les directives **#define** et **#undef** sont également utilisées pour la définition et la suppression des macros.

Macros

Une macro ou macro-commande (macro-instruction) représente en général le résumé d'une suite de commandes élémentaires (d'où le terme de "macro") ; elle correspond à un nom que l'on peut employer dans le programme comme abréviation de cette suite de commandes. Dans ce contexte, en C, une macro peut être définie comme étant une suite d'expressions et d'instructions. Son nom, ainsi que les expressions ou instructions qu'elle représente, sont définis via la directive **#define**. Contrairement à une constante symbolique, une macro ne correspond pas toujours à un simple remplacement de texte. En outre, une macro peut posséder ou non des paramètres, donc des parties variables qui doivent être traitées par le préprocesseur d'une manière particulière.

Macros sans paramètres

Une macro sans paramètre est définie selon le même modèle syntaxique qu'une constante symbolique :

```
#define     <nom>     <texte de remplacement>
```

Contrairement au cas précédent, ici le texte de remplacement peut représenter une expression, une ou plusieurs instructions. Par exemple :

```
#define CLS printf("\033[2J");
```

crée la macro CLS, qui peut ensuite être employée, à la place de l'instruction conventionnelle, pour effacer l'écran :

```
#define CLS printf("\033[2J");           /*     définition de macro */
main()
{
      CLS
      .
```

```
        .
        .
}
```

Notons que le texte de remplacement pour CLS dans la version précédente s'achève par un point-virgule. Il n'est donc pas nécessaire d'en ajouter un à la macro. L'instruction :

```
CLS;
```

donnerait, après passage du préprocesseur, un point-virgule de trop :

```
printf("\033[2J");;
```

Ce point-virgule superflu n'est cependant pas considéré par le compilateur comme étant une erreur de syntaxe : il est interprété comme étant une instruction vide (dont l'effet est nul, comme vous le savez). Mais cela peut conduire parfois à des erreurs, comme le montre la section consacrée aux macros avec paramètres. Si, dans les programmes, vous tenez absolument à faire apparaître le point-virgule de fin d'instruction, alors définissez la macro sans point-virgule, comme suit :

```
#define CLS printf("\033[2J")
```

Dans ce cas, vous pourrez ajouter le point-virgule habituel de fin d'instruction :

```
CLS;
```

Macros composées de plusieurs instructions

La macro de l'exemple précédent se compose d'une seule instruction. Mais vous pouvez également en spécifier plusieurs, comme texte de remplacement. La macro ERRORHANDLER qui suit compte trois instructions. Il s'agit ici d'une routine simple de gestion des erreurs :

```
#define ERRORHANDLER  { printf("\n\nDivision par 0 interdite.\
<Entrée> pour continuer."); getch(); continue; }
```

Nous l'utiliserons dans une variante du programme *recip5.c* (calcul de l'inverse d'un nombre) décrit au chapitre *Structures de contrôle de flux*. Il faut respecter les accolades de bloc autour des instructions du texte de remplacement. Elles sont nécessaires lorsque la macro contient des instructions qui, nous le verrons dans le programme suivant, dépendent toutes d'une certaine condition.

▼ Listing 8.4 : recip6.c

```
/*  recip6 calcule, via une boucle while, l'inverse de nombres
    quelconques.La boucle est interrompue par une routine d'erreur,
    écrite sous forme de macro,lorsqu'on entre la valeur 0.
    On peut ensuite saisir une nouvelle valeur.       */
#include <stdio.h>                          /*     printf, scanf    */
#include <conio.h>                               /*     getche      */
```

```
/***     Macro de gestion d'erreur      ****/
#define ERRORHANDLER  { printf("\n\nDivision par 0 interdite.\
<Entrée> pour continuer."); getch(); continue; }

main()
{
     float x;                                /*     valeur saisie     */
     char reply = 'o';                       /*    variable de boucle */
     while (reply == 'o')
     {
       printf("\nCalcul de l'inverse d'un nombre non nul 0.\n");
       printf("Votre nombre : ");
       scanf("%f", &x);
       if (!x)                           /*      si x est égal à 0      */
         ERRORHANDLER          /* Macro : interrompt la boucle
                                  pour éviter une division par 0       */
       printf("\nL'inverse de la valeur saisie est %f", 1/x);
       printf("Autre calcul ? (o/n)");
       reply = getche();
     }                                             /*     fin while     */
}                                                  /*     fin main      */
```

Macros imbriquées

Les macros peuvent contenir d'autres macros imbriquées. On pourrait par exemple étendre la macro ERRORHANDLER, et afficher l'erreur sur un écran vierge, avec un titre. Les instructions supplémentaires ne seront pas introduites directement dans ERRORHANDLER (ce qui pourrait également fonctionner), mais dans une macro spécifique :

```
#define INTRO printf("\033[2J"); printf("\n\nERREUR DANS OPERATION\
➥ MATHEMATIQUE.\n")
```

Une fois la macro INTRO définie dans le programme, nous pouvons l'employer dans une autre macro, ERRORHANDLER2 ici :

```
#define INTRO printf("\033[2J"); printf("\n\nERREUR DANS OPERATION\
➥ MATHEMATIQUE.\n")
#define ERRORHANDLER  { INTRO; printf("\nDivision par 0 interdite.\
➥ <Entrée> pour continuer."); getch(); continue; }
main()
{
     .
     .
     .
     if (!x)
     ERRORHANDLER2
     .
     .
     .
}
```

Parenthésage des textes de remplacement

Les textes de remplacement des macros précédentes correspondaient à des instructions C complètes. Cependant, elles peuvent également remplacer des expressions. Avec les définitions :

```
#define PRIX      11400
#define PRIXNET      (PRIX - 1400)
```

`PRIXNET` représente une macro qui n'est autre qu'une expression arithmétique. Ici, les parenthèses de l'expression ne sont pas superflues, comme le montre l'exemple suivant.

Après avoir défini :

```
#define TXREMISE     2                    /* pourcentage de remise    */
#define PRIX      11400
#define PRIXNET      (PRIX - 1400)
.
.
.
int remise_en_FF;
```

on pourrait, via l'instruction qui suit, calculer la remise sur le prix net, et l'affecter à la variable `remise_en_FF` :

```
remise_en_FF = PRIXNET / 100 * TXREMISE;
```

Ici, le préprocesseur remplace la constante symbolique `TXREMISE` par la valeur 2, et la macro `PRIXNET` d'abord par `(PRIX - 1400)`, puis `(PRIX - 1400)` par `(11400 - 1400)`. L'instruction précédente ressemble alors à :

```
remise_en_FF = (11400 - 1400) / 100 * 2;
```

Le membre droit de l'affectation, en raison des priorités des opérateurs, fournit la valeur correcte 200 :

```
(11400 - 1400) / 100 * 2
=       10000 / 100 * 2
=       100 * 2
=       200
```

Si, dans la définition de la macro, nous avions renoncé aux parenthèses, alors l'instruction :

```
remise_en_FF = 11400 - 1400 / 100 * 2;
```

affecterait la valeur erronée 11372 à la variable `remise_en_FF` :

```
11400 - 1400 / 100 * 2
=       11400 - 14 * 2
=       11400 - 28
=       11372
```

Il est donc recommandé de mettre systématiquement les macros entre parenthèses (voir la section suivante *Macros avec paramètres*).

Macros avec paramètres

Comme les fonctions, les macros peuvent également avoir des paramètres. En fait, on ne peut pas distinguer visuellement l'exécution d'une fonction de celle d'une macro avec paramètres. Ainsi, les instructions :

```
putchar('A');
getchar();
```

ne sont pas des appels de fonctions, mais des appels de macros (voir chapitre *Entrée et sortie*). Les deux routines précédentes sont, en effet, implémentées en tant que telles. La ressemblance des macros paramétrées avec les fonctions tient à la syntaxe de définition de macros, telle que :

```
#define  <nom>(param1, param2, ..., paramN)  <texte de remplacement>
```

Le nom de la macro est immédiatement suivi d'une liste de paramètres, placés entre parenthèses et séparés par des virgules. La liste doit coller au nom de la macro, sans aucun espace entre eux. Dans le cas contraire, le préprocesseur prendrait la liste pour une partie du texte de remplacement. Ces paramètres dits formels sont des variables qui ne doivent pas être vraiment définies dans le programme. Elles marquent simplement la place des valeurs des paramètres réels, c'est-à-dire des arguments qui seront effectivement transmis à la macro lors de son exécution. L'exemple suivant montre la relation entre les paramètres formels et les paramètres effectifs. Commençons par définir ici une macro nommée **SOUS**, qui, à l'aide de deux paramètres, calcule la différence de deux nombres :

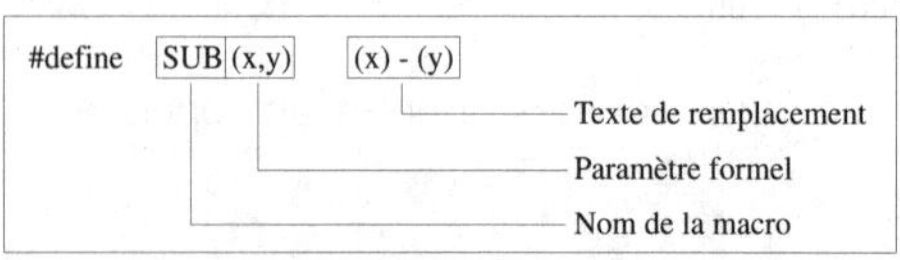

L'instruction précédente représente pour le préprocesseur une directive générale de traitement, grâce à laquelle il est en mesure d'effectuer la différence entre deux valeurs quelconques qu'on lui transmet en tant que paramètres effectifs. Supposons qu'on veuille, par exemple, faire calculer la différence entre les nombres 3 et 2 ; cela est possible avec l'expression :

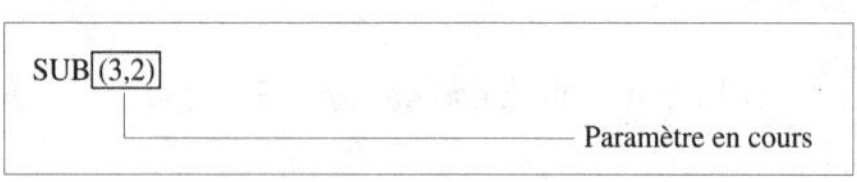

pour laquelle le préprocesseur utilise :

```
(3) - (2)
```

Le préprocesseur ne remplace pas uniquement la macro par le passage de texte source, spécifié comme texte de remplacement. Il insère également (en se fondant sur la définition de la macro) les paramètres effectifs (ici 3 et 2) dans le texte de substitution, à la place des paramètres formels. L'image suivante, dans laquelle intervient la macro `SOUS` dans une instruction `printf`, illustre ces relations :

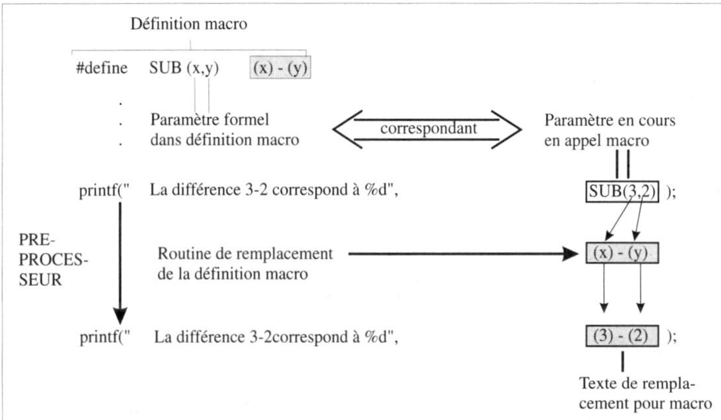

▲ Fig. 8.3 : *Définition et mise en oeuvre d'une macro paramétrée*

Des valeurs de type quelconque, par exemple `float`, auraient également pu être transmises à la macro `SOUS`, comme paramètres :

```
float a = 16.7, b = 5.3;
```

L'appel de macro :

```
SOUS(a, b)
```

dans :

```
printf("La différence a-b est de %.1f\n", SOUS(a,b));
```

serait alors remplacé par :

```
(16.7) - (5.3)
```

et donnerait l'affichage :

```
11.4
```

Les noms des paramètres formels peuvent, du reste, être librement choisis, selon les règles du langage C relatives aux noms. Il n'est pas obligatoire, en particulier, qu'ils coïncident avec les noms des paramètres réels.

Élimination des erreurs

L'exemple de la macro `SOUS` illustre encore une fois un problème auquel vous avez déjà été confronté dans la section qui précède. Il n'est pas rare d'avoir des erreurs dues à une absence de parenthésage d'une macro. Dans la forme précédente de la définition de macro, où les deux paramètres sont parenthésés dans le texte de remplacement, l'appel :

```
SOUS(a+1, b+1)
```

est converti en l'expression :

```
(a+1) - (b+1)
```

qui équivaut à :

```
a + 1 - b - 1
```

et donc à :

```
a - b
```

ce qui produit, avec les valeurs de l'exemple pour la différence de a et b, le résultat correct 11.4. Si, avec :

```
#define SOUS(x, y)     x - y
```

on omettait les parenthèses autour des paramètres formels, alors l'expression :

```
SOUS(a+1, b+1)
```

produirait comme résultat du remplacement :

```
a + 1 - b + 1
```

ce qui correspond à :

```
a - b + 2
```

Cette expression donne le résultat erroné 13.4, pour la différence des deux nombres a+1 et b+1.

L'exemple suivant montre que le parenthésage des seuls paramètres formels dans le texte de remplacement de la définition de macro ne suffit pas toujours. On définit ici une macro `MUL`, qui effectue la multiplication de deux valeurs numériques :

```
#define  MUL(x, y)  (x) * (y)
```

Transmettons maintenant à la macro, comme paramètres, les valeurs 3 et 2, et utilisons cela comme partie de l'expression :

```
6 / MUL(3, 2)
```

Le remplacement de la macro donne :

```
6 / (3) * (2)
```

ce qui, conformément aux priorités des opérateurs, est calculé ainsi :

```
6 / 3 * 2 = 2 * 2 = 4
```

On commence donc par diviser 6 par 3, puis on multiplie le résultat par 2. Alors que l'expression :

```
6 / MUL(3, 2)
```

montre clairement qu'il faut diviser la valeur 6 par le produit de 3 et 2. Cela signifie qu'il faut d'abord multiplier. Pour arriver à ce résultat, dans la définition de la macro, il est nécessaire d'avoir un double parenthésage, soit pour chacun des paramètres formels dans le texte de remplacement, de même que pour ce dernier :

```
#define  MUL(x, y)  ((x) * (y))
```

Maintenant, l'expression :

```
6 / MUL(3, 2)
```

du fait des parenthèses :

```
6 / ((3) * (2)) = 6 / 6 = 1
```

donne bien la valeur correcte 1.

Les paramètres effectifs peuvent provoquer des effets de bord, susceptibles d'engendrer des erreurs. La macro CARRE suivante devrait calculer le carré d'un nombre :

```
#define  CARRE(x)  ((x) * (x))
```

Par exemple, avec une variable :

```
int a = 1;
```

l'expression :

```
CARRE(++a)
```

ne donnerait pas le carré du nombre 2 (donc 4), mais, en raison du développement de la macro, conduirait à :

```
((++a) * (++a))
```

La variable a ici est incrémentée deux fois, et l'opération :

```
2 * 3
```

donnerait la valeur erronée 6.

Comme vous pouvez le noter, les macros SOUS, MUL et CARRE ont toutes été définies sans point-virgule à la fin du texte de remplacement. Contrairement à ce qui a été décrit à la section *Macros sans paramètres* avec l'exemple de la macro CLS, un point-virgule dans le texte de remplacement, lorsque celui-ci est une expression, donne lieu à une erreur de syntaxe. Si la macro CARRE avait été définie par :

```
#define CARRE(x) ((x) * (x));
```

des instructions "économes" comme :

```
result = CARRE(2)                    /*    sans point-virgule    */
```

seraient possibles. Cependant, l'instruction :

```
printf("Le carré de 2 est %d\n", CARRE(2));
```

par exemple, devient, après passage dans le préprocesseur :

```
printf("Le carré de 2 est %d\n", ((2) * (2)););
```

Ici, le compilateur n'est pas d'accord, car le point-virgule supplémentaire est une erreur de syntaxe.

Opérateur de production de string

Il peut advenir qu'un paramètre de macro apparaisse dans une chaîne de caractères et doive y être remplacé, bien que cela ne soit pas toujours directement réalisable sur tous les compilateurs. Certains compilateurs C, certes, remplacent de la même façon les paramètres des macros, à l'intérieur comme à l'extérieur des chaînes de caractères. Mais la norme ANSI du C exige, pour le remplacement d'un paramètre de macro dans un string, la présence d'un opérateur spécial. Cet opérateur est représenté par le symbole # que vous connaissez déjà, dans un autre rôle, celui de caractère initial de toutes les directives du préprocesseur. On nomme souvent l'opérateur # : "stringizing operator" ou "string creation operator".

L'opérateur # ne peut être utilisé dans le texte de remplacement de la définition d'une macro que s'il y a des paramètres. Il est alors placé immédiatement avant ceux-ci. L'opérateur entraîne alors que le paramètre effectif correspondant, lors de l'exécution de la macro, sera placé entre des guillemets et traité comme une constante chaîne de caractères. Considérons ici un exemple d'utilisation simple. On a défini par :

```
#define SHOW(p)  printf("p\n")
```

une macro SHOW qui doit afficher un paramètre quelconque entre guillemets, donc dans un string. On s'attend maintenant à ce que le résultat de l'instruction :

```
SHOW(testvalue);
```

produise l'affichage :

```
testvalue
```

Mais avec un préprocesseur ANSI, on obtient simplement :

```
p
```

Cela tient au fait que l'instruction :

```
SHOW(testvalue);
```

n'a pas été transformée par le préprocesseur en :

```
printf("testvalue\n");
```

Le paramètre n'est pas remplacé parce que le paramètre formel, dans le texte de remplacement de la définition de macro, ne se trouve pas à l'intérieur d'un string.

Mais si on modifie ainsi la définition de la macro :

```
#define SHOW(p)  printf(#p)
```

alors, placé avant le paramètre dans le texte de remplacement, l'opérateur # génère, lors de l'exécution de la macro, la mise entre guillemets du paramètre réel correspondant. De l'instruction :

```
SHOW(testvalue\n);
```

on arrive à :

```
printf("testvalue\n");
```

ce qui donne l'affichage souhaité :

```
testvalue
```

Notez bien que l'expression `#p` dans le texte de remplacement de la définition de macro n'est pas elle-même placée entre guillemets. Mais si on souhaite que le paramètre effectif concerné apparaisse entre guillemets lors de l'affichage, alors on introduit les guillemets dans l'appel de la macro. Dans l'instruction :

```
SHOW("testvalue"\n);
```

le préprocesseur masque automatiquement les guillemets qui font partie du paramètre effectif, et il transforme la macro en :

```
printf("\"testvalue\"\n");
```

de sorte que le libellé :

```
"testvalue"
```

est alors affiché.

Considérons un autre exemple un peu plus compliqué d'utilisation de l'opérateur #. On se propose d'écrire ici une macro qui affiche, pour une variable `int` quelconque, un message comprenant le nom et la valeur de cette variable. Par exemple, avec une variable :

```
int intvalue = 100;
```

il faut afficher le message :

```
intvalue a la valeur 100
```

Pour cela on définit la macro SHOWINT comme suit :

```
#define SHOWINT(i)  printf(#i " a la valeur %d\n", i)
```

L'opérateur #, placé devant le paramètre formel i dans le texte de remplacement, entraîne que le paramètre effectif correspondant sera mis entre guillemets. L'appel de la macro :

```
SHOWINT(intvalue);
```

commence donc par la remplacer par l'instruction :

```
printf("intvalue" " a la valeur %d\n", intvalue);
```

Ici le paramètre réel **intvalue** remplace par la constante chaîne **intvalue** le morceau **#i**, partout où ce dernier figure dans la définition de la macro. Hors de la chaîne de format, le paramètre effectif est inséré comme d'habitude (sans guillemets) dans le texte de remplacement. Dans la seconde phase, les deux chaînes **intvalue** et **a la valeur %d\n** sont rassemblées en un string unique (string concatenation, voir également le chapitre *Entrée et sortie*), ce qui donne le texte de remplacement définitif :

```
printf("intvalue a la valeur %d\n", intvalue);
```

Ce dernier produit l'affichage désiré, à savoir :

```
intvalue a la valeur 100
```

Opérateur de concaténation de mots

Il existe encore un autre opérateur qui s'emploie dans les macros ou dans les constantes symboliques. Il est représenté par ## et il relie deux **mots** (anglais : token) pour en créer un nouveau (la notion de "mot" a été traitée au chapitre *C parti* ; on entend par là un morceau de texte source insécable, tel qu'un nom, un mot clé, un opérateur, une parenthèse, une accolade, un crochet ou une apostrophe). L'opérateur ## est donc également appelé "token concatenation operator", "token pasting operator", ou plus simplement "opérateur de concaténation". L'opérateur ## étant peu employé, seule une petite partie de ce chapitre lui sera consacrée.

Un exemple simple du fonctionnement de l'opérateur ## est la macro suivante, qui concatène ses deux paramètres :

```
#define TOK(t1, t2)  t1##t2
```

Un appel de macro tel :

```
TOK(number, 6)
```

relie alors les composants number et 6 pour créer le nouveau nom number6. L'instruction :

```
int TOK(number, 6);
```

que le préprocesseur remplace par :

```
int number6;
```

définit alors un nom de variable `int`, c'est-à-dire `number6`.

Suppression de définitions de macros

La directive `#undef` permet de supprimer les définitions de macros, comme pour les constantes symboliques. Il suffit d'indiquer le nom de la macro à effacer (sans paramètres). Si on avait défini par exemple par :

```
#define ADD(a, b)  (a) + (b)
```

la macro `ADD`, alors la directive :

```
#undef ADD
```

supprime cette définition. Cela signifie que le nom `ADD`, à partir de la ligne `#undef`, n'est plus connu du préprocesseur en tant que macro, et n'est donc plus utilisable.

Considérations finales

Ce que nous avons vu concernant le parenthésage des macros, ainsi que l'utilisation problématique des paramètres avec effet de bord, nous montre qu'il faut procéder avec prudence lors de l'écriture des macros, et dans le choix des paramètres. De ce point de vue, les fonctions sont moins sources d'erreurs. Cependant, contrairement aux fonctions, les macros ne sont pas limitées à des paramètres d'un certain type de données. Elles sont donc plus flexibles. En outre, pour autant qu'elles ne contiennent pas elles-mêmes des appels de fonctions, elles sont plus rapides. En effet, leur code (texte de remplacement) est inséré par le préprocesseur directement dans le texte source, et ne nécessite donc pas l'appel d'une fonction de bibliothèque. Ainsi, les routines `getchar` et `putchar` sont implémentées sous forme de macros, afin que la lecture ou l'affichage d'un caractère isolé ne donne pas lieu, chaque fois, à un appel de fonction. Il est difficile de proposer une règle générale concernant le choix entre une macro et une fonction, lorsqu'il s'agit de réaliser une tâche de programmation bien précise. Dans le doute, il faut privilégier la sécurité, et opter pour la fonction.

8.2 Fichiers Include

Comme cela a été évoqué au chapitre *C parti*, on reconnaît habituellement les fichiers `include` par l'extension *.h*. Dans la plupart de nos programmes, on trouve au moins une directive d'inclusion :

```
#include <stdio.h>
```

Elle permet d'insérer le contenu du fichier *stdio.h* dans le fichier source concerné. Par "insérer" on entend ici plus précisément le fait que le texte du

particulière. Dans le cas contraire on utilise la commande adéquate (**set** par exemple) du système d'exploitation.

Si on spécifie le nom du fichier include entre guillemets, comme dans :

```
#include "special.h"
```

alors le préprocesseur commence par rechercher le fichier dans le répertoire contenant le fichier source, puis dans un répertoire standard. Si le nom du fichier est précédé d'un chemin, le préprocesseur recherche exclusivement dans le répertoire qui est explicitement indiqué. Si on part du principe que les headers prédéfinis sont en général mis entre < >, et les headers personnalisés entre guillemets, alors les délimiteurs permettent de distinguer simplement dans quelle catégorie se trouve le fichier concerné.

Par convention, les fichiers include possèdent usuellement l'extension *.h* (qui vient de l'appellation anglaise "headerfile"). Théoriquement cependant, les headers peuvent avoir une extension quelconque. Ainsi, on pourrait par exemple nommer le fichier *special.h* également *special.c*. Le préprocesseur accepterait alors une directive telle :

```
#include "special.c"
```

En outre, les fichiers include ne se composent pas uniquement de directives préprocesseur. Ils peuvent contenir du code C, par exemple des déclarations de variables externes, de structures (complexes) ou de fonctions (on peut même intégrer de cette façon des définitions de fonctions dans le fichier source ; cela n'est pas très usuel, mais possible). Pour plus de précisions concernant l'aspect d'un header, on peut consulter ceux qui sont livrés avec le compilateur.

8.3 Compilation conditionnelle

À l'instar de l'exécution des instructions C, la compilation de portions de programme peut également être rendue dépendante d'une certaine condition. Pour gérer de telles compilations conditionnelles, on dispose des directives préprocesseur :

```
#if
#ifdef
#ifndef
#elif
#else
#endif
```

ainsi que d'un autre opérateur du préprocesseur : l'opérateur **defined**.

Ces instructions permettent de bâtir des constructions semblables (imbriquées, etc.) aux structures "normales" **if-else**. Considérerons les diverses variantes syntaxiques possibles. La directive #if peut être utilisée avec une première syntaxe que voici :

```
#if EXPRESSION_CONSTANTE
.
portion de programme
.
[#elif EXPRESSION_CONSTANTE
.
portion de programme
.
#elif EXPRESSION_CONSTANTE
.
.
.
#else
.
portion de programme
.
#endif
```

Les portions de programme peuvent être des instructions normales du C ou des directives du préprocesseur. EXPRESSION_CONSTANTE représente une expression constante entière : elle ne peut contenir comme opérandes que des constantes. Sont interdites cependant les constantes des type énumératif, les expressions sizeof, les conversions explicites de types et naturellement les constantes réelles. Les crochets indiquent qu'une structure #if peut contenir facultativement une ou plusieurs branches #elif (qui d'ailleurs correspondent aux branches else if des structures normales du C) et une unique instruction #else ; cela permet de pouvoir formuler des traitements alternatifs. Une directive #if (ainsi que les directives #ifdef et #ifndef) est toujours fermée par une directive #endif.

Le fait qu'une certaine portion de programme soit traitée par le préprocesseur, et ensuite traduite par le compilateur, dépend de la valeur (TRUE != 0 ou FALSE = 0) de l'expression constantes placée après #if ou #elif.

Si la directive #if ne contient aucune branche #elif ou #else, alors la portion de programme qui suit n'est traitée par le préprocesseur que si la valeur de l'expression constante est différente de 0, c'est-à-dire si l'expression vaut TRUE. Le préprocesseur exécute alors les éventuelles directives préprocesseur contenues dans cette portion de code, puis transmet la portion de programme au compilateur pour qu'il la traduise. Si l'expression constante vaut 0 (FALSE), alors la portion de programme concernée n'est ni traitée ni compilée, mais supprimée du texte source.

Si la directive #if contient des branches alternatives, alors le préprocesseur évalue dans l'ordre leurs expressions constantes, jusqu'à ce qu'il rencontre une condition valant TRUE (non nulle). La portion de programme concernée (c'est-à-dire toutes les instructions allant jusqu'à la prochaine directive **#elif**, **#else** ou **#endif**) est traitée. Toutes les autres portions de programme de la structure **#if** sont éliminées du texte source et ne sont donc pas traduites. Le morceau de programme relatif à une directive **#else** n'est traité et compilé que si l'évaluation des expressions constantes de toutes les autres conditions a produit la valeur 0 (donc FALSE).

Les applications privilégiées de la compilation conditionnelle sont les tests ou la recherche des erreurs. Le programme suivant, *delay.c*, teste différentes durées de pause entre l'affichage de caractères isolés (ici : les lettres "A" à "D"). Les pauses sont produites par des boucles de comptage avec variables de différents types. De la valeur d'une constante symbolique nommée INDIC dépend la portion de programme qui est compilée. Dans ce qui suit, INDIC a la valeur INT30 qui correspond à la valeur numérique 30. Le passage de la branche **#if** est donc compilé, au contraire des passages relatifs aux branches **#elif** et **#else**. Si la constante symbolique INDIC n'était pas définie ou avait une autre valeur que 20, 30, 40 ou 60, alors seul serait compilé le passage de la branche **#else**.

▼ Listing 8.6 : delay.c

```
/*  delay montre la compilation conditionnelle de portions de
/*  programme sur l'exemple de quelques boucles de comptage qui
/*  servent à faire des pauses entre des affichages de caractères
/*  isolés. Selon la valeur de la constante symbolique INDIC, on
/*  compile différentes portions de programme. */
#include <stdio.h>
#define     INT30     30
#define     INT60     60
#define     FL020     20
#define     FL040     40
#define     INDIC     INT30
main()
{
     char c;
     int i;
     unsigned int u;
     float f;
     for (c = 'A'; c < 'E'; c++)
       {
         printf("%c", c);
         #if INDIC == INT30
         for (i = 1; i <= 30000; i++);   /* n'est compilé que si   */
                                         /*     INDIC vaut 30.     */
         #elif INDIC == INT60
         for (u = 1; u <= 60000; u++);   /* n'est compilé que si   */
                                         /* INDIC vaut 60.         */
         #elif INDIC == FL020
         for (f = 1.0; f <= 2000.0; f++); /* n'est compilé que si  */
                                          /* INDIC vaut 20.        */
         #elif INDIC == FL040
         for (f = 1.0; f <= 4000.0; f++);  /* n'est compilé que si */
```

```
                                          /* INDIC vaut 40.       */
        #else
        for (u = 1; u <= 45000; u++);     /* est compilé si INDIC  */
                          /* est indéfini ou != 20, 30, 40, 60     */
        #endif
      }
}
```

L'opérateur defined

La directive `#if` peut être combinée avec l'opérateur **`defined`** pour donner une autre variante syntaxique, ainsi formulée :

```
#if defined (CONSTANTE_SYMBOLIQUE)
portion de programme
#endif
```

Une telle instruction (qui peut contenir également des directives **`#elif`** et/ou **`#else`**) permet de compiler un morceau de programme en fonction de l'existence d'une certaine constante symbolique. Si la constante concernée est définie, alors l'expression :

```
defined (CONSTANTE_SYMBOLIQUE)
```

est considérée comme valant `TRUE` (non nulle), et la portion de code qui suit est traitée par le préprocesseur, et traduite par le compilateur. Si la constante n'est pas définie, l'expression précédente vaut `FALSE` (nulle) et le code qui suit n'est ni traité par le préprocesseur ni compilé.

À la syntaxe :

```
#if defined (CONSTANTE_SYMBOLIQUE)
portion de programme
#endif
```

équivaut la syntaxe :

```
#ifdef (CONSTANTE_SYMBOLIQUE)
portion de programme
#endif
```

qui emploie, à la place de la combinaison de `#if` et de **`defined`**, la directive `#ifdef`. Comme application de `#if defined` ou de `#ifdef`, considérons l'exemple suivant.

Instructions auxiliaires en phase de test

Le programme *binomco1.c* calcule le coefficient binomial

$$\binom{n}{k}$$

pour **n** entier positif allant de 1 à 50 et **k** entier vérifiant 0 < k < n. Si **k** remplit cette dernière condition, alors le coefficient binomial est donné par la relation suivante :

$$\binom{n}{k} = \frac{n!}{k!^{*}(n-k!)}$$

Le coefficient binomial (prononcez : Cnk) indique le nombre de combinaisons différentes de k éléments pris parmi n. On ne tient pas compte ici de l'ordre des éléments dans les combinaisons.

À titre d'exemple, le coefficient binomial permet de calculer le nombre total de combinaisons de 6 nombres pris parmi 49 (loto) :

$$\binom{49}{6} = \frac{49!}{6!^{*}(49-6!)} = \frac{49!}{6!^{*}43!}$$

$$= \frac{49^{*}48^{*}47^{*} <^{*} 2^{*}1}{1^{*}2^{*} <^{*} 6^{*}1^{*}2^{*} <^{*} 42^{*}43}$$

$$= \frac{49^{*}48^{*}47^{*}46^{*}45^{*}44^{*}}{2^{*}3^{*}4^{*}5^{*}6^{*}}$$

$$= 13983816$$

Comme l'ordre dans lequel les chiffres sont tirés est sans importance, des combinaisons telles que :

```
1 2 3 4 5 6
2 4 6 1 3 5
6 5 4 3 2 1
etc.
```

ne sont pas considérées comme différentes. Venons-en maintenant au programme *binomco1.c* :

▼ Listing 8.7 : binomco1.c :

```
/*  binomco1 détermine le coefficient binomial pour n entier
/*  positif et k entier avec  0 < k < n.    */
#include <stdio.h>

main()
{
     int i;                              /*     variable de boucle       */
     int n, k;       /*     Variables du coefficient binomial       */
     double nfac, kfac, nkfac;                /*     factorielles       */

     printf("Calcul du coefficient binomial (Cn,k)\n");
     do
       {
         printf("n (1 - 50) : ");
         scanf("%d", &n);
```

```
        } while (n < 1 || n > 50);

      do
        {
          printf("k (0 < k < n): ");
          scanf("%d", &k);
        } while (k < 1 || k >= n);

      for (i = 1, nfac = 1.0; i <= n; i++) /* calcul des factorielles */
        {
          nfac = nfac * i;
          if (i == k)
            kfac = nfac;
         if (i == (n-k))
            nkfac = nfac;
        }

      printf("\nLe coefficient binomial C%d,%d vaut %f\n", n, k,
      ➥ nfac /(kfac * nkfac));
}
```

Dans le cas de programmes tels que *binomco1.c*, qui exécutent des calculs complexes, on souhaite parfois visualiser le résultat final, mais également les étapes intermédiaires. On peut alors insérer dans le programme des instructions auxiliaires permettant par exemple d'afficher les résultats intermédiaires. Dans le programme précédent *binomco1.c*, on pourrait faire afficher les valeurs des factorielles `nfac`, `kfac` et `nkfac` avant que ne soit formé, à partir d'elles, le coefficient binomial. Naturellement, ces instructions supplémentaires ne devront plus être exécutées lors du fonctionnement régulier ultérieur du programme. Si on fait afficher les valeurs des variables `nfac`, `kfac` et `nkfac` par une instruction `printf`, comme ici :

```
for (i = 1, nfac = 1.0; i <= n; i++)
{
     nfac = nfac * i;
     if (i == k)
     kfac = nfac;
     if (i == (n-k))
     nkfac = nfac;
}
printf("Valeur de nfac: %.f\n",nfac);    /*     affichage des       */
printf("Valeur de kfac: %.f\n",kfac);         /*     résultats      */
printf("Valeur de nkfac: %.f\n",nkfac); /*     intermédiaires      */
getch();            /*     pause pour visualiser tranquillement    */
```

il faudra les éliminer une fois le programme achevé.

Pour éviter ces manipulations pénibles, on peut activer ou désactiver les affichages auxiliaires grâce à une constante symbolique et des directives `#if defined` ou `#ifdef`. On n'aura plus ainsi à insérer ou supprimer ces instructions supplémentaires, comme cela est illustré plus loin dans le programme *binomco1.c*.

Commençons par définir une constante symbolique ad hoc qui doit indiquer le "mode" (exécution ou non des instructions auxiliaires) dans lequel s'exécute le programme :

```
#define CHECKS_ON
```

Notez bien qu'on ne définit pas de texte de remplacement pour cette constante et rappelez-vous qu'en pareil cas, la constante est définie et vaut 1 en interne. Ainsi, une expression telle que :

```
#if defined (CHECKS_ON)
```

ou

```
#ifdef CHECKS_ON
```

est vue comme TRUE. On aurait pu également donner un texte de remplacement pour la constante CHECKS_ON. Nous ne nous intéressons ici seulement au fait que la constante est définie ; nous y renoncerons donc.

Dans la phase suivante, nous rendrons la compilation des instructions auxiliaires dépendante de l'existence de la constante symbolique CHECKS_ON. On y arrive via une directive `#if defined` (ou `#ifdef`) adéquate :

```
for (i = 1, nfac = 1.0; i <= n; i++)
{
     nfac = nfac * i;
     if (i == k)
     kfac = nfac;
     if (i == (n-k))
     nkfac = nfac;
}
#if defined (CHECKS_ON)              /* si CHECKS_ON est définie     */
     printf("Valeur de nfac : %.f\n",nfac); /*  affichage des      */
     printf("Valeur de kfac : %.f\n",kfac);   /*    résultats      */
     printf("Valeur de nkfac : %.f\n",nkfac); /*  intermédiaires   */
     getch();                                 /*     pause         */
#endif
```

Désormais les instructions auxiliaires ne seront compilées (et donc afficheront les résultats intermédiaires) que si la constante symbolique CHECKS_ON a été précédemment définie dans le programme, comme c'est le cas avec la version suivante *binomco2.c*.

▼ Listing 8.8 : binomco2.c

```
/*  binomco2 détermine le coefficient binomial pour n entier
/*  positif (1 à 50) et k entier avec  0 < k < n. A l'aide de
/*  directives du préprocesseur, on peut exécuter des instructions
/*  auxiliaires en cas de besoin.  */
#include <stdio.h>                          /*     printf, scanf     */
```

```
#include <conio.h>                                    /*     getch       */

#define CHECKS_ON          /*      pour instructions auxiliaires       */

main()
{
     int i;                            /*      variable de boucle      */
     int n, k;          /*     Variables du coefficient binomial       */
     double nfac, kfac, nkfac;                /*      factorielles     */
     printf("Calcul du coefficient binomial (Cn,k)\n");
     do
       {
         printf("n (1 - 50) : ");
         scanf("%d", &n);
       } while (n < 1 || n > 50);

     do
       {
         printf("k (0 < k < n): ");
         scanf("%d", &k);
       } while (k < 1 || k >= n);

     for (i = 1, nfac = 1.0; i <= n; i++) /* calcul des factorielles */
       {
         nfac = nfac * i;
         if (i == k)
           kfac = nfac;
         if (i == (n-k))
           nkfac = nfac;
       }
#if defined (CHECKS_ON)             /* si CHECKS_ON est définie      */
     printf("Valeur de nfac : %.f\n",nfac); /*   affichage des       */
     printf("Valeur de kfac : %.f\n",kfac);     /*     résultats     */
     printf("Valeur de nkfac : %.f\n",nkfac); /*  intermédiaires     */
     getch();                                     /*     pause       */
#endif
     printf("\nLe coefficient binomial C%d,%d vaut %f\n", n, k,
     ➥ nfac / (kfac * nkfac));
}
```

Vérification négative

Au lieu de vérifier via :

```
#if defined (CONSTANTE_SYMBOLIQUE)
```

si une constante symbolique a été définie, on peut également tester à l'aide de :

```
#if !defined (CONSTANTE_SYMBOLIQUE)
```

ou de la formulation équivalente :

```
#ifndef CONSTANTE_SYMBOLIQUE
```

si la constante concernée n'a pas été définie. Avec les instructions :

```
#if !defined (FALSE)
     #define FALSE 0
#endif
```

par exemple, on arrive à définir une constante symbolique FALSE, ayant le texte de remplacement 0, dans le cas où cette constante n'a pas encore été définie. Dans le cas contraire, la directive #define n'est pas exécutée. De cette façon, on est sûr que la constante est toujours définie et utilisable. Comme formulation équivalente des instructions précédentes, on pourrait également utiliser la construction suivante, fondée sur la directive #ifndef :

```
#ifndef FALSE
     #define FALSE 0
#endif
```

Cet exemple montre que les portions de programme conditionnées par des directives #if, #ifdef ou #ifndef ne contiennent pas uniquement des instructions normales du C qu'il faut compiler ou non selon la valeur logique de la condition. Elles recèlent souvent d'autres directives du préprocesseur. Ces directives ne sont pas traitées par le compilateur, mais par le préprocesseur, puis éliminées du fichier source ; on peut facilement le vérifier en faisant afficher le code après traitement par le préprocesseur. Le problème ici est moins de savoir si les directives du préprocesseur sont compilées que de savoir si celui-ci les exécute. Le terme de "compilation conditionnelle" est donc ici mal approprié.

8.4 Autres instructions du préprocesseur

Dans ce qui suit, vous trouverez d'autres directives du préprocesseur via lesquelles, par exemple, vous pourrez afficher des messages d'erreurs, ou activer la numérotation des lignes.

Messages d'erreur

La directive #error permet d'afficher des messages d'erreurs spécifiques (par exemple pour donner une indication à d'autres programmeurs), en se conformant à la syntaxe :

```
#error <texte>
```

Les instructions :

```
#if TRUE == 0
     #error TRUE doit être défini avec une valeur non nulle
#endif
```

font que, lors de la compilation, le message :

```
TRUE doit être défini avec une valeur non nulle
```

sera affiché si la constante symbolique TRUE est définie avec la valeur 0. Suite à la directive #error, la compilation est interrompue et le texte source peut alors être modifié comme il se doit.

Numérotation des lignes

La directive #line initialise la numérotation des lignes du fichier source, numérotation interne au compilateur, à une valeur que l'utilisateur doit spécifier. Les numéros de ligne, par exemple, sont affichés avec les messages d'erreurs. En général, le nom du fichier source contenant l'erreur apparaît également. La directive #line permet par ailleurs de modifier ce nom. Voici la syntaxe de #line :

```
#line <valeur_constante> ["nom de fichier"]
```

<valeur_constante> ici est une constante décimale entière. Un nom de fichier (facultatif), placé entre guillemets, peut être indiqué. La directive #line est très peu utilisée. On peut cependant l'employer pour mettre en forme les messages relatifs aux erreurs de compilation des programmes. En ce qui concerne les erreurs éventuelles contenues dans la fonction principale main, on peut placer la directive :

```
#line 1 "main"
```

immédiatement avant la fonction main. Ce faisant, le compteur de lignes est initialisé à 1, au début de main. De plus, dans les messages d'erreurs éventuels, le nom main (nom de fichier) remplacera le nom normal du fichier. Ainsi, on reconnaît facilement les erreurs de programme dans main, et on fait numéroter les lignes de programme concernées par rapport au début de main (ce qui est peut-être plus lisible que si on gardait l'affichage standard des erreurs). L'instruction suivante :

```
printf("Test);
```

dans laquelle il manque un guillemet à la fin de la chaîne, produit alors un message d'erreur tel que :

```
error: main(3): unterminated string or character constant
in function main
```

On reconnaît ainsi d'emblée que l'erreur se trouve sur la troisième ligne de main.

Pragmas

Un pragma est une directive de compilation. Il s'agit d'une directive spéciale adressée au compilateur pour qu'il exécute une certaine action. On peut comparer les pragmas avec les options du compilateur, qui représentent également des instructions à destination du compilateur. Comme évoqué précédemment dans ce chapitre, les options de compilation -P et -E (ou /P et

/E) indiquent au compilateur de ne pas traduire le texte source concerné, mais simplement de lancer le préprocesseur et d'envoyer le résultat soit dans un fichier soit sur l'écran. Il existe toute une série d'instructions de compilation disponibles sous forme de pragmas et sous forme d'options. Contrairement aux options de compilation, que l'on spécifie en lançant la commande de compilation, les pragmas sont insérés dans le texte source via la directive du préprocesseur :

```
#pragma  <instruction de compilation>
```

Ces instructions de compilation peuvent être de natures très diverses, et concerner par exemple la génération de code, l'optimisation du code, la gestion mémoire, l'affichage des messages, etc. Les pragmas ne sont pas standardisés, et varient d'un compilateur à un autre (voir le manuel de votre compilateur). Dans ce qui suit, nous donnerons simplement un exemple simple relatif au compilateur C de Microsoft. Ce dernier comprend, entre autres, le pragma **message**, par lequel on peut faire afficher des messages durant le processus de compilation. La syntaxe en est :

```
#pragma message("chaîne de caractères")
```

Lors de la compilation du programme suivant *pragmess.c*, nous ferons donc afficher quelques messages. La compilation ici, contrairement à ce qui se passe avec **#error**, n'est pas interrompue.

▼ Listing 8.9 : pragmess.c

```
/*  pragmess montre comment fonctionne un pragma.
/*  Le pragma "message" n'existe pas sur tous les compilateurs.   */
#pragma message("Compilation d'un programme d'essai de pragma")
#pragma message("Ces messages sont produits par le pragma 'message'")
#include <stdio.h>
main()
{
     printf("Essai de pragma\n");
}
#pragma message("Dernier message et fin de la compilation")
```

Si votre compilateur connaît le pragma **message**, alors la compilation du programme précédent s'accompagnera des messages :

```
Compilation d'un programme d'essai de pragma
Ces messages sont produits par le pragma 'message'
Dernier message et fin de la compilation
```

8.5 Constantes du préprocesseur

Il existe une série de constantes prédéfinies qui sont remplacées par les préprocesseurs ANSI. Les voici, résumées avec leurs significations. Il existe en outre des constantes spécifiques à la plupart des compilateurs.

LINE	Constante integer. Indique le n° de la ligne de texte source qui doit être traitée.
FILE	Constante string. Indique le nom du fichier source en cours.
DATE	Constante string. Indique la date de la dernière compilation (pas de date en cours).
TIME	Constante string. Indique l'heure de la dernière compilation (pas d'heure en cours).
STDC	Constante integer avec la valeur 1. Est définie lorsque le compilateur respecte le standart ANSI-C

◄ Fig. 8.4 : *Constantes prédéfinies du préprocesseur*

Les constantes prédéfinies commencent et finissent toujours par deux caractères de soulignement (underscores) et ne doivent pas être modifiées. Le programme suivant montre comment on peut les employer.

▼ Listing 8.10 : prepcons.c

```
/*  prepcons montre l'tilisation des constantes prédéfinies
    du préprocesseur. */
#include <stdio.h>
main()
{
     #if !defined (__STDC__)
     printf("Compilateur non conforme au standard ANSI.\n");
     #endif
     printf("C'est le programme %s, ligne %d\n", __FILE__, __LINE__);
     printf("Dernière compilation de %s : %s à %s heure\n", __FILE__,
     ➥   __DATE__,__TIME__);
}
```

Chapitre 9

Pointeurs

Dans nos précédents programmes, l'accès à une variable (plus précisément à son contenu ou à sa valeur) se faisait par l'intermédiaire de son nom. Par exemple, l'affectation à une variable `a` de la valeur d'une autre variable `b` correspondait à l'instruction :

```
a = b;
```

Vous constatez qu'un nom de variable figure des deux côtés de l'opérateur d'affectation `=`. C'est à l'aide du nom `b` qu'est localisé l'emplacement mémoire relatif à cette variable, dont le contenu est dupliqué, puis reporté à l'emplacement mémoire connu sous le nom de `a`. Schématiquement, une variable n'est donc rien d'autre qu'une zone mémoire portant un certain nom défini par le programmeur (voir chapitre *C parti*). On peut également choisir un chemin d'accès indirect à la variable, par le biais de son adresse. Pour cela, on utilise un pointeur.

Un pointeur (*pointer* en anglais) est une donnée constante ou non, qui mémorise l'adresse d'une variable. On dit que le pointeur renvoie (ou pointe, d'où le nom) vers la variable concernée, cela via son contenu consistant en une adresse de variable. Les pointeurs sont parfois appelés *indirections*. On dit également que le pointeur fait *référence* à la variable.

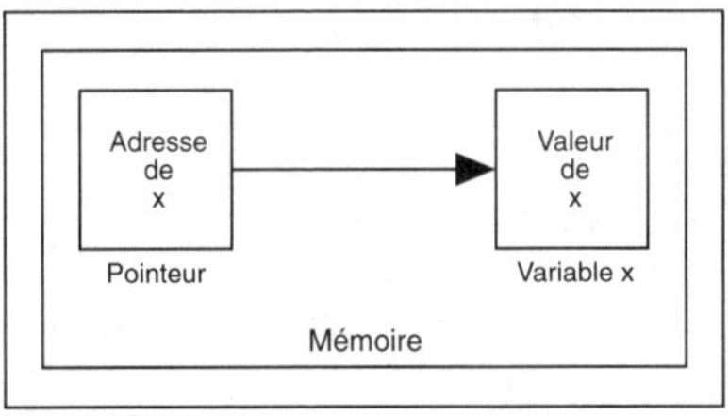

Fig. 9.1 : *Un pointeur contenant l'adresse d'une variable, donc "pointant" vers celle-ci*

Un pointeur dont le contenu est modifiable, donc qui peut mémoriser les adresses de différentes données, est une variable pointeur. De telles variables, également appelées variables d'adresses, sont d'un type particulier, adapté à la mémorisation d'adresses. Il existe par ailleurs des pointeurs constants (adresses constantes. Par exemple, les noms des tableaux sont des pointeurs constants, qui équivalent à l'adresse (de début) du tableau concerné (chapitre *Types de données complexes* et section *Pointeurs et tableaux* dans ce chapitre).

Variables et adresses

Sans parler des pointeurs, la manipulation des adresses de variables nous est déjà connue (chapitre *Entrée et sortie*). Soit, par exemple, la définition :

```
int x;
```

Alors l'opérateur bien connu `&` permet de former l'expression :

```
&x
```

qui donne l'adresse de la variable x. La fonction scanf, par exemple, exige des expressions de cette forme pour pouvoir lire des valeurs et les ranger dans les variables concernées. Ainsi, la fonction scanf, dans l'instruction :

```
scanf("%d", &x);
```

mémorise une valeur saisie de type int dans la variable x. Le programmeur ici n'a aucune influence sur l'emplacement mémoire où sera rangée la valeur saisie. Le choix d'une adresse mémoire, en effet, incombe au compilateur. Mais il est possible de visualiser l'adresse qui a été allouée. Les adresses des variables sont des données entières, qui tiennent habituellement sur 2 ou 4 octets ; elles sont très souvent exprimées sous forme hexadécimale. Pour afficher des adresses, il est donc possible d'utiliser la fonction printf, avec les spécifications de format %x ou %X ou avec le format spécial %p réservé aux pointeurs (adresses) grâce auquel les adresses sont affichées en hexadécimal. Naturellement, on peut faire afficher des adresses en décimal avec le format %d (sauf indication contraire, nous supposerons ici que les adresses tiennent sur 2 octets). L'instruction :

```
printf("valeur de x = %d\tAdresse de x = %X", x, &x);
```

donne aussi bien la valeur de la variable x que son adresse. Si x, dans l'instruction scanf précédente, a reçu par exemple la valeur 99, alors on obtient un affichage tel que :

```
valeur de x = 99        Adresse de x = 2D18
```

La valeur 2D18 indiquée pour l'adresse de x est l'adresse de l'emplacement mémoire que le compilateur a réservé pour x. Elle varie d'une exécution du programme à l'autre, et d'un système à un autre. Si on relance le programme, ou si on le fait fonctionner sur d'autres machines, il est probable qu'une autre adresse sera affichée pour la variable x. Cela dépend de l'emplacement du programme en mémoire.

Homogénéité des adresses

Sur chaque système, les adresses des variables possèdent habituellement un format et une taille homogènes, indépendants du type de l'objet concerné. Soient, par exemple, les variables :

```
char c = 'a'; /*    1 Octet     */
short s = 456; /*    2 Octets    */
long l = 123456; /*    4 Octets    */
double d = 3.1415; /*    8 Octets    */
```

Alors, les instructions :

```
printf("valeur de c = %c\tAdresse de c = %X\n", c, &c);
printf("valeur de s = %hd\tAdresse de s = %X\n", s, &s);
printf("valeur de l = %ld\tAdresse de l = %X\n", l, &l);
printf("valeur de d = %f\tAdresse de d = %X\n", d, &d);
```

afficheront un résultat tel que (voir plus haut) :

```
valeur de c = a         Adresse de c = 3076
valeur de s = 456       Adresse de s = 3074
valeur de l = 123456    Adresse de l = 3070
valeur de d = 3.141500 Adresse de d = 3068
```

Ici, toutes les adresses affichées sont de même forme et de même structure. Rien d'étonnant à cela si on pense qu'une adresse désigne un emplacement de mémoire à partir duquel est rangée la donnée concernée. L'adresse est donc celle du premier octet, également appelée adresse de début de la variable. Lorsque l'on parle de l'adresse d'une variable, il s'agit toujours de son adresse de début. L'image suivante illustre les relations concernant les variables de l'exemple précédent. Notez que dans l'affichage qui précède, les adresses sont sous forme hexadécimale. Sur le graphique, elles ont été transformées en valeurs décimales correspondantes, à des fins de meilleure compréhension.

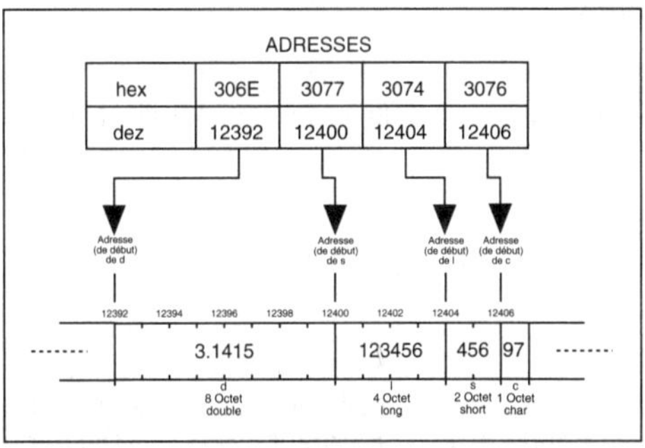

◄ Fig. 9.2 : *Variables de différents types avec leurs adresses (de début) en mémoire*

L'accès aux valeurs des variables via leurs adresses, à l'aide de pointeurs, fait l'objet des sections suivantes. Pourquoi accéder aux variables de manière indirecte avec des pointeurs, alors que l'accès direct paraît plus simple ? La réponse est d'une part que de nombreux problèmes (complexes) sont résolus plus rapidement et plus élégamment avec les pointeurs (il s'agit avant tout de programmes dans lesquels des fonctions doivent communiquer et échanger des données ; cet aspect des pointeurs sera détaillé au chapitre *Fonctions*). D'autre part, il existe des domaines dans lesquels l'utilisation des pointeurs est incontournable. C'est le cas en particulier de ce qu'on appelle l'allocation dynamique de mémoire, que nous verrons à la section *Allocation dynamique de tableaux* de ce chapitre. Un programme qui gère la mémoire de manière dynamique utilise, pour stocker ses données, des zones de mémoire dépourvues de noms. L'unique moyen d'accéder aux données mémorisées est alors par le biais de leurs adresses, nécessairement stockées dans des pointeurs !

9.1 Définition de variables pointeurs

Hormis ces deux exceptions, les champs de bits et les variables de classe `register`, qui n'ont pas d'adresse en mémoire, les pointeurs peuvent référencer des données de tout type. Il faut cependant indiquer, lors de la définition d'une variable pointeur, le type de l'objet que la variable pointeur concernée va stocker. Pour chaque type de données, il existe un type spécial de variable pointeur, qui ne peut recevoir que des adresses de données ayant le type adéquat. Il est cependant possible de définir des pointeurs de type indéfini qui, au début, ne pointent vers aucun type particulier (Voir dans ce chapitre, la section *Arithmétique des pointeurs*). Bien que les variables pointeurs diffèrent ainsi par leur type, elles sont néanmoins égales pour ce qui concerne leur taille (habituellement 2 ou 4 octets selon la machine). Celle-ci, en effet, ne dépend pas du type de la donnée pointée. Cela tient à la nature homogène des adresses des objets, même si leur contenu diffère en nature et en dimension. On définit une variable pointeur selon la syntaxe suivante :

```
<type_données>    *<nom_pointeur>
```

Une telle définition, dans sa structure, correspond à la définition d'une variable. Elle contient le nom de la variable à définir, qui est dans l'instruction précédente :

```
<nom_pointeur>
```

ainsi que le type de cette variable pointeur, représenté par la spécification :

```
<type_données>
```

Cette indication de type comporte un nouvel élément, l'opérateur `*`, que vous connaissez déjà en tant qu'opérateur de multiplication. Dans la définition d'une variable pointeur cependant, cet opérateur a une signification différente "est un pointeur vers". Une définition telle que :

```
int *pi;
```

peut donc être interprétée comme :

```
"La variable 'pi' est un pointeur vers une donnée de type int."
```

Ce qui équivaut à :

```
"La variable définie 'pi' a le type int *."
```

Autre périphrase équivalente :

```
"La variable définie 'pi' peut mémoriser l'adresse d'une donnée
➥ de type int."
```

Conformément aux explications précédentes, les variables suivantes :

```
char *pc;
short *ps;
long *pl;
```

```
float *pf;
double *pd;
```

sont ainsi définies :

pc est un pointeur vers un **char**.
pc peut contenir l'adresse d'une donnée de type **char**.
pc a le type **char ***.
ps est un pointeur vers un **short**.
ps peut contenir l'adresse d'une donnée de type **short**.
ps a le type **short ***.
pl est un pointeur vers un **long**.
pl peut contenir l'adresse d'une donnée de type **long**.
pl a le type **long ***.
pf est un pointeur vers un **float**.
pf peut contenir l'adresse d'une donnée de type **float**.
pf a le type **float ***.
pd est un pointeur vers un **double**.
pd peut contenir l'adresse d'une donnée de type **double**.
pd a le type **double ***.

Pour une même variable, les trois formulations sont toutes équivalentes et ont la même signification. Bien que l'opérateur * forme un tout logique avec le type de donnée pointée, celui-ci est traditionnellement placé devant le nom de la variable pointeur :

```
int  *iptr;
```

Initialisations

Comme pour les autres variables (de la classe **auto**), la valeur d'une variable pointeur est indéfinie lors de la définition, et le demeure tant qu'on ne lui en affecte pas explicitement une autre. Cela peut se faire, par exemple, par le biais d'une initialisation dès la définition. La variable pointeur concernée reçoit alors comme valeur de départ l'adresse d'une autre variable. Commençons par définir quatre variables de types **short** et **float**, puis quatre pointeurs, deux de type *pointeur vers short* et deux de type *pointeur vers float*. Les variables pointeur sont toutes initialisées avec l'adresse d'une des variables du type ad hoc :

```
short alpha_s, beta_s;
float alpha_f, beta_f;
short *sp1 = &alpha_s;  /* sp1 et un pointeur vers short, initialisé
                           avec l'adresse de la variable short
                           alpha_s      */

short *sp2 = &beta_s;  /* sp2 est un pointeur vers short, initialisé
                          avec l'adresse de la variable beta_s    */
float *fp1 = &alpha_f; /* fp1 est un pointeur vers float, initialisé
                          avec l'adresse de la variable alpha_f   */
```

```
float *fp2 = &beta_f;  /* fp2 est un pointeur vers float, initialisé
                          avec l'adresse de la variable beta_f     */
```

Dans les définitions précédentes, on affecte aux variables pointeurs, comme valeurs initiales, des adresses, sous forme d'expressions constituées par le nom de la variable concernée et par l'opérateur d'adressage **&**. Des deux côtés de chaque affectation, figurent des données de même type (à gauche une variable pointeur, à droite une expression basée sur l'opérateur d'adressage) qui représentent le même type de valeur : l'adresse d'une certaine donnée. Variables pointeur et expressions d'adressage avec **&** sont donc identiques dans leur essence : elles font référence à des données. Pour cette raison, on utilise fréquemment le terme pointeur pour désigner, non seulement des variables pointeur, mais également des expressions d'adressage avec l'opérateur **&**.

```
&alpha_s
```

Cette expression, par exemple, fournit l'adresse de la variable **alpha_s** ; alors, d'après l'interprétation précédente, elle représente également un pointeur vers la variable **alpha_s**, au même titre que la variable pointeur **spl**.

Une autre forme permettant de transférer l'adresse d'une donnée dans une variable pointeur est le nom d'un autre pointeur de même type (voir plus loin dans ce chapitre). En revanche, il est délicat d'affecter à un pointeur des adresses sous forme de valeurs explicites (par exemple 24680, 3DD8, etc.), à moins de savoir avec précision ce qui y est mémorisé. Utiliser ainsi les pointeurs pour modifier des emplacements mémoire peut provoquer des effets désastreux, notamment si des données importantes sont effacées (voir section suivante *Accès Indirect aux variables*).

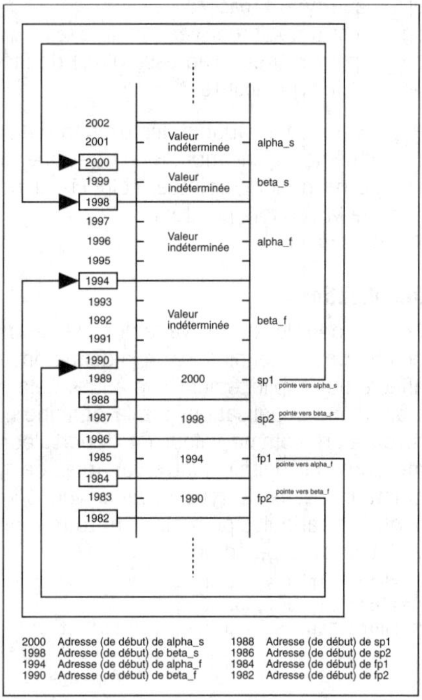

▲ Fig. 9.3 : *Variables et pointeurs en mémoire (adresses en notation décimale)*

Les relations entre les variables précédemment définies et leurs emplacements mémoire sont illustrées sur l'image suivante. Notons qu'avec ces définitions, seules les variables pointeurs contiennent des valeurs définies, celles des autres variables restant en revanche indéterminées. Nous ne nous intéressons pour l'heure qu'aux adresses et non à leurs contenus ; cela reste donc accessoire.

Les adresses spécifiées sur l'image sont imaginaires. On peut faire afficher les adresses réelles que le compilateur, sur tel ou tel système, choisira pour les variables utilisées.

```
printf("%X %X %X %X %X %X %X %X\n", &alpha_s, &beta_s, &alpha_f,
&beta_f, &sp1, &sp2,&fp1, &fp2);
```

Cette expression nous fournit la forme hexadécimale, et :

```
printf("%d %d %d %d %d %d %d %d\n", &alpha_s, &beta_s, &alpha_f,
&beta_f, &sp1, &sp2,&fp1, &fp2);
```

produit la forme décimale. `&sp1`, `&sp2`, `&fp1` et `&fp2` sont ici les adresses mémoire des variables pointeurs elles-mêmes, et non pas leurs contenus. Cependant, si on compare, à l'aide des instructions :

```
printf("%X %X %X %X\n", &alpha_s, &beta_s, &alpha_f, &beta_f);
printf("%X %X %X %X\n", sp1, sp2, fp1, fp2);
```

les valeurs affichées pour `&alpha_s`, `&beta_s`, `&alpha_f` et `&beta_f` avec les contenus des pointeurs `sp1`, `sp2`, `fp1` et `fp2`, alors on constate que les deux résultats sont identiques. Les valeurs de `&alpha_s` et de `sp1`, celles de `&beta_s` et de `sp2`, celles de `&alpha_f` et de `fp1` ainsi que celles de `&beta_f` et de `fp2` coïncident donc, puisque, à l'instant même, `sp1`, `sp2`, `fp1` et `fp2` contiennent respectivement les adresses de `alpha_s`, `beta_s`, `alpha_f` et `beta_f`.

On peut également amener des valeurs (adéquates) dans les variables pointeurs, via des affectations hors initialisation. Ainsi, les instructions :

```
sp1 = &beta_s;
sp2 = &alpha_s;
```

entraînent que maintenant `sp1` et non `sp2` pointe vers `beta_s` et que `sp2` pointe conformément vers `alpha_s`. L'affectation :

```
fp1 = fp2;
```

dans laquelle le contenu du pointeur `fp2` est affecté au pointeur `fp1` fait que maintenant, non seulement `fp2` mais également `fp1` contiennent l'adresse de `beta_f`, et donc pointent vers cette variable. Cependant, avec cette dernière affectation, l'ancien contenu (l'adresse de `alpha_f`) serait écrasé. Ainsi, aucun pointeur ne fait plus référence à la variable `alpha_f`. La situation en mémoire qui résulte des affectations antérieures est donc la suivante.

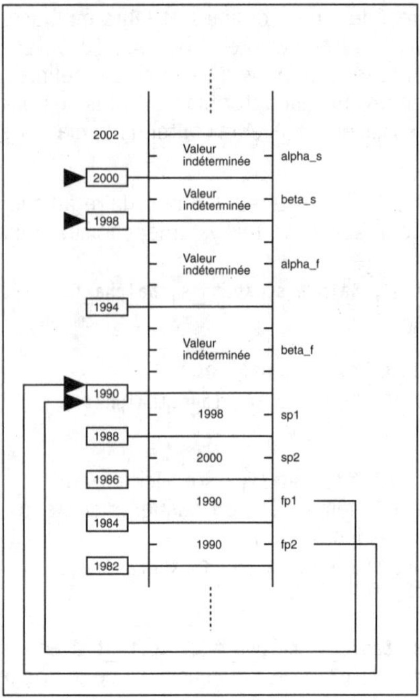

◄ Fig. 9.4 :
Variables et pointeurs en mémoire (adresses sous forme décimale)

9.2 Accès indirect aux variables

Pour pouvoir accéder, via un pointeur, à une autre donnée, l'opérateur * est de nouveau nécessaire, mais ici avec la signification (la troisième) d'opérateur d'indirection (autre appellation : opérateur de contenu ou opérateur de référence). L'utilisation de l'opérateur d'indirection * doit être ici strictement différenciée de son utilisation dans les définitions de variables pointeur. Si on peut décrire l'opérateur * dans une définition de pointeur par la formulation "est un pointeur vers", en revanche, sa signification dans une instruction d'un programme pourrait ainsi s'exprimer : "contenu de". Si l'opérateur est placé devant le nom d'un pointeur, alors on accède (indirectement) à la donnée dont l'adresse est mémorisée dans le pointeur. Considérons pour cela l'exemple suivant, dans lequel nous partons des définitions de variables :

```
int first, second;
int *pi;      /* pointeur vers int : le * ici n'est pas
                 l'opérateur de contenu */
```

qui pourraient, d'ailleurs, être formulées de manière plus concise :

```
int first, second, *pi;                    /* pi a le type int *    */
```

Après les affectations :

```
first = 1234;
pi = &first;                         /* pi mémorise l'adresse de first    */
```

on peut se représenter ainsi les variables en mémoire :

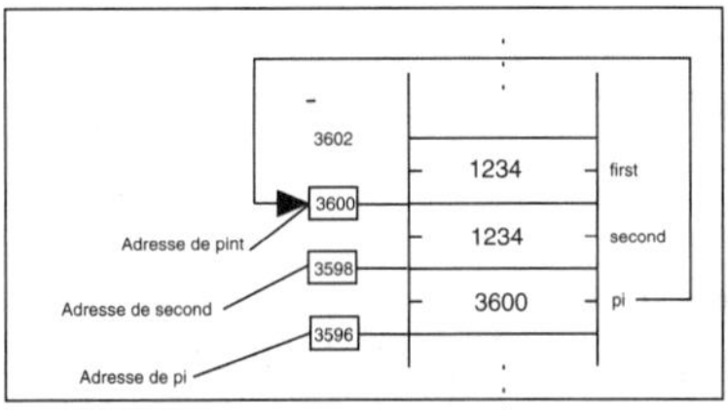

Fig. 9.5 : *Le pointeur pi pointe vers la variable first (adresses en notation décimale)*

S'il faut maintenant que la variable **second** prenne la valeur de `first`, on peut alors y parvenir via l'affectation :

```
second = first;
```

Grâce à l'expression :

```
*pi
```

il est également possible d'accéder indirectement au contenu de `first` et de reporter ce dernier par l'instruction :

```
second = *pi;
```

dans la variable `second`. L'opérateur *, dans ce cas, est utilisé dans une instruction C et non dans une définition de pointeur. Il est donc employé ici comme opérateur d'indirection et l'expression :

```
*pi
```

a la signification :

```
    "valeur (ou contenu) de la donnée pointée par la variable
pointeur pi"
```

ou encore :

```
    " valeur (ou contenu) de la donnée dont l'adresse est stockée
 dans la variable pointeur pi "
```

Comme `pi` contient, à cet instant, l'adresse de la variable `int first`, alors `pi` pointe vers la variable `first`. L'expression :

```
*pi
```

est donc équivalente au contenu (valeur) de la variable vers laquelle pointe `pi`, c'est-à-dire `first`. La variable `first`, quant à elle, a la valeur 1234. Donc, `second`, via l'affectation :

```
second = *pi;
```

prend la valeur 1234. Ainsi, les opérations :

```
pi = &first;
second = *pi;
```

et :

```
second = first;
```

sont équivalentes. En mémoire, cela produit l'image que voici, après l'affectation :

```
second = *pi;
```

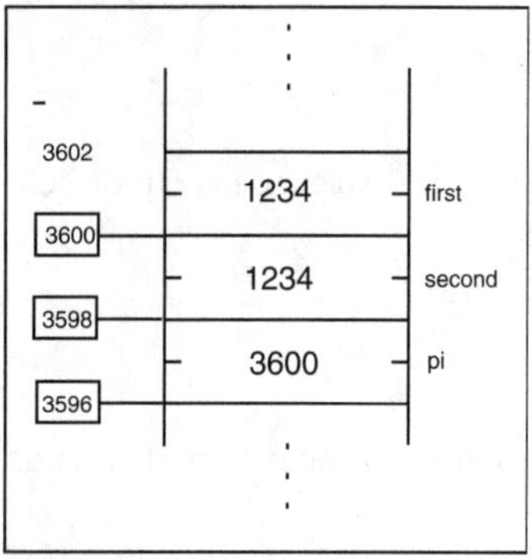

Fig. 9.6 : *Mémoire après l'affectation de la valeur de la variable first' à la variable second'*

Le fait que la variable **second** ait maintenant la valeur de **first**, et que, dans l'exemple précédent, les deux expressions :

```
first
```

et

```
*pi
```

possèdent de surcroît la même valeur, se vérifie aisément par l'instruction :

```
printf("%d %d %d\n", second, first, *pi);
```

Il est recommandé, en outre, de bien distinguer les deux expressions :

```
pi
```

et :

```
*pi
```

Alors que pi représente la valeur (contenu) du pointeur pi (donc une adresse), *pi contient la valeur de la donnée, dont l'adresse est rangée dans pi. Rapporté à l'exemple précédent, l'instruction :

```
printf("%d %X\n", *pi, pi);
```

affecte donc pour **`*pi`** la valeur de la variable `first`, à savoir 1234, et pour `pi`, en revanche, l'adresse de la variable `first`.

Dans l'exemple, supposons qu'on ait défini non pas un, mais deux pointeurs, pour avoir les variables suivantes :

```
int first, second;
int *p1, *p2;                  /* deux pointeurs vers int         */
```

Alors, après les affectations :

```
first = 1234;
p1 = &first;                   /* p1 mémorise l'adresse de first.   */
p2 = &second;                  /* p2 mémorise l'adresse de second.   */
```

on pourrait projeter d'affecter, par pointeur, à la variable `second`, la valeur de la variable `first`, ou bien par :

```
second = *p1;
```

mais également par :

```
*p2 = *p1;
```

Ici, on accède indirectement aux deux variables. La valeur de la donnée pointée par `p1` (`first`) est reportée à l'emplacement mémoire pointé par `p2` (`second`). `first` et `second` ont donc maintenant, tous les deux, la valeur 1234.

Des expressions de la forme `*p1` ou `*p2` (appelées parfois pointeurs déréférencés) représentent, dans les instructions d'un programme, des données du type de l'objet pointé. Par exemple, `*p1` est une donnée de type `int` (comme `p1` pointe sur une donnée `int`), sur laquelle on peut effectuer toutes les opérations permises sur une variable `int` ordinaire (cette dernière formulation se laisse généraliser : elle s'applique aux pointeurs de tous types). Si on suppose que `p1` pointe vers la variable `int first` et `p2` vers la variable `int second` (dernier exemple), alors `*p1` et `*p2` peuvent remplacer les variables `first` et `second`, non seulement dans des affectations, mais également dans toutes les autres occasions, par exemple dans des opérations arithmétiques. Les instructions :

```
first = first - 1232;          /* initialise 'first' à la valeur 2 :
                                  1234 - 1232 */

second = first * second;       /* initialise 'second' à la valeur 2468 :
                                  2 * 1234 */
```

peuvent donc être formulées ainsi, de manière équivalente :

```
*p1 = *p1 - 1232;
*p2 = *p1 * *p2;
```

ici, pour des raisons de lisibilité, on peut aussi mettre en parenthèses le membre droit de la seconde affectation :

```
*p2 = (*p1) * (*p2);
```

Conversion de type

La conversion du type d'une variable est parfois nécessaire lors de l'exécution d'une instruction, si les variables concernées possèdent des types de données différents (chapitre *Expressions et opérateurs*). Définissons par exemple trois variables a, b et quotient ainsi que trois pointeurs pa, pb et pq :

```
int a = 3, b = 2, *pa = &a, *pb = &b;   /* "*" n'est pas l'opérateur
                                           d'indirection  */
double quotient, *pq = &quotient;       /* "*" n'est pas l'opérateur
                                           d'indirection    */
```

Alors, dans l'affectation :

```
*pq = (double) *pa / *pb;                  /* "*" e s t  l'opérateur
                                              d'indirection    */
```

qui équivaut d'ailleurs à :

```
quotient = (double) a / b;
```

on convertit la valeur entière *pa (ou aussi *pb) - et donc la valeur de toute l'expression *pa / *pb - en valeur réelle, afin de conserver dans la division les chiffres après la virgule (l'expression *pa / *pb, en arithmétique entière, aurait la valeur 1 et non la valeur souhaitée 1.5 ; rappelons ici, en outre, que l'expression (double) (*pa / *pb) ne donnerait pas le résultat souhaité car l'opérateur cast, dans ce cas, convertirait seulement le résultat de la division (1), déjà calculé en arithmétique entière).

Si on affecte à un pointeur une valeur sous forme d'adresse explicite, par exemple dans :

```
pa = 24680;
```

le compilateur ne génère pas un message d'erreur ; mais il peut (si il est paramétré pour cela) émettre un avertissement, signalant que les deux membres de l'affectation contiennent des données ayant des niveaux de références différents. En effet, il y a à gauche un pointeur int, donc une donnée de type int*, et à droite une constante entière de type int, qui n'est pas un pointeur. En pareil cas, il serait plus correct de convertir la constante en un type de pointeur adéquat :

```
pa = (int *) 24680;
```

Alors, les deux membres contiennent des données de type int* et le message d'avertissement disparaît.

Il est délicat de tenter une affectation entre pointeurs lorsque ceux-ci pointent vers des données de types différents, donc lorsqu'ils ne sont pas de même type. Une instruction telle que :

```
pq = pa;
```

qui affecte à un pointeur **double** (**pq**) le contenu d'un pointeur **int** (**pa**), donc l'adresse d'un objet **int**, est signalée par le compilateur par un avertissement spécifique. Cependant, elle est acceptée, car considérée comme juste, et peut passer inaperçue. Etant donné qu'une telle affectation ne donne habituellement aucun résultat sensé, on doit gérer soi-même les erreurs qui en découlent. Dans l'exemple précédent, le pointeur **double**, après affectation, pointe vers une donnée de type **int**. Mais celle-ci, lorsqu'on y accède via le pointeur, est interprétée comme étant une donnée de type **double**. En raison des différences de tailles entre les deux types (une donnée **int** de 2 ou 4 octets est traitée comme une donnée **double** de 8 octets) et des codifications différentes en mémoire (entier ou virgule flottante), cela produit des résultats absurdes. Il serait peu sensé d'appliquer aux pointeurs les informations précédentes concernant les variables classiques:

```
pq = (double) pa;
```

et de convertir le pointeur **int pa** en un pointeur **double**. En effet, la donnée vers laquelle pointe **pa**, c'est-à-dire la variable **a**, n'est pas touchée par cette conversion de pointeur ; elle reste donc une donnée **int**. Apparemment, dans l'instruction précédente, il serait plus avantageux de pouvoir convertir le pointeur du membre gauche de l'affectation :

```
(int *) pq = pa;      /* ERREUR : les expressions avec opérateur 'cast'
                         ne sont pas des Lvalues et ne doivent donc
                         pas être mises dans le membre gauche
                         d'une affectation.  */
```

Cependant, cela est illicite car une expression comportant l'opérateur **cast** ne représente pas une Lvalue, et ne peut donc pas figurer dans la partie gauche d'une affectation (certains compilateurs possèdent des extensions qui autorisent, pour des pointeurs et sous certaines conditions, les conversions de types dans le membre gauche d'une affectation). Les conversions de pointeurs en types de pointeurs différents peuvent cependant s'avérer judicieuses. Nous y reviendrons lorsque nous traiterons de la gestion dynamique de mémoire.

9.3 Arithmétique des pointeurs

Les sections précédentes montrent que l'on peut distinguer, fondamentalement, deux types d'opérations sur les pointeurs. D'une part, celles dans lesquelles on accède (indirectement) à d'autres données (afin de les manipuler par quelque façon que ce soit), au moyen de l'opérateur d'indirection et de pointeurs. D'autre part, on peut également accéder aux pointeurs eux-mêmes comme on le ferait avec des variables classiques, par exemple en leur affectant (comme l'explique la section *Initialisations*) les adresses d'autres données. Cependant, le choix des opérations est limité. Pour manipuler les pointeurs, on dispose, outre les opérations d'affectation, d'une série d'autres opérations que l'on appelle habituellement "arithmétique des pointeurs". L'arithmétique des pointeurs est particulièrement intéressante dans le traitement des tableaux, comme cela sera évoqué plus loin. Dans ce qui suit, nous commencerons par présenter les opérations de base.

Addition

La valeur d'un pointeur peut être augmentée d'un nombre entier. Supposons que **s** soit un tableau de type **short** et **ps** un pointeur vers **short**, ainsi définis :

```
short s [6];
short *ps;
```

alors l'instruction :

```
ps = &s[0];
```

entraîne que **ps** pointe désormais sur le premier élément du tableau **s**, c'est-à-dire la variable **short s[0]** :

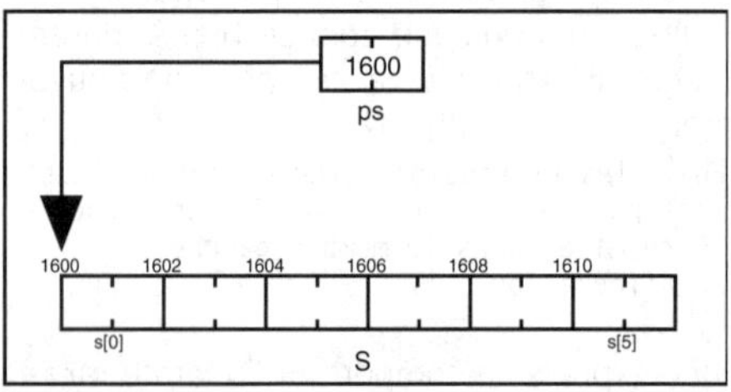

Fig. 9.7 : *Le pointeur ps pointe vers le premier élément du tableau s*

L'instruction :

```
ps = ps + 1;
```

n'entraîne pas le passage de l'adresse contenue dans **ps** de 1600 à 1601 (+1). En revanche, à l'adresse initiale, on ajoute le produit :

```
1    *    2
```

du nombre entier spécifié comme opérande, et de la dimension (en octets) du type des éléments du tableau, ici 2. On dit également que l'opérande à ajouter est ajusté à l'échelle du type des éléments du tableau avant l'exécution de l'addition. L'opérande indique donc, contrairement au cas où il est employé dans des additions classiques, de combien d'unités ayant chacune la dimension des éléments du tableau il faut "faire avancer" le pointeur concerné. Il en résulte que ps ne contient plus l'adresse 1600, mais 1602, et pointe donc maintenant vers le second élément s[1] du tableau :

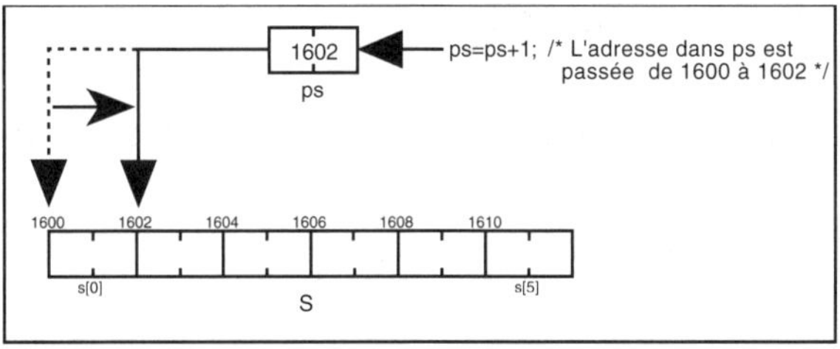

▲ Fig. 9.8 : *La valeur du pointeur ps (adresse 1600) est passée à 1602 (+2), via ps = ps + 1*

De manière analogue, en supposant que ps contienne l'adresse initiale 1600, l'instruction :

```
ps = ps + 2;
```

accroîtrait l'adresse dans ps, c'est-à-dire la valeur de ps, de :

```
2    *    2
```

donc de 4, et la ferait passer à 1604. ps pointerait alors vers le troisième élément s[2] du tableau s. On considère que les opérations arithmétiques sur les pointeurs n'ont généralement de sens que si elles se réfèrent à un seul et même tableau. On peut alors formuler la règle générale suivante :

Si un pointeur p pointe vers le nième élément d'un tableau, alors l'instruction :

```
p = p + k;
```

k désignant ici un entier positif, entraîne que p pointe, après cette affectation, vers le $(n+k)^{ème}$ élément. On doit vérifier que les adresses des données référencées soient toujours dans les limites du tableau.

Le fait que la validité de cette règle soit indépendante du type des éléments du tableau est facilement vérifiable. Soient, par exemple les définitions :

```
char c[6] = "12345";
```

```
char *pc = &c[0];
short s[6] = {1, 2, 3, 4, 5};
short *ps = &s[0];
float f[6] = {1.0, 2.0, 3.0, 4.0, 5.0};
float *pf = &f[0];
```

Alors, les pointeurs `pc`, `ps` et `pf` pointent respectivement vers le premier élément du tableau concerné :

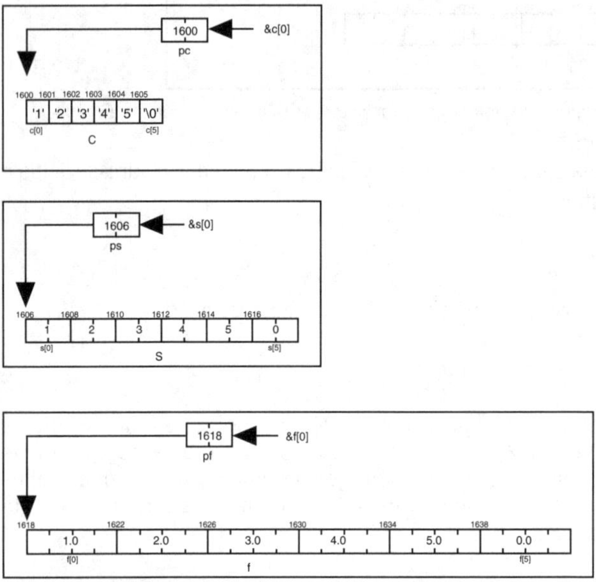

▲ **Fig. 9.9 :** *Trois pointeurs vers les premiers éléments de tableaux de types différents*

Par les instructions :

```
pc = pc + 4;
ps = ps + 4;
pf = pf + 4;
```

les valeurs de `pc`, `ps` et `pf` sont augmentées comme suit :

- on ajoute à l'adresse 1600, rangée dans `pc`, le produit 4 * 1 (donc 4). L'opérande 4, en raison du type `char`, est mis à l'échelle 1. `pc` contient maintenant l'adresse 1604 et pointe donc vers le (1+4)ème élément, c'est-à-dire vers le cinquième élément du tableau `c`.
- on ajoute à l'adresse 1606, rangée dans `ps`, le produit 4 * 2 (donc 8). L'opérande 4, en raison du type `short`, est mis à l'échelle 2. `ps` contient

maintenant l'adresse 1614 et pointe donc, comme `pc`, vers le (1+4)ème élément, c'est-à-dire vers le cinquième élément du tableau `s`.

- on ajoute à l'adresse 1618, rangée dans `pf`, le produit 4 * 4 (donc 16). L'opérande 4, en raison du type **`float`**, est mis à l'échelle 4. `pf` contient maintenant l'adresse 1634 et pointe donc, comme `pc` et `ps`, vers le (1+4)ème élément, c'est-à-dire vers le cinquième élément du tableau `f`.

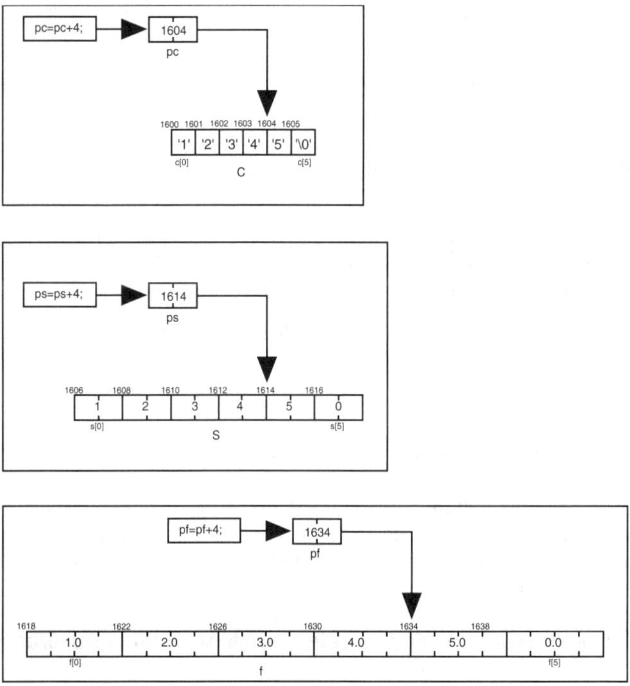

▲ Fig. 9.10 : *Les constellations en mémoire après modifications*

Si les instructions :

```
printf("Le pointeur 'char' pointe vers l'élément %c du tableau
➥ 'char'.\n", *pc);
printf("Le pointeur 'short' pointe vers l'élément %hd du tableau
➥ 'short'.\n",\ *ps);
printf(Le pointeur 'float' pointe vers l'élément %f du tableau
➥ 'float'.\n", *pf)
```

affichent, avant l'addition, le libellé :

```
Le pointeur 'char' pointe vers l'élément 1 du tableau 'char'.
Le pointeur 'short' pointe vers l'élément 1 du tableau 'short'.
Le pointeur 'float' pointe vers l'élément 1 du tableau 'float'.
```

les mêmes instructions produisent désormais, après addition de la valeur 4 aux pointeurs pc, ps et pf, l'affichage :

```
Le pointeur 'char' pointe vers l'élément 5 du tableau 'char'.
Le pointeur 'short' pointe vers l'élément 5 du tableau 'short'.
Le pointeur 'float' pointe vers l'élément 5 du tableau 'float'.
```

On remarque ici que le pointeur concerné, dans les trois cas, a obéi à la prescription de mise à l'échelle, et a avancé de quatre unités de la dimension du type de données correspondant. Il faut noter, en outre, que l'accès à l'élément de tableau concerné dans les instructions printf ne se fait pas dans ce cas grâce à un indice, mais par le biais d'un pointeur avec opérateur d'indirection. Mais, naturellement, *pc équivaut à c[0] ou à c[5], etc.

Types des expressions d'addition avec pointeurs

Les expressions d'addition avec pointeurs, comme les autres expressions arithmétiques, peuvent figurer partout où une telle valeur est autorisée, par exemple comme paramètres dans une instruction d'affichage :

```
printf("Première adresse 'c' : %X\t\t Dernière adresse 'c' : %X\n",
➥ pc, pc + 5);
printf("Première adresse 's' : %X\t\t Dernière adresse 's' : %X\n",
➥ ps, ps + 5);
printf("Première adresse 'f' : %X\t\t Dernière adresse 'f' : %X\n",
➥ pf, pf + 5);
```

Supposons que les pointeurs pc, ps et pf contiennent les adresses initiales des tableaux c, s et f. Les instructions précédentes affichent alors les adresses des premiers et derniers éléments des trois tableaux. Elles démontrent de nouveau que l'effet de la mise à l'échelle se manifeste dans les différences des écarts entre les adresses de rangs 1 et 6, alors que le nombre d'éléments est le même.

Equivalence entre les constantes et les variables en tant qu'opérandes

La valeur entière qui peut être ajoutée à un pointeur n'est pas forcément une constante. Considérons, par exemple, les variables :

```
int i[10], *pi= &i, x = 6;
```

L'instruction :

```
pi = pi + 6;
```

donne le même résultat que :

```
pi = pi + x;
```

Dans les deux cas, le pointeur pi pointe ensuite vers le septième élément du tableau i.

Incrémentation de pointeurs

On peut souhaiter augmenter la valeur d'un pointeur d'une seule unité (de la dimension du type concerné), donc y ajouter 1, par exemple pour pointer vers l'élément suivant d'un tableau. L'addition explicite de 1 peur alors être remplacée par l'opérateur d'incrémentation ++. Après les définitions :

```
int i[10], *pi = &i[0];
```

pi pointe d'abord vers le début du tableau, donc vers le premier élément de i. L'instruction :

```
pi = pi + 1;
```

après laquelle pi ne pointe plus vers i[0], mais vers le second élément du tableau i[1], équivaut aux instructions :

```
pi++;
```

ou :

```
++pi;
```

qui font avancer le pointeur pi également d'un élément, accroissant sa valeur d'une quantité égale à la dimension (en octets) d'une donnée de type int. La boucle suivante permet de ranger jusqu'à dix valeurs entières dans un tableau (pour des raison de simplicité, la fin de la saisie se produit lorsqu'on tape la valeur 0). L'accès aux éléments du tableau ne se fait pas via une expression avec indice, mais via un pointeur incrémenté avant la saisie de la valeur suivante (donc initialisé à l'adresse de début de cet élément). L'expression px remplace ici une expression de la forme &x[i] et *px remplace, de ce fait, une expression de la forme x[i]. Le paramètre de la fonction scanf peut être une adresse avec l'opérateur & ou le nom d'un pointeur correspondant.

```
int x[10], *px = &x[0], count = 0;
.
.
.
scanf("%d", px);          /* première valeur dans premier élément */

while (*px != 0 && ++count < 10)
    scanf("%d", ++px); /* incrémentation pointeur = adresse
                          prochain élément    */
```

La condition de bouclage :

```
*px != 0 && ++count < 10
```

vérifie dans sa première partie si la valeur qui vient d'être saisie est 0. Si tel est le cas, ou si count a atteint la valeur 10 (ce qui signifie que l'on a déjà saisi dix valeurs et que le tableau x est entièrement rempli), alors la boucle s'achève. Notez bien que lorsqu'on a saisi 0, la première partie de la connexion && est

FALSE, et donc la connexion toute entière l'est également. La seconde partie n'est alors pas évaluée et la variable count n'est plus incrémentée. Cela peut être litigieux si on souhaite réutiliser cette variable pour faire afficher les valeurs saisies. Pour cela, on emploiera, comme pour la saisie, le pointeur px. Grâce à l'instruction :

```
px = &x[0];
```

il pointera de nouveau le premier élément du tableau x. Ensuite, la boucle :

```
while (count- > 0)
    printf("%d ", *px++);
```

affichera les valeurs rangées dans le tableau. Le compteur count, qui indique le nombre des valeurs saisies, contrôle la boucle ; il est donc ici décrémenté jusqu'à atteindre la valeur 0. L'expression :

```
*px++                                   /*    incrémente px    */
```

renferme une particularité intéressante. Ce n'est pas ici la variable pointée par px (donc l'élément du tableau) qui est incrémentée par l'opérateur ++, mais le pointeur px lui-même. L'opérande de l'opérateur ++, dans l'expression sans parenthèse *px++, est en effet uniquement le mot placé à sa gauche même, c'est-à-dire le nom de la variable px, et non l'expression *px (avec l'autre opérateur *). L'instruction printf dans la boucle précédente affiche donc la valeur de l'élément correspondant du tableau, puis incrémente le pointeur.

Si, en revanche, on veut effectivement incrémenter la variable pointée par px, alors on met entre parenthèses l'expression concernée par l'opérateur ++. Avec :

```
(*px)++;                                /* incrémente *px    */
```

la valeur de la donnée pointée actuellement par px est augmentée de 1.

Comme on ne peut ajouter à un pointeur que des valeurs entières, les nombres à virgule flottante ne peuvent servir d'opérandes dans une addition avec un pointeur. En outre, l'utilisation de valeurs entières est également restreinte, puisqu'on ne peut pas ajouter de pointeur à un autre pointeur. Si a et b sont deux pointeurs de même type, alors une instruction de la forme :

```
a = a + b;
```

produit un message d'erreur spécifique, de la part du compilateur.

Soustraction

Contrairement à l'addition, on peut soustraire d'un pointeur non seulement un nombre entier, mais également un autre pointeur de même type.

La soustraction d'un nombre entier à un pointeur fonctionne d'une manière analogue à l'addition. La valeur du pointeur, c'est-à-dire l'adresse qu'elle contient, est diminuée de la valeur de l'opérande, valeur mise à l'échelle. On s'assure ici que les adresses résultantes aient un sens, par exemple qu'elles restent dans les limites du tableau auquel on applique l'opération d'arithmétique de pointeurs. Soient, par exemple, les définitions :

```
int x[10];
int *px = &x[4];
```

Alors px pointe vers le cinquième élément x[4] du tableau. L'instruction :

```
px = px - 2;
```

"décale" le pointeur px de deux éléments de tableau (donc de la quantité 2 * sizeof(int)), de sorte qu'il pointe ensuite vers le troisième élément x[2] :

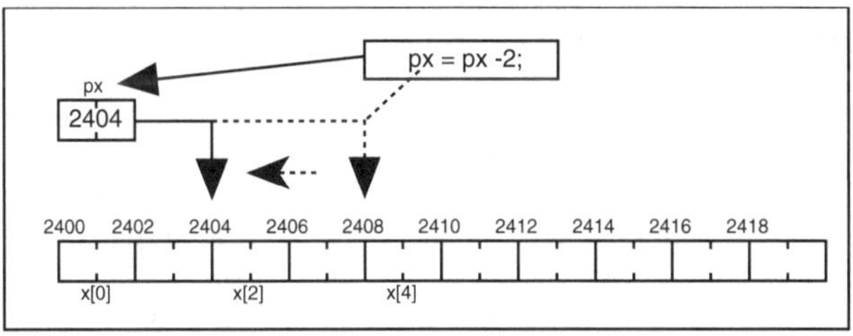

▲ Fig. 9.11 : *Soustraire 2 fait reculer le pointeur px de deux éléments de tableau (avec taille int = 2 octets)*

Décrémentation de pointeur

L'équivalent pour la soustraction de l'opérateur ++ utilisé dans l'addition est l'opérateur de décrémentation --. Ce dernier diminue la valeur d'un pointeur de la taille (en octets) du type de la donnée pointée. Si l'on suppose que des valeurs ont été rangées dans le tableau x par :

```
scanf("%d", px);
while (*px != 0 && ++count < 10)
    scanf("%d", ++px);
```

et que l'on a également défini via :

```
int count = 0;
```

une variable compteur, alors le pointeur px pointe ensuite vers la dernière valeur saisie. On peut maintenant utiliser l'opérateur de décrémentation pour afficher les valeurs dans l'ordre inverse, et non afficher les valeurs dans leur ordre de saisie. Si la boucle n'a pas été achevée par la saisie du caractère 0, le tableau contient dix valeurs régulières et le pointeur px pointe vers la dernière d'entre elles. Mais si la boucle a été terminée sur la saisie de 0, alors cette dernière valeur ne nous intéresse pas. Comme px, dans ce cas, pointe sur ce caractère de fin, il faut le décrémenter d'un élément. La procédure d'affichage ressemble alors à :

```
if (count < 10) /* si fin de saisie par 0    */
    px--; /* pour ne pas afficher le caractère de fin de saisie    */
while (count-- > 0)
    printf("%d ", *px--); /* affiche élément et décrémente pointeur    */
```

Le if teste la valeur de la variable count. Si elle est inférieure à 10, c'est que la boucle de saisie a été terminée par la frappe de 0 : on recule alors le pointeur px d'un élément. La boucle while affiche alors, via *px, la valeur du dernier élément (ou de l'avant-dernier en cas de fin de saisie par 0). Elle diminue ensuite l'adresse contenue dans le pointeur px d'une valeur égale à la dimension du type int. Px pointe alors vers l'élément précédent dans le tableau. On répète ces deux instructions jusqu'à ce que le compteur count ait pris la valeur 0, et que tous les éléments saisis aient été affichés.

Soustraction de pointeurs

Comme pour l'addition, il est impossible d'utiliser des nombres à virgule flottante avec une soustraction de pointeurs. En revanche, il est permis de soustraire un pointeur à un pointeur de même type. Le résultat d'une telle opération est le nombre d'entités qui se trouvent entre les données pointées (on ne compte pas ici la donnée de plus haute adresse). Soient, par exemple, les variables :

```
long y [6];
long *pa = &y[0], *pb = &y[5];
```

Alors pa pointe vers le premier élément du tableau y et pb vers le dernier :

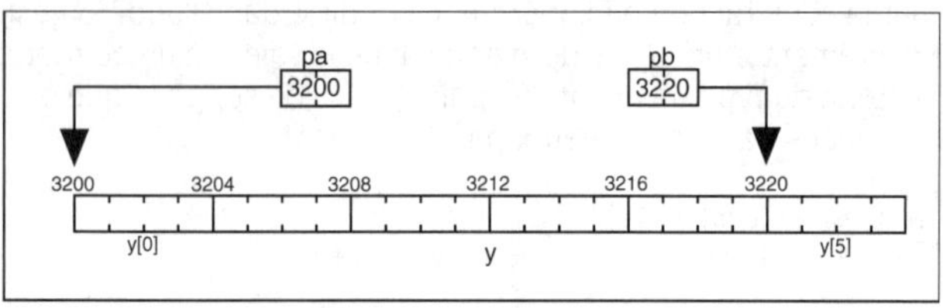

▲ Fig. 9.12 : *Deux pointeurs qui pointent vers des éléments différents*

Si entre les deux pointeurs pa et pb existe, comme dans l'exemple précédent, la relation :

```
pa < pb
```

alors la différence :

```
pb - pa
```

donne ici la valeur 5, c'est-à-dire le nombre d'éléments du tableau `long` qui se trouvent entre le premier (`y[0]`) et le dernier (`y[5]`) élément. Le dernier élément ici n'est pas décompté. Le calcul interne qui donne ce résultat est simple : on commence par former la différence des deux adresses contenues dans les pointeurs. Dans notre exemple :

```
3220 - 3200 = 20
```

Ensuite on divise cette différence des adresses par la taille (en octets) du type des données pointées, 4 dans notre exemple, en raison du type `long` :

```
20 : 4 = 5
```

ce qui conduit au résultat précédent. Voici comment connaître le nombre d'entités situées ente les deux limites, sans les limites elles-mêmes (donc sans `y[0]` ni `y[5]`) :

```
pb - pa - 1
```

Si on veut compter les deux limites `y[0]` et `y[5]`, on effectue :

```
pb - pa +1
```

ce qui, dans notre exemple, donne tous les éléments du tableau. Si on a deux pointeurs `pa` et `pb` pointant respectivement vers les premier et dernier éléments d'un tableau, alors l'instruction :

```
printf("Le tableau a %d éléments\n", pb-pa+1);
```

affiche la longueur du tableau, c'est-à-dire le nombre des éléments. Pour un tableau `char`, si on ne veut pas compter le caractère nul de terminaison, alors on calcule sa longueur par l'expression :

```
pb - pa.
```

Comparaisons

On peut comparer des pointeurs de même type. Ainsi, la comparaison :

```
if (pa == pb)
    printf("Les deux pointeurs pointent vers la même donnée.\n");
else
    printf("Les deux pointeurs pointent vers des données différentes.\n");
```

des deux pointeurs `pa` et `pb` du dernier exemple de la section *Soustraction* donnerait le résultat logique `FALSE` (c'est-à-dire la valeur 0), car `pa` contient une autre adresse que `pb`. En conséquence, c'est la branche `else` du bloc `if` qui est exécutée. On obtiendrait des résultats analogues avec :

```
if (pa > pb)
   printf("Le pointeur pa contient une adresse plus haute
   ➥ que le pointeur \ pb.\n");
else if (pa < pb)
    printf("Le pointeur pa contient une adresse plus basse
    ➥ que le pointeur \ pb.\n");
```

```
else
    printf("Les pointeurs contiennent la même adresse.\n");
```

Si on suppose ici que les pointeurs ont les valeurs du dernier exemple, c'est la première branche `else` qui est exécutée.

Pointeurs indéterminés et comparaison avec la valeur nulle

En principe, on ne peut comparer des pointeurs que s'ils sont de même type. Cependant, tout pointeur (quel que soit son type) peut être comparé à 0. Si `p` est un pointeur, une instruction comme :

```
if (p == 0)
    printf("Erreur\n");
```

est possible. Dans de telles comparaisons, on n'utilise pas cependant la constante numérique 0, mais la constante symbolique `NULL` afin de faire ressortir qu'il s'agit là de comparaison de valeurs de pointeurs (donc d'adresses) :

```
if (p == NULL)
    printf("Erreur\n");
```

La constante `NULL` est définie dans le header `stdio.h`. Habituellement, on y trouve des définitions telles que :

```
#define NULL 0
```

ou

```
#define NULL 0L
```

selon que les adresses sont considérées comme des valeurs `int` ou `long`. Sur des compilateurs récents, une alternative consiste à définir `NULL` comme pointeur vers le type `void` :

```
#define NULL ((void *) 0)    /* la constante 0 est explicitement
                                convertie en type void *
                                (pointeur vers void)    */
```

Cependant, la constante symbolique `NULL` a toujours la valeur 0. Mais, ici, la valeur de remplacement 0 n'a pas le type habituel `int`. En revanche, elle a le type `void *` : dans ce cas, 0 doit être interprété comme une valeur de pointeur, c'est-à-dire comme une adresse. Le type `void*` est employé pour des pointeurs dont on ignore, au début, le type de données vers lequel ils pointeront (Voir dans ce chapitre *Allocation dynamique de tableaux* et chapitre *Fonctions*). Un pointeur `void` peut mémoriser l'adresse d'une donnée de n'importe quel type. Il faut cependant, avant de le manipuler ou d'accéder à travers lui à une donnée, le convertir explicitement en un type de pointeur adéquat. Soient, par exemple, les définitions :

```
float f[10];
```

```
void *up; /* pointeur indéterminé : on ne sait pas encore vers
             quel type de données il pointera.    */
```

Le pointeur indéterminé `up`, après :

```
up = &f[0];
```

peut mémoriser l'adresse du premier élément du tableau `f`. Néanmoins, un accès à `f[0]`, par exemple par :

```
*up = 3.14; /* FAUX    */
```

serait incorrecte, car `up` n'est pas un pointeur `float`. L'affectation devient correcte si on convertit la variable `up` en un pointeur `float` :

```
* (float *) up = 3.14; /* CORRECT. Le pointeur indéterminé up
          est transformé en pointeur float via l'opérateur cast    */
```

Pointeur nul

Pour différentes raisons, la valeur 0 peut avoir un sens pour un pointeur. Par exemple, on peut initialiser un pointeur à zéro :

```
int *p = NULL;
```

et ainsi y mettre une valeur de départ. Un pointeur valant 0 est appelé pointeur nul. Comme sa valeur est interprétée comme une adresse, il pointe donc vers l'adresse 0. Celle-ci, en C, ne contient en principe pas de données. En d'autres termes, un pointeur nul ne pointe en général vers aucune donnée. On peut en tirer profit, et employer la valeur 0 (en tant que contenu de pointeur) comme indicateur. Par exemple pour marquer le début et la fin d'une liste de données logiquement reliées, qui ne sont pas rangées de manière contiguë dans un tableau, mais éparpillées en mémoire et chaînées à l'aide de pointeurs (chapitre *Pointeurs*). En outre, pour un pointeur, la valeur 0 permet de signaler qu'une erreur est survenue en cours d'exécution d'une fonction, et que celle-ci n'a pas pu mener à bien sa mission (Voir dans ce chapitre la section *Allocation dynamique de tableaux* ainsi que le chapitre *Fonctions*).

Le résumé final suivant donne la liste des opérations permises ou interdites sur les pointeurs (non déréférencés).

Tab. 9.1 : Liste des opérations permises ou interdites sur les pointeurs

Opération	Permise ?
Addition	oui
Incrémentation	oui
Soustraction	oui
Décrémentation	oui
Multiplication	non
Division	non

Tab. 9.1 : Liste des opérations permises ou interdites sur les pointeurs

Opération	Permise ?
Comparaison	oui
Opérations logiques	non
Décalage	non
Conversion de type	oui
Affectation	oui

9.4 Pointeurs et tableaux

Nous avons vu que l'accès à un élément quelconque de tableau peut se faire par le nom du tableau, accompagné d'un indice, mais également par un pointeur manipulé par des opérations spécifiques d'arithmétique de pointeurs. L'équivalence entre expressions avec indices et celles avec pointeurs s'exprime dans toute une série de variantes syntaxiques très instructives.

Soient les variables :

```
int x[10];
int *px;
int n;
```

La variable `x` est un tableau d'éléments `int` et `px` est un pointeur `int`. La variable `n` peut servir d'indice. Comme on le sait, avec :

```
&x[0]
```

on obtient l'adresse du premier élément de `x`, donc l'adresse du début du tableau. Celle-ci peut être affectée à une variable pointeur appropriée, par exemple par :

```
px = &x[0];
```

Ensuite, on accède via un indice ou le pointeur `px`, aux divers éléments du tableau, afin par exemple de leur affecter des valeurs. La boucle :

```
for (n = 0; n < 10; n++)
    *px++ = n;
```

remplit le tableau au même titre que la boucle :

```
for (n = 0; n < 10; n++)
    x  = n;
```

avec les valeurs 0 à 9. Mais en C, l'adresse de début d'un tableau n'est pas obtenue uniquement en faisant précéder le nom du premier élément du tableau de l'opérateur d'adressage `&`. Le nom du tableau lui-même équivaut toujours à l'adresse du premier élément du tableau.

Dans notre exemple, cela signifie que les expressions :

```
&x[0]
```

et :

```
x
```

sont équivalentes. En d'autres termes, on peut remplacer l'instruction :

```
px = &x[0]; /* px reçoit l'adresse de début du tableau x    */
```

par :

```
px = x; /* px reçoit l'adresse de début du tableau x    */
```

Pointeur variable et pointeur constant

px et x sont des pointeurs. Cependant, il existe une différence fondamentale entre eux. px est une variable pointeur qui peut mémoriser les adresses de diverses données int, dont le contenu peut varier. Un nom de tableau tel que x, en revanche, est une adresse dite constante, qui ne peut pas être modifiée : c'est un pointeur constant qui pointe toujours sur le premier élément du tableau concerné. Cela signifie qu'une variable pointeur comme px est une Lvalue (chapitre *Expressions et opérateurs*) qui peut figurer dans le membre gauche d'une affectation. On peut lui affecter l'adresse d'une autre donnée, par exemple avec les instructions :

```
px = x;
px = px + 2;
px++;
```

Un nom de tableau n'est pas une Lvalue (mais une constante) et ne doit donc pas figurer dans le membre gauche d'une affectation. Des instructions comme :

```
x = px; /*    FAUX : un nom de tableau n'est pas une Lvalue    */
x = x + 2; /*    FAUX : un nom de tableau n'est pas une Lvalue    */
x++; /*    FAUX : un nom de tableau n'est pas une Lvalue    */
```

sont erronées, car on ne peut affecter de valeur à une constante. Sont autorisées en revanche des opérations d'arithmétique de pointeurs sur le nom du tableau.

Opérations d'arithmétique de pointeurs sur les noms de tableaux

Le nom du tableau x représentant l'adresse du premier élément x[0], des expressions telles que :

```
x /* Adresse du premier élément    */
x + 1 /* Adresse du second élément    */
x + 2 /* Adresse du troisième élément    */
.
.
.
```

équivalent à :

```
&x[0]
&x[1]
&x[2]
.
.
.
```

Plus généralement, l'expression :

```
x + n /* Adresse de l'élément d'indice n    */
```

n pouvant prendre les valeurs 0, 1, 2, ... équivaut à :

```
&x
```

Conséquence de l'égalité des adresses :

```
x + n
```

et :

```
&x
```

les données qui y sont rangées doivent être égales. Donc :

```
x  /* accède à l'élément d'indice n    */
```

équivaut toujours à :

```
*(x + n) /* accède à l'élément d'indice n    */
```

Exprimé simplement, si les adresses :

```
x + n    et    &x
```

sont égales, il en est de même des expressions :

```
*(x + n)    et    *(&x )
```

donnant les contenus des adresses `(x + n)` et `&x[0]`. Comme l'expression `*(&x )` correspond à la valeur rangée à l'adresse de `x` , donc égale à `x` lui-même, il s'ensuit que les expressions :

```
*(x + n)    et    x
```

sont équivalentes. La boucle de remplissage du tableau `x` avec les valeurs 0 à 9 :

```
for (n = 0; n < 10; n++)
    x  = n;
```

peut donc également s'écrire :

```
for (n = 0; n < 10; n++)
    *(x + n) = n;
```

Une expression avec index telle que :

```
x
```

est, en interne, systématiquement transformée par le compilateur en :

```
*(x + n)
```

Cette équivalence entre expressions avec indices et expressions d'arithmétique de pointeurs n'existe pas seulement lorsque le pointeur est un nom de tableau. Elle vaut également pour les variables pointeur.

Pointeurs avec indices

Partons de l'affectation :

```
px = x;
```

dans laquelle le pointeur px reçoit l'adresse du premier élément du tableau x. L'expression :

```
*(px + n)
```

correspond alors au contenu (valeur) de l'élément du tableau de rang n. En d'autres termes, l'expression qui précède équivaut à x .

Remarquons que le compilateur accepte également l'écriture :

```
px  /* pointeur avec indice : tant que 'px' pointe vers le début
             du tableau 'x', px  désigne l'élément de rang 'n'.    */
```

qui utilise un pointeur avec indice comme équivalent du pointeur déréférencé :

```
*(px + n)
```

Cela signifie qu'en C, on peut indexer un pointeur et accéder au contenu (pas à l'adresse) de l'objet pointé, comme on le ferait avec un nom de tableau. L'expression :

```
px = x;
for (n = 0; n < 10; n++)
    *(px + n) = n;
```

équivaut à la boucle :

```
for (n = 0; n < 10; n++)
    x  = n;
```

mais également :

```
px = x;
for (n = 0; n < 10; n++)
    px  = n;
```

En outre, en supposant que px contient l'adresse du premier élément du tableau x, l'expression :

```
px
```

équivaut à :

```
x
```

Si px contient l'adresse d'un certain élément du tableau x, par exemple l'élément de rang k :

```
px = &x[k];
```

alors l'expression :

```
px
```

désigne le énième élément situé après l'élément de rang k, donc l'élément x[k+n]. Par exemple, après l'affectation :

```
px = &x[4]; /*  k égal à 4    */
```

le pointeur px mémorise l'adresse du cinquième élément du tableau. Avec :

```
px[0] /*  Index n : 0   */
px[1] /*  Index n : 1   */
px[2] /*  Index n : 2   */
.
.
.
```

on accède alors aux éléments :

```
x[4] /*  Index k+n: 4 + 0   */
x[5] /*  Index k+n: 4 + 1   */
x[6] /*  Index k+n: 4 + 2   */
.
.
.
```

ainsi qu'on peut le vérifier à l'aide des instructions suivantes :

```
px = &x[4];
for (n = 0; n < 6; n++)
     printf("px[%d] = %d\tx[%d] = %d\n", n, px , 4+n, x[4+n]);
```

L'image qui suit illustre les relations existant, dans ce cas, entre le tableau x et le pointeur px :

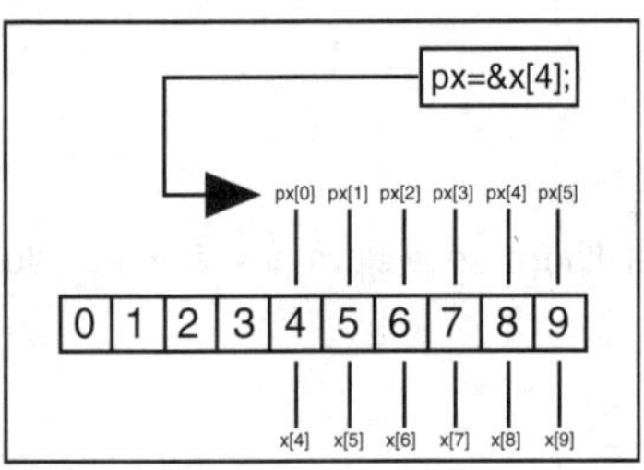

Fig. 9.13 : *Deux pointeurs qui pointent vers des éléments différents du même tableau*

Pointeurs avec indices négatifs

Une particularité de l'indexation des pointeurs est que, contrairement aux tableaux, on peut également utiliser des indices négatifs. À partir de :

```
px = &x[4];
```

on accéderait avec px[0], comme nous l'avons précédemment expliqué, au quatrième élément du tableau x[4], et avec :

```
px[-1] /*   => x[3]   */
px[-2] /*   => x[2]   */
px[-3] /*   => x[1]   *
px[-4] /*   => x[0]   */
```

aux quatre éléments précédents x[3], x[2], x[1] et x[0] (naturellement, il faut toujours s'assurer qu'on se déplace bien dans les limites du tableau, et éviter d'accéder à des éléments inexistants). Les deux routines :

```
for (n = 4; n >= 0; n--)
    printf("x[%d] = %d\t", n, x );
printf("\n");
```

et :

```
px = &x[4];
for (n = 0; n > -5; n--)
    printf("px[%d] = %d\t", n, px );
printf("\n");
```

affichent les valeurs des éléments x[4] à x[0] :

```
x[4] = 4    x[3] = 3    x[2] = 2    x[1] = 1    x[0] = 0
```

ou

```
px[0] = 4    px[-1] = 3    px[-2] = 2    px[-3] = 1    px[-4] = 0
```

Il peut parfois s'avérer judicieux d'employer des éléments de tableau avec un indice négatif, par exemple pour mémoriser les fréquences de valeurs positives et négatives dans des éléments de tableau ayant les indices correspondants. Supposons que l'on veuille ranger dans l'élément f[-1] d'un tableau f la fréquence de la valeur -1, dans f[1] celle de la valeur 1, etc. Comme le C n'autorise pas les valeurs négatives pour l'indexation des tableaux, on peut ici passer par un pointeur pour obtenir l'effet souhaité. Par exemple, d'après les définitions :

```
int frequencies [101];
int *f = &frequencies[50];
```

le pointeur f contient l'adresse du 51ème élément du tableau. En d'autres termes, avec f[0] on accède justement à l'élément médian du tableau frequencies. On peut maintenant y ranger la fréquence de la valeur 0, dans `f[1]` la fréquence de la valeur 1, dans `f[-1]` celle de la valeur -1, etc. Les instructions :

```
f[-7] = 17;
f[0] = 3;
f[5] = 11;
```

expriment donc que la valeur -7 a été trouvée dix-sept fois, la valeur 0 trois fois et la valeur 5 onze fois. Achevons ici notre étude par la syntaxe des expressions avec pointeurs et indices. Pour plus de clarté, voici un tableau qui résume les équivalences syntaxiques essentielles :

x :	px :	
&x[0]	x	
&x[n]	x+n	
&x[n]	px+n	si px=x;
&x[n]	&px[n]	si px=x;
&px[n]	px+n	si px=x;
x+n	px+n	si px=x;
x[n]	*(x+n)	
x[n]	*(px+n)	si px=x;
x[n]	px[n]	si px=x;
*(x+n)	*(px+n)	si px=x;
*(x+n)	px[n]	si px=x;
px[n]	*(px+n)	

◄ Fig. 9.14 : *Équivalences des expressions avec pointeurs*

Un exemple d'utilisation

Le source suivant est un programme complet, qui montre quelques-unes des diverses techniques d'utilisation des pointeurs. L'accès aux tableaux employés s'effectue exclusivement grâce aux pointeurs. Le programme *sep.c* sépare un entier positif décimal, saisi par l'utilisateur, en groupes de trois chiffres, en commençant par la droite (cela est intéressant pour afficher des nombres assez grands). Le séparateur entre les groupes de chiffres est ici déterminé par l'utilisateur. Le programme contient une saisie contrôlée simple sous la forme de deux boucles `do while` qui assurent que seuls sont saisis des symboles de séparation et des chiffres. Pour vérifier que le nombre saisi ne contient que des chiffres décimaux, on applique ici la fonction (ou macro) prédéfinie `isdigit`.

La formulation :

```
if (isdigit(c)) /* si 'c' est un chiffre    */
```

équivaut à :

```
if (c >= '0' && c <= '9')
```

Il existe d'autres fonctions, ou macros, qui testent à quelle catégorie appartient un caractère. Par exemple, la routine **isalpha** contrôle s'il s'agit d'une lettre, la routine **isalnum** si c'est un lettre ou un chiffre. Pour utiliser ces routines, un programme doit incorporer le header *ctype.h*.

▼ Listing 9.1 : sep.c

```
/***  sep divise un entier positif en groupes de trois chiffres ***/
/***  à partir de la droite. L'utilisateur peut choisir le séparateur ***/
/***  entre les groupes. Pour manipuler les tableaux utilisés    ***/
/***  dans le programme, on passe par des pointeurs.     ***/

/***      préprocesseur      ***/

#include <stdio.h> /* printf, putchar, puts, gets */
#include <conio.h> /* getche */
#include <ctype.h> /* isdigit */
#include <stdlib.h> /* atoi   */
#include <string.h> /* strcpy, strlen */

#define BOOL int

/******************************/

main()
{
    /*** variables ***/
    char buffer [128]; /* nombre alphanumérique */
    char clearbuf [128]; /* nombre alphanumérique sans zéros de tête */
    char output [172]; /* nb. en groupes de 3 chiffres avec séparateurs */
    char    * pb = buffer, /* pointeurs vers les tableaux */
    *pc = clearbuf, /* buffer, clearbuf, output, */
    *po = output; /* initialisés avec les adresses de début */
    int symbol; /* séparateur */
    int count; /* compteur de chiffres */
    BOOL ok; /* flag pour saisie correcte, 0 ou 1 */
    int i, k; /* variables de contrôle */
/******************************/

    printf("\033[2J");
    printf("Le programme sépare un nombre entier positif décimal "
           "à partir de la droite\n en groupes de trois chiffres."
           " Le séparateur est un caractère\n au choix (pas un chiffre).\n");

/***  saisie du séparateur  ***/
    do /* saisie (contrôlée) du séparateur */
       {
          printf("\nSéparateur : ");
          symbol = getche();
          if (symbol < 32)
             printf("Pas de caractère de contrôle comme séparateur !\n");
             if (isdigit(symbol))
                printf("Pas de chiffre comme séparateur ! \n");
       } while (symbol < 32  ||  isdigit(symbol));
```

```
/***    saisie du nombre     ***/
    do /* saisie (contrôlée) du nombre */
       {
          ok = 1;
          printf("\nVotre nombre (pas plus de 50 chiffres) : ");
          gets(buffer); /* nom de tableau comme pointeur : */
                     /* gets reçoit l'adr. du premier élément */
          count = 0;
          while (*(buffer + count) && ok)
                              /* buffer[count] != 0 et ok != 0 */
             {
                if (!isdigit(*(buffer + count)))
                              /* si pas de chiffre */
                   {
                      printf("Pas d'entier positif !\n");
                      ok = 0;
                   }
                count++;
             }
       } while (!ok);

/***  suppression des zéros de tête    ***/
    if (count > 1 && atoi(buffer)) /* si plus d'un seul chiffre et si  */
       {                           /* on n'a pas saisi que des zéros */
                             /* supprimer les zéros de tête superflus */

          while (* pb == '0') /* sauter les zéros de tête */
               pb++;
          while (* pc++ = * pb++) /* nombre sans zéros de tête */
               ; /* rangé dans clearbuf */

          strcpy(buffer, clearbuf); /* reporter nombre dépouillé */
                                    /* dans buffer */

       }

/***  afficher le nombre avec les séparateurs    ***/
    if ((count = strlen(buffer)) > 3) /* pas de séparateur si
                                      /* <4 chiffres */

       {
          for (i = count-1, k = 0, pb = buffer; i >= 0; i-, k++)
            {
               po[k] = pb[i]; /* accès à buffer et à output via */
                              /* des pointeurs indexés. A cause */
                              /* des séparateurs, le nombre est */
                                /* rangé à l'envers dans output */

               if (((count - i) % 3) == 0  &&  i != 0)
                              /* tous les 3 caractères */
                    po[++k] = symbol; /* un séparateur */
            }
          po[k] = '\0'; /* terminer output avec un car. nul */
```

```
            for (i = k-1; i >= 0; i--) /* et l'afficher en partant */
               putchar(*(output + i)); /* de la fin */
        }
    else
        puts(buffer); /* aucune préparation si < 4 chiffres */
}                     /*   fin main */
```

Commentaires

sep.c aurait également pu être écrit sans pointeurs. Ainsi, l'expression :

```
*(buffer + count)
```

équivaut à :

```
buffer[count]
```

De même, on peut remplacer :

```
while (*pb == '0')
    pb++;
```

et :

```
while (*pc++ = *pb++)
    ;
```

par :

```
i = k = 0;
while (buffer[i] == '0')
    i++;
```

et par :

```
while (clearbuf[k++] = buffer[i++])
    ;
```

La dernière boucle ici équivaut à la formulation un peu plus longue :

```
while ((clearbuf[k++] = buffer[i++]) != '\0')
    ;
```

La fonction `strcpy` se compose d'une boucle comme celle-ci, copiant le contenu de `buffer` vers `clearbuf` (voir chapitre *Fonctions*). Enfin, les pointeurs indexés :

```
po[k]    et    pb[i]
```

qui mémorisent les adresses de début des tableaux `'buffer'` et `output` pourraient être remplacés simplement par :

```
output[k]    et    buffer[i]
```

La fonction `atoi` a été rencontrée au chapitre *Types de données complexes*. Elle transforme une chaîne de chiffres alphanumérique en son équivalent numérique. Ici, elle permet de vérifier si le nombre saisi est constitué uniquement de zéros. Tel serait le cas si l'expression :

```
atoi(buffer)
```

retournait la valeur 0. La condition du `if` aurait donc pu également se formuler ainsi :

```
if (count > 1  &&  atoi(buffer) != 0)
```

Après suppression des éventuels zéros de tête, via :

```
if ((count = strlen(buffer)) > 3)
```

on détermine le nombre de chiffres et on recopie, à l'envers, le nombre saisi dans le buffer d'affichage `output` si ce nombre contient plus de 3 chiffres. En mémorisant les chiffres dans l'ordre inverse, on peut facilement y insérer les séparateurs requis. Ces derniers doivent être introduits tous les trois chiffres, en partant de la droite du nombre. Lorsque l'on commence ensuite à afficher les éléments de `output` à partir de la fin du tableau, le nombre est affiché avec les chiffres dans le bon ordre, avec les séparateurs.

9.5 Chaînes de caractères constantes et pointeurs

L'adresse d'une donnée est habituellement affectée à un pointeur au moyen de l'opérateur `&` ou comme contenu d'un autre pointeur. Il existe en outre une forme spéciale d'expression d'adressage, requise lorsque le pointeur correspond à l'adresse d'une chaîne constante.

Le fait que les chaînes constantes, considérées comme cas particuliers de tableaux de type `char`, possèdent une adresse en mémoire vous est déjà connu. Vous l'avez appris lorsque vous avez travaillé avec certaines fonctions de traitement de chaînes telles que `printf`, `puts` ou `strlen`. L' instruction :

```
strlen("Malko Lange");
```

conduit à la création d'un tableau en mémoire pour la chaîne constante `Malko Lange`. Le compilateur y range la chaîne, accompagnée d'un caractère nul de fin de chaîne, et passe à la fonction `strlen` un pointeur vers l'adresse du début du tableau ; `strlen` peut ensuite, via ce pointeur, accéder au tableau et calculer la longueur de la chaîne constante, c'est-à-dire le nombre de ses caractères, sans le caractère nul de fin de chaîne. Le tableau lui-même est systématiquement créé avec autant d'éléments qu'exige le stockage de la chaîne, caractère nul compris.

Les opérations sur les chaînes constantes se déroulant toujours au moyen d'un pointeur (ainsi avec la fonction `strlen`, ce n'est pas la constante elle-même qui est transmise à la fonction, mais un pointeur vers son premier élément), il est possible de définir des affectations de la forme :

```
char *pstring = "Malko Lange";     /* le pointeur pstring reçoit
                                      l'adresse de la chaîne
                                      constante "Malko Lange" */
```

On affecte ici à la variable pointeur `pstring` de type `char*` une valeur initiale, qui est l'adresse de la chaîne `Malko Lange`.

Comme nous l'avons expliqué pour la fonction **strlen**, la chaîne constante (avec le caractère nul) est créée en mémoire sous forme d'un tableau char, et l'adresse du début de ce tableau est passée à l'instance ayant en charge la suite des opérations, ici le pointeur `pstring`. Ce type d'affectations est possible non seulement en tant qu'initialisation, lors de la définition du pointeur, mais également à tout moment, dans une instruction du programme. L'instruction :

```
pstring = "Les trois veuves de Saint-Flour";
```

affecte à `pstring` un nouveau contenu qui est l'adresse de la chaîne constante `Les trois veuves de Saint-Flour`. Pour afficher la chaîne constante (par exemple avec `printf`), on peut transmettre à la fonction d'affichage l'adresse de la constante, directement par :

```
printf("Les trois veuves de Saint-Flour");
```

par :

```
printf("%s\n", "Les trois veuves de Saint-Flour");
```

ou encore par le pointeur `pstring` :

```
printf("%s\n", pstring);
```

Dans les trois instructions précédentes, la fonction `printf` accède à la chaîne de caractères `Les trois veuves de Saint-Flour` par l'intermédiaire d'un pointeur, et l'affiche. Le programme suivant, `chekhex.c`, teste si la saisie d'un nombre entier par l'utilisateur contient une ou plusieurs des lettres `A` à `F` ou `a` à `f`. Si tel est la cas, le nombre est censé être hexadécimal. Ce programme ne reconnaît donc pas fondamentalement tous les nombres hexadécimaux, mais seulement ceux qui contiennent les lettres citées. La caractérisation de tels nombres pourrait consister en l'ajout du préfixe `0x`, comme c'est l'usage dans les programmes. Tous les messages affichés par le programme sont des chaînes constantes, auxquelles on accède par des pointeurs.

▼ Listing 9.2 : chekhex.c

```
/*** chekhex teste si un nombre saisi par l'utilisateur contient
/*** les lettres A, B, C, D, E, F ou a, b, c, d, e, f, ce qui suffit
/*** à détecter un nombre hexadécimal. Les messages du programme
/*** sont affichés en tant que chaînes constantes avec des pointeurs. ***/

```

```
#include <stdio.h> /* printf, gets */
#include <ctype.h> /* isdigit */

main()
{
    char buffer [128];
    char *m1 = "Aucun nombre entier positif.",
         *m2 = "Nombre hexadécimal.",
         *m3 = "Nombre entier décimal.";
    int i, stop, hex;

    printf("Nombre entier : ");
    gets(buffer);
    i = 0;
    stop = 0;
    hex = 0;
    while (buffer[i]  && !stop)
      {
         if (!isdigit(buffer[i]) && (buffer[i] < 'A' || buffer[i] > 'F')
                  && (buffer[i] < 'a' || buffer[i] > 'f'))
            {
               printf("%s\n", m1);
               stop = 1;
            }
         else if ((buffer[i] >= 'A' && buffer[i] <= 'F') || (buffer[i] >= 'a'
                  && buffer[i] <= 'f') && hex == 0)
               hex = 1;
      i++;
      }
    if (hex && !stop)
       printf("%s\n", m2);
    if (!hex && !stop)
       printf("%s\n", m3);
}
```

Pointeur ou tableau

Dans le programme précédent, on aurait pu naturellement ranger les chaînes constantes non pas au moyen de pointeurs, mais dans des tableaux char créés pour l'occasion. En fait, le tableau défini explicitement par :

```
char a2 [ ] = "Nombre hexadécimal.";
```

ne demande pas plus de place mémoire que celui créé par le compilateur d'après :

```
char *m2 = "Nombre hexadécimal ";
```

Ces deux instructions créent un tableau de 20 éléments pour la chaîne constante, suivie du caractère nul de fin de chaîne :

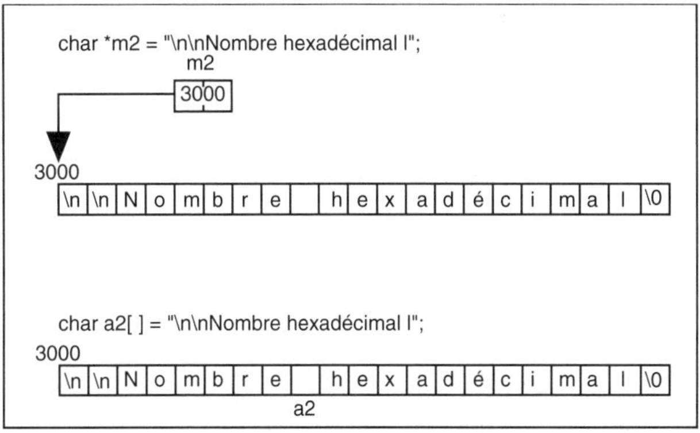

▲ Fig. 9.15 : *Initialisation de pointeur et de tableau avec une chaîne constante*

De même, la syntaxe utilisée pour l'affichage de la chaîne mémorisée :

```
printf("%s\n", m2);
```

ou :

```
printf("%s\n", a2);
```

est identique. Rien d'étonnant à cela, car m2 et a2 sont tous deux des pointeurs. Cependant, m2 est une variable pointeur (une Lvalue), alors que le nom de tableau a2 est un pointeur constant vers le début du tableau (et donc pas une Lvalue ; voir *Pointeurs et tableaux*). Ainsi, une instruction du type :

```
m2 = "Nombre hexadécimal";
```

qui affecte l'adresse de la chaîne constante Nombre hexadécimal à m2 est correcte, ce qui n'est pas le cas de l'instruction :

```
a2 = "Nombre hexadécimal"; /* FAUX : a2 n'est pas une Lvalue    */
```

En effet, en tant que pointeur constant, a2 ne doit pas apparaître dans le membre gauche d'une affectation.

9.6 Allocation dynamique de tableaux

Considérez le programme suivant *numstor1.c* qui permet de ranger une série de nombres dans un tableau, puis de totaliser les éléments d'une portion quelconque contiguë du tableau.

▼ Listing 9.3 : numstor1.c

```
/*** numstor1 range jusqu'à 50 nombres dans un tableau.          ***/
/*** Les éléments d'une portion contiguë quelconque du tableau   ***/
/*** peuvent ensuite être additionnés et affichés. La validité   ***/
```

```
/*** des nombres saisis est contrôlée.                     ***/

#include <stdio.h> /* printf, gets */
#include <ctype.h> /* isdigit */
#include <stdlib.h> /* atof */
#include <conio.h> /* getche, getch */
#include <string.h> /* strcmp */
#define YES    'o'

main()
{

/***        variables     ***/

   char buffer[81]; /* buffer de saisie alphanumérique */
   double num[50]; /* mémorise les nombres convertis */
   char rep1, rep2; /* variables de contrôle */
   int i; /* variable de contrôle */
   int n; /* compteur */
   int ok; /* Flag pour erreur de saisie */
   int dpoint; /* Flag pour point décimal */
   int start; /* début du sous-tableau */
   int end; /* fin du sous-tableau */
   double *s; /* pointeur vers le début du sous-tableau */
   double *e; /* pointeur vers la fin du sous-tableau */
   double sum; /* Somme des nombres sélectionnés */
   printf("Le programme additionne jusqu'à 50 nombres \n");
   printf("et affiche le total, ces nombres étant pris \n");
   printf("dans un groupe quelconque contigu, pris parmi\n");
   printf("des valeurs saisies (n à (n+k)).\n");

/***  saisie des valeurs  ***/
    n = 0;
    do
      {
        do /* contrôle de la saisie */
           {
             ok = 1;
             printf("\n%d. Nombre (Fin par \"q\"): ", n+1);
             gets(buffer); /* saisie alphanumérique */
             if (strcmp(".", buffer) == 0) /* point décimal */
               {
                 printf("Nombre invalide.\n");
                 ok = 0;
               }
             else /* contrôle de validité */
               {
                 i = 0;
                 dpoint = 0;
                 while (buffer[i] != '\0'  &&  ok)
                    {
                       if (buffer[i] == '.'  &&  dpoint == 0)
                           dpoint = 1; /* un seul point décimal */
```

```
                        else if (!isdigit(buffer[i])  &&
                        ➥ strcmp("q", buffer)) /* si aucun chiffre */
                          */ et pas  uniquement le caractère de fin */
                            {
                               printf("Nombre invalide.\n");
                               ok = 0;
                            }
                        i++;
                     }
               } /* fin else */
            } while (!ok); /* fin do while interne */
         if (buffer[0] != 'q') /* si pas fini */
            {
              num  = atof(buffer); /* conversion nb. + mémorisation */
              n++;
            }
       } while (buffer[0] != 'q'  &&  n < 50);


/***        affichage     ***/

    if (n > 0) /* au moins une valeur saisie */
      {
        if (n > 49) /* interruption sans car. de fin */
           printf("\nCapacité épuisée. Pas d'autre saisie possible.\n");
           printf("%d nombres ont été saisis.\n", n);
           printf("Afficher le tableau ? (o/n)");
           if ((rep1 = getche()) == YES)
               {
                 printf("\n");
                 for (i = 0; i < n; i++)
                     {
                        printf("Valeur no %d :\t%f\n", i+1, num[i]);
                        if (i != n-1  && ((i+1)%18) == 0)
                           {
                              printf("<Entrée> pour page suivante");
                              getch();
                              printf("\033[2J");
                           }
                     }
               }
            printf("\n\n");
            printf("Totaliser le tableau ? (o/n)");
         if ((rep2 = getche()) == YES)
            {
              printf("\nDu nombre no : ");
              scanf("%d", &start);
              while (start < 0 || start > n) /* mauvais début
                                                 de sous-tableau */
                {
                   printf("Début de zone invalide.\n");
                   printf("Du nombre no : ");
                   scanf("%d", &start);
                }
```

```
                printf("\nAu nombre no : ");
                scanf("%d", &end);
                while (end < start || end > n) /* mauvaise fin
                                                  de sous-tableau */
                  {
                    printf("Fin de zone invalide.\n");
                    printf("Au nombre no : ");
                    scanf("%d", &end);
                  }
                s = &num[start-1]; /* initialiser pointeur vers début */
                e = &num[end-1]; /* et fin de zone */
                sum = 0.0;
               while (s <= e) /* tant que adr. départ <= adr. Fin */
                    sum += *s++; /* addition avec ptr. déréférencé */
                    printf("\nLa somme des valeurs %d à %d
                    ➥ est de : %f\n",\
                            start, end, sum);
            } /* fin if rep2 */
        } /* fin if n > 0 */
} /* fin main */
```

Commentaires

On pourrait se satisfaire du programme *numstor1.c* : il fonctionne correctement et exécute des contrôles de validité pour les valeurs saisies ; *numstor1.c* possède cependant une lacune certaine, jusqu'à présent négligée dans les programmes manipulant des tableaux. Celle-ci réside dans la définition de la dimension du tableau. Des tableaux comme `num` sont statiques. Lorsqu'un tel tableau est défini avec un certain nombre d'éléments, ce nombre ne peut plus être modifié en cours de programme. Si on veut, par exemple, avec *numstor1.c* ranger plus de 50 valeurs, le programme ne peut pas adapter la taille du tableau `num`. Le problème est qu'on ne sait pas toujours, à l' avance, de combien d'éléments on aura vraiment besoin. Une hypothèse fausse quant au nombre de valeurs contenues dans le tableau peut conduire soit à gaspiller de la place mémoire, soit à manquer d'espace pour certaines données. Le programme *numstor1.c* est inadapté à la saisie de plus de 50 valeurs. Même si la limite supérieure de saisie, fixée à 50 valeurs est acceptable, le nombre de valeurs effectivement saisies sera toujours compris entre 0 et 50. La fraction de place mémoire inutilisée peut alors être plus ou moins importante. Cela n'est sans doute pas trop grave lorsque le nombre d'éléments est relativement faible. Imaginez ce qui arriverait avec un tableau de 10000 éléments !

Tableaux dynamiques

Il serait donc souhaitable de pouvoir gérer des tableaux dont la taille serait exactement adaptée au nombre de valeurs à saisir. Mais, comme celui-ci n'est connu qu'au cours de l'exécution du programme, les tableaux statiques, possédant un nombre fixe d'éléments, ne répondent pas au problème. Au contraire, on a besoin ici de tableaux de tailles variables, créés lors de l'exécution du programme et dont les dimensions varient selon les exigences du moment. On parle alors de gestion dynamique de la mémoire, réalisée au moyen de fonctions prédéfinies, que nous allons maintenant découvrir.

Reprenons l'exemple *numstor1.c* et modifions-le ainsi : un nombre quelconque de valeurs, uniquement limité par la capacité mémoire, pourra être saisi et occuper la quantité de mémoire exactement nécessaire à leur stockage. En d'autres termes, le tableau dynamique sera à tout instant totalement rempli par des valeurs. Commençons par esquisser la méthode générale sur laquelle nous allons nous appuyer : pour le rangement des valeurs à saisir, nous ne créons pas de tableau statique. Nous allouons, avant la saisie de la première valeur, autant de place mémoire qu'exige le stockage d'une seule valeur. À ce moment, le tableau ne possède qu'un élément et occupe l'espace mémoire requis par la nature de la valeur saisie. Lorsqu'une valeur est effectivement saisie et mémorisée, alors l'espace mémoire existant est augmenté d'autant d'octets que nécessaire, de façon à ce qu'une autre valeur puisse y prendre place. Le tableau possède alors deux éléments et occupe l'espace mémoire qui convient. Lorsque la seconde valeur a été saisie et mémorisée, on ménage de la place pour une troisième valeur, etc. Lorsque n valeurs auront été rangées, on obtiendra un bloc mémoire contigu d'une dimension égale à n fois la taille du type des valeurs saisies. Ce bloc contient, comme un tableau statique, toutes les valeurs, les unes à la suite des autres. Un tableau statique n'est justement qu'un bloc contigu de cellules de mémoire. En ce sens, il n'y a donc pas de différence entre tableaux statiques et tableaux dynamiques. Mais un tableau statique a une dimension bien définie à l'avance, et possède en outre un nom, à l'aide duquel on peut accéder aux divers éléments qu'il contient. Un tableau dynamique, en revanche, a une dimension variable et ne possède pas de nom par lequel on aurait accès à ses éléments. Désormais, on utilise un pointeur vers les données du type de valeurs saisies.

Fonctions prédéfinies pour la gestion dynamique de la mémoire

Maintenant que nous connaissons le principe fondamental de création d'un tableau dynamique et d'accès à son contenu, nous allons passer à une application concrète, en réalisant une version "dynamique" du programme *numstor1.c*, que nous appellerons *numstor2.c*. Renonçons au tableau statique pour le rangement des valeurs saisies ; nous avons donc besoin d'une méthode nous permettant de réserver l'espace mémoire requis en cours d'exécution de programme. On fera appel pour cela à certaines fonctions prédéfinies du C, pour lesquelles il faut incorporer le header

```
#include <stdlib.h> /* pour les fonctions de gestion de la mémoire     */
```

Habituellement, les déclarations des fonctions de gestion mémoire sont également contenues dans un autre fichier include, lequel, selon le système utilisé, s'appelle *malloc.h*, *alloc.h*...

Allocation de mémoire avec malloc

La fonction `malloc` prend de la mémoire sur le tas (heap), zone de mémoire libre disponible pour le programme concerné (voir chapitre *Classes de mémorisation*). Pour cela, on transmet à la fonction comme paramètre, un nombre entier exprimant la dimension (en octets) du bloc mémoire que l'on désire réserver. La fonction `malloc` réserve alors, si possible, un bloc contigu de mémoire ayant la dimension indiquée, et retourne au programme un pointeur vers l'adresse du début de ce bloc. Plus généralement, le résultat d'une fonction qui est renvoyé à l'instance appelante, fonction ou autre, est désignée **valeur résultat** ou **valeur de retour** (return value). Elles seront abordées en détail au chapitre *Fonctions*. Le résultat de la fonction `malloc` est affecté à un pointeur adéquat, par lequel on peut accéder au bloc de mémoire alloué. La syntaxe générale d'un appel de la fonction `malloc` ressemble à :

```
<pointeur> = malloc(<taille>);
```

`<pointeur>` désigne ici la variable pointeur qui reçoit l'adresse renvoyée comme résultat de `malloc`. Le type de ce pointeur dépend de l'utilisation qui est faite de la zone mémoire allouée. Si on a l'intention, par exemple, d'y stocker des valeurs `double`, alors on a besoin d'un pointeur de type `double` et on définit :

```
double *darray;
```

Après quoi, l'instruction :

```
darray = malloc(400); /* allocation d'un bloc mémoire de 400 octets
et rangement de son adresse dans un pointeur 'double'    */
```

permet de réserver un bloc de 400 octets en mémoire, si cela est possible, et de mémoriser l'adresse du début de ce bloc dans le pointeur `darray`.

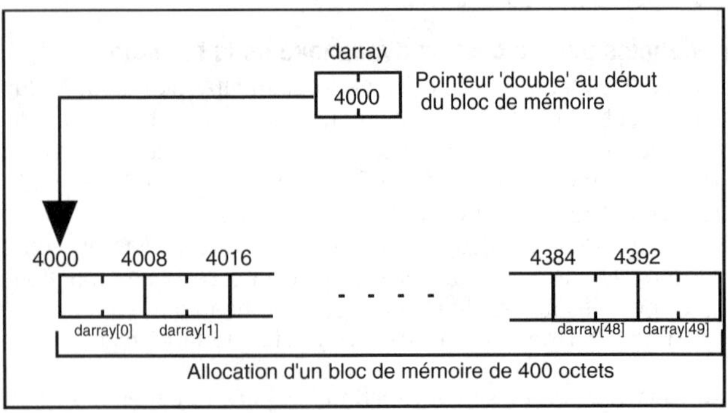

▲ Fig. 9.16 : *Le bloc de mémoire alloué par malloc est utilisé comme tableau double*

Le bloc mémoire, dont le contenu est pour le moment toujours indéfini, pourrait maintenant, grâce au pointeur **darray**, être géré comme un tableau de 50 éléments de type **double**. On utilise ici le pointeur, soit avec l'opérateur d'indirection *, soit avec un indice (comme pour un nom de tableau). Comme le pointeur **darray** désigne des données **double**, la mise à l'échelle 8 implique qu'un élément de tableau occupe toujours 8 octets. Dans l'exemple précédent, avec **darray[0]**, on accède à l'élément rangé à l'adresse 4000, avec **darray[1]**, à celui rangé à l'adresse 4008, etc. Ainsi, les instructions :

```
darray[0] = 3.14;
```

ou

```
*darray = 3.14;
```

permettent d'affecter la valeur 3.14 au premier élément du tableau créé dynamiquement ou aux 8 premiers octets du bloc de mémoire. Le fait qu'on accède aux éléments d'un tel tableau de la même manière qu'aux éléments d'un tableau statique est mis à profit dans les instructions suivantes :

```
int i;
for (i = 0; i < 50; i++) /* remplissage du tableau créé
                            dynamiquement    */
    darray[i] = (double) (10 * (i+1));
```

et :

```
for (i = 0; i < 50; i++) /* affichage du tableau créé
                            dynamiquement    */
    printf("%.2f\n", *(darray+i)):
```

La première remplit le tableau avec les valeurs 10.0, 20.0, 30.0..., 500.0 et la seconde affiche ces mêmes valeurs.

Gestion des erreurs

Si la fonction **malloc** n'arrive pas à réserver le bloc mémoire souhaité (par exemple parce qu'il n'y a plus assez de mémoire disponible), elle le signale en retournant comme résultat au programme appelant un pointeur nul (donc l'adresse 0 représentée, comme on le sait, par **NULL**). Il faut toujours envisager cette éventualité ; chaque appel de **malloc** devrait donc comporter un traitement d'erreur adapté à cette situation.

Supposons qu'il faille remplir, comme précédemment décrit, un bloc mémoire de 400 octets, considéré comme tableau double, avec les valeurs 10.0 à 500.0. La formulation :

```
int i;
double *darray;
darray = malloc(400);
```

```
for (i = 0; i < 50; i++)
    darray[i] = (double) (10 * (i+1));
```

ne prévoit pas le cas où **darray** contient la valeur **NULL** lorsque la fonction **malloc** ne peut allouer le bloc mémoire demandé. Si aucun bloc de 400 octets ne pouvait être alloué, et si on rangeait cependant au moyen de la structure **for** de nouvelles données sur 400 octets à partir de l'adresse 0, alors le contenu de cette portion de mémoire serait écrasé, et on pourrait perdre des données vitales. En pratique, il semble qu'une vérification interne de pointeur, effectuée par le compilateur empêche, le plus souvent d'accéder à des données via un pointeur nul. La conséquence serait une interruption du programme. Mais cette vérification de pointeur peut être désactivée, soit par une option de compilation ad hoc, soit par un pragma. Dans l'exemple précédent, la boucle **for** serait alors exécutée avec un pointeur nul, et on serait responsable d'une éventuelle perte de données. Pour éviter de tels problèmes dus au pointeur nul, il suffit de vérifier à l'aide d'un **if** si l'allocation a retourné un pointeur nul ou non.

```
int i;
double *darray;
darray = malloc(400);
if (darray == NULL)
    printf("Allocation demandée impossible !\n");
else
    for (i = 0; i < 50; i++)
    darray[i] = (double) (10 * (i+1));
```

Le tout peut s'écrire sous une forme plus compacte, typique du C, en combinant l'instruction d'allocation et le test :

```
int i;
double *darray;
if ((darray = malloc(400)) == NULL)
    printf("Allocation demandée impossible !\n");
else
    for (i = 0; i < 50; i++)
        darray[i] = (double) (10 * (i+1));
```

On peut utiliser les blocs de mémoire pour tous les types de données

Supposons que l'on veuille ranger dans la portion de mémoire allouée non pas des valeurs **double**, mais des données d'un autre type, par exemple des valeurs **int**. Alors, on ne définira pas un pointeur **double**, mais un pointeur qui renvoie à des valeurs **int**. Avec :

```
int *iarray;
```

l'instruction :

```
iarray = malloc(400);
```

réserverait 400 octets de mémoire auxquels on accéderait maintenant avec le pointeur `int iarray`, comme précédemment avec le pointeur `double darray`. En supposant une dimension de 2 octets pour le type `int`, le bloc mémoire peut alors recevoir 200 éléments de ce type :

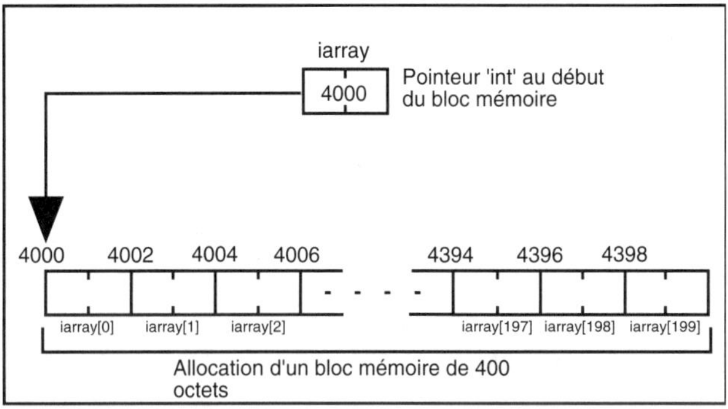

▲ Fig. 9.17 : *Le bloc mémoire alloué par malloc peut être utilisé comme tableau int*

Le type `int` vous confronte ici à un petit problème de portabilité, dû au fait que la dimension de ce type peut varier d'une machine à une autre. Si les nombres `int` occupent 2 octets sur certains systèmes, alors la zone mémoire allouée peut recevoir 200 valeurs. S'ils occupent 4 octets, la zone ne peut recevoir que 100 valeurs. Si le bloc de mémoire doit par exemple être rempli par la boucle `for` de l'exemple précédent, il faut alors connaître le nombre d'éléments contenus dans le bloc considéré comme tableau `int`. Réciproquement, on peut se demander quelle est la taille d'un bloc mémoire à créer pour le stockage de 100 valeurs `int`. L'idéal serait, ici, de réserver la place mémoire nécessaire, quelle que soit la taille exacte du type sur l'ordinateur concerné. On résout ce problème en ne donnant pas directement le nombre d'octets nécessaire, mais en le calculant avec l'opérateur `sizeof`. Pour 100 valeurs `int`, on a alors besoin de :

```
100 * sizeof(int)
```

octets, de sorte que l'instruction :

```
iarray = malloc(100 * sizeof(int));
```

à condition que l'allocation réussisse, réserve 200 ou 400 octets (ou toute autre quantité requise par la taille effective du type `int`), donc la place exacte nécessaire dans tous les cas de figure. Lorsque le bloc mémoire est interprété comme tableau `int`, vous pouvez donc, comme avec les valeurs `double`, écrire ainsi la routine complète d'allocation, avec gestion d'erreurs et affectation de valeurs aux éléments du tableau :

```
int i;
int *iarray;
if ((iarray = malloc(100 * sizeof(int))) == NULL)
    printf("Allocation demandée impossible !\n");
else
    for (i = 0; i < 100; i++)
        iarray[i] = 10 * (i+1);
```

Conversion des pointeurs void

Il peut paraître étonnant, dans ces exemples d'allocation, que le pointeur résultant de l'appel de `malloc` (soit l'adresse du début de la portion de mémoire allouée), puisse être affecté à des pointeurs de tout type. En fait la valeur que `malloc` renvoie au programme est un pointeur de type `void*`, déjà rencontré à la section *Arithmétique des pointeurs*. Un tel pointeur permet de mémoriser les adresses de données de tout type. Il peut, contrairement aux autres types de pointeurs, être affecté à un pointeur, même sans conversion explicite. Si on examine d'un peu plus près des instructions comme :

```
double *darray;
darray = malloc(100 * sizeof(double));
```

ou

```
int *iarray;
iarray = malloc(100 * sizeof(int));
```

on s'aperçoit rapidement que le pointeur renvoyé par `malloc` n'a pas vraiment besoin d'être converti en un type de pointeur adapté à l'accès au bloc alloué. En effet, comme les formats d'adresses des types concernés (dans les exemples précédents : `int`, `double`, `void`) sont habituellement identiques, le compilateur ne peut pas reconnaître le type d'une donnée d'après son adresse. L'adresse d'une donnée de type `int` est égale, en dimension et en structure, à l'adresse d'une donnée de type `double` ou `void`. Le type du pointeur vers l'adresse de la donnée suffit au compilateur pour connaître le type de cette dernière. Si, par exemple, l'adresse d'une donnée se trouve dans un pointeur de type `int`, alors la donnée rangée à cette adresse est interprétée comme donnée de type `int`. Si la même adresse est rangée dans un pointeur du type `double`, alors la donnée est traitée comme objet de type double.

Supposons donc que l'on affecte l'adresse d'un bloc mémoire venant d'être alloué par `malloc` à un pointeur `int`, `double`, ou autre, sans préalablement convertir le pointeur `void` renvoyé par `malloc`. Alors, l'adresse affectée (relative, à proprement parler, à une donnée de type `void`) est interprétée, comme nous venons de l'expliquer, comme adresse d'une donnée du type du pointeur cible. Ainsi, admettons que l'on affecte :

```
darray = malloc(100 * sizeof(double));
```

au pointeur double **darray**, l'adresse d'un bloc mémoire, repérée par un pointeur de type **void**. L'adresse contenue dans **darray** est alors interprétée comme l'adresse d'une donnée de type **double**, comme si on avait converti, avant affectation à **darray**, le pointeur **void** retourné par **malloc** en un pointeur **double**. En conséquence, **darray** pointe ensuite vers le début (vers le premier élément du tableau) d'un bloc de mémoire alloué dynamiquement, bloc que l'on peut gérer comme un tableau de type **double** par l'intermédiaire de ce pointeur.

Bien que le standard ANSI n'exige pas la conversion d'un pointeur de type **void*** avant son affectation à un pointeur d'un autre type, il est tout de même conseillé de convertir un pointeur de type indéterminé. D'une part, parce qu'on assure ainsi une conformité non seulement interne, mais également formelle. En effet, dans des instructions comme :

```
darray = (double *) malloc(100 * sizeof(double));
```

ou

```
iarray = (int *) malloc(100 * sizeof(int));
```

la conversion explicite du pointeur **void***, issu de **malloc**, en un pointeur du type du membre de gauche (**double** ou **int**), assure dans tous les cas que les deux membres de l'affectation contiennent des pointeurs de même type. D'autre part, une telle conversion tient compte du cas (auquel il faut toujours penser) où le programme concerné serait porté sur un système dans lequel les adresses des types utilisés n'auraient pas toutes le même format (on pourrait imaginer, par exemple, que l'adresse d'une donnée de type **void** soit rangée sur 3 octets, alors qu'une adresse **double** le soit sur 4 octets). En pareil cas, les formats d'adresses différents rendraient problématique l'affectation d'un pointeur à un autre, sans conversion adéquate préalable.

Réservation et initialisation de mémoire : calloc

Une autre routine d'allocation mémoire, semblable à **malloc** dans son fonctionnement, est représentée par la fonction **calloc**. Celle-ci réserve également un bloc mémoire de la taille spécifiée, et retourne au programme, en cas de succès de l'opération, l'adresse du début de ce bloc sous la forme d'un pointeur de type **void*** (autrement, la fonction renvoie **NULL**). Mais, à la différence de **malloc**, **calloc** possède non pas un, mais deux paramètres, par lesquels on indique l'espace mémoire que l'on aimerait réserver pour un certain nombre d'objets d'une dimension particulière. La syntaxe générale de **calloc** est de la forme :

```
<pointeur> = calloc(<nombre>, <dimension>);
```

Les valeurs entières **<nombre>** et **<dimension>** désignent respectivement le nombre d'objets désiré et la taille (en octets) de chaque objet. **<pointeur>**, comme pour **malloc**, est une variable pointeur, dans lequel on range l'adresse du bloc alloué retournée par `calloc`. Les réflexions développées dans le contexte de `malloc` relativement à la conversion du pointeur retourné valent également pour la fonction `calloc`. Si on a besoin, comme dans les exemples précédents, d'un bloc mémoire pouvant recevoir 50 valeurs `double`, alors on pourra passer, après définition d'un pointeur adéquat:

```
double *darray;
```

par l'instruction :

```
darray = (double *) calloc(50, sizeof(double));
```

On réserve ici un bloc de 50 * 8 = 400 octets. Pour le cas où l'allocation échouerait, et retournerait le pointeur nul, nous intégrons à `calloc` également une gestion d'erreur adéquate dans l'instruction d'allocation :

```
if((darray = (double *) calloc(50, sizeof(double))) == NULL)
    printf("Allocation demandée impossible !\n");
else
    {    /*    instructions alternatives    */    }
```

Les deux fonctions `malloc` et `calloc` se différencient non seulement par le nombre des paramètres, mais également par la valeur des octets mémoire réservés. Après une allocation faite par `malloc`, tous les octets du bloc alloué contiennent des valeurs purement aléatoires, donc indéfinies. En revanche, `calloc` initialise chaque octet du bloc alloué à la valeur 0, ce qui peut être fort utile. Cependant l'initialisation du bloc de mémoire peut parfois engendrer une perte de temps.

Modification de la taille d'un bloc de mémoire : realloc

Avec les fonctions `malloc` ou `calloc`, nous disposons désormais d'un mécanisme qui nous permet de demander, en cours de programme, autant de place mémoire que souhaité. Cependant, dans le cas de notre programme *numstor2.c*, nous ne sommes pas intéressés a priori par un bloc mémoire de plusieurs valeurs. L'allocation dès le début d'une portion de mémoire de 400 octets, par exemple, ne serait pas très astucieuse. En effet, le schéma précédemment esquissé, concernant la génération d'un tableau dynamique dans *numstor2.c*, prévoit que le tableau requis est créé avec seulement un élément, puis augmenté par étapes, en cas de besoin. Cette extension progressive d'un tableau, initialement créé avec un seul élément, décrit parfaitement l'essence même de la dynamique des tableaux. Il faut cependant insister sur le fait que les tableaux des exemples précédents, créés avec plusieurs éléments, sont naturellement dynamiques. En effet, les blocs de mémoire dont ils se composent peuvent être redimensionnés sans difficulté, comme nous le verrons plus loin. Notre objectif actuel réclame toutefois, pour commencer, une réservation d'espace mémoire suffisante pour une seule valeur. Si on saisit effectivement une valeur, celle-ci est rangée dans la zone mémoire allouée. Ensuite, cette zone est agrandie d'un nombre d'octets permettant la réception d'une autre valeur. Dès qu'une nouvelle saisie a eu lieu, elle est rangée en mémoire juste après la valeur précédente. À nouveau, la zone mémoire est augmentée du nombre d'octets requis pour une future saisie. On répète ces phases jusqu'à ce que toutes les valeurs aient été introduites et mémorisées.

L'allocation d'espace mémoire pour le premier élément du tableau dynamique ne présente aucune difficulté. Comme nous voulons mémoriser les valeurs saisies sous forme de nombres réels en double précision, nous définirons par :

```
double *darray;
```

un pointeur adéquat, qui nous servira à accéder aux données. Après quoi, l'instruction :

```
if ((darray = (double *) malloc(sizeof(double))) == NULL)
    printf("ERREUR. Allocation demandée impossible !\n");
.
.
.
```

réserve de la mémoire juste pour une valeur de type **double**. À moins d'une erreur, en cas d'échec, la première valeur saisie peut alors être rangée, au moyen du pointeur **darray**, dans le tableau dynamique contenant un unique élément. Mais, comment agit pour la saisie suivante ? Si on fait de nouveau appel à la fonction **malloc**, on peut effectivement faire de la place pour une nouvelle valeur **double**. Mais cela n'agrandit pas le bloc de mémoire existant, comme on le souhaiterait. Ainsi, une seconde instruction :

```
if ((darray = (double *) malloc(sizeof(double))) == NULL)
    printf("ERREUR. Allocation demandée impossible !\n");
.
.
.
```

allouerait 8 octets n'importe où en mémoire, rangerait l'adresse de ce nouveau bloc dans **darray**, et écraserait donc l'adresse du bloc précédemment créé. Celle-ci serait donc perdue, et la valeur rangée à cette adresse définitivement inaccessible. En procédant ainsi, on ne pourrait donc avoir accès qu'au dernier élément créé. Un procédé pour gérer des données logiquement, mais pas physiquement, contiguës est présenté à la section *Pointeurs et structures*. Plusieurs emplacements mémoire dispersés sont ici inutiles ; un bloc unique, dont la taille augmente progressivement, pour lequel existe un pointeur qui contient toujours l'adresse du début de ce bloc, permettant donc d'accéder à tous les éléments, répond au problème posé. Pour cela, on utilise une routine prédéfinie du C.

La fonction **realloc** modifie la dimension d'un bloc de mémoire existant. Voici la forme générale de la fonction :

```
<pointeur> = realloc(<pointeur>, <nouvelle_dimension>);
```

Ici, <pointeur> désigne une variable pointeur contenant l'adresse du début du bloc mémoire concerné, et <nouvelle_dimension> une valeur entière indiquant la taille (en octets) que doit prendre le bloc. Si le bloc ne peut pas prendre la nouvelle taille souhaitée, **realloc** retourne le pointeur nul.

Supposons que l'instruction :

```
if ((darray = (double *) malloc(sizeof(double))) == NULL)
    printf("ERREUR. Allocation demandée impossible !\n");
.
.
.
```

réserve, comme précédemment, de la place pour la première valeur **double** du tableau dynamique ; l'instruction :

```
darray = (double *) realloc(darray, 2 * sizeof(double));
```

fait passer le bloc de mémoire de 8 à 16 octets, de sorte qu'on puisse désormais y ranger deux valeurs de type double :

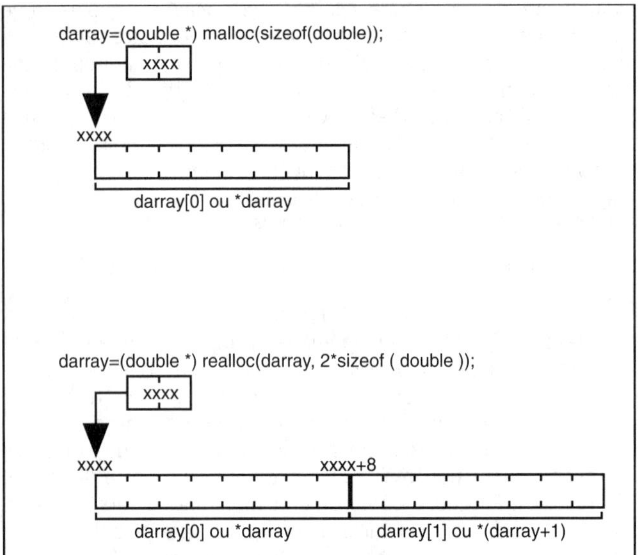

▲ Fig. 9.18 : *La taille d'un bloc mémoire préalablement créé par malloc est doublée par realloc*

Comme realloc, en cas d'erreur, retourne également NULL, nous compléterons l'instruction de réallocation par un traitement d'erreur ad hoc, comme nous l'avons fait pour malloc ou calloc :

```
if ((darray = (double *) realloc(darray, 2 * sizeof(double))) == NULL)
    printf("realloc : impossible d'agrandir le bloc de mémoire.\n");
.
.
.
```

Deux particularités de la fonction realloc

La fonction realloc possède deux particularités. La première concerne l'adresse du bloc mémoire à modifier, premier paramètre de la fonction : si on donne à realloc comme adresse du bloc la valeur NULL, alors la fonction se comporte comme malloc, et alloue un nouveau bloc de la dimension spécifiée. Les instructions :

```
darray = (double *) malloc(sizeof(double));
```

et :

```
darray = NULL;
darray = (double *) realloc(darray, sizeof(double));
```

donnent donc le même résultat. Cette particularité de realloc peut se révéler fort utile à l'occasion (voir chapitre *Pointeurs*).

La seconde particularité concerne la position en mémoire du bloc alloué. Si la modification de taille demandée ne peut se faire à l'adresse initiale (par exemple parce qu'il n'y a plus assez de mémoire contiguë disponible à cet endroit-là), alors realloc déplace le bloc à un emplacement mémoire approprié. La conséquence est que l'adresse du début du bloc change continuellement. Cela n'a aucune importance si le déroulement du programme ne dépend pas de l'emplacement du bloc en mémoire. Mais il faut en tenir compte si on ne veut pas que le bloc soit déplacé. On fera en sorte, par exemple, d'actualiser alors l'adresse du bloc dans tous les pointeurs concernés par le déplacement du bloc. Sur l'image précédente, l'adresse xxxx du début du bloc de mémoire peut donc ne plus être la même après l'appel de realloc.

Libération de la mémoire avec free

La fonction free complète fort logiquement les routines précédentes relatives à la gestion dynamique de la mémoire. Elle permet de libérer l'espace mémoire qui a été alloué par les fonctions malloc, calloc et realloc (et seulement par ces fonctions), lorsque ce dernier n'est plus d'aucune utilité. La syntaxe de free est simple :

```
free(<pointeur>);
```

On passe à la fonction, comme paramètre, le pointeur contenant l'adresse du bloc mémoire réservé par `malloc`, `calloc` ou `realloc`. Dans l'exemple précédent, l'instruction suivante :

```
free(darray);
```

libérerait le bloc de mémoire pointé par le pointeur `darray` et le rendrait disponible pour d'autres tâches du programme. Vous voici désormais en mesure de réécrire le programme *numstor2.c*.

▼ Listing 9.4 : numstor2.c

```
/***  numstor2 range un nombre quelconque de valeurs
      dans un tableau ***/
/***  dynamique. Les éléments d'une portion contiguë quelconque
      du tableau  ***/
/***  peuvent ensuite être additionnés et affichés. ***/
/***  La validité des nombres saisis est contrôlée. ***/

#include <stdio.h> /* printf, gets */
#include <ctype.h> /* isdigit */
#include <stdlib.h> /* atof, exit */
#include <conio.h> /* getche, getch */
#include <string.h> /* strcmp */
#define YES    'o'

main()
{
    char buffer[81]; /* buffer de saisie alphanumérique */
    double *darray; /* pointeur vers début du tableau dynamique */
    double *backup; /* si darray reçoit le pointeur nul par realloc */
    char rep1, rep2/* variables de contrôle */
    int i; /* variable de contrôle */
    int n; /* compteur */
    int ok; /* Flag pour erreur de saisie */
    int dpoint; /* Flag pour point décimal */
    int start; /* début du sous-tableau */
    int end; /* fin du sous-tableau */
    double *s; /* pointeur vers le début du sous-tableau */
    double *e; /* pointeur vers la fin du sous-tableau */
    double sum; /* Somme des nombres sélectionnés */

    /***  allocation de mémoire pour le premier élément
          du tableau  ***/

    if ((darray = (double *) malloc(sizeof(double))) == NULL)
      {
        printf("malloc : allocation du bloc impossible !\n");
        exit(1); /* sortie du programme */
      }

    /*** allocation réussie ***/

      printf("Le programme additionne un nombre quelconque
```

```
     ➥ de valeurs\n");
     printf("et affiche le total, ces nombres étant pris
     ➥ dans un\n");
     printf("groupe quelconque contigu,\n");
     printf("pris parmi des valeurs saisies (n à (n+k)).\n");

   /***  saisie des valeurs  *************/

     n = 0; /* initialise compteur d'éléments */
     do /* boucle de saisie */
       {
         do  /* contrôle de la saisie */
           {
             ok = 1;
             printf("\n%d. Nombre (Fin par \"q\"): ", n+1);
             gets(buffer); /* saisie alphanumérique */
             if (strcmp(".", buffer) == 0) /* point décimal seul
                                               saisi */
               {
                 printf("Nombre invalide.\n");
                 ok = 0;
               }
             else /* contrôle de validité */
               {
                 i = 0;
                 dpoint = 0;
                 while (buffer[i] != '\0'  &&  ok)
                    {
                      if (buffer[i] == '.'  &&  dpoint == 0)
                          dpoint = 1; /* un seul point décimal */
                      else if (!isdigit(buffer[i])
                      ➥ &&  strcmp("q", buffer))
                                  /* si aucun chiffre et pas */
                            /* uniquement le caractère de fin */
                         {
                           printf("Nombre invalide.\n");
                           ok = 0;
                         }
                      i++;
                    }
               } /* fin else */
           } while (!ok); /* fin contrôle de saisie */

         if (buffer[0] != 'q') /* si pas fini */
           {
              darray[n++] = atof(buffer);  /* conversion nb. +
                                              mémorisation */
              backup = darray; /* mémorise adr. bloc pour
                                  affichage */
              if((darray = (double *) realloc(darray, (n+1) *
                 sizeof(double))) == NULL) /* agrandissement
                                              du bloc */
                {
                  printf("realloc : Agrandissement du bloc
```

```
                    ➥ impossible !\n");
                    break; /* quitte la boucle externe do while */
                  }
              } /* fin if buffer */
        } while (buffer[0] != 'q'); /* fin de la boucle de saisie */

/***  affichage  *********************/
      if (n > 0) /* au moins une valeur saisie */
        {
          if (darray == NULL) /* bloc non modifiable */
             darray = backup; /* pour afficher les valeurs déjà saisies */
          printf("%d nombres ont été saisis.\n", n);
          printf("Afficher le tableau ? (o/n)");
          if ((rep1 = getche()) == YES)
             {
               printf("\n");
               for (i = 0; i < n; i++)
                   {
                     printf("Valeur no %d :\t%f\n", i+1, darray[i]);
                     if (i != n-1  && ((i+1)%18) == 0)
                        { /* 18 valeurs par page */
                          printf("<Entrée> pour page suivante");
                          getch();
                        }
                   } /* fin for */
             } /* fin if rep1 */
          printf("\n\n");
          printf("Totaliser le tableau ? (o/n)");
          if ((rep2 = getche()) == YES)
             {
               printf("\nDu nombre no : ");
               scanf("%d", &start);
               while (start < 0 || start > n)/* mauvais début
                                                de sous-tableau */
                   {
                     printf("Début de zone invalide.\n");
                     printf("Du nombre no : ");
                     scanf("%d", &start);
                   }
               printf("Au nombre no : ");
               scanf("%d", &end);
               while (end < start || end > n) /* mauvaise fin
                                                 de sous-tableau */
                   {
                     printf("Fin de zone invalide.\n");
                     printf("Au nombre no : ");
                     scanf("%d", &end);
                   }
               s = &darray[start-1];     /* initialiser pointeur
                                            vers début et */
               e = &darray[end-1]; /* fin de sous-tableau */
               sum = 0.0;
               while (s <= e) /* tant que adr. départ <= adr. Fin */
               sum += *s++; /* addition avec ptr. déréférencé */
```

```
                printf("\nLa somme des valeurs %d à %d est de : %f\n",\
                            start, end, sum);
            } /* fin if rep2 */
        } /* fin if n > 0 */
    if(darray != NULL)
        free(darray); /* libération mémoire */
}    /* fin main */
```

Commentaires

Le programme commence par essayer d'allouer de la mémoire pour la première valeur saisie. S'il échoue, le programme se termine. Autrement, on procède à la première saisie alphanumérique, contrôlée, convertie en nombre et mémorisée. Il en va de même pour les saisies suivantes, après appel réussi de **realloc**. Le pointeur **backup** conserve l'adresse du début du tableau dynamique, au cas où l'instruction **realloc** suivante renverrait le pointeur nul dans **darray**, parce que le bloc n'aurait pas pu être agrandi comme souhaité, et écraserait donc le contenu de **darray**. En pareil cas, le pointeur **backup** permet d'accéder aux valeurs déjà saisies. La nouvelle dimension du bloc de mémoire est donnée par le compteur d'éléments **n**, via :

```
(n+1) * sizeof(double)
```

Ici, **realloc** alloue toujours l'espace mémoire pour un nombre d'éléments égal à la valeur de **n** augmentée de 1. Après totalisation et affichage, opérations effectuées à l'aide des différents pointeurs, l'instruction :

```
if(darray != NULL)
    free(darray);
```

libère la mémoire, pour peu qu'il y ait eu effectivement allocation.

La méthode que nous venons de montrer s'emploie naturellement pour d'autres valeurs que des nombres **double**. Le programme ne demanderait, par exemple, que fort peu de modifications pour ranger des valeurs **int** à la place des valeurs **double**. Dans ce qui suit, nous allons apprendre, en outre, à gérer dynamiquement des données de types plus complexes, telles que des structures et des chaînes de caractères.

9.7 Pointeurs et structures

Les structures font également partie des entités C pouvant être gérées par des pointeurs. On définit les pointeurs vers des structures tout comme les pointeurs vers d'autres variables. Supposons déclarée une structure telle que :

```
struct article
 {
    char name[20];
    long num;
 };
```

qui permet de mémoriser le libellé et la quantité stockée d'un certain article. Alors :

```
struct article *px;
```

définit un pointeur px vers des données de type struct article. Après la définition :

```
struct article x;
```

on peut via :

```
px = &x;
```

ranger l'adresse de la variable structurée x dans le pointeur px. Un nom de structure, contrairement à un nom de tableau, n'est pas un pointeur vers le début de la variable. Dans l'affectation précédente il faut donc placer l'opérateur d'adressage devant le nom de la structure. Comme le pointeur px contient maintenant l'adresse de la variable x, les deux expressions :

```
x
```

et :

```
*px
```

sont équivalentes. On pourrait, par exemple, afficher la taille de la variable x par :

```
printf("%u", sizeof(x))
```

ou bien par :

```
printf("%u", sizeof(*px));
```

Avec des variables comme :

```
struct article y = { "vis", 200000 };
struct article *py = &y;
```

on pourrait affecter à la variable structurée x le contenu de la variable structurée y, non seulement par :

```
x = y;
```

mais également par :

```
*px = *py;
```

ce qu'on vérifie aisément avec :

```
printf("x.name = %s\ty.name = %s\n", x.name, y.name);
printf("x.num = %ld\ty.num = %ld\n", x.num, y.num);
```

En outre, si le pointeur px contient l'adresse de la variable structurée x, l'équivalence des deux expressions :

```
x    et    *px
```

permettant d'accéder aux champs de la variable structurée x entraîne que :

```
x.name    et    (*px).name
```

ou

```
x.num    et    (*px).num
```

sont équivalentes.

Accès aux champs d'une structure pointée : opérateur point et opérateur flèche

Plus généralement, si <pointeur> contient l'adresse d'une variable structurée, alors :

```
(*<pointeur>).<champ>
```

représente la syntaxe permettant d'accéder à un champ de structure via un pointeur. Les parenthèses autour de l'expression :

```
*<pointeur>
```

sont indispensables, en raison de la priorité plus haute de l'opérateur . (15) par rapport à celle de l'opérateur * (14). Cette priorité plus élevée entraîne que l'absence de parenthèses aurait pour conséquence que l'expression :

```
*px.name
```

serait comprise comme :

```
*(px.name)
```

donc de manière erronée, car l'opérande à gauche de l'opérateur. ne doit pas être un pointeur non déréférencé. L'écriture quelque peu compliquée :

```
(*<pointeur>).<champ>
```

peut être remplacée par une expression plus simple. On renonce ici aux parenthèses et on emploie l'opérateur

```
<pointeur>-><champ>
```

En conséquence, pour notre structure article, les expressions :

```
(*px).name    et    (*px).num
```

équivalent à :

```
px->name    et    px->num
```

Si le pointeur px contient l'adresse de la variable structurée x, on peut alors afficher les champs name et num par les deux méthodes suivantes :

```
printf("%s %ld\n", (*px).name, (*px).num);
printf("%s %ld\n", px->name, px->num);
```

De même, pour la saisie de valeurs dans les deux champs, on peut employer :

```
scanf("%s %ld", (*px).name, &(*px).num);
```

ou :

```
scanf("%s %ld", px->name, &px->num);
```

L'opérateur d'adressage doit être placé devant les expressions :

```
(*px).num
```

et :

```
px->num
```

Contrairement à :

```
(*px).name
```

ou

```
px->name
```

qui sont des adresses, les expressions :

```
(*px).num
```

et :

```
px->num
```

représentent une valeur `long` dont l'adresse est déterminée par la fonction `scanf` :

```
&(*px).num
```

ou

```
&px->num
```

Tableaux de structures dynamiques

La gestion des données dans des tableaux de structures statiques est traitée au chapitre *Types de données complexes*. Les opérations (entrée/sortie de valeurs, etc.) sur les tableaux statiques de structures peuvent également être facilement effectuées à l'aide de pointeurs. À partir de la structure `article`, et des définitions de variables :

```
struct article list[100];      /* tableau de structures
                                  avec 100 éléments    */
struct article *plist; /*    pointeur vers structure 'article'    */
int i; /*    compteur    */
```

on peut remplir le tableau `list`, non seulement par la routine :

```
for (i = 0; i < 100; i++)
```

```
{
   printf("Désignation : ");
   gets(list[i].name);
   printf("Quantité : ");
   scanf("%ld", &list[i].num);
   while (getchar() != '\n') /* supprime <Entrée> dans tampon,
                                sinon il serait  */
   ; /* pris comme saisie (gets) au prochain coup    */
}
```

mais également par la suivante :

```
plist = list; /* adresse de 'list' dans 'plist'     */
for (i = 0; i < 100; i++)
 {
   printf("Désignation : ");
   gets(plist->name);  /* ou bien : (*plist).name    */
   printf("Quantité : ");
   scanf("%ld", &plist->num); /* ou bien : &(*plist).num     */
   while (getchar() != '\n')
     ;
   plist++; /* pointeur vers structure suivante    */
 }
```

ou encore par :

```
for (i = 0; i < 100; i++)
 {
   printf("Désignation : ");
   gets(plist[i].name); /* pointeur (avec index) vers structure    */
   printf("Quantité : ");
   scanf("%ld", &plist[i].num); /* pointeur (avec index) vers structure */
   while (getchar() != '\n')
     ;
 }
```

De même, pour afficher les valeurs du tableau, on peut passer par :

```
for (i = 0; i < 100; i++)
 {
   puts(list[i].name);
   printf("%ld\n", list[i].num);
 }
```

ou bien par :

```
for (i = 0; i < 100; i++)
{
   puts(plist->name);
   printf("%ld\n", plist->num);
   plist++;
}
```

ou encore employer un pointeur avec index.

Comme pour les autres tableaux statiques, les tableaux statiques de structures souffrent d'un manque de flexibilité pour ce qui est de leur taille. Le nombre de leurs éléments est défini une fois pour toutes en début de programme, et ne peut plus être modifié. Cependant, les pointeurs permettent également de gérer dynamiquement les tableaux de structures. Le programme *articles.c* range un nombre quelconque d'enregistrements de type `struct article` dans un tableau de structures créé dynamiquement par `realloc`. Pour l'allocation du premier élément du tableau, on n'utilise pas ici la fonction `malloc`, mais également la fonction `realloc`. Celle-ci se comporte comme `malloc` lorsqu'on lui transmet le pointeur nul comme adresse de bloc. À la fin de la saisie, on peut faire afficher, page à page, une liste des enregistrements saisis. Chaque page d'écran possède ici des lignes d'en-tête avec numéro de page et titres de colonnes. L'en-tête est réalisé à l'aide d'une macro nommée `HEADER`, dont le paramètre est le numéro de la page en cours. L'accès aux éléments du tableau dynamique se fait par l'intermédiaire d'un pointeur vers une structure.

▼ Listing 9.5 : articles.c

```
/***   articles mémorise un nombre quelconque d'enregistrements ***/
/***   (articles) dans un tableau de structures dynamique et    ***/
/***   affiche, si on veut, la liste des données saisies.       ***/

#include <stdio.h> /* scanf, printf, gets */
#include <stdlib.h> /* realloc, free */
#include <conio.h> /* getche, getch */
#include <string.h> /* strcmp, strcpy */

/**********  macro d'en-tête de page *****************/

#define HEADER(s)    printf("\nPage %d\n",s);\
                         printf("No.\t\tDésignation\t\tQuantité\n");\
                            for(j = 0; j < 55; j++) printf("_")
main()
{
    struct article
    {
       char name[21]; /* désignation */
       long num; /* quantité en stock */
    };

    struct article *plist = NULL; /* pointeur vers 'struct article' : */
              /* initialisé à NULL pour premier appel de 'realloc' */

    struct article *backup; /* conserve adresse du bloc mémoire au cas */
                               /* où 'realloc' retournerait NULL
                                  dans plist */

    char buffer[81]; /* pour contrôle de la désignation */
    int i; /* compteur d'enregistrements */
    int j, k, rep;  /* variables de contrôle */
    int s = 1; /* compteur de pages */
```

```
printf("\033[2J");
printf("CREATION NOMENCLATURE \n\n\n");
i = 0;
do
     {
         backup = plist; /* conserve adresse du bloc */

/********************* allocation mémoire *******************/

         if ((plist = (struct article *) realloc(plist, (i+1) *
                     sizeof(struct article))) == NULL)
            {
                printf("\nPas assez de mémoire !\n);
                i++;       /* pour affichage : autrement,
                              il manque 1 à i */
                break;
            }

/*************  saisie des enregistrements  ******************/

   printf("Enregistrement no %d\n", i+1);
   printf("Désignation (20 caractères maximum, fin par \"0\") : ");
   gets(buffer);
   while (strlen(buffer) > 20) /* contrôle désignation */
       {
         printf("Désignation trop longue.\n");
         printf("Désignation (20 caractères maximum,
         ➥ fin par \"0\") : ");
         gets(buffer);
       }
       strcpy(plist[i].name, buffer);
                                 /* ajoute nouvelle désignation
                                    à la liste */
       if (strcmp(plist[i].name, "0")) /* si désignation != "0" */
         {
           printf("Quantité : ");
           scanf("%ld", &plist[i].num);
           while (getchar() != '\n') /* vidage du tampon
                                        de saisie */
                ;
         }
   } while (strcmp(plist[i++].name, "0"));

/***********  affichage des enregistrements  ****************/

   if (i > 1) /* au moins un enregistrement a été saisi : */
             /* valeur de i après boucle = 1 + nb. enregs. */
       {
         printf("\nNombre de fiches saisies : %d\n", i-1);
         printf("Afficher la liste des fiches ? (o/n)");
         if ((rep = getche()) == 'o')
            {
               HEADER(s); /* affichage entête de âge écran */
               if (plist == NULL) /* si erreur d'allocation */
```

```
                    plist = backup;  /* on utilise le pointeur
                                        de secours */
                    for (k = 0; k < i-1; k++)
                       {
                         printf("\n%d\t\t%-20s\t\t%ld\n", k+1,
                                   plist[k].name, plist[k].num);
                         if ((k+1)%10 == 0 && k != i-2)
                            {
                             printf("Page suivante par <Entrée>.\n");
                             getch();
                             s++; /* compteur de pages */
                             HEADER(s);
                            }
                       } /* fin for */
               } /* fin if rep */
              free(plist); /* libération mémoire */
           } /* fin if i > 1 */
} /* fin main */
```

Structures récursives

Pour ranger en mémoire des données logiquement liées, une première technique consiste à les placer dans un tableau, donc à des emplacements mémoire contigus. Ainsi, en tant que bloc mémoire d'un seul tenant, ils forment également une unité physique. Dans le programme *articles.c*, par exemple, des enregistrements étaient ainsi gérés en mémoire, dans un tableau dynamique de structures. Ce faisant, la disposition physique des enregistrements en mémoire correspondait à leur ordre de saisie, donc à leur arrangement logique. L'emplacement mémoire de chaque enregistrement s'arrêtait là où commençait l'emplacement de l'enregistrement suivant :

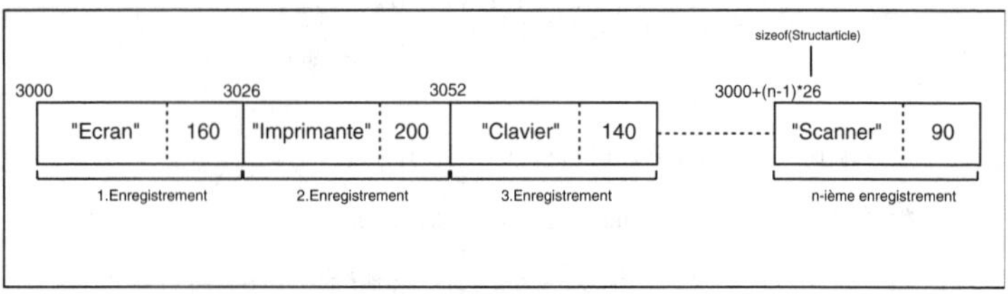

▲ Fig. 9.19 : *Mémorisation d'enregistrements (articles) à des emplacements contigus (tableau de structures*

On peut également ranger des données constituant un tout logique dans une liste chaînée (linked list). Ici, les données ne sont pas contiguës en mémoire. Une liste chaînée comporte une série de données, certes logiquement liées, mais éparpillées en mémoire, au lieu d'être rangées les unes à côté des autres. Peu importe alors où et dans quel ordre se trouvent les données concernées dans la mémoire. En effet, elles sont reliées (chaînées) entre elles par l'intermédiaire d'un lien spécial, grâce auquel on peut accéder à chacune d'entre elles en respectant l'ordre logique. Ce lien est un pointeur contenu dans chaque donnée, et qui pointe vers la donnée (donc contient son adresse) immédiatement suivante, ou immédiatement précédente, relativement à l'ordre logique. Si chacune des données ne contient qu'un seul pointeur, alors il pointe le plus souvent vers la donnée immédiatement suivante par rapport à l'ordre logique. Dans ce cas, on parle de liste chaînée simple. L'image suivante montre le schéma d'une telle liste :

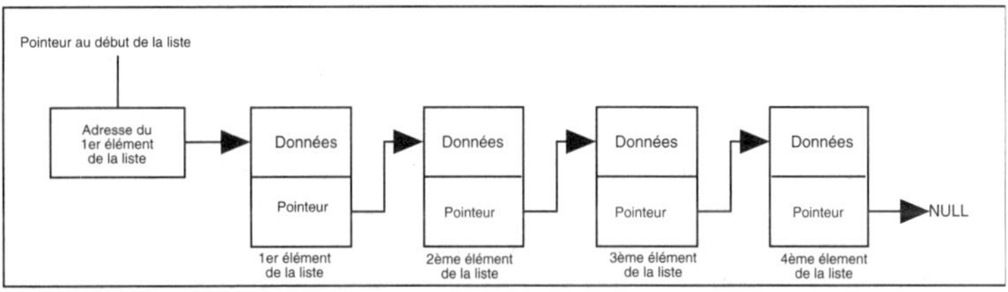

▲ Fig. 9.20 : *Schéma d'une liste chaînée simple à quatre éléments*

Un pointeur (séparé) désigne le début de la liste, c'est-à-dire son premier élément. Chaque élément de la liste, à l'exception du dernier, possède un pointeur vers l'élément immédiatement suivant. Ainsi, si on connaît l'adresse du premier élément de la liste, on peut par l'intermédiaire de celle-ci (dans un pointeur) accéder au premier élément, donc au pointeur qui y est contenu. Il contient l'adresse du second élément de la liste. Le pointeur du premier élément de la liste permet donc d'accéder au second élément, y compris au pointeur qui y est contenu, et qui désigne le troisième élément. Via le pointeur du second élément de la liste, qui mémorise l'adresse du troisième élément de la liste, on peut alors accéder au troisième élément de la liste et au pointeur qui s'y trouve. Celui-ci contient l'adresse du quatrième élément de la liste, etc. De cette façon, on peut accéder à n'importe quel élément, progressivement, en partant du début de la liste. Le pointeur du dernier élément, enfin, pointe vers l'adresse `NULL`, et marque ainsi la fin de la liste.

Lorsque les éléments de la liste ne contiennent pas seulement un pointeur vers l'élément immédiatement suivant (dans l'ordre logique), mais également un pointeur vers l'élément immédiatement précédent, on parle alors de liste chaînée double.

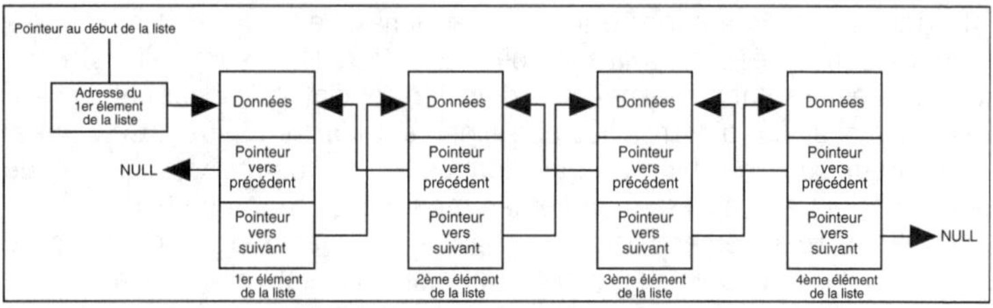

▲ Fig. 9.21 :*Schéma d'une liste chaînée double à quatre éléments*

À la différence d'une liste chaînée simple, dans une liste chaînée double, on peut également se déplacer vers l'arrière, grâce au pointeur vers le précédent. On simplifie ainsi des opérations spécifiques sur la liste, telles que l'insertion de nouveaux éléments ou la suppression d'éléments existants. Il n'est pas nécessaire ici de parcourir la liste en partant du début lorsqu'on veut insérer un nouvel élément, ou supprimer un ancien élément, situé à une position entre le premier et le dernier. Les premier et dernier éléments d'une liste chaînée double sont reconnaissables grâce aux pointeurs nuls qu'ils contiennent. Ainsi, le pointeur vers précédent du premier élément de la liste pointe vers l'adresse `NULL`, car le premier élément n'a pas de prédécesseur. Il en est de même du pointeur vers suivant du dernier élément de la liste qui, de son côté, n'a pas de successeur. Outre le pointeur vers le début d'une liste chaînée, on utilise, selon les opérations à exécuter sur la liste, d'autres pointeurs auxiliaires qui désignent des endroits bien précis de la liste, par exemple la fin de la liste ou le dernier élément manipulé (voir un peu plus loin).

Structures en tant qu'éléments de listes

Ainsi, seuls des objets de types complexes peuvent représenter les éléments d'une liste chaînée, qui contiennent aussi bien les données elles-mêmes qu'un (ou plusieurs) pointeurs vers d'autres éléments de la liste. En C, les éléments des listes chaînées sont donc représentés par des structures d'un type adéquat. Nous illustrerons cela sur l'exemple de la liste d'articles du programme *articles.c* dont les enregistrements ne seront plus rangés dans un tableau de structure dynamique, mais dans une liste chaînée, dont chaque élément représente un enregistrement. Pour cela, modifions la structure :

```
struct article
 {
    char name[21];
    long num;
 };
```

Les champs **name** et **num** permettent de mémoriser les données elles-mêmes ; cependant, la structure ne contient pas l'indispensable pointeur vers l'enregistrement suivant (ou précédent). Commençons par nous intéresser à une liste chaînée simple. Il suffit pour cela d'ajouter un pointeur comme champ supplémentaire de la structure.

Ce pointeur doit toujours désigner l'élément suivant de la liste. Un élément quelconque de la liste d'articles doit donc avoir l'aspect ci-contre :

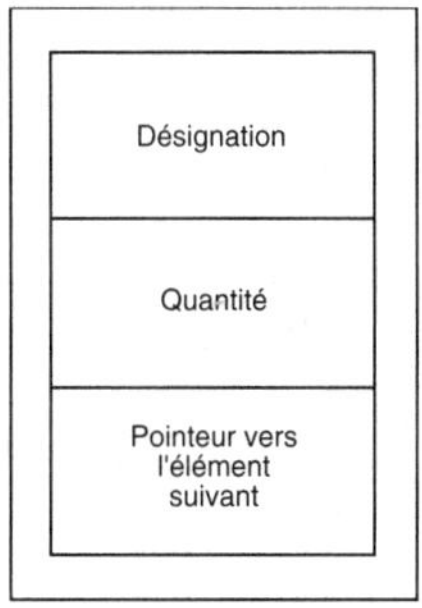

◄ Fig. 9.22 : *Allure schématique d'un élément de la liste d'articles*

De quel type doit être le pointeur ? Comme tous les éléments de la liste sont des variables structurées de même type, le pointeur doit donc désigner des entités dont le type correspond à ce type de structure. En insérant un pointeur adéquat comme champ supplémentaire dans la structure `article` déjà utilisée, nous la modifierons de sorte qu'elle soit considérée en tant que type de données, pour le type pointé de l'élément de la liste, tel qu'il est montré sur l'image précédente :

```
struct article2
 {
    char name[21];
    long num;
    struct article2 *suiv; /* pointeur vers l'élément suivant,
                              de type 'struct article2'    */
 };
```

Remarquons, dans cette déclaration de structure, le pointeur `suiv`, qui désigne une structure du même type que celle dans laquelle le pointeur a été lui-même défini (structure qui, elle-même, contient donc un autre pointeur de même nature). Une telle structure qui fait référence à elle-même (comme type de données), via un pointeur contenu en elle en tant que champ, est appelée structure récursive (insistons ici sur le fait que la structure précédente ne se contient pas elle-même en tant que type d'un de ses champs, ce qui d'ailleurs serait illicite, mais contient un pointeur vers elle-même). Cette récursivité de la structure utilisée est la propriété fondamentale requise par la construction d'une liste chaînée : chaque élément y est une variable structurée de type `article2` qui peut pointer, grâce au pointeur `suiv` contenu en elle, vers une autre variable structurée de même type (c'est-à-dire vers un autre élément de la liste) et qui peut donc créer le lien vers l'élément suivant de la liste.

En enregistrant ainsi, dans le champ `suiv` de chaque élément de la liste, l'adresse de l'élément suivant relativement à l'ordre logique, on produit en fait une chaîne d'enregistrements reliés les uns aux autres grâce à leurs champs pointeurs. La fin de la chaîne est formée par un enregistrement qui n'a pas de successeur, et dont le pointeur désigne l'adresse `NULL`. L'image suivante montre une telle liste chaînée simple, composée de quatre enregistrements-article de type `struct article2`. Dans cette liste, la disposition logique des éléments est donnée par l'ordre dans lequel ils sont saisis :

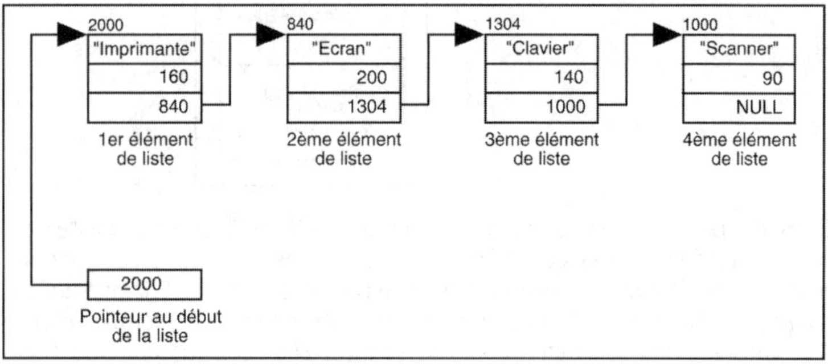

▲ Fig. 9.23 : *Rangement en mémoire de quatre enregistrements-article en tant que liste chaînée simple*

Exemple de programme avec une liste chaînée simple

Il est désormais possible d'écrire une variante du programme *articles.c* dans laquelle on peut toujours mémoriser et afficher un nombre quelconque d'articles. Cependant, nous remplacerons le tableau de structures dynamique par une liste chaînée simple. La liste chaînée est également gérée dynamiquement. On commence par allouer de la mémoire seulement pour le premier élément de la liste. Ensuite, en cas de besoin, par un procédé analogue à celui mis en œuvre pour le tableau dynamique, alloue de la mémoire pour les éléments suivants de la liste.

▼ Listing 9.6 : artlist1.c

```
/***  artlist1 range en mémoire un nombre quelconque  ***/
/***  d'enregistrements sous forme de liste chaînée simple, puis
/***  les affiche si on le désire.     ***/

#include <stdio.h> /* scanf, printf, gets */
#include <stdlib.h> /* malloc, free, exit */
#include <conio.h> /* getche, getch */
#include <string.h> /* strcmp, strcpy */

/**********  Macro pour en-tête de page d'écran  *****************/

#define HEADER(s)    printf("\nPage %d\n",s);\
```

```
                        printf("No\t\tDésignation\t\tQuantité\n");\
                        for(j = 0; j < 55; j++) printf("_")
main()
{
    typedef struct article2
      {
        char name[21]; /* désignation */
        long num; /* quantité */
        struct article2 *suiv; /* pointeur vers élément suivant */
      } listelement; /* type personnalisé pour struct article2 */
    listelement *deb; /* pointeur vers début de liste */
    listelement *pac; /* pointeur vers élément courant */
    listelement *bkup; /* pointeur de secours */
    char buffer [81]; /* pour contrôle de la saisie */
    int i; /* compteur d'enregistrements */
    int s = 1; /* compteur de pages */
    int j, k; /* variables de contrôle */
    int rep; /* variable de contrôle */
    if ((deb = (listelement *) malloc(sizeof(listelement))) == NULL)
       {
         printf("Plus de mémoire libre.\n");
         exit(1); /* fin programme */
       }
    i = 0;
    pac = bkup = deb;
    printf("CREATION DE NOMENCLATURE \n\n");

    /**************  saisie des enregistrements  *****************/

    do
       {
         printf("Enregistrement no %d\n", i+1);
         printf("Désignation (20 caractères maximum,
         ➥ fin par \"0\") : ");
         gets(buffer);
         while (strlen(buffer) > 20) /* contrôle désignation */
            {
              printf("\nDésignation trop longue.\n");
              printf("Désignation (20 caractères maximum,
              ➥ fin par \ "0\") : ");
              gets(buffer);
            }
            strcpy(pac->name, buffer); /* ajout désignation
            ➥ dans la liste */
            if (strcmp(pac->name, "0")) /* si désignation != "0" */
                {
                  printf("Quantité : ");
                  scanf("%ld", &pac->num);
                  while (getchar() != '\n') /* vidage tampon de
                                                 saisie */
                      ;

                  /*  allocation de mémoire pour élément suivant */
```

```
                    if ((pac->suiv = (listelement *)
                    ➥ malloc(sizeof(listelement))) == NULL)
                      {
                        printf("\nPlus de mémoire.\n");
                        i++; /* actualise compteur
                              d'enregistrements */
                        break; /* sortie de boucle */
                      }
                      bkup = pac;  /* à cause de la prochaine
/*instruction, on sauve l'adresse de l'enregistrement courant,
/*pour traitement ultérieur et pour vérification de la condition
/*de bouclage */
                      pac = pac->suiv; /* range adresse du
/*prochain élément à traiter dans le pointeur
/*vers l'élément courant */

                      i++;
                }
            else    /* si fin de saisie */
                {
                  bkup->suiv = NULL; /* range NULL  dans pointeur */
                                     /* du dernier enregistrement */
                  bkup = pac;  /* pour que soit vérifié dans la
                                condition de bouclage le nom
                                précédemment entré */
                }
        } while (strcmp(bkup->name, "0"));

    /**********  affichage des enregistrements ******************/

    if (i > 0) /* au moins 1 enregistrement a été saisi */
      {
        printf("\nNombre d'enregistrements saisis : %d\n", i);
        printf("Afficher la liste des enregistrements ? (o/n)");
        if ((rep = getche()) == 'o')
          {
            HEADER(s); /* en-tête de page écran */
            for (pac = deb, k = 1; pac != NULL; pac = pac->suiv, k++)
              {
                printf("\n%d\t\t%-20s\t\t%ld\n", k, pac->name,
                ➥ pac->num);
                if ((k%9) == 0 && k != i)
                  {
                    printf("\n<Entrée> pour page suivante.");
                    getch();
                    s++; /* compteur de pages  */
                    HEADER(s);
                  }
              } /* fin for */
          } /* fin if rep */

    /************  libération de la mémoire  ******************/

        for (pac = deb; pac != NULL; pac = bkup)
```

```
            {
                bkup = pac->suiv; /* sauve adresse suivante avant */
                        /* libération de l'élément actuel contenu */
                   /* dans cette adresse. Autrement, cette adresse */
                 /* serait perdue et l'accès à la liste impossible */
                free(pac);
            }
        } /* fin if i > 0 */
} /* fin main */
```

Commentaires

Le programme tente d'abord d'allouer de la mémoire pour le premier élément de la liste. S'il échoue, la fonction `exit` met fin au programme et retourne la valeur 1 au système d'exploitation. Ce dernier annoncera qu'une erreur est survenue. Dans le cas favorable, le pointeur **deb** recevra l'adresse du premier élément. Celle-ci, via :

```
pac = bkup = deb;
```

est également affectée aux pointeurs **pac** et **bkup**, comme valeur initiale.

Lors de la lecture du premier enregistrement, si on ne saisit pas le caractère de fin, alors le programme alloue de la mémoire pour l'élément suivant, et affecte l'adresse de cette zone mémoire au champ `suiv` de l'élément courant. Si l'allocation ne peut pas se faire, l'instruction **break** fait sortir de la boucle de saisie. Les enregistrements saisis jusqu'ici peuvent ensuite être affichés. L'instruction :

```
bkup = pac;
```

sauve l'adresse de l'enregistrement (élément) courant pour deux raisons : d'une part, cela permet de tester, comme on le souhaite, le champ **name** de l'enregistrement qui vient d'être saisi, dans la condition de bouclage et dans la saisie de la désignation. Cela serait également possible via le pointeur **pac**, dans le cas du caractère de fin, mais pas pour ce qui est de la désignation de l'article. En effet, la variable **pac** contient déjà, du fait de :

```
pac = pac->suiv;
```

l'adresse de l'enregistrement suivant.

D'autre part, lorsque la saisie s'achève, il faut ranger dans le champ `suiv` du dernier enregistrement l'adresse **NULL**. Mais en raison de :

```
pac = pac->suiv;
```

ce champ n'est plus accessible via le pointeur **pac**, car nous savons qu'après l'instruction précédente, **pac** contient déjà l'adresse de l'éventuel successeur (bien qu'elle ne soit pas réellement utilisée).

L'affichage des enregistrements se fait dans une boucle **for**, dont la variable de contrôle n'est autre que le pointeur **pac**. Celui-ci est initialisé par :

```
pac = deb;
```

Il reçoit ici comme valeur de départ l'adresse du premier élément de la liste. Après l'affichage de l'enregistrement concerné, l'adresse de l'élément suivant est rangée dans **pac**, et cet enregistrement est également affiché. Cela se répète, jusqu'à ce que le pointeur **pac** prenne la valeur NULL. Tel est le cas lorsqu'on a affiché le dernier élément **pac**. La variable **k** sert de compteur pour gérer l'affichage page à page des enregistrements.

La fin du programme est formée d'une boucle qui libère, l'un après l'autre, les emplacements mémoire occupés par la liste. Pour cela, on commence par sauvegarder l'adresse du premier élément dans le pointeur **bkup**, pour éviter d'avoir :

```
for (pac = deb; pac != NULL; pac = pac->suiv) /*    FAUX    */
    free(pac);
```

Ici, la libération du premier élément de la liste ferait perdre l'information concernant l'adresse du suivant (et de tous les autres). En effet, dans ce cas le champ pac->suiv n'est plus accessible, et l'adresse du second élément de la liste est donc perdue.

Listes triées

Le programme *artlist1.c* range les enregistrements selon leur ordre de saisie. Il se peut qu'on souhaite avoir une liste d'enregistrements triée selon un critère particulier. Dans le cas des articles, le tri pourrait se faire alphabétiquement sur la désignation. On peut ranger les enregistrements dans l'ordre souhaité, dès la saisie. Supposons que le premier enregistrement saisi ait la désignation M. Alors la liste offre, à cet instant, l'image suivante :

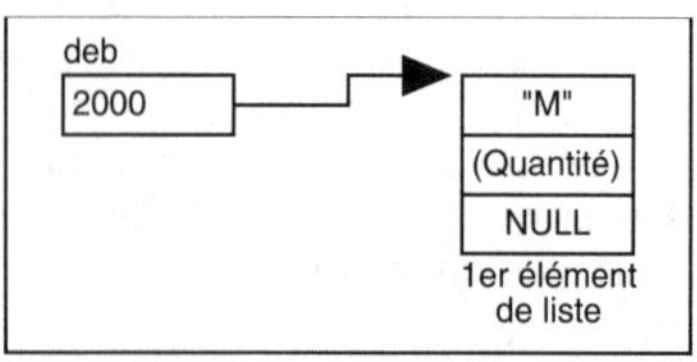

Si l'élément suivant possède une désignation qui suit M dans l'ordre alphabétique, par exemple S, alors cet enregistrement est inséré dans la liste après celui avec M :

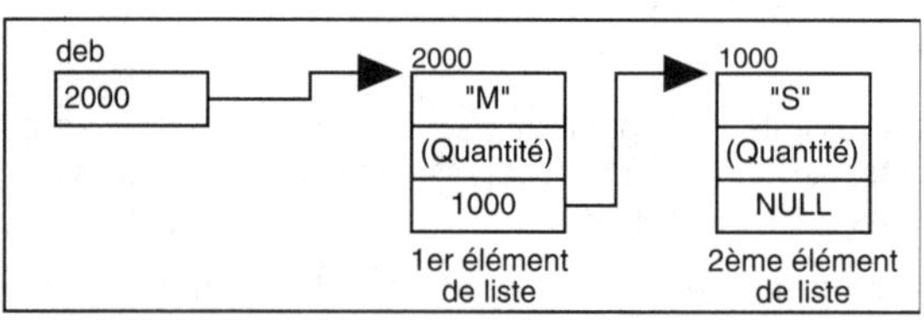

De même, un enregistrement ayant une désignation précédente (par exemple F), serait placé avant l'enregistrement avec M. Pour tous les enregistrements suivant, trois positions entreront en ligne de compte : début de liste, fin de liste, ou une position intermédiaire. Supposons que la désignation du troisième article soit P, alors l'article est inséré entre l'article M et l'article S :

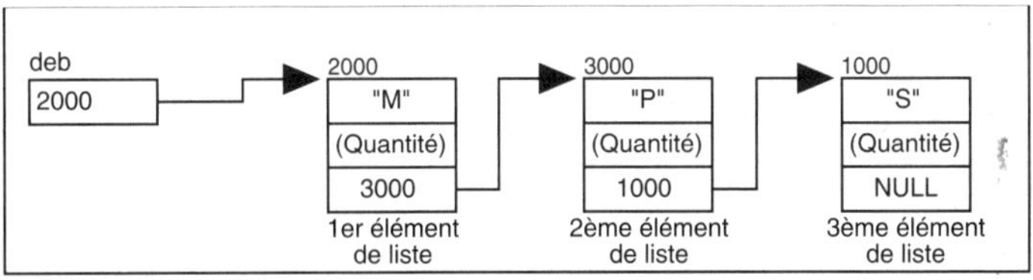

Ainsi, l'insertion d'un nouvel élément dans la liste exige que soient modifiées les adresses contenues dans les pointeurs des éléments concernés par l'opération. Dans l'exemple représenté par le dernier diagramme, le pointeur du premier enregistrement a été modifié afin qu'il désigne l'enregistrement inséré en tant que nouveau second élément, non plus l'ancien second enregistrement (qui est maintenant le troisième). Le code source du programme *artlist2.c* présente toutes ces opérations spécifiques de pointeurs.

Un exemple de programme pour la gestion d'une liste chaînée simple

Le programme suivant crée, puis affiche une liste chaînée simple, triée en ordre croissant selon le nom de l'article, et contenant un nombre quelconque d'enregistrements.

▼ Listing 9.7 : artlist2.c

```
/***  artlist2 mémorise un nombre quelconque d'enregistrements triés
      par ordre alphabétique croissant, sous forme de liste chaînée
      simple, puis affiche la liste si on le désire. ***/

#include <stdio.h> /* scanf, printf, gets */
#include <stdlib.h> /* malloc, free, exit */
#include <conio.h> /* getche, getch */
#include <string.h> /* strcmp, strcpy */

/***********  Macro pour en-tête de page d'écran  *****************/

#define HEADER(s)     printf("\nPage %d\n",s);\
                      printf("No.\t\tDésignation\t\tQuantité\n");\
                      for(j = 0; j < 55; j++) printf("_")

main()
{
    typedef struct article2
      {
        char name[21]; /* désignation */
```

```
      long num; /* quantité */
      struct article2 *suiv; /* pointeur vers élément suivant */
    } listelement; /* type personnalisé pour struct article2 */

  listelement *deb; /* pointeur vers début de liste */
  listelement * nouv; /* pointeur vers nouvel élément */
  listelement * a; /* pointeur vers élément courant */
  listelement *bkup; /* pointeur de secours */
  char buffer [81]; /* pour contrôle de la saisie */
  int i; /* compteur d'enregistrements */
  int s = 1; /* compteur de pages */
  int j, k; /* variables de contrôle */
  int rep; /* variable de contrôle */

/********** allocation mémoire pour premier élément **********/

  if ((deb = (listelement *) malloc(sizeof(listelement))) == NULL)
    {
      printf("nPlus de mémoire libre.\n");
      exit(1); /* fin programme */
    }
  i = 0;
  nouv = bkup = deb; /* initialise pointeurs */
  deb->suiv = NULL;

  printf("CREATION DE NOMENCLATURE \n");

/************* saisie des enregistrements ******************/

  do
    {
      printf("\nEnregistrement no %d\n", i+1);
      printf("Désignation (20 caractères maximum,
      ➥ fin par \"0\") : ");
      gets(buffer);
      while (strlen(buffer) > 20)    /* contrôle désignation */
        {
          printf("Désignation trop longue.\n");
          printf("Désignation (20 caractères maximum,
          ➥ fin par \"0\"): ");
          gets(buffer);
        }
        strcpy(nouv->name, buffer);    /* ajout désignation
                                          ➥ dans la liste */

        if (strcmp(nouv->name, "0")) /* si désignation != "0" */
           {
             printf("Quantité : ");
             scanf("%ld", &nouv ->num);
             while (getchar() != '\n') /* vidage tampon
                                          de saisie */
                   ;

/*************** insertion nouvel élément ******************/
```

```
            if (strcmp(nouv->name, deb->name) < 0)
                                        /* nouveau < premier */
               {
                  nouv->suiv = deb; /* ancien 1 devient nouv. 2 */
                  deb = nouv; /* nouveau début */
               }
            else /* nouveau >= premier */
               {
                  if (nouv != deb)  /* si liste a plus
                                       d'un élément */
                     {

      /** cherche premier élément > nouveau ou fin de liste **/
                        for(a = deb; a->suiv != NULL
                        &&  strcmp(a->suiv->name, nouv->name)
                                          < 0; a = a->suiv)
                                    ;
                              /* insertion nouvel élément */
                        nouv->suiv = a->suiv;
                        a->suiv = nouv;
                     }
               }

                /*  allocation mémoire pour nouvel élément */
           bkup = nouv;  /* sauve adresse de l'enregistrement
/* courant pour vérification de la condition de boucle */
           if ((nouv = (listelement *)
           ➥ malloc(sizeof(listelement))) == NULL)
               {
                  printf("\nPlus de mémoire.\n");
                  i++; /* actualise compteur enr. */
                  break; /* sortie de boucle */
               }
            i++;
           } /* fin if(strcmp(nouv->name,"0")) */
        else    /* si fin de saisie */
            bkup = nouv; /* tester le dernier nom saisi */
                        /* dans la condition de boucle */
     } while (strcmp(bkup->name, "0"));

 /************  affichage des enregistrements  ***************/

   if (i > 0) /* au moins 1 enregistrement a été saisi */
      {
         printf("\nNombre d'enregistrements saisis : %d\n", i);
         printf("Afficher la liste des enregistrements ? (o/n)");
         if ((rep = getche()) == 'o')
            {
               HEADER(s);            /* en-tête de page écran */
               for (a = deb, k = 1; a != NULL; a = a->suiv, k++)
                  {
                     printf("\n%d\t\t%-20s\t\t%ld\n", k, a->name,
                     ➥ a->num);
```

```
                    if ((k%9) == 0 && k != i)
                       {
                          printf("\n<Entrée> pour page
                          ➥ suivante.");
                          getch();
                          s++; /* compteur de pages  */
                          HEADER(s);
                       }
                 } /* fin for */
            } /* fin if rep */

   /****************  libération de la mémoire  ******************/

          for (a = deb; a != NULL; a = bkup)
            {
               bkup = a->suiv; /* sauve adresse suivante avant */
                                  /* libération de l'élément actuel */
 /* contenu dans cette adresse. Autrement, cette adresse serait perdue /*
 /* et l'accès à la liste impossible */
               free(a);
            }
       } /* fin if i > 0 */
 } /* fin main */
```

Commentaires

Hormis les opérations de tri, *artlist2.c* fonctionne comme *artlist1.c*. Avec **nouv**, il utilise un pointeur supplémentaire qui désigne toujours l'élément de la liste correspondant au nouvel enregistrement venant d'être saisi. Le pointeur **deb** pointe, comme d'habitude, vers le premier élément de la liste et le pointeur **a** sert de variable de contrôle pour les opérations de recherche, d'affichage et de libération de mémoire. Avec :

```
if (strcmp(nouv->name, deb->name) < 0)
```

on vérifie si le nouvel élément de la liste (son champ **name**) est alphabétiquement précédent à l'élément actuellement en début de liste. Si tel est le cas, les instructions :

```
nouv->suiv = deb;
deb = nouv;
```

modifient les pointeurs **nouv->suiv** et **deb** de telle sorte que **deb** pointe désormais vers le nouveau premier élément, et que l'ancien premier élément devienne le deuxième. Si le nouvel élément suit alphabétiquement le premier (ou est égal), la boucle :

```
for(a = deb; a->suiv != NULL &&  strcmp(a->suiv->name, nouv->name)
➥ < 0; a = a->suiv)
   ;
```

détermine la position à laquelle il faut insérer le nouvel élément. La condition de bouclage est construite pour vérifier deux propositions. En premier lieu :

```
a->suiv != NULL
```

vérifie si la fin de la liste, c'est-à-dire son dernier élément, est atteinte. Dans ce cas, le pointeur de l'élément examiné contient l'adresse `NULL`, la boucle s'interrompt et le nouvel élément est ajouté après l'ancien dernier.

Ensuite, via :

```
strcmp(a->suiv->name, nouv->name) < 0
```

on compare le champ `name` du nouvel élément, à celui de l'élément qui suit l'élément courant, auxquels on accède par les chaînes de pointeurs :

```
a->suiv->name
```

Il faut effectuer la comparaison avec l'élément suivant et non avec l'élément actuel, afin de vérifier avant quel élément de la liste il faut insérer le nouveau. Cela serait impossible si on comparait `nouv->name` et `a->name`. En effet, on ne disposerait plus alors de l'adresse nécessaire du prédécesseur dans la liste. En procédant, ainsi on insère le nouvel élément avant le premier qui lui est alphabétiquement supérieur (ou égal). Pour cela, on actualise de manière adéquate les pointeurs `nouv->suiv` et `a->suiv`. La suite de *artlist2.c* est fondamentalement identique à *artlist1.c*.

Listes chaînées doubles

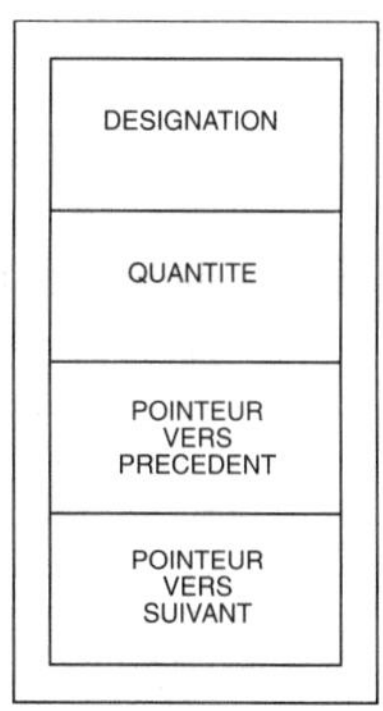

◄ **Fig. 9.24 :** *Aspect d'un enregistrement article dans une liste chaînée double*

Certaines opérations sur les listes chaînées (recherche, ajout d'éléments, etc.) se laissent simplifier lorsqu'on chaîne les éléments de la liste, non par un lien simple, mais par un lien double. Comme nous l'avons déjà évoqué en début de section, tout élément de la liste possède ici non seulement un pointeur vers son successeur, mais également un pointeur vers son prédécesseur. Ceux-ci permettent de se déplacer dans la liste dans les deux directions : vers l'avant via le pointeur vers le successeur, vers l'arrière via le pointeur vers le prédécesseur. En ce qui concerne l'enregistrement `article` de nos exemples, l'aspect d'un élément de la liste serait comme l'illustration 9.24) :

La structure ad hoc pour l'enregistrement peut donc être spécifiée comme suit :

```
struct article3
{
    char name[21];
    long num;
    struct article3 *pre; /*   pointeur vers prédécesseur    */
    struct article3 *suiv; /*   pointeur vers successeur    */
};
```

L'image suivante montre une liste chaînée double et triée à quatre éléments, composée d'enregistrements `article`, avec un pointeur auxiliaire vers le premier élément et un pointeur auxiliaire vers le dernier élément. Le pointeur vers précédent du premier élément et le pointeur vers suivant du dernier élément, en contenant chacun l'adresse `NULL`, marquent également le début et la fin de la liste.

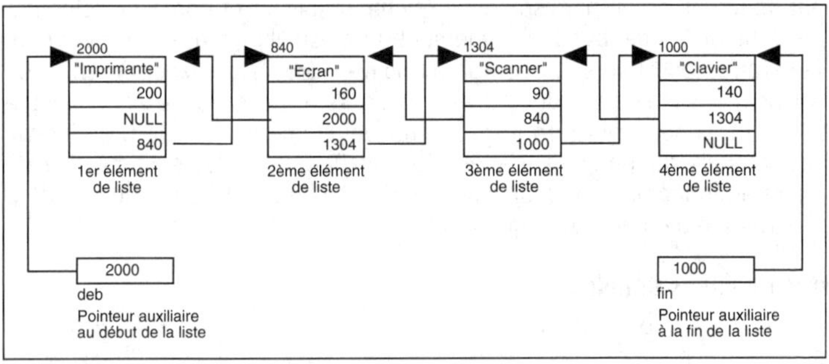

▲ **Fig. 9.25 :** *Liste chaînée double, triée, avec quatre enregistrements article*

Exemple de programme avec liste chaînée double et triée

À titre d'exemple, nous écrirons le programme *artlist3.c* comme troisième variante de la gestion d'enregistrements articles. Outre des pointeurs auxiliaires vers le début et la fin de la liste, *artlist3.c* utilise un pointeur qui désigne toujours le dernier élément inséré. À la différence de *artlist2.c*, la détermination de la position (c'est-à-dire la recherche de la place adéquate dans la liste) du nouvel élément, ne se fait plus systématiquement en partant du début de la liste, mais depuis l'élément précédemment inséré. Cela offre l'avantage de diviser la partie à parcourir en deux domaines (à gauche du dernier élément inséré et à droite de celui-ci). Si le nouvel élément précède alphabétiquement le dernier élément inséré, on examine le domaine à gauche pour y trouver la bonne position. Dans le cas contraire, on examine le domaine à droite. De cette façon, on diminue le domaine moyen à considérer.

▼ Listing 9.8 : artlist3.c

```
/***  artlist3 gère un nombre quelconque d'enregistrements,   ***/
/***  triés en ordre alphabétique croissant, sous forme      ***/
/***  de liste chaînée double.                               ***/

#include <stdio.h> /* scanf, printf, gets */
#include <stdlib.h> /* malloc, free, exit */
#include <conio.h> /* getche, getch */
#include <string.h> /* strcmp, strcpy */

/**********  Macro pour en-tête de page d'écran  *****************/
#define HEADER(s)     printf("\nPage %d\n",s);\
                      printf("No.\t\tDésignation\t\tQuantité\n");\
                      for(j = 0; j < 55; j++) printf("_")
main()
{

    typedef struct article3
       {
          char name[21]; /* désignation */
          long num; /* quantité */
          struct article3 *pre; /* pointeur vers élément précédent */
          struct article3 *suiv; /* pointeur vers élément suivant */
       } listelement; /* type personnalisé pour struct article3 */

    listelement *deb; /* pointeur vers début de liste */
    listelement *fin; /* pointeur vers fin de liste */
    listelement * nouv; /* pointeur vers nouvel élément */
    listelement *der; /* pointeur vers dernier l'expression inséré */
    listelement * a; /* variable de contrôle */
    char buffer [81]; /* pour contrôle de la saisie */
    int i; /* compteur d'enregistrements */
    int s = 1; /* compteur de pages */
    int j, k, rep; /* variables de contrôle */

/************* allocation mémoire pour premier élément  **********/

    if ((deb = (listelement *) malloc(sizeof(listelement))) == NULL)
       {
          printf("\nPlus de mémoire libre.\n");
          exit(1); /* fin programme */
       }
    i = 0;
    fin = nouv = der = deb; /* initialise pointeurs */
    deb->pre = deb->suiv = NULL;
    printf("CREATION DE NOMENCLATURE \n");

/****************  saisie des enregistrements  *****************/
    do
       {
          printf("Enregistrement no %d\n", i+1);
          printf("Désignation (20 caractères maximum,
          ➥ fin par \"0\") : ");
```

```
        gets(buffer);
        while (strlen(buffer) > 20) /* contrôle désignation */
            {
              printf("Désignation trop longue.\n");
              printf("Désignation (20 caractères max.,
              ➥ fin par \"0\") : ");
              gets(buffer);
            }
        strcpy(nouv->name, buffer); /* ajout désignation
                                       dans la liste */
        if (strcmp(nouv->name, "0")) /* si désignation != "0" */
            {
              printf("Quantité : ");
              scanf("%ld", &nouv ->num);
              while (getchar() != '\n') /* vidage tampon de saisie */
                      ;

/*****************  insertion nouvel élément *****************/

              if (strcmp(nouv->name, deb->name) <= 0)
                                          /* nouveau <= premier */
                {
                  if (nouv != deb)
                        /* si au moins 1 élément dans liste */
                    {
                      nouv->pre = NULL;
                          /* insertion nouveau premier elt */
                      nouv->suiv = deb;
                      deb->pre = nouv;
                      deb = nouv;
                    }
                }
              else if (strcmp(nouv->name, fin->name) >= 0)
                                          /* nouveau >= dernier */
                {
                  if (nouv != deb)       /* si au moins 1 él.
                                            dans liste  */
                    {
                       nouv->pre = fin; /* insertion nouveau
                                            dernier élt */
                       nouv->suiv = NULL;
                       fin->suiv = nouv;
                       fin= nouv;
                    }
                }
              else if (strcmp(nouv->name, der->name) >= 0)
                                      /* nouveau >= dernier inséré */
                {
                  if (nouv != deb) /* au moins 1 él. dans liste */
                    {

            /***** calcul de la position du nouvel élément  *****/
                       for(a = der; strcmp(a->suiv->name,
                       ➥ nouv->name) < 0;
```

```
                              a = a->suiv)
                                   ;
                         nouv->pre = a; /* insertion nouvel élément */
                         nouv->suiv = a->suiv;
                         a->suiv->pre = nouv;
                         a->suiv = nouv;
                       }
                   }
              else /* nouveau < dernier inséré */
                   {

     /******** calcul de la position du nouvel élément   ********/
                     for(a = der; strcmp(nouv->name, a->pre->name) < 0;
                        a = a->pre)
                             ;
                     nouv->pre = a->pre;
                                 /* insertion nouvel élément */
                     nouv->suiv = a;
                     a->pre->suiv = nouv;
                     a->pre = nouv;
                   }

              der = nouv; /* actualise pointeur vers dernier élément */

                       /* allocation mémoire pour nouvel élément */

              if ((nouv = (listelement *)
              ➥ malloc(sizeof(listelement))) == NULL)
                 {
                    printf("\nPlus de mémoire. <Entrée> pour
                    ➥ continuer.\n");
                    getch();
                    i++; /* actualise compteur enr. */
                    break; /* sortie de boucle */
                 }
              i++;

            }    /* fin if(strcmp(...)) supérieur */

         else    /* si fin de saisie */
            der= nouv; /* tester le dernier nom saisi */
                       /* dans la condition de boucle */
     } while (strcmp(der->name, "0"));

/************  affichage des enregistrements  *******************/

    if (i > 0) /* au moins 1 enregistrement saisi */
       {
         printf("\nNombre d'enregistrements saisis : %d\n", i);
         printf("AFFICHER LES ENREGISTREMENTS :\n");
         printf("Triés en ordre ascendant\t\t(a)\n");
         printf("Triés en ordre descendant\t\t(d)\n");
         printf("Fin par appui sur une touche quelconque\n");
         printf("Votre choix : ");
```

```
        rep = getche();

       switch (rep)
          {
             case 'a':
                HEADER(s); /* en-tête */
                for (a = deb, k = 1; a != NULL; a = a->suiv, k++)
                    {
                       printf("\n%d\t\t%-20s\t\t%ld\n", k,
                       ➥ a->name, a->num);
                       if ((k%9) == 0 && k != i)
                          {
                             printf("\n<Entrée> pour page
                             ➥ suivante.");
                             getch();
                             s++; /* compteur de pages */
                             HEADER(s);
                          }
                    }
                break;
             case 'd':
                HEADER(s); /* en-tête */
                for (a = fin, k = 1; a != NULL; a = a->pre, k++)
                    {
                       printf("\n%d\t\t%-20s\t\t%ld\n", k,
                       ➥ a->name, a->num);
                       if ((k%9) == 0 && k != i)
                          {
                             printf("\n<Entrée> pour page
                             ➥ suivante.\n");
                             getch();
                             printf("\033[2J");
                             s++; /* compteur de pages */
                             HEADER(s);
                          }
                    }
                break;
             default:
                    ;
          }

/*************  libération de la mémoire  ***********************/

       for (a = deb; a != NULL; a = nouv)
          {
             nouv = a->suiv; /* sauve adresse suivante avant  */
                             /* libération de l'élément actuel*/
                             /* contenu dans cette adresse.   */
                             /* Autrement, cette adresse      */
                             /* serait perdue et l'accès à la */
                             /* liste impossible              */
             free(a);
          }
```

```
        } /* fin if i > 0 */

} /* fin main */
```

Commentaires

Avant la saisie du premier enregistrement, les pointeurs concernés sont initialisés comme il faut par :

```
fin = nouv = der = deb;
deb->pre = deb->suiv = NULL;
```

Si la liste contient un seul élément, celui-ci est inséré en tant qu'élément initial, final et courant. À cet instant-là, il n'y a encore ni prédécesseur ni successeur. Les pointeurs `pre` et `suiv` contiennent donc l'adresse `NULL`.

L'insertion de nouveaux éléments passe par quatre phases. On a séparé ici les cas particuliers du premier et du dernier éléments, afin de rendre le code plus simple et plus lisible. Il aurait été possible de rassembler tous les cas dans une construction `if else` ayant seulement deux branches. La branche `if` traiterait alors tous les nouveaux éléments (ainsi que le premier) qui sont alphabétiquement supérieurs (ou égaux) au dernier inséré. La branche `else` traiterait ceux qui le précèdent (le dernier aussi). Cependant, il aurait encore fallu traiter séparément le premier et le dernier éléments de la liste. Les opérations d'entrée-sortie se composent elles-mêmes fondamentalement des points suivants :

- initialisation ad hoc des pointeurs vers précédent et vers suivant, dans le nouvel élément
- affectation de l'adresse du nouvel élément au pointeur vers suivant dans l'élément précédent, et au pointeur vers précédent dans l'élément suivant.

Cela doit se dérouler dans le bon ordre, et sans écraser d'adresse devant être encore utilisée.

La condition de la boucle `do while` teste le champ `name` de l'élément vers lequel pointe `der`, pour savoir si on vient de saisir une désignation normale ou le caractère de fin. Dans ce dernier cas, on présente un petit menu permettant de faire afficher les enregistrements triés en ordre croissant ou décroissant, ou de quitter le programme. La fin du programme consiste en une boucle pour la libération des emplacements mémoire alloués. Ainsi, le pointeur `nouv` (comme le pointeur `bkup` dans *artlist2.c*) est employé comme buffer, pour conserver l'adresse du prochain emplacement à libérer (autrement, cette adresse serait perdue lorsqu'on libère l'élément courant dans lequel elle est contenue).

Outre la simple création et l'affichage, on pourrait ajouter d'autres manipulations sur une liste chaînée. Par exemple, on pourrait rechercher un enregistrement particulier dans la liste, puis le modifier ou le supprimer. Habituellement, on ne codifie pas explicitement de telles opérations dans le programme principal `main`. En revanche, pour respecter l'esprit de la programmation structurée et modulaire, on peut écrire des fonctions autonomes, surtout si le programme tend à croître en volume et en complexité. Souvent, la liste des enregistrements ne devra plus être conservée uniquement en mémoire, mais stockée en permanence dans un fichier. Tous ces points seront détaillés dans les deux chapitres qui suivent, *Fonctions* et *Gestion de fichiers*.

On peut enfin se demander quelle est l'organisation la plus prisée pour gérer des données : liste chaînée ou tableau. Les deux peuvent être gérés de manière dynamique, et adapter leurs dimensions aux besoins du moment. L'avantage d'une liste chaînée par rapport à un tableau réside dans la complexité moindre de gestion. Il est comparativement plus facile d'ajouter ou de supprimer des données dans une liste chaînée que dans un tableau. D'un autre côté, à la différence d'un tableau, une liste chaînée ne permet pas d'accéder directement à un élément quelconque. Il faut partir d'un certain endroit et parcourir la liste jusqu'à ce qu'on trouve la donnée souhaitée. La manipulation d'une liste prend donc plus de temps que celle d'un tableau de taille équivalente. En outre, si le nombre d'éléments à gérer est connu à l'avance, on peut employer un tableau statique afin d'éviter les opérations d'allocation mémoire, très coûteuses en temps.

9.8 Tableaux de pointeurs

Lorsqu'on range des chaînes de caractères dans des tableaux (statiques) `char` à deux dimensions, on doit souvent tenir compte de deux inconvénients. Le premier est qu'une partie plus ou moins grande du tableau reste vide si les chaînes de caractères ne sont pas de longueur homogène. Dans ce cas en effet, le nombre de colonnes du tableau doit systématiquement être égal au nombre de caractères (caractère nul compris) de la chaîne la plus longue. L'autre inconvénient se produit lorsqu'il faut stocker des chaînes de caractères dont les longueurs (différentes) ne sont pas connues à l'avance, par exemple lorsqu'elles sont saisies seulement en cours de programme. Si on utilise des tableaux 2D statiques, on doit alors émettre des suppositions sur la dimension maximale des chaînes. Si ces estimations sont insuffisantes, on n'a pas assez de place en mémoire. Dans le cas inverse, une partie du tableau reste inutilisée. Les pointeurs permettent de remédier à ces deux inconvénients.

Considérons d'abord le cas où les chaînes de caractères de longueurs différentes sont connues par avance. À des fins d'illustration, nous écrirons le programme *show2pow.c*. Ce dernier, pour une puissance de 2 (comprise entre 2^0 et 2^10) saisie sous forme de nombre, affiche le résultat sous forme de mot : par exemple, 2^4 donnerait **seize**. La liste correspondante des mots auxquels le programme doit accéder pour l'affichage pourrait être rangée dans un tableau **char** à deux dimensions :

```
char nombre [11][23] =  {"un", "deux", "quatre", "huit", "seize",
"trente-deux", "soixante-quatre", "cent vingt-huit",
"deux cent cinquante-six", "cinq cent douze", "mille vingt-quatre"};
```

Bien plus efficace serait l'organisation dans laquelle chaque chaîne n'occuperait que le nombre d'octets correspondant à sa longueur (caractère nul inclus). Nous connaissons déjà une technique pour ranger des chaînes sans perte de place : en effet, si **c** désigne un pointeur **char** :

```
char *c;
```

alors on peut, par exemple, via :

```
c = "un";
```

ranger la chaîne de caractères **un** en ne mobilisant que 3 octets de mémoire (2 + 1 octet pour le caractère nul), cela à un emplacement choisi par le compilateur. L'adresse de cette chaîne est ici mémorisée dans le pointeur **c**.

Après quoi, l'instruction suivante :

```
printf("%s\n", c);
```

accéderait à la chaîne **un** et l'afficherait. Une autre technique consiste à passer par une des méthodes de gestion mémoire déjà vues, et à s'allouer un bloc de taille adéquate pour y stocker la chaîne de caractères. L'accès à la chaîne se fait alors par l'adresse du début de ce bloc, préalablement affectée à un pointeur. Ainsi, les instructions :

```
c = (char *) malloc(strlen("un") + 1);  /*  allocation de 3 octets */
                                         /*  de mémoire  */
strcpy(c, "un"); /* range la string à l'adresse qui est dans 'c'    */
```

commencent par réserver 3 octets de mémoire, et affectent l'adresse de ce bloc au pointeur **c**. Ensuite, à l'aide de **c** on peut ranger la chaîne de caractères **un** dans ce bloc, sans perte de place inutile. Tous les accès ultérieurs à la chaîne se feront par l'intermédiaire de son adresse contenue dans le pointeur **c**. Ce second procédé est tout indiqué lorsqu'il faut manipuler des chaînes dont la longueur n'est connue qu'en cours d'exécution du programme (après leur saisie). Ce qui n'est pas le cas pour notre programme *show2pow.c*. Aussi, renoncerons-nous à cette dernière technique ; nous opterons pour la première méthode. Cependant, nous avons besoin de place non plus seulement pour une chaîne de caractères, mais pour onze. Il nous faut donc onze pointeurs pour mémoriser les adresses des chaînes de caractères. D'où l'idée bien naturelle de définir un tableau dont les éléments sont des pointeurs pointant vers des données **char**. Ce type de tableau est appelé tableau de pointeurs.

Tableau statique de pointeurs

On définit les tableaux statiques de pointeurs comme tous les autres tableaux statiques. Lors de leur définition, on indique le type des éléments du tableau, le nom du tableau et le nombre des éléments. Par exemple :

```
int *parray [100];
```

définirait un tableau nommé `parray` de 100 pointeurs, chacun d'entre eux pointant vers une donnée de type `int`. Supposons définie une variable :

```
int x = 10;
```

alors l'instruction :

```
parray[0] = &x;
```

rangerait l'adresse de `x` dans le premier élément du tableau de pointeurs `parray`. On pourrait alors afficher la valeur de `x`, non seulement par :

```
printf("%d", x);
```

mais également par :

```
printf("%d", *parray[0]);
```

Notez bien que les crochets `[` et `]` ont une plus haute priorité (15) que l'opérateur d'indirection `*` (14). De ce fait, c'est vraiment la valeur de l'objet pointé par `parray[0]` qui est affichée.

Avec :

```
printf("%x", parray[0]);
```

en revanche, c'est l'adresse de `x` en notation hexadécimale qui est affichée, adresse contenue dans le premier élément du tableau de pointeurs. On peut le vérifier aisément par :

```
printf("%x", &x);
```

L'instruction :

```
printf("%x", &parray[0]);
```

enfin, affiche l'adresse du premier élément de `parray`, donc l'adresse du premier pointeur lui-même.

Pour notre programme de nombres en toutes lettres, nous définirons par :

```
char *nombre [11]; /*    tableau de 11 pointeurs char'    */
```

un tableau `nombre` de onze pointeurs vers `char` devant contenir les adresses des onze mots utilisés. Cela pourrait se faire via :

```
nombre[0] = "un";
nombre[1] = "deux";
.
.
```

```
.
nombre[10] = "mille vingt-quatre";
```

mais il est plus simple d'initialiser comme il faut le tableau de pointeurs dès sa définition, par :

```
char *nombre[11] = {"un", "deux", "quatre", "huit", "seize",
"trente-deux", "soixante-quatre", "cent vingt-huit",
"deux cent cinquante-six", "cinq cent douze", "mille vingt-quatre"};
```

ou bien par :

```
char *nombre[ ] = {"un", "deux", "quatre", "huit", "seize",
"trente-deux", "soixante-quatre", "cent vingt-huit",
"deux cent cinquante-six", "cinq cent douze", "mille vingt-quatre"};
```

Dans les deux cas, les onze éléments `nombre[0]` ... `nombre[10]` reçoivent les adresses des constantes string `un`, `deux`, `quatre`, etc.

L'accès aux chaînes de caractères est simple. Supposons qu'il faille, par exemple, afficher la chaîne `huit`. On y arrive par :

```
printf("%s\n", nombre[3]);
```

`nombre[3]` en effet contient l'adresse du tableau `char` dans lequel est rangée la chaîne de caractères `huit`. On obtiendrait le même résultat avec :

```
puts(nombre[3]);
```

Notez bien que `printf` avec le format `%s`, comme `puts`, attend comme argument l'adresse d'une chaîne de caractères (c'est-à-dire d'un pointeur `char`). Point besoin donc (comme pour l'accès à une valeur numérique) de placer l'opérateur de contenu `*` devant le nom de variable `nombre[3]`.

Pour afficher toutes les chaînes mémorisées, on définit comme d'habitude une variable de contrôle, par exemple :

```
int i;
```

puis on exécute la boucle :

```
for (i = 0; i < 11; i++)
    puts(nombre[i]);
```

Mais un pointeur comme `nombre[i]` ne permet pas d'accéder qu'à une chaîne de caractères globale. Il permet également (comme avec un tableau `char` 2D) d'accéder à chaque caractère de la chaîne, pris individuellement. Il suffit pour cela de munir le pointeur concerné d'un second indice. Ainsi par exemple :

```
nombre [3][0]
```

désigne le premier caractère de la string `huit`, donc `h`. On pourrait l'afficher via :

```
printf("%c", nombre[3][0]);
```

De même, avec `nombre[3][1]` (u), `nombre[3][2]` (i) et `nombre[3][3]` (t) on pourrait accéder individuellement aux autres caractères de la chaîne. Il serait donc possible d'afficher la chaîne de caractères **huit**, non seulement par :

```
printf("%s", nombre[3]);
```

mais également par :

```
int i;
for (i = 0; i < 4; i++)
    printf("%c", nombre[3][i]);
```

Fondamentalement, le premier indice d'un tel pointeur doublement indexé indique donc la chaîne de caractères choisie, et fait donc office d'indice de ligne dans un tableau **char** 2D. Le second indice, en revanche, se réfère à un certain caractère dans cette chaîne, et peut donc être comparé à l'indice de colonne d'un tableau à deux dimensions.

Il est maintenant possible de rédiger le programme *show2pow.c* esquissé au début de la section. Pour la mémorisation des mots-nombres, nous utiliserons ici le tableau de pointeurs **nombre** (à titre d'exercice, essayez de concevoir une version du programme basée sur un tableau **char** 2D).

▼ Listing 9.9 : sho2pow.c

```
/***  show2pow affiche, pour la valeur d'une puissance de 2      ***/
/***  (entre 2 puissance 0 et 2 puissance 10) saisie sous forme  ***/
/***   de nombre,le résultat en toutes lettres. Les mots          ***/
/***   représentant les nombres sont rangés, sans perte de        ***/
/***   place, à l'aide d'un  tableau de pointeurs.                 ***/

#include <stdio.h> /* printf, scanf */
#include <conio.h> /* getche */
#include <string.h> /* strcpy */

main()
{
    char *nombre[11] = {"un", "deux", "quatre", "huit", "seize",
    ➥ "trente-deux", "soixante-quatre", "cent vingt-huit",
    ➥ "deux cent cinquante-six", "cinq cent douze",
    ➥ "mille vingt-quatre"};

    char buffer[81]; /* buffer de saisie */
    short exp; /* Exposant */
    int ok, rep; /* variable de contrôle */

    printf("Le programme affiche le mot correspondant
    ➥ à une puissance de 2 \n"
           "saisi (comprise entre 2 puissance 0 et 2 puissance 10).\n");
    printf("Entrez une puissance de 2 sous la forme 2^n\n"
           "n pouvant prendre les valeurs 0 à 10.\n");

    do {
          do {
```

```
                ok = 1;
                printf("\nPuissance de 2 : ");
                scanf("%2s %hd", buffer, &exp);    /* éclatement de
                                                      la saisie */
                while (getchar() != '\n');      /* vidage du tampon
                                                   de saisie */
                if (strcmp(buffer, "2^")) /* si erreur de saisie */
                   {
                      printf("ERREUR. Format de saisie : 2^n.\n");
                      ok = 0;
                   }
                if (ok && (exp < 0 || exp > 10))
                             /* Exposant trop grand/trop petit */
                   {
                      printf("Exposant invalide.\n");
                      ok = 0;
                   }
             } while (!ok);

          printf("%s\n", nombre[exp]); /* affichage du mot-nombre */
          printf("Autre puissance de 2 ? (o/n)");
          rep = getche();
       } while (rep == 'o');
}
```

Tableau statique de pointeurs (2)

Le programme qui précède utilise une série de constantes chaînes, dont les adresses servent à initialiser le tableau de pointeurs `nombre`. De cette façon, le compilateur gère le rangement des chaînes de caractères en mémoire sans perte inutile de place. Mais comment faire lorsque la longueur des chaînes à mémoriser n'est connue qu'après leur saisie, en cours d'exécution du programme ? Supposons qu'une certaine organisation O arrange une réunion à laquelle doivent participer dix personnes issues de différents pays. Il faut bâtir une liste comportant les noms, prénoms et pays d'origine de ces personnes et la trier sur le nom de famille. Pour les lignes de cette liste, on prévoit le format :

```
<Nom>, <Prénom>     (<Pays>)
```

Ici `<Nom>`, `<Prénom>` et `<Pays>` ne sont pas gérés dans des variables distinctes, mais sont rassemblés dans une unique chaîne de caractères. Ces strings sont, par exemple, saisies au clavier et ne doivent occuper en mémoire que le nombre d'octets strictement nécessaire. En pareil cas, il incombe au programmeur de déterminer la longueur de chaque chaîne, et d'allouer la place requise par le stockage de celle-ci. Cela implique naturellement que les chaînes soient gérés dynamiquement en mémoire. Comment faire cela ? Pour ranger en mémoire un objet dont la dimension est connue de par sa définition avec un certain type, on peut réserver de la mémoire par avance, et y ranger l'objet une fois qu'il sera saisi. Par exemple, pour une variable de type `double` ou pour une structure de type `article3` :

```
<pointeur> = (double *) malloc(sizeof(double));
```

ou

```
<pointeur> = (struct article3 *) malloc(sizeof(struct article3));
```

alloue la mémoire nécessaire avant que ne soit saisie la valeur concernée. Mais, lorsqu'il s'agit d'une chaîne de caractères saisie au clavier, et qui ne doit pas être rangée dans une variable prédéfinie, la dimension (nombre de caractères) n'est pas connue. Elle doit donc être déterminée avant que soit allouée une zone mémoire adéquate, dans laquelle on pourra ranger cette chaîne de caractères. Tout le reste est du déjà vu : les adresses des zones mémoire contenant les chaînes de caractères sont rangées dans des pointeurs par lesquels on peut accéder aux chaînes. Pour le programme *partlst.c* qui doit produire la liste triée des participants, nous devons gérer dix chaînes. Nous définirons donc par :

```
char *list [10];
```

un tableau de dix pointeurs **char** qui recevront les adresses des chaînes de caractères. Les strings peuvent être saisies dans n'importe quel ordre. Ensuite, on ne trie pas les chaînes de caractères, mais simplement le tableau de pointeurs. Ainsi, le premier pointeur pointera vers la première chaîne dans l'ordre alphabétique, le second pointeur vers la seconde chaîne dans l'ordre alphabétique, etc. Pour ce qui concerne la méthode de tri, nous emploierons ici le Bubble Sort. Nous commencerons par amener le pointeur désignant la plus grande chaîne (alphabétiquement) à la fin du tableau de pointeurs. Ensuite, nous amènerons le pointeur désignant seconde chaîne (selon l'ordre alphabétique décroissant) à l'avant-dernière position dans le tableau, etc.

▼ Listing 9.10 : partlst.c

```
/*** partlst gère dynamiquement dix chaînes de caractères saisies ***/
/*** au clavier et rangées en mémoire sans perte de place superflue.  ***/
/*** Les adresses sont stockées dans un tableau de pointeurs dont   ***/
/*** les éléments sont triés selon l'ordre alphabétique des chaînes.  ***/

#include <stdio.h> /* printf, gets */
#include <string.h> /* strlen, strcpy, strcmp */
#include <stdlib.h> /* malloc, free, exit */
#include <conio.h> /* getche */
main()
{
    char *list[10]; /* tableau de 10 pointeurs 'char' */
    char *temp; /* buffer pour opérations de tri */
    char buffer[128]; /* buffer de saisie */
    int i = 0; /* compteur de strings */
    int m, n, rep; /* variables de contrôle */

     printf("CREATION D'UNE LISTE TRIEE\n");
    printf("10 participants au maximum. Format de saisie :\n");
    printf("\tNom, Prénom (Pays)\n");

    do   /************  saisie des strings  **********/
```

```
        {
           printf("\nParticipant %d (fin par \"0\"): ", i+1);
           gets(buffer);
           if (strcmp(buffer, "0"))
              {
                if ((list[i] = (char *) malloc(strlen(buffer) + 1))
                ➥ == NULL)
                   { /* +1 à cause du caractère nul */
                      printf("\nPlus de mémoire.\n");
                      if (i > 0) /* au moins 1 string saisi. */
                         {
                            printf("\nAfficher la liste actuelle ?
                            ➥ (o/n)");
                            rep = getche();
                            if (rep == 'o')
                               break; /* sortie de boucle */
                         }
                      exit(1); /* autrement fin du programme */
                   }

                strcpy(list[i], buffer); /* ranger string à l'adresse
                                            list[i] */
                i++;
              }    /* fin if strcmp(buffer, "0") */
        } while (i < 10 && strcmp(buffer, "0"));

    /*********  tri du tableau de pointeurs (Bubble Sort)  *********/
    for (m = i-1; m > 0; m--)/* pointeur i : i-1 passes de tri. */
                             /* Chaque passe amène un pointeur */
                                        /* à la bonne position. */
       for (n = 0; n < m; n++) /* m comparaisons par passe de tri */
          if (strcmp(list , list[n+1]) > 0)
             { /* si chaîne i > chaîne (i+1) */
                temp = list ; /* échange de pointeurs */
                list  = list[n+1];
                list[n+1] = temp;
             }

    /****************  affichage de la liste  *******************/

    if (i > 0) /* si liste non vide */
       {
          printf("\nLISTE DES PARTICIPANTS :\n");
         for (m = 0; m < i; m++)
            printf("%s\n", list[m]);
       }

    /*************  libération de la mémoire allouée  ************/
    for (m = 0; m < i; m++)
       free(list[m]);
}
```

Commentaires

partlst.c commence par ranger dans un buffer (tableau `char buffer`) les chaînes saisies, afin de pouvoir calculer leur nombre de caractères. Pour ce qui est du buffer, on a choisi une taille de 128 octets, qui devrait suffire pour les chaînes de caractères attendues. Ce buffer est, si on veut, un point faible du programme, car il est statique et ne correspond donc pas, à l'octet près, à la taille des chaînes saisies. Il faut bien cependant ranger quelque part ce qu'on saisit au clavier, avant de pouvoir procéder à la vérification de longueur ! L'instruction :

```
list[i] = (char *) malloc(strlen(buffer) + 1);
```

réserve le nombre d'octets de mémoire donné par l'expression :

```
strlen(buffer) + 1
```

Cela correspond à la longueur de la string qui vient d'être saisie (caractère nul compris). Si l'allocation réussit, l'instruction :

```
strcpy(list[i], buffer);
```

copie la chaîne saisie à l'adresse fournie par `malloc` et rangée dans `list[i]`. Lorsque toutes les chaînes de caractères ont été saisies, le tableau de pointeurs `list` est trié selon le procédé (élémentaire) du Bubble Sort, de façon à ce que le premier pointeur renvoie à la première chaîne dans l'ordre alphabétique, le second pointeur renvoie à la seconde chaîne dans l'ordre alphabétique, etc.

Notez bien qu'avec cette organisation de mémoire, les pointeurs sont rangés les uns à la suite des autres (plus précisément dans les éléments d'un tableau). En revanche, il n'en va pas forcément de même pour ce qui concerne les chaînes de caractères. Celles-ci ne sont pas automatiquement rangées dans un bloc de mémoire contigu qui augmente constamment (par exemple via `realloc`) du nombre d'octets requis par la chaîne suivante. Bien au contraire, le compilateur choisit un espace mémoire adéquat lors de chaque appel de `malloc`, sans que le nouveau bloc soit pris juste à la suite du précédent. Les chaînes sont donc plus ou moins dispersées en mémoire.

L'affichage des chaînes de caractères se fait par le biais des adresses contenues dans le tableau de pointeurs. De la même façon, les emplacements mémoire alloués sont ensuite libérés.

Le programme *partlst.c* combine éléments statiques et éléments dynamiques. Ainsi, bien que les chaînes de caractères soient gérées dynamiquement, l'accès à celles-ci se fait via des pointeurs rangés dans un tableau statique. Pour le programme *partlst.c*, cela paraît logique, car le nombre des chaînes à manipuler, et donc le nombre de pointeurs nécessaire, sont connus. Mais on peut facilement imaginer des cas où on ne connaîtrait ni la longueur des chaînes de caractères, ni leur nombre.

De ce fait, on ne saurait pas à l'avance le nombre de pointeurs nécessaires. Cela signifie qu'un tableau statique ayant un nombre figé d'éléments ne répond plus au problème. Logiquement, en pareil cas, il faudrait aussi gérer dynamiquement le tableau de pointeurs. Comment on y arrive, c'est justement l'objet de la section qui suit.

9.9 Pointeur de pointeur

L'objectif du programme *partlst.c* était de ranger en mémoire, sans perte de place superflue, dix chaînes de caractères. Cela rendait nécessaire, d'une part, l'allocation dynamique de dix emplacements de mémoire, ayant chacun la taille de la chaîne concernée, et d'autre part la création d'un tableau statique de dix pointeurs, pour les adresses des chaînes. Nous allons maintenant élargir le problème. Il faut désormais gérer, non plus dix mais un nombre quelconque de chaînes (liste de participants), sans perte de place superflue. Il est clair ici que le tableau de pointeurs, lui aussi, doit être géré dynamiquement. En d'autres termes, le nombre de ses éléments doit être rendu variable afin qu'on ait toujours un nombre de pointeurs égal au nombre de chaînes, les pointeurs devant naturellement recevoir les adresses des chaînes. Pour gérer dynamiquement un tableau de pointeurs, on a besoin (comme pour tout autre tableau dynamique) d'un pointeur par lequel on accède aux divers éléments du tableau. Le tableau de pointeurs contient des pointeurs qui renvoient à des chaînes de caractères, donc à des tableaux `char`. L'accès au tableau de pointeurs lui-même (et donc l'accès indirect aux chaînes) nécessite donc un pointeur qui renvoie à des pointeurs, qui eux-mêmes renvoient à des données de type `char`. Pour définir des pointeurs qui pointent vers des pointeurs pointant vers des objets d'un certain type, il faut commencer par préciser certains détails syntaxiques.

Dans la définition des pointeurs, on retrouve toujours l'opérateur *. Dans ce contexte, on sait qu'il signifie "est un pointeur vers". Supposons définie la variable :

```
int a = 1;                    /*    type de la variable a: int    */
```

Alors, à l'aide de l'opérateur *, par l'instruction :

```
int *pa = &a;               /*    type de la variable pa : int *    */
```

on définit un pointeur `pa` de type `int` et qui, d'après la définition précédente, contient l'adresse d'une variable entière `a`. L'image suivante illustre cela :

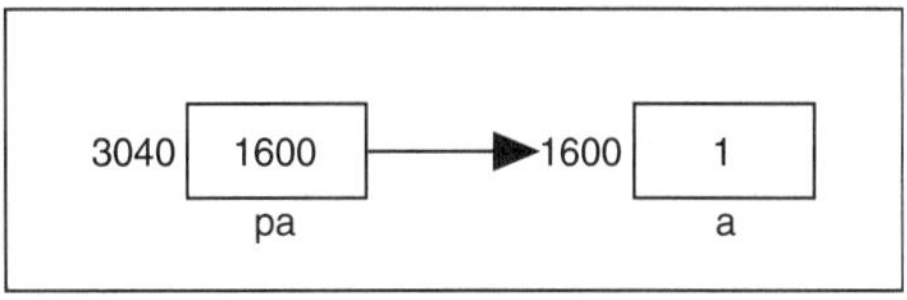

Fig. 9.26 : *Le pointeur pa pointe vers la variable a*

En utilisant l'équivalent parlé (précédemment mentionné) de l'opérateur *, la construction C :

```
int *pa;
```

se laisse donc traduire ainsi en langage courant, en partant de la droite et en allant vers la gauche :

```
"pa est un pointeur vers 'int'."
```

Pour définir un pointeur ppa contenant, de son côté, l'adresse du pointeur pa, et donc pointant vers pa, on a besoin non pas d'un mais de deux opérateurs *. C'est logique car, en fin de compte, ppa doit suivre la description :

```
"ppa est un pointeur vers un pointeur vers 'int'."
```

De ce fait, la définition de ppa donne :

```
int **ppa; /*    type de la variable ppa: int **    */
```

Il est facile de retraduire la définition précédente, en partant de la gauche et en allant vers la droite, et de retrouver ainsi la formulation de ppa en langage parlé.

Plus généralement, on définit selon le schéma que voici :

```
<type> **<pointeur>;
```

un pointeur de type <type> ** qui pointe vers des objets de type "pointeur vers <type>", c'est-à-dire qui est capable de mémoriser leurs adresses. L'instruction :

```
ppa = &pa;
```

affecte au pointeur ppa l'adresse du pointeur pa. Après quoi, ppa pointe vers pa. Comme pa, de son côté, pointe vers a, on obtient donc, en partant de ppa, une chaîne de pointeurs au bout de laquelle se trouve la variable a :

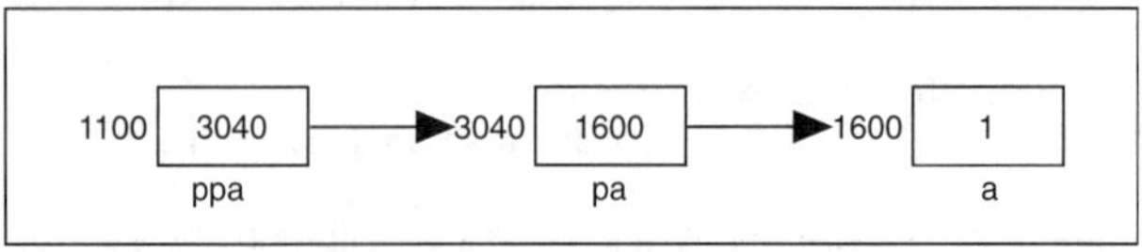

▲ Fig. 9.27 : *Le pointeur de pointeurs ppa pointe, par l'intermédiaire du pointeur pa, vers la variable a*

Pour accéder à la variable a, on peut donc maintenant passer non seulement par le pointeur pa, mais également par ppa. À l'instar de la définition, la déréférenciation de ppa exige deux opérateurs *. Au lieu d'afficher la valeur de la variable a par :

```
printf("%d", *pa); /*    afficher la valeur de a    */
```

on peut également le faire avec :

```
printf("%d", **ppa); /*    afficher la valeur de a    */
```

L'expression :

```
**ppa
```

désigne ici la valeur de l'objet pointé par le pointeur **pa**, qui est lui-même pointé par le pointeur **ppa**.

En revanche, avec :

```
printf("%x", *ppa); /*    afficher l'adresse de a    */
```

on afficherait l'adresse (hexadécimale) de la variable **a**, à savoir le contenu de l'objet pointé par **ppa**, cet objet étant le pointeur **pa** qui contient l'adresse de **a**. L'instruction précédente équivaut donc à :

```
printf("%x", pa); /*    afficher l'adresse de a    */
```

ou encore à :

```
printf("%x", &a); /*    afficher l'adresse de a    */
```

L'adresse du pointeur **pa** est donnée par :

```
printf("%x", ppa); /*    afficher l'adresse de pa    */
```

ou par :

```
printf("%x", &pa); /*    afficher l'adresse de pa    */
```

Enfin l'instruction :

```
printf("%x", &ppa); /*    afficher l'adresse de ppa    */
```

fournit l'adresse du pointeur **ppa**. Voici un résumé des valeurs et des adresses possibles avec un tel triplet (variable, pointeur et pointeur vers pointeur) :

a : Variable pa : Pointeur vers a ppa : Pointeur vers pa			
VALEUR DE	a	pa	ppa
	a	&a	
	*pa	pa	&pa
	**pa	*ppa	ppa
ADRESSE DE	a	pa	ppa
	&a	&pa	&ppa
	pa	ppa	
	*ppa		

◄ **Fig. 9.28 :**
Valeurs et adresses pour une variable, un pointeur vers la variable et un pointeur vers le pointeur

Tableau dynamique de pointeurs

Grâce au type "pointeur vers pointeur", nous avons ce qui nous manquait encore pour écrire la version plus puissante du programme *partlst.c* esquissée en début de section. Nous appellerons cette nouvelle mouture *partlst2.c*. Rappelons-nous que, dans *partlst2.c*, nous avons besoin d'un pointeur vers pointeur afin de gérer dynamiquement un tableau de pointeurs dont les éléments pointent eux-mêmes vers des chaînes de caractères, donc vers des tableaux `char`. Le tableau dynamique de pointeurs contient des pointeurs vers `char`. Donc le pointeur qui pointe vers les pointeurs du tableau de pointeurs doit être défini, d'après nos réflexions préliminaires, comme étant un pointeur vers pointeur `char`. En mémoire, cela donne la représentation suivante :

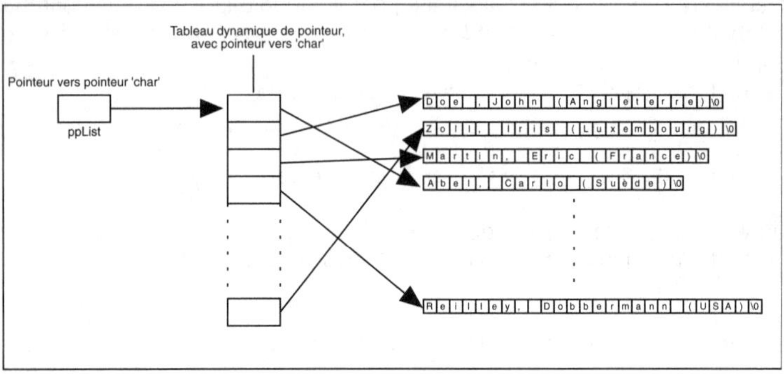

▲ Fig. 9.29 : *Gestion dynamique de chaînes*

Il ressort clairement de l'image que le tableau de pointeurs, contrairement aux chaîne de caractères, occupe un bloc contigu en mémoire, dans lequel les divers pointeurs sont rangés les uns à la suite des autres, sous forme d'éléments de tableau. Cela est nécessaire car on veut, à l'aide d'un seul pointeur défini par :

```
char **pplist; /*    pointeur vers pointeur vers char    */
```

comme étant un pointeur vers pointeur `char`, et à l'aide d'une indexation appropriée, pouvoir accéder à tous les éléments du tableau dynamique de pointeurs. Pour mieux comprendre cela, on peut s'imaginer le pointeur `pplist` comme un curseur que l'on déplacerait le long de graduations correspondant aux éléments du tableau de pointeurs.

Supposons, par exemple, que le pointeur `pplist` contienne initialement l'adresse du premier élément du tableau de pointeurs. Alors l'instruction :

```
printf("%s", *pplist);
```

à cause du tri du tableau de pointeurs, affiche la chaîne **Abel, Carlo (Suède)**. En effet, `*pplist` accède ici au premier pointeur qui contient l'adresse de la plus petite string (alphabétiquement parlant).

Après incrémentation :

```
pplist++;
```

`pplist` pointe maintenant vers le second élément du tableau de pointeurs. Ensuite :

```
printf("%s", *pplist);
```

affiche la chaîne **Doe, John (Angleterre)**. De même, après :

```
pplist--;
```

on peut accéder à la première chaîne. Comme tout pointeur qui pointe vers un tableau, `pplist` peut également être indexé. Cela permet un accès facile aux divers éléments du tableau de pointeurs, sans qu'il soit nécessaire d'incrémenter ou de décrémenter explicitement. Si `pplist` contient l'adresse du début du tableau de pointeurs, alors :

```
printf("%s", pplist[0]);
```

accède au premier élément du tableau (donc au premier pointeur) et affiche la chaîne **Abel, Carlo (Suède)** car le premier pointeur mémorise l'adresse de cette chaîne de caractères. De même, `pplist[1]`, `pplist[2]` et `pplist[3]` désignent les second, troisième et quatrième éléments du tableau de pointeurs. Plus généralement, `pplist[i]` correspond à l'élément (i+1) du tableau de pointeurs. Supposons que l'on ait saisi 50 chaînes de caractères, et que le tableau dynamique de pointeurs contienne donc leurs 50 adresses. On peut alors par :

```
int i;
for (i = 0; i < 50; i++)
    printf("%s\n", pplist[i]);
```

afficher très simplement toutes les chaînes mémorisées.

Dans *partlst2.c*, comment allons-nous faire pour allouer de la mémoire pour les chaînes de caractères et pour le tableau de pointeurs ? Les chaînes de caractères ne doivent pas forcément être rangées les unes après les autres, dans un bloc contigu ; mais elles peuvent s'éparpiller un peu partout en mémoire. Nous utiliserons donc, comme dans *partlst.c*, la fonction `malloc`. Pour le tableau de pointeurs qui doit se composer d'un bloc contigu progressivement agrandi, nous prendrons, comme il se doit, la fonction **realloc**. Dans les deux cas, on commence toujours par allouer de la place pour un seul élément, afin de pouvoir y loger la chaîne ou le pointeur concerné. En cas de besoin, on réserve de la mémoire pour la chaîne suivante, et pour le pointeur suivant. *partlst2.c* se termine lorsque le caractère de fin de saisie a été tapé, ou lorsqu'une erreur d'allocation mémoire est survenue.

▼ Listing 9.11 : partlst2.c

```
/*** partlst2 gère dynamiquement un nombre quelconque de chaînes ***/
/*** de caractères, sans perte de place superflue, et range      ***/
/*** leurs adresses dans un tableau trié dynamique dont         ***/
/*** les éléments correspondent à l'ordre alphabétique des strings.  ***/

#include <stdio.h> /* printf, gets */
#include <string.h> /* strlen, strcpy, strcmp */
#include <stdlib.h> /* malloc, realloc,free, exit */
#include <conio.h> /* getche, getch */

#define HEADER(s)     printf("LISTE DES
                      ➥ PARTICIPANTS\t\t\t\tPage %d\n", s);\
                      for (j = 0; j < 60; j++) printf("_");
                      ➥ printf("\n")

main()
{
    char **pplist = NULL;     /* pointeur vers pointeur vers char : */
                                 initialisé à NULL afin que 'realloc'*/
                                 fonctionne comme  'malloc'         */
                              /* lors de la première allocation.    */

    char **ppbkup; /* sauve contenu de pplist */
    char *temp; /* buffer auxiliaire de tri */
    char buffer[128]; /* buffer de saisie */
    int s = 1; /* compteur de pages */
    int i = 0; /* compteur de strings */
    int j, m, n, rep; /* variables de contrôle */

    printf("CREATION D'UNE LISTE TRIEE DE PARTICIPANTS\n");
    printf("Format de saisie :\tNom, Prénom (Pays)\n");

    do    /************  saisie des strings  **********/
      {
        printf("\nParticipant %d (fin par \"0\"): ", i+1);
        gets(buffer);
        if (strcmp(buffer, "0"))
           {
                   * allocation mémoire pour tableau dynamique */
                               /* de pointeurs et pour strings */
              ppbkup = pplist;
                        /* sauve adr. bloc pour affichage
                           (cas pplist = NULL)*/
              if ((pplist = (char **) realloc(pplist, (i+1)
              ➥ * sizeof(char*)))
                        == NULL  || (pplist[i] = (char *)
                               malloc(strlen(buffer)+ 1)) == NULL)
                 {
                   printf("\nErreur d'allocation.\n");
```

```
                    printf ("Dernière saisie non prise
                    ➥ en compte.\n");
                    if (i > 0) /* au moins une chaîne déjà
                               saisie */
                      {
                        printf("\nAfficher liste actuelle ?
                        ➥ (o/n)");
                        rep = getche();
                        if (rep == 'o')
                          {
                            if (pplist == NULL)
                              pplist = ppbkup;
                              break; /* sortie de boucle */
                          }
                      }
                    exit(1); /* autrement fin programme */
                  }
               strcpy(pplist[i], buffer); /* mémorise chaîne */
               i++;
             }   /* fin if strcmp(buffer, "0") */

    } while (strcmp(buffer, "0"));

/*******  tri du tableau de pointeurs (Bubble Sort)  ***********/

for (m = i-1; m > 0; m--) /* pointeur i : i-1 passes de tri. */
                          /* Chaque passe amène un pointeur */
                          /* à la bonne position. */

   for (n = 0; n < m; n++) /* m comparaisons par passe */
       if (strcmp(pplist , pplist[n+1]) > 0)
                           /* string i > string (i+1) */
         {
           temp = pplist ; /* échange de pointeurs */
           pplist  = pplist[n+1];
           pplist[n+1] = temp;
         }
/***************  affichage liste  ***********************/

if (i > 0) /* liste non vide */
   {
     HEADER(s);
     for (m = 0; m < i; m++)
         {
           printf("%s\n", pplist[m]);
           if ((m+1) % 9 == 0  &&  m != i-1)
             {
               printf("\n<Entrée> pour page suivante.");
               getch();
               s++; /* compteur de pages */
               HEADER(s);
             }
         }
   }
```

```
        /******************* libération mémoire  ****************/

        for (m = 0; m < i; m++) /* libération de l'espace de la string */
            free(pplist[m]);
            free(pplist); /* libération du bloc du tableau de pointeurs */
}
```

Remarque finale

Il existe un autre type de pointeurs, à savoir les pointeurs vers des fonctions. Nous n'en parlerons pas dans cette section, car certaines informations concernant les fonctions, nécessaires pour une bonne compréhension de ces pointeurs, ne sont traitées qu'au chapitre *Fonctions*.

Chapitre 10

Fonctions

En C, p de commandes font directement partie du langage lui-même. Ces commandes sont citées dans la liste des mots réservés au chapitre *C parti* :

break	case	continue	default	do	else
for	goto	if	return	switch	while

▲ Fig. 10.1 : *Les commandes du C*

Pour ce qui concerne un grand nombre de manipulations standard, par exemple la saisie ou l'affichage des données, on ne dispose pas de commandes directes. Au contraire, on doit utiliser une fonction ou une macro adéquate. Au chapitre *C parti*, une fonction a été décrite comme une portion de programme, composée d'une ou plusieurs instructions, et devant accomplir une certaine tâche (par exemple, allouer de la mémoire, ou calculer le volume d'un cube). On distingue ici deux cas : les fonctions prédéfinies des bibliothèques (telles que `printf` ou `scanf`), livrées avec le compilateur, qui sont intégrées au programme seulement lors de l'édition des liens ; les fonctions personnelles que le programmeur écrit lui-même comme partie du texte source. Un programme C comprend habituellement plusieurs fonctions personnelles, dont une au moins, nommée `main`. `main` est la fonction principale de tout programme C. C'est par elle que débute toujours l'exécution du programme.

De manière plus simple, un programme C peut être considéré comme une collection de fonctions (et éventuellement de variables globales) ; les fonctions, `main` comprise, peuvent être disposées dans un ordre quelconque. De cela, il découle que tous nos programmes n'étaient, à vrai dire, que des cas particuliers, dans la mesure où ils se composaient d'une seule fonction personnelle, à savoir `main`. Hormis pour `main`, nous n'avons employé que des fonctions issues des bibliothèques standard du compilateur, dont le code n'est pas écrit par le programmeur, mais inséré dans le programme par le lieur. Nous avons vu que l'utilisation de ces fonctions prédéfinies est simple, même si on ne connaît pas très bien leur structure. Nous avons de surcroît déjà une idée pratique de concepts tels que "appels de fonctions" ou "paramètres de fonctions". Nous savons également que des fonctions peuvent renvoyer au programme (plus précisément à la fonction appelante - voir plus loin) le résultat de leur travail, cela sous forme de valeur réutilisable. Dans ce chapitre, nous allons maintenant étudier plus en détail la structure et le fonctionnement des fonctions du C. Nous apprendrons à écrire nos propres fonctions et à les intégrer dans nos programmes. Nous commençons par examiner la façon de procéder pour créer une fonction en C.

10.1 Définition de fonctions

Pour élaborer une fonction C, il faut coder les instructions qu'elle doit exécuter, en respectant certaines règles syntaxiques. Ce code source est appelé définition de la fonction. Une définition de fonction spécifie :

- la classe de mémorisation de la fonction ;
- le type de la valeur renvoyée par la fonction ;
- le nom de la fonction ;
- les paramètres (arguments) qui sont passés à la fonction pour y être traités ;
- les variables locales et externes utilisées par la fonction ;
- d'autres fonctions invoquées par la fonction ;
- les instructions que doit exécuter la fonction.

Double syntaxe pour la définition des fonctions

Pour définir une fonction, on dispose de deux syntaxes. La plus récente correspond au standard ANSI. La plus ancienne se rencontre encore quelquefois. Nous présenterons ici les deux syntaxes, mais n'utiliserons que la plus récente dans nos programmes.

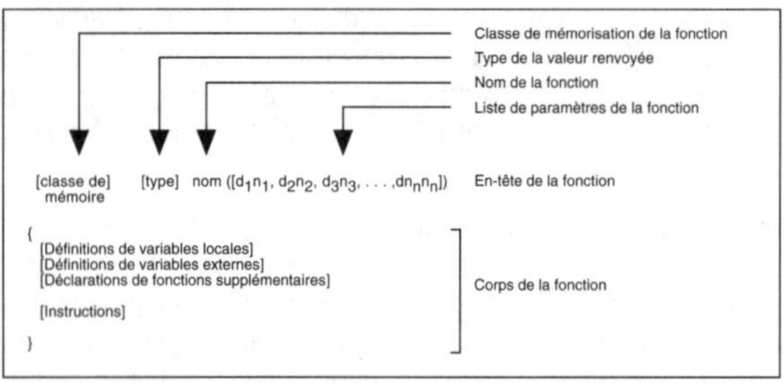

▲ **Fig. 10.2 :** *Définition de fonction (méthode moderne)*

On peut diviser la syntaxe précédente en deux parties. La première ligne de la définition (en-tête) contient la classe de mémorisation de la fonction, le type de la valeur renvoyée et le nom de la fonction avec une liste de paramètres, chacun d'entre eux ayant un nom (`n1`... `nn`) et un type (`t1`... `tn`). Le corps de la fonction est un bloc. Il comporte des définitions et déclarations de variables, des instructions destinées à être exécutées par la fonction, ainsi que d'éventuelles déclarations d'autres fonctions devant être invoquées par la fonction elle-même (les déclarations de fonctions, d'esprit similaire aux déclarations de variables, seront traitées à la section *Passage des paramètres*). Les crochets indiquent que, hormis le nom de la fonction, toutes les spécifications sont facultatives. Nous pouvons définir une fonction "minimale" d'après le modèle précédent :

```
donothing()
    {}
```

L'en-tête de cette fonction ne contient ni la spécification de classe, ni le type de la valeur renvoyée par la fonction, ni des paramètres. On a simplement indiqué le nom de la fonction et les parenthèses de fonction. Son corps est vide, car il ne renferme aucune instruction. La définition de la fonction **donothing** est syntaxiquement correcte, mais elle "ne fait rien". Des fonctions de cette nature sont utilisables lorsqu'on teste les programmes en cours d'écriture : elles marquent la place de fonctions qui seront ajoutées plus tard. Considérons maintenant un exemple un peu moins excentrique, celui d'une fonction calculant le volume d'un cube :

```
double cube(double x)
{
     return (x * x * x);
}
```

Visiblement, le nom de la fonction est **cube**. Si nous interprétons l'en-tête :

```
double cube(double x)
```

à l'aide de notre modèle syntaxique, nous remarquons immédiatement qu'il manque la première spécification, c'est-à-dire celle de la classe de mémorisation. En fait, les fonctions C possèdent soit la classe **extern**, soit la classe (**extern**) **static**, le mot clé **extern** étant omis lors de la définition. Si la classe de mémorisation est **static**, la fonction ne peut pas être utilisée dans d'autres modules que celui où elle est définie. Dans notre cas, rien n'étant indiqué, la fonction **cube** a la classe **extern**. La classe de mémorisation **extern** signifie que les fonctions, comme les variables de même classe, sont des entités globales (voir chapitre *Classes de mémorisation*). Des entités globales ne doivent pas être définies à l'intérieur des fonctions. En d'autres termes :

une définition de fonction ne doit pas contenir d'autres définitions de fonctions

Il s'ensuit que la définition suivante de **cube** donnerait lieu à une erreur de compilation. On tente, en effet, de définir la fonction à l'intérieur de **main** :

```
main()
{
        ...
        double cube(double x) /* FAUX . */
        { /* une fonction est une entité globale */
           return(x * x * x); /* et ne doit pas être définie dans */
        } /** une autre fonction */
           ...
}
```

Hormis l'exigence de définition globale, une fonction peut être définie n'importe où dans le programme. Il faut simplement que la définition de la fonction soit contenue dans un seul et même module. Ainsi, la définition de **cube** pourrait être placée avant la fonction principale **main** :

```
double cube(double x)
{
     return (x * x * x);
```

```
}

main()
{
    . . .
}
```

Cela ne signifie pas que la fonction **cube** serait exécutée avant **main**. L'exécution de tout programme C commence par la fonction **main**. Cela signifie tout simplement que **cube** est traduite avant **main**, ce qui d'ailleurs a son importance. Dans le cours de ce chapitre, vous verrez la différence qu'il y a entre la définition d'une fonction avant ou après une autre fonction.

Valeurs de retour (return values)

Le mot clé **double** avant le nom de la fonction dans l'en-tête de la définition :

```
double cube(double x)
```

indique que la fonction **cube**, après avoir effectué sa tâche, renvoie une valeur de type **double**, valeur dite "de retour de la fonction". Renvoie à qui ? La réponse est proche : à chaque instance qui a activé la fonction **cube**, c'est-à-dire à chaque fonction qui a invoqué **cube** (la façon dont un tel appel de fonction se déroule précisément est décrite à la section *Appels de fonctions*). Si **cube**, par exemple, était exécutée dans **main**, alors **main** recevrait le résultat de **cube**, et pourrait le réutiliser ailleurs. Dans notre exemple, la fonction **cube** retourne une valeur de type **double**. En C, la valeur de retour d'une fonction peut être non seulement d'un type élémentaire (char, short, int, long, float, double, long double), mais également un pointeur vers n'importe quel type (simple ou complexe) de données.

Pour les fonctions qui ne renvoient pas de valeur, il existe en outre le type **void**. Si l'en-tête de la définition de **cube** était :

```
void cube(double x)
```

alors le mot clé **void** signalerait, dans ce contexte, que la fonction ne renvoie pas de valeur à la fonction appelante. Si le type est omis lors de la définition de la fonction, le compilateur agit comme si la fonction retournait une valeur de type **int**. Par conséquent, si la définition de la fonction **cube** commençait ainsi :

```
cube(double x)
    . . .
```

cela signifierait pour le compilateur que **cube** renvoie une valeur de type **int**. La formulation "type de la valeur retournée" est souvent remplacée par "type de la fonction". En d'autres termes, une expression comme :

```
La fonction cube est de type double.
```

équivaut à :

```
La fonction cube retourne une valeur de type double.
```

ou :

```
La valeur renvoyée par la fonction cube est de type double.
```

Les valeurs de retour des fonctions sont renvoyées à la fonction appelante via l'instruction **return**, que nous expliciterons plus loin dans ce chapitre.

Paramètres

Dans l'en-tête de la fonction, le type de la valeur retournée est suivi du nom de la fonction. Celui-ci est complété par une paire de parenthèses, entre lesquelles peuvent éventuellement figurer des paramètres. Les parenthèses, comme le nom de la fonction, sont obligatoires.

La fonction **cube** a exactement un paramètre, à savoir une variable **double** nommée **x**, accompagnée de la spécification de son type. Les paramètres spécifiés dans la définition de la fonction sont qualifiés de paramètres formels. Il faut les distinguer des paramètres qui seront transmis à la fonction lorsqu'on l'invoquera. Ces derniers sont dits paramètres effectifs ou arguments de la fonction. Supposons par exemple que la fonction **cube** soit exécutée dans **main** via :

```
cube(2.0);
```

Ici, la constante 2.0 est le paramètre effectif que la fonction doit traiter. La valeur de ce paramètre effectif est recopiée dans le paramètre formel **x** de la fonction **cube**, et peut ensuite être manipulée par la fonction (c'est-à-dire élevée au cube).

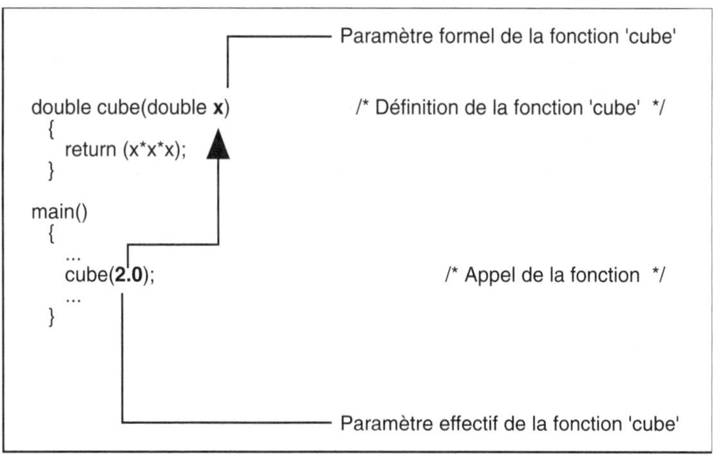

▲ Fig. 10.3 : *Ici, le paramètre effectif 2.0 est recopié dans le paramètre formel x*

Un paramètre formel est donc une variable locale, connue seulement à l'intérieur de la fonction pour laquelle elle est définie. Les paramètres formels et effectifs doivent correspondre en nombre et en type ; les noms peuvent en revanche différer. Supposons qu'on transmette à la fonction **cube**, à la place de la constante 2.0, un paramètre effectif, constitué par une variable réelle (par la valeur de celle-ci) définie dans **main**, par exemple via :

```
double e = 2.0;
```

Alors l'appel de fonction :

```
cube(e);
```

donne le même résultat que :

```
cube(2.0);
```

La valeur de la variable **e** est recopiée dans le paramètre formel **x**, et peut ensuite être traitée par **cube**.

Dans le cas de **cube**, ce que réalise la fonction est très simple, et se compose d'une seule instruction : **cube** calcule le cube d'une valeur et retourne le résultat à la fonction appelante. Cela se fait par l'intermédiaire d'une instruction **return** :

```
return (x * x * x); /* retourne le résultat de 'cube' à la
                       fonction appelante */
```

L'instruction return termine la fonction

L'instruction **return** met fin à l'exécution des instructions d'une fonction et rend le contrôle du programme à l'instance appelante. Eventuellement, elle lui renvoie une valeur que l'instance concernée peut utiliser dans ses propres instructions (**main** peut également renvoyer par **return** une valeur au système d'exploitation). **return** est vraiment une instruction et non une fonction, en dépit des parenthèses qui ne sont là que par pure convention syntaxique. On pourrait d'ailleurs omettre les parenthèses, car la syntaxe :

```
return <expression>;
```

est aussi valable que :

```
return (<expression>);
```

Si le type de **<expression>** ne coïncide pas avec le type de la valeur retournée, tel qu'il est défini dans l'en-tête de la fonction, alors le compilateur le convertit de manière adéquate. La spécification d'**<expression>** est optionnelle. Si elle est omise, la valeur retournée par la fonction est indéfinie (il en est de même si l'instruction **return** est complètement omise (voir section *Appels de fonctions*). Dans notre exemple, la valeur :

```
x * x * x
```

est renvoyée à la fonction `main` par l'instruction **`return`**. Mais où, dans `main` ? Vraisemblablement à l'endroit où la fonction **`cube`** a pris ses ordres, endroit à partir duquel doit continuer l'exécution des instructions de `main` lorsque la fonction **`cube`** a rempli son office. Cet endroit est celui où la fonction a été exécutée. Souvenons-nous que toute expression en C est évaluée. Même un appel de fonction comme :

```
cube(2.0)
```

est une expression (si on la termine par un point-virgule, alors on a une instruction contenant un appel de fonction). Tant que la fonction n'a pas retourné de valeur, la valeur de cette expression est indéfinie. Dès que l'instruction **`return`** est exécutée, l'expression :

```
cube(2.0)
```

prend justement la valeur retournée, à savoir x * x * x, soit 2.0 * 2.0 * 2.0 qui, comme on le sait, donne 8.0 et correspond au cube de 2.0 :

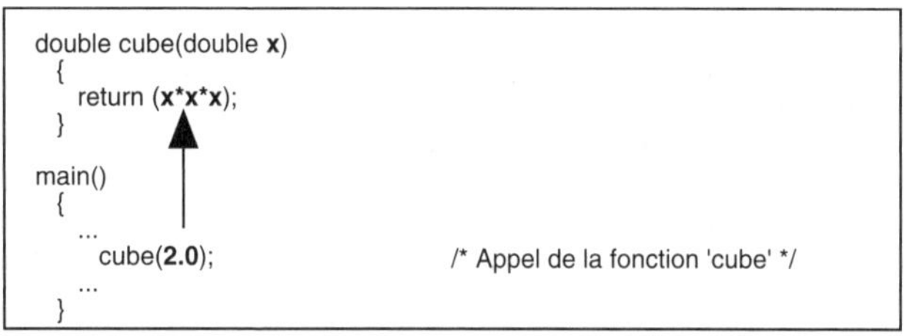

▲ Fig. 10.4 : *La valeur de retour de la fonction cube est récupérée là où elle fut invoquée*

On peut désormais réutiliser dans `main` la valeur retournée, par exemple la mémoriser dans une variable, et l'afficher, par exemple, comme le montre le programme suivant :

▼ Listing 10.1 : cube.c

```
/****   'cube' calcule le volume d'un cube    ***/

#include <stdio.h>

double cube(double x) /* définition de la fonction 'cube'   */
{
   return(x * x * x);
}

main()
{
   double e; /* longueur de l'arête du cube    */
   double volume; /* Volume du cube    */

   printf("Longueur de l'arête : ");
   scanf("%lf", &e);
```

```
    volume = cube(e); /* Appel de la fonction 'cube' et affectation de */
                      /* la valeur retournée à la variable 'volume'   */

    printf("Le volume du cube est : %f\n", volume);
}
```

Traitement direct des valeurs de retour

Le programme demande la longueur de l'arête du cube, puis calcule au moyen de la fonction **cube** le volume du cube et affiche le résultat. L'affectation de la valeur retournée à la variable **volume** n'est d'ailleurs pas obligatoire. En effet, l'expression :

```
cube(e)
```

prend elle-même la valeur de retour. Au lieu d'écrire :

```
volume = cube(e);
printf("Le volume du cube est : %f\n", volume);
```

on aurait pu donc employer une formulation plus compacte, en se passant de la variable **volume** :

```
printf("Le volume du cube est : %f\n", cube(e));
```

Ici la fonction **cube** sert de paramètre à la fonction **printf**. Après exécution de la fonction **cube**, l'expression **cube(e)** prend la valeur de retour et elle est affichée.

Fonctions avec plusieurs paramètres

On pourrait généraliser le programme du cube, de façon à ce qu'il puisse calculer le volume non seulement des cubes, mais également des parallélépipèdes quelconques. Avec la même structure de programme, un seul paramètre ne suffit plus. En effet, la longueur, la largeur et la hauteur du parallélépipède peuvent prendre des valeurs différentes. Nous allons donc modifier comme il se doit notre programme *cube.c*.

▼ Listing 10.2 : cube2.c

```
/***   cube2 calcule le volume d'un parallélépipède   ***/

#include <stdio.h>

double parallel(double x, double y, double z)
                           /* définition de la fonction 'parallel' */
{
     return(x * y * z);
}

main()
{
    double longueur, largeur, hauteur;
```

```
    printf("Longueur, largeur, hauteur du parallélépipède : ");
    scanf("%lf %lf %lf", &longueur, &largeur, &hauteur);

    /* appel de la fonction 'parallel' et affichage de la valeur de retour */

    printf("Le volume du parallélépipède est : %f\n",
                parallel(longueur, largeur, hauteur));
}
```

La différence avec *cube.c* est minime. Elle consiste simplement en ce que la liste des paramètres en contient trois au lieu d'un seul, et qu'il faut lire trois valeurs au lieu d'une seule. Les valeurs des paramètres `long`, `larg` et `haut` avec lesquels la fonction est exécutée sont recopiées, dans l'ordre, dans les paramètres formels `x`, `y` et `z`. Ainsi, `x` prend la valeur de `longueur`, `y` celle de `largeur` et `z` celle de `hauteur` :

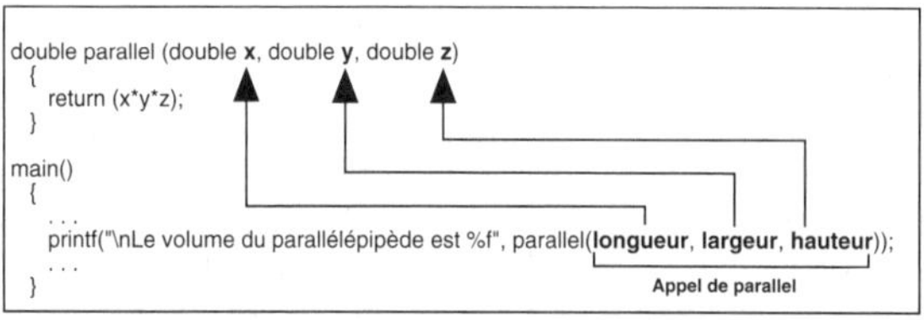

Fig. 10.5 : *Les valeurs des paramètres effectifs sont recopiées dans les paramètres formels*

Comme règle générale concernant l'affectation, nous pouvons dire que le premier paramètre effectif correspond toujours au premier paramètre formel, le second paramètre effectif au second paramètre formel, et le énième paramètre effectif au énième paramètre formel. Vous vous doutez donc bien que vous devez vous attendre à des erreurs si le nombre de paramètres effectifs et le nombre de paramètres formels ne sont concordants.

Fonction sans paramètre

Naturellement, on peut construire également une version de la fonction `cube` qui ne nécessite aucun paramètre pour l'exécution de sa mission. Pour indiquer qu'une fonction ne possède aucun paramètre, on écrit le mot clé `void` (rencontré dans un autre contexte) dans la définition de la fonction, à la place des paramètres manquants, entre les parenthèses de fonction. Cela est illustré par la définition de la fonction `cube2` dans le programme suivant. Nous connaissons donc maintenant trois utilisations de `void` : la première en tant que type de données (chapitre *Pointeurs*), la seconde pour indiquer qu'une fonction ne retourne pas de valeur et enfin, pour signaler l'absence de paramètres.

▼ Listing 10.3 : cube3.c

```
/***   cube3 calcule le volume d'un cube via une fonction ***/
/***   sans paramètre  ***/

#include <stdio.h>
```

```
double cube2(void) /* définit fct. 'cube2' : 'void' indique qu'il */
                   /* n'y a pas de paramètres    */
{
    double e; /* variable locale à la fonction cube2    */
    printf("Longueur de l'arête du cube : ");
    scanf("%lf", &e);
    return (e * e * e);
}

main()
{
    /* appel de la fonction 'cube2' et affichage de la valeur de retour */

    printf("Le volume du cube est : %f\n", cube2());
}
```

Dans cette version de la fonction **cube**, il n'y a pas de paramètres pour la fonction. Notez bien que l'appel d'une fonction sans paramètres se fait avec des parenthèses vides. La fonction prend ici en charge une tâche qui était autrefois dévolue à **main**, c'est-à-dire la saisie de la longueur de l'arête du cube. Cette saisie est stockée dans une variable **e**, qui n'est pas un paramètre de la fonction, mais simplement une variable locale "normale" de la fonction **cube2**, définie entre les accolades de bloc. À part cela, la fonction renvoie toujours le résultat de ses calculs au programme principal, qui l'affiche.

La récapitulation suivante est fort instructive, dans la mesure où elle présente les codes des fonctions **cube**, **cube2** et **parallel** avec leurs interprétations en langage courant :

Code	Description

double cube(double x)
{
return (x*x*x);
}
	cube est une fonction de type **double** avec *un* paramètre de type **double**. Elle élève un nombre à la puissance 3 (par exemple le volume d'un cube).

double cubes2(void)
{
double e;
printf("Longueur de l'arête :");
scanf("%lf", &e);
return (e*e*e);
}
	cube2 est une fonction de type **double** *sans* paramètre. Elle élève un nombre à la puissance 3.

double parallel (double x, double y double z)
{
return (x*y*z);
}
	parallel est une fonction de type **double** avec *trois* paramètres de type **double**. Elle calcule le produit de trois nombres (par exemple le volume d'un parallélépipède).

◄ Fig. 10.6 : *Code et description parlée de fonctions*

Définition traditionnelle des fonctions

À côté de la forme récente pour la définition des fonctions, il existe une autre, plus ancienne que l'on rencontre encore parfois : *Définition de fonction à l'ancienne* :

```
[<classe>] [<type>] <nom> ([n1, n2, ... , nn])
[définition des paramètres formels n1 ... nn]
   {
      [définitions de variables locales]
      [déclarations de variables externes]
      [déclarations d'autres fonctions]

      [instructions]
   }
```

Par rapport à la première syntaxe, la différence réside dans le fait que la liste des paramètres dans l'en-tête ne contient que les noms des paramètres, mais pas leurs types. `n1` à `nn` représentent donc la liste des noms des paramètres. La définition des paramètres formels s'effectue à part, sur la ligne suivante. Si la fonction ne possède aucun paramètre, le mot clé `void` peut être, lui aussi, omis. Les parenthèses de fonction peuvent donc rester vides (quoique cela soit déconseillé). À titre de comparaison, voici les trois fonctions précédentes, écrites dans les deux syntaxes :

Ancienne syntaxe de définition	Nouvelle syntaxe de définition

double cube(x)
 	
double x;
{
return (x*x*x);
}
	double cube(double x)
	
	{
	return (x*x*x);
	}

double cube2()
{
double e;
 	
printf("Longueur de l'arête : ");
scanf("%lf", &e);
return (e*e*e);
}
	double cube2(void)
	{
	double e;
	
	printf("Longueur de l'arête : ");
	scanf("%lf", &e);
	return (e*e*e);
	}

double paralle (x, y, z)
 	
double x, y, z;
{
return (x, y, z);
}
	double parallel (double x,
	double y,
	double z)
	
	{
	return (x, y, z);
	}

◄ Fig. 10.7 : *Ancienne et nouvelle syntaxes pour la définition des fonctions*

Un exercice simple

À titre d'exercice, essayez maintenant, à partir de l'exposé d'un problème, de définir une fonction et d'intégrer celle-ci dans un programme. Imaginez que l'on vous demande d'écrire une fonction qui calcule le plus grand de deux entiers. Ce type de fonction peut servir, par exemple, dans un programme de tri, lorsqu'il faut déterminer, avant de procéder à une éventuelle permutation, lequel des deux nombres est le plus grand.

Pour déterminer la plus grande de deux valeurs, il faut les comparer. On pourrait les transmettre comme paramètres à la fonction qui doit effectuer cette opération. Appelons-les a et b. Il faut alors distinguer les cas suivants :

```
a > b
a < b
a = b
```

Gardons en mémoire que la fonction doit renvoyer une valeur permettant d'identifier le plus grand des deux nombres. On pourrait donc commencer par coder ainsi le corps de la fonction :

```
. . . /* corps de la fonction */
{
   if (a > b) /* a supérieur à b */
     return (a);
   else if (a < b) /* a inférieur à b */
     return (b);
   else /* les nombres sont égaux */
     return (0);
}
```

Dans ce qui précède, la fonction retourne le plus grand des deux entiers, ou bien 0 s'ils sont égaux. Il est donc possible de prendre le même type de paramètre que celui de la valeur retournée (ce n'est pas le cas en général, car ce qu'une fonction prend comme paramètre n'est pas forcément de même nature que ce qu'elle renvoie). Étant donné que l'exposé du problème ne dit rien sur l'ordre de grandeur des entiers, nous prendrons donc le type long pour les paramètres formels comme pour la valeur de retour ; cela nous permettra de travailler sur de grands nombres. Nous voici maintenant en mesure de compléter la définition de notre fonction avec l'en-tête manquant. Il nous faut cependant lui attribuer un nom. Étant donné qu'elle compare des valeurs long, nous la baptiserons lcomp :

```
/* lcomp détermine le maximum de deux entiers */
long lcomp(long a, long b)
{
   if (a > b) /* a supérieur à b */
      return (a);
   else if (a < b) /* a inférieur à b */
      return (b);
   else /* les nombres sont égaux */
      return (0);
}
```

Le programme simple qui suit demande deux nombres et utilise la fonction `lcomp` pour trouver le plus grand des deux. Le programme n'effectue aucun contrôle de validité sur les valeurs saisies.

▼ Listing 10.4 : showmax1.c

```
/***  showmax1 calcule le maximum de deux nombres saisis  ***/
/***  par l'utilisateur  ***/

#include <stdio.h> /* printf, scanf */

long lcomp(long a, long b) /* définition de la fonction 'lcomp' */

{
  if (a > b) /* a supérieur à b */
     return (a);
  else if (a < b) /* a inférieur à b */
     return (b);
  else /* les nombres sont égaux */
     return (0);
}

main()
{
     long x, y;

     printf("Le programme détermine le plus grand de deux entiers\n"
            "compris entre -2 000 000 000 et +2 000 000 000.\n");

     printf("Premier entier : ");
     scanf("%ld", &x);

     printf("Second entier : ");
     scanf("%ld", &y);

     /* affichage du plus grand des deux nombres */

     if (lcomp(x, y) == x) /* si valeur renvoyée par 'lcomp' = x */
         printf("\nLe maximum est %ld.\n", x);
     else if (lcomp(x,y) == y) /* si valeur renvoyée par 'lcomp' = y */
         printf("\nLe maximum est %ld.\n", y);
     else
         printf("\nLes deux nombres sont égaux.\n");
}
```

Amélioration

La fonction `lcomp` remplit bien sa mission ; cependant, nous remarquons que l'on utilise une construction `if` aussi bien dans la fonction lcomp que dans `main`, pour vérifier la relation entre les nombres (a>b, ou b<a, ou a=b). Est-il vraiment nécessaire dans `lcomp` d'avoir une instruction spécifique pour chaque cas de figure ? Ne pourrait-on pas déterminer plus simplement la relation qui existe entre les nombres ? Est-il possible d'utiliser la différence

(a - b) des deux nombres ? Si a est plus grand que b, la différence (a-b) est positive, donc supérieure à 0. Si a est plus petit que b, la différence (a-b) est négative, donc inférieure à 0. On peut donc, à partir de la différence des deux nombres, déterminer la relation qui existe entre eux. Par conséquent, si la fonction lcomp renvoyait cette différence, la fonction appelante main pourrait en déduire lequel des deux nombres est le plus grand (ou s'ils sont égaux). Si vous traduisez cette idée dans la définition de lcomp, vous obtenez :

```
long lcomp(long a, long b)
{
        return (a - b);
}
```

Il faut ensuite adapter le passage correspondant dans le programme principal main, de sorte que la valeur retournée soit réutilisable :

```
if (lcomp(x, y) > 0) /* valeur retournée par 'lcomp' > 0 ? */
   printf("\nLe maximum est %ld.\n", x);

else if (lcomp(x, y) < 0) /* valeur retournée par 'lcomp' < 0 ? */
   printf("\nLe maximum est %ld.\n", y);

else
   printf("\nLes deux nombres sont égaux.\n");
```

Peut-on s'estimer satisfait ? En y regardant d'un peu plus près, on constate que la fonction lcomp est appelée deux fois. La première fois dans la branche if de l'instruction conditionnelle et la seconde fois dans la première branche else. Il suffirait pourtant d'un appel pour déterminer le maximum des deux nombres. Ce double appel de la fonction tient à ce que dans la version précédente, on utilise directement la valeur de retour de la fonction, sans passer par une variable auxiliaire. Cette valeur de retour est donc "fugace". Ajoutez dans **main** une variable supplémentaire :

```
long result;
```

chargée de récupérer le résultat de lcomp, et vous n'aurez alors besoin que d'un seul appel de la fonction lcomp' :

```
if ((result = lcomp(x, y)) > 0) /* valeur retournée par 'lcomp' > 0 ? */
   printf("\nLe maximum est %ld.\n", x);

else if (result < 0) /* valeur retournée par 'lcomp' < 0 ? */
   printf("\nLe maximum est %ld.\n", y);

else
   printf("\nLes deux nombres sont égaux.\n");
```

Voici le programme *showmax2.c*, qui représente donc une version modifiée de notre programme *showmax1.c* :

▼ Listing 10.5 : showmax2.c

```
/***  showmax2 calcule le maximum de deux nombres saisis    ***/
/***  par l'utilisateur                                     ***/

#include <stdio.h> /* printf, scanf */

long lcomp(long a, long b) /* définition de la fonction 'lcomp' */
{
   return (a - b);
}

main()
{
   long x, y, result;

    printf("Le programme détermine le plus grand de deux entiers\n"
          "compris entre -2 000 000 000 et +2 000 000 000.\n");

   printf("Premier entier : ");
   scanf("%ld", &x);
   printf("Second entier : ");
   scanf("%ld", &y);

   /* affichage du plus grand des deux nombres */

   if ((result = lcomp(x, y)) > 0)  /* si valeur renvoyée
                                       par 'lcomp' > 0 ? */
      printf("\nLe maximum est %ld.\n", x);
   else if (result < 0) /* si valeur renvoyée par 'lcomp' < 0 ? */
      printf("\nLe maximum est %ld.\n", y);
   else
      printf("\nLes deux nombres sont égaux.\n");
}
```

10.2 Déclaration des fonctions

La définition d'une fonction doit être globale, c'est-à-dire se faire hors de toute fonction. Mais, à part cela, elle peut intervenir n'importe où dans le programme. Jusqu'à présent, les définitions de nos fonctions personnelles étaient toujours placées avant la fonction principale `main`. D'une manière plus générale, les fonctions étaient définies, dans le programme, avant la fonction qui les utilisait. De ce fait, les fonctions étaient déjà connues du compilateur lorsqu'elles étaient exécutées. Cela a son importance. Si on invoquait une fonction avant que le compilateur ne la connaisse, des complications pourraient survenir. En pareil cas, la valeur de retour de la fonction ne serait pas définie, et le compilateur supposerait que la fonction renvoie un `int`, ce que pourrait contredire la définition ultérieure de la fonction. En outre, le compilateur ne serait pas en mesure de vérifier la concordance des paramètres formels (paramètres de la définition) et des paramètres effectifs (paramètres de l'appel). Des erreurs de types passeraient inaperçues, et le compilateur n'afficherait aucune erreur correspondante.

Supposons que l'on fasse traduire cette nouvelle version (*cube4.c*) du programme *cube.c* :

```
#include <stdio.h>

main()
{
   double e;
   double volume;

   printf("Longueur de l'arête : ");
   scanf("%lf", &e);

   volume = cube(e); /* Appel de la fonction 'cube' et affectation de */

                     /* la valeur retournée à la variable 'volume' */
   printf("\nLe volume du cube est : %f\n", volume);
}

double cube(double x) /* définition de la fonction 'cube' */
{
   return(x * x * x);
}
```

Ici, la fonction `cube` n'est définie qu'après `main`. On se retrouve alors dans la situation que nous venons de décrire : la fonction `cube` est invoquée (dans `main`) avant d'être définie. Si le programme est traduit tel qu'il est écrit, le compilateur indique une erreur de redéfinition. La raison en est qu'au moment de l'appel de `cube`, il ne dispose pas d'informations suffisantes la concernant ; en particulier, ne connaissait pas le type de la valeur retournée, il a donc pris le type `int`. Plus loin dans le programme, le compilateur trouve la définition de la fonction, avec le type `double`. Cette incohérence fait que le compilateur interrompt la traduction du programme, et affiche un message d'erreur ad hoc. Dans des cas comme celui-ci, vous pourrez donner au compilateur les informations nécessaires concernant une fonction avant qu'elle ne soit invoquée. Pour cela, vous passerez par une construction syntaxique particulière, dite "déclaration de fonction".

Une déclaration de fonction est obligatoire lorsqu'une fonction doit être utilisée avant d'être définie (ou dans d'autres modules que celui dans lequel elle est définie). À l'instar de la définition, une déclaration de fonction fournit des indications sur le nom de la fonction, sur le type de la valeur retournée, sur la classe de mémorisation et sur d'éventuels paramètres. Mais, contrairement à une définition, une déclaration de fonction ne fait que donner au compilateur des renseignements sur une entité existante, et n'en crée pas de nouvelle. Comme une variable, une fonction peut être redéclarée plusieurs fois. Mais elle n'est définie qu'une seule fois.

Syntaxe multiforme des déclarations de fonctions : prototypes et formes classiques

Pour la déclaration des fonctions, il existe également plusieurs syntaxes. Le standard ANSI actuel propose deux variantes pour la déclaration de ce qu'on appelle des "prototypes". On trouve, en outre, une forme traditionnelle (moins conseillée) de déclaration. Voici la syntaxe d'une déclaration de fonction sous forme de prototype :

```
[<classe>] [<type>] nom ([t1 n1, t2 n2, ... , tn nn]);
/* prototype (complet) */
```

Ici également, `t1` ... `tn` désignent les types, et `n1` ... `nn` les noms des paramètres éventuels. Si la fonction n'a pas de paramètre, on l'indique par le mot clé `void` placé entre les parenthèses de fonction (comme pour la définition de celle-ci). La similitude de la déclaration avec l'en-tête de la fonction est évidente. La différence tient simplement à la présence du point-virgule à la fin de la déclaration. Dans une variante des prototypes, on renonce aux noms des paramètres pour ne donner que les types. Seuls ces derniers sont, en effet, indispensables au compilateur, les noms des paramètres dans la déclaration n'ayant qu'une valeur purement documentaire :

```
[<classe>] [<type>] nom([t1, t2, ... , tn]);
/* variante de prototype */
```

Ainsi, pour déclarer la fonction `cube` avant son appel dans *cube4.c*, on pourrait passer par :

```
double cube(double x);
```

ou par :

```
double cube(double);
```

Nous prendrons dans cet ouvrage les prototypes complets. Voici donc une version maintenant correcte de *cube4.c* :

▼ Listing 10.6 : cube4.c

```
/**** cube4 calcule le volume d'un cube ****/

#include <stdio.h>

main()
{
    double cube(double x); /* déclaration de la fonction 'cube' : */
                              obligatoire car 'cube' est appelée */
                           /* avant d'être définie */
    double e;
    double volume;
```

```
    printf("Longueur de l'arête : ");
    scanf("%lf", &e);

    volume = cube(e);          /* Appel de la fonction 'cube' */
                               /* et affectation de la valeur retournée */
                               /* à la variable 'volume' */
    printf("\nLe volume du cube est : %f\n", volume);
}

double cube(double x)            /* définition de la fonction 'cube' */
{
    return(x * x * x);
}
```

Forme traditionnelle de la déclaration des fonctions

Contrairement aux prototypes, l'ancienne syntaxe de déclaration des fonctions ne donne aucun renseignement sur les paramètres (éventuels) d'une fonction :

```
[<classe>] [<type>] nom();    /* ancienne forme de la déclaration
                              /* des fonctions */
```

L'absence d'indications concernant les paramètres de la fonction peut avoir des conséquences a posteriori. En effet, dans le cas où une fonction est exécutée avant d'être définie, le compilateur vérifie, à l'aide de la liste des paramètres de la déclaration (qui doit naturellement être le reflet de la liste des paramètres de la définition), s'il y a concordance entre le type et le nombre des paramètres, dans l'appel et dans la définition de la fonction. Si les parenthèses de fonction restent vides dans la déclaration (ou bien si la déclaration est omise), alors aucune vérification de paramètres n'a lieu. Cela entraîne que des erreurs de type peuvent passer inaperçues, pour le compilateur, qui omettra donc de les signaler. Lorsque le compilateur rencontre l'appel d'une fonction pour laquelle il n'y a pas de déclaration, ou pour laquelle il y a une déclaration sans paramètres, alors il crée un prototype de fonction à partir des informations qu'il peut deviner (en se fondant sur l'appel de la fonction). On parle dans ce cas de déclaration implicite de fonction lors de l'appel. Mais si l'appel de la fonction contient d'autres paramètres que la définition, il peut en résulter des erreurs dans le programme. Considérons pour cela un exemple simple :

▼ Listing 10.7 : typerr.c

```
/** typerr montre quelques erreurs de type sur les paramètres  **/
/** des fonctions **/

#include <stdio.h>

main()
{
     void func(int i);     /* déclaration de la fonction 'func'
```

```
                                    (prototype) */
     double d = 3.14;
     func(d); /* appel de 'func' avec un paramètre de type erroné */
}

void func(int i) /* définition de la fonction 'func' */
{
     printf("%d\n", i);
}
```

Dans le programme qui précède, la fonction **func**, avant d'être invoquée, est déclarée par un prototype à partir duquel le compilateur s'attend à ce qu'elle possède un paramètre de type **int**. L'appel de la fonction donne donc lieu à une vérification de syntaxe par le compilateur. Étant donné que le paramètre effectif est de type **double**, le compilateur signale soit une discordance de types (du paramètre effectif et du paramètre formel), soit une conversion du paramètre effectif vers le type du paramètre formel. Si on ignore cet avertissement, et si on exécute le programme tel quel, on obtient 3 comme résultat, car la conversion de la valeur **double** 3.14 en **int** a pour conséquence l'occultation des décimales.

Si on remplace le prototype par la déclaration à l'ancienne mode :

```
void func();
```

sans les paramètres, alors le compilateur ne procède à aucune vérification de syntaxe, et ne signale donc rien sur les divergences entre les types des paramètres effectifs et formels. Du fait de la conversion (implicite) manquante, la valeur à virgule flottante serait considérée comme une valeur entière. Lors de l'exécution du programme, elle serait affichée comme telle, ce qui donnerait un résultat absurde. Lorsqu'une fonction est vraiment dépourvue de paramètres, il faudrait le signaler au compilateur dans la déclaration, comme dans la définition, à l'aide du mot clé **void** placé entre les parenthèses. Avec :

```
void func(void);
```

on déclarerait une fonction **func**. De cette déclaration et de la spécification **void**, le compilateur déduirait que la fonction n'admet pas de paramètres. La conséquence de la déclaration précédente serait que, contrairement à ce qui se passe avec une déclaration avec parenthèses vides, le compilateur procéderait à une vérification syntaxique lors de l'appel de la fonction. Dans le contexte de la déclaration classique des fonctions, insistons sur la différence entre les deux lignes suivantes :

```
void func();
void func(void);
```

La première déclaration est possible (mais déconseillée). Malgré les parenthèses vides, il se peut que la fonction admette tout de même des paramètres. Cela peut entraîner les problèmes précédemment évoqués. Il est d'ailleurs possible d'éliminer cette déclaration (ce qui se fait parfois), car une telle déclaration n'apporte rien de plus qu'une absence de déclaration. La seconde déclaration indique sans ambiguïté que la fonction ne possède ni valeur de retour, ni paramètres.

Rappelez-vous enfin que si, plus loin dans le programme, la fonction `func` est définie avec une valeur retournée de type non `void`, le compilateur signalera une erreur de redéfinition.

Déclaration locale des fonctions

Comme pour la définition, l'endroit où est déclarée une fonction a son importance. Naturellement, la fonction doit être déclarée avant d'être invoquée pour la première fois. Dans nos exemples, les déclarations de fonctions intervenaient à l'intérieur de `main`, donc dans une autre fonction. Cela signifie (comme pour les variables) que la fonction ainsi déclarée n'est connue que de `main` (plus généralement de la fonction où elle est déclarée). De ce fait, d'autres fonctions du même module ne pourraient pas l'exploiter directement. La comparaison des deux constructions suivantes illustre le problème :

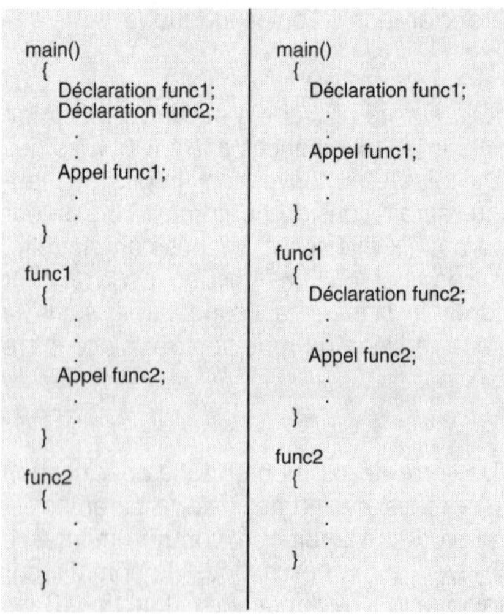

Fig. 10.8 : *À gauche, une déclaration problématique de func2, à droite une déclaration correcte*

Le programme de gauche déclare la fonction `func2` au sein de `main`. L'appel de `func2` se fait dans `func1`. Comme la déclaration a eu lieu dans `main`, `func2` (conformément au standard ANSI) est inconnue de `func1`. Cela signifie que le compilateur créera de toutes pièces un prototype pour la fonction `func2`, en se fondant sur les informations dont il dispose lorsqu'il rencontre l'appel de la fonction. Les suppositions faites alors par le compilateur sur le type de la fonction et sur ses paramètre ne correspondent pas forcément aux spécifications trouvées dans la définition ultérieure. Cela peut provoquer des erreurs soit de compilation, soit d'exécution. Signalons toutefois qu'il existe des compilateurs qui étendent la norme ANSI, en ce sens qu'une fonction est connue dans tout le reste du fichier source depuis l'endroit où elle a été déclarée, que la déclaration soit interne à une fonction ou globale. Dans notre exemple, cela voudrait dire que la fonction `func2` est connue de `func1` bien qu'elle soit déclarée dans une autre fonction, à savoir `main`. De telles extensions de la norme ANSI peuvent restreindre la portabilité des programmes, qui peuvent ne plus fonctionner sur des systèmes strictement conformes à cette norme.

Le programme de droite déclare la fonction `func2` à l'intérieur de `func1` et l'y exécute. Cela ne présente maintenant pas de difficultés, étant donné que `func2` est connue dans `func1` via la déclaration. En revanche, l'exécution de `func2` dans `main`, du fait de l'absence de déclaration, entraînerait des problèmes semblables à ce que nous venons de décrire, concernant le programme de gauche. Prenons un exemple concret. Nous allons diviser notre fonction `cube2` en deux parties, et en faire deux fonctions autonomes appelées `first` et `second` :

```
/*** cube5err montre l'effet de
déclarations de fonctions mal
positionnées ***/

#include <stdio.h>

main()
{
   double first(void);
   double second(double x);
   printf("\nVolume = %f", first());
}

double first(void)
{
   double e;
   printf("Longueur de l'arête : ");
   scanf("%lf", &e);
   return (second(e));
}

double second(double x)
{
   return (x * x * x);
}
/*** cube5ok montre comment bien placer
 les déclarations de fonctions ***/

#include <stdio.h>
```

```
main()
{
   double first(void);
   printf("\nVolume = %f", first());
}

double first(void)
{
   double e;
   double second(double x);
   printf("Longueur de l'arête : ");
   scanf("%lf", &e);
   return (second(e));
}

double second(double x)
{
   return (x * x * x);
}
```

Les deux sources correspondent aux constructions de l'image précédente. La fonction **first** lit la longueur de l'arête, et exécute ensuite, dans l'instruction **return**, la fonction **second** pour calculer le volume. La fonction **second** exécute le calcul, et retourne le résultat à la fonction **first**, laquelle de son côté le renvoie par **return** à **main**.

Dans *cube5err.c*, la déclaration de **second** dans **main** fait que **second** est inconnue dans **first**. Sur un compilateur respectant strictement la norme ANSI, cela engendrerait une erreur de compilation.

Le programme *cube5ok.c* évite ce problème en déclarant **second** dans la fonction **first**.

Déclaration globale de fonction

La déclaration d'une fonction au sein de celle qui doit l'utiliser représente une possibilité pour la rendre connue dans une certaine portion du programme. Une autre technique consiste à la déclarer globalement fonction, c'est-à-dire hors de toute fonction. Ce faisant, les fonctions sont connues dans tout le reste du fichier, depuis leur emplacement de déclaration. Si les déclarations se trouvent au début du fichier source, avant main, alors les fonctions pourront être invoquées sans problème par toutes les fonctions du module. Il est donc préférable d'adopter cette méthode.

▼ Listing 10.8 : cube6.c

```
/*** cube6 montre comment déclarer globalement des fonctions ***/

#include <stdio.h>

double first(void); /* déclaration globale */
```

```
double second(double x); /* des fonctions 'first' et 'second' */

main()
{
     printf("Volume = %f\n", first());/* appel de la fonction 'first' */
}

double first(void) /* définition de la fonction 'first' */
{
     double e;
     printf("Arête ? ");
     scanf("%lf", &e);
     return (second(e)); /* appel de la fonction 'second' */
}

double second(double x) /* définition de la fonction 'second' */
{
     return (x * x * x);
}
```

Déclarations de fonctions dans les programmes comportant plusieurs modules

La déclaration globale des deux fonctions `first` et **second** en début de fichier assure qu'elles seront connues dans tout le module, et qu'elles pourront être exécutées sans problème. Mais que se passe-t-il si le programme compte plusieurs modules ? On pourrait par exemple éclater notre dernier programme *cube6.c*, composé jusqu'alors d'un seul fichier source, en plusieurs modules. Il suffirait pour cela d'écrire chacune des fonctions `main`, `first` et **second** dans un fichier séparé. Ici, le programme doit prendre le nom de *cube7*, après compilation et édition de liens. Nous commencerons par la version suivante (qui se révélera toutefois incorrecte) :

cube7.c

```
#include<stdio.h>

main()
  {
    printf("\nVolume = %f", first());
  }
```

f_modul.c

```
#include <stdio.h>

double first(void)
  {
    double e;

    printf("Longueur de l'arête : ");
    scanf("%lf", &e);
    return (second(e));
  }
```

s_modul.c

```
double second(double x)
  {
    return (x*x*x);
  }
```

◄ Fig. 10.9 : *Le programme cube7, composé de trois modules, est erroné*

Si nous compilions et faisons l'édition de liens (link) de notre programme tel qu'il est écrit, nous devons nous attendre à des messages d'erreur. La raison en serait que la fonction `first` est invoquée dans *cube6.c*, sans y être ni définie ni déclarée. `first` est inconnue dans *cube6.c*. Il en va de même pour la fonction `second` qui doit être utilisée dans *f_modul.c*. La règle générale est qu'il faut déclarer une fonction dans un module lorsque sa définition se trouve dans un autre module du programme. Une telle fonction, utilisée dans un autre module que celui où elle est définie, est dite fonction externe. Nous devrons donc compléter ainsi notre programme :

```
cube7.c

#include<stdio.h>

main()
  {
    printf("\nVolume = %f", first());
  }
```

```
f_modul.c

#include <stdio.h>

double second(double x);
double first(void)

  {
    double e;

    printf("Longueur de l'arête : ");
    scanf("%lf", &e);
    return (second(e));
  }
```

```
s_modul.c
double second(double x)
  {
    return (x*x*x);
  }
```

◄ Fig. 10.10 : *Le programme cube7 avec les déclarations requises*

La déclaration des fonctions `first` et `second` se fait ici globalement au début du fichier concerné. Ainsi, la fonction déclarée est connue dans tout le module. Pour qu'une fonction ne soit connue que dans une certaine partie d'un module, il suffit de la déclarer globalement, plus loin dans le module, ou bien localement, dans une fonction. La version suivante du programme de cube est composée des deux modules *cube8.c* et *func23.c*. Les déclarations y sont telles que la fonction externe `second` est connue dans le premier module tout entier, et que la fonction externe `third` n'est connue que de la fonction `first`. La fonction `first` non externe n'est connue que de `main`.

cube8.c	**func23.c**

<pre>#include<stdio.h>
 	
double second(double x);
 	
main()
  {
    double first(void);
    printf("\nVolume = %f", first());
  }
 	
double first(void)
  {
    double e;
    void third(void);
 	
    third(void);
    printf("Longeur de l'arête : ");
    scanf("%lf", &e);
    return (second(e));
  }</pre>
	<pre>#include<stdio.h>
	
	double second(double x)
	  {
	    return(x*x*x);
	  }
	
	void third(void)
	  {
	    printf("\033[2J");
	  }</pre>

▲ Fig. 10.11 : *cube8 se compose des modules cube8.c et func23*

Ci-dessus, les fonctions sont déclarées de telle sorte que second est connue dans le premier module tout entier, first seulement dans main et third seulement dans first.

Lors de la déclaration de fonctions d'autres modules du programme, il est habituel de préciser, à l'aide du mot clé (facultatif) `extern`, que la fonction utilisée n'est pas définie dans le même fichier source, mais a été importée. Ainsi, une fonction d'un autre module peut être déclarée via :

```
double second(double x);
```

ou bien par :

```
extern double second(double x);
```

La dernière écriture montre bien qu'il s'agit d'une fonction "étrangère".

Déclaration de fonctions dans les headers

La déclaration d'une fonction personnelle ne doit pas forcément être incluse explicitement dans le texte source par le programmeur. À l'instar des déclarations des fonctions prédéfinies, elle peut également se trouver dans un fichier *include*. Ce dernier est ensuite inséré dans le programme concerné par une directive ad hoc du préprocesseur. La version *cube9* du programme du volume du cube se compose de deux modules et emploie, outre le header standard `<stdio.h>`, un header personnel nommé *defndecl.h*. Ce dernier contient les déclarations des fonctions `second` et `third`, ainsi que la définition de la fonction `first` :

```
cube9.c

#include<stdio.h>
#include "defndcl.h"

main()
  {
    printf("\nVolume = %f", first());
  }
```

```
defndecl.h

double second(double x);
void third(void);

double first(void)
  {
    double e;

    third();
    printf("Longueur de l'arête : ");
    scanf("%lf", &e);
    return (second(e));
  }
```

```
func23.c

#include<stdio.h>
double second(double x)
  {
    return (x*x*x);
  }

void third(void)
  {
    printf("\033[2J");
  }
```

◄ Fig. 10.12 :
Le programme cube9 comporte 2 modules et utilise le header personnel defndecl.h

Avec les programmes composés de plusieurs modules, les directives `include` et autres du préprocesseur doivent être explicitement placées dans chaque module contenant des instructions qui les requièrent. Elles ne sont donc pas "héritées" d'un module du programme par les autres modules. C'est pourquoi le module *func23.c* (à cause de `printf`) contient l'instruction :

```
#include <stdio.h>
```

Pour le header personnel *defndecl.h*, nous avons choisi dans *cube9.c* la syntaxe :

```
#include "defndecl.h"
```

(avec guillemets et non signes inférieur/supérieur) afin d'indiquer que ce fichier ne se trouve pas dans le répertoire standard des headers prédéfinis, mais dans celui le programme source.

Naturellement, on peut se créer un répertoire spécial pour les headers personnels. Ainsi, sur un ordinateur fonctionnant sous le système d'exploitation DOS, la directive :

```
#include "c:\incfiles\defndecl.h"
```

ferait rechercher le fichier *defndecl.h* dans le répertoire *incfiles*. Notez bien que *defndecl.h* ne contient pas que des déclarations de fonctions, mais également la définition d'une fonction. En principe, on loge le code des fonctions directement dans les modules du programme, ou dans des bibliothèques. Les définitions des fonctions livrées avec le compilateur, par exemple, se trouvent (sous forme de code objet) dans de telles bibliothèques que l'on reconnaît habituellement à l'extension . *lib* (pour library). Après la compilation, le lieur remplace les appels de fonction dans un programme par le code correspondant des fonctions, pris dans la bibliothèque. On peut également créer ses propres bibliothèques, ou les combiner avec celles du compilateur. Le plus souvent, il existe des utilitaires spéciaux pour cela, qui sont fournis avec le compilateur.

Après qu'une fonction ait été définie ou déclarée dans un programme, elle y est ensuite exécutée. On sait qu'un tel appel active la fonction afin qu'elle accomplisse sa tâche spécifique, c'est-à-dire pour qu'elle commence à exécuter les instructions contenues en elle. Dans la section qui suit, nous allons étudier en détail ce qui se passe lorsqu'on appelle une fonction, et comment cela influence le déroulement du programme.

10.3 Appels de fonctions

Lorsque, dans une instruction d'un programme (dans `main` ou dans toute autre fonction) apparaît un nom suivi de parenthèses, entre lesquelles on peut trouver une liste d'expressions (valeurs, noms de variables, etc.), alors il peut s'agir de l'appel d'une fonction (le mot clé `return` répond également à cette description ; il peut donc s'agir de l'appel d'une macro).

Supposons que l'on rencontre dans une instruction l'expression :

```
add(2, 2)
```

Alors, on en déduit à raison que l'on invoque ainsi une fonction du nom de `add`. Apparemment, elle ajoute deux valeurs, dans notre cas les constantes 2 et 2. Un appel de fonction est une expression qui, après évaluation, représente une valeur du type de celle retournée par la fonction. Un appel de fonction peut donc figurer, en C, partout où l'on peut mettre une valeur de ce type. Si la fonction précédente est définie ainsi :

```
long add(int a, int b)
{
        return ((long) a + b);
}
```

alors des appels de la fonction `add` pourraient se rencontrer dans les contextes syntaxiques les plus divers. Le programme suivant montre quelques exemples :

```
long add(int a, int b); /* déclaration de add */

main()
{
        long result;
        . . .
        add(2, 2); /* appels */
```

```
        result = add(2, 2); /* de */
        printf("%ld\n", add(2, 2)); /* add */
        . . .
}

long add(int a, int b) /* définition de add */
{
    return ((long) a + b);
}
```

L'instruction :

```
add(2, 2);
```

contient simplement l'appel de fonction **add(2,2)** et calcule la somme des deux constantes 2 et 2. Le résultat est retourné à **main**, de sorte que l'expression **add(2,2)** a ensuite la valeur 4. Mais cette valeur n'est pas réutilisée ; elle est donc perdue. L'instruction :

```
result = add(2, 2);
```

renferme le même appel de la fonction **add**, mais affecte la valeur retournée 4 à la variable **result**. La valeur de retour est ainsi conservée pour une utilisation ultérieure. Enfin, dans l'instruction :

```
printf("%ld", add(2, 2));
```

l'expression **add(2, 2)** sert de paramètre à la fonction **printf** qui, après exécution de **add**, affiche la valeur retournée par cette fonction. Supposons qu'une fonction ne renvoie pas de valeur, par exemple parce qu'elle est définie par :

```
void showsum(int a, int b)
{
        printf("%ld\n", (long) a + b);
}
```

La fonction **showsum** affiche seulement la somme de deux valeurs passées comme paramètres. Des instructions telles que :

```
result = showsum(2, 2);
```

ont naturellement peu de sens. La valeur stockée dans la variable **result** (supposée être de type **long**) est indéfinie.

Quel que soit le contexte syntaxique dans lequel figure un appel de fonction, voilà ce qu'il se passe :

1. La liste des paramètres effectifs est évaluée. S'il y a réellement des paramètres, leurs valeurs sont affectées aux paramètres formels de la fonction. Tant qu'on n'a pas atteint la fin de la liste des paramètres, on recopie la valeur d'un paramètre effectif dans le paramètre formel de même rang.

2. La fonction invoquée reçoit le contrôle du programme et commence à exécuter ses instructions.
3. Si une instruction `return` intervient dans la fonction, alors son exécution se termine. La fonction appelée rend à la fonction appelante, via l'instruction `return`, le contrôle du programme, et lui retourne éventuellement une valeur. La fonction appelante achève ensuite l'exécution de l'instruction qui contenait l'appel de fonction, ou bien continue le programme à l'instruction suivante. Une fonction peut contenir plusieurs instructions `return` (par exemple dans une structure `if else`). Dans tous les cas, la fonction se termine lorsqu'une des instructions `return` intervient, les autres instructions `return` n'étant pas prises en compte.

Si la fonction appelée ne contient aucune instruction `return`, alors la fonction se termine lorsque sa dernière instruction est exécutée. Dans ce cas également, le contrôle du programme repasse à la fonction appelante, mais sans que celle-ci reçoive une valeur de retour définie.

Appels de fonction et pile

En C, les appels de fonction (ainsi que les paramètres et les variables `auto` des fonctions) sont gérés dans une zone mémoire appelée "segment de pile" ou "pile" (voir chapitre *Classes de mémorisation*). Le terme de "pile" (stack) s'explique par le fait que les données sont rangées puis effacées dans cette zone comme sur une pile. Plus généralement, une pile doit être comprise comme une structure de données avec un sommet (top) et un fond (bottom), dans laquelle on peut stocker une série de données sur lesquelles sont permis deux types de manipulations. L'opération `push` ajoute un élément au sommet de la pile, en d'autres termes en fait ne nouveau dernier élément de la série. La pile croît alors. L'opération `pop` enlève le dernier élément de la pile.

Une pile fonctionne donc selon la méthode LIFO (Last In First Out) : c'est toujours le dernier élément qui est enlevé en premier :

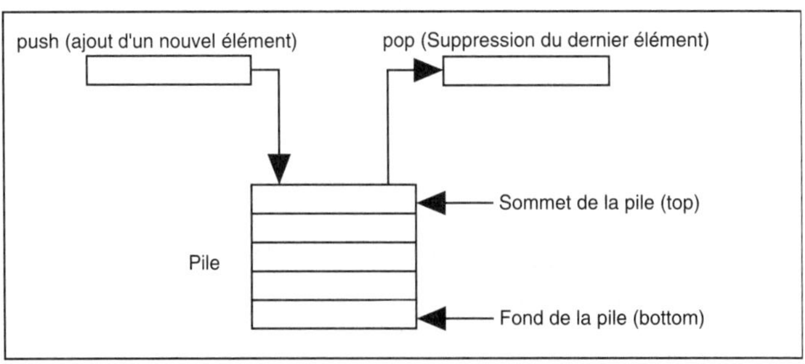

▲ Fig. 10.13 : *Fonctionnement d'une pile (mémoire LIFO)*

Supposons que l'on ait deux fonctions `push` et `pop`, ainsi qu'une zone de mémoire (par exemple un tableau) qui doit servir de pile pour `n` valeurs `short`. La taille maximale de cette pile serait donc de 2n octets. L'opération :

```
push(1);
```

déposerait la valeur entière 1 sur la pile, selon le schéma suivant :

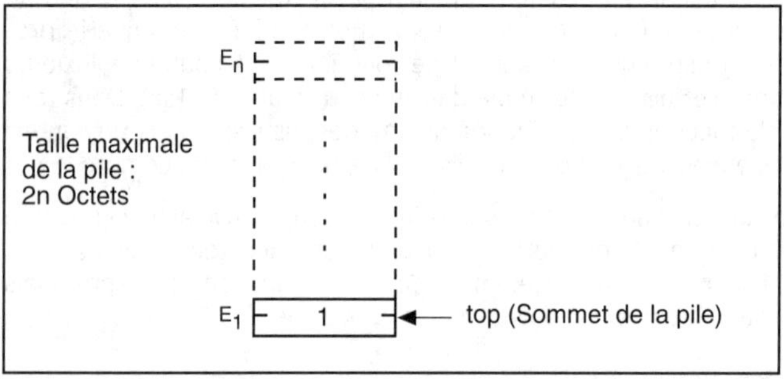

▲ Fig. 10.14 : *Une pile pour n valeurs short au plus : push(1) place la valeur 1 sur la pile*

Sur l'image précédente, les traits en pointillés matérialisent la taille maximale (en octets) que peut prendre la pile. La dimension actuelle de la pile est donnée par les traits simples. Les instructions :

```
push(2);
push(3);
```

font que deux autres valeurs sont placées sur la pile : on commence par poser la valeur 2 sur le sommet de la pile, puis on pose la valeur 3. Après quoi, la pile a l'allure suivante :

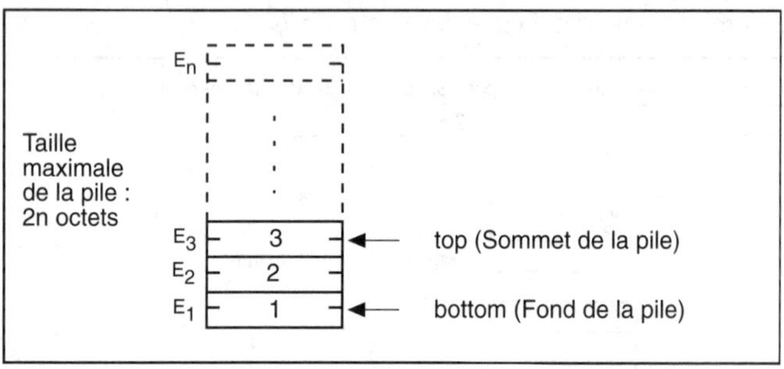

▲ Fig. 10.15 : *Après push(2) et push(3), la pile contient les valeurs 1, 2, 3*

Si maintenant on exécute l'instruction :

```
pop();
```

alors l'élément supérieur (le dernier : E3), à savoir la valeur 3, est ôté de la pile :

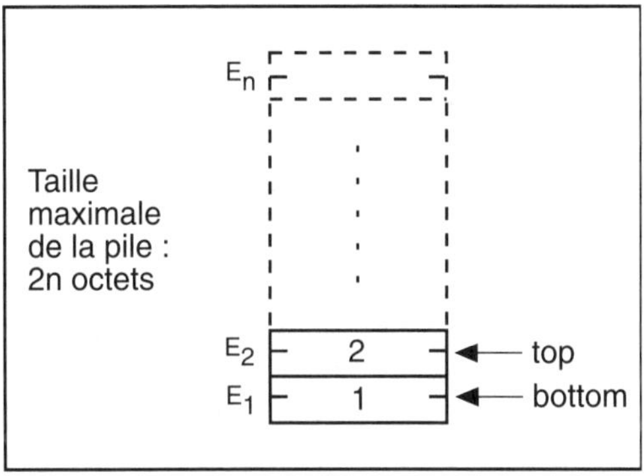

◄ Fig. 10.16 : *L'ancien dernier élément, la valeur 3, a été ôtée de la pile par pop()*

Les opérations suivantes :

```
pop();
pop();
```

enlèvent les valeurs 2 et 1 de la pile. Il ne reste donc plus, après cela, d'élément sur la pile : elle est complètement "détruite".

Lors de l'appel d'une fonction C, celle-ci se voit attribuer une portion de la pile allouée au programme. C'est là que sont stockés les paramètres et les variables **auto** de la fonction, ainsi qu'une adresse de retour. Cette dernière indique l'endroit de la fonction appelante où doit se poursuivre l'exécution du programme lorsque l'exécution de la fonction appelée sera terminée. Lorsque c'est le cas, la zone mémoire attribuée à la fonction appelée est libérée, et peut resservir pour d'autres appels de fonctions. Considérons, à titre d'exemple, un programme simple :

▼ Listing 10.9 : add34.c

```
/*** add34 additionne les constantes 3 et 4 ***/

#include <stdio.h>

void add(short a, short b); /* déclaration de add */
void showsum(long sum); /* déclaration de showsum */

main()
{
      short x = 3, y = 4;
      add(x,y); /* appelle add */
```

```
}

void add(short a, short b) /* définition de add */
{
     showsum(a+b); /* appelle showsum */
}

void showsum(long sum) /* définition de showsum */
{
     printf("%ld", sum); /* appelle printf */
}
```

Le programme *add34.c* additionne, d'une manière quelque peu compliquée, les deux valeurs 3 et 4, et affiche leur somme. Pour des raisons didactiques, on a réparti ces opérations simples sur trois fonctions, en plus de `main`. La fonction `main` contient ici les variables locales x et y. Ces deux variables, ainsi que l'adresse de retour au système d'exploitation, sont donc rangées, au démarrage de la fonction principale, sur la pile du programme, cela par des opérations push adéquates (pour notre exemple, nous supposerons que l'adresse de retour occupe 2 octets) :

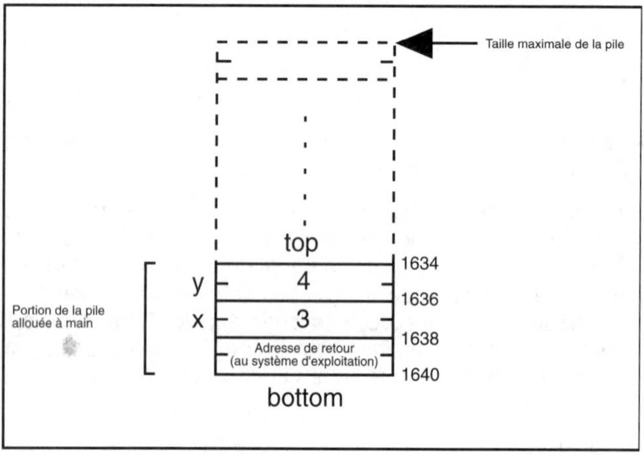

▲ Fig. 10.17 : *Pile de add34 après la lancement de main*

Pour la fonction `add`, une adresse de retour, cette fois vers `main`, est également mémorisée lors de l'appel de cette fonction. Les deux paramètres a et b sont créés, en tant que variables locales, dans la portion de pile réservée à `add` et prennent les valeurs des paramètres effectifs, donc 3 et 4 (notons bien que la pile croît dans la direction des adresses les plus faibles) :

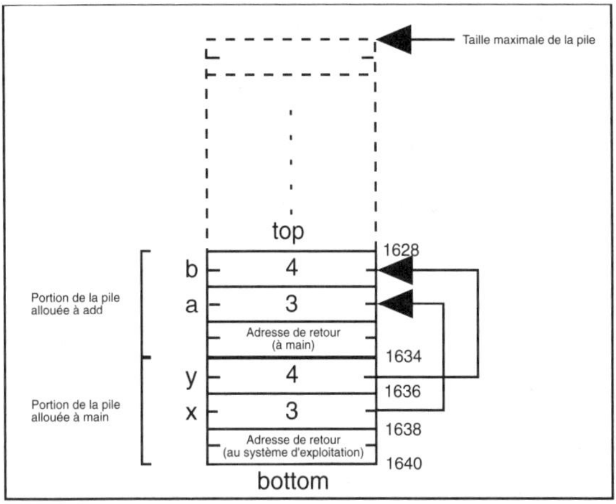

Fig. 10.18 : *La pile de add34 après l'appel de add*

De même, des portions de pile seront attribuées aux fonctions `showsum` et `printf`, de sorte qu'après l'appel de `printf`, on peut se représenter ainsi la pile :

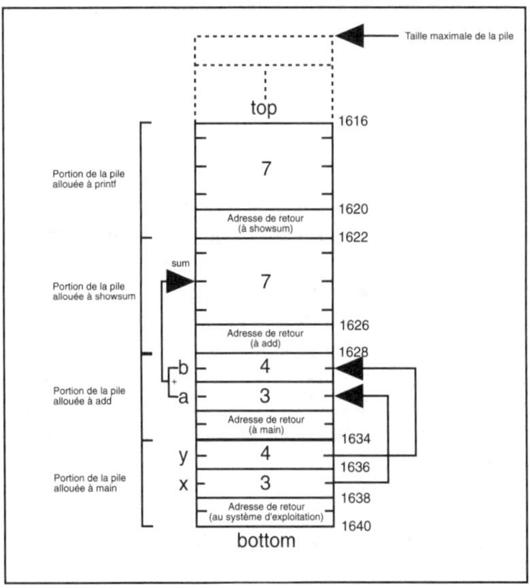

Fig. 10.19 : *Pile de add34 après l'appel de printf*

Une fois terminée l'exécution de `printf`, le contrôle du programme revient à la fonction `showsum` et le morceau de pile utilisé par `printf` est libéré. `showsum` ne contient pas d'autre instruction que `printf` et s'achève donc. Le contrôle du programme revient à la fonction **add**. La portion de pile de **showsum** est libérée. Le même processus se répète pour la fonction **add**, et le contrôle du programme repasse de cette façon à **main**. Sur la pile, on n'a plus maintenant que la portion allouée à **main**, ce qui correspond à la situation qu'on avait lors du démarrage de **main** en début de programme :

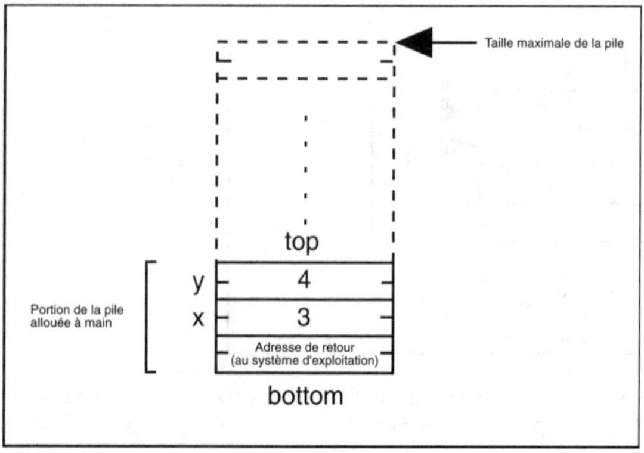

Fig. 10.20 : *Pile de add34 après exécution des fonctions add, showsum et printf*

main ne contenant plus d'instructions, le programme s'achève, et le contrôle de l'ordinateur est redonné au système d'exploitation.

Élimination des erreurs

Lors du traitement des expressions arithmétiques de la forme :

```
a + b   a - b   a * b   a / b
```

dans lesquelles a et b peuvent représenter n'importe quelles valeurs numériques, le compilateur choisit en principe librement l'ordre d'évaluation des deux opérandes. Pour former la somme, la différence, le produit ou le quotient de deux valeurs numériques normales, peu importe l'ordre d'évaluation des opérandes (pour autant qu'un opérande ne soit pas modifié pendant le traitement de l'expression, voir chapitre *Expressions et opérateurs*). Mais si les opérandes sont des valeurs retournées par des fonctions, l'ordre d'évaluation peut être important. Soit, par exemple la fonction suivante qui, d'un appel à l'autre, renvoie alternativement la valeur de la variable locale **x** ou de la variable locale **y** :

```
int getvalue(void)
{
    static int i; /* compte ne nombre d'appels de 'getvalue' */
    int x = 2, y = 1;
    if (++i % 2)
      return(x); /* si appel impair */
    else
      return(y); /* si appel pair */
}
```

Si l'instruction :

```
sum = getvalue() + getvalue();
```

était exécutée, avec la variable `sum` de type `int`, le résultat de l'addition serait toujours 3, du fait de la commutativité de l'opérateur `+`. Cela est vrai indépendamment de l'ordre d'exécution des deux appels de la fonction. Il en va autrement avec la soustraction (`diff` est une variable de type `int`) :

```
diff = getvalue() - getvalue();
```

Dans l'instruction qui précède, si c'est d'abord l'appel à gauche qui est exécuté, l'opérande de gauche prend alors la valeur 2, et l'opérande de droite la valeur 1, après exécution de l'appel à droite. La différence est donc de 1. En revanche, si l'appel à droite est évalué en premier, alors `getvalue` donne la valeur 2 pour l'opérande de droite et la valeur 1 pour l'opérande de gauche. La différence est ainsi de 1. Des effets analogues peuvent survenir avec la multiplication (commutative) et la division (non commutative).

Avec les opérateurs non commutatifs, il est donc possible de bâtir des expressions ambiguës, faites de plusieurs appels de fonction. Pour résoudre le problème, il faut exécuter séparément les appels de fonction. Si l'on veut, dans la soustraction précédente, former la différence x - y (2 - 1), alors il faut définir une variable appropriée pour stocker le résultat intermédiaire, par exemple :

```
int xval;
```

On commence par :

```
xval = getvalue();
```

La fonction est exécutée une première fois, et on range le résultat dans la variable `xval`. Ensuite, on forme la différence souhaitée avec :

```
diff = xval - getvalue();
```

et on peut l'affecter à la variable `diff`.

10.4 Passage des paramètres

Avec l'instruction `return` d'une part et la liste des paramètres d'autre part, une fonction dispose de deux moyens pour communiquer ou pour échanger des données avec d'autres fonctions. L'instruction `return` a déjà été traitée dans les sections précédentes. Elle retourne le résultat éventuel d'une fonction à celui qui l'a invoquée. Dans cette section, nous allons approfondir l'étude des paramètres des fonctions. Ce qui nous intéresse ici, c'est la nature de ces paramètres et la manière dont ils peuvent être transmis à la fonction, pour y remplacer ses paramètres formels et être, en tant que tels, manipulés par la fonction.

Les paramètres effectifs d'une fonction sont des expressions (noms de variables, constantes, expressions arithmétiques, adresses, etc.) qui doivent correspondre en nombre et en type aux paramètres formels spécifiés dans la définition de la fonction. En revanche, les noms des paramètres effectifs, dans la mesure où il s'agit d'entités nommées, sont libres. En C, nous devons distinguer deux méthodes pour transmettre des paramètres effectifs à une fonction : si la fonction reçoit, comme paramètre, la valeur d'une donnée (plus précisément, une copie de celle-ci), alors on parle de transmission par valeur (*call by value*). Si la fonction, en revanche, ne reçoit pas la valeur de la donnée, mais son adresse, alors on parle de transmission par adresse (*call by reference*). Laquelle des deux méthodes faut-il utiliser selon les cas ? Tel est justement l'objet de ce qui suit.

Passage par valeur (call by value)

Le passage par valeur est en C le mode standard de transmission de paramètres effectifs à une fonction. Si, par exemple, le nom d'une variable (tableaux exceptés) apparaît en tant que paramètre réel d'une fonction, alors la fonction appelée reçoit toujours la valeur de cette variable, et non son adresse. La fonction appelée reçoit plus précisément une copie de la valeur de l'objet passé comme paramètre effectif. Cette copie est affectée au paramètre formel correspondant. La fonction travaille donc sur un duplicata, et non sur l'original de la valeur transmise (comme nous le verrons plus loin, cela n'est pas sans conséquence). Le programme *show35.c* montre un exemple simple de passage de paramètres par valeur. La fonction `main` du programme transmet deux variables `int` comme paramètres effectifs à une fonction `show` qui doit afficher les valeurs des variables. Pour cela, les valeurs des paramètres réels sont recopiées dans les paramètres formels de `show`, puis affichés.

▼ Listing 10.10 : show35.c

```
/*** show35 donne un exemple de passage de paramètres par valeur ***/

#include <stdio.h>

void show(int x, int y); /* déclaration de show */

main()
{
   int a = 3, b = 5; /* variables locales à main */
   show(a, b); /* appelle show: passage par valeur */
}

void show(int x, int y) /* définition de show */
{
   printf("Valeur 1 : %d\tValeur 2 : %d\n", x, y);
}
```

Le programme donne :

```
Valeur 1 : 3      Valeur 2 : 5
```

ce qui est le résultat attendu. Rien ici ne permet de détecter le fait que la fonction **show** ait en réalité travaillé sur les copies des paramètres effectifs et non sur les originaux. On peut cependant modifier le programme pour distinguer les valeurs d'origine des valeurs dupliquées. Pour cela, nous exploiterons le fait suivant, qui se produit lors d'une transmission par valeur : la fonction appelée travaille seulement sur une copie du paramètre issu de la fonction appelante, et cette copie, en tant que paramètre formel, n'est qu'une variable locale à la fonction appelée. Celle-ci peut donc modifier la valeur de la copie locale, mais pas la valeur de la variable d'origine, issue de la fonction appelante, valeur à partir de laquelle a été fait le duplicata. La fonction appelée, ayant reçu simplement la copie d'une valeur de variable, ne "connaît" pas la variable (n'a pas l'adresse de celle-ci en mémoire) ayant servi à créer la copie. La fonction ne peut donc pas modifier la valeur de l'original.

On peut donc écrire une variante du programme *show35.c* dans laquelle les copies des deux variables transmises à la fonction **show** sont modifiées avant d'être affichées. À titre de contrôle, les valeurs des variables sont également affichées dans **main**, avant et après l'appel de **show**. On s'attend à ce que les valeurs des variables de **show** diffèrent de celles de **main**, preuve que dans la fonction appelée n'ont été traitées que des copies des valeurs originales.

▼ Listing 10.11 : show46.c

```
/*** show46 prouve qu'en cas de passage de paramètres par valeur,***/
/**  ce sont les copies et non les originaux qui sont transmis.  ***/

#include <stdio.h>

void show(int x, int y); /* déclaration de show */

main()
{
   int a = 3, b = 5; /* variables locales à main */
   printf("Valeurs des variables dans 'main' : %d\t%d\n", a, b);
   show(a, b); /* appelle show : passage par valeur */

   printf("Valeurs des variables dans 'main' : %d\t%d\n", a, b);
}

void show(int x, int y) /* définition de show */
{
   x++;
   y++;
   printf("Valeurs des variables dans 'show' : %d\t%d\n", x, y);
}
```

On obtient l'affichage suivant :

```
Valeurs des variables dans 'main' : 3   5
Valeurs des variables dans 'show' : 4   6
Valeurs des variables dans 'main' : 3   5
```

ce qui prouve bien que l'incrémentation des valeurs affectées aux paramètres formels, entreprise dans la fonction `show`, n'a aucune influence sur les valeurs des variables `x` et `y` passées comme paramètres réels. Après l'appel de `show`, `x` et `y` possèdent toujours les valeurs 3 et 5. Cela montre, à nouveau, que la fonction `show` n'a pas manipulé les valeurs d'origine des variables `x` et `y`, mais seulement des copies (locales) de celles-ci :

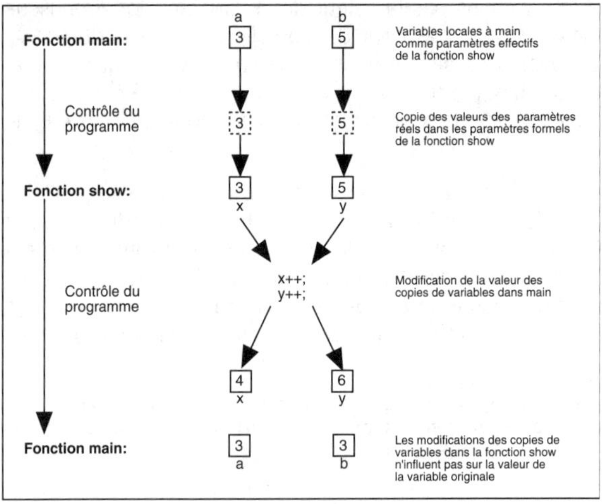

◄ Fig. 10.21 : *Appel de fonction avec passage des paramètres par valeur*

Les copies des valeurs des variables passées comme paramètres effectifs sont modifiées dans la fonction appelée, sans que cela se répercute sur les valeurs originales des variables, dans la fonction appelante.

Supposons maintenant qu'un programme doive non seulement afficher les valeurs de deux variables, mais également, à l'aide d'une fonction ad hoc, les permuter (ces manipulation sont surtout requis par les processus de tri). Pour deux variables `a` et `b`, cela signifierait par exemple que `a` doit prendre la valeur de `b` et `b` celle de `a`. Le programme *swaperr.c*, censé échanger les valeurs de deux variables `int`, ne va en fait pas du tout marcher.

▼ Listing 10.12 : swaperr.c

```
/*** swaperr donne un exemple d'essai infructueux de permutation ***/
/*** de deux variables, réalisée à l'aide d'une fonction         ***/
/*** spécifique                                                  ***/

#include <stdio.h>
```

```
void swap(int x, int y); /* déclaration de la fonction */

main()
{
      int a = 3, b = 5;

      printf("Valeur de a : %d\tValeur de b : %d\n", a, b);
      swap(a, b);    /* swap : appel par valeur */
      printf("Valeur de a : %d\tValeur de b : %d\n", a, b);
}

void swap(int x, int y) /* est censée permuter les valeurs de */
                        /* deux variables de la fonction appelante */
{
     int buffer;
     buffer = x;
     x = y; /* permutation */
     y = buffer;
}
```

La fonction **swap** effectue l'opération de permutation en trois phases qui vous sont familières, grâce auxquelles on peut échanger les valeurs de deux entités. Cependant, le programme donne comme affichage :

```
valeur de a : 3       valeur de b : 5
valeur de a : 3       valeur de b : 5
```

On reconnaît là-dessus que la permutation escomptée n'a visiblement pas eu lieu. Cela n'est pas particulièrement surprenant, car la fonction **swap**, en raison du passage des paramètres par valeur, ne reçoit que des copies des valeurs d'origine des variables. Elle peut seulement échanger les valeurs de ces copies locales, et non permuter les valeurs des variables de **main** dont sont issus les duplicata. Pour que la fonction **swap** puisse échanger les valeurs d'origine et non leurs copies, il faut qu'elle ait accès aux emplacements mémoire des variables a et b. En d'autres termes, la fonction **swap** doit connaître les adresses des données dont elle doit permuter les valeurs.

Passage par adresse (call by reference)

Lorsque l'on veut qu'une fonction puisse modifier la valeur d'une donnée passée comme paramètre, il faut lui transmettre la fonction non pas la valeur de l'objet concerné, mais son adresse. Cette technique de transmission des paramètres est dite "passage par adresse" (call by reference). La conséquence en est que la fonction appelée ne travaille plus sur une copie de l'objet transmis, mais sur l'objet lui-même (car la fonction en connaît l'adresse). La fonction invoquée range l'adresse transmise dans un paramètre formel approprié, donc dans un pointeur. Bien que ce paramètre formel ne soit qu'une variable locale à la fonction appelée, cette dernière a maintenant accès, via ce paramètre, à l'objet de la fonction appelante dont l'adresse a été passée comme paramètre effectif. Le passage des paramètres par adresse permet donc à une fonction de modifier les valeurs des variables d'autres fonctions.

Appliqué à notre programme de permutation, cela signifie que nous devons modifier la fonction swap de telle sorte qu'elle ne récupère pas, lors de son appel, les valeurs des variables a et b, mais leurs adresses. Les paramètres effectifs de swap doivent donc être des adresses, par exemple des noms de variables précédés de l'opérateur d'adressage ou des noms de pointeurs. Un appel de la fonction ressemblerait à :

```
swap(&a, &b)   /* transmission d'adresses : call by reference */
```

Ici les adresses de a et de b sont obtenues par l'opérateur &. On pourrait aussi, après avoir défini :

```
int *pa = &a;
int *pb = &b;
```

exécuter ainsi la fonction swap :

```
swap(pa, pb);   /* transmission d'adresses : call by reference */
```

Les adresses de a et de b sont alors transmises à swap dans des pointeurs. Si une fonction reçoit des adresses comme paramètres effectifs, cela suppose que les paramètres formels de la fonction aient été définis en tant que pointeurs. Pour la fonction swap qui doit échanger deux valeurs int, les paramètres formels doivent donc être deux pointeurs vers int dans lesquels on pourra recopier les adresses des variables a et b. La permutation des valeurs de a et de b est alors effectuée par swap à l'aide de ces pointeurs. À partir de ces données, nous pouvons désormais définir la fonction :

```
void swap(int *x, int *y)    /* permute les valeurs d'origine  */
                             /* de deux données */
   {
      int buffer;
      buffer = *x;    /* permute les valeurs des variables originales */
      *x = *y;        /* à l'aide de */
      *y = buffer;    /* pointeurs déréférencés */
   }
```

La différence par rapport à la version précédente de swap est claire : à l'aide des pointeurs déréférencés *x et *y, la fonction n'accède plus maintenant à des copies locales des valeurs des variables de la fonction appelante. En revanche, elle intervient sur les contenus des emplacements mémoire où sont rangées les variables (sur la pile). De ce fait, les valeurs d'origine de a et de b sont réellement échangées :

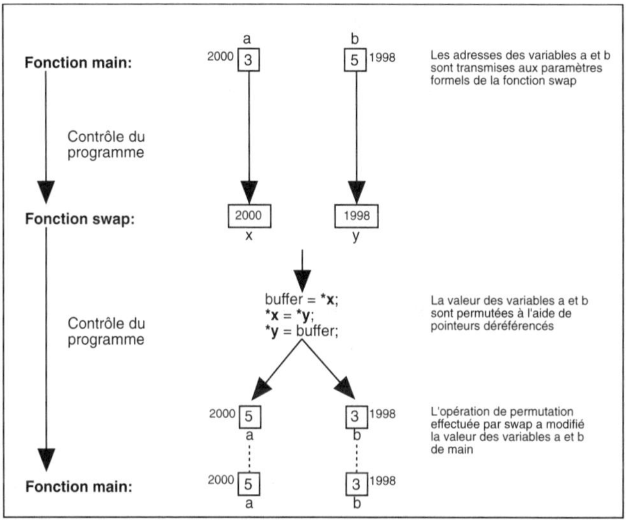

▲ Fig. 10.22 : *Appel de fonction avec passage de paramètres par adresse*

Comme la fonction appelée reçoit les adresses des données, elle peut modifier les valeurs des données

Nous voici désormais en mesure de fabriquer la version adéquate de notre programme de permutation :

▼ Listing 10.13 : swapok.c

```
/*** swapok permute les valeurs de deux variables au moyen        ***/
/*** d'une fonction ad hoc. Les paramètres sont passés             ***/
/*** par adresses.                                                  ***/

#include <stdio.h>

void swap(int *x, int *y); /* déclaration de la fonction d'échange */

main()
{

    int a = 3, b = 5;

    printf("Valeur de a : %d\tValeur de b : %d\n", a, b);

    swap(&a, &b); /* swap : call by reference */

    printf("Valeur de a : %d\tValeur de b : %d\n", a, b);
}
```

```
void swap(int *x, int *y) /* échange les valeurs de deux variables */
  {
     int buffer;
     buffer = *x; /* accès aux valeurs des variables à manipuler */
     *x = *y; /* par l'intermédiaire de */
     *y = buffer; /* pointeurs déréférencés */
  }
```

L'affichage résultant du programme est désormais satisfaisant :

```
valeur de a : 3   valeur de b : 5
valeur de a : 5   valeur de b : 3
```

Passage par adresse ou variable globale

La permutation des valeurs de deux variables peut se faire autrement que par une transmission de paramètres par adresse. Définissons, par exemple, les deux variables `a` et `b` non pas localement dans `main`, mais globalement en début de programme. Celles-ci sont alors connues dans tout le fichier source, et peuvent être exploitées par toutes les fonctions. On pourrait donc théoriquement imaginer la variante suivante, dans laquelle la fonction `swap` n'aurait besoin d'aucun paramètre :

▼ Listing 10.14 : swapglob.c

```
/*** swapglob permute les valeurs de deux variables globales ***/

#include <stdio.h>

int a = 3, b = 5; /* variables globales */
void swap(void); /* déclaration de la fonction d'échange swap */

main()
{

     printf("valeur de a : %d\tValeur de b : %d\n", a, b);

     swap();/* appelle swap : fonction sans paramètre */

     printf("Valeur de a : %d\tValeur de b : %d\n", a, b);
}

void swap(void) /* échange les valeurs de 2 variables globales */
{
     int buffer;

     buffer = a; /* permute les valeurs */
     a = b; /* des variables */
     b = buffer; /* globales */
}
```

L'affichage produit par *swapglob* est le même que celui de *swapok*. L'idée de définir des variables globales afin qu'elles puissent être utilisées par plusieurs fonctions semble logique. En effet, on n'a pas à se soucier de définir des listes de paramètres. Cependant, plus le nombre de fonctions accédant aux variables globales est grand, plus le danger d'avoir des modifications intempestives de celles-ci augmente. Définir globalement toutes les variables pour des raison de simplicité se révèle donc plutôt dangereux. Un autre inconvénient de cette dernière version de `swap` est que, contrairement à la précédente, qui permutait des valeurs `int` quelconques, elle est très limitée : on ne peut en effet l'appliquer que sur des variables nommées a et b.

Tableaux comme paramètres

Il est souvent demandé de permuter non seulement les valeurs d'un couple de données, mais les valeurs de toute une série de tels couples. Tel est le cas, par exemple, lorsqu'il faut trier un tableau. Supposons défini un tableau dans `main` :

```
short n[10] = {3, 9, 7, 2, 1, 8, 5, 4, 6, 0};
```

Il est possible alors d'échanger, par la version suivante de la fonction `swap`, les valeurs de deux éléments quelconques du tableau :

```
void swapshort(short *x, short *y)
{
    short buffer;
    buffer = *x;
    *x = *y;
    *y = buffer;
}
```

Ainsi, l'appel de fonction :

```
swapshort(&n[0], &n[9]);
```

permuterait les valeurs des premier et dernier éléments de `n`. Avec :

```
int i, k;
. . .
for (i = 9; i != 0; i--) /* tri du tableau */
   for (k = 0; k < i; k++)
     if( n[k] > n[k+1])
        swapshort(&n[k], &n[k+1]);
```

on peut trier le tableau short `n` en ordre croissant, selon le procédé du tri à bulles.

Une fonction de tri

Il semble ici qu'une routine, conçue sous forme de fonction spécifique permettant de trier n'importe quel tableau, serait très utile. Ainsi, on n'aurait pas à réécrire chaque fois l'algorithme de tri, lequel a toujours le même aspect. Logiquement une telle fonction, lors de son appel, devrait recevoir comme paramètre effectif le tableau qu'elle doit trier.

En C, les tableaux sont toujours transmis par adresse (by reference) à une fonction. La fonction appelée reçoit toujours, ce faisant, l'adresse du début du tableau, c'est-à-dire celle de son premier élément, et range celle-ci dans le paramètre formel ad hoc (qui est naturellement un pointeur adéquat). La fonction peut alors, via ce pointeur, accéder à tous les éléments du tableau. Si on veut ne manipuler qu'une portion du tableau, on transmet comme il se doit l'adresse de l'élément à partir duquel doit commencer le traitement (cf. plus loin).

Si la fonction de tri précédemment mentionnée doit se conformer au procédé du tri à bulles, elle a besoin d'autres paramètres que l'adresse du début du tableau short concerné. Pour que la fonction sache quand finit le traitement, il faut lui communiquer en outre le nombre d'éléments du tableau, ou le nombre d'éléments à trier (dans le cas par exemple où le tableau n'est pas totalement rempli). Construisons donc une fonction bsort, qui puisse prendre comme second paramètre le nombre d'éléments à trier. Pour les opérations de permutation exigées, bsort appelle de son côté la fonction swapshort déjà connue :

```
void swapshort(short *x, short *y); /* déclaration de 'swapshort' */

void bsort(short *arr, int elements) /* Version 1 */
{
    int i, k; /* variables locales à 'bsort' */

    for (i = elements-1; i != 0; i--)
      for (k = 0; k < i; k++)
        if(*(arr+k) > *(arr+k+1))    /* élément k > élément (k+1) ? */
          swapshort(arr+k, arr+k+1);
                 /* paramètres : adresses des éléments k et (k+1) */
}
```

Le paramètre formel est-il un tableau ou un pointeur ?

La fonction bsort est ainsi faite qu'elle ne renvoie aucun résultat à la fonction appelante. C'est pour cette raison que le type de la valeur retournée est void. Le paramètre formel arr a été défini via :

```
short *arr
```

comme pointeur vers short. En effet, il est censé récupérer l'adresse d'un objet de type short, à savoir celle du premier élément d'un tableau de valeurs short. Une alternative aurait pu consister à définir le paramètre formel par :

```
short arr[ ]
```

Indiquons ici que l'adresse transmise est celle d'un tableau. Les deux formulations :

```
<type> *<nom>
```

et

```
<type> <nom>[ ]
```

sont équivalentes, mais seulement lors de la définition des paramètres formels d'une fonction.

De cette équivalence découle qu'un paramètre formel tel qu'`arr`, qu'il soit défini par :

```
short arr[]
```

ou par :

```
short *arr
```

est dans tous les cas un pointeur (local) de la fonction concernée. Ce pointeur peut stocker l'adresse d'un tableau transmise comme paramètre. Malgré la syntaxe qui rappelle la définition usuelle d'un tableau, l'écriture :

```
short arr[]
```

définit un pointeur nommé `arr`, comme paramètre formel et non pas un tableau du même nom. Le fait de définir un paramètre formel sous forme de tableau a une signification particulière pour le paramètre : d'une part on n'a plus besoin de spécifier le nombre d'éléments entre les crochets, puisque le paramètre formel ne contient que l'adresse d'un tableau et non le tableau lui-même. D'autre part, cela permet de manipuler un paramètre formel ainsi défini (pointeur) autrement qu'un tableau. On sait que le nom d'un tableau représente toujours un pointeur constant qui contient l'adresse du début du tableau. Si on définit par exemple par :

```
short arr[] = {3, 9, 7, 2, 1, 8, 5, 4, 6, 0};
```

un tableau classique, alors des opérations comme :

```
arr++;
arr--;
```

ou :

```
arr = arr + 2;
```

sont interdites. En effet, le nom du tableau `arr`, de par sa nature d'adresse constante, n'est pas une Lvalue, et ne peut donc pas figurer dans le membre gauche d'une affectation, ni être incrémenté ou décrémenté (cf. chapitre *Pointeurs*). Mais si, dans la définition d'une fonction, on rencontre un paramètre formel de la forme :

```
short arr[]
```

alors `arr` n'est pas ici un pointeur constant, mais le nom d'un pointeur (local). C'est donc une Lvalue ; il peut donc figurer dans le membre gauche d'une affectation, être incrémenté ou décrémenté, ainsi qu'en témoigne la version suivante de la fonction `bsort` :

```
void bsort(short arr[], int elements) /* Version 2 */
{
        int i, k;
        short *bkp;

        bkp = arr; /* conserve adresse de début */
        for (i = elements-1; i != 0; i--)
             {
                arr = bkp; /* arr = Lvalue, figure dans le membre gauche */
                for (k = 0; k < i; k++)
                    {
                       if(*arr > *(arr+1)) /* élément k > élément (k+1) ? */
                          swapshort(arr, arr+1);
                              /* paramètres : adr. éléments k et (k+1) */
                          arr++; /* incrémente 'arr' */
                    }
             }
}
```

Bien que le paramètre formel **arr** soit défini à la mode des tableaux, la fonction **bsort** y accède comme à un pointeur variable (ce qu'**arr** est également, de facto). Elle emploie le nom **arr** en tant que Lvalue et en tant qu'objet incrémenté, ce qui est interdit pour les noms de tableaux. L'instruction :

```
arr = bkp;
```

par exemple contient le nom **arr** du côté gauche d'une affectation, ce qui serait erroné si **arr** était un "vrai" tableau (et donc un pointeur constant). **arr** est donc forcément une variable. L'instruction précédente est d'ailleurs obligatoire dans cette version de la fonction **bsort**. En effet, la variable **arr** est incrémentée, donc modifiée, à la fin de la boucle **for** interne. Sans cette précaution, on perdrait alors l'adresse du début du tableau, laquelle est exigée par la prochaine passe de tri. L'accès aux éléments du tableau transmis par adresse s'effectue, dans la variante précédente, à l'aide de l'opérateur de contenu *. Il est possible de remplacer cela par un accès indexé (ce qui paraît correspondre mieux à la définition du paramètre formel) :

```
void bsort(short arr[], int elements) /* Version 3 */
{
    int i, k;
    for (i = elements-1; i != 0; i--)
         for (k = 0; k < i; k++)
              if(arr[k] > arr[k+1]) /* elément k > élément (k+1) ? */
                swapshort(&arr[k], &arr[k+1]);
}
```

Dans les deux dernières versions de la fonction, nous pourrions remplacer le paramètre formel **short arr[]** simplement par **short *arr**, sans qu'il soit nécessaire de modifier le code de la fonction. De même, il ne pose aucun problème d'utiliser `short arr[]` à la place de `short *arr` dans la version 1 de `bsort`. Cela illustre de nouveau l'équivalence des deux expressions.

Adresse d'un tableau comme paramètre effectif

On dispose de plusieurs possibilités pour transmettre à une fonction l'adresse du début d'un tableau comme paramètre effectif. Dans le cas du tableau short `n`, on peut passer l'adresse du premier élément du tableau, par l'expression :

```
&n[0]
```

ou par le nom du tableau :

```
n
```

On sait que le nom d'un tableau représente un pointeur constant vers le premier élément du tableau. En outre, nous pouvons également employer un pointeur ayant un contenu adéquat, par exemple :

```
short *pn = n;           /* 'pn' est initialisé avec l'adresse du dé-
but de 'n' */
```

pour transmettre l'adresse du tableau. Par conséquence, chacune des trois instructions :

```
bsort(&n[0], 10);
bsort(n, 10);
bsort(pn, 10);
```

permettrait de trier le tableau `n`. L'image suivante montre la transmission du tableau `n` à `bsort` après l'appel de fonction `bsort(n, 10)` :

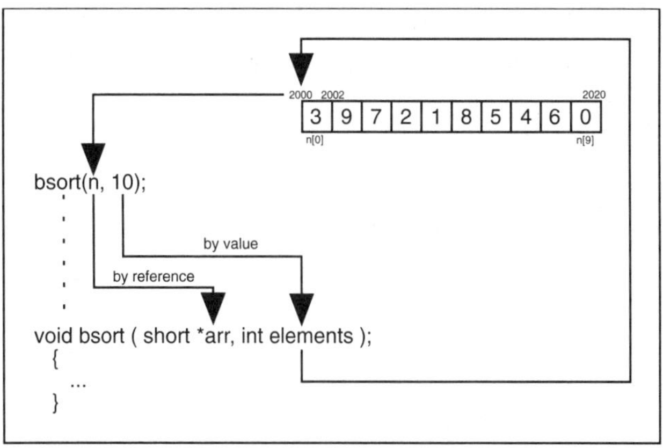

▲ Fig. 10.23 : *Passage d'un tableau à une fonction par adresse (call by reference)*

Tri d'un tableau de nombres aléatoires

Le programme suivant *sortrnd1.c* trie un tableau **short** préalablement rempli par des nombres générés de manière aléatoire par la fonction **rand**. **rand** (random = aléatoire) est une fonction prédéfinie, qui fournit des nombres compris entre 0 et 32767. Elle n'a aucun paramètre. Après :

```
int r_number;
```

l'instruction :

```
r_number = rand();
```

appelle la fonction **rand** pour engendrer un nombre aléatoire, et range ce nombre dans **r_number**. Pour utiliser la fonction **rand**, il faut incorporer au programme le header **<stdlib.h>** :

▼ Listing 10.15 : sortrnd1.c

```
/*** sortrnd1 range des nombres aléatoires dans un tableau    ***/
/*** 'short', trie le tableau en ordre croissant et l'affiche ***/

#include <stdio.h> /* printf */
#include <stdlib.h> /* rand */

void bsort(short *arr, int elements);
void swapshort(short *x, short *y);

main()
{
    short n[10];
     int i;
     printf("Le programme a choisi les nombres aléatoires suivants :
     ➥ \n");
     for (i = 0; i < 10; i++)  /* génération des nombres aléatoires */
          {
            n[i] = rand();
            printf("%hd ", n[i]);
          }

     bsort(n, 10); /* tri du tableau : call by reference */
     printf("\n\nVoilà les nombres triés :\n");

     for (i = 0; i < 10; i++) /* affiche tableau */
          printf("%hd ", n[i]);
}

/*******  fonction de tri  ********/

void bsort(short *arr, int elements)
{
     int i, k;

     for (i = elements-1; i != 0; i--)
```

```
            for (k = 0; k < i; k++)
                if(arr[k] > arr[k+1])
                    swapshort(&arr[k], &arr[k+1]);
}


/*******  fonction de permutation  ********/

void swapshort(short *x, short *y)
{
    short buffer;
    buffer = *x;
    *x = *y;
    *y = buffer;
}
```

Transmission de sous-tableau

Il arrive que l'on souhaite manipuler seulement une partie d'un tableau. Par exemple, le tableau n de nos derniers exemples pourrait déjà être trié jusqu'à la moitié, car initialisé ainsi :

```
short n[] = {0, 1, 2, 3, 4, 9, 7, 5, 6, 8};
```

Il suffirait ici de ne trier que la partie arrière du tableau, à partir du sixième élément n[5]. On transmet alors à la fonction bsort non pas l'adresse du début du tableau, mais celle de l'élément à partir duquel commence la fraction à trier (plus un second paramètre qui indiquera le nombre d'éléments à trier) :

```
bsort(&n[5], 5);    /* trie la seconde moitié du tableau 'n' */
```

L'image qui suit montre bien qu'après l'appel de fonction précédent, le paramètre formel arr de la fonction bsort récupère désormais l'adresse du sixième élément du tableau. En conséquence, la fonction ne manipule que les éléments n[5] à n[9] (Fig. 10.24).

Par ailleurs, on aurait pu spécifier l'adresse du sixième élément de n autrement que par :

```
&n[5]
```

par exemple par :

```
n + 5   /* arithmétique des pointeurs : adresse du 6-ème élément
           du tableau 'n' */
```

et appeler ainsi la fonction `bsort` :

```
bsort(n+5, 5);
```

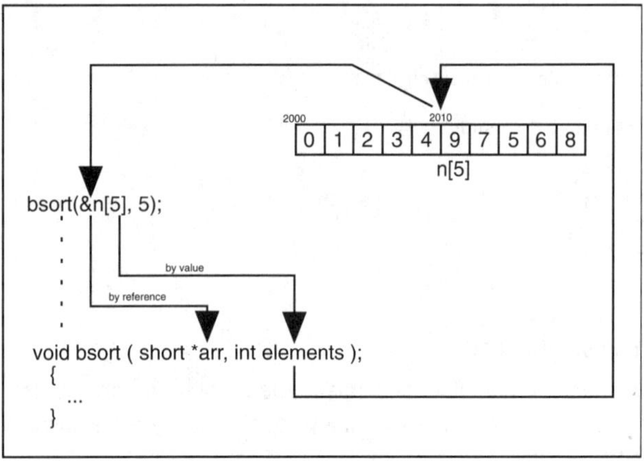

▲ Fig. 10.24 : *Passage d'un sous-tableau à une fonction (call by reference)*

Dans le cas de la fonction `bsort`, peu importe pour la définition du paramètre formel correspondant que soit transmise l'adresse du début du tableau ou simplement l'adresse d'un sous-tableau de `n`. En revanche, il est important que le paramètre soit défini de façon à pouvoir stocker l'adresse d'une donnée ayant le type des éléments du tableau.

La fonction `bsort` est fort utile (bien qu'il existe des algorithmes de tri plus efficaces). Pour trier des portions de tableaux qui s'étalent à partir d'un certain élément jusqu'à la fin du tableau. Elle peut servir également à trier toutes sortes de domaines contigus situés entre deux éléments quelconques d'un tableau (bornes incluses). Il est possible par exemple avec :

```
bsort(&n[3], 6);
```

de trier les éléments `n[3]` à `n[8]` du tableau `n`.

Nous pourrions modifier la fonction de façon à la rendre plus facile à utiliser. On lui passerait non pas l'adresse du premier élément et le nombre d'éléments à trier, mais les adresses des premier et dernier éléments de la portion de tableau à trier. Ainsi, on visualise instantanément le domaine à trier. L'appel de fonction :

```
bsort(&n[3], &n[8]);
```

par exemple trierait les éléments du tableau n situés entre les positions 4 à 9. Pour pouvoir invoquer la fonction via la syntaxe précédente, il faut la modifier légèrement :

```
void bsort(short *start, short *end) /* Version 4 */
{
      int i, k;
      for (i = end-start; i != 0; i--)
           for (k = 0; k < i; k++)
                if(start[k] > start[k+1])
                   swapshort(&start[k], &start[k+1]);
}
```

bsort a maintenant deux pointeurs short comme paramètres, lesquels marquent le début et la fin de la zone à trier. La différence des pointeurs :

```
end - start
```

donne le nombre, diminué de 1, des éléments de la zone à trier (on a besoin d'une passe de tri de moins que le nombre d'éléments à trier). Le programme suivant *sortrnd2.c* range 80 nombres aléatoires dans un tableau short, puis trie via la fonction bsort une portion du tableau choisie au hasard. Pour la saisie et l'affichage des valeurs, on emploie des fonctions spécifiques. La fonction fill remplit le tableau avec des valeurs aléatoires. Les fonctions shownorm et showinv produisent les valeurs en affichage normal et en affichage avec inversion vidéo. Pour faire varier la génération des nombres aléatoires, avant chaque tirage, on utilise la fonction prédéfinie srand, qui produit une nouvelle valeur de départ pour le fonction rand. Cette valeur initiale conditionne la séquence de nombres aléatoires créés par rand : en particulier, une même valeur de départ produit toujours la même suite de nombres aléatoires. C'est ce qui se produit, par exemple, lorsque rand n'est pas explicitement initialisé par srand, et que la séquence des nombres est produite à partir d'une valeur initiale standard. srand est exécutée avec un paramètre de type unsigned int. L'instruction :

```
srand(23);
```

initialise la fonction rand à la valeur 23. Ensuite, rand ne générera une autre séquence de nombres aléatoires que si on avait fait, par exemple :

```
srand(6);
```

L'instruction :

```
srand(1);
```

entraîne que rand aura le même effet (créer la même suite de nombres) que si on oubliait d'exécuter srand au préalable.

▼ Listing 10.16 : sortrnd2.c

```
/*** sortrnd2 range des nombres aléatoires dans un tableau et ***/
/*** trie un sous-tableau choisi au hasard                    ***/
```

```
#include <stdio.h> /* printf */
#include <stdlib.h> /* rand, srand */
#include <conio.h> /* getch */

#define ESC 27

void bsort(short *start, short *end);
void fill(short *a, unsigned n);
void shownorm(short *a, unsigned n);
void showinv(short *a, unsigned n, unsigned first, unsigned last);
void swapshort(short *x, short *y);


main()
{

     short nums[80]; /* tableau pour nombres aléatoires */
     unsigned x, y; /* coordonnées aléatoires */
     unsigned seed = 0;       /* valeur initiale pour rand
                                  (param. de srand) */
     int rep; /* variable de contrôle */

     do
       {
         printf("Le programme a produit les nombres aléatoires
                 suivants :\n");

         srand(++seed); /* initialise la fonction 'rand' */
         if (seed > 65534) /* réinitialise 'seed' afin de ne pas */
             seed = 0; /* déborder des 'unsigned int' */
         fill(nums, 80); /* remplissage du tableau */
         shownorm(nums, 80); /* affiche tableau non trié */

         do /* sélection aléatoire du sous-tableau */
           {
             x = rand() % 80; /* crée nb. aléatoire entre 0 et 79 */
                               /* qui donne le début du sous-tableau */
             y = rand() % 80; /* idem pour la fin du sous-tableau */

           } while(x >= y); /* premier index doit être < second */

         printf("\nLe sous-tableau à trier commence à la position %u"
         ➥ " et finit à la position %u :\n", x+1, y+1);
         bsort(&nums[x], &nums[y]); /* tri du sous-tableau */
         showinv(nums, 80, x, y); /* affichage du tableau trié */
         printf("<Entrée> pour continuer. Fin par <ECHAP>:");
         rep = getch();

       } while(rep != ESC);
}


/*******  fonction de tri ********/
```

```
void bsort(short *start, short *end)
{
     int i, k;

     for (i = end-start; i != 0; i--)
          for (k = 0; k < i; k++)
               if(start[k] > start[k+1])
                  swapshort(&start[k], &start[k+1]);

}

/*******  fonction de remplissage  ********/

void fill(short *a, unsigned n)
{
     unsigned i;

     for (i = 0; i < n; i++)
          a[i] = rand();

}

/***  fonction d'affichage normal **/

void shownorm(short *a, unsigned n)
{
     unsigned i;

     for (i = 0; i < n; i++)
          {
           printf("%5hd  ", a[i]);
           if ((i+1)%10 == 0 && i != n-1) /* 10 colonnes */
               printf("\n");
          }
}


/*** fonction d'affichage inversé ***/
void showinv(short *a, unsigned n, unsigned first, unsigned last)
{
     unsigned i;

     for (i = 0; i < n; i++)
          {
           if (i >= first && i <= last)
              printf("\033[7m%5hd  ", a[i]);
                                     /* sous-tableau trié
                                        en inverse vidéo */
          else
            printf("\033[0m%5hd  ", a[i]);  /* le reste en affichage
                                                normal */

           if (last == 79) /* remettre l'affichage normal */
```

```
              printf("\033[0m");        /* si inversion va jusqu'à
                                           fin tableau */

           if ((i+1)%10 == 0 && i != n-1) /* 10 colonnes */
              printf("\n");
        }
}

/*******  fonction de permutation ********/

void swapshort(short *x, short *y)
{
     short buffer;
     buffer = *x;
     *x = *y;
     *y = buffer;
}
```

Commentaires

La fonction showinv souligne en clair, lors de l'affichage du tableau, la partie triée. Contrairement à la fonction d'affichage normal, elle admet quatre paramètres, dont les deux derniers représentent les indices du début et de la fin du domaine trié. La fonction utilise, pour la mise en évidence de la portion triée, la séquence d'échappement ANSI :

```
\033[7m
```

qui échange les couleurs du fond d'écran et du texte. Notons que ce réglage reste actif tant qu'on ne le modifie pas explicitement. L'instruction :

```
if (last == 79)
   printf("\033[0m");
```

rétablit l'affichage normal à l'écran dans le cas où le morceau trié s'étale jusqu'à la fin du tableau. En pareil cas, si on oubliait cette instruction, tous les affichages ultérieurs se feraient en inversion vidéo.

La fonction **srand** se charge, de manière simple, de modifier la valeur d'initialisation de la fonction **rand**, d'un appel de fonction à l'autre. La variable **seed** est incrémentée à chaque passage dans la boucle, cela afin de générer des séquences de nombres aléatoires différentes. Une autre possibilité pour obtenir des valeurs d'initialisation variables (et donc des tirages différents) consisterait à employer la fonction **srand** avec un paramètre effectif égal à la valeur retournée par la fonction prédéfinie **time**. Celle-ci donne le temps écoulé (en secondes) depuis 1970 et admet comme paramètre un pointeur vers une variable de type **time_t** (définie comme **long** dans le header). Dans cette variable, on récupère la valeur de la durée écoulée. Ainsi, l'appel de fonction :

```
time(&seconds);
```

produirait le temps écoulé comme valeur de retour, et le mémoriserait en outre dans la variable (long) `seconds`. Comme on peut employer directement la valeur retournée pour initialiser `rand`, une variable intermédiaire n'est pas nécessaire. On peut alors passer à la fonction `time`, comme paramètre, le pointeur nul. Cela supprime la mémorisation du nombre de secondes. Comme `time` renvoie une valeur `long`, celle-ci doit en outre être convertie en `unsigned int` pour `srand`. On peut le faire explicitement via l'opérateur de moulage (cast), comme c'est le cas plus loin. Mais on peut également laisser convertir implicitement par le compilateur, sous réserve que par :

```
#include <time.h>
```

on ait intégré la déclaration de `time` dans le programme. Dans notre programme *sortrnd2*, l'instruction :

```
srand((unsigned) time(NULL));
```

donnerait donc à chaque passage dans la boucle un autre entier servant à initialiser `rand`.

Transmission de tableaux multidimensionnels

Le passage de tableaux multidimensionnels à une fonction s'effectue, au plan théorique, tout comme le passage d'un tableau unidimensionnel. La fonction appelée reçoit également non pas le tableau entier, mais uniquement son adresse de début (ou l'adresse d'un certain sous-tableau). Cependant, dans la définition du paramètre formel correspondant, il faut indiquer explicitement les tailles de toutes les dimensions du tableau, à part celle de la première. La spécification de taille pour la première dimension du tableau peut être omise, car elle n'est pas nécessaire pour la détermination de l'adresse mémoire d'un élément du tableau. Supposons qu'on veuille développer une fonction spéciale pour afficher le tableau 2D :

```
char q[4][4] = {{1,2,3,4}, {5,6,7,8}, {9,10,11,12}, {13,14,15,16}};
```

Il est possible alors de définir le paramètre formel qui doit récupérer l'adresse du tableau `q` sans spécifier la taille de la première dimension du tableau. En revanche, il faut explicitement indiquer la taille de la seconde dimension (nombre de colonnes du tableau). Notons que le type `char` ne sert pas ici à stocker des chaînes de caractères, mais de petits nombres entiers :

```
void showmatrix(char m[ ][4])    /* affiche tableau 2D
                                    sous forme de matrice */
{
    int i, k;
    for (i = 0; i < 4; i++)
        {
           for(k = 0; k < 4; k++)
              printf("%2d ", m[i][k]);
          printf("\n\n");
        }
}
```

Le paramètre formel m, malgré son allure de tableau, n'est pas un tableau. De facto, c'est un pointeur local à la fonction **showmatrix**, qui peut stocker l'adresse d'un tableau **char** contenant des lignes de quatre colonnes. La variable m est donc un pointeur vers des données de type :

```
char [4]
```

c'est-à-dire vers des tableaux **char** à quatre éléments, tels qu'ils sont représentés par les éléments de q au niveau supérieur (unidimensionnel) :

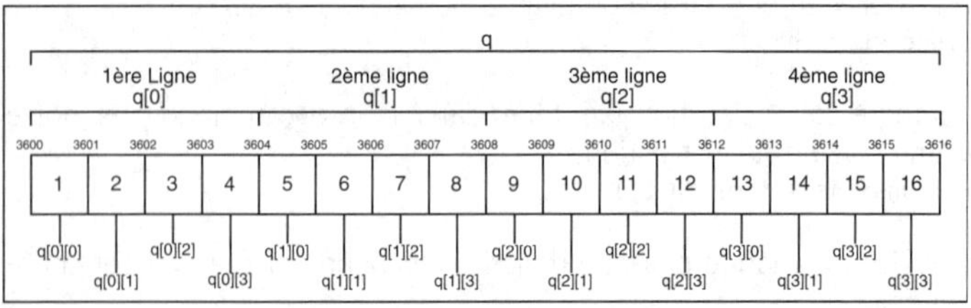

▲ **Fig. 10.25 :** *Un tableau 2D en mémoire*

Le fait que m soit en réalité de type "pointeur vers char[4]" se laisse aisément vérifier, en transmettant par exemple l'adresse du tableau q à la fonction :

```
void showfirst(char m[][4])    /* donne adresse du tableau
                                  et premier élément */
{
   printf("Adresse : %d\tContenu : %d\n", m, m[0][0]);
   m++;    /* incrémente de 4 octets l'adr. dans 'm' ('m' = pointeur
              vers tableau 'char' de 4 éléments) */
   printf("Adresse : %d\tContenu : %d\", m, m[0][0]);
}
```

via :

```
showfirst(q);
```

Le résultat de l'affichage consiste en deux valeurs d'adresses dont la différence est de 4, accompagnées des valeurs des objets **char** rangés à ces adresses. Avec l'adresse initiale de q prise dans notre exemple, on a donc :

```
Adresse : 3600  Contenu : 1
Adresse : 3604  Contenu : 5
```

Le fait que la seconde adresse soit supérieure de 4 à la première montre que l'incrémentation de 1 du pointeur m a fait "avancer" de 4 octets vers le début de la donnée suivante. m pointe donc vers des données **char** tenant sur 4 octets. Il ne peut s'agir que de tableaux **char** à quatre éléments. En outre, on note sur les valeurs 1 (première colonne, première ligne de q) et 5 (première colonne, seconde ligne de q) que m, via l'incrémentation, est passé du début de la première ligne du tableau q[0] au début de la seconde ligne q[1]. m renvoie donc effectivement vers les lignes du tableau q et est donc un pointeur vers des données de type char[4]. Si la fonction showmatrix, par :

```
showmatrix(q); /* affiche le tableau 'q' */
```

reçoit l'adresse du début du tableau q comme paramètre effectif, alors le paramètre formel m récupère donc, ce faisant, l'adresse de la première ligne de q, à savoir l'adresse du tableau partiel q[0].

Variantes dans la formulation du paramètre formel

En raison de son type, on pourrait définir m non seulement par :

```
char m[ ][4] /* paramètre formel avec syntaxe tableau */
```

mais aussi par :

```
char (*m) [4] /* paramètre formel avec syntaxe pointeur */
```

Cette dernière écriture montre plus clairement la véritable nature de m : pointeur vers tableaux char à quatre éléments. Du reste, il faudrait également définir de même un pointeur classique vers le tableau 2D q. La mise entre parenthèses du nom m est obligatoire, à cause de la priorité plus élevée de l'opérateur [ ] vis-à-vis de l'opérateur *. Sans lui, m ne serait pas interprété comme pointeur vers des tableaux char de quatre éléments. Sans les parenthèses, dans la définition :

```
char *m [4]
```

la variable m serait comprise comme étant un tableau de quatre pointeurs vers des données de type char.

Enfin, on aurait pu également définir le paramètre formel m par :

```
char m[4][4]
```

Dans tous les cas cependant, la fonction showmatrix (le compilateur) localise par le biais du pointeur m chaque élément du tableau q en mémoire. Cela, même sans indication explicite de valeur pour la première dimension du tableau : seul le nombre de colonnes suffit.

```
Adresse de q[i][k] = Adresse de début du tableau q          ]  Offset
                     + i * Nombre de colonnes du tableau    ]  au début
                     + k * Taille des colonnes en octets    ]  du tableau
                       Offset au début de la ligne
```

▲ Fig. 10.26 : *Le mécanisme sous-jacent est expliqué par la formule suivante*

Cette formule pourrait de manière analogue être appliquer à d'autres tableaux 2D.

S'il faut afficher par exemple l'élément

```
q[2][3]
```

alors la position mémoire de cet élément (c'est-à-dire son adresse) est déterminée ainsi, selon le procédé que nous venons de décrire :

```
3600 + 2 * 4 + 3 * 1
```

soit :

```
3611
```

ce que l'on peut directement vérifier à l'aide de l'image mémoire précédente. Il n'est point nécessaire ici de donner le nombre de lignes du tableau.

Récupération de sous-tableaux

Comme avec les tableaux à une dimension, on peut passer à une fonction non seulement un tableau multidimensionnel complet, mais également des portions quelconques, par exemple certaines lignes. Le programme qui suit *chrows.c* montre comment accéder à des lignes isolées d'un tableau 2D, le mode d'affichage à l'écran étant déterminé par l'utilisateur via une saisie ad hoc. On affiche ici les valeurs (entières) d'un tableau ayant cinq lignes et quatre colonnes, cela sous forme de matrice. La ligne en cours est mise en évidence par une barre lumineuse (mobile) et montre non pas les valeurs numériques, mais les caractères ASCII correspondants. La touche <¯> permet de sélectionner avec la barre lumineuse chacune des cinq lignes du tableau (vous avez peut-être déjà rencontré cette technique de sélection de menus dans un logiciel).

Le programme affiche pour commencer :

C	O	L	D
67	79	82	68
87	79	82	68
87	65	82	68
87	65	82	77

Si vous déplacez d'une ligne vers le bas la barre lumineuse, l'affichage devient :

67	79	76	68
C	O	R	D
87	79	82	68
87	65	82	68
87	65	82	77

Ainsi, vous pouvez faire apparaître l'un après l'autre les mots :

```
COLD
CORD
WORD
WARD
WARM
```

Dès qu'une ligne n'est plus sélectionnée, elle affiche à nouveau des valeurs numériques. Le déplacement de la barre est géré par la fonction `change_row` qui attend comme paramètre l'adresse d'un tableau `char` à deux dimensions. Pour afficher une ligne du tableau tantôt avec des nombres tantôt avec des caractères, `change_row` à son tour utilise les fonctions `shownums` et `showchars`, dont les paramètres sont l'adresse d'un tableau unidimensionnel (donnée par la ligne d'un tableau 2D).

Pour produire une barre lumineuse mobile, on utilise quelques séquences d'échappement ANSI qui sont déjà en partie connues. Pour l'affichage inversé ou normal, ce sont les séquences de contrôle :

```
\033[7m /* affichage inversé des caractères */
```

et

```
\033[0m /* affichage normal des caractères */
```

Pour déplacer vers le bas la barre ou pour afficher les lignes du tableau à une certaine position sur l'écran, on crée via :

```
#define POS(x, y)   printf("\033[%d;%dH", x, y)
```

la macro `POS` qui, à l'aide de la séquence d'échappement :

```
\033[<ligne>;<colonne>H
```

positionne le curseur sur la ligne de numéro `<ligne>` et sur la colonne de numéro `<colonne>`. Les données `<ligne>` et `<colonne>` sont des paramètres. Par :

```
printf("\033[5;10H");
```

ou par :

```
POS(5,10);
```

par exemple on placerait le curseur sur la ligne 5 et sur la colonne 10 de l'écran. La séquence `\033[<ligne>;<colonne>H` accepte, comme paramètres de ligne et de colonne, également les spécifications de format de `printf` (comme c'est le cas dans le texte de la macro POS), par exemple `%d`, lorsque c'est `printf` qui fournit les paramètres effectifs (dans POS : x et y).

Pour détecter l'appui sur une touche directionnelle (flèches, PgUp, PgDn, Home, Fin) ou sur une touche de fonction, on peut employer la fonction **getch** (ou **getche**). **getch** retourne normalement le code ASCII du caractère lu. Comme la table des codes ne contient aucune valeur pour les touches de fonction et de direction, la fonction **getch**, en pareil cas, renvoie la valeur 0 comme "code du caractère". Cela suffirait pour distinguer les touches normales des touches de fonction/direction, mais pas pour identifier la touche spéciale qui a été activée. Cependant, toute touche possède également ce que l'on nomme un scancode (voir chapitre *Opérateurs de bits*). Il s'agit d'un entier (sous forme décimale ou hexadécimale) qui permet de repérer une touche sans ambiguïté. Pour ce qui concerne les touches de fonction et de direction, on obtient ce scancode en appelant deux fois de suite la fonction **getch**. Le premier appel donne la valeur 0 et le second fournit le scancode de la touche concernée. Les instructions :

```
int input;
if (input = getch())/* si 'input' différent de 0 */
   printf("%c", input); /* afficher caractère */
else /* 'input' = 0 : touche de fonction/direction */
   printf("Touche de fonction ou de direction. Scancode : %d", getch());
```

affichent le caractère tapé, ou bien indiquent si on a appuyé sur une touche de fonction ou de direction (après un second appel de getch qui renvoie le scancode de la touche). C'est par une telle construction que *chrows.c* détermine si on a activé la touche <¯> (scancode : 80 décimal).

▼ Listing 10.17 : chrows.c

```
/***  chrows montre comment accéder aux lignes d'un tableau 2D.  ***/
/***  Les diverses lignes du tableau peuvent être temporairement ***/
/***  modifiées par l'utilisateur. ***/

#include <stdio.h> /* printf */
#include <conio.h> /* getch */

#define START   0
#define TOP   5
#define BOTTOM   13
#define ESC   27
#define ARROW   80   /* scancode de la flèche */

#define CLEAR()   printf("\033[2J") /* efface l'écran */
#define REVERSE() printf("\033[7m") /* inversion vidéo */
#define NORMAL()  printf("\033[0m") /* affichage normal */
#define SKIP()    printf("\n\n") /* génère une ligne vide */

#define POS(x,y)  printf("\033[%d;%dH", x, y) /* positionne curseur */

int row = START; /* variable globale */

void change_row(char m[][4]); /* déplace la barre */
```

```
void showall(char m[][4]); /* affiche tout le tableau */
void shownums(char *r); /* affiche une ligne sous forme de nombres */
void showchars(char *r); /* affiche une ligne sous forme
                            de caractères */

main()
  {
     char matrix [5][4] = { {67, 79, 76, 68}, {67, 79, 82, 68},
                            {87, 79, 82, 68}, {87, 65, 82, 68},
                            {87, 65, 82, 77} };

     int ok, input;

     CLEAR();
     showall(matrix); /* affiche tableau */

     do
       {
         ok = 0;
         change_row(matrix);    /* transforme et affiche la ligne
                                   actuelle */

         do
           {
             POS(17,10);
             printf("Touche /031 change la ligne. Fin par <ECHAP> : ");
             input = getch();
             if (input == 0) /* touche fonction/direction */
               {
                 input = getch();/* récupère scancode */
                 if (input == ARROW) /* flèche vers le bas */
                   ok = 1;
               }
             else if (input == ESC) /* fin du programme */
               ok = 1;
           } while (!ok);
       } while (input != ESC);
  }

void change_row(char m[][4]) /* change et affiche la ligne sélectionnée */
  {

     static int i;

     if (row == START) /* début programme */
       {
         POS(TOP, 10);
         showchars(m[0]); /* passage de la première ligne */
         row = 5; /* première ligne en ligne 5 */
       }
     else if (row == BOTTOM) /* dernière ligne atteinte */
       {
         POS(row, 10);
         shownums(m[4]); /* dernière ligne en affichage normal */
```

```
            row = 5;
            POS(row, 10);
            showchars(m[0]); /* première ligne en inversion vidéo */
            i = 0; /* continue avec 1ère ligne dans branche else */
          }
        else /* autres lignes */
          {
            POS(row, 10);
            shownums(m[i++]);
            POS(row+2, 10);
            showchars(m[i]);
            row = row + 2;
          }
  }

void showall(char m[][4])  /* affiche tout le tableau */
  { /* paramètre = pointeur vers char[4] */
    int i, k;

    for (i = 0; i < 5; i++)
      {
        for (k = 0; k < 4; k++)
            printf("%d ", m[i][k]);
            SKIP();
      }
  }

void showchars(char *r) /* affiche une ligne */
  { /* paramètre : pointeur vers 'char' */
    int i;

    REVERSE();
    for (i = 0; i < 4; i++)
        printf(" %c ", r[i]);
        NORMAL();
   }

void shownums(char *r) /* affiche une ligne */
  { /* paramètre : pointeur vers 'char' */
    int i;

    for (i = 0; i < 4; i++)
         printf("%d  ", r[i]);
  }
```

Structures comme paramètres

Comme les tableaux, les structures peuvent servir de paramètres aux fonctions. Cependant, contrairement aux tableaux, on a ici de nouveau le choix entre le passage d'une structure par valeur (by value) ou par adresse (by reference). Supposons, par exemple, déclarée la structure :

```
struct livre4
```

```
{
    char nom[21];
    char prenom[21];
    char titre[51];
    char editeur[21];
    char ville[21];
    short an;
    float prix;
};
```

Si l'on désire faire afficher la variable structurée :

```
struct livre4 book = { "De Wyliers", "Gérald", "L'inconnue de Maubeuge",
"Flon", "Garges-les-Gonesses", 1990, 69.00 };
```

par une fonction spécifique, alors il est possible de passer à la fonction concernée, la variable **book** par valeur, puisqu'on ne souhaite y apporter aucune modification :

```
void writestruc(struct livre4 l)/* Version sans paramètre pointeur */
{
    printf("%s %s\n", l.nom, l.prenom);
    printf("%s\n", l.titre);
    printf("%s\n", l.editeur);
    printf("%s %hd\n", l.ville, l.an);
    printf("%.2f\n", l.prix);
}
```

L'appel :

```
writestruc(book);
```

passe à la fonction **writestruc** la valeur de la variable **book**. À la suite de quoi, une copie de chaque champ de **book** est affectée au champ correspondant du paramètre formel l. Ce type d'opération prend beaucoup de temps, surtout avec les structures d'une certaine importance. On peut donc penser à transmettre à la fonction concernée non pas la structure complète, mais seulement son adresse, c'est-à-dire un pointeur vers son début. Nous pourrions donc formuler ainsi la fonction **writestruc** :

```
void writestruc(struct livre4 *l) /* Version avec paramètre pointeur */
{
    printf("%s %s\n", l->nom, l->prenom);
    printf("%s\n", l->titre);
    printf("%s\n", l->editeur);
    printf("%s %hd\n", l->ville, l->an);
    printf("%.2f\n", l->prix);
}
```

L'appel de **writestruc** se fait donc maintenant par :

```
writestruc(&book);
```

Le programme *bibgraph.c* qui suit montre comment utiliser des paramètres constitués par des variables structurées ou par leurs adresses. *bibgraph.c* produit une bibliographie de longueur quelconque, gérée sous forme de tableau dynamique de structures. La saisie et l'affichage des enregistrements se font à l'aide des fonctions `readstruc` et `writestruc`. Comme innovation, le programme ne saisit pas ici les données l'une après l'autre, mais affiche un masque de saisie généré par la fonction `menu` :

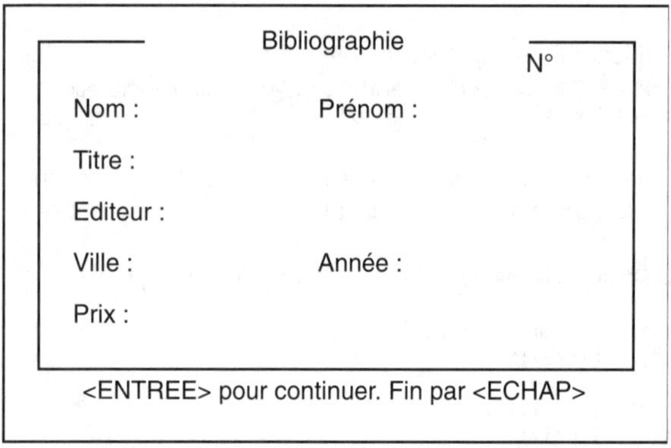

▲ Fig. 10.27 : *Masque de saisie du programme bibgraph*

Le cadre du menu est dessiné par la fonction `box`, qui fabrique des cadres de taille quelconque n'importe où à l'écran. Les champs de saisie du masque sont gérés par la fonction `readstruc`, combinée avec la macro de positionnement POS. `readstruc` reçoit comme paramètre effectif un pointeur vers une structure de type `struct livre4`. La saisie proprement dite des enregistrements s'effectue au sein de `readstruc` via la fonction `check_input`. Celle-ci lit la saisie caractère par caractère, vérifie la longueur, convertit éventuellement, puis range le tout. `check_input` étend les possibilités de la fonction `getch` en ce sens que la touche [RETOUR ARRIERE] permet de corriger la saisie, et que les touches de fonction ou de direction sont ignorées. `check_input` retourne un pointeur vers le tableau `char` contenant la saisie alphanumérique.

La fonction `cleanup` efface l'ancienne saisie à l'écran avant la saisie de l'enregistrement suivant. `cleanup` utilise pour cela un tableau de structures dans lequel sont mémorisées les coordonnées des positions d'écran à gérer, ainsi que le nombre de caractères à effacer. Si l'utilisateur tape le caractère de fin [ECHAP] ou s'il survient une erreur d'allocation mémoire, alors il est possible de faire afficher, par la fonction `writestruc`, les enregistrements déjà saisis. `writestruc` également admet comme paramètre un pointeur vers des structures de type `struct livre4`. Notons que la déclaration de ce type de structure se fait en global, car il doit être connu des fonctions `main`, `readstruc` et `writestruc` (tel ne serait pas le cas par exemple si le type `struct livre4` était déclaré dans `main` : il ne serait ensuite connu que dans `main`). La fonction `handle_error` enfin effectue un traitement d'erreur simple en cas de problème d'allocation mémoire.

Le programme *bibgraph.c* ne réalise que de simples opérations de saisie et d'affichage d'enregistrements. En particulier, cette version élémentaire ne permet pas de modifier des données déjà saisies.

▼ Listing 10.18 : bibgraph.c

```
/*** bibgraph produit une bibliographie de longueur quelconque. ***/
/*** Les enregistrements sont rangés sous forme de structures   ***/
/*** dont la gestion est assurée par des fonctions spécifiques. ***/

#include <stdio.h> /* printf */
#include <conio.h> /* getch */
#include <stdlib.h> /* realloc, free, atoi, atof */
#include <string.h> /* strcpy */

#define BACKSPACE   8
#define BLANK   32
#define ESC   27
#define T_LEFT   218 /* cadre supérieur gauche */
#define T_RIGHT   191 /* cadre supérieur droit */
#define B_LEFT   192 /* cadre inférieur gauche */
#define B_RIGHT   217 /* cadre inférieur droit  */
#define HZTL   196 /* trait horizontal */
#define VRTL   179 /* trait vertical */

#define F_YELL()   printf("\033[33m") /* texte en jaune */
#define F_NORM()   printf("\033[37m") /* texte normal */
#define REVERSE()  printf("\033[7m") /* inversion vidéo */
#define NORMAL()   printf("\033[0m") /* écran normal */
#define POS(x,y)   printf("\033[%d;%dH", x, y) /* positionnement
                                               curseur */
#define CLEAR()    printf("\033[2J") /* efface écran */
#define HEADER()   printf(" BIBLIOGRAPHIE ")
#define MESSAGE()  printf("<Entrée> pour continuer. Fin par <ECHAP> : ")

struct livre4 /* déclare structure des enregistrements */
  {
     char nom[21]; /* déclarée globalement */
     char prenom[21]; /* afin que le */
     char titre[51]; /* type de données soit */
     char editeur[21]; /* connu par */
     char ville[21]; /* toutes les */
     short an; /* fonctions */
     float prix; /* concernées */
  };

void box(int row, int col, int high, int wide); /* dessin de cadre */
void menu(void); /* affiche menu de saisie */
```

```
void handle_error(void); /* gestion d'erreurs */
void readstruc(struct livre4 *b); /* saisie structure */
void writestruc(struct livre4 *b); /* affichage structure  */
void cleanup(void); /* efface saisie précédente */
char *check_input(int len); /* contrôle de saisie */

main()
  {
     struct livre4 *blist = NULL; /* NULL à cause de realloc. */
     struct livre4 *bkp; /* sauve adr. du bloc au cas où blist = NULL */
     int i, k, rep; /* variables de contrôle */
     menu();/* affiche le masque de saisie */


     /***  saisie des enregistrements  ********/

     i = 0;
     do
       {
         bkp = blist; /* sauve adresse du bloc */
         if ((blist = (struct livre4 *) realloc(blist, (i+1) *
                      sizeof(struct livre4))) == NULL)
             {
               handle_error();/* traitement d'erreur si pointeur nul */
               break;
             }

         cleanup();/* efface saisie précédente */
         POS(3,69);
         printf("%d", i+1); /* affiche no d'enregistrement */
         readstruc(&blist[i]); /* saisie enregistrement */
         i++;
         POS(21,57);
         rep = getch();
       } while (rep != ESC);

   /***  affichage des enregistrements ************/

       if(i > 0) /* au moins une fiche saisie */
         {
             box(23,5,3,70);
             POS(24, 8);
             printf("Afficher les enregistrements ? (O/N) ");
             rep = getch();
             if (rep == 'o' || rep == 'O')
                {
                   CLEAR();
                   if(blist == NULL)
                      blist = bkp;

                      for (k = 0; k < i; k++)
                          {
                            printf("\n");
                            writestruc(&blist[k]);
```

```
                          if (((k+1)%3 == 0) && k != i-1)
                                              /* nouvelle page */
                            {
                              POS(24,50);
                              printf("<Entrée> pour continuer : ");
                              getch();
                              CLEAR();
                            }
                        } /* fin for */
                } /* fin if (rep...) */
              free(blist); /* libère mémoire */
          } /* fin if (i > 0) */
  } /* fin main */

void menu(void) /* crée le masque de saisie */
  {
     CLEAR();
     box(2, 5, 19, 70); /* cadre */
     POS(2,30);
     HEADER();/* titre */
     POS(21,20);
     MESSAGE();/* message guide */
     POS(3,65);
     printf("No ");
     POS(6,8);
     printf("NOM :");
     POS(6, 40);
     printf("PRENOM :");
     POS(9,8);
     printf("TITRE :");
     POS(12,8);
     printf("EDITEUR :");
     POS(15, 8);
     printf("VILLE :");
     POS(15, 40);
     printf("AN :");
     POS(18, 8);
     printf("PRIX :");
  }

void box(int row, int col, int high, int wide) /* dessine cadre */
  {
     int i, k;

     F_YELL();/* cadre en jaune */
     POS(row, col); /* partie supérieure du cadre */
     printf("%c", T_LEFT);
     for (i = 1; i <= wide-2; i++)
         printf("%c", HZTL);
     printf("%c", T_RIGHT);

     for (i = 1; i <= high-2; i++) /* partie médiane du cadre */
         {
           POS(row+i, col);
```

```
            printf("%c", VRTL);
            for (k = 1; k < wide-2; k++)
                printf("%c", BLANK);
            printf("%c", VRTL);
          }

      POS(row+high-1, col); /* partie inférieur du cadre */
      printf("%c", B_LEFT);
      for (i = 1; i < wide-2; i++)
          printf("%c", HZTL);
      printf("%c", B_RIGHT);
      F_NORM();/* texte normal */
  }

void handle_error(void) /* routine de gestion d'erreurs */
  {
      box(12, 18, 5, 44);
      POS(13, 19);
      REVERSE();/* inversion vidéo */
      printf("");
      POS(14, 19);
      printf(" Plus assez de mémoire. ");
      POS(15, 19);
      printf("");
      NORMAL();/* affichage normal */
  }

void readstruc(struct livre4 *b) /* saisie des enregistrements */
  {
      char *input;
      POS(6,8);
      REVERSE();/* met en évidence champ de saisie courant */
      printf("NOM :");
      NORMAL();/* saisie en couleurs normales */
      POS(6,14);
      input = check_input(20); /* contrôle : maximum 20 caractères */
      strcpy(b->nom, input); /* stockage données */
      POS(6,8);
      printf("NOM :"); /* champ de saisie en normal */

      /***  idem pour autres champs de saisie  ***/

      POS(6,39); REVERSE(); printf("PRENOM :");
      NORMAL(); POS(6,49); input = check_input(20);
      strcpy(b->prenom, input); POS(6,40); printf("PRENOM :");
      POS(9,8); REVERSE(); printf("TITRE :");
      NORMAL(); POS(9,16); input = check_input(50);
      strcpy(b->titre, input); POS(9,8); printf("TITRE :");
      POS(12,8); REVERSE(); printf("EDITEUR :");
      NORMAL(); POS(12,18); input = check_input(20);
      strcpy(b->editeur, input); POS(12,8); printf("EDITEUR :");
      POS(15,8); REVERSE();printf("VILLE :");
      NORMAL(); POS(15,16); input = check_input(20);
      strcpy(b->ville, input); POS(15,8); printf("VILLE :");
```

```
        POS(15,40); REVERSE(); printf("ANNEE :");
        NORMAL(); POS(15,48); input = check_input(4);
        b->an = atoi(input); /* convertit et stocke */
        POS(15,40); printf("ANNEE :");
        POS(18,8); REVERSE(); printf("PRIX :");
        NORMAL(); POS(18,15); input = check_input(10);
        b->prix = atof(input); /* convertit et stocke */
        POS(18,8); printf("PRIX :");
    }

void writestruc(struct livre4 *b) /* affiche enregistrements */
    {
        printf("\n\n%s %s", b->prenom, b->nom);
        printf("\n%s", b->titre);
        printf("\n%s", b->editeur);
        printf("\n%s %hd", b->ville, b->an);
        printf("\n%.2f", b->prix);
    }

void cleanup(void) /* efface saisie précédente */
    {
        int i, k;

        struct coo /* conserve les coordonnées d'effacement */
          {
            int row; /* ligne */
            int col; /* colonne */
            int blanks; /* nb. de caractères à effacer */
          } c[7] = { {6,14,25}, {6,49,20}, {9,15,50},
                     {12,16,50}, {15,13,25}, {15,46,20}, {18,15,50} };

        for (i = 0; i < 7; i++)
          {
            POS(c[i].row, c[i].col);
            for (k = 0; k < c[i].blanks; k++)
              printf("%c", BLANK);
          }
    }

char *check_input(int len) /* saisie contrôlée */
    {
        int i = 0;
        int c;
        int func_or_cursorkey = 0; /* flag pour touche spéciale */
        static char buffer[81]; /* 'static' car l'adresse de ce buffer */
                                  /* est renvoyée comme valeur de retour. */
                                /* Une variable 'auto' serait inadéquate */
                                /* car détruite à la fin de la fonction. */

        while ((i < len) &&  ((c = getch()) != '\n'))
          {
            if (func_or_cursorkey)   /* saisie précédente = touche
                                        spéciale */
              {
```

```
                func_or_cursorkey = 0;
                continue; /* ignorer saisie (= scancode) */
              }

            if (c == 0) /* touche spéciale */
              {
                func_or_cursorkey = 1; /* positionner flag */
              }
            else if (c == BACKSPACE) /* <RETOUR ARRIERE> */
              {
                 if(i > 0) /* au moins 1 caractère saisi */
                   {      /* curseur ne peut reculer plus loin
                             que pos. 1 */
                     printf("\b \b"); /* efface car. à gauche,  */
                                      /* puis recule curseur    */
                     i--;             /* pour effacer le car.   */
                                         dans le buffer aussi  */
                   }
              }
            else                         /* caractère valide */
              {
                 buffer[i++] = c; /* stocke caractère */
                 putchar(c); /* affiche caractère */
              }
          }
      buffer[i] = '\0'; /* fin de la saisie */

      return (buffer); /* renvoie adresse buffer de saisie */
  }
```

Fonctions comme paramètres - pointeurs vers fonctions

Bien que les fonctions en C ne soient pas des entités variables, elles possèdent également des adresses en mémoire. L'adresse d'une fonction désigne l'emplacement mémoire où elle est rangée, avec ses instructions. On peut manipuler une adresse de fonction comme une adresse de variable, par exemple la ranger dans un pointeur ou la passer comme paramètre à une autre fonction. En particulier, une fonction peut par ailleurs être appelée par l'intermédiaire d'un pointeur vers la fonction (cf. plus loin).

Définition de pointeurs de fonctions

L'adresse d'une fonction est symbolisée par son nom, au même titre qu'un nom de tableau représente l'adresse d'un tableau. De manière analogue, un nom de fonction comme `printf` est donc un pointeur (constant) vers la fonction concernée. Pour ranger l'adresse d'une fonction dans un pointeur, il faut alors définir ce dernier avec la syntaxe suivante :

```
<type> (*<pointeur>) ([t1n1, t2n2, ..., tnnn]);
```

La spécification `<type>` désigne ici le type de la valeur retournée par la fonction vers laquelle pointe le pointeur. La liste des paramètres correspond naturellement aux types et aux noms des paramètres éventuels de la fonction. Les crochets ici précisent que ces indications sont facultatives. Ainsi la définition suivante :

```
int (*fp)();
```

créerait un pointeur fp pointant vers une fonction qui retourne une valeur int. La liste vide des paramètres ne signifie pas forcément que la fonction référencée par le pointeur fp ne possède pas de paramètre. Il en est ici comme pour la forme ancienne (encore admise) de déclaration des fonctions. Si rien n'est indiqué concernant les paramètres, le compilateur, lors de l'appel de la fonction via un pointeur (cf. plus loin), ne peut pas vérifier si le nombre et le type des paramètres effectifs correspondent à ce qui est donné dans la définition de la fonction. D'un autre côté, contrairement à une déclaration de fonction à l'ancienne, la définition d'un pointeur de fonction ayant une liste de paramètres vide présente un avantage. Un tel pointeur de fonctions peut servir à mémoriser les adresses de fonctions admettant des paramètres en nombre variable. Comme nous le verrons bientôt, cela est très important dans la pratique. Les parenthèses autour de l'expression :

```
*fp
```

sont indispensables. Dans le cas contraire, avec :

```
int *fp();
```

en raison de la priorité plus forte des parenthèses () vis à vis de l'opérateur *, on ne définirait pas de pointeur fp, mais on déclarerait une fonction fp qui retourne un pointeur vers int.

Supposons que func1 et func2 soient deux fonctions. Alors les instructions :

```
fp = func1;
```

ou

```
fp = func2;
```

affectent au pointeur fp, via leurs noms, les adresses des fonctions func1 ou func2. Du fait de la liste vide de paramètres dans la définition de fp, la seule obligations ici est que func1 et func2 soient des fonctions qui retournent une valeur int. Autrement, les affectations précédentes ne seraient pas typologiquement correctes. En fait, func1 et func2 pourraient admettre tous types de paramètres, et ressembler par exemple à :

```
int func1(void) /* aucun paramètre */
    {
        /* instructions */
        return (0);
    }

int func2(int a, int b, int c) /* trois paramètres */
    {
```

```
        /* instructions */
        return (c);
    }
```

Si on spécifie lors de la définition du pointeur `fp` :

```
int (*fp)(int a, int b, int c);
```

ou

```
int (*fp)(int, int, int);
```

les paramètres de la fonction référencée par `fp`, alors le compilateur reçoit des informations plus précises vers l'objet pointé. Maintenant, `fp` n'est plus de type "pointeur vers une fonction de type int", mais de type "pointeur vers une fonction de type int ayant trois paramètres int". Il ne peut plus servir pour des adresses de fonctions `int` ayant des paramètres d'autres types, ou un nombre différent de paramètres.

Appels de fonctions par l'intermédiaire de pointeurs

Si l'adresse d'une fonction est rangée dans un pointeur ad hoc, la fonction peut alors être appelée via ce pointeur. Par exemple :

```
int (*fp)() = printf; /* définit un pointeur de fonction et */
                      /* l'initialise à l'adresse de printf */
```

définit un pointeur vers une fonction `int` et y range l'adresse de la fonction prédéfinie `printf`. Ensuite, l'appel de fonction :

```
printf("Test de pointeur de fonction\n");
```

peut se faire également par :

```
(*fp)("Test de pointeur de fonction\n");
```

Ce faisant, l'expression :

```
(*fp)
```

donne (tout comme le nom `printf`) l'adresse de la fonction `printf`. Cela entraîne que la fonction est exécutée. On voit donc qu'une fonction en fin de compte est lancée lorsqu'on communique son adresse au compilateur, soit en donnant le nom de la fonction, soit en indiquant un pointeur de fonction déréférencé. Au demeurant, l'appel de la fonction nécessite la mise entre parenthèses de l'expression `*<pointeur>` pour les mêmes raisons que dans sa définition. Si une fonction admet des paramètres (comme dans l'exemple précédent la fonction `printf` avec le string `Test de pointeur de fonction`), alors ces derniers sont placés entre les parenthèses de fonction, tout comme dans un appel de fonction classique utilisant le nom de la fonction. Le programme *trigon.c* qui suit montre comment utiliser des pointeurs de fonctions. Il calcule au choix le sinus, le cosinus, la tangente ou la cotangente d'un angle entier compris entre 0° et 360°, saisi par l'utilisateur. Les fonctions mathématiques requises par ces calculs ne seront pas invoquées par leurs noms, comme nous l'avons toujours fait jusqu'ici, mais par le bais d'un pointeur. Pour cela, les adresses des fonctions sont rangées dans un tableau de pointeurs de fonctions, défini comme suit :

```
void (*t[5])() = {sinus, cosinus, tangente, cotangente, exit};
```

On définit ici un tableau `t` ayant cinq éléments qui sont des pointeurs vers des fonctions de type `void`. On initialise `t` avec les adresses des fonctions sinus, cosinus, tangente et cotangente, ainsi qu'avec l'adresse de la fonction prédéfinie `exit`. Les fonctions trigonométriques précédentes emploient les fonctions prédéfinies `sin`, `cos` et `tan`. Mais, contrairement à ces dernières, elles acceptent des valeurs angulaires exprimées en degrés (les fonctions `sin`, `cos` et `tan` attendent des angles exprimés en radians).

Exemple d'application (1)

Le programme *trigon.c* présente un menu (avec la fonction `trigmenu`), dans lequel l'utilisateur peut choisir l'opération souhaitée à l'aide d'une barre lumineuse mobile :

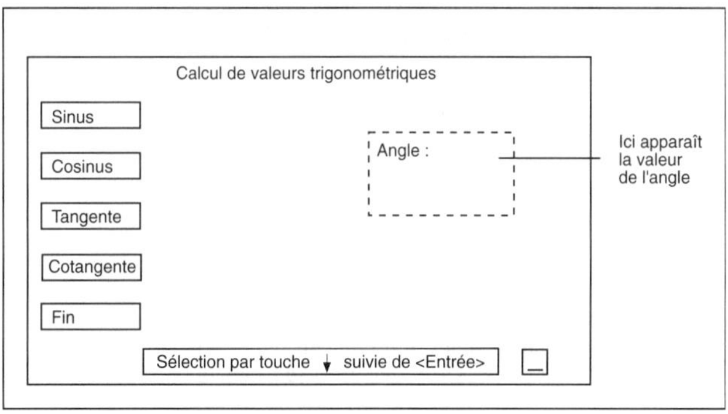

▲ Fig. 10.28 : *Menu du programme trigon.c*

Le choix d'une commande de menu est réalisé en interne par la fonction `select_option`, dont la structure ressemble à celle de la fonction `change_row` du programme *chrows.c*. Le menu est affiché par une boucle infinie jusqu'à ce que l'utilisateur choisisse la commande de fin, ce qui a pour effet d'exécuter la fonction `exit` (via le pointeur de fonction `(*t[4])`) et de quitter la boucle et le programme. `select_option` retourne systématiquement le numéro (0 à 4) de la commande en cours de sélection. Cela permet, à l'aide du pointeur de fonction `t`, d'appeler simplement via l'expression :

```
(*t )(angle)
```

la fonction souhaitée. Il est important ici que n désigne aussi bien le numéro de la commande sélectionnée que l'indice du pointeur de fonction adéquat dans le tableau t. L'instruction :

```
if (n != 4)
     {
        getangle();
        (*t )(angle);
     }
else
       (*t )(0);
```

appelle dans sa branche if une des fonctions trigonométriques, et dans sa branche else la fonction exit, qui met fin au programme. On évite ainsi une construction switch ou if-else plus lourde utilisant les noms de fonctions habituels. La fonction getangle, pour lire une valeur angulaire, crée un cadre supplémentaire à l'écran. Ce cadre sera supprimé par la macro ERASE à la fin du calcul en cours.

▼ Listing 10.19 : trigon.c

```
/** trigon fait de la trigonométrie à l'aide de fonctions      ***/
/*** spécifiques qui ne sont pas appelées par leurs noms,      ***/
/*** mais par un pointeur. Les adresses des fonctions sont     ***/
/*** rangées dans un tableau de pointeurs vers fonctions.      ***/

#include <stdio.h> /* printf */
#include <math.h> /* sin, cos, tan */
#include <stdlib.h> /* exit */
#include <conio.h> /* getch */
#include <ctype.h> /* isdigit */

#define BLANK 32
#define Enter 13
#define ESC   27
#define BACKSPACE   8
#define T_LEFT   218 /* coin supérieur gauche du cadre */
#define T_RIGHT  191 /* coin supérieur droit du cadre */
#define B_LEFT   192 /* coin inférieur gauche du cadre */
#define B_RIGHT  217 /* coin inférieur droit du cadre */
#define HZTL     196 /* trait horizontal */
#define VRTL     179 /* trait vertical */
#define TOP   6 /* ligne de menu supérieure */
#define BOTTOM   18 /* ligne de menu inférieure */
#define START   0
#define ARROW   80 /* scancode : flèche bas */
#define PI   3.1416

#define F_CYAN()   printf("\033[36m") /* texte couleur cyan */
#define F_NORM()   printf("\033[37m") /* texte normal */
#define REVERSE()  printf("\033[7m") /* inversion vidéo */
#define NORMAL()   printf("\033[0m") /* écran normal */
#define POS(x,y)   printf("\033[%d;%dH", x, y) /* positionne curseur */
```

```
#define CLEAR()     printf("\033[2J") /* efface l'écran */
#define ERASE(lines)   for(i = 1; i <= lines; i++\)
                          {   POS(i+8,35);\
                              for(k = 0; k < 40; k++)\
                                 printf("%c", BLANK); }
                                            /* efface lignes */


void box(int row, int col, int high, int wide); /* dessine cadre */
void trigmenu(char *opt[]);/* affiche menu */
void getangle(void); /* saisie angle */
void sinus(double ang); /* calcule sinus */
void cosinus(double ang); /* calcule cosinus */
void tangente(double ang); /* calcule tangente */
void cotangente(double ang); /* calcule cotangente */
int select_option(char *opt[]);/* sélectionne commande de menu */

/* tableau de pointeurs vers fonctions */

void (*t[5])() = {sinus, cosinus, tangente, cotangente, exit};

  int row = START;
  double angle; /* angle en degrés */
  int i, k; /* variables de contrôle pour ERASE */

  main()
    {
     /* lignes du menu */
     char *options[ ] = {"Sinus", "Cosinus", "Tangente",
     ➡ "Cotangente", "Fin"};

     int input;
     int ok;
     int n; /* no de la ligne de menu courante */
     trigmenu(options); /* affiche menu */
     for(;;)/* boucle infinie */
        {
           ok = 0;
           n = select_option(options); /* sélection d'une commande
                                          de menu */
           do
             {
               POS(21, 66);
               input = getch();
               if (input == 0) /* touche spéciale */
                   {
                     input = getch();/* récupère scancode */
                     if (input == ARROW) /* flèche bas */
                         ok = 1;
                   }
               else if (input == Enter)
                   {
                     if(n != 4) /* pas commande "Fin" */
                        {
```

```
                                 getangle();/* saisie angle */
                                 (*t ) (angle);   /* appelle fonction
                                                   ➥ via pointeur */
                             }
                        else
                                (*t ) (0); /* appelle exit via pointeur */
                      }
                 } while (!ok);
            }   /* fin for(;;) */
        }   /* fin main */

void trigmenu(char *opt[]) /* affiche menu */
  {
     int i;

     CLEAR();
     box(2,8,3,61);
     POS(3,21);
     printf("CALCULS TRIGONOMETRIQUES");
     for (i = 0; i < 5; i++)
        {
          box(3 * i + 5, 8, 3, 15);
          POS(3 * i + 6, 10);
          printf("%s", opt[i]);
        }

     box(20,22,3,42);
     POS(21,27);
     printf("Sélection par touche \031 suivie de <Entrée> =>");
     box(20,64,3,5);
  }

void box(int row, int col, int high, int wide) /* dessine cadre  */
  {
     int i, k;
     F_CYAN();/* cadre couleur cyan */
     POS(row, col); /* partie supérieure */
     printf("%c", T_LEFT);
     for (i = 1; i <= wide-2; i++)
        printf("%c", HZTL);
     printf("%c", T_RIGHT);
     for (i = 1; i <= high-2; i++) /* partie médiane */
        {
           POS(row+i, col);
           printf("%c", VRTL);
           for (k = 1; k <= wide-2; k++)
               printf("%c", BLANK);
               printf("%c", VRTL);
        }

     POS(row+high-1, col); /* partie inférieure */
     printf("%c", B_LEFT);
     for (i = 1; i <= wide-2; i++)
        printf("%c", HZTL);
```

```
      printf("%c", B_RIGHT);
      F_NORM();/* texte normal */
   }

int select_option(char *opt[])/* sélection commande de menu */
   {
      static int i;
      if (row == START) /* début de programme */
        {
          POS(TOP, 10);
          REVERSE();
          printf("%s", opt[0]);
          NORMAL();
          row = 6;
          return(0); /* retourne no ligne de menu courante */
        }
      else if (row == BOTTOM) /* position dernière ligne de menu */
        {
          POS(row, 10);
          printf("%s", opt[4]);
          row = 6;
          POS(row, 10);
          REVERSE();
          printf("%s", opt[0]);
          NORMAL();
          i= 0;
          return(4); /* idem */
        }
      else /* autres lignes */
        {
          POS(row, 10);
          printf("%s", opt[i]);
          POS(row+3, 10);
          REVERSE();
          printf("%s", opt[++i]);
          NORMAL();
          row = row + 3;
          return(i); /* idem */
        }
   }

void getangle(void) /* saisie angle */
   {
      int c, i;
      int func_or_cursor_key = 0;
      char buffer[4];

      box(8,35,9,34);
      do
        {
          i = 0;
          POS(10,54);
          printf("              ");
          POS(10,37);
```

```
         printf("Angle (0-360<198>) : ");

         while ((i < 3) &&  ((c = getch()) != '\n'))
               {
                 if (func_or_cursor_key)
                    {
                        func_or_cursor_key = 0;
                        continue;
                    }
                 if(c == 0)
                    {
                        func_or_cursor_key = 1;
                    }
                 else if (c == BACKSPACE)
                    {
                        if(i > 0)
                           {
                              printf("\b \b");
                              i--;
                           }
                    }
                 else if (isdigit(c))
                    {
                        buffer[i++] = c;
                        putchar(c);
                    }
               }
         buffer[i] = '\0';
         angle = atof(buffer);
      } while (angle > 360.0);
  }

void sinus(double ang) /* calcule sinus */
  {
     double rad; /* radians */

     rad = PI / 180 * ang; /* degrés en radians */
     POS(12,37);
     printf("sinus %.1f<198> = %.4f", ang, sin(rad));
     POS(14,37);
     printf("<Entrée> pour continuer");
     getch();
     ERASE(9); /* efface affichage */
  }

void cosinus(double ang) /* calcule cosinus */
  {
     double rad;

     rad = PI / 180 * ang;
     POS(12,37);
     printf("cosinus %.1f<198> = %.4f", ang, cos(rad));
     POS(14,37);
     printf("<Entrée> pour continuer");
```

```
        getch();
        ERASE(9);
    }

void tangente(double ang) /* calcule tangente */
    {
        double rad;
        if (ang == 90.0) /* tangente de 90<198>: "infinie" */
            {
              POS(12, 37);
              printf("tangente %.1f<198> = y", ang);
            }
        else
            {
              rad = PI / 180 * ang;
              POS(12,37);
              printf("tangente %.1f<198> = %.4f", ang, tan(rad));
              POS(14,37);
              printf("<Entrée> pour continuer");
              getch();
              ERASE(9);
            }
    }

void cotangente(double ang) /* calcule cotangente */
    {
        double rad;
        if (ang == 0.0) /* cotangente 0<198>: "infinie" */
            {
              POS(12, 37);
              printf("cotangente %.1f<198> = y", ang);
            }
        else
            {
              rad = PI / 180 * ang;
              POS(12,37);
              printf("cotangente %.1f<198> = %.4f", ang, 1/tan(rad));
              POS(14,37);
              printf("<Entrée> pour continuer");
              getch();
              ERASE(9);
            }
    }
```

Exemple d'application (2)

Une autre application des pointeurs de fonction est donnée par le problème suivant : on veut effectuer les mêmes opérations avec différents opérandes. Un exemple simple serait une fonction qui affiche des tableaux de divers types et qui, de son côté, utilise une fonction spéciale (sous-routine) pour le traitement de chaque type de tableau. Ainsi, on dispose d'une seule fonction d'affichage très générale à laquelle on communique, pour chaque cas concret, le nom de la sous-routine (naturellement présente) à exécuter pour afficher un tableau du type concerné. Pour passer de telles informations à une fonction d'usage très général, le plus simple est de lui communiquer un paramètre effectif contenant l'adresse (sous forme de nom de fonction par exemple) de la sous-routine ad hoc. Le paramètre formel correspondant de la fonction d'affichage "de niveau supérieur" est donc un pointeur vers des fonctions. Par son intermédiaire, on peut ensuite, à l'intérieur de la fonction, exécuter la sous-fonction applicable au type de données concerné. Avec la fonction suivante, par exemple :

```
void display_array(void *arr, long start, long end,
➥ void (*d)(void*, long, long))
   {
      (*d)(arr, start, end);
   }
```

on peut afficher n'importe quelle portion contiguë de tableaux de type élémentaire (à condition bien sûr que soient disponibles les sous-routines correspondantes). Le paramètre `arr` peut ici mémoriser l'adresse d'un tableau de type quelconque, en raison de son type `void*`. Les deux paramètres `long` récupèrent les indices des bornes du sous-tableau à afficher. Le paramètre :

```
void (*d)(void*, long, long)
```

est un pointeur nommé `d` qui désigne une fonction de type `void` ayant trois paramètres de types respectifs `void*` et `long`. Ce paramètre mémorise l'adresse de la fonction d'affichage "proprement dite" qui, dans notre exemple, peut être une fonction quelconque de type `void` avec les types indiqués pour les trois paramètres.

L'instruction :

```
(*d)(arr, start, end);
```

dans le corps de la fonction `display_array` exécute alors la fonction dont l'adresse a été affectée à `d`. Supposons que l'on ait les fonctions `printchar`, `printshort`, `printlong`, `printfloat` et `printdouble` comme routines d'affichage spécifiques pour des tableaux quelconques de types `char`, `short`, `long`, `float` et `double`, par exemple les tableaux :

```
char c[1000];
short s[100];
long l[100];
float f[100];
double d[100];
```

On pourrait alors, par :

```
display_array(c, 0, 999, printchar);
display_array(s, 0, 99, printshort);
display_array(l, 0, 99, printlong);
```

```
display_array(f, 0, 99, printfloat);
display_array(d, 0, 99, printdouble);
```

faire afficher tous les tableaux par une seule et même fonction `display_array`. Le programme *seearray.c* qui suit montre comment employer non seulement `display_array`, mais également la fonction `fill_array` qui remplit un tableau de n'importe lequel des types précédents, à l'aide de valeurs aléatoires créées par la fonction `rand`. Comme `display_array`, `fill_array` accède aux sous-routines spécifiques, via un pointeur de fonction. Sont affichées ici, dans une boucle, des portions choisies au hasard dans un tableau, lui-même tiré au hasard parmi cinq tableaux de types différents. En outre, la présentation écran varie d'un affichage à l'autre, à l'aide de `rand` et d'une séquence d'échappement ANSI : à chaque passage dans la boucle, on initialise à de nouvelles valeurs les couleurs du fond et du texte.

La fonction `wait` exploite la fonction prédéfinie `time` pour produire des pauses d'une durée (en secondes) quelconque. Dans le programme, l'instruction :

```
wait(3);
```

provoque donc une pause de trois secondes avant l'affichage suivant. Le programme prend fin lorsque l'utilisateur appuie sur une touche quelconque. Cette action est détectée par la fonction prédéfinie `kbhit`. `kbhit` retourne la valeur 0 tant qu'aucune touche n'a été activée, sinon elle renvoie une valeur différente de 0. Bien que n'appartenant pas au standard ANSI, la fonction `kbhit` est fort utile ; on la trouve sur de nombreux systèmes, au même titre que le header

▼ Listing 10.20 : seearray.c

```
/*** seearray utilise des pointeurs de fonctions comme paramètres ***/

#include <stdio.h>    /* printf */
#include <stdlib.h>   /* srand, rand */
#include <conio.h>    /* getch, kbhit */
#include <time.h>     /* time */

 /* fonctions de saisie spécifiques pour les tableaux */

void fillchar(char *a, long len);
void fillshort(short *a, long len);
void fillong(long *a, long len);
void fillfloat(float *a, long len);
void filldouble(double *a, long len);

/* fonctions d'affichage spécifiques pour les tableaux */

void printchar(char *a, long s, long e);
void printshort(short *a, long s, long e);
void printlong(long *a, long s, long e);
void printfloat(float *a, long s, long e);
```

```
void printdouble(double *a, long s, long e);

/* fonctions d'E/S générales pour les tableaux */

void fill_array(void *arr, long len, void (*fill)(void*, long));
void display_array(void *arr, long start, long end, void
➥ (*d)(void*, long, long));
void wait(long sec); /* fonction de pauses */

unsigned init; /* variable d'initialisation */

main()
{



   char c[1000];
   short s[100];
   long l[100];
   float f[100];
   double d[100];
   int number, i;
   long index[2]; /* valeurs aléa. pour bornes sous-tableau */

   while (!kbhit())
     {
       srand(++init); /* initialise le générateur aléatoire 'rand' */
       if(init = 65535)
          init = 1;
       number = rand() % 5 + 1;
                 /* tirage entre 1 et 5 (1 = char, 2 = short, etc. */

       do             /* bornes aléatoires du sous-tableau */
          {
            for (i = 0; i < 2; i++)
              index[i] = (number != 1) ? rand()%100 : rand()%1000;
          } while (index[0] >= index[1]);

       wait(3); /* 3 secondes avant prochain affichage */
       printf("\033[2J\n");

            /* changement aléatoire d'affichage : \033[3xm = texte, */
                                   /* \033[4xm = fond */
       printf("\033[%d;%dm", 31+number, 42+number);

       switch(number) /* choix du tableau à afficher */
         {
          case 1:    printf("C H A R :\n\n");
                     fill_array(c, 1000, fillchar);
                     display_array(c, index[0], index[1], printchar);
                     break;
         case 2:
                    printf("S H O R T :\n\n");
                    fill_array(s, 100, fillshort);
```

```
                        display_array(s, index[0], index[1], printshort);
                        break;
            case 3:
                        printf("L O N G :\n\n");
                        fill_array(l, 100, fillong);
                        display_array(l, index[0], index[1] ,printlong);
                        break;
            case 4;
                        printf("F L O A T :\n\n");
                        fill_array(f, 100, fillfloat);
                        display_array(d, index[0], index[1], printfloat);
                        break;
            case 5:
                        printf("D O U B L E :\n\n");
                        fill_array(d, 100, filldouble);
                        display_array(d, index[0], index[1], printdouble);
            }
        }
    printf("\033[0m");    /* écran normal */
}


/* saisie de valeurs dans tableaux de types divers */
void fill_array(void *arr, long len, void (*fill)(void*, long))
{
   (*fill)(arr, len);
}


void fillchar(char *a, long len) /* remplit tableau 'char'
                                    avec valeurs aléa. */
{
   long i;
   srand(++init);
   for (i = 0; i < len; i++)
   {
   a[i] = (rand() % 96) + 32;
   }
}


void fillshort(short *a, long len) /* remplit tableau 'short'
                                      avec valeurs aléa*/
{
   long i;
   srand(++init);
   for (i = 0; i < len; i++)
   a[i] = rand();
}


void fillong(long *a, long len)   /* remplit tableau 'long'
                                     avec valeurs aléa. */
{
```

```
   long i;
   srand(++init);
   for (i = 0; i < len; i++)
   a[i] = (long) rand() * rand();
}


void fillfloat(float *a, long len) /* remplit tableau 'float'
                                      avec valeurs aléa. */
{
   long i;
   srand(++init);
   for (i = 0; i < len; i++)
   a[i] = (float) rand() / 32767;
}


void filldouble(double *a, long len) /* remplit tableau
                                        'double' avec valeurs aléa. */
{
   long i;
   srand(++init);
   for (i = 0; i < len; i++)
   a[i] = (double) rand() / 32767;
}


/* affiche différents types de tableaux */
void display_array(void *arr, long start, long end, void (*f)
➥ (void*, long, long))
{
   (*f)(arr,start, end);
}


void printchar(char *a, long s, long e) /* affiche tableau char */
{
   long i;
   for (i = s;  i <= e; i++)
   printf("%c", a[i]);
}


void printshort(short *a, long s, long e) /* affiche tableau short  */
{
   long i;
   for (i = s;  i <= e; i++)
   {
   printf("%5hd  ", a[i]);
   if (((i+1)%10) == 0)
   printf("\n");
   }
}
```

```
void printlong(long *a, long s, long e) /* affiche tableau long */
{
   long i;
   for (i = s;  i <= e; i++)
   {
   printf("%10ld  ", a[i]);
   if (((i+1)%6) == 0)
   printf("\n");
   }
}


void printfloat(float *a, long s, long e) /* affiche tableau float  */
{
   long i;
   for (i = s;  i <= e; i++)
   {
   printf("%f  ", a[i]);
   if (((i+1)%6) == 0)
   printf("\n");
   }
}


void printdouble(double *a, long s, long e) /* affiche tableau double */
{
   long i;
   for (i = s;  i <= e; i++)
   printf("%.12f  ", a[i]);
}


void wait(long sec)    /* fonction d'attente */
{
   long start, current;
   time(&start);
   do
   {
   time(&current);
   } while ((current - start) < sec);
}
```

Élimination des erreurs

En C, on ne précise pas l'ordre dans lequel on évalue les paramètres effectifs d'une fonction. La virgule dans une liste de paramètres ne fait pas office d'opérateur de séquencement. Elle n'entraîne donc pas que les paramètres qu'elle sépare soient évalués de la gauche vers la droite : elle les sépare simplement (cf. chapitre *Expressions et opérateurs*). Ainsi, dans une instruction comme :

```
printf("%d %d %d", a, b, c);
```

le compilateur peut évaluer les paramètres a, b et c dans n'importe quel ordre. Cela est sans importance lorsque les paramètres a, b et c sont, par exemple, des variables int bien classiques. Ce n'est pas le cas si les paramètres effectifs d'une fonction renferment des effets de bord, c'est-à-dire si leur valeur change en cours d'évaluation. Supposons définie la variable suivante :

```
int x = 5;
```

Si dans l'instruction :

```
printf("%d %d", ++x, x-1);
```

on commence par évaluer le paramètre ++x, alors l'affichage donne :

```
6 5
```

En revanche, si on évalue d'abord l'expression x-1, on obtient :

```
6 4
```

Une situation ambiguë comme celle-ci peut se produire lorsqu'on utilise des paramètres qui sont des appels de fonction (des valeurs retournées par des fonctions). Soient la variable :

```
main()
   {
      char s[16] = "Plus de lumière";
      . . .
   }
```

et la fonction ups :

```
char *ups(char *w) /* conversion minuscules -> majuscules */
   {
      char *start = w;
      while (*w != '\0')
      *w++ = toupper(*w);     /* fonction 'toupper' :
                                 minuscule en majuscule */
      return (start);
   }
```

Cette dernière emploie la fonction prédéfinie toupper (#include <ctype.h>) pour convertir une chaîne de caractères en majuscules. Alors l'instruction :

```
printf("%s\n%s\n", s, ups(s));
```

(dans main) ne donne pas forcément le même résultat (espéré), selon l'ordre d'évaluation des paramètres s et ups(s). On peut avoir :

```
Plus de lumière
PLUS DE LUMIERE
```

Mais on peut obtenir également :

```
PLUS DE LUMIERE
PLUS DE LUMIERE
```

10.5 Fonctions avec nombre variable de paramètres

Toutes les fonctions que nous avons écrites jusqu'ici possédaient un nombre fixe de paramètres. Mais il existe également des opérations pour lesquelles on ne peut préciser à l'avance le nombre de paramètres à traiter. Tel est le cas, par exemple, des fonctions bien connues `printf` et `scanf`, auxquelles on peut passer un nombre variable de paramètres effectifs.

Le concept de "fonction avec nombre variable de paramètres" mérite une précision. Il signifie que la fonction est définie avec un nombre quelconque de paramètres fixes (au moins un). En outre il indique qu'elle accepte, lors de son exécution, un nombre variable de paramètres effectifs supplémentaires, sans que soient explicitement définis pour ces derniers des paramètres formels. L'en-tête d'une fonction ayant un nombre variable de paramètres a la forme générale suivante :

```
<type> <fonction>(<liste_des_paramètres_fixes>, ...)
```

`<liste_des_paramètres_fixes>` représente la liste des paramètres formels permanents, séparés comme il se doit par des virgules. Contrairement au modèle classique de définition, il faut ici spécifier trois points... dans la définition (ou déclaration) de la fonction. Ils correspondent aux paramètres facultatifs qui seront éventuellement transmis à la fonction lorsqu'on l'exécutera. Ainsi, la ligne :

```
int f(char a, int b, ...);
```

déclarerait une fonction `f` de type `int` admettant deux paramètres fixes `a` et `b` et un nombre variable de paramètres optionnels.

Évaluation des paramètres variables

Comment une fonction manipule-t-elle ses paramètres variables ? Nous allons le montrer sur l'exemple de la fonction `bprint`, qui affiche sous forme binaire un nombre quelconque de valeurs entières (de 2 ou 4 octets). La fonction `bprint` ressemble, dans sa structuration, à la fonction `printf`, et emploie comme (unique) paramètre fixe, une chaîne de formatage. Celle-ci peut contenir, outre des caractères normaux, le format `%L` pour des valeurs sur quatre octets et le format `%S` pour des valeurs sur deux octets. `bprint` ne renvoie pas de valeurs. Avec ces informations, on peut déjà déclarer la fonction `bprint` :

```
void bprint(char *fstring, ...);
```

Le pointeur `char fstring` récupère l'adresse de la chaîne de formatage. Les points de suspension montrent que `bprint` admet des paramètres facultatifs. Pour évaluer les paramètres effectifs optionnels, on a besoin des macros `va_start`, `va_arg` et `va_end` du header `<stdarg.h>`, ainsi que d'un pointeur de type `va_list` également défini (comme `void*` ou `char*`) dans `<stdarg.h>`.

Ce pointeur d'arguments (argument pointer, argument = paramètre effectif) doit être explicitement défini dans la fonction concernée. On l'utilise pour pointer, dans l'ordre, les paramètres effectifs optionnels. On l'initialise, via la macro `va_start`, avant le début de l'évaluation des paramètres. Après quoi, il pointe vers le premier des paramètres réels optionnels. La macro `va_start` admet elle-même deux paramètres : le pointeur vers les paramètres facultatifs de la fonction, et le nom du dernier paramètre fixe.

Si le pointeur d'arguments est défini pour la fonction `bprint` via :

```
va_list pp;
```

alors l'appel de macro :

```
va_start(pp, fstring); /* pointeur arguments = adresse */
                        /* premier param. facultatif */
```

fait pointer `pp` vers le premier paramètre facultatif. Les valeurs des paramètres optionnels peuvent alors être récupérées à l'aide de la macro `va_arg`. Un appel de `va_arg` donne toujours la valeur du paramètre optionnel pointé actuellement par le pointeur d'arguments, puis déplace le pointeur vers le prochain paramètre optionnel. La macro `va_arg` elle aussi admet deux paramètres : le pointeur d'arguments et le type du paramètre actuellement pointé. Supposons que le premier paramètre effectif optionnel de `bprint` soit un `long`. Alors le premier appel de `va_arg` :

```
va_arg(pp, long); /* évalue paramètre de type 'long' */
```

donne la valeur de ce paramètre puis modifie le pointeur `pp`, de telle sorte qu'il pointe vers le paramètre suivant. La valeur fournie par `va_arg` peut être réutilisée comme une valeur de retour de fonction, par exemple pour être affectée à une variable de type ad hoc :

```
void bprint(char *fstring, ...)
   {
      va_list pp;
      long l;
      . . .
      va_start(pp, fstring); /* initialise pp */
      l = va_arg(pp, long); /* récupère valeur du paramètre et */
                             /* affecte à variable */
      . . .
   }
```

Notons ici que les paramètres optionnels de type `char` demandent dans `va_arg` le type `int`, à cause d'une extension (conversion) interne de `char` en `int`. De même, pour des paramètres `float` on prendra en fait le type `double`.

Après évaluation de la liste des paramètres, le pointeur d'arguments reçoit, via un appel de la macro `va_end`, l'adresse `NULL`. `va_end` admet comme paramètre le pointeur d'arguments concerné.

Dans notre exemple donc :

```
va_end(pp); /* pointeur d'arguments = NULL */
```

affecterait au pointeur pp l'adresse nulle.

Il faut naturellement communiquer, à la fonction concernée, le nombre d'arguments optionnels à traiter, et donc définir une condition adéquate permettant de détecter la fin des paramètres facultatifs. Pour la fonction bprint (comme pour printf), on se fonde sur la détection du caractère nul (pointé par fstring) marquant la fin de la chaîne de formatage. Au début, le pointeur fstring renvoie vers le début de la chaîne de formatage. Il est ensuite régulièrement lu et incrémenté, ce qui lui fait parcourir la chaîne de formatage. Lorsqu'il pointe enfin vers le caractère de fin de la chaîne de format, alors l'évaluation des paramètres est achevée. Une autre technique pour informer une fonction du nombre de paramètres optionnels à traiter consiste à placer ce nombre dans un des paramètres fixes. La fonction "compte au fur et à mesure" et termine son évaluation lorsqu'elle a traité le nombre de paramètres spécifié. Toutes les réflexions qui précédent nous permettent désormais de coder la fonction bprint :

```
void bprint(char *fstring, ...)    /* affiche des entiers
                                      sous forme binaire */
 {
   va_list pp; /* pointeur d'arguments */
   short s;
   long l;
   int pos;
   va_start(pp, fstring); /* pointeur args = adr. 1er param.
                                optionnel */
   while (*fstring) /* tant que pas de caractère nul */
       {
         if (*fstring != '%') /* si pas spécification de format */
            putchar(*fstring); /* affiche caractère */
         else
            {
              switch(*++fstring)   /* caractère suivant
                                      dans chaîne de format */
                {
                  case 'S': s = va_arg(pp, short);
                                       /* va_arg donne un short */
                      for (pos = 15; pos >= 0; pos--)
                                       /* afficher en binaire */
                          {
                            printf("%d", (s >> pos) & 1);
                            if (pos % 8 == 0)
                                      /* espace tous les 8 bits */
                                printf(" ");
                          }
                      break;

                  case 'L': l = va_arg(pp, long);
```

```
                                        /* va_arg donne un long */
                    for (pos = 31; pos >= 0; pos--)
                                           /* afficher en binaire */
                        {
                          printf("%d", (1 >> pos) & 1);
                          if (pos % 8 == 0)
                                        /* espace tous les 8 bits */
                              printf(" ");
                        }
                    break;

                default: putchar (*fstring);
                          /* pas de format après %: affiche car. */
               } /* fin switch */
           } /* fin else */
        fstring++;      /* caractère suivant dans chaîne de format */
      } /* fin while */
   va_end(pp); /* fin évaluation : NULL dans pp */
 } /* fin bprint */
```

Pour tester bprint, nous l'incorporerons dans un programme d'essai simple, dans lequel nous appellerons la fonction avec différentes constellations de paramètres.

▼ Listing 10.21 : bprtest.c

```
/*** bprtest teste la fonction 'bprint' qui affiche en binaire   ***/
/*** des nombres entiers et accepte, ce fraisant, un nombre      ***/
/*** variable de paramètres.                                     ***/

#include <stdio.h>                             /* printf, putchar */
#include <stdarg.h>            /* va_list, va_start, va_arg, va_end */

void bprint(char *fstring, ...);        /* déclaration de 'bprint' */

main()
{
  short a = 3, b = 14534;
   long x = 7333333, y = -50000;

                                        /* paramètre fixe seulement */
   bprint("Le programme affiche en binaire quelques
   ➥ valeurs de test :\n\n");
   bprint("3\t\t=\t%S\n\n", a);         /* 1 paramètre optionnel */
                                        /* 2 paramètres optionnels */

   bprint("14534\t\t=\t%S\n-50000\t\t=\t%L\n\n", b, y);

                                        /* 3 paramètres optionnels */

   bprint("7333333 - 50000\t=\t%L\n14\t\t=\t%S\n-123\t\t=\t%S\n\n",
   ➥ x+y, 14, -123);
   bprint("%d%S\t%x%L", a, x);
}
```

```
/* */
/* ajouter ici la définition de 'bprint' */
/* */
```

On obtient l'affichage :

Le programme affiche en binaire quelques valeurs de test :

```
3                   =   00000000 00000011
14534               =   00111000 11000110
-50000              =   11111111 11111111 00111100 10110000
7333333 - 50000     =   00000000 01101111 00100010 10000101
14                  =   00000000 00001110
-123                =   11111111 10000101
d00000000 00000011      x00000000 01101111 11100101 11010101
```

On constate ici que `bprint` est bien en mesure de traiter un nombre variable de paramètres. Du reste, à l'instar de `printf`, elle peut servir à afficher du texte pur. La dernière ligne affichée montre comment sont traités les symboles de format non définis. Dans les exercices du chapitre, on trouvera une autre application concernant des fonctions ayant un nombre variable de paramètres.

10.6 Fonctions récursives

En C, les fonctions peuvent exécuter d'autres fonctions, parmi lesquelles elles-mêmes. En pareil cas, on parle d'appel récursif de fonction ou de fonction récursive. À titre d'exemple simple, considérons la fonction suivante :

```
void shostr(char *s) /* affichage récursif d'une chaîne de caractères */
    {
        if (*s != '\0')
            {
                putchar(*s);
                shostr(s+1);
            }
    }
```

La fonction `shostr` affiche une chaîne de caractères en commençant par afficher le premier, s'il ne s'agisse pas du caractère nul. Elle s'exécute ensuite elle-même, pour afficher le caractère suivant dans la chaîne. Ici le paramètre transmis à `shostr` est l'adresse `s+1` du prochain caractère. S'il ne s'agit toujours pas du caractère nul, alors il est affiché, et `shostr` est appelée de nouveau avec l'adresse du caractère suivant. Et ainsi de suite, jusqu'à ce qu'on rencontre enfin le caractère de fin de chaîne. Si la fonction est appelée avec l'adresse du caractère de terminaison, alors la condition :

```
*s != '\0'
```

n'est plus remplie et la séquence d'appels récursifs de `shostr` prend fin. L'image suivante illustre le déroulement d'un tel processus récursif, avec les différents niveaux d'appels de la fonction, sur l'exemple de l'instruction :

```
shostr("EIS");
```

qui affiche la chaîne de caractères `EIS` :

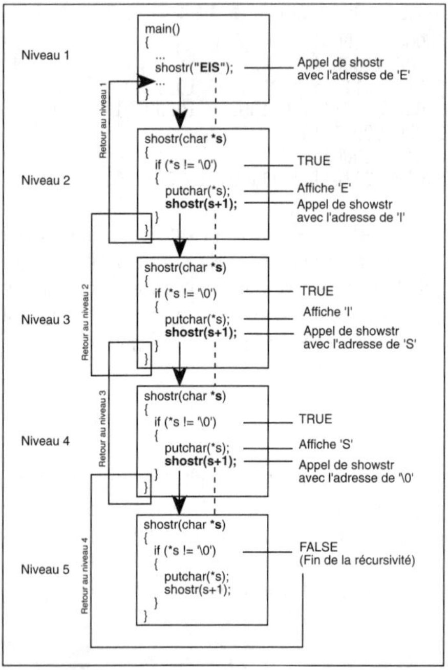

Fig. 10.29 : *Affichage d'une chaîne de caractères par appels récursifs d'une fonction*

L'image qui précède semble indiquer que, dans la pratique, les appels de la fonction `shostr` sont "empilés". C'est vraiment le cas. En effet, en mémoire les appels de fonction sont gérés sur une pile (cf. dans ce chapitre , la section *Appels de fonctions*). Lorsque la fin de la récursion est atteinte, les appels de fonction sont supprimés de la pile, dans l'ordre inverse de leur empilement (last in, first out). De plus, on constate que l'exécution des instructions dans un processus récursif donne un "mouvement de flux et de reflux", et qu'il faut toujours prévoir une condition pour arrêter l'enchaînement des appels récursifs (flux). Sur le "flux" on exécute, à chaque niveau, les instructions ou opérations de la fonction appelante placées avant son propre appel (inclus). Lorsque la condition d'arrêt est rencontrée, alors la récursion s'interrompt et le contrôle de l'exécution revient de niveau en niveau, jusqu'au point de départ (premier appel de la fonction). Ce faisant on exécute, à chaque niveau, les instructions ou opérations de la fonction appelante placées, selon le déroulement, après l'appel récursif de fonction. Dans la fonction d'exemple **shostr**, il n'y a point d'instructions placées après. De ce fait, l'exécution de la fonction prend fin, à chaque niveau, après la fin de l'appel récursif. La fonction **revstr** montre bien que l'appel récursif de la fonction est d'abord suivi de l'exécution des instructions restantes de la fonction. Ensuite seulement, le contrôle du programme est rendu au niveau immédiatement supérieur. **revstr** affiche une chaîne de caractères à l'envers. C'est une variante de **shostr** dans laquelle on a simplement permuté l'appel récursif, et l'instruction d'affichage :

```
void revstr(char *s)    /* affichage récursif d'une chaîne
                           de caractères inversée */
  {
     if (*s != '\0') /* fin de la récursion si FALSE */
        {
           revstr(s+1);
           putchar(*s);
        }
  }
```

Nous illustrerons, ici aussi, le processus récursif engendré par :

```
revstr("EIS");
```

avec une image :

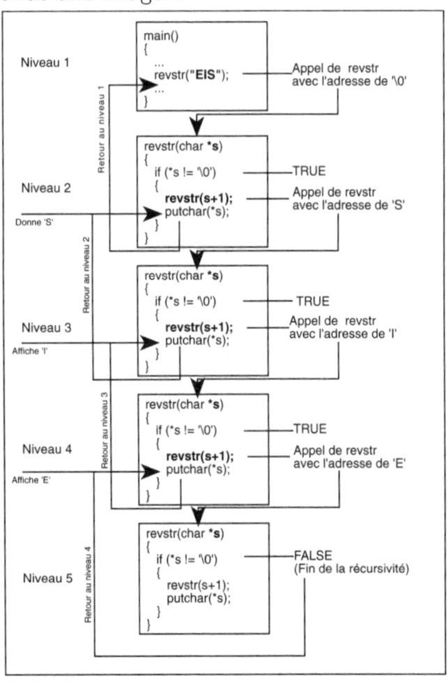

Fig. 10.30 : *Affichage récursif d'une chaîne de caractères (à l'envers)*

La disposition des deux instructions :

```
revstr(s+1);
```

et

```
putchar(*c);
```

dans **revstr** entraîne qu'à chaque niveau d'exécution de la fonction on commence simplement par appeler récursivement **revstr**. Ce n'est que lorsque la récursion prend fin, que l'instruction suivant l'appel récursif est exécutée, la première fois dans l'exécution de fonction qui suit le troisième appel de **revstr(niveau 4)**. Comme le paramètre **s**, à ce niveau-là, contient l'adresse du caractère **S**, ce dernier est affiché. Ensuite, le contrôle revient au niveau immédiatement supérieur et y exécute l'instruction placée après l'appel de fonction. C'est le caractère **I**, rangé dans **s** à ce niveau-là, qui est affiché. Après retour au niveau 2, la lettre **E** est affichée pour des raisons analogues. L'affichage complet est donc :

```
SIE
```

Le contrôle du programme est donc maintenant revenu à la fonction **main**, qui reprend à l'instruction suivante. Signalons du reste qu'une récursion peut être engendrée non seulement par une fonction s'appelant elle-même directement, mais également par une chaîne d'appels de fonctions située entre deux appels d'une même fonction :

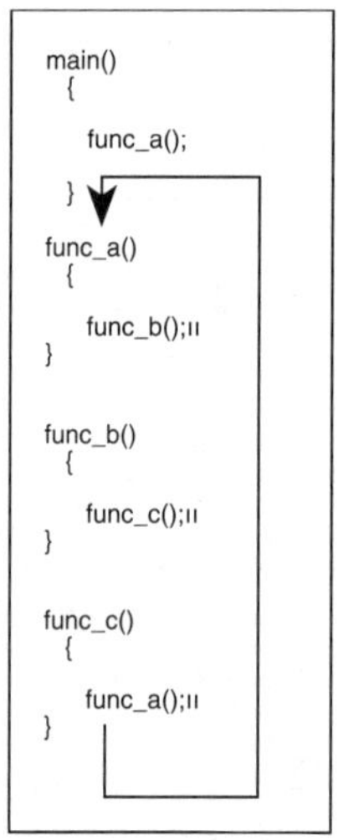

◄ **Fig. 10.31 :** *Récursivité indirecte*

L'image montre que la fonction **main** commence par appeler la fonction **func_a**. Celle-ci à son tour appelle **func_b** qui, de son côté, appelle **func_c**. Cette dernière enfin appelle de nouveau la fonction **func_a**. Ce faisant, le cercle récursif est bouclé et la chaîne des appels reprend indéfiniment à partir du début (à moins d'avoir prévu un test d'arrêt adéquat dans **func_a** ou dans une des autres fonctions).

Un algorithme de tri récursif

Les fonctions récursives permettent fréquemment de résoudre, avec élégance et efficacité, les problèmes de programmation. À titre d'exemple, considérons le procédé de tri appelé Quicksort. Il est récursif de par sa conception, et la fonction prédéfinie `qsort` qui trie les tableaux selon cette technique est habituellement définie de manière récursive. L'algorithme Quicksort est une des méthodes de tri les plus efficaces qui soient. Il fonctionne de la manière suivante : on commence par diviser les valeurs du tableau à trier en deux sous-ensembles. Pour cela, on prend un élément (le plus souvent celui du milieu) et on en fait un séparateur entre les éléments qui lui sont supérieurs ou égaux et ceux qui lui sont inférieurs. Le sous-ensemble des valeurs inférieures est transféré dans la partie gauche du tableau, tandis que l'autre sous-ensemble est transféré dans la partie à droite du séparateur. Après quoi, on applique également aux deux sous-ensembles le procédé du Quicksort (début de la récursion), puis aux nouveaux sous-ensembles qui en résultent, etc. Jusqu'à ce qu'on arrive enfin à des sous-ensembles composés d'un seul élément. Ces derniers ne devant plus être triés, le processus récursif s'arrête alors. L'image qui suit montre sur un exemple simple le déroulement pas à pas d'un tel mécanisme de tri :

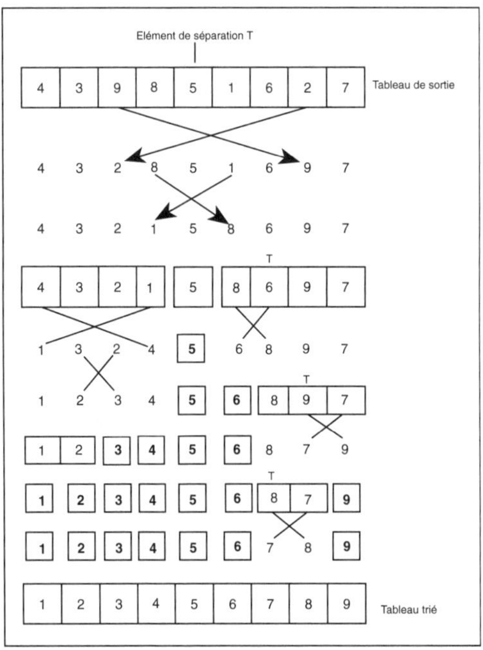

Fig. 10.32 : *Tri d'un tableau selon le procédé du Quicksort*

À chaque passe de tri, on permute dans l'ordre, en partant de la gauche et en allant jusqu'au séparateur concerné, les valeurs supérieures au séparateur, avec la première valeur de droite inférieure au séparateur. Ainsi, à gauche du séparateur, on aura des valeurs inférieures à ce dernier, et à droite des valeurs supérieures. On réapplique ce procédé aux sous-tableaux issus du tableau d'origine. La valeur séparatrice elle-même, après cette opération, est déjà bien positionnée et ne doit plus être prise en compte dans les opérations de tri ultérieures.

La fonction prédéfinie **qsort** trie des tableaux de type quelconque selon le procédé que nous venons de décrire. Pour comprendre le fonctionnement d'une fonction Quicksort, en voici une variante qui trie des tableaux **int** (en ordre croissant) :

```
void qintsort(int arr[], int lidx, int ridx) /* trie un tableau 'int'
                                                  avec Quicksort */
  {
      int k, buffer;
      int e; /* fin du sous-tableau < séparateur */
      int mid; /* index de l'élément médian */

      if (lidx >= ridx) /* tableau a moins de 2 éléments */
          return;

      mid = (lidx + ridx) /2; /* élément médian = séparateur */

      buffer = arr[lidx]; /* séparateur au début de la plage à trier */
      arr[lidx] = arr[mid]; /* afin que la plage puisse être */
      arr[mid] = buffer; /* parcourue en continu */

      e = lidx;

      for (k = lidx+1; k <= ridx; k++) /* amène tous les éléments */
      if (arr[k] < arr[lidx]) /* inférieurs au séparateur */
          { /* dans la partie gauche du (sous-)tableau */
            e++; /* derrière */
            buffer = arr[e]; /* le premier */
            arr[e] = arr[k]; /* élément */
            arr[k] = buffer;
          }

      buffer = arr[lidx]; /* amène séparateur à la fin */
      arr[lidx] = arr[e]; /* de la plage avec les valeurs inférieures */
      arr[e] = buffer; /* au séparateur */

      qintsort(arr, lidx, e-1); /* tri du sous-tableau de gauche */
      qintsort(arr, e+1, ridx); /* tri du sous-tableau de droite */
  }
```

Commentaires

La fonction `qintsort`, dans cette version, admet trois paramètres : l'adresse du début du tableau, l'index de l'élément où commence la plage à trier et l'index de celui où finit cette plage. La variable **e** contient l'indice de la dernière des valeurs "inférieures". Cette zone est créée progressivement dans la partie gauche du (sous-)tableau grâce à des permutations ad hoc effectuées dans la boucle :

```
for (k = lidx+1; k <= ridx; k++) /* amène tous les éléments */
       if (arr[k] < arr[lidx]) /* inférieurs au séparateur */
          { /* dans la partie gauche du (sous-)tableau */
            e++; /* derrière */
            buffer = arr[e]; /* le premier */
            arr[e] = arr[k]; /* élément */
            arr[k] = buffer;
          }
```

Dans cette boucle, on veut que le tableau puisse être parcouru sans interruption du début jusqu'à la fin. Comme le séparateur situé au milieu du tableau "gêne" (pour ainsi dire), via :

```
buffer = arr[lidx];
arr[lidx] = arr[mid];
arr[mid] = buffer;
```

on le copie provisoirement dans le premier élément du tableau et on met la valeur originale du premier élément à la position du séparateur. Après la passe de tri du (sous-)tableau concerné, on rétablit la situation par :

```
buffer = arr[lidx];
arr[lidx] = arr[e];
arr[e] = buffer;
```

Désormais, comme nous l'avons précédemment expliqué, le tableau contient dans sa partie gauche toutes les valeurs inférieures au séparateur et dans sa partie droite toutes les valeurs supérieures ou égales. Avec les deux dernières instructions, la fonction s'appelle elle-même pour trier les sous-tableaux de gauche et de droite. Le séparateur (comme on peut facilement le comprendre) se trouve déjà à sa position définitive, et n'a donc plus à être pris en compte dans les opérations de tri qui vont suivre.

Si on définit par exemple dans `main` un tableau :

```
int i[9] = {4, 3, 9, 8, 5, 1, 6, 2, 7};
```

alors l'instruction :

```
qintsort(i, 0, 8);
```

appelle la fonction **qintsort** avec, comme paramètres, l'adresse du tableau et les indices des premier et dernier éléments. Elle trie donc ce tableau en ordre croissant. Si on change la condition de comparaison dans la boucle **for** :

```
if (arr[k] >= arr[lidx]) /* >= au lieu de < */
```

le tableau sera trié en ordre décroissant. En effet, les valeurs supérieures au séparateur sont désormais rassemblées et triées dans la partie gauche. Les valeurs inférieures, comme il se doit, sont traitées dans la partie droite. À partir de la fonction **qintsort**, il est aisé de créer des fonctions de tri pour des tableaux de tous types, ou de développer une fonction de tri qui, comme **qsort**, trie des tableaux de type quelconque. Dans ce dernier cas, on prendra le type **void *** pour le premier paramètre (adresse du tableau). Dans les exercices du chapitre, vous trouverez un autre exemple (Tour de Hanoï) qui montre comment les fonctions récursives permettent de programmer de façon relativement simple des opérations apparemment complexes.

Il faut cependant signaler une limitation à l'emploi des fonctions récursives : elles se marient très mal avec les variables locales **static**. En effet, une telle variable n'existe toujours qu'en un seul exemplaire, cela quel que soit le nombre d'instances "en cours" de la fonction.

10.7 Paramètres sur la ligne de commande

Pour lancer des programmes (fichiers exécutables), on tape leur nom sur la ligne de commande après l'indicatif du système d'exploitation (prompt), puis on valide par [Entrée]. Supposons que l'on ait écrit et compilé le programme :

▼ Listing 10.22 : video.c

```
/*** video place l'écran en mode normal ou en inversion vidéo ***/

#include <stdio.h> /* printf, gets */
#include <string.h> /* strcmp */

main()
 {
   char mode[80];

   do
     {
       printf("\nMode d'écran ? (\"normal\" / \"inverse\") : ");
       gets(mode);
     } while (strcmp(mode, "normal")  &&  strcmp(mode, "inverse"));

   if (!strcmp(mode, "normal"))
     {
       printf("\033[0m");
       printf("\033[2J");
     }
   else
     {
       printf("\033[7m");
       printf("\033[2J");
     }
 }
```

qui règle le mode d'écran sur normal ou sur l'inversion vidéo. Nous pouvons l'exécuter en tapant après le prompt :

```
video
```

et en confirmant la saisie par la touche de validation :

```
video <Entrée>
```

Une fois le programme lancé, l'utilisateur se verra demander de choisir un mode d'écran. En d'autres termes, la détermination du mode d'affichage se fait en cours d'exécution du programme. Mais il est également possible de spécifier, dès le lancement du programme, des valeurs qu'il devra traiter. Il suffit pour cela de les taper comme paramètres sur la ligne de commande lorsqu'on appelle le programme. À titre d'exemple, on pourrait formuler le programme *video.c* afin que le choix du mode d'affichage puisse se faire dès l'appel, par le biais d'un paramètre (de ligne de commande) qui suit le nom du programme :

```
video normal <Entrée>
```

ou :

```
video inverse <Entrée>
```

Pour que de tels paramètres soient "récupérés" dans le programme, il faut les transmettre à la fonction `main`. Celle-ci doit alors être définie avec deux paramètres formels. Le premier de ces deux paramètres (habituellement désigné par `argc` (argument `count`)) est de type `int` et contient le nombre de paramètres spécifiés sur la ligne de commande (y compris le nom du programme qui compte également pour un paramètre). Le second paramètre (habituellement désigné par `argv` (argument `vector`)) est un pointeur vers un tableau de pointeurs qui désignent eux-mêmes des données de type `char`, ou bien, ce qui est équivalent, est un pointeur vers un pointeur `char`. Il peut donc être défini soit par :

```
char *argv[ ]
```

soit par :

```
char **argv
```

et il conserve l'adresse d'un tableau de pointeurs dans lesquels sont rangées les adresses des paramètres de la ligne de commande, paramètres stockés sous forme de chaînes de caractères. La taille de ce tableau de pointeurs dépend du nombre de paramètres donnés sur la ligne de commande. Mais, le premier élément de ce tableau, le pointeur `argv[0]`, renvoie toujours vers le nom du programme. `argv[1]` pointe vers le premier paramètre proprement dit, `argv[2]` pointe vers le paramètre suivant, etc. Le tableau de pointeurs vers lequel pointe `argv` contient toujours comme dernier élément (`argv[argc]`) le pointeur nul. À titre d'exemple, considérons maintenant la version de *VIDEO.C*, qui fonctionne avec des paramètres passés sur la ligne de commande :

▼ Listing 10.23 : video2.c

```
/*** video2 règle le mode d'écran en normal ou en inversion vidéo. ***/

/*** Le programme reçoit le réglage souhaité depuis un paramètre  ***/
/*** spécifié sur la ligne de commande. ***/

#include <stdio.h> /* printf, gets */
#include <string.h> /* strcmp */
#include <stdlib.h> /* exit */

main(int argc, char *argv[ ])
 {
   if (argc != 2)
       {
          printf("\nSyntaxe : video mode");
          exit(1);
       }
   if (!strcmp(argv[1], "normal"))
       {
          printf("\033[0m");
          printf("\033[2J");
       }
   else if (!strcmp(argv[1], "inverse"))
       {
          printf("\033[7m");
          printf("\033[2J");
       }
   else
       printf("\nParamètre erroné : \"normal\" ou \"inverse\"");
 }
```

Si le programme était lancé par exemple via :

```
video inverse <Entrée>
```

alors, l'évaluation de la ligne de commande donnerait pour **argc** la valeur 2. Le paramètre **argv** recevrait l'adresse du début du tableau de pointeurs, qui contiennent les adresses des paramètres de la ligne de commande rangés sous forme de chaînes :

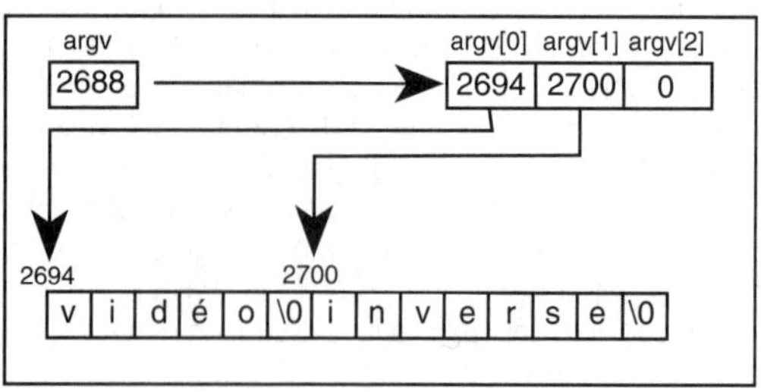

◄ Fig. 10.33 : *argv pointe vers un tableau de pointeurs*

Les noms argc et argv pour les paramètres formels de main sont facultatifs, mais ils correspondent simplement à une tradition (raisonnable) de programmation. On pourrait donc renommer ces paramètres x et y, mais ces noms seraient bien moins évocateurs.

Pointeur vers l'environnement

Dans de nombreux systèmes d'exploitation (tels qu'UNIX, DOS, etc.), il est possible de donner à main un paramètre supplémentaire, habituellement désigné par envp (environment pointer). envp, de par son type, est un pointeur vers un tableau de pointeurs qui désignent eux-mêmes les rubriques de l'environnement du programme (par exemple : les chemins implicites, l'allure du prompt, etc.). Le dernier élément de ce tableau de pointeurs est ici également le pointeur nul. Sur les systèmes précédemment cités, on peut donc faire afficher l'environnement du moment, par exemple par :

```
main(int argc, char *argv[], char *envp[])   /* ou : char **argv,
                                                      char **envp */
   {
      int i;
      for (i = 0; envp[i] != NULL; i++)
           printf("%s\n", envp[i]);
   }
```

ou bien encore par :

```
main(int argc, char **argv, char **envp)   /* ou : char *argv[],
                                                    char *envp[] */
   {
      while (*envp)
              printf("%s\n", *envp++);
   }
```

Si main n'a pas de paramètre

Lorsque la fonction main n'a pas de paramètre, on renonce souvent à indiquer le type void entre les parenthèses dans l'en-tête de la fonction. On écrit alors :

```
main()
```

au lieu de :

```
main(void)
```

De même, on omet souvent de spécifier le type de la valeur retournée par main bien que celle-ci, comme toute fonction, puisse retourner une valeur (au système d'exploitation). Si main ne renvoie rien, on l'indique en général par :

```
void main()
```

Ici main n'a pas de paramètre non plus. Si on omet void, alors le compilateur suppose (comme d'habitude) que la valeur retournée est de type int. Selon les réglages du compilateur, on peut avoir un message signalant que main ne retourne aucune valeur. Pour corriger cela, il suffit d'insérer une instruction `return` dans `main`. Si on a pris pour `main` le type implicite `int` (ce qui est souvent le cas), on peut alors par exemple retourner au système d'exploitation via :

```
return(0);
```

la valeur 0 afin d'indiquer que le programme s'est déroulé sans encombre. On peut également retourner 1 ou n'importe quelle autre valeur entière pour montrer qu'il y a eu erreur.

Plusieurs paramètres sur la ligne de commande

Si on spécifie plusieurs paramètres sur la ligne de commande, alors il faut séparer ceux-ci par des espaces. Dans ce cas, on peut se demander ce qu'il faut faire si un des paramètres contient lui-même un espace. Pour qu'un tel paramètre soit compris comme un seul et non pas deux paramètres, on le place entre des guillemets. Supposons que `showinfo` soit un programme admettant plusieurs paramètres sur la ligne de commande. Dans l'appel suivant du programme :

```
showinfo "Quatre saisons" Marseille <Entrée>
```

`Quatre saisons` serait interprété comme un paramètre unique en raison des guillemets placés autour.

Conversion des lignes de commande

Il peut arriver que des paramètres de la ligne de commande doivent être traités par le programme en tant que valeurs numériques. Les paramètres de la ligne de commande étant stockés sous forme de chaînes de caractères, il faut donc les convertir au sein du programme. Le programme *triangle.c* suivant calcule la surface d'un triangle quelconque à partir des longueurs des trois côtés, ces dernières étant données comme paramètres sur la ligne de commande. Pour pouvoir déterminer la surface demandée, le programme convertit en `double` les paramètres indiqués.

▼ Listing 10.24 : triangle.c

```
/***  triangle calcule la surface d'un triangle à partir         ***/
/***  des longueurs des côtés, celles-ci étant passées sur la ligne   ***/
/***  de commande.

#include <stdio.h> /* printf */
#include <math.h> /* atof, sqrt */
#include <stdlib.h> /* exit */

main(int argc, char *argv[])
 {
   double a, b, c, s;

   if (argc != 4)
```

```
        {
          printf("\nNombre de paramètres erroné.\n");
          exit(1);
        }

    a = atof(argv[1]);
    b = atof(argv[2]);
    c = atof(argv[3]);

    if (a+b <= c  ||  a+c <= b  ||  b+c <= a)
        {
          printf("\nParamètres invalides. Triangle incohérent.\n");
          exit(2);
        }
    else
        {
          s = (a + b + c) / 2;
          printf("\nLe triangle a une surface de : %f\n", sqrt(s * (s-a)
                      * (s-b) * (s-c)));
        }
}
```

Les paramètres requis par le programme sont, comme précédemment décrit, séparés par des espaces. Ainsi un appel du programme comme :

```
triangle 3 4 5 <Entrée>
```

entraîne que les valeurs 3, 4 et 5 sont stockées sous forme de chaînes dans `argv[1]`, `argv[2]` et `argv[3]`. Après conversion en valeurs **double**, elles sont utilisées par la formule de Heron pour déterminer la surface. Le résultat de l'exemple précédent est :

```
Le triangle a une surface de : 6.000000
```

Chapitre 11

Gestion de fichiers

Le traitement des données exige leur présence en mémoire pendant l'exécution du programme concerné. Mais, la plupart du temps, il faut également que ces données soient conservées de manière durable. Comme exemple élémentaire, on peut citer les données relatives aux clients d'une entreprise. De telles données (code client, nom du client, adresse, chiffres d'affaires, etc.) sont le plus souvent exploitées sur une longue période. Elles doivent pouvoir être rappelées à tout moment et, en particulier, mises à jour au moment voulu. Dans ce but, elles sont écrites dans un fichier, lequel est stocké sur une mémoire de masse (disque magnétique, cartouche, etc.), et accessible au programme manipulant les données.

Un fichier, en fin de compte, n'est rien d'autre qu'une masse plus ou moins importante de données, conservée (en permanence) sur un certain support. Pour ce qui concerne le langage C, on peut se représenter un fichier comme un gigantesque tableau permanent, dans lequel un programme peut écrire ou lire des données. La comparaison avec un tableau implique qu'un fichier doit contenir des éléments de même nature, donc de contenu homogène. En fait, contrairement à d'autres langages, le contenu d'un fichier C n'est pas structuré à l'avance. Au contraire, ses données sont simplement rangées sous la forme d'une suite continue de caractères (octets). C'est pourquoi un fichier est parfois désigné par le terme "flux de données" (ou byte stream). Chaque caractère (octet contenant le caractère) pris individuellement peut être localisé dans le fichier via un index. Ainsi le premier caractère d'un fichier a la position 0, le second caractère la position 1, etc. jusqu'au nième caractère dont la position est n-1. Bien qu'un fichier soit donc fondamentalement considéré comme une suite non structurée d'octets, il incombe au programmeur de créer une structure de fichier telle que les données soient gérées comme il l'entend. Pour cela, il dispose de toute une série de fonctions adaptées, qui lui permettent de manipuler des données de toutes dimensions et de tout type.

En C, on peut fondamentalement travailler sur les fichiers à deux niveaux : le niveau bas (low level) et le niveau haut (high level). Au niveau inférieur, on emploie des méthodes d'accès élémentaires, fondées sur des fonctions qui s'appuient directement sur les routines correspondantes du système d'exploitation (system calls), relatives au traitement des fichiers. Les fonctions de bas niveau dépendent donc directement du système d'exploitation, et par conséquent ne font pas partie du standard ANSI. Cela joue un grand rôle pour ce qui touche à la portabilité des programmes. Les accès aux fichiers du niveau supérieur se font de manière moins élémentaire, et donc plus facile. Il sont fondés sur des fonctions prédéfinies relativement complexes, indépendantes du système d'exploitation, et implémentées sur des fonctions de bas niveau. Dans ce qui suit, nous allons étudier en détail les différences entre les accès de bas et de haut niveau.

11.1 Opérations non élémentaires

Lorsqu'un programme doit lire ou écrire des données dans un fichier, via une méthode d'accès de haut niveau, le chemin pris par ces données pour arriver à leur destination passe toujours par un tampon (buffer). Ce tampon de fichier est une zone de mémoire RAM dans laquelle sont temporairement stockées, avant leur transfert à destination, des données (en quantité assez importante) lues ou écrites dans un fichier. L'avantage est qu'il n'est ainsi pas nécessaire de déclencher une opération d'entrée-sortie spécifique pour chaque donnée lue ou écrite. Au contraire, une seule opération dans le programme permet d'écrire un bloc de données relativement gros dans le tampon ; de là, il suffira ensuite de l'acheminer vers le fichier. Il en va de même pour le chemin inverse, correspondant à la lecture dans le fichier. La gestion de ce tampon n'est pas à la charge du programmeur. C'est le système qui en a la responsabilité pratique.

Structures FILE

L'emplacement mémoire (donc l'adresse) du tampon d'E/S d'un certain fichier est fourni par une variable structurée de type `FILE`. Celle-ci est dotée de valeurs quand un programme ouvre un fichier pour le manipuler (voir section *Ouverture des fichiers*). Le type `FILE` est défini en tant que structure dans le header *<stdio.h>* (qu'il faut donc systématiquement inclure pour les opérations de haut niveau sur les fichiers). Ses champs contiennent l'adresse du tampon, ainsi que d'autres informations sur le fichier concerné. Entre autres : un pointeur vers le caractère suivant dans le tampon, le nombre de caractères restant dans le tampon, l'état du fichier (droits d'accès, nature de l'opération effectuée sur le fichier, etc.), ainsi qu'un descripteur. Ce dernier est un nombre entier qui identifie, en quelque sorte, le fichier concerné (dans le contexte des opérations de bas niveau sur les fichiers, les descripteurs sont très importants ; voir section *Opérations élémentaires* dans ce chapitre).

La définition de la structure `FILE` dans *<stdio.h>* peut varier d'un système à l'autre, pour ce qui concerne le nombre, le type et le nom des champs. En revanche, elle contient toujours les renseignements précédemment décrits, et ressemble le plus souvent à ce qui suit :

```
typedef struct
{
   char *buffer; /*  pointeur vers l'adresse du tampon   */
   char *ptr; /* pointeur vers le caractère suivant dans le tampon */
   int cnt; /*   nombre de caractères dans le tampon    */
   int flags; /*   bits donnant l'état du fichier    */
   int fd; /*   descripteur (identifiant de fichier)    */
} FILE;
```

Le fichier <*stdio.h*> contient la déclaration d'un tableau de telles structures FILE. Chaque élément de ce tableau est donc une variable structurée, qui peut stocker des informations relatives à un fichier, sous la forme précédemment décrite. Pour accéder concrètement à un fichier dans le programme concerné, il faut utiliser un pointeur vers une variable de type FILE. On doit définir soi-même ce pointeur :

```
FILE *fp; /*  pointeur vers variable structurée FILE   */
```

La définition précédente crée un pointeur fp de type "pointeur vers FILE" (ou plus simplement "pointeur FILE") capable de mémoriser l'adresse d'une variable structurée FILE. Lorsqu'un fichier est ouvert pour être manipulé, la fonction compétente (voir plus loin) recherche une structure FILE disponible dans le tableau précédemment évoqué, et y range les informations relatives au fichier. L'adresse de cette variable structurée est affectée à un pointeur ad hoc, tel que fp. Tous les accès ultérieurs au fichier se feront alors par l'intermédiaire de ce pointeur. L'image suivante illustre la connexion entre un programme et un fichier auquel accède le programme :

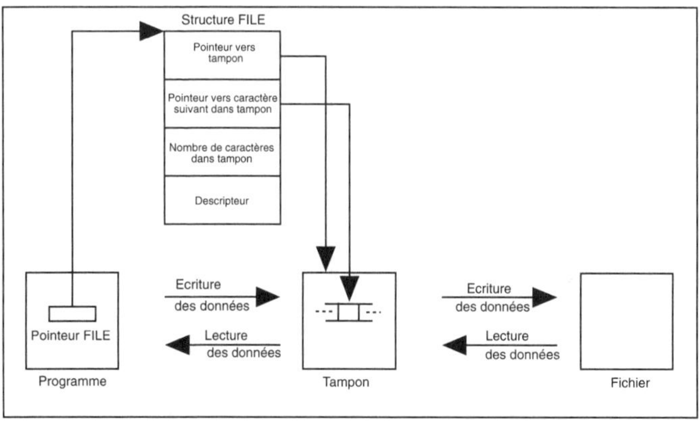

▲ Fig. 11.1 : *Accès de haut niveau à un fichier*

Ouverture des fichiers

Avant qu'un programme puisse manipuler un fichier, il doit commencer par l'ouvrir. L'ouverture d'un fichier pour le programme concerné consiste essentiellement à se frayer un accès à l'aide du système d'exploitation ; en cas de réussite, il s'agira ensuite de ranger dans une structure FILE les informations précédemment décrites, relatives au fichier, puis à affecter l'adresse de cette structure à un pointeur FILE en vue d'opérations ultérieures sur le fichier. Toutes ces actions sont effectuées, dans le cadre du traitement de haut niveau, par la fonction prédéfinie `fopen`.

Ainsi qu'il ressort du prototype de la fonction :

```
FILE *fopen(char *<nom_fichier>, char *<mode_accès>);
```

`fopen` retourne effectivement le pointeur vers le type `FILE`, dont nous avons déjà parlé. Dans un cas concret, ce pointeur renvoie vers la structure dans laquelle la fonction range les informations concernant le fichier ouvert. Le paramètre <nom_fichier> est un pointeur vers une chaîne de caractères contenant le nom (chemin compris) du fichier concerné. Le paramètre <mode_accès> est un pointeur vers une chaîne de caractères, qui indique la nature des opérations que le programme devra exécuter après ouverture du fichier.

Mode d'accès	Cible
"r"	Ouvrir le fichier existant en lecture (read). fopen retourne le pointeur Null si le fichier n'existe pas (ou est introuvable).
"w"	Ouvrir le fichier en écriture (write). Le fichier est créé s'il n'existe pas encore. S'il existe déjà, le contenu est écrasé et perdu.
"a"	Ajouter des données (append), c'est-à-dire ouvrir en écriture à la fin du fichier. Un fichier peut ainsi être complété. Le fichier est créé si celui-ci n'existe pas.
"r+"	Ouvrir le fichier en lecture et en écriture. fopen retourne le pointeur Null si le fichier n'existe pas.
"w+"	Ouvrir le fichier en lecture et en écriture. Le fichier est créé si celui-ci n'existe pas encore. S'il existe déjà, son contenu est écrasé ou perdu.
"a+"	Ouvrir le fichier en lecture et en ajout. Le fichier est créé s'il n'existe pas.

◄ Fig. 11.2 : *Possibilités d'accès à un fichier*

Si le mode d'accès spécifié est `r+`, `w+` ou `a+`, le fichier peut être lu ou également modifié. Cependant, toute commutation entre lecture et écriture exige des opérations de positionnement, comme nous le verrons plus tard, dans la section *Accès direct* du présent chapitre. Si le fichier ne peut être ouvert, `fopen` renvoie un pointeur nul au programme.

Supposons qu'on veuille ouvrir un fichier *xyz.dat* (par exemple pour le lire). Il faut commencer impérativement par définir un pointeur `FILE` :

```
FILE *fp; /*   définit un pointeur FILE   */
```

puis effectuer l'opération d'ouverture proprement dite :

```
fp = fopen("xyz.dat", "r"); /*   ouvre le fichier   */
```

Si elle réussit, l'adresse de la structure FILE contenant les informations relatives au fichier est affectée au pointeur fp. Le fait que le nom xyz.dat ne contienne pas d'indication de chemin fait que le fichier sera recherché dans le répertoire courant. Il faut se rappeler que le passage d'une chaîne constante à une fonction s'effectue via la transmission de l'adresse de cette chaîne, donc en fait par le bais d'un pointeur vers son début. Si le fichier n'est pas trouvé dans le répertoire indiqué, fopen se fonde sur le mode r, et en déduit que le fichier n'existe pas. Il retourne alors la valeur NULL. Avec :

```
fp = fopen("xyz.dat", "r");
if (fp == NULL)
   printf("ERREUR : impossible d'ouvrir le fichier xyz.dat.\n");
. . .
```

ou avec (plus compact) :

```
if ((fp = fopen("xyz.dat", "r")) == NULL)
   printf("ERREUR : impossible d'ouvrir le fichier xyz.dat.\n");
. . .
```

on tient compte du cas où l'ouverture du fichier échoue. Le source qui suit montre comment ouvrir un fichier dans un contexte simple.

▼ Listing 11.1 : openxyz.c

```
/*   openxyz essaie d'ouvrir en mode ajout le fichier xyz.dat    */
#include <stdio.h> /*   pour FILE, fopen, printf   */
main()
{
   FILE *fp; /*   définit pointeur de fichier   */
   if ((fp = fopen("xyz.dat", "a")) == NULL) /* essaie d'ouvrir
                                                le fichier   */
     printf("ERREUR : impossible d'ouvrir le fichier \"xyz.dat\".\n");
   else
     printf("Fichier \"xyz.dat\" ouvert en mode ajout.\n");
}
```

Notez bien que dans le programme précédent fopen ne renvoie pas le pointeur nul si le fichier n'existe pas. Au contraire, en raison du mode a spécifié ici, le fichier est créé dans ce cas dans le répertoire courant. fopen retournerait NULL si le fichier ne pouvait pas être ouvert pour une autre raison.

Outre les spécifications précédemment exposées, concernant le mode d'accès, on peut indiquer à fopen une autre donnée relative à la nature de l'accès au fichier. Cette nouvelle spécification précise que le fichier doit être considéré comme un fichier binaire et non comme un fichier texte.

Fichiers texte et fichiers binaires

Le concept de fichier texte correspond à la représentation d'un fichier sous forme d'une suite de lignes, chacune d'entre elles étant composée d'un certain nombre (0 à n) de caractères, et terminée par un caractère spécial

(Line-Feed ou "saut de ligne" : \n). Au contraire, un fichier binaire correspond à une simple suite d'octets, pouvant représenter tous types de données. La bibliothèque standard du C (via la spécification de mode précédemment évoquée) tient compte de cette différenciation entre fichiers textes et fichiers binaires (ouverture d'un fichier en mode texte ou en mode binaire) ; cela est bien sûr vrai sur les systèmes d'exploitation qui distinguent explicitement les fichiers textes et les fichiers binaires.

Sur d'autres systèmes d'exploitation (par exemple UNIX), cette distinction est superflue dans la pratique. En effet, il n'existe qu'une seule catégorie de fichiers (à savoir : binaires) indépendamment du fait que les fichiers contiennent du texte (caractères ASCII) ou du code en langage machine. Bien évidemment, sur ces systèmes, on distingue également, au niveau logique, les fichiers contenant du texte pur et les fichiers exécutables (extensions : *com*, *exe*, etc.) contenant du code machine. Il n'en reste pas moins vrai qu'au niveau physique, il n'existe qu'une seule espèce de fichier. En particulier, les fichiers textes ne se repèrent pas par la présence, par exemple, de caractères ou de combinaisons de caractères réservés, qu'on ne trouverait pas dans les autres fichiers.

Un grand nombre de systèmes d'exploitation (tels que DOS) distinguent les fichiers texte des fichiers binaires (l'ouverture en mode texte de l'ouverture en mode binaire) non seulement au niveau logique, mais également au niveau physique. La différence ici se fait au niveau du fameux caractère de fin de ligne \n. Lorsqu'on transfère des données depuis le tampon dans un fichier ouvert en mode texte, ce caractère est converti en une combinaison de caractère Line-Feed et de caractère Carriage-Return (retour-chariot : \r). Dans le fichier, la fin de la ligne est ainsi matérialisée par deux caractères, alors que dans le tampon on a seulement le caractère Line-Feed. Inversement, lorsqu'on lit un fichier ouvert en mode texte, la combinaison Line-Feed/Carriage-Return de fin de ligne est transformée en un unique caractère Line-Feed.

Ces représentations différentes du caractère de fin de ligne dans le tampon et dans le fichier ont pour conséquence qu'à la position *x* du tampon, se trouve un autre caractère qu'à la position *x* du fichier. Cela se traduit par des complications, si le fichier texte n'est pas manipulé séquentiellement (lu ou modifié en partant toujours du début), mais au contraire traité en accès direct (lu ou modifié directement, sans partir du début et dans n'importe quel ordre ; voir section *Accès direct* du présent chapitre). Pour pallier ces difficultés, on ouvre alors le fichier texte non pas en mode texte, mais en mode binaire. En effet, dans ce cas la conversion des caractères de fin de ligne n'a pas lieu. Le contenu d'un fichier en mode texte, sur ces systèmes-là, se distingue donc physiquement de son contenu lorsqu'il est interprété comme fichier binaire.

À l'instar du caractère de fin de ligne, le caractère de fin de fichier utilisé pour les fichiers texte peut poser problème sur de nombreux systèmes qui établissent cette distinction (physiquement) textes/binaires. Supposons qu'un programme de copie ouvre en mode texte un fichier exécutable devant être dupliqué. Le processus de copie serait alors interrompu (avant terme) dès que le programme de copie lirait (via sa fonction de lecture) dans le fichier le caractère qui, sur le système concerné, marque la fin d'un fichier texte, contrairement à un fichier binaire pour lequel il n'y a point de tel caractère. Or, il se peut que le fichier exécutable contienne le caractère concerné (et peut-être même plusieurs fois), pris dans son acceptation normale. Pour éviter dans ce cas une copie incomplète due à une interprétation erronée du caractère, on ouvre toujours le fichier à traiter en mode binaire : ce faisant, le caractère de fin de fichier du mode texte est interprété comme n'importe quel autre caractère, et ne provoque donc pas la fin intempestive du processus de duplication (en mode binaire, la fin du fichier est déterminée à partir de sa longueur).

Pour ouvrir un fichier en mode binaire, il suffit d'ajouter la lettre `b` à la chaîne de caractères qui spécifie son mode d'accès. Ainsi, `rb` signifierait que le fichier est ouvert en mode binaire et en lecture. Si le string donnant le mode d'accès contient un caractère `+`, alors le `b` peut être placé avant ou après le `+`. La spécification `rb+` relative au mode d'accès a donc la même signification que `r+b`. Sur les systèmes qui différencient explicitement les fichiers texte des fichiers binaires, il existe souvent d'ailleurs une variable système, dont la valeur conditionne le mode par défaut d'ouverture des fichiers.

Fermeture des fichiers

Quand un fichier ne sert plus, on peut le fermer. Ce faisant, sa liaison avec le pointeur `FILE` correspondant est interrompue. De sorte qu'on ne peut plus accéder au fichier par l'intermédiaire de ce pointeur (qui peut alors être attaché à un autre fichier). La fonction de haut niveau compétente pour fermer un fichier est `fclose`. Théoriquement on pourrait renoncer à appeler explicitement `fclose` dans le programme. En effet, dans un déroulement de programme normal et dépourvu d'erreurs, `fclose` est appelée automatiquement à la fin du programme pour fermer tous les fichiers encore ouverts.

Il est cependant conseillé de toujours fermer les fichiers dès qu'on constate que leur traitement est achevé. Il y a deux raisons essentielles à cela. D'une part, le nombre de fichiers susceptibles d'être ouverts simultanément est habituellement limité. Si un programme opère sur un grand nombre de fichiers, il pourrait donc advenir qu'on manque de pointeurs `FILE` libres. D'autre part, en cas d'écriture dans un fichier, le contenu du tampon correspondant n'est reporté dans le fichier (vidage du tampon) que lorsque celui-ci est plein. Si, après le traitement du fichier, le tampon n'est qu'à moitié rempli, alors les données qu'il contient sont perdues en cas d'interruption anormale du programme. Dans ce cas, on n'a pas l'appel automatique de **fclose** dont nous venons de parler. Or **fclose** assure, entre autres, que les données restant encore dans le tampon sont recopiées dans le fichier concerné.

La fonction prédéfinie **fclose** admet le prototype :

```
int fclose(FILE *<pointeur_fichier>);
```

Elle possède comme paramètre un pointeur vers le type FILE. **fclose** retourne la valeur 0 si on a pu fermer le fichier rattaché à <pointeur_fichier>. La valeur de retour EOF indique une erreur. Si donc fp est un pointeur vers FILE contenant l'adresse d'une structure FILE et relié de cette façon à un fichier, alors l'instruction :

```
fclose(fp);
```

ferme le fichier concerné. Le bout de programme suivant essaie d'ouvrir un fichier dont le nom est passé sur la ligne de commande. Si cela réussit, le fichier est ensuite refermé à l'aide de **fclose**.

▼ Listing 11.2 : opnclose.c

```
/*   opnclose montre comment ouvrir et fermer un fichier    */
/*   dont le nom est donné sur la ligne de commande.   */
#include <stdio.h> /*   printf, fopen, fclose   */
#include <stdlib.h> /*   exit   */
#define READ "r"
main(int argc, char *argv[])
{
   FILE *fp;
   if (argc != 2) /*   un seul paramètre admis   */
     {
       printf("\nSyntaxe : opnclose fichier[.ext]\n");
       exit(0);
     }
   if ((fp = fopen(argv[1], READ)) == NULL) /* ouverture du fichier
                                             /* en lecture*/
     printf("ERREUR : impossible d'ouvrir le fichier %s.\n", argv[1]);
   else
     {
       fclose(fp); /*   fermeture du fichier   */
       printf("Le fichier %s a été fermé.\n", argv[1]);
     }
}
```

Outre **fclose**, on trouve encore la fonction **fcloseall** qui ferme tous les fichiers ouverts dans le programme :

```
int fcloseall(void); /*   prototype de fcloseall   */
```

fcloseall renvoie comme résultat le nombre de fichiers fermés. En cas d'erreur, la valeur retournée est, ici aussi, EOF.

Opérations de lecture et d'écriture

Pour lire ou écrire des données dans un fichier, on dispose de fonctions analogues à celles qui servent à saisir des données au clavier et à les afficher à l'écran. Outre la lecture et l'écriture par caractères, par lignes et avec formatage, on peut aussi transférer des blocs quelconques de données depuis ou vers un fichier.

La position à laquelle on lit ou on écrit dans un fichier est donnée par un pointeur spécifique (`seek pointer`), utilisé pour les opérations de lecture et d'écriture. Ce pointeur est géré par le système d'exploitation ; il signale la position de traitement courante dans un fichier, c'est-à-dire l'emplacement de l'octet auquel va s'effectuer la prochaine opération. Après chaque lecture ou écriture, ce pointeur est déplacé de manière conforme. Lors d'un accès séquentiel à un fichier, ce déplacement est effectué par le système. Supposons qu'on lise les trois premiers caractères (sur l'image suivante : A, B et C) d'un fichier X. Le pointeur de position ensuite pointe juste après le troisième caractère :

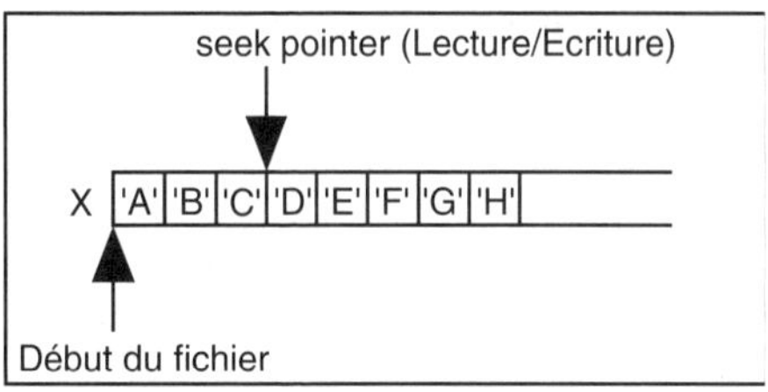

◄ Fig. 11.3 : *Le seek pointer marque la position de traitement courante dans le fichier X*

La prochaine opération devant lire trois autres caractères dans le fichier commencera, comme il se doit, au quatrième caractère, et lira D, E et F. Ce faisant, le pointeur de position sera avancé de trois octets et pointera alors l'octet occupé par le caractère G. Cet octet marquerait le début de la prochaine opération :

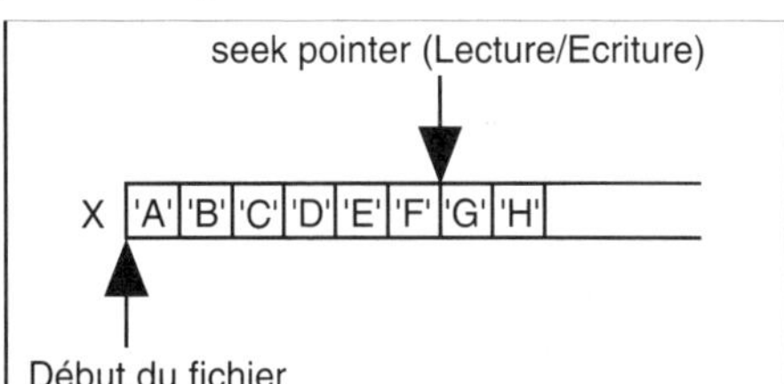

◄ Fig. 11.4 : *Le seek pointer avancé de trois octets après une nouvelle lecture*

On n'est pas vraiment obligé de manipuler les octets d'un fichier séquentiellement (c'est-à-dire l'un après l'autre), comme c'est le cas ici. On peut parfaitement opérer à n'importe quel endroit d'un fichier, et dans n'importe quel ordre. La section *Accès direct* montrera comment on manipule explicitement le pointeur de positionnement, pour modifier la position dans le fichier.

Lecture et écriture en mode caractère

Les fonctions fputc et fgetc permettent d'écrire ou de lire des caractères isolés dans un fichier.

Écriture en mode caractère avec fputc

Voici le prototype de la fonction fputc :

```
int fputc(int <caractère>, FILE *<pointeur_fichier>);
```

Elle transfère un caractère, donné comme premier paramètre, dans le fichier représenté par <pointeur_fichier>. Le type du caractère est ce faisant converti de int en unsigned char. La valeur de retour de fputc n'est autre que la caractère écrit, ou bien EOF en cas d'erreur. Supposons que fp soit un pointeur attaché à un certain fichier, pointeur contenant l'adresse de la structure FILE afférente. Alors l'instruction :

```
fputc('A', fp); /*   écriture d'un caractère dans un fichier   */
```

écrit le caractère A dans le fichier rattaché à fp, à la position de traitement courante.

Lecture en mode caractère avec fgetc

L'homologue de fputc est la fonction fgetc qui lit un seul caractère dans un fichier.

```
int fgetc(FILE *<pointeur_fichier>); /*   prototype de fgetc   */
```

La fonction fgetc retourne le caractère lu sous la forme d'une valeur int. Si la valeur renvoyée est EOF, c'est que la fin de fichier a été atteinte ou qu'il y a eu une erreur. La valeur EOF (définie comme valant -1 dans <stdio.h>) explique pourquoi le caractère lu est retourné sous forme de valeur int et non de valeur char. Autrement, la valeur -1 ne serait pas représentable comme char sur les systèmes pour lesquels le type char n'est pas signé (donc correspond à unsigned char) et ne pourrait donc pas servir de valeur de retour. Soit maintenant une variable :

```
int c;
```

ainsi qu'un pointeur FILE fp relié à un fichier. L'instruction :

```
c = fgetc(fp); /*   lecture d'un caractère dans un fichier   */
```

lit un caractère dans le fichier et le range dans la variable c.

La boucle :

```
while ((c = fgetc(fp)) != EOF) /*   affiche le contenu du fichier   */
    putchar(c);
```

permet d'afficher le contenu tout entier du fichier, pour autant qu'on n'ait pas renvoyé EOF à cause d'une erreur (et non parce qu'on a atteint la fin du fichier).

La fin du fichier a-t-elle été atteinte ?

Pour remédier à l'ambiguïté de la valeur retournée EOF, on peut vérifier explicitement via la routine feof (implémentée sous forme de fonction ou de macro) qu'on a effectivement atteint la fin du fichier. feof a le prototype :

```
int feof(FILE *<pointeur_fichier>);
```

et renvoie une valeur non nulle si la fin du fichier a été atteinte, et zéro sinon (ce qui signifie alors qu'il y a eu erreur). On peut donc compléter la boucle d'E/S précédente comme suit, afin d'être sûr de la cause (fin de fichier ou erreur) ayant provoqué la fin de la boucle :

```
while ((c = fgetc(fp)) != EOF) /*   affiche le contenu du fichier   */
    putchar(c);
if (feof(fp)) /*   fin du fichier ?   */
    printf("Fin du fichier\n");
else /*   non   */
    printf("Erreur de lecture\n");
```

Comme toutes les autres routines de haut niveau, feof requiert l'inclusion du header <stdio.h>.

Les macros getc et putc

On peut remplacer les fonctions fgetc et fputc par les macros getc et putc, qui fonctionnent de la même façon :

```
int getc(FILE *<pointeur_fichier>); /*   prototype de getc   */
int putc(int <caractère>, FILE *<pointeur_fichier>);  /* prototype
de putc   */
```

Écriture dans un fichier de texte saisi au clavier

Le programme *keytofil.c* montre une application élémentaire de fgetc et fputc. Il écrit dans un fichier un texte saisi au clavier. Le nom du fichier est saisi par l'utilisateur. On peut ensuite choisir d'afficher le contenu du fichier (page à page).

▼ Listing 11.3 : keytofil.c

```
/* keytofil écrit dans un fichier un texte de longueur quelconque  */
/* saisi au clavier, puis l'affiche à la demande. Les opérations   */
/* d'E/S sur le fichier utilisent les fonctions fgetc et fputc.    */
#include <stdio.h> /*   fgetc, fputc, getchar, printf   */
#include <conio.h> /*   getche, getch   */
#include <ctype.h> /*   toupper   */
#include <stdlib.h> /*   exit   */

#define END 64 /*   caractère @   */
```

```
main()
{
   FILE *fp; /*   pointeur vers structure FILE   */
   char filename[81]; /*   nom du fichier   */
   int i, rep1, rep2; /*   variables de contrôle   */
   int c; /*   tampon caractère   */

  printf("Enregistrement de texte. Nom du fichier ?\n");

   do
     {
        printf("\nFichier (avec chemin) : ");
        gets(filename);
        if ((fp = fopen(filename, "r")) != NULL)
           {
             printf("Fichier existant. Le remplacer ? (o/n)");
             rep1 = getche();
             rep1 = toupper(rep1);
             if (rep1 != '0')
                fclose(fp);
           }
        else /*   fichier n'existe pas encore   */
           break; /*   fin de boucle   */
     } while (rep1 == '0');

   if (fp != NULL) /*   fichier à remplacer, donc :   */
      fclose(fp); /*   on ferme et on rouvre en écriture   */
   if ((fp = fopen(filename, "w")) == NULL)
      {
        printf("\nImpossible d'écrire dans le fichier.\n");
        exit(1);
      }
   printf("\nEntrez votre texte (fin par <@> + <Entrée> :\n");

   while ((c = getchar()) != END) /*   écrit texte dans fichier   */
      fputc(c, fp);
   fclose(fp);

   /***  affichage du contenu du fichier  *************/
   printf("Afficher le fichier ? (o/n)");
   rep2 = getche();
   rep2 = toupper(rep2);
   if (rep2 == '0')
      {
        if ((fp = fopen(filename, "r")) == NULL)
           {
             printf("\nErreur d'ouverture du fichier.\n");
             exit(2);
           }
       printf("\nContenu du fichier %s :\n", filename);
        i = 0;
        while ((c = fgetc(fp)) != EOF) /*lecture d'un caractère
                                          dans le fichier  */
```

```
            {
              putchar(c); /*   affichage du caractère    */
              if (c == '\n') /*   comptage des lignes    */
                i++;
              if (i == 20) /*  nouvelle page toutes les 20 lignes   */
                {
                  printf("\n<Entrée> pour page suivante.");
                  getch();
                 i = 0;
                }
            } /*   fin while */
         fclose(fp);
         } /*   fin if rep2 == "O" */
}
```

Commentaires

Le programme *keytofil.c* commence par vérifier si le fichier dans lequel il faut écrire existe déjà. Pour cela, il essaie de l'ouvrir en lecture. Si le fichier existe, `fopen` renvoie un pointeur vers la structure `FILE` correspondante. Sinon, il renvoie `NULL`. Si on ne veut pas écraser un fichier existant, on le referme et on peut alors saisir un autre nom de fichier. Si le fichier doit être remplacé, on sort de la boucle `do while` (on en sort également si le fichier indiqué n'existe pas) et le fichier ouvert en lecture est fermé. Ensuite, le programme ouvre le fichier en écriture et utilise `fputc` pour y écrire le texte saisi au clavier. Après quoi, le fichier est à nouveau fermé. Si on veut afficher son contenu, le fichier est rouvert, mais cette fois pour être lu (par `fgetc`). Chaque ouverture d'un fichier en mode `r` ou `w` place le pointeur de positionnement (`seek pointer`) au début du fichier. Ce dernier est alors toujours lu ou rempli en partant du début (séquentiellement). En cas d'ouverture avec le mode `a` (mode ajout), le pointeur de positionnement serait placé à la fin du fichier.

Pour lire des données au clavier, *keytofil.c* emploie la macro `getchar`. Mais la saisie de caractères au clavier peut également se faire par la fonction de fichier `fgetc` (ou par la macro `getc`). La raison en est que le périphérique d'entrée qu'est le clavier est considéré comme un fichier spécial (dit fichier de périphérique), depuis lequel on peut lire des données (via `fgetc` par exemple) comme avec un fichier normal. De même, l'écran est un fichier de périphérique dans lequel on peut écrire des données, non seulement avec notre `putchar` habituel, mais également avec `fputc` ou `putc`, par exemple. Outre le clavier et l'écran, il existe encore trois autres fichiers de périphérique rattachés en standard à un programme C.

Fichiers de périphérique standards et pointeurs FILE prédéfinis

Habituellement, au démarrage d'un programme C sont automatiquement ouverts les cinq fichiers de périphérique suivants :

- Entrée standard ;

- Sortie standard ;
- Sortie standard pour les erreurs ;
- Fichier spécial d'E/S auxiliaire ;
- Imprimante standard.

En principe, l'entrée standard est le clavier, et la sortie standard est l'écran. La sortie d'erreurs standard est normalement constituée par l'écran. Un fichier spécial supplémentaire est prévu pour les opérations d'E/S effectuées via un périphérique connecté au port série. L'imprimante standard enfin permet de diriger des données vers une imprimante. On peut modifier l'affectation des fichiers spéciaux standard aux divers périphériques que nous venons d'évoquer, par exemple par une redirection en entrée ou en sortie (cf. plus loin) ou par la fonction prédéfinie **`freopen`**. On peut ainsi, lors d'opérations standard d'E/S, remplacer le clavier ou l'écran par des fichiers normaux rangés sur le disque dur.

Pour chacun des cinq fichiers spéciaux est défini dans `<stdio.h>` un pointeur `FILE` qui renvoie vers une structure `FILE` adéquate et qui est donc ainsi rattaché au fichier de périphérique concerné. Les noms de ces pointeurs `FILE` sont : **`stdin`**, **`stdout`**, **`stderr`**, **`stdaux`** et **`stdprn`**. Contrairement aux pointeurs `FILE` utilisés jusqu'à présent, ces derniers ne sont pas des pointeurs variables mais des pointeurs constantes de type `FILE`. Comme toutes les constantes, les pointeurs constantes `FILE` ne sont pas des **`Lvalue`** ; on ne peut donc leur affecter aucune autre adresse. Le résumé qui suit montre la relation entre les pointeurs `FILE` prédéfinis et les fichiers de périphériques :

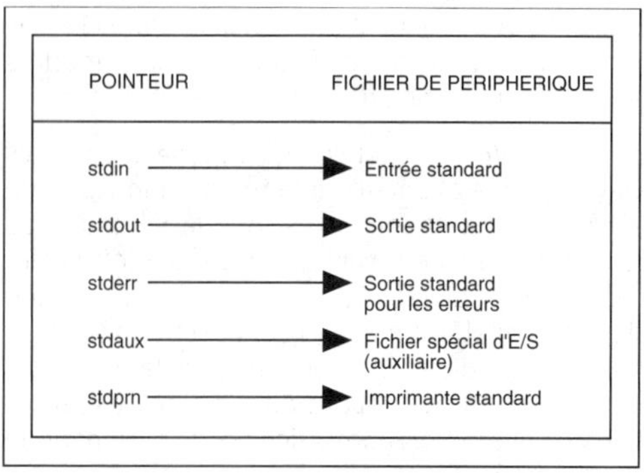

◄ **Fig. 11.5 :** *Pointeurs FILE prédéfinis*

Supposons donc qu'on transmette à la fonction `fgetc` comme paramètre, par exemple, non pas un pointeur `FILE` classique, mais le pointeur constant `stdin`. Alors, on peut également lire le clavier avec `fgetc`. Par :

```
while ((c = fgetc(stdin)) != END)
   . . .
```

ou par :

```
while ((c = getc(stdin)) != END)
    . . .
```

keytofil.c aurait pu récupérer les saisies effectuées au clavier, tout comme il l'a fait avec la méthode effectivement employée :

```
while ((c = getchar()) != END)
    . . .
```

Entre les deux macros getc et getchar existe d'ailleurs une relation. En effet l'instruction :

```
getc(stdin);        /*  lit un caractère sur l'entrée standard   */
```

équivaut à :

```
getchar();          /*  lit un caractère sur l'entrée standard   */
```

Cela tient à ce que `getchar` est définie (dans le header `<stdio.h>`) par :

```
#define getchar()  getc(stdin)
```

De même la macro d'affichage `putchar` est habituellement définie par :

```
#define putchar(c)  putc((c), stdout)
```

de sorte que, par exemple :

```
putchar('A'); /* écrit le caractère A sur la sortie standard   */
```

équivaut à :

```
putc('A', stdout); /* écrit le caractère A sur la sortie standard  */
```

ou encore à :

```
fputc('A', stdout); /* écrit le caractère A sur la sortie standard */
```

Un canal spécial pour analyser les erreurs

La sortie d'erreurs standard vous donne un fichier spécial de sortie, conçu pour la récupération (par défaut) des messages d'erreur. En général le sortie d'erreurs standard est rattachée à l'écran, de sorte que vous pourrez afficher des données sur le moniteur via un autre canal que celui de la sortie standard. Soient par exemple les variables :

```
FILE *fp;
int i = 0;
char errormessage[ ] = "Erreur à l'ouverture du fichier.";
```

On pourrait alors remplacer la formulation habituelle d'ouverture du fichier *xyz.dat* :

```
if ((fp = fopen("xyz.dat", "r")) == NULL)
```

```
   printf("%s", errormessage);
```

ou :

```
if ((fp = fopen("xyz.dat", "r")) == NULL)
   while (errormessage[i])
   fputc(errormessage[i++], stdout);
```

par la nouvelle écriture :

```
if ((fp = fopen("xyz.dat", "r")) == NULL)
   while (errormessage[i])
   fputc(errormessage[i++], stderr);
```

Dans le dernier cas, l'affichage du message d'erreur ne se fait justement pas via stdout, mais via **stderr**. L'affichage caractère par caractère du message d'erreur par **fputc** peut sembler quelque peu compliqué. Rassurez-vous ! Dans ce qui suit, nous découvrirons des fonctions d'écriture dans les fichiers analogues à **puts** et à **printf** : **fputs** et **fprintf** permettent d'afficher sur **stderr** des strings comme celui qui précède, cela d'une manière plus agréable).

Redirection des entrées et des sorties

On se demande peut-être si le canal de sortie réservé aux messages d'erreurs est vraiment indispensable. Il l'est effectivement dans le cas où les entrées-sorties d'un programme sont redirigées. On parle de redirection lorsque l'entrée/sortie standard n'est plus représentée par le clavier/écran, mais par exemple par un fichier ordinaire. Supposons que les saisies d'un programme ne doivent plus être faites interactivement au clavier, mais lues dans un fichier : on a ici une redirection en entrée. De manière analogue, on a une redirection en sortie si les données écrites sur la sortie standard ne sont plus affichées à l'écran, mais écrites dans un fichier. Considérons pour cela le programme simple que voici.

▼ Listing 11.4 : finout.c

```
/*   finout recopie l'entrée standard sur la sortie standard   */

#include <stdio.h> /*   fgetc, fputc, feof   */

main()
{
   char message[] = "\nErreur en lecture.\n";
   int i = 0;
   int c;

   while ((c = fgetc(stdin)) != EOF)
      fputc(c, stdout);
   if (!feof(stdin)) /*   erreur en lecture   */
      while (message[i])
         fputc(message[i++], stdout);
}
```

Si on lance le programme en tapant au niveau du système d'exploitation :

```
finout <Entrée>
```

alors `finout` récupère la saisie faite au clavier et affiche à l'écran les caractères tapés. Mais supposons que le programme ne doive plus lire ses données au clavier, mais dans un fichier (de texte) nommé par exemple *input*, et contenant la phrase `Cette saisie provient d'un fichier.` Sur beaucoup de systèmes cela peut se faire en tapant la commande :

```
finout < input <Entrée>
```

au niveau du prompt du système d'exploitation, à la place de la commande précédente. Le symbole < combiné avec le nom du fichier en entrée entraîne que `finout` ne reçoit plus ses données du clavier, mais du fichier *input*. Ce dernier, le temps de cette exécution spéciale de `finout`, est pris comme entrée standard. Il faut bien noter ici qu'une spécification comme < n'est pas un paramètre de ligne de commande, et qu'elle ne doit donc pas être récupérée par le pointeur `argv` par quelque manière que ce soit.

Avec la commande qui précède, seule l'entrée a été redirigée. L'affichage du texte `Cette saisie provient d'un fichier.` s'effectue donc toujours à l'écran. En lançant le programme par :

```
finout > output <Entrée>
```

l'affichage de *finout* est redirigé, via le symbole >, depuis l'écran, vers un fichier nommé *output*. Ce dernier est créé pour l'occasion s'il n'existait pas (sinon il est écrasé).

Si on démarre le programme *finout* par :

```
finout < input > output <Entrée>
```

on a alors une redirection des entrées comme des sorties : le fichier `input` est rattaché à l'entrée standard qui fournit le programme en données et le fichier `output` est rattaché à la sortie standard vers laquelle `finout` écrit ses résultats. Parmi les données affichées par `finout`, peut également figurer un message d'erreur, dans le cas où les opérations de lecture n'ont pas pu aboutir. La redirection de `stdout` entraînerait que cette information réservée à l'utilisateur disparaîtrait dans un fichier au lieu de s'afficher à l'écran. Pour empêcher cela, on peut se servir de la sortie standard d'erreurs. En effet, même en cas de redirection de `stdout`, un affichage via `stderr` se fait toujours à l'écran. Par conséquent, si on remplace l'instruction :

```
fputc(message[i++], stdout);
```

par :

```
fputc(message[i++], stderr);
```

alors, en cas d'erreur de saisie, le message ad hoc sera affiché à l'écran malgré la redirection des sorties (à moins que la sortie standard d'erreurs n'ait été elle-même également redirigée).

Sortie vers l'imprimante

Outre l'entrée standard et la sortie standard, l'imprimante standard fait partie des fichiers spéciaux rattachés aux périphériques de sortie (que sous DOS). L'imprimante standard est habituellement représentée par une imprimante. Pour y sortir des données, il suffit de transmettre à la fonction d'écriture compétente le pointeur FILE **stdprn** comme paramètre. Supposons que **c** soit une variable entière. Alors la boucle suivante :

```
while ((c = fgetc(stdin)) != EOF)
   fputc(c, stdprn);
```

sortirait sur l'imprimante un texte saisi au clavier. Le programme *printf1.c* utilise l'imprimante standard pour imprimer un fichier dont le nom est spécifié en tant que paramètre de la ligne de commande.

▼ Listing 11.5 : printfl.c

```
/* printfl imprime un fichier dont le nom provient                          */
/* de la ligne de commande                                                   */

#include <stdio.h> /*   printf, fopen, fgetc, fputc   */
#include <stdlib.h> /*   exit   */

main(int argc, char **argv)
{
   FILE *fp;
   int c;
   if (argc != 2) /*   un seul paramètre !   */
      {
        printf("Syntaxe : printfl fichier\n");
        exit(1);
      }
   if ((fp = fopen(argv[1], "r")) == NULL)
      {
        printf("Impossible d'ouvrir le fichier %s.\n", argv[1]);
        exit(2);
      }
   while ((c = fgetc(fp)) != EOF) /*   impression du fichier   */
      fputc(c, stdprn);
}
```

Pour imprimer, par exemple, un fichier nommé *xy.z*, on lancera *printf1* au niveau du prompt du système par :

```
printfl  xy.z <Entrée>
```

Le nom du fichier ici peut inclure un chemin. Si on donne un nombre de paramètres erroné ou si le fichier ne peut être ouvert, alors on affiche des messages d'erreur ad hoc. Ces affichages, dans la version qui précède, se font avec `printf` via `stdout`. Mais l'utilisation de `stderr` serait peut-être plus sûre, en cas de redirection éventuelle de la sortie standard.

Lecture et écriture en mode chaîne

Nous connaissons déjà, entre autres routines d'E/S, les fonctions `gets` et `puts` qui lisent/écrivent une chaîne de caractères sur l'entrée/sortie standard. Il existe deux routines voisines, à savoir les fonctions `fgets` et `fputs`. La fonction fgets lit une chaîne de caractères dans un fichier et la range dans un tampon que l'on doit gérer soi-même dans le programme. Voici le prototype de `fgets` :

```
char *fgets(char *<pointeur_tampon>, int <nombre>, FILE
*<pointeur_fichier>)
```

Ici <pointeur_tampon> renvoie au tampon utilisé pour le stockage de la chaîne de caractères lue, <nombre> donne le nombre de caractères à ranger dans le tampon et <pointeur_fichier> indique le pointeur `FILE` rattaché au fichier dans lequel il faut lire. La fonction `fgets` retourne un pointeur vers le début du tampon contenant la chaîne de caractères lue, ou bien le pointeur nul, en cas de fin de fichier ou d'erreur. Pour ce qui concerne la valeur retournée `NULL`, `fgets` se comporte donc comme `fgetc` avec `EOF` ; on peut donc ici aussi utiliser `feof` pour vérifier si la valeur retournée signale une erreur ou simplement la fin du fichier.

Lecture de chaînes de caractères avec fgets

La fonction `fgets` lit dans un fichier, à partir de la position courante, un certain nombre de caractères (au plus <nombre> -1) et les range à l'emplacement mémoire référencé par <pointeur_tampon>, cela jusqu'à ce que se produise un des événements suivants :

- le caractère de saut de ligne "\n" a été lu
Si `fgets` rencontre le caractère new-line, la fonction se termine. C'est pourquoi `fgets` se prête bien à la lecture de lignes dans un fichier. Le caractère `\n` est compris dans la lecture, et il est donc rangé lui aussi dans la chaîne de caractères mémorisée (au contraire, la fonction `gets` remplace le caractère `\n` par `\0`).

- <nombre> - 1 caractères ont déjà été lus
`fgets` lit au plus <nombre> - 1 caractères dans le fichier concerné. La raison en est que `fgets`, à la fin de l'opération de lecture, ajoute encore le caractère nul `\0` à la chaîne lue, ce qui donne en tout `<nombre>` caractères mémorisés.

- la fin du fichier a été rencontrée
Lorsque fgets rencontre la fin du fichier (donc sans qu'elle ait lu un caractère de saut de ligne ou `<nombre> - 1` caractères), la fonction s'arrête également.

Dans tous les cas, fgets termine la chaîne lue par le caractère \0. Soient donc les variables :

```
FILE *fp;
char stringbuf[81];
```

Après :

```
fp = fopen("data.fil", "r");
```

l'instruction :

```
fgets(stringbuf, 81, fp);
```

lirait au plus 80 caractères dans le fichier *data.fil* et les rangerait dans stringbuf, accompagnés d'un caractère nul de fin de chaîne. Pour autant bien sûr qu'on ait pu ouvrir en lecture le fichier *data.fil* :

Écriture de chaînes de caractères avec fputs

La fonction d'affichage fputs écrit une chaîne de caractères dans un fichier, à la position courante. Le caractère nul de fin de chaîne ici n'est pas recopié. fputs retourne une valeur non négative (par exemple 0 ou bien le code ASCII du dernier caractère écrit) si l'écriture s'est déroulée sans encombre. La valeur de retour EOF indique une erreur. fputs admet le prototype :

```
char *fputs(char *<pointeur_tampon>, FILE *<pointeur_fichier>)
```

<pointeur_tampon> désigne ici l'adresse de l'emplacement mémoire qui contient la chaîne de caractères à écrire, et <pointeur_fichier> renvoie vers la structure FILE du fichier dans lequel il faut écrire la chaîne. Supposons définis, par exemple, un pointeur FILE fp, rattaché à un fichier ouvert en écriture, ainsi qu'un tampon :

```
char stringbuf[] = "Voici un exemple d'écriture.";
```

contenant une chaîne de caractères. Alors l'instruction :

```
fputs(stringbuf, fp);
```

écrit la chaîne Voici un exemple d'écriture. (sans le caractère nul de fin) dans le fichier référencé par fp. L'instruction :

```
fputs("Voici un exemple d'écriture.", fp);
```

aurait le même effet. Avec :

```
fputs("Voici un exemple d'écriture.", stdout);
```

ou avec :

```
fputs(stringbuf, stdout);
```

la phrase Voici un exemple d'écriture. serait affichée à l'écran (pour autant que ce dernier soit toujours la sortie standard).

Duplication de fichiers avec fgets et fputs

Le programme *tcopy.c* utilise les fonctions `fgets` et `fputs` pour dupliquer des fichiers textes. Le nom du fichier à copier est passé comme paramètre sur la ligne de commande. Il en est de même du nom du duplicata. Un appel de *tcopy* obéit à la syntaxe classique des utilitaires de copie :

```
tcopy  source cible <Entrée>
```

Si on indique `con` (console) pour la source, alors le programme copie les saisies au clavier dans le fichier cible. Si `con` est pris pour cible, alors *tcopy* affiche à l'écran le fichier source.

▼ Listing 11.6 : tcopy.c

```
/* tcopy copie un fichier texte à l'aide des fonctions fgets et fputs. */
/* tcopy est lancé selon la syntaxe : tcopy  source cible.             */
/* Le programme ne vérifie pas, dans cette version, si la copie        */
/* écrase un fichier existant.                                         */
#include <stdio.h> /*   fopen, fcloseall, fgets, fputs    */
#include <stdlib.h> /*   exit, toupper   */
#include <string.h> /*   strcmp    */

#define   SYNTAX   "Syntaxe : tcopy source cible\n"\
   "                tcopy CON cible\n"\
   "                tcopy source CON"
#define   NOREAD   "Impossible d'ouvrir le fichier source."
#define   NOWRITE   "Impossible d'ouvrir le fichier cible."
#define   NOCOPY   "Impossible de dupliquer un fichier sur lui-même."

  void upstr(char *s); /*  conversion d'une chaîne en majuscules   */

main(int argc, char *argv[])
{
   FILE *infile = stdin; /* pointeur vers fichier source : initialisé
                            à "stdin" pour le cas où la lecture
                            se fait au clavier.   */
   FILE *outfile = stdout; /* pointeur vers fichier cible :
                              initialisé à "stdout" pour le cas où
                              l'écriture se fait à l'écran.   */
   char sbuf[512]; /*   tampon de lecture/écriture   */
   int i;
   if (argc != 3) /*   il faut donner une source et une cible !   */
      {
        fputs(SYNTAX, stderr);
        exit(1);
      }
   for (i = 1; i < 3; i++) /* convertit paramètres
                              ligne de commande   */
      upstr(argv[i]);
   if (! strcmp(argv[1], argv[2])) /* source = cible   */
      {
        fputs(NOCOPY, stderr);
        exit(2);
      }
```

```
    if (strcmp(argv[1], "CON")) /* source != clavier   */
       {
         if ((infile = fopen(argv[1], "r")) == NULL)
              {
                fputs(NOREAD, stderr);
                exit(3);
              }
       }
    if (strcmp(argv[2], "CON")) /* cible != écran   */
       {
         if ((outfile = fopen(argv[2], "w")) == NULL)
              {
                fputs(NOWRITE, stderr);
                exit(4);
              }
       }

    /* duplication   */
    while (fgets(sbuf, 512, infile) != NULL)
       fputs(sbuf, outfile);
    fcloseall();/*   ferme les fichiers   */
}

void upstr(char *s) /* convertit string en majuscules   */
{
   int i = 0;
    while (s[i])
      {
        s[i] = toupper(s[i]);
        i++;
      }
}
```

Lecture et écriture formatées

Les fonctions `fprintf` et `fscanf` permettent d'effectuer des écritures ou des lectures formatées de données dans un fichier. Les deux fonctions travaillent pratiquement comme les fonctions de terminal `printf` et `scanf`. En particulier, elles emploient les mêmes formatages. La seule différence est que `printf` et `scanf` réclament un pointeur `FILE` en plus d'une chaîne de format et d'autres paramètres effectifs éventuels.

Écriture formatée dans un fichier : fprintf

La fonction `fprintf` écrit des données dans un fichier, en les formatant. Elle admet le prototype :

```
int fprintf(FILE *<pointeur_fichier>, char *<chaîne_format>, ...);
```

Comme `printf`, c'est une fonction qui accepte un nombre variable de paramètres. `fprintf` (et `printf`) retournent comme résultat le nombre de caractères écrits. Une valeur de retour négative (par exemple `EOF`) indique un erreur. Supposons définis la structure :

```
struct client
{
   long no; /*   code client   */
   char nom[31]; /*   nom du client   */
   long cp; /*   code postal   */
   char ville[31]; /*   ville   */
   float ca; /*   chiffres d'affaires   */
};
```

ainsi que le tableau de structures :

```
struct client k[5] = { {501, "Client_A", 11111, "Ville_A",
➥ 10000.00}, {502, "Client_B", 22222, "Ville_B", 20000.00}, {503,
➥ "Client_C", 33333, "Ville_C", 30000.00}, {504, "Client_D", 44444,
➥ "Ville_D", 40000.00}, {505, "Client_E", 55555, "Ville_E",
➥ 50000.00} };
```

ainsi que les variables :

```
FILE *fp;
int i;
```

Alors l'instruction :

```
if ((fp = fopen("clients.dat", "w")) == NULL)
   fputs("Impossible d'ouvrir le fichier.", stderr);
else
   for(i = 0; i < 5; i++)
   fprintf(fp, "%ld %s %ld %s %.2f\n", k[i].no, k[i].nom, k[i].cp,
   ➥ k[i].ville, k[i].ca);
```

écrit dans le fichier *clients.dat* les enregistrements stockés dans k. Le fichier a ensuite l'allure suivante :

Code client	Nom du client	Code postal	Ville	Chiffre d'affaires
501	Client_A	11111	Ville_A	10000.00
502	Client_B	22222	Ville_B	20000.00
503	Client_C	33333	Ville_C	30000.00
504	Client_D	44444	Ville_D	40000.00
505	Client_E	55555	Ville_E	50000.00

◄ Fig. 11.6 : *Un fichier clients*

Avec :

```
for (i = 0; i < 5; i++)
   fprintf(stdout, "%ld %s %ld %s %.2f\n", k[i].no, k[i].nom,
   ➥ k[i].cp, k[i].ville, k[i].ca);
```

on aurait pu écrire les données non pas dans le fichier *clients.dat* mais sur l'écran, comme avec l'instruction :

```
for (i = 0; i < 5; i++)
   printf("%ld %s %ld %s %.2f\n", k[i].no, k[i].nom, k[i].cp,
   ➥ k[i].ville, k[i].ca);
```

On peut donc en déduire que :

```
printf( ... );
```

et

```
fprintf(stdout, ... );
```

sont équivalents.

Lecture formatée dans un fichier : fscanf

La fonction `fscanf` lit des données dans un fichier, en les formatant. Elle admet le prototype :

```
int fscanf(FILE *<pointeur_fichier>, char *<chaîne_format>, ...);
```

fscanf (et scanf) donnent comme résultat le nombre de données correctement lues. La valeur de retour `EOF` signale la fin du fichier ou bien une erreur. Si on a défini dans le programme les variables :

```
long no; /*   code client   */
char nom[31]; /*   nom du client   */
long cp; /*   code postal   */
char ville[31]; /*   ville   */
float ca; /*   chiffres d'affaires   */
```

alors l'instruction :

```
if ((fp = fopen("clients.dat", "r")) == NULL)
   fputs("Impossible d'ouvrir le fichier.", stderr);
else
   while (fscanf(fp, "%ld %30s %ld %30s %f", &no, nom, &cp, ville,
   ➥ &ca) == 5)
      printf("%ld %s %ld %s %.2f\n\n", no, nom, cp, ville, ca);
```

lit et affiche les enregistrements du fichier *clients.dat* jusqu'à ce qu'une erreur survienne (c'est-à-dire si on n'a pas pu ranger les cinq champs d'un enregistrement dans les variables prévues à cet effet) ou que la fin du fichier soit atteinte (auquel cas `fscanf` renvoie -1, ce qui a pour effet d'interrompre la boucle d'E/S précédente). Avec :

```
fscanf(stdin, "%ld %30s %ld %30s %f", &no, nom, &cp, ville, &ca);
```

on peut saisir un enregistrement client au clavier, comme par :

```
scanf("%ld %30s %ld %30s %f", &no, nom, &cp, ville, &ca);
```

Entre `fscanf` et `scanf`, on a donc une relation similaire à celle qui existe entre `fprintf` et `printf`. En fait :

```
fscanf(stdin, ... );
```

équivaut à :

```
scanf( ... );
```

Lecture et écriture par blocs

Les fonctions d'entrée-sortie présentées jusqu'ici sont adaptées au traitement d'entités de différents types, qu'il s'agisse de lire ou d'écrire dans un fichier des caractères, des chaînes (par exemple des lignes) ou des valeurs numériques. Mais, avec `fread` et `fwrite`, on dispose également de deux fonctions qui permettent de transférer depuis ou vers un fichier, non pas des entités complètes, mais au contraire un nombre quelconque d'octets (cela, indépendamment de la nature des données transférées).

Ecriture de blocs dans un fichier : fwrite

La fonction `fwrite` admet comme prototype :

```
size_t fwrite(void *<pointeur_tampon>, size_t <taille>,
➥ size_t <nombre>, FILE *<pointeur_fichier>);
```

Elle écrit un bloc de `<taille> * <nombre>` octets rangés à l'emplacement mémoire référencé par `<pointeur_tampon>` dans le fichier rattaché à `<pointeur_fichier>`. Le bloc se compose donc ici de `<nombre>` objets, chacun d'eux étant de dimension `<taille>`. La valeur retournée par `fwrite` est égale au nombre de données complètement recopiées dans le fichier. En cas d'erreur, `fwrite` renvoie une valeur inférieure à `<nombre>`. Le type `size_t` est défini dans `<stdio.h>` comme entier non signé et dans quelques autres headers (le plus souvent comme `unsigned int`). Le pointeur `<pointeur_tampon>` est de type `void *`, et peut donc contenir l'adresse d'un bloc de données de type quelconque.

Lire et écrire des blocs entiers est très intéressant lorsque les données qui composent le bloc sont de types complexes, par exemple des tableaux ou des structures. Reprenons à titre d'exemple le tableau `k` de la section précédente, dont les éléments sont des structures de type :

```
struct client
{
   long no; /* code client    */
   char nom[31]; /*   nom du client   */
   long cp; /*   code postal   */
   char ville[31]; /*   ville    */
   float ca; /*   chiffres d'affaires    */
};
```

Pour recopier dans le fichier *clients.dat* le contenu du tableau `k`, l'écriture :

```
FILE *fp;
int i;
if ((fp = fopen("clients.dat", "w")) == NULL)
   fputs("Impossible d'ouvrir le fichier.", stderr);
else
   for(i = 0; i < 5; i++)
      fprintf(fp, "%ld %s %ld %s %.2f\n", k[i].no, k[i].nom,

       ➥ k[i].cp, k[i].ville, k[i].ca);
```

nécessite toujours cinq appels de fprintf. On peut alors la remplacer par une formulation pas plus compliquée utilisant la fonction fwrite. Le bloc :

```
if ((fp = fopen("clients.dat", "w")) == NULL)
   fputs("Impossible d'ouvrir le fichier.", stderr);
else
   fwrite(k, sizeof(struct client), 5, fp);
```

écrit dans le fichier *clients.dat* le contenu complet du tableau k (à savoir cinq variables structurées de type struct client) en un seul appel de fwrite. Le nom du tableau k donne ici l'adresse du bloc à écrire.

Lecture de blocs dans un fichier : fread

Pour relire des données écrites dans un fichier par fwrite, on utilise la fonction de lecture qui est l'homologue de fwrite. Il s'agit de fread, dont voici le prototype :

```
size_t fread(void *<pointeur_tampon>, size_t <taille>,
➥ size_t <nombre>, FILE *<pointeur_fichier>);
```

Cette fonction lit dans le fichier rattaché à <pointeur_fichier> un bloc de <taille> X <nombre> octets et le range à l'emplacement mémoire référencé par <pointeur_tampon>. Le bloc lu contient donc <nombre> objets de dimension <taille>. fread retourne le nombre d'objets complètement lus. Si cette valeur est inférieure à <nombre>, c'est qu'il y a eu erreur ou que la fin du fichier a été rencontrée avant que <nombre> objets aient pu être lus. Pour en avoir le cœur net, on peut le vérifier par feof, ou par la routine d'erreur ferror.

Exemple d'application

Soient les variables :

```
FILE *fp;
struct client k[5];
```

On peut alors par :

```
if ((fp = fopen("clients.dat", "r")) == NULL)
   fputs("Impossible d'ouvrir le fichier.", stderr);
else
   fread(k, sizeof(struct client), 5, fp);
```

recopier dans le tableau de structures k le contenu complet du fichier *clients.dat* (cinq enregistrements dans notre exemple) en un seul appel de fread. Naturellement fread et fwrite ne sont pas toujours obligées de manipuler en une seule fois tous les éléments d'un tableau, ou tous les enregistrements d'un fichier. Avec :

```
fwrite(&k[2], sizeof(struct client), 2, fp);
```

on n'écrirait dans le fichier *clients.dat* que deux des cinq enregistrements, à savoir ceux contenus dans les troisième et quatrième éléments de k. De même :

```
fread(k, sizeof(struct client), 1, fp);
```

ne rangerait dans le tableau `k` que le premier enregistrement du fichier *clients.dat* si celui-ci était ouvert en lecture.

Le programme *dice.c* utilise les fonctions `fwrite` et `fread` pour écrire ou pour lire dans un fichier un nombre assez grand de valeurs numériques. *dice.c* simule, à l'aide de la fonction de génération aléatoire `brand` développée dans les exercices du chapitre *Gestion de fichiers*, une série de 1000 tirages avec trois dés. Pour chaque tirage, on conserve la valeur de chaque dé ainsi que le total des points. L'ensemble de résultats peut être, à la demande, rangé dans un fichier qui, à son tour, peut ensuite être affiché ou imprimé.

▼ Listing 11.7 : dice.c

```
/* dice simule, à l'aide d'une fonction de génération aléatoire,   */
/* 1000 jets de trois dés. Les tirages sont rangés dans un tableau  */
/* de structures dont le contenu peut être écrit dans un fichier    */
/* via la fonction fwrite. Le fichier des résultats peut ensuite    */
/* être affiché ou imprimé. Pour la lecture du fichier, on utilise */
/* la fonction fread. */
#include <stdio.h> /*  fread, fwrite, printf, fprintf, fopen,
                       fclose  */
#include <stdlib.h> /*  rand, srand, exit  */
#include <time.h> /*  time  */
#include <conio.h> /*  getch, getche  */

#define SCREENHEADER()   for (i = 0; i < 4; i++)printf("D1 D2 D3 TOT
➥ ");\
                         printf("D1 D2 D3 TOT\n");\
                         for (i = 0; i < 4; i++)\
                             printf("-------+-");\
                         printf("------\n")
#define PRINTHEADER()   for (i = 0; i < 4; i++)\
                            fprintf(stdprn, "D1 D2 D3 TOT ");\
                        fprintf(stdprn, "D1 D2 D3 TOT\n");\
                        for (i = 0; i < 4; i++)\
                            fprintf(stdprn, "-------+-");\
                        fprintf(stdprn, "------\n")

#define CLS() printf("\033[2J")

struct dice
  {
    int die[3]; /*   résultats des trois dés   */
    int sum; /*   total par jet   */
  };

void restoscreen(struct dice *d, int *f); /* affichage du fichier  */
void restoprn(struct dice *d, int *f); /* impression du fichier    */
void freqtoscreen(int *f); /* affiche les fréquences des totaux    */
void freqtoprint(int *f); /* imprime les fréquences des totaux     */
int brand(int p, int q); /* crée des nombres aléatoires entre p et q */

main()
```

```
{
   FILE *fp;
   struct dice res[1000]; /*  résultats des jets   */
   struct dice zero = {0}; /*  pour initialiser "res"   */
   int i, k, rep1, rep2, rep3, rep4; /*  variables de contrôle   */
   int h; /*  tampon pour totaux   */
   int freq[19]; /*  fréquences des totaux   */
   long sec; /*  heure en secondes   */
   char filename[81]; /*  nom du fichier d'archives   */

   do
   {
     printf("Le programme simule 1.000 jets de trois dés.");
     time(&sec); /*  récupère l'heure en secondes   */
     srand((unsigned) sec); /*  initialise "rand"   */
     for (i = 0; i < 1000; i++) /*  initialise le tableau des
                                    résultats   */
        res[i] = zero;
     for (i = 0; i < 19; i++) /*  initialise le tableau des
                                  fréquences   */
        freq[i] = 0;
     for (i = 0; i < 1000; i++) /*  remplissage du tableau des
                                    résultats   */
        {
          for (k = 0; k < 3; k++)
             res[i].die[k] = brand(1,6); /* crée un nombre aléatoire
                                            entre 1 et 6   */
          h = res[i].sum = res[i].die[0] + res[i].die[1] +
          ➥ res[i].die[2];
          freq[h] = freq[h] + 1; /* compte les fréquences   */
        }
     printf("\nTerminé. Archivage des résultats ? (o/n)");
     rep1 = getche();
     if (rep1 == 'o')
        {
          printf("\nNom du fichier : ");
          gets(filename);
          if ((fp = fopen(filename, "w")) == NULL)
             {
               fprintf(stderr, "Erreur en écriture sur
               ➥ fichier %s\n", filename);
               exit(1);
             }

   /* écriture du tableau dans le fichier   */

          fwrite(res, sizeof(struct dice), 1000, fp);
          fclose(fp);
          printf("\nRésultats enregistrés dans fichier %s.\n",
          ➥ filename);
          printf("Affichage du fichier ?"
          "(e = écran   i = imprimante   n = pas d'affichage)\n");
          switch (rep2 = getche())
             {
```

```
            case 'e':
            case 'i':
            if ((fp = fopen(filename, "r")) == NULL)
               {
                 fprintf(stderr, "Erreur d'ouverture sur
                 ➥ fichier %s\n", filename);
                 exit(2);
               }

   /*   lecture du fichier   */

            fread(res, sizeof(struct dice), 1000, fp);
            if (rep2 == 'e') /* sortie écran   */
              restoscreen(res, freq);
            else /* sortie imprimante   */
              restoprn(res, freq);
            fclose(fp);
            break;
            default: ;
          } /*   fin switch   */
       } /*   fin if rep1 == "o"   */
     else /*   pas de fichier créé   */
       {
         printf("\nAfficher les résultats ? (o/n)");
         rep3 = getche();
         if (rep3 == 'o')
            restoscreen(res, freq);
       }

     printf("\n1000 autres jets ? (o/n)");
     rep4 = getche();

   } while (rep4 == 'o');
}

void restoscreen(struct dice *d, int *f) /* affiche les données */
{
   int i; /*   pour SCREENHEADER()   */
   int n, linecount = 0;
   SCREENHEADER();
   for (n = 0; n < 1000; n++)
      {
        printf(" %d  %d  %d  %2d \n", d .die[0], d .die[1],
        ➥ d .die[2], d .sum);

        if (((n+1)%5) == 0) /*   5 résultats par ligne   */
           {
             printf("\b\b \n");
             linecount++;
           }
        if ((((linecount+1)%21) == 0) && n != 999)
           {
             printf("\n<Entrée> pour page suivante.);
             getch();
```

```
            SCREENHEADER();
            linecount = 0;
          }
      }
   freqtoscreen(f); /*  affiche la distribution des fréquences   */
}


void freqtoscreen(int *f)/* affiche la distribution des fréquences */
{
   int i;
   printf("\nLes totaux des tirages ont les fréquences suivantes : \n");
   printf("Total :    ");
   for (i = 3; i < 19; i++)
      printf("%4d ", i);
   printf("\nFréquence :");
   for (i = 3; i < 19; i++)
      printf("%4d", f[i]);
   printf("\n");
}


void restoprn(struct dice *d, int *f) /*   imprime les données   */
{
   int i; /*   pour PRINTHEADER()   */
   int n, columns = 0, linecount = 0, pagecount = 0;
   printf("\nIMPRESSION DU FICHIER ...\n");
   PRINTHEADER();
   for (n = 0; n < 1000; n++)
     {
     ++columns;
     fprintf(stdprn, " %d  %d  %d  %2d ",
     d .die[0], d .die[1], d .die[2], d .sum);
     if (columns == 4)
       {
         n++;
         fprintf(stdprn, " %d  %d  %d  %2d\n",
         d .die[0], d .die[1], d .die[2], d .sum);
         linecount++;
         columns = 0;
       }
     if ((((linecount+1)%61) == 0) && n != 999)
       {
         fprintf(stdprn, "\n\n\t\t\t      - page %d - ", ++pagecount);
         fprintf(stdprn, "\n\n\n\f"); /* saut de page   */
     PRINTHEADER();
     linecount = 0;
       }
     }
   freqtoprint(f); /*   imprime la distribution des fréquences   */
}


void freqtoprint(int *f) /* imprime la distribution des fréquences */
```

```
{
   int i;
   fprintf(stdprn, "\n Les totaux des tirages ont les fréquences
   ➥ suivantes : ");
   fprintf(stdprn, "\nTotal :     ");
   for (i = 3; i < 19; i++)
     fprintf(stdprn, "%4d", i);
   fprintf(stdprn, "\nFréquence :");
   for (i = 3; i < 19; i++)
     fprintf(stdprn, "%4d", f[i]);
}

int brand(int p, int q) /* crée des nombres aléatoires entre p et q */
{
   return (p + (rand() % (q-p+1)));
}
```

Le programme *dice.c* donne un affichage qui ressemble typiquement à l'image qui suit. Les lignes de délimitation extérieures représentent les bords de l'écran et les points de suspension doivent être mentalement remplacés par les autres lignes affichées :

D1	D2	D3	TOTAL	D1	D2	D3	TOTAL	D1	D2	D3	TOTAL	D1	D2	D3	TOTAL	D1	D2	D3	TOTAL
5	3	6	14	4	6	2	12	1	6	6	13	4	2	4	10	6	4	2	12
3	3	5	13	1	4	3	8	5	2	2	9	4	2	1	7	2	6	2	10
1	6	4	11	1	3	2	6	3	4	6	13	2	4	1	7	2	2	6	10
3	5	1	9	1	6	3	10	5	3	6	14	5	6	3	14	3	1	4	8
1	6	2	9	3	6	5	14	2	2	5	9	1	4	2	7	6	6	1	13
1	6	4	11	5	3	6	14	1	2	1	4	3	2	1	6	1	3	4	8
5	4	5	14	4	1	4	9	3	4	2	9	2	6	1	9	2	6	6	14
5	4	1	10	2	1	2	5	3	5	3	11	1	2	1	4	1	2	4	7
1	6	6	13	5	6	4	15	1	5	5	11	1	1	1	3	6	1	1	8
4	5	3	12	1	5	6	12	3	1	2	6	1	3	3	7	2	3	2	7
6	3	1	10	5	2	3	10	3	1	1	5	2	3	3	8	2	5	5	12
3	4	3	10	5	6	3	14	2	6	6	14	6	1	6	13	1	2	6	9
4	2	5	11	2	6	1	9	3	4	5	9	5	4	1	11	4	2	2	8
2	6	4	12	5	1	4	10	4	2	6	12	5	5	3	13	2	2	1	5

Les totaux des tirages ont les fréquences suivantes :

Total :	3	4	5	6	7	8	9	10	11	12	13	14	15	16	17	18
Fréquence :	6	16	26	40	71	99	129	116	123	118	92	70	44	33	9	8

▲ Fig. 11.7 : *Un exemple d'affichage du programme dice*

Accès direct (random access)

Le mode d'accès aux fichiers appliqué jusqu'ici est baptisé séquentiel. Dans ce mode-là une opération (de lecture ou d'écriture) s'effectue toujours à partir de la position dans le fichier résultant de l'opération (de lecture ou d'écriture) précédente. Supposons par exemple que nous disposions d'un fichier constitué de lignes homogènes longues de n octets (c'est par pur souci de simplicité car les lignes - par exemple des strings - d'un fichier ne sont pas obligatoirement de même longueur). Supposons donc qu'on lise dans ce fichier, à partir de l'octet de rang 0 (donc à partir du début), n octets par opération (une ligne). Alors la seconde opération de lecture commence à la position n. Étant donné que cette seconde lecture lit d'emblée n octets (seconde ligne), une éventuelle troisième lecture commence à la position 2*n, etc. Chaque lecture décale donc vers l'avant (en direction de la fin du fichier) la position courante (c'est-à-dire le pointeur de positionnement dans le fichier (seek pointer)). La valeur du déplacement est donnée par le nombre d'octets pris en compte lors de la lecture.

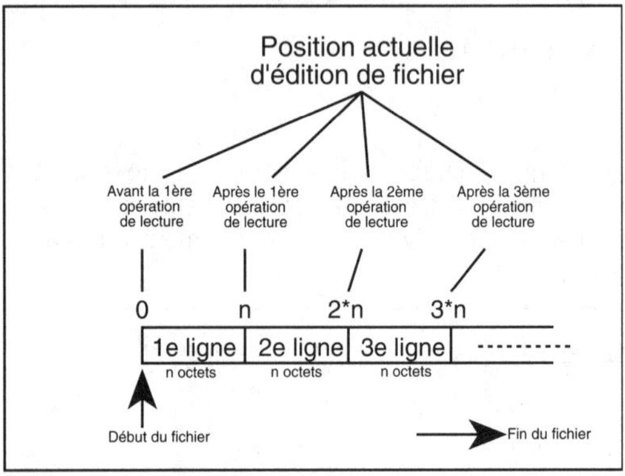

Fig. 11.8 : *Lecture séquentielle dans un fichier contenant des lignes homogènes*

Il est facile de détecter l'inconvénient qui peut parfois résulter de ce mécanisme. Que fait-on par exemple si on veut lire non pas les dix premières lignes d'un fichier, mais seulement la dixième ? Lorsqu'on ouvre un fichier en lecture ou en écriture, on se retrouve soit au début du fichier, soit à la fin (si le mode d'ouverture est a). Si, après l'ouverture on se trouve à la fin du fichier, on a forcément déjà passé la ligne cherchée et les manipulations de fichiers que nous venons d'étudier ne nous permettent pas de lire depuis la fin "à reculons". Si on ouvre le fichier concerné de telle sorte qu'on soit placé au début (en mode r par exemple), on se retrouve dans le cadre des possibilités déjà étudiées. Pour atteindre la dixième ligne, il faut alors commencer par lire les neuf lignes qui la précédent. "Sauter" ces neuf lignes est impossible en mode d'accès purement séquentiel.

Plus généralement, lorsqu'on travaille de manière exclusivement séquentielle, on ne peut se déplacer dans un fichier que dans une seule direction, à savoir en allant vers la fin du fichier (et cela, qu'on lise ou qu'on écrive). De plus, pour pouvoir manipuler des données à une certaine position dans le fichier, il faut lire depuis le début du fichier. Il est bien évident que l'accès aux données serait fondamentalement plus rapide si on pouvait y accéder directement, c'est-à-dire sans devoir effectuer des opérations préliminaires de lecture ou d'écriture. Pour arriver à ce résultat, il faut absolument utiliser un autre mode d'accès au fichier. Ce mode est appelé "accès direct" (random access) ou encore "accès aléatoire" (random access). L'accès direct à un fichier se décompose en deux phases. La première consiste à déplacer le pointeur de positionnement (et donc la position courante) vers l'emplacement du premier octet à traiter. La seconde étape consiste ensuite à effectuer la lecture ou l'écriture souhaitée.

Positionnement dans un fichier : fseek

La routine de haut niveau permettant de placer le pointeur de position sur un octet quelconque d'un fichier est la fonction `fseek`. Son prototype est :

```
int fseek(FILE *<pointeur_fichier>, long <offset>, int <base>);
```

Le paramètre `<offset>` donne ici le nombre d'octets dont il faut décaler le pointeur de position relativement à `<base>`. Si `<offset>` est positif, le déplacement a lieu en direction de la fin du fichier. Si `<offset>` est négatif, le déplacement s'effectue bien sûr vers le début du fichier. Le paramètre `<base>` précise l'origine du déplacement dans le fichier. Il peut prendre les valeurs 0, 1 ou 2. La valeur 0 signifie que le déplacement se fait à partir du début du fichier, la valeur 2 qu'il se fait à partir de la fin et la valeur 1 qu'il se fait depuis la position courante. On peut remplacer les constantes numériques par les constantes symboliques `SEEK_SET`, `SEEK_CUR` et `SEEK_END` définies dans le header `<stdio.h>`. Le résumé suivant illustre ces relations :

Valeur de base	Constante symbolique	Signification
0	SEEK_SET	Début de fichier
1	SEEK_CUR	Position actuelle dans le fichier
2	SEEK_END	Fin de fichier

◄ Fig. 11.9 : *Le domaine de valeurs du paramètre <base> de fseek*

La fonction `fseek` retourne la valeur 0 si le positionnement souhaité a pu se faire. En cas d'erreur, elle renvoie un nombre non nul. L'usage de `fseek` est très restreint dans les fichiers ouverts en mode texte, en raison d'éventuels problèmes dus aux représentations différentes des fins de lignes dans le tampon (caractère de saut de ligne) et dans le fichier lui-même (combinaison des caractères de saut de ligne et de retour-chariot). Pour ce qui concerne ces discordances des fins de lignes, reportez-vous à la section *Ouverture des fichiers*. En mode texte, on ne garantit des résultats corrects que si `<offset>` a la valeur 0 ou bien une valeur donnée par `ftell`, qui est une autre fonction de positionnement (cf. plus loin). Dans le dernier cas, `<base>` doit en outre posséder la valeur `0` ou `SEEK_SET`.

Pour éviter ce type de difficultés, il est donc recommandé d'ouvrir les fichiers non pas en mode texte, mais en mode binaire, lorsqu'on veut employer **fseek**. Dans l'exemple suivant, après :

```
#include <stdio.h> /*   fopen, fgetc, fputc, fseek   */
FILE *fp;
int c;
```

et

```
fp = fopen("data.fil", "wb+"); /* ouverture du fichier en lec-
ture/écriture   */
```

le bloc :

```
while ((c = fgetc(stdin)) != "\n")
    fputc(c, fp);
```

permet de saisir une ligne au clavier, et de la ranger dans *data.fil*. Après cette opération d'écriture, le pointeur de position se trouve à la fin du fichier. Les instructions :

```
fseek(fp, 0L, SEEK_SET);
```

ou

```
fseek(fp, 0L, 0);
```

replacent le pointeur de position sur l'octet de rang 0 relativement au début du fichier, donc au début du fichier lui-même. Maintenant la boucle :

```
while ((c = fgetc(fp)) != EOF)
    fputc(c, stdout);
```

lit le fichier et l'affiche à l'écran.

Vers le début du fichier avec rewind

Pour placer le pointeur de position au début du fichier, on aurait pu remplacer la fonction **fseek** par la fonction **rewind,** qui possède le prototype :

```
void rewind(FILE *<pointeur_fichier>);
```

Cette fonction ramène le pointeur de position en début de fichier. En fait, l'appel :

```
rewind(fp);
```

aurait le même effet que :

```
fseek(fp, 0L, 0);
```

À la différence de **fseek**, **rewind** ne retourne aucun résultat, de sorte qu'elle-même ne donne aucun renseignement sur le sort réservé à l'opération de positionnement.

Offsets négatifs

Supposons que l'on ne s'intéresse pas au contenu entier du fichier *data.fil*, mais seulement aux trois derniers caractères. Pour lire (et afficher) ces caractères (après qu'ils aient été écrits dans le fichier), on décale le pointeur de position d'un offset de -3 relativement à la fin du fichier. Cela via l'instruction :

```
fseek(fp, -3L, 2);
```

ou via :

```
fseek(fp, -3L, SEEK_END);
```

Le pointeur est alors placé sur l'avant-avant-dernier octet du fichier. On peut maintenant lire et afficher les caractères concernés :

```
while ((c = fgetc(fp)) != EOF)
   fputc(c, stdout);
```

Détermination de la position dans le fichier : ftell

La fonction `ftell` permet de connaître l'octet du fichier sur lequel renvoie le pointeur de position. `ftell` a le prototype :

```
long ftell(FILE *<pointeur_fichier>);
```

Elle retourne, sous forme de valeur `long`, la position actuelle du pointeur de position relativement au début du fichier. En cas d'erreur, `ftell` retourne la valeur `-1L`. Pour les mêmes raisons qu'avec `fseek` (représentations différentes du caractère de fin de ligne, cf. plus haut), il est également recommandé avec `ftell` d'ouvrir le fichier, non pas en mode texte, mais en mode binaire. Dans notre fichier d'essai *data.fil*, après :

```
FILE *fp;
int c;
long pos;
fp = fopen("data.fil", "wb+");
while ((c = fgetc(fp)) != EOF)
   fputc(c, stdout);
```

l'instruction :

```
pos = ftell(fp);
```

permet de déterminer la position courante résultant de la dernière opération d'E/S (c'est-à-dire le nombre de caractères écrits dans le fichier) et de la stocker dans la variable `pos`.

Exemple : manipulation des lignes d'un fichier de texte

Le programme *flines.c* montre comment utiliser `fseek` et `ftell`. *flines* détermine le nombre de caractères et de lignes d'un fichier de texte, et affiche un nombre de lignes consécutives, choisi par l'utilisateur.

▼ Listing 11.8 : flines.c

```
/* flines compte les caractères et les lignes d'un fichier          */
/* de texte. Le nom du fichier est donné sur la ligne de commande.   */
/* A la demande, on affiche une sélection quelconque de lignes       */
/* consécutives. Les offsets des différentes lignes sont pour cela   */
/* rangées dans un tableau "long" dynamique, agrandi si besoin est.  */
#include <stdio.h>    /*   fonctions de fichier   */
#include <stdlib.h> /*   exit, realloc, free   */
#include <conio.h> /*   getche, getch    */

#define POS(x,y)   printf("\033[%d;%dH", x, y)
#define BLANKLINE()   for(k = 0; k < 80; k++) printf(".")

main(int argc, char *argv[])
{
   FILE *fp;
   int c; /*   tampon caractère    */
   int k, n = 1, rep; /*   variables de contrôle    */
   int flag; /*   flag d'erreur    */
   long *offset; /*   pointeur vers tableau dyn. pour offsets    */
   long lines = 1; /*   nombre de lignes du fichier    */
   long characters; /*   nombre de caractères du fichier    */
   long startln, endln; /* première et dernière lignes à afficher */

   if (argc != 2) /*   nombre de paramètres erroné    */
     {
       fprintf(stderr, "\nSyntaxe : flines fichier\n");
       exit(1);
     }

   /* allocation mémoire pour tableau dynamique    */

   if ((offset = (long*) realloc(offset, n*500*sizeof(long))) == NULL)
     {
       fprintf(stderr, "Plus assez de mémoire.\n");
       exit(2);
     }

   /* ouverture binaire du fichier    */

   if ((fp = fopen(argv[1], "rb")) == NULL)
     {
       fprintf(stderr, "Erreur à l'ouverture du fichier %s.\n", argv[1]);
       exit(3);
     }

   offset[1] = 0; /*   offset première ligne = 0    */

   while ((c = fgetc(fp)) != EOF) /*   lecture du  fichier    */
     {
       if (c == '\n')
         offset[++lines] = ftell(fp);    /*   mémorise offset de
                                              chaque ligne    */
```

```
    if (lines % 500 == 0) /*   pas assez de place   */
      {
        n++;

/* on fait de la place pour 500 autres offsets de lignes   */
        if ((offset = (long*) realloc(offset,
        ➥ n*500*sizeof(long))) == NULL)
          {
            fprintf(stderr, "Plus assez de mémoire.\n");
            exit(2);
          }
      }
  }

characters = ftell(fp); /* position après la lecture = fin de */
                        /* fichier ftell donne le nb. */
                        /* de caractères (taille fichier)   */
POS(5,0);
if (!characters) /*   fichier vide   */
  {
    printf("Le fichier est vide.\n");
    exit(4);
  }
else
  printf("Le fichier %s a %ld caractères et %ld ligne(s).\n",
  ➥ argv[1], characters, lines);
POS(7,0);
printf("Afficher des lignes ? (o/n)");
if ((rep = getche()) == 'o')
  {
    do
      {
        flag = 0;
        POS(11,0); BLANKLINE();
        POS(9,0); BLANKLINE(); POS(9,0);
        printf("Depuis la ligne (minimum : 1):");
        POS(9,40);
        printf("Jusqu'à la ligne (maximum : %ld):", lines);
        POS(9,21);
        scanf("%ld", &startln);
        if (startln == 0)
          exit(5);
        else if (startln < 0 || startln > lines)
               {
                 flag = 1;
                 POS(11,0); BLANKLINE(); POS(11,0);
                 printf("Mauvaise valeur initiale. <Entrée>
                 ➥ pour continuer.");
                 getch();
                 continue;
               }
        POS(9,60);
        scanf("%ld", &endln);
        if (endln < startln || endln > lines)
```

```
            {
              flag = 1;
              POS(11,0); BLANKLINE(); POS(11,0);
              printf("Mauvaise valeur finale. <Entrée>
              ➥ pour continuer.");
              getch();
              continue;
            }
        } while (flag);

      fseek(fp, offset[startln], 0);   /* position première ligne
                                          à afficher   */
      printf("%05ld  ", startln); /*   numérotage des lignes
                                       sur 5 chiffres   */

      while ((c = fgetc(fp)) != EOF) /*   lecture et affichage    */
        { /*   des    */
          fputc(c, stdout); /*   lignes sélectionnées   */
          if (c == '\n')
            {
              if (startln < endln)
                printf("%05ld  ", ++startln);
              else
                break;
            }
        }
    } /*   fin if rep == "o"    */

  fclose(fp);
  free(offset);
}
```

11.2 Opérations élémentaires

Les fonctions de fichier de haut niveau (High Level), relativement complexes, sont fondées sur des fonctions élémentaires de traitement de fichier de bas niveau (Low Level), à partir desquelles elles sont construites. Les fonctions de bas niveau, à leur tour, accèdent directement à des routines spéciales du système d'exploitation, routines chargées des accès fichiers et faisant partie des appels système (system calls). Le fait que ces fonctions de bas niveau travaillent plus près du système d'exploitation entraîne deux conséquences. D'une part, les fonctions de fichier de bas niveau accèdent plus directement et donc plus rapidement aux fichiers. D'autre part, du fait qu'elles se confondent pratiquement avec les appels système (d'exploitation), et en sont donc dépendantes, elles ne font pas partie du C standard. Ce qui restreint la portabilité des programmes qui les utilisent.

Descripteur

À la différence des fonctions du niveau supérieur, leurs homologues de bas niveau n'utilisent pas de tampons, et n'effectuent pas de formatages de quelque espèce que ce soit sur les données traitées. Pour accéder aux fichiers ouverts, on utilise une variable spécifique comme avec les fonctions de haut niveau. Cependant, cette fois, il ne s'agit pas d'un pointeur contenant l'adresse d'une structure `FILE`, mais d'un entier positif de type `int` baptisé descripteur. Vous vous rappelez peut-être que la structure `FILE` contient également, parmi ses champs, un tel descripteur, qui identifie en interne le fichier concerné (voir également le début de la section *Opérations non élémentaires*). D'ailleurs, la macro `fileno` permet d'afficher le descripteur d'un fichier rattaché à un pointeur `FILE`.

Comme avec les pointeurs `FILE`, il existe également quelques descripteurs prédéfinis, qui sont attribués comme suit aux cinq fichiers ouverts automatiquement en début de programme :

Fichier	Descripteur
Entrée standard	0
Sortie standard	1
Erreur standard	2
Fichier spécial d'E/S (auxiliaire)	3
Imprimante standard	4

◄ Fig. 11.10 :
Descripteurs de fichier prédéfinis

Il faut noter ici que le mélange, dans un programme, de fonctions de bas et de haut niveau sur un même fichier est problématique, en raison de leurs modes de fonctionnement très différents (bufférisation ou non bufférisation des données). En effet, les deux groupes de fonctions sont fondamentalement incompatibles. Pour éviter des erreurs ou des pertes de données, il est donc recommandé d'accéder à un fichier sans mélanger les fonctions de bas niveau et de haut niveau.

Création des fichiers

Contrairement au traitement des fichiers au niveau supérieur, avec le traitement de bas niveau, on dispose grâce à la fonction `creat` d'un instrument qui permet de créer explicitement un fichier. `creat` admet le prototype :

```
int creat(char *<nom_fichier>, int <droits_accès>);
```

Cette fonction crée un nouveau fichier, ou écrase un fichier existant. Dans les deux cas, le fichier concerné est ensuite ouvert en écriture. La fonction `creat` fournit un descripteur de fichier (sous forme de valeur `int`) et -1 en cas d'erreur. Le paramètre `<droits_accès>` indique, via ses neuf premiers bits, quelles opérations sont autorisées sur le fichier concerné : lecture (**read**), écriture (**write**), exécution (**execute**) ou toute combinaison des opérations. En outre, on fait aussi la distinction entre le propriétaire (**owner**) d'un fichier, le groupe (**group**) d'utilisateurs auquel appartient le propriétaire et tous les autres utilisateurs (**others**) du système :

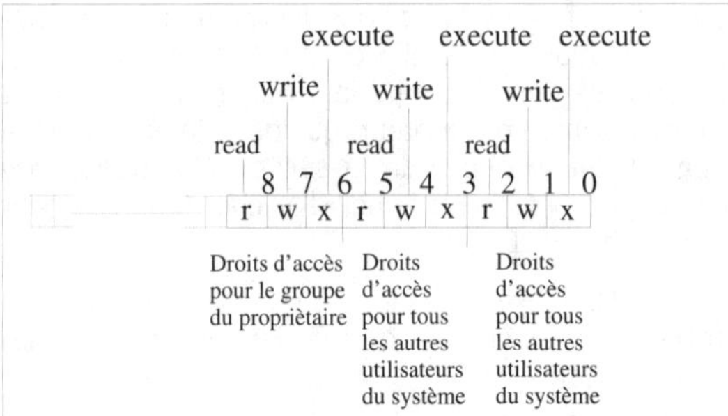

Le paramètre `int <droits_accès>` de la fonction **creat** détermine, avec ses neuf premiers bits, les droits d'accès au fichier pour le propriétaire du fichier (bits 6 - 8), pour le groupe de ce dernier (bits 3 - 5) et pour tous les autres utilisateurs (bits 0 - 2)

Pour chacun des bits 0 à 8 de la variable `<droits_accès>` on raisonne ainsi : le droit est accordé lorsque le bit correspondant est positionné, donc a la valeur 1. Ainsi, la constellation de bits suivante :

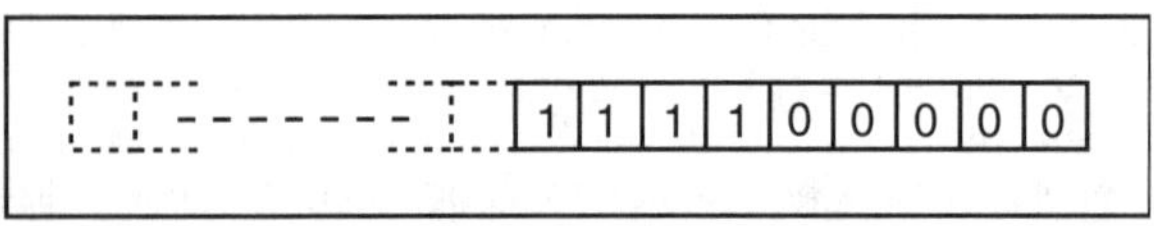

signifierait que le propriétaire du fichier possède les droits de lecture, d'écriture et d'exécution, que son groupe n'a que le droit de lecture et que tous les autres ne disposent d'aucun droit.

Pour activer les bits des droits d'accès, on peut indiquer comme paramètre effectif pour `<droits_accès>` une des constantes symboliques contenues dans le header *<stat.h>* (situé dans le sous-répertoire *sys* du répertoire standard *include*). On peut également formuler le paramètre sous la forme d'un nombre octal à trois chiffres. Cela est très pratique car, avec les nombres octaux, chaque groupe de 3 bits (en partant de la droite) correspond à la représentation binaire d'un chiffre. Ainsi, les trois premiers bits en partant de la droite donnent le premier chiffre de droite, les trois bits suivants donnent le second chiffre en partant de la droite, etc. Après :

```
#include <io.h> /* contient les prototypes des fonctions de bas niveau */
int fd; /* descripteur de fichier   */
```

l'instruction suivante :

```
fd = creat("xy.dat", 0666);
```

créerait par exemple un fichier *xy.dat* (pour autant qu'il n'existe pas déjà), et affecterait à la variable **fd** le descripteur ad hoc requis par toutes les opérations ultérieures. Les trois catégories d'utilisateurs, via le paramètre effectif 0666, reçoivent les droits de lecture et d'écriture sur le fichier. L'image suivante permet de s'en convaincre facilement :

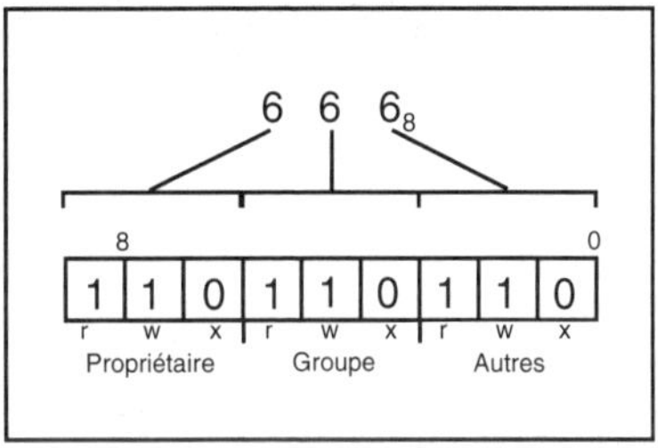

Fig. 11.11 : *C haque groupe de 3 bits donne la représentation binaire d'un chiffre*

Si le fichier *xy.dat* existe déjà (et que le droit d'écriture est positionné), alors sa longueur est réduite à 0. Ce faisant, l'ancien contenu du fichier est perdu. En revanche, les droits d'accès restent inchangés. De plus, si l'on tient compte du cas où **creat** échoue dans sa tentative de créer le fichier, ou de l'ouvrir (par exemple lorsque le fichier existe déjà et ne peut être que lu), alors il faut compléter comme suit l'instruction **creat** précédente :

```
if ((fd = creat("xy.dat", 0666)) == -1)
   fprintf(stderr, "Création du fichier impossible.\n");
else
 /*  instructions alternatives   */
```

Il faut encore signaler que le paramètre **<droits_accès>** n'a pas la même importance sur tous les systèmes d'exploitation. Sur bon nombre d'entre eux, seuls comptent certains des bits de permissions. Sur d'autres systèmes, ce paramètre est littéralement ignoré.

Ouverture des fichiers

L'homologue élémentaire de la fonction de haut niveau **fopen** est représenté par la fonction **open**. **open** ouvre un fichier et renvoie comme résultat un descripteur sous forme de valeur **int**. Ce descripteur permettra ensuite d'accéder au fichier. Si l'ouverture échoue, **open** retourne la valeur -1.

La fonction **open** admet le prototype :

```
int open(char *<nom_fichier>, int <mode_accès>, [int <droits_accès>]);
```

<mode_accès> indique, comme pour **fopen**, la manière dont on pense accéder au fichier concerné. Cependant avec **open** **<mode_accès>** n'est plus un pointeur `char`, mais une variable `int` dont la valeur détermine le mode d'accès au fichier. Le header *<fcntl.h>* contient les définitions, sous forme de constantes symboliques, des valeurs permises pour <mode_accès>. On emploie plutôt ces constantes de préférence à des valeurs numériques explicites. Le résumé suivant présente les plus importantes de ces constantes (auxquelles peuvent venir s'ajouter d'autres selon le système d'exploitation) :

Tab. 11.1 : Constantes symboliques du mode d'ouverture des fichiers avec la fonction open

CONSTANTE	SIGNIFICATION
O_RDONLY	Ouvrir le fichier existant uniquement en lecture.
O_WRONLY	Ouvrir le fichier existant uniquement en écriture.
O_RDWR	Ouvrir le fichier existant pour ajout à la fin du fichier.
O_APPEND	Ouvrir le fichier existant pour ajout à la fin du fichier.
O_CREAT	Si le fichier n'existe pas, le créer et l'ouvrir en écriture. S'il existe déjà, O_CREAT est sans effet, c'est-à-dire qu'à l'inverse de `creat`, le contenu du fichier n'est pas perdu. Les opérations d'écriture ultérieures n'ont aucun effet si ni O_WRONLY ni O_RDWR ne sont données.
O_EXCL	Uniquement utilisable avec O_CREAT ; retourne un message d'erreur si le fichier existe déjà.
O_TRUNC	Ouvrir le fichier existant en écriture et réduire sa taille à 0 octet, s'il n'y a aucune restriction en écriture pour le fichier. Le contenu initial du fichier est alors perdu. Les opérations d'écriture ultérieures n'ont aucun effet si ni O_WRONLY ni O_RDWR ne sont données.

Le troisième paramètre <droits_accès> a la même signification qu'avec `creat`, et il est facultatif. Il n'est requis (et significatif) que si on spécifie O_CREAT, donc s'il faut éventuellement créer un nouveau fichier dont les droits sont alors à définir.

Combinaisons des modes d'accès

Les constantes symboliques concernant le mode d'accès peuvent être spécifiées individuellement ou de manière combinée. Dans tous les cas, une (et une seule) des constantes O_RDONLY, O_WRONLY ou O_RDWR est obligatoire. Après :

```
#include <fcntl.h> /*   constantes symboliques pour open   */
#include <io.h> /*   open   */
int fd; /*   descripteur   */
```

l'instruction :

```
fd = open("xy.dat", O_WRONLY);
```

ouvre le fichier *xy.dat* en écriture, pour autant qu'il existe. S'il n'existe pas, il n'est pas créé par open. S'il faut absolument créer *xy.dat* dans le cas où il n'existerait pas, il faut alors spécifier la constante O_CREAT. Pour combiner (ou mieux : connecter) plusieurs constantes symboliques, on utilise l'opérateur OU binaire |. Par conséquent, l'instruction :

```
fd = open("xy.dat", O_WRONLY | O_CREAT, 0666);
```

ouvrirait le fichier *xy.dat* en écriture s'il existe. Autrement, le fichier serait créé avec les droits de lecture et d'écriture pour toutes les catégories d'utilisateurs. Si on indiquait exclusivement O_CREAT, le fichier serait certes créé et ouvert en écriture. Mais les opérations ultérieures d'écriture n'auraient aucun effet et n'écriraient pas de données dans le fichier. Si on ouvre un fichier en écriture avec O_WRONLY ou O_RDWR (sans autre constante), alors le contenu initial du fichier n'est pas perdu (contrairement à ce qui se passe avec fopen en mode w). Si on veut vraiment effacer le contenu du fichier, on peut alors employer à cette fin la constante O_TRUNC. Ainsi, l'instruction :

```
if ((fd = open("xy.dat", O_WRONLY | O_TRUNC)) == -1)
   fprintf(stderr, "Erreur en ouverture.\n");
else /*  instructions alternatives   */
```

ouvrirait en écriture un fichier (existant) *xy.dat* et ramènerait sa longueur à 0 octet. Un message d'erreur ad hoc serait affiché en cas d'échec. Si on se contentait de spécifier O_TRUNC, le fichier serait certes ramené à une longueur nulle, mais une lecture n'aurait ensuite aucun effet (comme c'est le cas avec O_CREAT).

Si on complète ainsi l'instruction précédente :

```
if ((fd = open("xy.dat", O_WRONLY | O_TRUNC | O_CREAT, 0744)) == -1)
   fprintf(stderr, "Erreur d'ouverture du fichier.\n");
else
 /*  instructions alternatives   */
```

en y ajoutant la constante O_CREAT, alors le fichier *xy.dat* serait créé s'il n'existait pas (ici avec tous les droits pour le propriétaire du fichier, et seulement le droit de lecture pour les autres utilisateurs du système).

Fermeture des fichiers

La fonction de bas niveau qui gère la fermeture des fichiers est close. La syntaxe de close ressemble à celle de fclose, à ceci près qu'on ne transmet pas à la fonction un pointeur FILE, mais un descripteur :

```
int close(int <descripteur>); /*  prototype de close   */
```

La fonction close retourne la valeur 0 si on a pu fermer le fichier concerné. En cas d'erreur, elle renvoie -1. Le bout de programme suivant essaie d'ouvrir en lecture un fichier dont le nom est passé sur la ligne de commande. S'il réussit, alors le fichier est refermé par close.

▼ Listing 11.9 : opcl.c

```
/* opcl montre comment utiliser simplement les fonctions "open"   */
/* et "close". Le programme essaie d'ouvrir en lecture un fichier */
/* dont le nom provient de la ligne de commande. S'il y arrive,   */
/* il le referme avec "close".  */
#include <stdio.h>  /* printf   */
#include <io.h>     /* open, close   */
#include <fcntl.h>  /* constantes symboliques pour open   */
#include <stdlib.h> /* exit   */

main(int argc, char *argv[])
{
   int fd;
   if (argc != 2) /*   1 seul paramètre !   */
     {
       printf("Syntaxe : opcl fichier[.ext]\n");
       exit(1);
       }

   /* ouverture en lecture   */

   if ((fd = open(argv[1], O_RDONLY)) == -1)
     fprintf(stderr, "ERREUR : impossible d'ouvrir le fichier %s.\n",
     ➥ argv[1]);
   else
     {
       close(fd); /*   ferme le fichier   */
       printf("Fichier %s ouvert en lecture, puis refermé.\n",
       ➥ argv[1]);
     }
}
```

Lecture et écriture

Au niveau élémentaire les opérations de lecture et d'écriture sont assurées par les seules fonctions read et write. La fonction d'écriture write admet le prototype :

```
int write(int <descripteur>, char *<pointeur_tampon>, int <nombre>);
```

Elle écrit <nombre> octets pris dans un tampon (que le programmeur doit gérer lui-même) référencé par <pointeur_tampon>, à la position courante dans le fichier rattaché à <descripteur>. write renvoie le nombre d'octets écrits dans le fichier ou bien -1 en cas d'erreur. Si la valeur retournée est positive mais inférieure à <nombre>, c'est qu'il n'y avait plus assez de place sur le support pour écrire les <nombre> octets. Si le paramètre <nombre> est défini en int (comme c'est le cas précédemment), alors une écriture peut transférer au plus 32.767 octets (valeur maximale d'un int, s'il est sur 2 octets). Si on définissait <nombre> en **unsigned int**, on pourrait théoriquement transférer 65.535 octets en une seule opération. Il faut alors définir la valeur de retour non plus en **int**, mais en **unsigned int**. De plus, il vaut mieux se fonder sur un maximum non pas de 65.535, mais de 65.534 octets transférés dans un fichier en une seule opération. En effet, la combinaison binaire correspondant à 65.535 ne se différencie pas de la valeur -1. La conséquence en serait qu'avec une valeur de <nombre> égale à 65.535, -1 ne serait plus interprété comme indiquant une erreur.

La fonction de lecture homologue de **write** est **read**. **read** admet le prototype :

```
int read(int <descripteur>, char *<pointeur_tampon>, int <nombre>);
```

qui ressemble beaucoup à celui de **write**. La fonction lit <nombre> octets à partir de la position courante du fichier rattaché à <descripteur> et les range dans un tampon dont l'adresse est passée à la fonction via le paramètre <pointeur_tampon>. Pour ce qui concerne le nombre maximal d'octets susceptible d'être lu en une seule opération, tout ce que nous avons dit sur **write** s'applique également à **read**.

La fonction **read** retourne comme résultat le nombre d'octets lus. Si cette valeur est positive et inférieure à <nombre>, c'est qu'on a atteint la fin du fichier avant d'avoir lu <nombre> octets. La valeur 0 signale qu'on essaie de lire au-delà de la fin du fichier. En cas d'erreur, on renvoie la valeur -1.

Duplication de fichiers

Nous allons montrer sur un exemple simple comment fonctionnent **read** et **write**. Le programme *fcpy* est une variante du programme *tcopy* précédemment développé dans ce chapitre. Alors que *tcopy* dupliquait des fichiers texte à l'aide des fonctions **fgets** et **fputs**, *fcpy* utilise à la place **read** et **write** et copie tous types de fichiers (et pas seulement des fichiers de texte). Les messages d'erreur sont affichés sur la sortie d'erreurs standard.

▼ Listing 11.10 : fcpy.c

```
/* fcpy duplique n'importe quel fichier à l'aide des fonctions "read"  */
/* et "write". fcpy est lancé via la syntaxe : fcpy <source> <cible>.  */
/* Pour <source> comme pour <cible>, on peut spécifier la console      */
/* (= CON). Le programme ne vérifie pas dans cette version si on       */
/* écrase un fichier existant. Les messages d'erreur sont affichés     */
/* par"write" sur la sortie d'erreurs standard (descripteur = 2).      */

#include <io.h>         /*  open, close, read, write             */
#include <fcntl.h>      /*  constantes symboliques pour open     */
#include <stdlib.h>     /*  exit, toupper                        */
#include <string.h>     /*  strcmp, strlen                       */

void upstr(char *s); /*  convertit un string en majuscules     */
```

```
main(int argc, char *argv[])
{
  char *syntax =   "\nSyntaxe : fcpy source cible\n"\
   "                fcpy CON cible\n"\
   "                fcpy source CON\n";
   char *noread =   "Impossible d'ouvrir le fichier source.\n";
   char *nowrite =   "Impossible d'ouvrir le fichier cible.\n";
   char *nocopy =   "Impossible de dupliquer un fichier
   ➥ sur lui-même.\n";
   int infile = 0; /* descripteur pour fichier source : initialisé
   ➥ à 0 (entrée std.) au cas où on lit le clavier   */
   int outfile = 1; /* descripteur pour fichier cible : initialisé
   ➥ à 1 (sortie std.) au cas où on écrit sur l'écran   */
   char rwbuf[1024]; /*   tampon de lecture/écriture   */
   int nbytes; /*   nombre d'octets lus   */
   int i;

   if (argc != 3) /*  il faut spécifier la source et la cible !  */
     {
       write(2, syntax, strlen(syntax));
       exit(1);
     }

   for (i = 1; i < 3; i++) /* conversion des paramètres en majuscules */
     upstr(argv[i]);

   if (! strcmp(argv[1], argv[2])) /* source = cible */
     {
       write(2, nocopy, strlen(nocopy));
       exit(2);
     }

   if (strcmp(argv[1], "CON")) /* source != clavier */
     {
       if ((infile = open(argv[1], O_RDONLY)) == -1)
         {
         write(2, noread, strlen(noread));
         exit(3);
         }
     }

   if (strcmp(argv[2], "CON")) /*   cible != écran   */
     {
       if ((outfile = open(argv[2], O_WRONLY | O_CREAT | O_TRUNC,
       ➥ 0777)) == -1)
         {
           write(2, nowrite, strlen(nowrite));
           exit(4);
         }
     }

   /* duplication   */

   while ((nbytes = read(infile, rwbuf, 1024)) > 0)
```

```
      write(outfile, rwbuf, nbytes);

   /* fermeture des fichiers   */

   close(infile);
   close(outfile);
}


void upstr(char *s) /*   convertit un string en majuscules    */
{
   int i = 0;
   while (s[i])
     {
       s[i] = toupper(s[i]);
       i++;
     }
}
```

En ce qui concerne les modalités d'ouverture des fichiers, il faut noter, à propos du programme précédent, et de manière plus générale également, que les systèmes d'exploitation qui différencient expressément le mode texte du mode binaire ont défini une constante spécifique pour le mode binaire. Ainsi, le système DOS par exemple utilise la constante symbolique `O_BINARY` qui correspond au suffixe `b` de la fonction de haut niveau `fopen`. Sur ces systèmes-là, il faut spécifier cette constante si on veut manipuler le fichier en mode binaire. Pour le système d'exploitation DOS, il faudrait donc ouvrir le fichier en sortie du programme précédent par :

```
outfile = open(argv[2], O_WRONLY | O_CREAT | O_TRUNC | O_BINARY,
➥ 0777);
```

pour éviter, par exemple, qu'en dupliquant un fichier exécutable, on interrompe le processus de copie avant terme, parce qu'on a rencontré le caractère <CTRL><Z> (ASCII : 26). Tel serait le cas si le fichier était ouvert en mode texte. Dans ce mode, en effet, le caractère de code ASCII 26 marque la fin du fichier (ce qui n'est pas le cas avec un fichier binaire).

Le processus de copie proprement dit dans *fcpy* est réalisé par la boucle `while` en fin de programme. Elle commence par remplir avec `read` le tampon d'E/S `rwbuf` et range le nombre de caractères lus dans la variable `nbytes`. Ensuite, `write` prend dans le tampon un nombre d'octets égal à `nbytes` et les recopie dans le fichier cible. La boucle s'arrête lorsque `read` renvoie la valeur 0 (fin de fichier) ou -1 (erreur).

Réalisation de fonctions complexes avec read et write

Entre autres applications typiques, les fonctions `read` et `write` permettent de développer des fonctions d'E/S plus complexes. À titre d'exemple, on peut utiliser `read` pour écrire une fonction de lecture, fonction simple mais cependant "située à un plus haut niveau" que **read**. Cette nouvelle fonction ressemble à **getchar**, et lit un caractère sur l'entrée standard :

```
#include <stdio.h> /* EOF, BUFSIZ   */
#include <io.h> /* read   */

int getchr(void) /* lit un caractère sur l'entrée std.
                    (version bufférisée)   */
{
   static char buffer[BUFSIZ]; /*   tampon de saisie    */
   static char *pbuffer; /*   pointeur vers tampon de saisie   */
   static int contents; /*   nombre de caractères dans le tampon   */
   if (contents == 0) /*   tampon de saisie vide   */
     {
       contents = read(0, buffer, BUFSIZ);/*  lit BUFSIZ octets
                                              dans le tampon   */
       pbuffer = buffer; /*   pointeur = début du tampon   */
     }
   if (-contents >= 0) /*   retourne le caractère du tampon   */
     return ((unsigned char) *pbuffer++);
   return (EOF); /*   plus de caractères dans le tampon   */
}
```

La fonction **getchr** fonctionne comme **getchar**. À l'aide de trois variables locales **static** (conservant leurs valeurs entre deux appels de la fonction), elle gère un tampon, dans lequel elle lit des caractères avec **read**, et les retourne à la fonction appelante. Le tampon de saisie est un tableau **char** ayant *bufsiz* éléments, *bufsiz* étant une constante symbolique définie dans *<stdio.h>* (par exemple avec la valeur 512). Si le tampon est vide, **read** lit *bufsiz* octets au clavier, les range dans le tampon et mémorise le nombre de caractères lus dans la variable **contents**. De plus, le pointeur **pbuffer** est initialisé via :

```
pbuffer = buffer;
```

de façon à pointer le début du tampon. Si le tampon contient encore des caractères, l'instruction :

```
return ((unsigned char) *pbuffer++);
```

renvoie le caractère pointé par le pointeur du tampon à la fonction appelante, puis déplace le pointeur vers le prochain caractère du tampon. **getchr** renvoie **EOF** s'il n'y a plus rien dans le tampon, ou si une erreur est survenue, c'est-à-dire quand :

```
-contents
```

contient une valeur inférieure à zéro. La conversion en **unsigned char** de la valeur retournée empêche le renvoi de valeurs négatives. Comme la valeur de retour de **getchr** a le type **int**, la valeur **char** du tampon est convertie (implicitement) en le type **int** qui est plus grand. Selon la machine, il peut y avoir soit une extension de signe (le bit le plus fort de l'objet **char** est "repris" comme bit de signe dans l'objet `int` résultant de la conversion), soit remplissage de l'octet le plus fort par des bits nuls. Si on a une extension de signe et si le bit de signe a la valeur 1, alors la valeur `int` résultante serait interprétée comme nombre négatif, ce qui ne correspond à aucun caractère.

Au lieu de convertir en **unsigned char**, on pourrait également mettre à zéro l'octet le plus fort de la valeur retournée `int`, via l'opération binaire :

```
*pbuffer++  &  0xFF
```

getchr retournerait alors un code (non négatif) pour le caractère :

```
return (*pbuffer++ & 0xFF);
```

Les instructions **return**, enfin, pourraient s'écrire sous forme plus compacte :

```
return ((-contents >= 0) ? (unsigned char) *pbuffer++ : EOF);
```

On peut de même utiliser **write** pour écrire une fonction complémentaire à **getchr**, en ce sens qu'elle écrit un caractère sur la sortie standard :

```
#include <stdio.h> /*   EOF   */
#include <io.h> /*   write   */

int putchr(int car) /*   écrit un caractère sur la sortie standard */
{
   if (write(1, (char *)&car, 1) == 1)
     return ((unsigned char) car);
   return (EOF);
}
```

putchr fonctionne comme **putchar**. L'adresse du paramètre **car** est convertie, dans l'instruction **write**, en un pointeur **char**. En effet, le second paramètre de write doit être un pointeur vers **char**. **Putchr** retourne EOF en cas d'erreur.

Accès direct

Pour l'accès direct à un fichier lorsqu'on travaille au niveau élémentaire, on utilise les fonctions **tell** et **lseek**. À l'instar des fonctions de haut niveau **ftell** et **fseek** issues de la bibliothèque standard, **tell** et **lseek** déterminent ou modifient la position courante dans un fichier. La fonction **tell** calcule l'emplacement actuel du pointeur de position (seek pointer) d'un fichier. Son prototype est :

```
long tell(int <descripteur>);
```

tell retourne la position courante dans le fichier concerné, sous forme de valeur **long**. La valeur retournée **-1L** témoigne d'une erreur. Supposons que **fd** soit un descripteur de fichier. Alors l'instruction :

```
tell(fd);
```

donne l'emplacement (position d'octet) où on se trouve dans le fichier.

La fonction `lseek` a le prototype :

```
long lseek(int <descripteur>, long <offset>, int <base>);
```

Elle modifie la position courante dans le fichier rattaché à `<descripteur>`, en la décalant de `<offset>` octets relativement à `<base>`. L'opération suivante d'E/S s'effectuera donc à cette nouvelle position. Le paramètre `<base>` détermine ici, comme pour `fseek`, le point de départ du repositionnement. Il peut prendre les valeurs 0 (début du fichier), 1 (position courante dans le fichier) et 2 (fin du fichier). Comme pour `fseek`, on peut ici aussi utiliser les constantes symboliques `SEEK_SET`, `SEEK_CUR` et `SEEK_END`. `lseek` retourne la nouvelle position, c'est-à-dire le rang de l'octet sur lequel se trouve maintenant le pointeur de position. La valeur de retour `-1L` indique une erreur. Syntaxiquement `lseek` s'utilise comme `fseek`, à ceci près que le fichier est donné non plus par un pointeur `FILE` mais par un descripteur. Ainsi l'instruction :

```
lseek(fd, 0L, 0);
```

par exemple, ramènerait le pointeur de position au début du fichier rattaché au descripteur `fd`. De même :

```
lseek(fd, 0L, 2);
```

positionnerait à la fin du fichier.

Exemple : gestion d'enregistrements avec lseek et tell

Le programme *seerec.c* simule des opérations de recherche et d'affichage d'enregistrements réalisées avec `tell` et `lseek`. *seerec* génère 500 strings aléatoires, les trie alphabétiquement et les range sous forme d'enregistrements dans un fichier. À la demande, on peut afficher soit tous les strings enregistrés, soit ceux commençant par une certaine initiale, soit un seul string donné par son numéro (1 - 500).

▼ Listing 11.11 : seerec.c

```
/* seerec montre comment utiliser "tell" et "lseek". On génère     */
/* aléatoirement 500 chaînes de caractères composées de 10         */
/* majuscules, puis on les trie alphabétiquement et on les stocke  */
/* dans un fichier en tant qu'enregistrements. L'utilisateur peut  */
/* ensuite faire afficher soit tous les strings, soit ceux         */
/* commençant par une certaine initiale, soit un seul string       */
/* donné par son numéro (1 - 500).                                 */
#include <stdio.h> /*   printf, scanf   */
#include <io.h> /*   open, close, read, write, tell, lseek   */
#include <fcntl.h> /*   constantes symboliques pour open   */
#include <stdlib.h> /*   exit, qsort   */
#include <string.h> /*   strcpy, strcmp   */
#include <conio.h> /*   getch, getche   */

main()
{
```

```
int brand(int p, int q); /*  générateur de nombres aléatoires  */
int scomp(char s1[], char s2[]);/*  comparaison de strings   */
char data[500][11]; /*  tableau 2D pour 500 strings  */
char buffer[11]; /*  tampon pour un string  */

struct location
{
  long offset; /* offset premier string ayant une certaine
                  initiale  */
  char letter; /* initiale d'un string  */
} reloc[27];        /* tableau mémorisant offsets/initiales des
  26 groupes de strings (A - Z). reloc[0] est inoccupé.  */
char firstletter, currentfirst; /*  tampon pour initiale  */
int fd; /*  descripteur  */
int bytes; /*  caractères lus  */
long recnum; /*  numéro du string  */
int i, k, count; /*  variables de contrôle  */
int rep1, rep2; /*  variables de contrôle  */
char *noopen  =  "Erreur en ouverture.\n";
char *norecord  =  "Aucun enregistrement avec cette initiale.\n";
char *intro  =  "Création aléatoire de 500 strings"\
" triés alphabétiquement\net rangés dans un fichier.\n";

printf("\033[2J");
printf("%s", intro);

/****  création de chaînes de caractères aléatoires  ***/
for (i = 0; i < 500; i++) /*  500 strings  */
  {
    for (k = 0; k < 10; k++) /*  de 10 majuscules  */
      buffer[k] = (char) brand(65,90);
    buffer[k] = '\0';
    strcpy(data[i], buffer);
  }

/**********************  trie les strings  *******************/
qsort((void*)data, 500, sizeof(char[11]), scomp);

/*********** ouvre/crée fichier et y range les strings **********/
if ((fd = open("data.fil", O_RDWR | O_CREAT | O_TRUNC, 0644)) == -1)
  {
    write(2, noopen, strlen(noopen));
    exit(1);
  }

for (i = 0; i < 27; i++) /*  initialise tableau de structures  */
  {
    reloc[i].offset = 0;
    reloc[i].letter = '\0';
  }

firstletter = reloc[1].letter = data[0][0]; /* mémorise initiale
                                               du premier string */
k = 1;
```

```
for (i = 0; i < 500; i++)
  {
    strcpy(buffer, data[i]);
    write(fd, buffer, strlen(buffer)); /* écrit string
                                          dans fichier */
    currentfirst = data[i][0]; /*  initiale du string courant   */
    if (firstletter != currentfirst)   /*   nouvelle initiale   */
      {
        firstletter = currentfirst;
        k++;
        reloc[k].letter = firstletter;    /* mémorise nouvelle
                                             initiale   */
        reloc[k].offset = tell(fd) - 10; /* offset premier string
                                            de nlle initiale */
      }
  }

/**********************  affichage  *************************/

printf("\nTerminé. Afficher les chaînes de caractères ? (o/n)");
if ((rep1 = getche())== 'o')
  {
    do
      {
        printf("\033[2J");
        printf("\nAFFICHAGE DES STRINGS ENREGISTRES :\n");
        printf("Tous              (a)\n");
        printf("Initiale            (b)\n");
        printf("Numéro          (c)\n");
        printf("Quitter            (q)\n");
        printf("Votre choix : ");
        switch(rep2 = getche())
          {
            case 'a': /*   affiche tout   */
              printf("\033[2J");
              count = 0;
              lseek (fd, 0L, 0); /*   vers début du fichier   */
              while ((bytes = read(fd, buffer, strlen(buffer))) > 0)
                {
                  write(1, buffer, bytes);
                  printf("\n");
                  count++;
                  if (count == 20)
                    {
                      printf("\n<Entrée> pour page suivante.");
                      getch();
                      printf("\033[2J");
                      count = 0;
                    }
                }
              break;

            case 'b': /* tous strings avec même initiale   */
              do
```

```
                {
                  count = 0;
                  printf("\nInitiale : ");
                  firstletter = getche();
                  i = 1;

        /* saute initiales non conformes   */
                  while (firstletter != reloc[i].letter && i < 27)
                    i++;
                  if (i > 26)      /* l'initiale saisie est
                                      inexistante   */
                    {
                      printf("%s", norecord);
                      printf("\n<Entrée> pour continuer.");
                      getch();
                    }
                } while (i > 26);
              printf("\033[2J");
              lseek(fd, reloc[i].offset, 0); /* vers premier   */
                                        /* string d'initiale   */
              while ((bytes = read(fd, buffer, strlen(buffer))) >
              ➥ 0 && buffer[0] == firstletter)
                {
                  write(1, buffer, bytes);
                  printf("\n");
                  count++;
                  if (count == 20)
                    {
                      printf("\n<Entrée> pour page suivante.");
                      getch();
                      printf("\033[2J");
                      count = 0;
                    }
                }
              break;

            case 'c':
              do
                {
                  printf("\nString numéro (1-500) : ");
                  scanf("%ld", &recnum);
                } while (recnum < 1 || recnum > 500);
              lseek(fd, (recnum-1) * 10, 0);    /* vers enreg.
                                                   no "recnum"   */
              bytes = read(fd, buffer, strlen(buffer));
              printf("\n");
              write(1, buffer, bytes);
              break;

            default: ;

          } /*   fin switch   */

        if (rep2 == 'a'  ||  rep2 == 'b'  ||  rep2 == 'c')
```

```
            {
              printf("\n<Entrée> pour revenir au menu.");
              getch();
            }

        } while (rep2 != 'q');

    } /*   fin if rep1 == "o"    */
}

int brand(int p, int q) /* donne un nombre aléatoire entre p et q   */
{
   return (p +(rand() % (q-p+1)));
}

int scomp(char s1[], char s2[])/*   compare strings pour qsort    */
{
   return (strcmp(s1, s2));
}
```

Commentaires

Une fois que *seerec* a généré, via la fonction **brand**, 500 * 10 valeurs numériques correspondant aux codes ASCII des majuscules (65 - 90) et les a rangées dans le tableau 2D **data**, la fonction prédéfinie **qsort** trie en ordre croissant le tableau selon l'algorithme du Quick-Sort. **qsort** a le prototype :

```
void qsort(void *<début>, size_t <nombre>, size_t <taille>,
int (*<compare>)(void*, void*));
```

<début> est un pointeur vers le début du tableau ou de l'ensemble à trier. **<nombre>** représente le nombre d'éléments à trier. **<taille>** donne la dimension en octets d'un élément du tableau. **<compare>** est un pointeur vers une fonction de comparaison qui compare les éléments deux à deux et dont l'écriture incombe au programmeur.

Dans le cas du tableau 2D data, il faut comparer des chaînes de caractères (les lignes du tableau). Nous interprétons donc data, pour l'opération de tri, comme un tableau unidimensionnel ayant des éléments de type **char[11]** (donc des tableaux à 11 éléments). La fonction de comparaison concernée (la fonction **scomp** dans *seerec.c*) doit donc comparer à chaque fois deux chaînes de caractères dont les adresses lui sont passées comme paramètres par **qsort**. Il faut se rappeler dans ce contexte que le nom d'une fonction est un pointeur vers la fonction concernée. Le tableau data peut donc être trié ainsi avec **qsort** :

```
qsort((void *)data, 500, sizeof(char[11]), scomp);
```

Le tableau de structures **reloc** mémorise dans les champs offset les offsets des premières lignes des groupes de même initiale, et dans les champs letter les initiales elles-mêmes. Ces valeurs sont utilisées ultérieurement pour localiser dans le fichier *data.fil* et pour afficher un groupe de chaînes commençant par une certaine initiale. L'offset de la première chaîne d'un groupe relatif à une même initiale est calculé par la fonction **tell** (cela, si l'initiale du string en cours d'enregistrement (**currentfirst**) ne coïncide plus avec l'initiale du groupe précédent (variable **firstletter**) et donc si l'offset doit être modifié). L'offset doit être diminué de 10 par :

```
tell(fd) - 10
```

parce que le pointeur de position a déjà avancé de 10 octets après l'enregistrement.

Un menu très simple laisse choisir le type d'affichage souhaité. Les positionnements ultérieurs dans le fichier sont exécutés par la fonction **lseek**. S'il faut afficher toutes les chaînes de caractères, alors :

```
lseek(fd, 0L, 0);
```

place le pointeur de position au début du fichier. S'il faut afficher un groupe de strings ayant une même initiale, l'instruction :

```
lseek(fd, reloc[i].offset, 0);
```

décale le pointeur de position (à partir du début du fichier) vers le début du groupe de chaînes concerné. Enfin, la position d'une chaîne donnée par son numéro d'ordre (1 à 500) est calculée par :

```
lseek(fd, (recnum-1) * 10, 0);
```

On diminue ici de 1 la valeur de **recnum** parce que les strings sont numérotés de 1 à 500 alors que les offsets dans le fichier le sont de 0 à 499. L'offset du dixième string, par exemple, est donc donné par :

```
(recnum-1) * 10 = 9 * 10
```

soit 90 (par rapport au début du fichier), résultat facile à comprendre.

Chapitre 12

Programmer sous Linux

Le but de ce chapitre est de vous présenter la programmation sous Linux. En effet, ce système d'exploitation est idéal pour le développement d'applications, quel que soit leur type ou presque. Par exemple, la société Id Software développe ses jeux (doom, quake, etc.) sous Linux puis les porte sous Windows(c).

Lorsque vous installez Linux et si vous voulez programmer, vous devez choisir d'installer les logiciels qui constituent l'environnement de développement sous Linux, c'est-à-dire un éditeur de texte (nous utilisons vim, mais tout autre éditeur de texte fera l'affaire), et la suite compilateur/interpréteur/débuggeurs propre au(x) langage(s) dans le(s)quel(s) vous désirez programmer.

Nous allons commencer par écrire des scripts dans le langage sh, un shell compatible avec la plus grande partie des systèmes Unix. Pour cela, il suffit de disposer d'un interpréteur sh, c'est-à-dire du shell lui-même. A priori, toute distribution de Linux inclut ce shell, sauf si vous avez décidé de l'exclure. Nous écrirons ensuite des programmes dans le langage C, langage de prédilection de nombreux programmeurs ; c'est en particulier dans ce langage que sont écrits le noyau du système Linux et la plupart des applications disponibles sur ce système.

Ce chapitre s'adresse donc à des personnes connaissant déjà un langage de programmation, le C, et peut-être même ayant déjà réalisé leurs propres programmes sous un autre système. Nous essayerons donc de voir les particularités de la programmation sous Linux, en nous intéressant particulièrement aux fichiers et à leurs droits, puis à la programmation de type client-serveur. Dans une partie finale, nous verrons aussi comment réaliser une interface graphique grâce aux bibliothèques du projet Gnome. Vous trouverez tout au long de ces pages des exemples concrets, que nous vous encourageons à tester chez vous, puis à modifier selon vos idées et préférences.

12.1 Environnement et configuration nécessaire

Dans un premier temps, il vous faut évidemment avoir une machine qui tourne sous Linux, sur laquelle vous avez installé le shell sh, un éditeur de texte (vi, vim, emacs, joe, jed...), le compilateur C gcc, l'outil Make et les bibliothèques Gnome et GTK 1.2.

Afin de pouvoir essayer l'interface graphique proposée en fin de chapitre, il faut que vous ayez configuré XWindow.

Remarque

> Quelle que soit votre configuration matérielle, vous pourrez programmer les exemples suivants. En effet, à partir du moment où vous avez installé Linux, une configuration plus ou moins récente ne vous apportera que plus ou moins de confort ; vous disposerez toujours des fonctionnalités nécessaires aux exemples qui suivent. Seul le dernier d'entre eux vous impose d'avoir configuré Xwindow au préalable.

12.2 Programmation de scripts (sh)

Sous Linux, le programme qui vous permet de saisir les lignes de commande s'appelle un interpréteur de commandes ou shell. Le premier d'entre eux fut sh, il reste aujourd'hui le shell le plus compatible avec les différentes versions d'Unix, gratuites ou commerciales. C'est pourquoi sh est probablement le shell le plus utilisé pour écrire des scripts. Un script permet de regrouper plusieurs commandes dans un même fichier, donc de se simplifier la vie. De plus, tout shell vous permet de faire des tests, des boucles de contrôle et des entrées/sorties plus ou moins évoluées. Il est aussi bien évidemment possible de gérer des variables au sein d'un script. Ces variables ne sont en général que peu typées, à savoir chaîne de caractères ou valeur numérique.

L'utilité la plus évidente et la plus répandue d'un script est l'automatisation de traitement de fichiers ou de traitement par lots. En effet, plutôt que de réaliser la même opération "à la main" sur tous les fichiers du répertoire courant, il est plus simple d'écrire à l'avance ces opérations dans un script, puis de lancer ensuite ce script à chaque fois que l'on en a besoin.

Notre premier exemple sera donc un script affichant des informations sur les fichiers donnés en argument.

Il existe sous Linux une commande permettant de connaître le type d'un fichier quelconque. Plutôt que de s'appuyer sur l'extension des fichiers, cette commande se base sur le "nombre magique" des fichiers. Cette information est d'ordinaire réservée au noyau ou "kernel" qui, lorsqu'on lui demande d'exécuter un programme, doit savoir quelle méthode utiliser, cette méthode dépendant du type de fichier. L'idée est donc de placer sur les deux premiers octets de tout programme exécutable un code correspondant au type du fichier. La commande lisant ce code est `file`. Essayez donc, dans votre répertoire d'accueil, la commande `file` :

```
[user@localhost ~]$ file *
```

Les scripts sont des fichiers texte écrits par l'utilisateur, puis rendus exécutables. Quel est donc le nombre magique d'un tel fichier ? Tout simplement le code ASCII des deux caractères `#!`, qui figurent obligatoirement au début de tout script. À la suite de ces deux caractères se trouve le chemin absolu du programme à exécuter ; ici nous utiliserons `/bin/sh`.

La commande `file` donne des informations parfois très détaillées, au point qu'elles risquent de prendre trop de place à l'écran au sein de notre script. Afin d'éviter cela, nous recherchons ces lignes trop détaillées et les remplaçons par un descriptif succinct. Cela sera effectué grâce à la commande `case` que vous retrouverez dans le script.

Afin d'obtenir des informations de taille de fichier, nous utilisons la commande `wc` (word count). Cette commande permet d'obtenir le nombre de mots, de lignes et de caractères (octets) d'un fichier. De plus, l'option `-l` permet de n'obtenir que le nombre de lignes. Pour avoir la liste des options disponibles, utilisez l'option `-h`, option standard de la majeure partie des programmes Linux/Unix.

Remarque

Commandes gérant les options longues GNU

De plus en plus, on trouve des commandes gérant les options longues introduites par le GNU. L'aide d'une commande est alors accessible via l'option `--help`.

Lorsque l'on veut stocker le résultat d'une commande, c'est-à-dire la sortie à l'écran de cette dernière, il suffit de définir une variable comme étant le résultat de la commande, en utilisant la syntaxe suivante (attention à l'absence d'espace à gauche et à droite du signe égal !) :

```
resultat=`commande [option]`
```

On obtient donc le script suivant :

```
#!/bin/sh
#
#  infos.sh
#
# On affiche les infos connues des fichiers donnés
# en argument.
# Ces infos sont obtenues par les fonctions/outils
# file et wc (word count).

printf "%-20s %10s %6s %7s\n" Type Taille Lignes Fichier

for f in $*
do
  type=`file $f | cut -d: -f2`
  taille=`wc -c $f | cut -d' ' -f1`
  lignes=`wc -l $f | cut -d' ' -f1`

  type=`echo $type | sed -e 's/^[ \t]*//'`

  case $type in
      *executable*)  type=executable ;;
      *object*)      type=objet ;;
      *input*)       type=text ;;
  esac
```

```
    printf "%-20s %10d %6d %s\n" "$type" $taille $lignes "$f"
done
```

L'affichage des informations se fait par la commande `printf`, qui prend en argument une chaîne de format puis les indications à fournir. La chaîne de format comprend des caractères spéciaux commençant par le symbole `%`. Par exemple `%-20s` permet d'afficher une chaîne de caractères sur vingt espaces, alignée à gauche. C'est le tiret `-` qui permet de choisir d'aligner à gauche plutôt qu'à droite (l'alignement par défaut). Selon le type de donnée à afficher, le dernier caractère sera `s` pour une chaîne (*string*), `d` pour un nombre entier (*digit*) ou `f` (*float*) pour un nombre réel. La chaîne de format de la commande `printf` est la même que celle de la commande de même nom du langage C.

12.3 Programmation système sous Linux (en langage C)

Pour commencer, nous allons aborder quelques notions spécifiques aux systèmes d'exploitation de type Unix et Linux. Il s'agit en particulier de la gestion des processus, des redirections d'entrée/sortie, et de la communication entre les processus (tubes et signaux).

Les processus

Un processus, c'est l'image d'un programme (ou d'un bout de programme) en mémoire vive à un instant donné. Il est donc constitué du programme qu'il est en train d'exécuter, de toutes les données qu'il utilise ainsi que de toutes les informations nécessaires au système pour que celui-ci le prenne en compte : c'est le contexte du processus.

Un processus possède un certain nombre d'attributs parmi lesquels :

- un numéro d'identification de processus ou `pid` qui est un entier (unique pour chaque processus) accessible par la primitive `getpid()` ;
- un numéro d'identification de processus père ou `ppid` qui est également un entier mais accessible par la primitive `getppid()`. Ce numéro correspond au `pid` du processus ayant engendré celui-ci ;
- un propriétaire (`uid`) ;
- un groupe de propriétaires (`gid`) ;
- une priorité ;
- un répertoire de travail ;
- un tableau des descripteurs de fichiers ouverts ;
- un masque de création des fichiers (`umask`) ;
- et encore quelques attributs.

Il existe deux types de processus : les processus système et les processus utilisateurs.

Les processus système appartiennent au superutilisateur ; ils sont généralement lancés au démarrage du système et sont stoppés à son arrêt. Leur répertoire de travail est la racine du système de fichiers (/) pour ne pas être dérangés par d'éventuels montages ou démontages de volumes.

Exemples : ftpd, lpd, httpd, etc.

Les processus utilisateurs ont une durée de vie généralement beaucoup plus limitée car correspondant à l'exécution d'une tâche particulière, par exemple obtenir la liste des fichiers présents dans le répertoire courrant (`ls`). Le premier processus lancé par un utilisateur est en principe un shell, par le biais du fichier `/etc/passwd`, les autres processus apparaissant à la suite de l'interprétation des commandes par ce shell. Leur propriétaire est généralement leur utilisateur, leur répertoire de travail est généralement le répertoire courant.

Ils peuvent également être rattachés à un terminal si le processus n'a pas été lancé en arrière-plan.

Remarque

Assurer la sécurité du système Linux

Afin d'assurer la sécurité du système Linux, il est possible d'exécuter un programme avec les droits d'un autre utilisateur. Cette propriété permet entre autres à tout utilisateur de changer son mot de passe en devenant root le temps de l'exécution du processus `passwd`.

Un processus retourne toujours une valeur entière pour que son processus parent puisse prendre en compte sa mort et connaître les conditions de l'événement : il retourne 0 si tout s'est bien passé, une autre valeur comprise entre 1 et 255 dans le cas contraire.

La table des descripteurs de fichiers ouverts

Ce tableau d'entiers est très important dans la vie d'un processus car il permet de gérer les entrées/sorties du processus avec "l'extérieur". À la création d'un processus, la table des descripteurs de fichiers ouverts contient trois entiers :

- Dans la cellule d'indice 0 figure le descripteur vers le fichier d'entrée standard (*stdin*).
- Dans la cellule d'indice 1 figure le descripteur vers le fichier de sortie standard (*stdout*).
- Dans la cellule d'indice 2 figure le descripteur vers le fichier de sortie des erreurs (*stderr*).

La politique de remplissage de ce tableau est d'utiliser la première case non occupée en partant de l'indice 0. Si par exemple nous ouvrons un fichier à l'aide de la primitive `open(char * path, int flags)`, nous aurons le descripteur de ce fichier dans la cellule d'indice 3 du tableau.

Remarque

Obtenir la taille maximale de ce tableau

Pour obtenir la taille maximale de ce tableau sur votre système Linux, utilisez la primitive `getdtablesize()`.

Pour connaître ce nombre de descripteurs, vous pouvez essayer le programme suivant :

```
#include <stdio.h>
#include <unistd.h>

int main()
{
  printf("Nombre maximum de descripteurs de fichiers: %d\n",
  ➥ getdtablesize());
  return 0;
}
```

Si vous l'avez appelé *nb_desc.c*, alors voici comment le compiler puis l'utiliser:

```
[user@localhost ~/exemples ]$ gcc nb_desc.c -o nb_desc
[user@localhost ~/exemples ]$./nb_desc
Nombre maximum de descripteurs de fichiers: 1024
[user@localhost ~/exemples ]$
```

Les redirections d'entrée/sortie

Cela nous amène tout naturellement vers les redirections. Il s'agit tout simplement de rediriger les fichiers d'entrée/sortie standard vers des fichiers traditionnels.

Il suffit de fermer le fichier standard souhaité puis d'ouvrir le fichier traditionnel désiré : il prendra alors la place du descripteur de fichier standard dans la table et ainsi, nous utiliserons nos fonctions d'entrée/sortie préférées directement dans ou depuis le fichier ouvert.

Plus précisément :

- Pour effectuer une simple redirection de sortie, il suffit de fermer *stdout* par l'appel à `close(1)`, puis d'ouvrir un fichier en création (`O_CREAT`) et écriture (`O_WRONLY`) seule. On peut maintenant faire des `printf` ou des appels à d'autres fonctions utilisant la sortie standard, les chaînes de caractères ne s'afficheront plus à l'écran, mais dans le fichier ouvert.

- Pour effectuer une double redirection de sortie, il suffit de fermer *stdout* par l'appel à `close(1)`, puis d'ouvrir un fichier en création et écriture seule et en insertion en fin (`O_APPEND`).
- Pour effectuer une redirection d'entrée, il suffit de fermer *stdin* par l'appel à `close(0)`, puis d'ouvrir un fichier en lecture seule (`O_RDONLY`). On peut maintenant utiliser les fonctions lisant sur l'entrée standard (`gets`, `getchar`...), il n'y aura plus de saisie au clavier, mais une lecture dans le fichier ouvert (cela peut être pratique pour tester des programmes sans saisir toujours les mêmes informations jusqu'à ce qu'ils fonctionnent correctement).

Nous vous proposons un exemple de redirection de sortie :

```
#include <stdio.h>
#include <fcntl.h>

int main(int argc, char *argv[])
{
  if( argc != 3 ) {
    fprintf( stderr, "syntaxe : red_out <nom_fichier>
    ➥ <simple|double>\n");
    exit(1);
  }

  close(1);
  if(strcmp(argv[2], "simple") == 0)
    open(argv[1], O_CREAT | O_WRONLY, 0666 );
  else
    if(strcmp(argv[2], "double") == 0)
      open(argv[1], O_CREAT | O_WRONLY | O_APPEND, 0666 );
    else {
      fprintf(stderr, "red_out : deuxième paramètre invalide\n");
      exit(2);
    }

  printf("Redirection de sortie!\n");

  return 0;
}
```

Pour compiler et exécuter ce programme, que nous appellerons red_out.c, voici les instructions à suivre :

```
[user@localhost ~/exemples ]$ gcc red_out.c -o red_out
[user@localhost ~/exemples ]$ red_out tutu simple
```

Une fois le programme terminé, il existe un fichier *tutu* que nous pouvons afficher par :

```
[user@localhost ~/exemples ]$ cat tutu
Redirection de sortie!
[user@localhost ~/exemples ]$ red_out tutu double
```

Cette fois, le texte est affiché à la fin du fichier *toto* :

```
[user@localhost ~/exemples ]$ cat tutu
Redirection de sortie!
Redirection de sortie!
```

Si maintenant vous relanciez le programme avec une redirection simple, le fichier *tutu* serait écrasé pour ensuite recevoir le texte. La commande `cat` vous donnerait donc le même résultat que lors du premier essai. Nous vous invitons évidemment à faire le test par vous-même.

Duplication d'un processus

Il est possible de créer un ou plusieurs processus depuis un processus en invoquant la primitive `fork()`. Cette fonction duplique le processus en cours d'exécution créant ainsi un fils du processus de départ. Tout est dupliqué, sauf le code ! En effet, c'est par la valeur de retour du `fork()` que le programme sait qui doit exécuter quoi. La primitive `fork()` renvoie le `pid` du processus fils au père, 0 au processus fils. De plus, le père devra la plupart du temps attendre la mort de son fils grâce à la primitive `wait(int *status)`. L'adresse de l'entier passée en paramètre sert à recueillir le type de fin du fils. `wait` retourne le `pid` du fils venant de mourir ou -1 en cas de problème (comme presque toutes les primitives système).

Typiquement, la forme générale de la création d'un processus fils sera de la forme :

```
int pid, status;
...
...
...
switch(pid=fork()) {
  case -1 :  /* Code de gestion de l'erreur */
...
...
...
             break;

  case 0 :   /* Code du processus fils */
...
...
...
             /* Suicide du fils */
             exit(getpid()%255);

  default :  /* Code du processus père */
...
...
...
             /* Attente de la mort du fils */
             wait(&status);
             /* Suicide du père */
```

```
            exit(0);
}
```

Nous vous proposons un exemple nommé *fils.c* :

```
#include <stdio.h>
#include <unistd.h>

int main(int argc, char *argv[])
{
  int pid, pidfils, status;

  if(argc != 1) {
    fprintf(stderr, "fils : Il ne faut pas de paramètres\n");
    exit(1);
  }

  printf("Processus de départ, pid=%d ppid=%d\n", getpid(),
  ➥ getppid());

  switch(pidfils=fork()) {
      case 0 : printf("Je suis le fils, pid=%d ppid=%d\n",
                      getpid(), getppid());
               exit(getpid()%256);
               break;

      case -1: fprintf(stderr, "fils : ne peut créer de nouveau
      ➥ processus\n");
               exit(1);

      default: printf("Je suis le père, pid=%d ppid=%d
      ➥ pid_fils=%d\n",
                      getpid(), getppid(), pidfils);
               if((pid=wait(&status)) == -1) {
                 fprintf(stderr, "fils : problème à la réception de \
                 ➥ la mort d'un fils\n");
                 exit(2);
               }
               printf("Le fils %d s'est terminé\n", pid);
               break;
  }

  return 0;
}
```

Compilation :

```
[user@localhost ~/exemples ]$ gcc fils.c -o fils
```

Exemple d'exécution :

```
[user@localhost ~/exemples ]$ fils
Processus de départ, pid=2449 ppid=2156
Je suis le fils, pid=2450 ppid=2449
```

```
Processus de départ, pid=2449 ppid=2156
Je suis le père, pid=2449 ppid=2156 pid_fils=2450
Le fils 2450 s'est terminé
[user@localhost ~/exemples ]$
```

Bien évidemment, les numéros obtenus seront très vraisemblablement différents lors de vos tests.

Recouvrement de processus

Lors de l'exécution d'un programme, on peut créer un nouveau processus qui vient prendre la place de celui qui est en cours de traitement. Cette action est réalisée par la famille des primitives `exec`. Ces primitives permettent d'aller chercher un fichier exécutable puis de l'exécuter dans le contexte du processus courant.

Il existe plusieurs primitives `exec` :

```
execv(char * chemin_executable, char ** argv) :
```

`chemin_executable` est le chemin d'accès à l'exécutable (par exemple `/bin/ls`) et `argv` est la liste des paramètres de l'exécutable (tout comme la fonction `main`, cette liste doit se terminer par `NULL`).

```
execl(char * chemin_executable, char * argv0, char * argv1, ...,
NULL ) :
```

La seule différence avec `execv`, c'est le passage des paramètres qui s'effectue un à un, le dernier paramètre doit bien évidement être `NULL`.

```
execvp / execlp :
```

Ces fonctions de librairie fonctionnent de la même manière que leurs petites sœurs sauf qu'elles cherchent dans le `PATH` le chemin de l'exécutable. On pourra donc indiquer comme chemin `ls` au lieu de `/bin/ls`.

```
execve / execle :
```

Idem sauf qu'elles rapatrient toutes les variables d'environnement du shell.

Le code de retour de toute cette famille de fonctions est toujours -1. Il est clair que le recouvrement de processus se terminera avant le retour... sinon ce n'est plus un recouvrement mais une insertion ! Si jamais vous lisiez le code de retour d'un exécutable, c'est qu'il y a eu un problème. Pour l'identifier, voyez le manuel...

Nous avons encore un exemple à vous proposer. Il figure dans le fichier *ex_exec.c*. Il s'agit de lister le contenu du répertoire */usr* à l'aide de la commande bien connue `ls`.

```
#include <stdio.h>
#include <unistd.h>

int main(int argc, char *argv[])
```

```
{
  int pid, pidfils, status;
  char *tab[3];

  if(argc != 1) {
    fprintf(stderr, "fils : Il ne faut pas de paramètres\n");
    exit(1);
  }

  switch(pidfils=fork()) {
    case 0 :    tab[0] = "ls";
                tab[1] = "/usr";
                tab[2] = NULL;
                execv("/bin/ls", tab);
                perror("execv");
                exit(getpid()%255);
                break;

    case -1:    fprintf(stderr, "ex_exec : ne peut créer de nouveau
    ➥ processus\n");
                exit(1);

    default :   if((pid=wait(&status)) == -1) {
                  fprintf(stderr, "ex_exec : problème à la réception \
                  ➥ de la mort d'un fils\n");
                  exit(2);
                }
                break;
  }

  return 0;
}
```

L'exemple enregistré, nous pouvons le compiler et voir ce que cela donne :

```
[user@localhost ~/exemples ]$ gcc ex_exec.c -o ex_exec
[user@localhost ~/exemples ]$ ex_exec
X11R6
bin
cgi-bin
dict
doc
etc
games
i386-glibc20-linux
i486-linux-libc5
include
info
lib
libexec
local
man
sbin
share
```

```
src
tmp
[user@localhost ~/exemples ]$
```

Notre processus a bel et bien exécuté `ls /usr`. Évidemment, il se peut que votre répertoire */usr* ne contienne pas exactement la même liste de fichiers, d'où un affichage éventuellement différent.

Communication interprocessus

Les processus en cours d'exécution sur un système de type Unix/Linux peuvent communiquer entre eux de différentes manières. Nous vous présentons donc quelques méthodes dites IPC (Inter Process Communication). Il s'agit ici des tubes et des signaux.

Remarque

Mémoire partagée et sémaphore

Dans le cas où vous voudriez utiliser des options plus évoluées de communication entre processus, sachez qu'il existe des systèmes de mémoire partagée et de sémaphores protégeant les accès à vos ressources en lecture, écriture et/ou exécution.

Les tubes

Un tube est un moyen permettant aux processus de communiquer entre eux. Il peut être symbolisé par un canal avec deux embouts, et sur chaque embout un branchement de lecture ou d'écriture.

Les descripteurs correspondant aux entrées et sorties des tubes se trouvent dans la table des fichiers ouverts des processus concernés.

L'écriture dans un tube s'effectue par la primitive `write` et la lecture par la primitive `read`.

Les tubes fonctionnent en mode FIFO (First In First Out), c'est-à-dire que le premier caractère écrit sera le premier lu ; la lecture d'un caractère dans le tube efface ce caractère du tube.

La communication s'effectue en flot continu de caractères(STREAM).

Un tube a une limite de taille, ce qui peut entraîner une opération d'écriture bloquante.

Il faut au moins un consommateur pour que le tube fonctionne, et il peut y en avoir plusieurs.

Il peut y avoir plusieurs producteurs dans un tube, mais lorsqu'il n'y a plus d'écrivain, la primitive `read` change un peu de fonctionnement. En effet, quand le tube est vide, la lecture s'arrête et `read` renvoie 0.

Remarque

A propos des tubes

Il existe également des tubes nommés dont le fonctionnement est le même que les tubes ordinaires mais dont la gestion s'apparente plus à des fichiers, en particulier la création du tube nommé par la primitive `mkfifo(char * nom_tube, int umask)` et l'ouverture par la primitive `open`, ainsi que sa fermeture grâce à la primitive `close`. Ces tubes nommés sont à utiliser dans le cas de communication entre processus n'ayant aucun lien de parenté.

Pour créer un tube, il est nécessaire d'avoir un tableau de deux entiers. Dans la cellule d'indice 0, on trouvera le descripteur correspondant au lecteur et dans la cellule d'indice 1, celui correspondant à l'écrivain.

On crée le tube par la primitive `pipe(int p[2])` avec le tableau en paramètre. Elle retourne 0 si tout s'est bien passé ou -1 sinon.

La fonction `fstat` permet d'extraire des informations relatives au tube, et `fcntl` de les modifier ou de les consulter. Par exemple, on peut préciser que l'on veut utiliser le tube en mode de lecture non bloquante :

```
int info_lect,
...
...
...
/* Lecture des infos relatives au descripteur de lecture */
info_lect = fcntl(p[0], F_GETFL);
...
...
...
/* Modification de ces mêmes infos en non bloquant */
fcntl(p[0], F_SETFL, info_lect | O_NONBLOCK);
```

Précision sur le fonctionnement de read et write avec les tubes

Voici les algorithmes décrivant le fonctionnement de `read` et de `write` avec un tube :

Read

```
si le tube n'est pas vide et contient n caractères
  alors
    read lit le maximum de caractères qu'elle peut ou qui est autorisé
  sinon le tube est vide
    s'il n'y a pas d'écrivains
      alors
        la fin de fichier est atteinte et read renvoie 0
        généralement, l'utilisation du tube s'arrête là
      sinon
        si la lecture est bloquante (cas normal)
          alors
```

```
            read est en attente d'avoir quelque chose à lire
            ou qu'il n'y ait plus d'écrivains
          sinon
            il y a erreur et read renvoie alors -1
        fin si
    fin si
fin si
```

Write

```
s'il y a des lecteurs
  alors
    si l'écriture est bloquante
      alors
         write écrit tout ce qu'elle peut dans le tube
         et si celui-ci se trouve plein à un moment,
         write attend que celui-ci se vide un peu pour
         pouvoir finir d'écrire ce qu'elle a à écrire
      sinon
        si   le nombre de caractères à écrire
             est plus grand que la place disponible dans le tube
          alors
            write n'écrit que le nombre de caractères pouvant rentrer
            dans le tube, le restant des caractères étant perdus
            (si le tube est plein, write peut renvoyer 0
             ou -1 en fonction des indicateurs utilisés)
          sinon
            write écrit ses caractères dans le tube
        fin si
    fin si
fin si
```

Exemple d'utilisation de tube

Nous vous proposons un exemple qui fournit les statistiques disponibles à partir de la commande `wc`, sur la liste des entrées du répertoire */etc*. La commande équivalente à saisir dans un shell est :

```
[user@localhost ~/exemples ]$ ls /etc | wc
    172     172    1647
```

Voici le source, dans le fichier *ex_tube.c*.

```
#include <stdio.h>
#include <unistd.h>

int main(int argc, char *argv[])
{
  int pid, pidfils, status;
  int tab[2];
  char * param_ls[3];

  if(argc != 1) {
    fprintf(stderr, "fils : Il ne faut pas de paramètres\n");
```

```
    exit(1);
  }

  if(pipe(tab) == -1) {
    fprintf(stderr, "Problème de création du tube\n");
    exit(3);
  }

  switch(pidfils=fork()) {
    case 0 :    param_ls[0] = "ls";
                param_ls[1] = "/etc";
                param_ls[2] = NULL;

                close(1);
                dup(tab[1]);
                close(tab[1]);
                close(tab[0]);

                execv("/bin/ls", param_ls);
                perror("execv");
                exit(getpid()%255);

                break;

    case -1:    fprintf(stderr, "ex_tube: ne peut créer de nouveau
    ➥ processus\n");
                exit(1);

    default :   close(0);
                dup(tab[0]);
                close(tab[0]);
                close(tab[1]);
                execl("/usr/bin/wc", "wc", NULL);

                if((pid=wait(&status)) == -1) {
                  fprintf(stderr,
                         "ex_tube : problème à la réception \
                          de la mort d'un fils\n");
                  exit(2);
                }
                break;
  }

  return 0;
}
```

Afin de tester ce nouvel exemple, il faut évidemment le compiler :

```
[user@localhost ~/exemples ]$ gcc ex_tube.c -o ex_tube
[user@localhost ~/exemples ]$ ex_tube
    172     172    1647
```

Nous obtenons donc 172 mots sur 172 lignes lorsque nous listons notre répertoire */etc*, et ces 172 mots occupent 1 647 caractères (octets). Votre répertoire */etc* peut ne pas correspondre à ces chiffres.

Les signaux

Un signal est un moyen pour le noyau de prévenir un processus qu'un événement est arrivé. Évidemment, un événement est généralement émis par un autre processus ou par le processus lui-même.

Un signal porte un numéro qui détermine son type ; mais plutôt que d'utiliser ce numéro, et à des fins de lisibilité et de portabilité, il est conseillé d'utiliser les variables symboliques associées. Il existe une trentaine de signaux définis parmi lesquels :

Tab. 12.1 : Quelques signaux

Signal	Action
`SIGALRM`	Définit une temporisation écoulée.
`SIGHUP`	L'utilisateur s'est déconnecté.
`SIGQUIT`	L'utilisateur a appuyé sur [^C].
`SIGILL`	Le programme a tenté d'exécuter une instruction illégale.
`SIGBUS`	Bus error (adresse invalide) : problème de lecture non alignée.
`SIGSEGV`	Segmentation fault (débordement) : accès hors de l'espace d'adressage réservé.
`SIGTERM`	Un autre processus a demandé au noyau d'émettre la requête de terminaison du processus en cours.
`SIGKILL`	Absolue terminaison du processus.
`SIGUSR1`	Non défini.
`SIGUSR2`	Non défini.

On peut redéfinir l'action par défaut des signaux, sauf dans le cas de `SIGKILL`.

Il existe deux interfaces de programmation : les signaux V7 et les signaux POSIX.

Les signaux V7 sont de conception ancienne ; ils sont simples, disponibles partout et peu fiables.

Les signaux POSIX sont plus compliqués ; ils sont fiables et disponibles sur tous les systèmes Unix modernes.

Pour des raisons de place et par souci de simplicité, nous ne vous présenterons dans ce chapitre que les bases des signaux V7, qui seront suffisantes pour la plupart des utilisations. Évidemment, si vous avez à programmer des applications professionnelles, nous vous recommandons d'apprendre à programmer avec les signaux POSIX.

Il existe principalement quatre primitives de programmation des signaux V7 : `void (*signal (int sig, void (*action) (int))) (int)` qui permet de préciser quelle action sera effectuée lorsque le signal arrivera. Le paramètre `sig` détermine le signal auquel on veut réagir, `action` est un pointeur sur fonction dont le prototype est fixé : la fonction de redéfinition ne doit rien retourner et prend un entier en paramètre. Cet entier correspondra, lors de l'arrivée du signal, au numéro du signal étant effectivement intervenu.

`int pause(void)` suspend le processus en attendant un signal (le processus ne consomme alors plus de temps processeur).

`unsigned int alarm(unsigned int secondes)` initialise l'interruption d'horloge.

Le problème des signaux V7 est le suivant : lorsque le signal est intervenu une fois, l'action est remise à celle par défaut. Il faut donc réarmer le signal dans notre fonction de traitement (par la primitive `signal`), mais pendant ce temps, le signal n'est pas bloqué. Si un signal choisit ce moment pour intervenir, la réaction sera celle par défaut et donc le programme n'aura pas le comportement souhaité. C'est principalement sur ce point que les signaux POSIX apportent une solution.

Nous vous proposons un programme d'exemple qui effectue un calcul d'incrémentation pendant 60 secondes puis affiche le résultat. Voici donc le code du fichier *sig.c* :

```
#include <unistd.h>
#include <signal.h>
#include <stdio.h>

/* Flag qui nous dit si le calcul doit se finir */
int fini;

/* La fonction qui va remplacer l'action par défaut de SIGALRM */
void terminer(int sig)
{
  if( sig == SIGALRM )
    fini = 1;
}

int main()
{
  unsigned long n=1;
  unsigned long nb = 0;

  /* Remplace l'action par défaut par notre fonction terminer */
  signal(SIGALRM, terminer);

  /* Initialise l'alarme à 60s */
  alarm(60);
```

```
    fini = 0;

    while( !fini )
      if( n++ == 0 )
        nb++;

    printf("valeur = (%lu x %lu octets) + %lu\n", nb, \
    sizeof(unsigned long), n);

    return 0;
}
```

On compile le programme :

```
[user@localhost ~/exemples ]$ gcc sig.c -o sig
[user@localhost ~/exemples ]$ sig
valeur = (0 x 4 octets) + 4029103759
```

Notre programme a donc eu le temps de faire quatre fois le tour du compteur entier positif sur 4 octets, plus 4 029 103 759 tours, soit un total de 21 208 972 939 itérations. Selon la puissance de votre processeur et la charge de votre système, vous obtiendrez un résultat sensiblement différent de celui ci.

12.4 Mes premiers programmes en C sous Linux

Nous allons voir ici deux exemples de programmes en C utilisant quelques notions de programmation système vues précédemment. Il s'agit en particulier de l'environnement d'un processus (variables d'environnement `PATH`) et de l'accès aux propriétés des fichiers d'un système de fichier Linux (ext2).

Afin de compiler ces programmes, nous utiliserons cette fois l'outil Make.

L'outil Make : présentation

Afin d'automatiser la compilation des programmes, nous utilisons l'outil Make. Cet outil possède son propre langage et permet de gérer les dépendances de fichiers, ainsi que les mises à jour de sources. En effet, l'outil Make ne recompilera que les fichiers ayant subi une modification. Afin d'utiliser l'outil Make, il faut créer un fichier *makefile* qui ressemblera à celui-ci :

```
# Makefile

CC = gcc

all: whence liste

whence: whence.o
	$(CC) whence.o -o whence
	strip whence
```

```
liste: liste.o
	$(CC) liste.o -o liste
	strip liste

.c.o:
	$(CC) -c $<
```

Il s'agit du *makefile* que nous utilisons pour compiler nos programmes. À chaque fois que nous modifions l'un d'eux, un simple appel à l'outil Make par la commande :

```
[user@localhost ~/projet ]$ make
```

dans le bon répertoire suffira à recompiler le programme modifié.

Remarque

A propos du fichier makefile

Dans le fichier *makefile*, les commandes doivent être précédées par une tabulation. En fin de fichier, on trouve la définition d'une règle implicite permettant de compiler tout fichier d'extension *.c* vers un fichier objet (d'extension *.o*). Si vous désirez obtenir plus d'informations quant à l'utilisation de l'outil Make, reportez-vous une fois de plus au manuel Linux.

La commande `gcc -c` effectue la compilation du fichier source, et produit le fichier objet (*.o*) correspondant. L'option `-o` de la commande `gcc` permet de donner le nom de l'exécutable désiré, créé grâce à l'éditeur de lien `ld` appelé par le compilateur. Les fichiers source écrit en C incluent l'ensemble des librairies nécessaires, et le compilateur se charge d'ajouter aux fichiers objet l'ensemble des fonctions disponibles dans ces bibliothèques. Or il se peut (c'est souvent le cas) que vos programmes n'utilisent pas toutes les fonctions proposées. L'utilitaire Strip permet de les enlever du code exécutable obtenu.

whence : recherche de chemin absolu des programmes

Présentation et sources

Lorsque vous saisissez dans un shell une commande, celle-ci commence toujours par le nom d'un programme à exécuter. Un des travaux du shell est de retrouver ce programme. Nous allons faire ce travail dans un programme nommé *whence.c*. Il s'agit donc de récupérer la variable d'environnement `PATH`, le chemin de recherche des programmes. Il faut ensuite découper le texte obtenu au niveau de chaque caractère deux-points (:) pour avoir chacun des répertoires de recherche sous forme d'une chaîne de caractères. Puis nous testerons l'existence du fichier exécutable dans chacun des répertoires du `PATH`, grâce à la fonction C `access()`. La recherche s'arrête dès que l'on a trouvé l'exécutable.

La variable d'environnement PATH est une suite de répertoires séparés par le caractère deux-points (:).

La fonction permettant de séparer les différentes parties du PATH s'appuie donc sur les pointeurs offerts par le langage C. Il s'agit en fait de repérer l'endroit du PATH en cours de traitement par un pointeur, et d'agir selon la valeur du caractère pointé par celui-ci. On supprime ainsi les caractères d'espacement en tête de chaque mot, pour ne garder que les répertoires. Si l'on arrive sur un caractère de séparation, ici deux-points (:), on stocke la chaîne trouvée dans la structure passée en argument, à savoir un tableau de chaînes de caractères, puis on passe à l'indice suivant du tableau, et ce tant qu'il reste des répertoires dans le PATH.

Cela fait, il faut pour chaque répertoire séparé être en mesure de dire si notre commande existe ou non. Pour cela, nous concaténons le nom de la commande avec le nom du répertoire, pour former un nom absolu (ou complet) de commande, et nous demandons au système s'il existe un fichier exécutable portant ce nom. Cette requête est effectuée par la commande access, prenant deux arguments, le nom d'un fichier et les droits à vérifier. Il s'agit ici de vérifier la présence du droit x représenté par la constante symbolique X_OK. Dans le cas où le fichier existe avec le bon droit, nous le retournons à la fonction appelante qui se chargera de l'afficher ; dans le cas contraire, nous retournons le code d'erreur NULL, qui correspond à un pointeur vers le vide.

On obtient donc le programme suivant :

Remarque

Les commentaires

Les affichages commentés permettent de tracer le programme en cours d'exécution, pour le déboguer ou le comprendre. Il est donc conseillé de supprimer les commentaires afin de voir les traces d'exécution du programme. N'oubliez pas alors de recompiler le programme par la commande make avant de le lancer à nouveau.

```
/* whence.c
 * usage: whence <programme>
 * donne le chemin absolu du programme s'il est
 * accessible depuis le chemin de recherche PATH
 */

#include <stdio.h>
#include <stdlib.h>
#include <unistd.h>

/* Constantes globales nécessaires
 * MAX est le nombre de chemins de recherche maximum gérés.
 * BUF est la taille des tampons mémoire utilisés.
```

```
 */

#define MAX 50
#define BUF 1024

int separe(char *str, char **argv, char sep);
char *whence(char *com);

int main(int argc, char **argv)
{
  char *exec = NULL;

  if( argc < 2 ) {
    fprintf(stderr, "%s <programme>\n", argv[0]);
    exit(1);
  }

  if( (exec = whence(argv[1])) !=NULL )
       fprintf(stdout, "%s: %s\n", argv[1], exec);
  else fprintf(stderr, "%s: commande introuvable\n", argv[1]);

  return 0;
}

char *whence(char *com)
{
  char *p = (char *)malloc(BUF*sizeof(char));
  char *pv[MAX], file[BUF];
  int n, i, trouve=0;

  p = getenv("PATH");
  n = separe(p, pv, ':');

  /* printf("separe: %d\n", n); */

  for( i=0; !trouve && i<n; i++ ) {
    sprintf(file, "%s/%s", pv[i], com);
    /* printf("recherche %s\n", file); */
    trouve = !access(file, X_OK);
  }

  return (trouve ? file : NULL);
}

int separe(char *str, char **argv, char sep)
{
  char *ptr;
  int argc=0;

  /* printf("\tsepare %s", str); */

  while( *str!='\0' ) {

    /* Supprimer les blancs en tête */
```

```
    while( *str==sep || *str=='\t' || *str=='\n'  || *str=='\0'  )
      str++;

  if( *str!='\0' ) ptr=str;
    /* Trouver la fin du mot courant */
    while( *str!=sep && *str!='\t' && *str!='\n' && *str!='\0' )
      *str++;

    *str='\0';

    argv[argc++]=ptr;

    /* printf("%d: %s\n", argc-1, argv[argc-1]);
    getchar(); */

    str++;
  }
  argv[argc] = NULL;
  return argc;
}
```

Compilation, installation et exemples d'utilisation

La compilation se fait simplement en saisissant **make** depuis le répertoire où se trouve le fichier *whence.c* et le fichier *makefile* :

```
[user@localhost ~/projet ]$ make
```

Si vous désirez disposer de ce programme depuis n'importe quel répertoire de votre système, la solution consiste à créer un répertoire *bin* dans votre répertoire d'accueil, et d'y placer ensuite vos scripts et programmes. Ce répertoire *~/bin* doit ensuite bien entendu faire partie de votre `PATH` ; ajoutez pour cela la ligne suivante à votre fichier *~/.profile*, ou dans le fichier */etc/profile* en tant que root :

```
PATH=$PATH :~/bin
```

Il vous suffit ensuite de saisir **whence <programme>** depuis n'importe quel répertoire du système pour lancer votre première commande écrite en C, et savoir où se trouve vraiment la commande **programme**.

Exemples d'utilisation :

```
[user@localhost ~/projet ]$ whence ls
ls: /bin/ls
[user@localhost ~/projet ]$ whence toto
toto: commande introuvable
```

liste : un ls personnalisé

Nous continuerons notre apprentissage de la programmation sous Linux en allant voir de plus près comment sont gérés les fichiers. C'est par le biais de la fonction `stat` et de la structure `struct stat` que nous allons nous approcher de cette gestion. En effet, chaque fichier stocké sur un système de fichiers Linux (le système ext2) est non seulement un bloc physique contenant les informations que vous avez données, mais aussi un ensemble de renseignements tels que la taille du fichier en octets, le nom du fichier, ses droits et son type, et bien d'autres choses encore.

Dans un terminal, vous avez accès à ces informations en saisissant la commande `ls -l`. Nous allons réécrire notre propre version de ce programme. Pour cela, nous allons devoir utiliser quelques fonctions et interfaces de programmation standard bien utiles, comme les traitements de chaînes de caractères de *string.h*, la fonction *getopt* qui permet de gérer les options de la ligne de commande, une structure de liste chaînée, les fonctions de parcours de répertoire, etc.

Une fois de plus, nous allons séparer le travail à réaliser en travaux plus petits. Le plus évident des travaux à réaliser est l'obtention des informations d'un fichier ; il sera réalisé par la fonction `lister_fic`. Afin de lister l'ensemble des fichiers et répertoires d'un répertoire donné, nous écrirons la fonction `lister_rep`. De plus, afin d'obtenir une liste triée par répertoires puis fichiers, nous stockerons temporairement les fichiers dans une liste chaînée grâce à la fonction `ajouter` et nous afficherons directement les répertoires.

Une aide succincte sera disponible par l'option `h`, une fonction se chargera de l'afficher.

Les informations des fichiers

La primitive système `stat` permet d'obtenir dans un buffer de type `struct stat` l'ensemble des données relatives à un fichier. C'est donc cette primitive que nous allons utiliser.

Remarque

Pour en savoir plus sur la fonction stat

Si vous désirez obtenir des informations détaillées sur cette fonction, utilisez le manuel en saisissant `man stat` depuis votre console ou votre terminal. Si vous avez installé Gnome, vous pouvez aussi lire cette documentation depuis le gnome-help-browser, en indiquant `man :stat` dans la barre de navigation. En remplaçant `stat` par toute autre fonction utilisée ici et documentée, vous pouvez obtenir une aide.

La fonction `lister_fic` remplit la chaîne de caractères pointée par le troisième argument `char **inf`, en fonction des informations contenues dans le buffer `sbuf`. Si la plus grande partie des champs de cette structure est facile à comprendre et à utiliser, quelques champs méritent un éclaircissement.

Il s'agit en particulier des droits des fichiers et de leur type. En effet, le champ `st_mode` contient en binaire toutes ces informations. Nous ne reviendrons pas ici sur la signification et l'usage des droits de fichiers, mais nous nous contenterons de les afficher. Nous considérerons par défaut que tous les droits sont actifs, puis enlèverons ceux qui ne le sont pas en mettant un tiret **-** à la place du symbole **r w** ou **x** le représentant. Pour obtenir les droits un à un, il faut appliquer un masque binaire sur le champ **st_mode**, par l'opérateur **&**. Les masques binaires à appliquer dépendent des systèmes d'exploitation, mais pour être conformes à la norme POSIX, ils sont accessibles via des constantes globales.

Remarque

A propos de POSIX

POSIX est une norme concernant l'ensemble des systèmes d'exploitation de type Unix, devant assurer un niveau de compatibilité. Lorsqu'un programme doit être disponible sur plusieurs architectures différentes, il est fortement conseillé de respecter cette norme.

Le champ `st_mode` contient aussi les informations de type de fichier. Pour les obtenir, il faut lui appliquer le masque `S_IFMT` puis comparer la valeur obtenue à celle des constantes symboliques représentant les types de fichiers existant sur les systèmes Unix. En effet, sous Linux, tout est fichier. Si cette notion est déroutante au début, elle permet une gestion simple de tout le système et de ses périphériques. En particulier, pour jouer un son sous Linux, il suffit d'écrire le fichier correspondant sur le fichier de périphérique correspondant à la carte son !

Pour une gestion personnalisée des types de fichiers, nous avons créé un tableau de correspondances entre types et extensions. À l'affichage, chaque nom de fichier sera précédé d'un caractère représentant son type : / pour un répertoire, c pour un fichier en C, ou encore * pour un fichier exécutable. Pour les autres définitions, voici le tableau qui a été défini :

```
char *TYPES[][2]={ {"cc", "C"}, {"tar", "a"}, {"gz", "z"},
                   {"bz", "z"}, {"qnp", "Q"}, {"html", "h"},
                   {"java", "j"},{"jpg", "x"}, {"gif", "x"},
                   {"pl", "p"}, {"rpm", "A"}, {NULL, NULL} };
```

Vous pouvez facilement ajouter vos propres définitions, ou modifier celles-ci ; il faudra simplement veiller à ce que les deux derniers éléments du tableau soient `NULL`.

Le champ `ctime` contient la date de la dernière modification du fichier ; c'est cette date que nous choisissons d'afficher. En effet, deux autres dates sont disponibles pour chaque fichier ; il s'agit des dates de dernier accès et de dernière lecture du fichier. La date est sous un format numérique, qui correspond au temps écoulé en secondes depuis le premier janvier 1970. Il faut donc traduire cette unité en un format lisible ; nous nous appuierons sur la fonction `localtime`, la structure `struct tm` et sur la constante `MOIS` définie par nos soins comme la liste de tous les mois de l'année, en français. Nous aurions pu nous passer de ce tableau, la liste étant connue du système dans différentes langues, mais cela nous permet de personnaliser l'affichage.

Quant à la taille du fichier, si la fonction `stat` nous la fournit en octets, il semble plus intéressant de l'afficher en une unité plus adéquate, selon la taille réelle du fichier. Nous testerons la taille en octets afin de décider s'il est judicieux de présenter des mégaoctets ou bien des kilo-octets. La constante globale `KILO` vaut 2^10=1 024, `MEGA` vaut 2^20=1 048 576.

Dernière précision : nous retournons le type du fichier analysé, afin que la fonction `lister_rep` décide dans quelle catégorie le classer, pour obtenir un affichage ordonné.

Cette fonction peut être appelée dans deux contextes distincts. Dans le premier cas, il s'agit simplement de lister l'une des entrées du répertoire courant, mais il peut aussi arriver que l'on veuille afficher non pas les informations d'un répertoire, mais des fichiers de ce répertoire. Dans ce cas, l'option `rec` est vraie et on appelle récursivement `lister_rep` depuis `lister_fic`. En effet, la fonction `lister_fic` devrait a priori être appelée par `lister_rep`.

Voici enfin le code de la fonction `lister_fic` :

```
/* Il s'agit de lister les informations
 * voulues concernant le fichier donné
 * en argument, de manière récursive
 * le cas échéant (option rec)
 */
char lister_fic(char *name, int rec, char **inf)
{
  struct stat sbuf;
  char *droits = (char *)malloc(10*sizeof(char));
  char *sep;
  int taille, liens, i, trouve=0;
  char type;

  char proprio[BUFSIZE], groupe[BUFSIZE];
  struct passwd *pwd;
  struct group *grp;

  struct tm *time;
  char date[BUFSIZE];

  char *infos = (char *)malloc(BUFSIZE*sizeof(char));

  strcpy(droits, "rwxrwxrwx");
```

```
if( stat(name, &sbuf) == -1 ) {
  fprintf(stderr, "%s: stat error\n", name);
  exit(1);
}

taille = sbuf.st_size;
liens = sbuf.st_nlink;
/* Droits du fichier */
if( (sbuf.st_mode & S_IROTH) == 0 ) droits[6] = '-';
if( (sbuf.st_mode & S_IWOTH) == 0 ) droits[7] = '-';
if( (sbuf.st_mode & S_IXOTH) == 0 ) droits[8] = '-';

if( (sbuf.st_mode & S_IRGRP) == 0 ) droits[3] = '-';
if( (sbuf.st_mode & S_IWGRP) == 0 ) droits[4] = '-';
if( (sbuf.st_mode & S_IXGRP) == 0 ) droits[5] = '-';

if( (sbuf.st_mode & S_IRUSR) == 0 ) droits[0] = '-';
if( (sbuf.st_mode & S_IWUSR) == 0 ) droits[1] = '-';
if( (sbuf.st_mode & S_IXUSR) == 0 ) droits[2] = '-';

/* Type de fichier */
switch( sbuf.st_mode & S_IFMT ) {
  case S_IFSOCK:    type='s';    break;
  case S_IFLNK:     type='l';     break;
  case S_IFREG:     type='-';     break;
  case S_IFBLK:     type='b';     break;
  case S_IFDIR:     type='/';     break;
  case S_IFCHR:     type='c';     break;
  case S_IFIFO:     type='|';     break;
  default:          type='$';     break;
}
/* Si on a un répertoire et l'option rec, on explore. */
if( rec && type=='/' && strcmp(name, ".") && strcmp(name, "..") ) {
  lister_rep(name, rec);
  printf("\n");
  return;
}

/* Type avancé des fichiers réguliers */

if( type == '-' )
  if( droits[2]=='x' || droits[5]=='x' || droits[8]=='x' )
    type = '*';
  else {
    if( (sep = strrchr(name, '.'))!=NULL )
      if( strlen(++sep)==1 )
        type = *sep;
      else
        /* On recherche dans le tableau TYPES. */
        for(i=0; !trouve && TYPES[i][0] != NULL; i++)
          if( trouve = !strcmp(sep, TYPES[i][0]) )
            type = *TYPES[i][1];
        }
```

```
  /* Propriétaire et groupe du fichier */
  pwd = getpwuid(sbuf.st_uid);
  strcpy(proprio, pwd->pw_name);

  grp = getgrgid(sbuf.st_gid);
  strcpy(groupe, grp->gr_name);

  sprintf(infos, "%7s %3d %s\t%s\t", droits, liens, proprio, groupe);

  /* Affichage de la taille dans une unité pertinente */

  if( taille/MEGA > 0 )
    sprintf(infos, "%s %6.03f Mo ", infos, (float)taille/MEGA);
  else
    if( taille/KILO > 0 )
      sprintf(infos, "%s %6.1f Ko ", infos, (float)taille/KILO);
    else
      sprintf(infos, "%s %6d  o ", infos, taille);

  /* On affiche la date de dernier changement. */
  time = localtime(&sbuf.st_ctime);

  sprintf(date, "%4s %2d %02d:%02d", MOIS[time->tm_mon],
                time->tm_mday, time->tm_hour, time->tm_min);

  sprintf(infos, "%s %s %c %s\n", infos, date, type, name);

  *inf = infos;
  return type;
}
```

Parcours des entrées d'un répertoire

Remarque

Répertoire et fichier

Sous Linux, toute information est stockée sous forme de fichier. Un répertoire est donc un fichier, certes un peu spécial mais un fichier.

Cela signifie que pour obtenir la liste des fichiers contenus dans un répertoire, la démarche à suivre ressemble beaucoup à l'affichage des lignes d'un fichier. Il faut en effet ouvrir ledit répertoire, puis lire les entrées une à une et enfin fermer le répertoire. Les fonctions permettant de faire ce travail ont pour nom `opendir`, `readdir` et `closedir`. Un répertoire sera traité comme une donnée de type `DIR`, les entrées qu'il contient seront de type `struct dirent`.

Afin de pouvoir afficher les informations de manière ordonnée, ici répertoire puis fichier, nous allons tester le type du fichier. Dans le cas d'un répertoire, on affiche les informations obtenues, dans le cas d'un fichier d'un autre type (mais on pourrait faire un classement plus précis), on enregistre les informations dans une liste afin de les afficher plus tard (voir la section suivante).

Pour conserver l'ordre de lecture des fichiers dans le répertoire, l'insertion se fera en queue de liste ; il est donc plus efficace de garder un pointeur sur le dernier élément de la liste. La liste des fichiers est appelée `fic`, le pointeur en queue de liste est `ficq`.

On se place dans le répertoire à lister, ce qui n'est pas indispensable mais permet de clarifier la situation, du moment que l'on n'oublie pas de revenir dans le répertoire de départ avant de sortir de la fonction. Il suffit alors d'ouvrir le répertoire courant, toujours symbolisé par un point (`.`).

Lors du parcours des entrées du répertoire, il faut faire attention au nom du fichier à traiter. En effet, les fichiers dont le nom commence par un point, ou dot files, ne doivent être listés que si l'option **a** a été choisie. De plus, on choisit de toujours afficher les informations des répertoires `.` et `..`, que cette dernière option soit choisie ou non.

Après avoir parcouru l'ensemble des fichiers du répertoire, et fermé ce dernier, il nous reste à afficher la liste des fichiers que l'on a stockés. Une fois affichées, les informations d'un fichier donné n'ont plus aucun intérêt au sein de notre programme, et nous pouvons donc libérer la place qu'elles occupaient en mémoire. La libération se fait par l'appel à la fonction `free`, mais c'est à nous de ne pas perdre la suite de la liste.

On obtient le code suivant :

```
/* Il s'agit de lister chacun des fichiers
 * et/ou répertoires contenus dans le
 * répertoire donné en argument.
 * On n'affiche pas les dot files.
 *
 * Pour afficher les répertoires avant les
 * fichiers, on utilise deux listes chainées
 * contenant les infos à afficher.
 * On insère en queue, d'où l'utilistation de
 * pointeurs sur queue.
 */
void lister_rep(char *path, int opt)
{
  DIR *dir;
  struct dirent *ent;
  char wd[BUFSIZE];
  char *infos = NULL;

  struct liste *fic, *ficq, *tmp, *trace;

  /* Initialisation des listes */

  fic = (struct liste *)malloc(sizeof(struct liste));

  fic->infos = NULL;
  fic->suivant = NULL;
  ficq = fic;
```

```
    /* Préparation du listage des fichiers */

    if( strcmp(path, getcwd(wd, BUFSIZE)) )
    chdir(path);

    /* Le cas échéant, afficher le répertoire courant */
    if( opt )
      printf("%s:\n", getcwd(wd, BUFSIZE) );

      /* Une fois dans le bon répertoire, il suffit de lister . */
      dir = opendir(".");

      while( (ent = readdir(dir)) != NULL )
        if( all || ent->d_name[0] != '.'
            || !strcmp(ent->d_name, ".")
            || !strcmp(ent->d_name, "..") )

            /* Construction des listes d'informations
             * concernant les répertoires et les fichiers.
             * On pourrait gérer plus de listes pour obtenir
             * un ordre plus fin.
             */

            if( lister_fic(ent->d_name, 0, &infos) == '/' )
              printf(infos);
            else
              ficq = ajouter(ficq, infos);
      closedir(dir);

    /* Affichage des infos et libération de la mémoire */

    for( trace = tmp = fic; tmp->infos != NULL; trace = tmp) {
      printf(tmp->infos);
      tmp = tmp->suivant;
      free(trace);
    }

    /* Attention à bien revenir dans le répertoire de départ ! */
    chdir(rootdir);
}
```

Gestion des listes chaînées

Une liste chaînée consiste simplement en une structure contenant des informations et un chaînage vers la suite de la liste. Dans notre cas, les informations sont contenues dans une chaîne de caractères, et le chaînage se fait naturellement de la façon suivante :

```
struct liste {
  char *infos;
  struct liste *suivant;
};
```

Lors de l'ajout d'un élément à la liste, il suffit de faire pointer le champ **infos** vers la chaîne déjà existante (et allouée en mémoire) passée en paramètre, puis de faire pointer le champ **suivant** vers un nouvel élément qu'il nous incombe de créer, en allouant de la mémoire par la fonction **malloc**.

On retourne à la fonction appelante un pointeur vers l'élément suivant de la liste ; c'est l'appelant qui doit donc faire suivre son pointeur de queue.

On obtient la fonction suivante :

```
/* Ajout en queue dans notre structure de liste
 *    lq est un pointeur sur la queue de la liste.
 *    infos est la chaîne à ajouter.
 * L'appelant doit déplacer son pointeur sur queue.
 */
struct liste *ajouter(struct liste *lq, char *infos)
{
  struct liste * tmp;

  /* Récupération des infos */
  lq->infos = infos;

  /* Allocation en mémoire de la nouvelle entrée */
  tmp = (struct liste *)malloc(sizeof(struct liste));
  tmp->infos = NULL;
  tmp ->suivant = NULL;

  /* Chaînage */
  lq->suivant = tmp;
}
```

Le programme principal

La fonction principale gère les options et les arguments passés en ligne de commande, et appelle les fonctions de traitement vues précédemment.

La gestion des options de la ligne de commande est gérée par la fonction **getopt** ; nous vous conseillons vivement de consulter la page du manuel à son sujet. En effet, cette fonction propose aussi des données externes, c'est-à-dire déjà déclarées dans la bibliothèque correspondante. L'idée générale est la suivante : on parcourt les options de la ligne de commande tant qu'il en reste, et pour chacune d'entre elles, on positionne des flags. Une fois toutes les options parcourues, on peut les traiter en fonction des flags positionnés.

Les options proposées ici sont assez peu nombreuses et par là même ne nécessitent pas ce genre de traitement ; mais vous pouvez être amené à en ajouter, si vous décidez d'améliorer le programme. En particulier, la fonction **getopt** permet de gérer les options à paramètre. Nous proposons les options **h** pour obtenir de l'aide, et **a** pour afficher les dot files, ces fichiers dont le nom commence par un point.

Une fois ces options traitées, il reste plusieurs solutions envisageables. L'utilisateur peut avoir lancé le programme avec ou sans argument. Dans le cas simple où aucun argument n'est présent sur la ligne de commande, il faut afficher les informations des fichiers présents dans le répertoire courant.

Si par contre l'utilisateur a donné une liste d'arguments, ce sont ces arguments qu'il faut lister, un par un, en appelant directement la fonction `lister_fic`, avec le paramètre de récursivité à vrai, afin de lister non pas le répertoire mais l'ensemble de ses entrées si ce n'est ni `.` ni `..` ; cette décision est arbitraire et pourrait être changée.

On obtient la fonction suivante :

```
/* liste.c  *
 * Réécrivons notre ls à nous.
 */

/* Variables globales ! */
int all, rec;
char rootdir[BUFSIZE];

int main(int argc, char **argv)
{
  int i;
  char curdir[BUFSIZE];
  char *opts = "ah";
  char *infos;

  /* On utilise la fonction getopt pour retrouver les options. */
  char c;
  int oflag, hflag, errflag;
  extern char *optarg;
  extern int optind, optopt;

  /* Init */
  rec = all = oflag = hflag = errflag = 0;
  strcpy(rootdir, getcwd(curdir, BUFSIZE));

  /* Options
   * Attention : les options h(help) et a (all)
   * sont utilisées de manière exclusive ; on ne doit donc pas
   * utiliser à la fois h et a.
   */

  while( (c = getopt(argc, argv, opts)) != -1 )
    switch( c ) {
      case 'h': if( oflag ) errflag++;
                else {
                  hflag++;
                  aide(argv[0], opts);
                  return 0;
                }
                break;
```

```
        case 'a': if( hflag ) errflag++;
                  else{
                    oflag++;
                    all = 1;
                  }
                  break;

        case '?': return 1;
                  break;
      }

    if( errflag ) {
      printf("syntaxe: %s -%s [fichier ...]\n", argv[0], opts);
    }

    /* Attention: le nombre d'arguments qui restent
     * est fonction de optind.
     */
    switch( argc-optind ) {
      case 0:  /* Pas d'arguments, il faut lister
                * le répertoire courant.
                */
               lister_rep(strcpy(curdir, getcwd(curdir, BUFSIZE)), rec);
               break;

      default:  /* Il faut dans ce cas lister les éléments donnés
                 * en argument à la commande.
                 */
                for( i=optind; i<argc; i++) {
                  lister_fic(argv[i], 1, &infos);
                  printf(infos);
                }
                break;
    }
    return 0;
  }

  void aide(char *prog, char *opts)
  {
    printf("Utilisation de la commande %s:\n", prog);
    printf("\t%s -%s [fichier ...]\n", prog, opts);
  }
```

L'en-tête du fichier

Bien évidemment, pour compiler ce programme, il nous faut un en-tête permettant de définir les structures de données employées, les constantes globales nécessaires, d'inclure les nombreuses fonctions de librairies employées tout au long du programme, etc.

Voici donc l'en-tête du fichier. N'oubliez pas de l'inclure pour faire fonctionner votre programme.

```
#include <stdio.h>
#include <stdlib.h>
#include <string.h>
#include <unistd.h>

#include <dirent.h>
#include <sys/types.h>
#include <sys/stat.h>

#include <pwd.h>
#include <grp.h>

#include <time.h>

#define BUFSIZE   1024
#define KILO      1024
#define MEGA      1048576

char *MOIS[] =  {  "Janv", "Fevr", "Mars", "Avr", "Mai", "Juin",
                   "Juil", "Aout", "Sept", "Oct", "Nov", "Dec" };

char *TYPES[][2]={ {"cc", "C"}, {"tar", "a"}, {"gz", "z"},
                   {"bz", "z"}, {"qnp", "Q"}, {"html", "h"},
                   {"java", "j"},{"jpg", "x"}, {"gif", "x"},
                   {"pl", "p"}, {"rpm", "A"}, {NULL, NULL} };

struct liste {
  char *infos;
  struct liste *suivant;
};

void lister_rep(char *path, int opt);
char lister_fic(char *name, int rec, char **inf);

struct liste *ajouter(struct liste *lq, char *infos);

void aide(char *prog, char *opts);
```

Compilation, installation et exemples d'utilisation

La compilation se fait simplement en saisissant `make` depuis le répertoire où se trouve le fichier *liste.c* et le fichier *makefile* :

```
[user@localhost ~/projet ]$ make
```

Si vous désirez disposer de ce programme depuis n'importe quel répertoire de votre système, il suffit de suivre la même démarche que pour le fichier *whence.c*.

Exemples d'utilisation :

```
[user@localhost ~/projet ]$ liste
rwxr-xr--   2 fontaine    isty2    1.0 Ko    Nov 22 09:26 / .
rwxr-xr--   5 fontaine    isty2    1.0 Ko    Nov 22 09:25 / ..
```

```
rw-r-----   1 fontaine   isty2   8.3 Ko   Nov 22 09:26 c liste.c
rw-r-----   1 fontaine   isty2   1.7 Ko   Nov 22 09:26 c whence.c
rw-r-----   1 fontaine   isty2   182  o   Nov 22 09:26 - makefile
rw-r--r--   1 fontaine   isty2   1.9 Ko   Nov 22 09:26 o whence.o
rwxr-xr--   1 fontaine   isty2   3.9 Ko   Nov 22 09:26 * whence
rw-r--r--   1 fontaine   isty2   5.4 Ko   Nov 22 09:26 o liste.o
rwxr-xr--   1 fontaine   isty2   7.1 Ko   Nov 22 09:26 * liste

[user@localhost ~/projet/test ]$ liste *.c
rw-r-----   1 fontaine   isty2   8.3 Ko   Nov 22 09:26 c liste.c
rw-r-----   1 fontaine   isty2   1.7 Ko   Nov 22 09:26 c whence.c
```

12.5 La programmation client/serveur

Présentation du concept

Ce mode de programmation est devenue monnaie courante aujourd'hui. En effet, même les jeux en réseau travaillent selon cette méthode. Le serveur se charge de gérer les connexions des clients et centralise les informations que chacun des clients peut demander, comme la position des joueurs sur la carte, ou qui est là et qui fait quoi... Bien souvent, lorsque vous jouez en réseau, une même machine fait tourner le serveur et un client.

Sous Linux, nous pouvons lancer plusieurs processus en même temps et faire la distinction entre client et serveur d'une autre manière. Il suffit de lancer le serveur sur une machine quelconque, puis le ou les clients sur n'importe quelle autre machine reliée par le réseau à la machine ayant pris en charge le serveur. Les clients peuvent donc être lancés sur la même machine que le serveur.

C'est ainsi que l'on peut trouver sous Linux des serveurs Internet, qui en fait se chargent de faire tourner des serveurs gérant chacun des services que vous voulez proposer (HTTP, FTP, MAIL, DNS...). Nous allons écrire notre propre serveur puis les clients qui vont avec. Pour cela, il faut décider le service à implémenter, puis le protocole de communication entre clients et serveur.

Les protocoles implémentant les services disponibles à l'heure actuelle sur Internet sont basés sur le protocole IP (Internet Protocole). Nous allons donc nous aussi nous baser sur ce protocole, et plus précisément sur une surcouche d'IP, à savoir TCP (Transfert Control Protocol), qui gère des sessions avec connexion, transfert de données et déconnexion. Il existe pour cela des fonctions de bibliothèques prêtes à l'emploi si l'on sait comment le protocole marche. Nous détaillerons tout cela ci-après, lors de la description du serveur.

Avant d'aller plus loin et de programmer un service Internet, nous avons besoin de quelques notions de base sur Internet. Chaque machine reliée au réseau des réseaux possède au moins une adresse unique de référence, appelée adresse IP. Cette adresse est codée à l'heure actuelle (IP v4) sur 4 octets, et peut être représentée sous la forme a.b.c.d, où a b d et d sont des chiffres variant de 0 à 255.

Remarque

IPv6

À l'heure où nous écrivons ces lignes, le protocole IP en est à la version 6 (IP v6), mais cette version n'est pas encore implémentée sur Internet.

Sachez qu'il existe plusieurs familles d'adresses ; on peut séparer celles-ci en deux parties : la première déterminant une adresse de réseau, la seconde identifiant une machine sur ce réseau. Il suffit alors de faire varier la limite entre bits de réseau et bits de machine pour obtenir différentes classes d'adresses.

Remarque

Bénéficier des options réseau sous Linux

Si vous n'êtes pas connecté à Internet et désirez bénéficier des options réseau sous Linux, il vous suffit de configurer votre carte réseau avec une adresse de la famille 192.168.a.b, en remplaçant a et b par des nombres de votre choix compris entre 1 et 254. Si vous ne disposez pas de carte réseau, vous disposez toujours d'une adresse dite de loopback, et qui vaut toujours 127.0.0.1. De plus, il est possible sous Linux d'installer une carte réseau virtuelle (dummy ethernet, voire la configuration du noyau).

Une fois chaque machine connectée au réseau, et identifiée de manière unique, un autre problème se pose. Admettons que l'une d'entre elles propose les services HTTP, FTP, DNS et MAIL. Comment obtenir l'un de ces services en particulier ? La réponse est prévue par le protocole IP : il s'agit du numéro de service, dit port. Ce port est un nombre compris entre 0 et 65 535, sachant que tout numéro inférieur à 1 024 est un service dit système, que seul l'administrateur root pourra lancer.

On note alors un service particulier d'une machine par "ip :port". Admettons que nous voulions repérer le service 80 (HTTP) de la machine 123.212.45.12. L'adresse est 123.212.45.12 :80. Cela dit, retenir de telles adresses est loin d'être évident, d'où le service DNS, qui peut associer à chaque machine du réseau un nom. Ainsi il est plus facile de se souvenir de `www.linux.org` plutôt que d'une suite de quatre nombres. Nous verrons comment réaliser une requête DNS depuis un programme lors de l'implémentation du client. D'autre part, il existe une liste de services qui se verront toujours attribuer le même numéro de port, quelle que soit la machine, par convention. Il s'agit des *well known services*. Vous pouvez en consulter la liste dans le fichier */etc/services*.

Application : discuter à plusieurs

Notre exemple de programmation client/serveur est un programme de discussion, ou *chat* en anglais. Si vous avez déjà utilisé un service de ce type, grâce au service IRC (Internet Relay Chat) ou bien depuis des clients Java sur certains sites, vous avez en fait eu affaire au client.

Cependant, ce client se connecte toujours à un serveur gérant l'ensemble des clients. Ainsi les clients IRC vous demandent les coordonnées du serveur à contacter (adresse IP ou nom et numéro de port). Il en sera de même avec notre application de chat, le serveur devant attribuer un numéro de port au service et le client devant de son côté connaître ce numéro afin de bénéficier du service.

Une fois les deux programmes prêts à fonctionner (compilés et éventuellement installés), il vous faudra lancer le serveur sur une machine, puis le ou les client(s) sur n'importe quelle autre machine connectée au serveur, la même machine faisant parfaitement l'affaire, même sans carte réseau en utilisant l'adresse 127.0.0.1. Nous utiliserons par défaut le service de numéro de port 3129, numéro choisi de manière arbitraire. Il suffit en effet que ce numéro soit plus grand que 1 024 et inférieur à 65 535. Bien sûr, aucun autre service ne doit utiliser ce numéro de port. Vous pourrez changer ce numéro via la ligne de commande au moment où on lancera le serveur. Mais nous n'en sommes pas encore là !

Le serveur de chat

Il est donc clair que nous devons écrire de manière séparée deux programmes distincts, le premier devant gérer le service. Mais comment proposer un tel service ?

Tout d'abord, entendons-nous bien sur le service à proposer. Il s'agit de permettre à des programmes de communiquer entre eux. Pour cela, notre serveur doit attendre d'éventuelles connexions de client, en garder la liste puis à chaque arrivée de message, le distribuer à tous les clients connectés.

Mise en œuvre des concepts

Pour pouvoir attendre des connexions de client, nous devons créer une socket et la préparer, selon les normes du protocole TCP. Il s'agit en particulier d'indiquer, dans une structure prévue à cet effet, le numéro de port du service, la famille de la socket et où écouter. De plus, afin de pouvoir réutiliser le même numéro de service à la mort du serveur, nous devons spécifier l'option correspondante.

Remarque

Gérer les connexions réseau avec une socket

Une socket est le descripteur que Linux utilise pour gérer les connexions réseau ; il peut s'agir de connexions système ou bien de vraies connexions réseau. C'est cette dernière famille que nous utiliserons ici, par la constante globale `PF_INET`. De plus, l'adresse d'une telle socket est une adresse IP, la constante correspondant à cette famille est `AF_INET`. Nous vous conseillons vivement d'utiliser le manuel Linux pour toutes les fonctions utilisées dont la description vous intrigue ou vous semble incomplète, étant donné que nous ne pouvons traiter tous les cas au sein de ce livre.

Une fois cette socket créée, nous la lions aux paramètres choisis par la fonction `bind`. Nous devons ensuite la mettre en écoute ; cela se fait par l'appel à `listen`. C'est à partir de ce moment-là que notre socket devient active. Notre serveur est donc prêt à accepter une connexion de client, ou l'envoi de données d'un client connecté.

Nous devons bien évidemment gérer plusieurs connexions simultanées ; dans le cas contraire, l'intérêt de notre application deviendrait discutable. Nous allons donc gérer un ensemble de connexions, et les écouter toutes à la fois. Nous avons pour cela plusieurs solutions et nous choisirons la plus simple à mettre en œuvre ; elle est en même temps adaptée à des transferts légers (prenant peu de temps), comme des transferts de lignes de texte échangées entre les clients.

Nous aurions pu créer un processus pour chaque client qui se connecte, mais il faudrait alors implémenter un système de communication entre le serveur lui-même (le processus père) et l'ensemble des fils. De tels systèmes existent et sont disponibles sous Linux/Unix : il s'agit des IPC (Inter-Process Communication). Cependant, de tels procédures restent lourdes à mettre en place.

Nous allons donc garder notre processus unique pour traiter l'ensemble des clients connectés et accepter de nouvelles connexions, dans la mesure du possible. C'est la fonction `select` qui nous permet une telle gestion. Elle écoute un ensemble de descripteurs de fichiers, ensemble du type `fdset`. Il existe quatre macros permettant de gérer ces ensembles ; leur nom est plutôt parlant et le manuel vous en dira plus à leur sujet (voir la section *select*).

Remarque

Rappel concernant les tubes et les sockets

sous Linux, tout est fichier. C'est en particulier le cas des tubes et des sockets. C'est pourquoi nous pourrons ajouter nos sockets à l'ensemble de descripteurs de fichiers en écoute.

L'un des paramètres de cette fonction magique est le nombre de descripteurs à écouter. On obtient le nombre maximum de descripteurs par processus par la fonction `getdtablesize`. Sous les systèmes Unix traditionnels, nous avons droit à 17 descripteurs de fichiers ouverts par processus. Cette limite est à l'heure actuelle de l'ordre de 1 024 sous Linux.

À la sortie de l'écoute de l'ensemble des descripteurs, celui-ci est modifié de manière à retrouver le descripteur effectivement modifié. C'est pourquoi nous avons deux ensembles de descripteurs.

Remarque

Réception d'un signal par le serveur

À tout moment, le serveur peut recevoir un signal. La fonction `select` est alors susceptible d'être interrompue, sans pour autant avoir reçu une information. Elle renvoie dans ce cas un code d'erreur qui nous permet de reprendre où nous en étions par la fonction `continue`. On s'arrange ainsi pour ne pas bloquer le serveur en cas d'interruption.

À l'aide de l'une des macros de gestion des ensembles d'écoute, nous pouvons retrouver la socket ayant été modifiée. S'il s'agit de la socket serveur, un client tente de se connecter ; nous devons l'accepter par la fonction `accept`. Lorsque la connexion est faite, nous devons ajouter le client à la liste, puis modifier un comportement par défaut du système. En effet, par défaut, la lecture sur une socket est bloquante, c'est-à-dire que la fonction attend indéfiniment qu'il y ait des données à lire. Nous voulons une lecture non bloquante, qui passe à autre chose dès qu'il n'y a rien à lire sur notre socket, c'est-à-dire chez le client. Ce comportement est précisé par la fonction `fcntl`, qui permet de contrôler les différents comportements possibles de tout fichier sous Linux.

Dans tous les cas, nous devons aller voir chaque socket cliente afin de savoir s'il y a ou non du nouveau, information que l'on trouve dans l'ensemble passé à `select`. Pour tous ces clients, nous lisons les informations se trouvant sur la socket. S'il n'y en a pas, le client est déconnecté, sinon il faut les transmettre à l'ensemble des clients en écoute.

Le principe de fonctionnement de notre serveur de chat étant clairement détaillé, nous pouvons passer à son implémentation, c'est-à-dire au programme en C.

Les sources du serveur

```
/* serveur.c
 * Serveur de chat:
 *  .gestion des connexions
 *  .distribution des messages
 */
#include <stdlib.h>
```

```
#include <stdio.h>
#include <string.h>
#include <errno.h>
#include <fcntl.h>

#include <unistd.h>
#include <sys/types.h>
#include <sys/wait.h>
#include <netinet/in.h>
#include <netdb.h>

#include <signal.h>

#define BUFSIZE       1024
#define PORT          3129
#define MAXCONN          5
#define MAX_CLIENTS     10

#define BIENVENUE   "Connexion établie\n"
#define BYE         "bye"

char *lire_client(int sock);

int main(int argc, char **argv)
{
  struct sockaddr_in monadr, sonadr;
  int fd, c, port, opt=1, taille, i;
  int serv_sock, client_sock;

  char *message;

  int nfds;
  fd_set rfds, afds;

  switch( argc ) {
    case 1:  port = PORT;             break;
    case 2:  port = atoi(argv[1]);    break;
    default:
             fprintf(stderr, "Usage: %s [port]\n", argv[0]);
             break;
  }
  printf("Création du serveur ...  ");

  /* Création de la socket serveur */
  serv_sock = socket(PF_INET, SOCK_STREAM, 0);

  /* Option de réutilisation d'adresse */
  setsockopt(serv_sock, SOL_SOCKET, SO_REUSEADDR,
                       (char *) &opt, sizeof(opt));

  /* Init socket serveur */
  bzero( (char *)&monadr, sizeof monadr);
  monadr.sin_family = AF_INET;
  monadr.sin_port = htons(port);
```

```
monadr.sin_addr.s_addr = INADDR_ANY;

if( bind(serv_sock, (struct sockaddr *)&monadr, sizeof(monadr)) == -1 ) {
  fprintf(stderr, "bind: adresse utilisée\n");
  exit(1);
}

/* Mise en écoute de notre socket */
if( listen(serv_sock, MAXCONN) == -1 ) {
  fprintf(stderr, "listen: mise en écoute impossible");
  exit(1);
}
printf("[OK]: Serveur en attente sur le port %d\n", port);

/* Init des listes de sockets */
nfds = getdtablesize();
FD_ZERO(&afds);
FD_SET(serv_sock, &afds);

/* Gestion des clients */
while( 1 ) {
  /* Copie des listes de sockets */
  memcpy(&rfds, &afds, sizeof(rfds));

  /* Surveillance des descripteurs en lecture */
  if( select(nfds, &rfds, 0, 0, 0) == -1 ) {
    /* Signaux non bloquants */
    if( errno == EINTR ) continue;

      fprintf(stderr, "select: %s", strerror(errno));
      exit(1);
  }
  if( FD_ISSET(serv_sock, &rfds) ) {
    taille = sizeof sonadr;
      if( (client_sock = accept(serv_sock,
                             (struct sockaddr *)&sonadr,
                              &taille)) == -1 ) {
        fprintf(stderr, "accept: connexion impossible\n");
        exit(1);
      }
      printf("Connexion d'un client depuis %s \n",
                           inet_ntoa(sonadr.sin_addr));
      fflush(stdout);

      /* Ajout du client dans les sockets à surveiller */
      FD_SET(client_sock, &afds);

      /* Lecture non bloquante */
      fcntl(client_sock, F_SETFL, O_NONBLOCK |
                    fcntl(client_sock, F_GETFL, 0));

      /* Souhaiter la bienvenue au client */
      write(client_sock, BIENVENUE, strlen(BIENVENUE)+1);
   }
```

```
      /* Tester si les sockets clientes ont bougées */
        for( fd=0; fd<nfds; fd++ )
          if( fd != serv_sock && FD_ISSET(fd, &rfds) )
            /* Traiter le client */
            if( (message = lire_client(fd)) == NULL ) {
              close(fd);
              FD_CLR(fd, &afds);
              fprintf(stderr, "-- perte d'un client ! --\n");
            }else
              /* Envoyer le message à tous les clients */
              for( c=0; c<nfds; c++)
                if( c!=serv_sock && FD_ISSET(c, &afds) )
                  write(c, message, strlen(message)+1);
  }
}

char *lire_client(int sock)
{
  char *msg = (char *)malloc(BUFSIZE * sizeof(char));
  int nb_lu;

  /*
  printf("Lecture sur la socket cliente\n");
  fflush(stdout);
  */

  nb_lu = read(sock, msg, BUFSIZE);

  if( nb_lu > 0 ) {
    printf("Message: %s", msg);
    fflush(stdout);
    return msg;
  } else
    return NULL;
}
```

Compilation et lancement du serveur

Une fois de plus, nous utiliserons l'outil Make afin de gérer les dépendances et la compilation des fichiers. Vous trouverez le *makefile* correspondant au client et au serveur à la fin du chapitre. Une précision tout de même : vous ne devez avoir qu'un *makefile* par répertoire. Nous vous conseillons donc de créer un répertoire où stocker les fichiers correspondant à la programmation client/serveur. Une fois le programme compilé, vous pouvez lancer le serveur (et le service de chat) par la commande :

```
[user@localhost ~/projet/reseau ]$ ./serveur
Création du serveur ... [OK] Serveur en attente sur le port 3129
```

Le serveur est donc prêt à recevoir des clients et à gérer leurs messages. Nous allons donc tester le serveur par le moyen le plus simple à notre disposition.

Tester le serveur avec Telnet

Une fois le serveur en cours d'exécution, il faut s'y connecter et tenter de lui envoyer des messages. C'est par ce moyen que nous saurons s'il fonctionne de la manière prévue. Notre serveur est censé recevoir des connexions de client, et pour chaque message reçu, quelle que soit sa provenance, le serveur doit l'envoyer à tous les clients connectés.

Pour effectuer ce test, nous avons donc besoin d'un client capable de demander une connexion à notre serveur. Ce dernier fonctionnant en respectant le protocole TCP, nous pouvons utiliser un client standard, à savoir Telnet.

Remarque

> **Se connecter sur une console virtuelle**
>
> Après avoir lancé le serveur, votre terminal lui est dédié ; vous ne pouvez plus l'utiliser. Si vous êtes en console, vous pourrez effectuer les tests en vous connectant sur une autre console virtuelle ; si vous êtes sous Xwindow, il vous suffit de lancer un autre terminal x.

Le programme Telnet n'a besoin que de deux arguments pour fonctionner ; ils représentent les coordonnées du serveur. Vous pouvez obtenir le nom de votre machine par la commande `hostname` ; le service sur lequel le serveur attend les connexions est sur le port 3129. Nous allons donc nous connecter au serveur par la commande suivante :

```
[user@localhost ~/projet/reseau ]$ telnet `hostname` 3129
```

Remarque

> **Contrôler le programme Telnet**
>
> Pour être en mesure de contrôler le programme Telnet, il faut appuyer simultanément sur les touches Ctrl+Alt Gr+]. L'invite "telnet>" apparaît alors à l'écran, et la commande `close` vous permet de fermer proprement la connexion.

Nous commençons par nous connecter depuis un premier client Telnet. Le nom de notre machine est `pc3.isty.fr`, son adresse IP est 192.168.0.103 :

```
** PREMIER CLIENT **

[user@pc3 ~/projet/reseau]# telnet `hostname` 3129
Trying 192.168.0.103...
Connected to pc3.isty.fr.
Escape character is '^]'.
Connexion établie
coucou serveur
coucou serveur
```

Le serveur ayant reçu le message "coucou serveur" le renvoie à tous les clients connectés, c'est-à-dire au premier et seul client.

Un deuxième client se connecte depuis la même machine, et sur le même serveur.

```
** SECOND CLIENT **

[sryll@pc3 ~/projet/reseau]# telnet pc3 3129
Trying 192.168.0.103...
Connected to pc3.isty.fr.
Escape character is '^]'.
Connexion établie
hello server
hello server
```

De la même manière, le serveur lui répond par le message qu'il vient d'envoyer, mais cette fois le premier client faisant aussi partie de la liste, il le reçoit aussi et peut aussitôt répondre :

```
** PREMIER CLIENT **

hello server
bien recu
bien recu
^]
telnet> close
Connection closed.
[user@pc3 ~/projet/réseau]#
```

Pour quitter proprement le programme, on utilise la commande `close` du programme Telnet.

Le second client, informé, se déconnecte lui aussi.

```
** SECOND CLIENT **

bien recu
^]
telnet> close
Connection closed.
[sryll@pc3 ~/projet/reseau]#
```

Nous voyons bien que le serveur répète à tous les clients les messages qu'il reçoit. Dans un test avec un programme aussi simple que Telnet, qui de surcroît ne connaît pas le but de notre serveur, il peut paraître incongru de répéter sur l'écran du client ce qu'il vient de dire. Nous verrons avec l'interface graphique que ce comportement est en fait adapté, puisque les zones de saisie et d'affichage des informations ne sont plus les mêmes.

Améliorations possibles

Il peut être sympathique de retenir la liste des pseudos de tous les clients connectés à tout moment, afin de la distribuer à tout client en faisant la demande. Nous vous laissons ajouter cette extension au serveur. Notez qu'il devra alors enregistrer dans une structure l'ensemble des pseudos des clients connectés, sans oublier de la mettre à jour lors de pertes de connexion.

Les serveurs IRC proposent quant à eux plusieurs canaux et des fonctions de discussions privées. Il faudra alors prévoir un serveur gérant plusieurs canaux et un client capable de se connecter directement à un autre client dont on lui aurait fourni l'adresse.

Libre à vous d'ajouter à notre exemple simple des fonctionnalités avancées, qui sont disponibles sur des protocoles existants comme IRC, ou bien simplement des idées que vous auriez voulu mettre en place.

Mon premier client

Si le client Telnet permet de tester le serveur, ce client est loin d'être convivial. En particulier, il n'offre pas de gestion de pseudos, et la fermeture de session n'est disponible qu'à partir des commandes Telnet. Nous allons donc programmer notre propre client.

Dans un premier temps, nous allons réaliser ce client en ligne de commande, une personnalisation de Telnet qui solutionne notre problème. Nous verrons ensuite comment réaliser une interface graphique avec les bibliothèques du projet Gnome, et nous y intégrerons notre client.

Ce que doit faire notre client

Il devra se connecter au serveur donné en paramètre, gérer votre pseudo et vous permettre de terminer la session facilement. Bien évidemment, le client devra aussi être capable de lire ce que vous écrivez pour l'envoyer au serveur, et il devra dans le même temps lire les messages envoyés par le serveur.

Afin de surveiller deux entrées différentes, nous utiliserons à nouveau la fonction `select`, en plaçant cette fois dans l'ensemble des descripteurs à surveiller l'entrée standard et la socket de connexion au serveur. Si l'on s'aperçoit que le serveur a parlé, on se contente d'afficher ce qu'il a à nous dire.

Dans le cas où l'entrée standard nous enverrait des données, il faut vérifier si l'utilisateur envoie simplement un message ou bien s'il utilise l'une des commandes que nous lui mettons à disposition. Ces commandes sont au nombre de deux (mais vous pouvez en ajouter) et sont respectivement `/bye` et `/pseudo` pour se déconnecter et changer de pseudo.

Remarque

Ajotuer des commandes

Si vous désirez ajouter des commandes à cette liste minimaliste, il faut penser à organiser différemment la structure de contrôle de commande, en enregistrant les commandes proposées dans un tableau, et en parcourant ce dernier au moment voulu afin de repérer l'éventuelle commande saisie par l'utilisateur.

Le système de création de socket est le même que pour le serveur, seulement cette fois ce n'est plus la peine de lier la socket ni de la mettre en écoute. Nous nous connectons directement au serveur.

La procédure de connexion mérite que l'on s'y arrête un instant. En effet, si vous fournissez l'adresse IP de la machine où nous attend le serveur, il n'y a pas de problème. Par contre, si vous fournissez un nom au client, celui-ci devra lui faire correspondre une adresse IP en utilisant une procédure de résolution des noms, c'est-à-dire une résolution DNS. C'est le but de la fonction `gethostbyname`, qui est en fait un client DNS. Cette fonction retourne une liste d'adresses IP correspondant au serveur lorsqu'elle l'a trouvé ou bien `NULL` si le serveur est introuvable. Il peut y avoir plusieurs raisons pour lesquelles nous ne trouvons pas le serveur ; pour connaître la raison exacte, reportez-vous au code d'erreur `h_errno` et au manuel.

Après avoir fait tout cela, on devrait être connecté au serveur ou bien tout au moins savoir pourquoi on n'a pas pu se connecter. C'est à ce moment-là que l'on utilise `select`, que l'on se met en écoute. Si la socket du serveur a provoqué la sortie de l'écoute, il faut afficher ce que le serveur nous dit, après l'avoir lu sur la socket. Si c'est l'entrée standard qui a changé, c'est que l'utilisateur vient de valider sa saisie. On regarde donc s'il a saisi une commande, auquel cas on l'exécute, ou bien un texte, auquel cas on l'écrit dans la socket.

Le code

```
/* client.c - Dimitri Fontaine
 * Il s'agit de parler à notre serveur
 * Arguments : nom du serveur, port, pseudo du client
 */
#include <sys/types.h>
#include <sys/socket.h>
#include <netinet/in.h>
#include <string.h>
#include <unistd.h>
#include <arpa/inet.h>
#include <netdb.h>
#include <unistd.h>
#include <errno.h>
#include <stdio.h>
#include <stdlib.h>
```

```
#define MAXLEN    1024

#define BYE      "/bye"
#define T_BYE    strlen(BYE)

#define PSEUDO   "/pseudo "
#define T_PS     strlen(PSEUDO)

int main(int argc, char**argv)
{
  int s, r, i, port;
  struct sockaddr_in sonadr ;
  char *buf = (char *)malloc(MAXLEN*sizeof(char));
  char *nom = (char *)malloc(MAXLEN*sizeof(char));

  int nb ;

  int ndfs;
  fd_set afds, rfds;

  if( argc != 4 ) {
    fprintf(stderr, "%s <serveur> <port> <nom>\n", argv[0]);
    return 1;
  }

  strcpy(nom, argv[3]);

  port = atoi( argv[2] );
  printf("- Connection au serveur %s sur le port %d -\n",
              argv[1], port);

  bzero( (void *)&sonadr, sizeof sonadr );
  sonadr.sin_family = AF_INET ;
  sonadr.sin_port = htons(port) ;
  sonadr.sin_addr.s_addr = inet_addr( argv[1] );

  s = socket( PF_INET, SOCK_STREAM, 0 ) ;

  /* Vérification du format de l'adresse donnée */
  if( sonadr.sin_addr.s_addr != -1 )
    r = connect(s, (struct sockaddr *)&sonadr, sizeof(sonadr) );
  else {
    /* Le serveur est désigné par son nom, il faut
     * alors lancer un requête DNS.
     */
    struct hostent *hp;

    hp = gethostbyname(argv[1]);
    if( hp == NULL )
      switch( h_errno ) {
          case HOST_NOT_FOUND: fprintf(stderr, "Serveur introuvable: " );
          ➥ break;
```

```
            case NO_ADDRESS:     fprintf(stderr, "Pas d'adresse IP
             pour ce serveur : "); break;

            case NO_RECOVERY:    fprintf(stderr, "Erreur fatale du
            ➥ serveur de noms : "); break;

            case TRY_AGAIN:      fprintf(stderr, "Serveur de noms
            ➥ indisponible, réessayez plus tard : "); break;

      }
    else
      for( i=0, r=-1; (r==-1) && (hp->h_addr_list[i] != NULL); i++) {
        bcopy( (char *) hp->h_addr_list[i],
               (char *)&(sonadr.sin_addr),
               sizeof(sonadr.sin_addr) );

        r = connect(s, (struct sockaddr *)&sonadr, sizeof(sonadr) );
      }
  }

  if( r != 0 ) {
    fprintf(stderr, " Service distant [port %s] inaccessible sur \
    ➥le serveur %s\n ", argv[2], argv[1] );
    return 3;
  }

  /* On est connecté à la socket s,
   * il s'agit de communiquer avec le serveur.
   * Pour cela, on écoute les sockets 0 et s.
   */

  ndfs = getdtablesize();
  FD_ZERO(&afds);
  FD_SET(0, &afds);
  FD_SET(s, &afds);

  while( 1 ) {
    /* Nettoyage du buffer */
    bzero(buf, MAXLEN);

    /* Copie des listes de sockets */
    memcpy(&rfds, &afds, sizeof(rfds));

    /* Écoute des sockets */
    if( select(ndfs, &rfds, NULL, NULL, NULL) == -1 ) {
      /* Signaux non bloquants */
      if( errno == EINTR ) continue;

      fprintf(stderr, "select: %s", strerror(errno));
      exit(1);
    }
    if( FD_ISSET(0, &rfds) ) {
      /* Écriture du client sur l'entrée standard */
      buf = fgets(buf, MAXLEN, stdin);
```

```
        if( !strncmp(buf, BYE, T_BYE) ) {
          sprintf(buf, "Déconnection de %s\n", nom);
          write( s, buf, strlen(buf)+1 );
          close(s);
          return 0;
        }else
          /* Changement de pseudo */
          if( !strncmp(buf, PSEUDO, T_PS) ) {
            char old[MAXLEN];

            strcpy(old, nom);
            bzero(nom, MAXLEN);
            strncpy(nom, buf+T_PS, strlen(buf)-T_PS-1);

            /* Prévenir tout le monde du changement de pseudo */
            sprintf(buf, "%s est maintenant %s\n", old, nom);
            write( s, buf, strlen(buf)+1 );

          } else {
            char tmp[MAXLEN];

            /* Envoi de la ligne dans la socket, avec le pseudo */
            strcpy(tmp, nom);
            strcat(tmp, ": ");
            strcat(tmp, buf);

            if( write( s, tmp, strlen(tmp)+1 ) == 0 ) {
              fprintf(stderr, "%s: socket write error\n", argv[0]);
              exit(1);
            }
          }
      }
      if( FD_ISSET(s, &rfds) ) {
        /* Réception de données depuis la socket */
        if( read(s, buf, MAXLEN) == -1 ) {
          fprintf(stderr, "read: lecture impossible sur la socket\n");
          exit(1);
        }
        printf(buf);
      }
    }
    close(s);
    return 0 ;
  }
```

Le serveur et les clients : compilation et tests

Pour compiler le serveur et le client, nous utilisons le *makefile* suivant, à copier dans le même répertoire que les fichiers *serveur.c* et *client.c*, par exemple un sous-répertoire réseau.

Voici le contenu du *makefile* :

```
CC = gcc

all: serveur client

serveur: serveur.o
	$(CC) serveur.o -o serveur
	strip serveur

client: client.o
	$(CC) client.o -o client
	strip client

.c.o:
	$(CC) -c $<
```

La compilation des programmes se fait alors par un appel à l'outil Make :

```
[user@localhost ~/projet/reseau ]$ make
```

On peut ensuite lancer le serveur puis notre client. Si votre serveur est toujours lancé, il suffit de lancer le client. Sinon suivez la démarche proposée dans la section consacrée au serveur.

```
[user@localhost ~/projet/reseau ]$ client `hostname`3129 Dimitri
```

Pour se connecter au serveur, le client a besoin de ses coordonnées ; pour que ce soit plus convivial que Telnet, nous fournirons le pseudo, ici Dimitri. Nous avons donc supposé que vous aviez déjà lancé le serveur sur la même machine que le client.

Exemples d'exécution de notre client

Vous devez vous en douter en lisant les lignes de code, le client texte va avoir le même comportement ou presque que Telnet, c'est-à-dire que nous allons répéter ce que nous disons.

Nous vous donnons les exemples d'exécution tels quels, la séquence étant relativement évidente. Nos deux clients ont cette fois-ci des noms : il s'agit de vos deux rédacteurs Cyril (sryll) et Dimitri (tapoueh). Voici donc un test du client, du côté de Cyril :

```
[cyril@pc3 ~/projet/reseau]# client `hostname` 3129 sryll
- Connection au serveur pc3.isty.fr sur le port 3129 -
Connexion établie
coucou, ya quelk1 ???
sryll: coucou, ya quelk1 ???
tapoueh: Salut sryll, je suis là !
A tapoueh, tu me connais mieux sous mon autre nom
sryll: A tapoueh, tu me connais mieux sous mon autre nom
bouge pas
sryll: bouge pas
/pseudo cyril
sryll est maintenant cyril
allez, au revoir
```

```
cyril: allez, au revoir
/bye
[cyril@pc3 ~/projet/reseau]#
```

Et voici maintenant ce que Dimitri a pu voir sur son écran :

```
[dimitri@pc3 ~/projet/reseau]# client `hostname` 3129 tapoueh
- Connection au serveur pc3.isty.fr sur le port 3129 -
Connexion établie
sryll: coucou, ya quelk1 ???
Salut sryll, je suis là !
tapoueh: Salut sryll, je suis là !
sryll: A tapoueh, tu me connais mieux sous mon autre nom
sryll: bouge pas
sryll est maintenant cyril
cyril: allez, au revoir
Déconnection de cyril
/bye
[dimitri@pc3 ~/projet/reseau]#
```

Cette fois-ci, la répétition ajoute le pseudo, et les utilisateurs peuvent utiliser les deux commandes à leur disposition, à savoir `/pseudo` et `/bye`. Ce client est plus convivial que Telnet, même si on est encore loin du niveau de convivialité offert par une application graphique. C'est l'objet de la section suivante où vous trouverez le code nécessaire à la mise en place d'une interface utilisant les bibliothèques du projet Gnome.

12.6 Une interface graphique avec Gnome

Le projet Gnome propose non seulement un Bureau avec le panel et beaucoup d'applications ayant toutes la même allure (*look and feel*), mais aussi des spécifications permettant à plusieurs *window manager* d'être compatibles Gnome, et surtout un ensemble de bibliothèques de développement ; nous utiliserons ici gnomeui (Gnome User Interface) et GTK (Gimp Tool Kit), écrit au départ pour l'application Gimp, puis utilisé par la plupart des applications Gnome.

Programmer avec les outils Gnome/GTK 1.2

Utiliser les outils du projet Gnome apporte beaucoup lorsque l'on développe une interface graphique. En effet, ces outils se chargent de manière quasi transparente et complètement automatisée de l'intégration de l'application au sein du Bureau, de la gestion de session, etc.

De plus, un nombre important de macros Gnome nous permettent en quelques lignes de créer une barre de menus comportant des icônes standard ou bien une barre d'outils détachable. On peut donc vraiment écrire une application bénéficiant d'une interface moderne et agréable en relativement peu de lignes.

Sans plus attendre, parlons enfin de notre première application graphique, en détaillant les éléments dont nous avons besoin et les opérations qu'ils doivent permettre à l'utilisateur de réaliser.

Notre interface graphique

Lorsqu'un utilisateur découvre une application, il a besoin de se sentir rapidement à l'aise avec celle-ci, qu'elle lui soit familière ! Pour cela, il doit y retrouver des éléments coutumiers des interfaces graphiques comme un menu (fichier, Aide), une barre d'outils, et des interfaces de saisie standard.

Pour la réalisation du client chat, nous avons besoin d'éléments simples : de quoi se connecter à un serveur, se déconnecter, saisir et envoyer un message, lire les messages reçus.

Nous avons choisi :

- pour l'affichage des messages reçus, d'erreur et d'information, une grande zone de texte ;
- pour la saisie d'un message, une zone de saisie ;
- pour l'envoi d'un message, une pression sur la touche [Entrée] à la fin de la saisie serait pratique ;
- pour la connexion à un serveur, un bouton **Connexion** et son équivalent dans le menu sont plutôt standard ;
- idem pour la déconnexion ;
- pour le paramétrage, il est bienvenu de pouvoir le faire lorsque l'utilisateur essaie de se connecter à un serveur ; dans une boîte de dialogue, il saisira son pseudo, le numéro de port du serveur ainsi que l'adresse IP ou le nom de la machine sur laquelle tourne le programme serveur ;
- pour quitter l'application, un bouton **Quitter** dans la barre d'outils et son équivalent dans le menu **Fichier**.

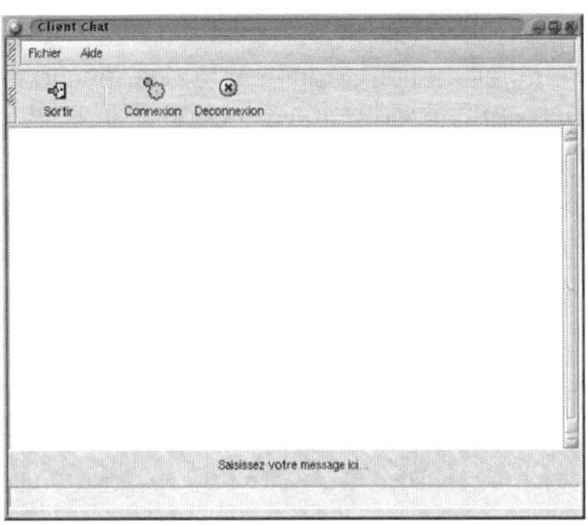

Fig. 12.1 : *Notre client chat au lancement*

Intégration du client réseau précédent

Nous l'avons décomposée en quatre parties :

Tab. 12.2 : Les différentes parties de l'intégration du client réseau	
Connexion	Appelée lorsque l'on clique sur le bouton **Connexion** ou dans le menu **Fichier/Connexion** : se connecte à un serveur distant avec les paramètres précédemment configurés.
Déconnexion	Appelée lorsque l'on clique sur le bouton **Déconnexion** ou en quittant l'application : se déconnecte du serveur distant.
Envoyer	Appelée à la fin de la saisie d'un message lorsque l'on presse la touche Entrée : envoi du message au serveur distant.
Recevoir	Appelée à intervalles réguliers (grâce à un signal d'horloge pour ne pas se retrouver en situation bloquante, et ne plus pouvoir utiliser l'interface de l'application) : lecture des messages en provenance du serveur distant.

La structure générale d'une application graphique

Tout élément d'une interface est un widget, c'est-à-dire un objet graphique.

Ces widgets s'assemblent entre eux de façon hiérarchique.

C'est ainsi qu'une interface se compose d'un conteneur principal : l'application. Ce conteneur contient tous les autres éléments graphiques, c'est la brique de base. On vient tout d'abord y greffer un menu, puis une barre d'outils et enfin une fenêtre principale.

Cette fenêtre principale est elle-même composée d'une hiérarchie de widgets : il faut en premier penser à bien agencer les éléments entre eux. Pour cela, on utilisera une boîte d'agencement. Sur celle-ci, on place une zone de texte avec un ascenseur associé, puis une zone de saisie.

L'interface générale est alors en place. Il suffit de procéder de même pour le menu de configuration.

Il faut ensuite relier les différents éléments graphiques à des fonctions de traitement : ces fonctions sont appelées des fonctions de callback. Elles réagissent à des signaux (clic de souris, frappe d'une touche...).

Heureusement, toutes ces étapes sont relativement simplifiées par la programmation Gnome/GTK. Le code source ci-après correspond aux détails de l'implémentation du client chat graphique.

Le code de l'interface

```
#include <gnome.h>
#include <stdio.h>

#include <sys/types.h>
#include <sys/time.h>
```

```
#include <sys/socket.h>
#include <netinet/in.h>
#include <string.h>
#include <unistd.h>
#include <arpa/inet.h>
#include <netdb.h>
#include <unistd.h>
#include <errno.h>
#include <stdlib.h>
#include <signal.h>

#define CONT_WIDTH 60

/* Position de départ de l'application */
#define X_APP 150
#define Y_APP 150
/* Taille de la fenêtre */
#define X_APP_SIZE 500
#define Y_APP_SIZE 400
/* Position de départ de la fenêtre de configuration */
#define X_CONNECT 170
#define Y_CONNECT 170

#define PORT_MSG_LEN    5
#define IP_MSG_LEN    128
#define MAXLEN       1024

/* Valeurs par défaut de configuration */
#define IP_NO      "192.168.0.1"
#define PORT_NO    "3129"
#define PSEUDO_NO "J'suis bidon"

/* Temps entre deux read */
#define LATENCE   1

/* Message pour se déconnecter */
#define BYE      "/bye"
#define T_BYE    strlen(BYE)

/* Message pour changer de pseudo */
#define PSEUDO   "/pseudo "
#define T_PS     strlen(PSEUDO)

/* Drapeau bloquant l'affichage d'une deuxième fenêtre de connexion */
static int afficher_dialog_connect = 1;

/* Drapeau indiquant si la connection est établie ou non */
static int connexion = 0;

/* Les infos nécessaires à la connection */
char port_no[MAXLEN];
char ip_adr[MAXLEN];
char pseudo[MAXLEN];
```

```
/* Descripteur de la socket serveur */
int socket_serveur;

/* Pointeur sur la zone de texte d'affichage */
GtkWidget * p_text;

/* Couleurs rouge, bleue et verte */
GdkColor c_red, c_blue, c_green;

/* Réalise la connexion au serveur */
void connecter()
{
  int r, i, port;
  struct sockaddr_in sonadr ;
  char *buf = (char *)malloc(MAXLEN*sizeof(char));
  char *nom = (char *)malloc(MAXLEN*sizeof(char));

  port = atoi(port_no);

  bzero( (void *)&sonadr, sizeof sonadr );
  sonadr.sin_family = AF_INET ;
  sonadr.sin_port = htons(port) ;
  sonadr.sin_addr.s_addr = inet_addr( ip_adr );

  socket_serveur = socket( PF_INET, SOCK_STREAM, 0 ) ;

  /* Vérification du format de l'adresse donnée */
  if( sonadr.sin_addr.s_addr != -1 )
    r = connect(socket_serveur, (struct sockaddr *)&sonadr,
    ➥ sizeof(sonadr) );
  else {
    /* Le serveur est désigné par son nom, il
    * faut alors lancer une requête DNS
    */
    struct hostent *hp;
    char *hostnotfound = "Serveur introuvable : ";
    char *noaddr = "Pas d'adresse IP pour ce serveur : ";
    char *norec = "Erreur fatale du serveur de noms : ";
    char *try = "Serveur de noms indisponible, réessayez plus tard : ";

    hp = gethostbyname(ip_adr);
    if( hp == NULL )
      switch( h_errno ) {
          case HOST_NOT_FOUND:  gtk_text_insert( GTK_TEXT( p_text ),
                                      NULL, &c_red, NULL,
                                      hostnotfound,
                                      strlen(hostnotfound) );
                                break;

          case NO_ADDRESS:      gtk_text_insert( GTK_TEXT( p_text ),
                                      NULL, &c_red, NULL,
                                      noaddr, strlen(noaddr) );
                                break;
```

```
          case NO_RECOVERY:     gtk_text_insert( GTK_TEXT( p_text ),
                                      NULL, &c_red, NULL,
                                      norec, strlen(norec) );
                                break;

          case TRY_AGAIN:       gtk_text_insert( GTK_TEXT( p_text ),
                                      NULL, &c_red, NULL,
                                      try, strlen(try) );
                                break;

      }
    else
      /* Tentative de connexion sur chacun des
       * serveurs trouvés
       */
      for( i=0, r=-1; (r==-1) && (hp->h_addr_list[i] != NULL); i++) {
        bcopy( (char *) hp->h_addr_list[i],
               (char *)&(sonadr.sin_addr), sizeof(sonadr.sin_addr) );
        r = connect(socket_serveur, (struct sockaddr *)&sonadr,
                    sizeof(sonadr) );
      }
  }
  if( r != 0 ) {
    char erreur[MAXLEN];

    sprintf(erreur, "Service distant [port %s] inaccessible sur le
    ➥ serveur %s\n", port_no, ip_adr);

    gtk_text_insert( GTK_TEXT( p_text ), NULL, &c_red, NULL,
                     erreur, strlen(erreur) );
    g_print(erreur);
    connexion = 0;
    return;
  }
}

/* Réalise la déconnexion */
void deconnexion()
{
  char buf[MAXLEN];
  char *txt = "Déconnexion\n";

  sprintf(buf, "Déconnexion de %s\n", pseudo);
  write(socket_serveur, buf, strlen(buf)+1 );
  close(socket_serveur);
  gtk_text_insert( GTK_TEXT( p_text ), NULL, &c_blue, NULL,
                   txt, strlen( txt ) );
}

/* Routine d'envoi de données au serveur */
void envoyer(GtkWidget *widget, GtkWidget *entry)
{
  char buf[MAXLEN];
```

```
  if( !connexion )  return;

  /* Nettoyage du buffer */
  bzero(buf, MAXLEN);

  /* Récupérer la chaîne fournie */
  strcpy(buf, gtk_entry_get_text(GTK_ENTRY(entry)));
  strcat(buf, "\n");

  if( !strncmp(buf, BYE, T_BYE) ) {
    deconnexion();
    connexion = 0;
  }
  else
    /* Changement de pseudo */
    if( !strncmp(buf, PSEUDO, T_PS) ) {
      char old[MAXLEN];

      strcpy(old, pseudo);
      bzero(pseudo, MAXLEN);
      strncpy(pseudo, buf+T_PS, strlen(buf)-T_PS-1);

      /* Prévenir tout le monde du changement de pseudo */
      sprintf(buf, "%s est maintenant %s\n", old, pseudo);
      write( socket_serveur, buf, strlen(buf)+1 );
    } else {
       char tmp[MAXLEN];
       /* Envoi de la ligne dans la socket,
        * avec le pseudo
        */
       strcpy(tmp, pseudo);
       strcat(tmp, ": ");
       strcat(tmp, buf);

       if( write( socket_serveur, tmp, strlen(tmp)+1 ) == 0 )
         g_error("socket write error\n");
    }
    /* On efface le texte de la zone de saisie */
    gtk_entry_set_text(GTK_ENTRY(entry), "");
  }

/* Routine de réception de données depuis le serveur */
void recevoir(int sig)
{
  /* Lire sur la socket */
  struct timeval tv;
  fd_set afds;
  char buf[MAXLEN], *p_str;

  if( !connexion ) {
    alarm(LATENCE);
    return;
  }
```

```
  FD_ZERO(&afds);
  FD_SET(socket_serveur, &afds);

  tv.tv_sec  = 0;
  tv.tv_usec = 1000;

  if( select(socket_serveur+1, &afds, NULL, NULL, &tv) != -1 ) {
    if( FD_ISSET(socket_serveur, &afds) ) {
      /* Réception de données depuis la socket */
        if( read(socket_serveur, buf, MAXLEN) == -1 ) {
          gtk_text_insert( GTK_TEXT( p_text ), NULL, &c_red, NULL, \
                          "Lecture impossible sur la socket\n", 34 );
          g_error("read: lecture impossible sur la socket\n");
        } else {
          /* Affichage des données dans la zone de texte */
          p_str = strchr( buf, ':' );

          if( p_str != NULL ) {
            *p_str = '\0';
            if( !strcmp( buf, pseudo ))
              /* Le message est celui de l'utilisateur. */
              gtk_text_insert( GTK_TEXT( p_text ), NULL, &c_green,
                               NULL, buf, strlen( buf ));
            else
              /* Le message est celui d'une personne distante. */
              gtk_text_insert( GTK_TEXT( p_text ), NULL, &c_blue,
                               NULL, buf, strlen( buf ));
              *p_str = ':';
              /* Le texte du message */
              gtk_text_insert( GTK_TEXT( p_text ), NULL, NULL, NULL, \
                               p_str, strlen( p_str ));
          } else {
            /* Affichage d'une commande ou d'un événement */
            gtk_text_insert( GTK_TEXT( p_text ), NULL, &c_blue, \
                             NULL, buf, strlen( buf ));
            g_print(buf);
          }
        }
    }
  }
  alarm(LATENCE);
}

/* Fonction de callback du bouton Déconnexion */
static void bouton_deconnexion_cb( GtkWidget *widget, void *data )
{
  if( connexion ) {
    deconnexion();
    connexion = 0;
  }
}

/* Fonction de callback du bouton et du menu Quitter */
static void quitter_cb( GtkWidget *widget, void *data )
```

```
{
  g_print( "Fin du programme par \"delete_event\"\n" );
  if( connexion ) deconnexion();
  gtk_main_quit();
  return;
}

/* Fonction de callback du bouton Se Connecter */
static void bouton_connect_cb( GtkWidget *widget, void *data )
{
  if( connexion )
    deconnexion();

  g_print( "Connexion au serveur...\n" );
  connexion = 1;
  gtk_main_quit();
  return;
}

/* Fonction de callback du bouton Annuler */
static void bouton_annuler_cb( GtkWidget *widget, void *data )
{
  g_print( "Annulation de la connexion au serveur Chat\n" );
  gtk_main_quit();
  return;
}

/* Fonction de création de la fenêtre principale */
static GtkWidget * creer_fenetre_principale()
{
  GtkWidget *boite, *table, *invite, *text_out, *scroll, *text_in;

  /* Dispositif de placement des widgets */
  boite = gtk_vbox_new( FALSE, 0 );
  table = gtk_table_new( 2, 1, FALSE );
  gtk_box_pack_start( GTK_BOX( boite ), table, TRUE, TRUE, 0 );
  gtk_widget_show( boite );
  gtk_widget_show( table );

  /* La zone d'affichage des messages et son ascensseur */
  p_text = text_out = gtk_text_new( NULL, NULL );
  gtk_text_insert( ( GtkText *)text_out, NULL, NULL, NULL, "", 1 );
  gtk_text_set_editable( ( GtkText *)text_out, FALSE );
  scroll = gtk_vscrollbar_new( GTK_TEXT( text_out )->vadj);
  gtk_table_attach( GTK_TABLE( table ), text_out, 0, 1, 0, 1,
                    GTK_EXPAND | GTK_SHRINK | GTK_FILL,
                    GTK_EXPAND | GTK_SHRINK | GTK_FILL, 0, 0 );
  gtk_table_attach( GTK_TABLE( table ), scroll, 1, 2, 0, 1, \
                    GTK_FILL, GTK_EXPAND | GTK_SHRINK | GTK_FILL, 0, 0 );

  gtk_widget_show( text_out );
  gtk_widget_show( scroll );

  /* Une petite invite */
```

```
  invite = gtk_label_new( "Saisissez votre message ici..." );
  gtk_box_pack_start( GTK_BOX( boite ), invite, FALSE, TRUE, 5 );
  gtk_widget_show( invite );

  /* La zone de saisie */
  text_in = gtk_entry_new();
  gtk_box_pack_start( GTK_BOX( boite ), text_in, FALSE, TRUE, 5 );
  gtk_entry_set_text( GTK_ENTRY( text_in ), "");

  /* On y associe la fonction Envoyer sur pression de la touche Entrée */
  gtk_signal_connect( GTK_OBJECT( text_in ), "activate",
                      GTK_SIGNAL_FUNC(envoyer), text_in);

  gtk_widget_show( text_in );

  return GTK_WIDGET( boite );
}

/* Fonction de création de la boîte de dialogue A propos */
static GtkWidget * creer_about_box( GtkWidget *app )
{
  GtkWidget *dlg;
  char *auteurs[] = { "LAYES Cyril", "FONTAINE Dimitri", NULL };

  dlg = gnome_about_new( "Client Chat Micro Application", "1.0",
                         " (c) 1999 Micro Application", auteurs,
                         "Exemple de client Chat graphique",
                         NULL );

  gtk_widget_show(dlg);
}

/* Fonction de création de la fenêtre de paramétrage */
static GtkWidget * creer_fenetre_connexion( GtkWidget *app )
{
  GtkWidget *fenetre_connexion_p, *boite, *bouton_connect,
            *bouton_annuler, *invite_port, *invite_ip,
            *port_edit, *ip_edit, *invite_pseudo, *pseudo_edit;

  if( afficher_dialog_connect-- ) {
    /* La fenêtre de base */
    fenetre_connexion_p = gtk_window_new( GTK_WINDOW_TOPLEVEL );
    gtk_widget_set_uposition( fenetre_connexion_p, X_CONNECT, Y_CONNECT );

    gtk_widget_show( fenetre_connexion_p );

    /* Dispositif de placement */
    boite = gtk_vbox_new( TRUE, 0 );
    gtk_container_add( GTK_CONTAINER( fenetre_connexion_p ), boite );
    gtk_widget_show( boite );

    /* Pour le pseudo */
    invite_pseudo = gtk_label_new( "Indiquer votre pseudo" );
    gtk_box_pack_start( GTK_BOX( boite ), invite_pseudo, TRUE, TRUE, 5 );
```

```
    gtk_widget_show( invite_pseudo );
    pseudo_edit = gtk_entry_new();
    gtk_box_pack_start( GTK_BOX( boite ), pseudo_edit, TRUE, TRUE, 5 );
    gtk_entry_set_text( GTK_ENTRY( pseudo_edit ), pseudo );
    gtk_widget_show( pseudo_edit );

    /* Pour le numéro de port */
    invite_port = gtk_label_new("Indiquer le numéro de port \
                                 du serveur Chat" );
    gtk_box_pack_start( GTK_BOX( boite ), invite_port, TRUE, TRUE, 5 );
    gtk_widget_show( invite_port );
    port_edit = gtk_entry_new();
    gtk_box_pack_start( GTK_BOX( boite ), port_edit, TRUE, TRUE, 5 );
    gtk_entry_set_text( GTK_ENTRY( port_edit ), port_no );
    gtk_widget_show( port_edit );

    /* Pour l'adresse IP */
    invite_ip = gtk_label_new( "Indiquer l'adresse IP du serveur Chat" );
    gtk_box_pack_start( GTK_BOX( boite ), invite_ip, TRUE, TRUE, 5 );
    gtk_widget_show( invite_ip );
    ip_edit = gtk_entry_new();
    gtk_box_pack_start( GTK_BOX( boite ), ip_edit, TRUE, TRUE, 5 );
    gtk_entry_set_text( GTK_ENTRY( ip_edit ), ip_adr );
    gtk_widget_show( ip_edit );

    /* Bouton de connexion */
    bouton_connect = gtk_button_new_with_label( "Se connecter" );
    gtk_box_pack_start( GTK_BOX( boite ), bouton_connect, TRUE, TRUE, 5 );
    gtk_widget_show( bouton_connect );

    /* Bouton d'annulation */
    bouton_annuler = gtk_button_new_with_label( "Annuler" );
    gtk_box_pack_start( GTK_BOX( boite ), bouton_annuler, TRUE, TRUE, 5 );
    gtk_widget_show( bouton_annuler );

    /* Association des boutons avec leurs fonctions de traitement
     * respectives
     */
    gtk_signal_connect( GTK_OBJECT( bouton_connect ), "clicked",
                        GTK_SIGNAL_FUNC( bouton_connect_cb ), NULL);

    gtk_signal_connect( GTK_OBJECT( bouton_annuler ), "clicked", \
                        GTK_SIGNAL_FUNC( bouton_annuler_cb ), NULL );

    gtk_main();

    afficher_dialog_connect++;
    gtk_widget_hide( fenetre_connexion_p );

    if( connexion ) {
      /* traitement de la connexion */
      strcpy(ip_adr, gtk_entry_get_text( (GtkEntry *)ip_edit ) );
      strcpy(port_no, gtk_entry_get_text( (GtkEntry *)port_edit ) );
      strcpy(pseudo, gtk_entry_get_text( (GtkEntry *)pseudo_edit ) );
```

```
      /* Connexion au serveur */
      connecter();
    }

    return GTK_WIDGET( fenetre_connexion_p );
  }
  else
    afficher_dialog_connect++;
}

/* Fonction principale */
int main( int argc, char *argv [] )
{
  GtkWidget *app, *fenetre_principale;
   GdkColormap *cmap;

  /* Le menu de l'application */
  GnomeUIInfo menu_fichier[] = { \
    GNOMEUIINFO_ITEM_STOCK( "Connexion", NULL,
    ➥ creer_fenetre_connexion, \ GNOME_STOCK_PIXMAP_EXEC ), \
    GNOMEUIINFO_SEPARATOR, \
    GNOMEUIINFO_ITEM_STOCK( "Sortir", NULL, quitter_cb, \
                            GNOME_STOCK_MENU_EXIT ), \
    GNOMEUIINFO_END };

  GnomeUIInfo menu_aide[] = { \
    GNOMEUIINFO_MENU_ABOUT_ITEM( creer_about_box, NULL ), \
    GNOMEUIINFO_END };

  GnomeUIInfo menu_principal[] = { \
    GNOMEUIINFO_SUBTREE( "Fichier", &menu_fichier ), \
    GNOMEUIINFO_SUBTREE( "Aide", &menu_aide ), \
    GNOMEUIINFO_END };

  /* La barre d'outils */
  GnomeUIInfo toolbar_principal[] = { \
    GNOMEUIINFO_ITEM_STOCK( "Sortir", "Quitter le client Chat ?", \
                            quitter_cb, GNOME_STOCK_PIXMAP_QUIT ), \
    GNOMEUIINFO_SEPARATOR, \
    GNOMEUIINFO_ITEM_STOCK( "Connexion", "Se connecter au serveur Chat", \
    ➥ creer_fenetre_connexion, GNOME_STOCK_PIXMAP_EXEC ), \
    GNOMEUIINFO_ITEM_STOCK( "Deconnexion", "Se déconnecter du serveur Chat", \
    ➥ bouton_deconnexion_cb, GNOME_STOCK_PIXMAP_STOP ), \
    GNOMEUIINFO_END };

/* Traitements */
  c_red.red = c_blue.blue = c_green.green = 0xFFFF;
  c_green.blue = c_green.red = c_red.green = c_red.blue \
               = c_blue.red = c_blue.green = 0;

  /* Initialisation des variables de paramétrage */
  strcpy( port_no, PORT_NO );
  strcpy( ip_adr, IP_NO );
```

```
    strcpy(pseudo, PSEUDO_NO);

    /* La fonction magique de Gnome !!! */
    gnome_init( "Client Chat Micro Application", "1.0", argc, argv );
    /* Création du container de base de l'application */
    app = gnome_app_new( "Sryll", "Client Chat" );

    /* Initialisation de la taille et de la position de l'application */
    gtk_widget_set_uposition( app, X_APP, Y_APP );
    gtk_widget_set_usize( app, X_APP_SIZE, Y_APP_SIZE );

    /* Si l'utilisateur ferme l'application par la barre de titre */
    gtk_signal_connect( GTK_OBJECT( app ), "delete_event", \
                        GTK_SIGNAL_FUNC( quitter_cb ), NULL );

    fenetre_principale = creer_fenetre_principale();

    /* Ajout de la partie principale de la fenêtre à l'application */
    gnome_app_set_contents( GNOME_APP( app ), fenetre_principale );
    /* Ajout du menu à l'application */
    gnome_app_create_menus( GNOME_APP( app ), menu_principal );
    /* Ajout de la barre d'outils à l'application */
    gnome_app_create_toolbar( GNOME_APP( app ), toolbar_principal );

    /* Affichage de toute la hiérarchie de widgets de l'application */
    gtk_widget_show_all( app );

    /* Modification de l'action par défaut de SIGALRM */
    signal(SIGALRM, recevoir);
    /* Initialisation du signal d'horloge */
    alarm(LATENCE);

    /* Boucle infinie principale */
    gtk_main();

    return 0;
}
```

Compilation et tests d'exécution

Pour compiler cette dernière application, vous disposez du *makefile* dont voici le code :

```
APP_NAME = gchat

CFLAGS = -O3 -g
OFLAGS = -O3 -g

$(APP_NAME) : client_chat.o
    gcc $(OFLAGS) -o $(APP_NAME) client_chat.o -I `gnome-config
    ➥ --libs gnomeui`
    strip $(APP_NAME)

client_chat.o : client_chat.c
```

```
	gcc $(CFLAGS) -c client_chat.c -I `gnome-config --cflags gnomeui`

all : clean $(APP_NAME) run

clean :
	-rm -f *.o $(APP_NAME)

run : $(APP_NAME)
	./$(APP_NAME)
```

Voici des captures d'écran de notre application en cours d'utilisation :

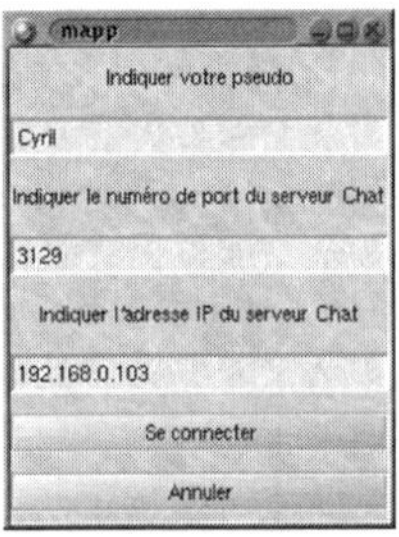

◄ Fig. 12.2 : *Fenêtre de propriétes de connexion*

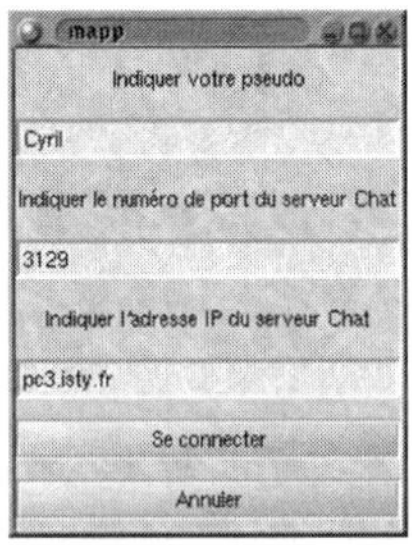

◄ Fig. 12.3 : *Paramétrage avec le nom de la machine*

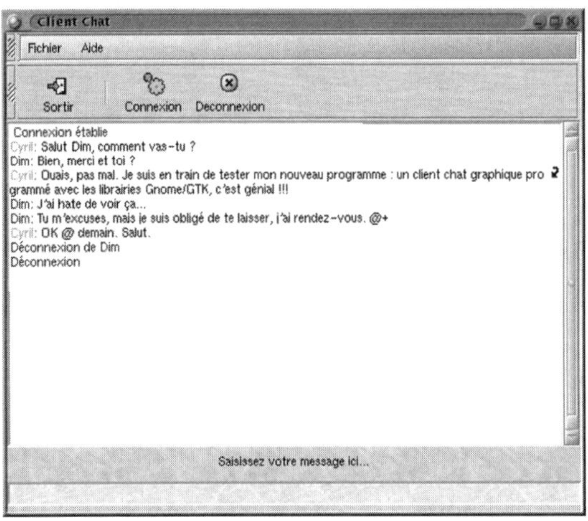

▲ Fig. 12.4 : *Le client après utilisation*

Chapitre 13

Annexes

13.1 Comment interpréter les définitions complexes ?

Il arrive en C que l'on tombe sur des définitions ou sur des déclarations apparemment fort compliquées, pour lesquelles il n'est pas du tout évident de reconnaître à première vue la nature de l'objet défini ou déclaré. Des définitions telles que :

```
int a;
```

ou :

```
int b(void);
```

sont facilement comprises comme étant la définition d'une variable `a` de type `int` ou la déclaration d'une fonction `b` sans paramètre qui retourne une valeur `int`. Par contre, pour ce qui est de la compréhension immédiate, il en va sans doute tout autrement avec la définition suivante :

```
int (* (*a[10]) ()) [ ];
```

Une définition comme celle-ci est dite complexe parce qu'elle contient plusieurs des opérateurs `[]`, `()` et `*`. Voici comment il faut interpréter ces opérateurs dans les définitions ou dans les déclarations :

Opérateur	Interprétation	Position
[]	Tableau	à droite du descripteur
()	Fonction avec valeur de retour de Type	à droite du descripteur
*	Pointeur sur	à gauche du descripteur

▲ Fig. 13.1 : *Opérateurs dans les définitions*

Les opérateurs peuvent se combiner. Ce faisant, il faut respecter les points suivants :

a) Les éléments d'un tableau ne doivent pas être des fonctions (mais peuvent être des pointeurs vers des fonctions).

b) La valeur de retour d'une fonction ne doit être ni un tableau, ni une fonction (mais peut être un pointeur vers un tableau ou vers une fonction).

Qui plus est, il faut tenir compte du fait que, dans les définitions également, l'ordre d'évaluation des opérateurs est déterminé par leur priorité. Les crochets et les parenthèses possèdent une priorité plus élevée (15) que l'opérateur * (14). Les opérateurs de même priorité sont évalués de la gauche vers la droite. On peut influencer l'ordre d'évaluation, comme dans les expressions, en utilisant des parenthèses (ce qui n'accroît pas forcément la clarté d'une définition complexe).

Dans ce qui suit, nous décrivons un procédé simple pour vous aider à comprendre les définitions complexes. On arrive ainsi à déterminer la nature de l'objet défini ou déclaré par une telle écriture. Le procédé comprend trois phases :

1. Pour interpréter la définition, on commence toujours par le nom.

2. Ensuite, on vérifie si à droite du nom se trouvent les parenthèses () ou les crochets [ ], sachant que d'autres indications peuvent être placées entre ces parenthèses ou entre ces crochets :

   a) Si une paire de parenthèses ou de crochets existe, elle est interprétée.

   b) S'il n'y a aucune paire de parenthèses ou de crochets ou s'il y a seulement une parenthèse fermante, alors on vérifie qu'à gauche du nom se trouve un *.

   c) Si tel est le cas, il est interprété.

   d) On répète les étapes (a) à (d) jusqu'à ce qu'on ait interprété tous les opérateurs (), [] et *.

3. Enfin, on ajoute la spécification de type à l'interprétation.
Prenons quelques exemples, dans lesquels les phases de l'interprétation sont accompagnées par une numérotation. Commençons par la définition suivante, pas trop compliquée :

```
 ❹      ❸   ❶      ❷
int     *   a     [10];                      /* Exemple 1 */
```

Avec le mécanisme précédemment décrit, on la traduit comme suit :

❶ a est

❷ un pointeur vers

❸ des tableaux de dix éléments

❹ de type `int`.

L'exemple 2 montre comment un parenthésage de plus modifie la signification de cette définition :

```
 ❹          ❷   ❶      ❸
int     ( *   a )   [10];                    /* Exemple 2 */
```

Les parenthèses autour du nom et l'étoile font que a n'est maintenant plus interprété comme un tableau, mais comme un pointeur :

❶ a est

❷ un pointeur vers

❸ des tableaux de dix éléments

❹ de type int.

Insérons maintenant une paire de parenthèses de fonction à l'intérieur

```
 ❺       ❸    ❶  ❷        ❹
int     ( *    a   () )    [10];                    /* Exemple 3 */
```

L'interprétation donne alors :

❶ a est

❷ une fonction retournant une valeur de type

❸ pointeur vers

❹ des tableaux de dix éléments

❺ de type int.

Si dans cette déclaration, on renonce aux parenthèses extérieures :

```
 ❺       ❹   ❶   ❷    ❸
int     *    a   ()   [10];                    /* Exemple 4 */
```

on obtient alors, en raison des priorités des opérateurs, une définition illicite. L'interprétation est :

❶ a est

❷ une fonction retournant une valeur de type

❸ tableau de dix éléments de type

❹ pointeur vers

❺ int.

Or, une fonction ne doit pas retourner de tableau.

Dans l'exemple 4, si on échange les positions des parenthèses de fonction et des crochets de tableau de la façon suivante :

```
 ❺       ❹   ❶    ❷     ❸
int     *    a   [10]   ();                    /* Exemple 5 */
```

ou bien ainsi :

```
   ❺    ❹    ❶   ❷      ❸
   int   *   ( a  [10] )  ();                 /* Exemple 5 */
```

on obtient de nouveau une définition illégale :

❶ a est

❷ un tableau de

❸ fonctions retournant des

❹ pointeurs vers un

❺ int.

En effet, un tableau ne doit pas contenir des fonctions comme éléments. Par contre, si on parenthèse ainsi l'exemple 5 :

```
   ❺       ❸  ❶   ❷      ❹
   int    ( *  a  [10] )  ();                 /* Exemple 6 */
```

on arrive alors à une définition correcte :

❶ a est

❷ un tableau de dix

❸ pointeurs vers

❹ des fonctions retournant des valeurs de type

❺ int.

Si enfin on complète l'exemple 6 en y ajoutant à gauche une étoile et à droite une paire de crochets, on arrive à la définition présentée au début :

```
   ❼       ❺    ❸  ❶   ❷        ❹ ❻
   int    ( *  ( *  a  [10] ) () ) [ ];          /* Exemple 7 */
```

que l'on interprète maintenant par :

❶ a est

❷ un tableau de dix

❸ pointeurs vers

❹ des fonctions retournant des valeurs de type

❺ pointeur vers

❻ des tableaux d'éléments de type

❼ int

Si dans l'exemple 7, il manque les parenthèses extérieures, alors la définition est incorrecte car les fonctions retournent dans ce cas des tableaux (de pointeurs `int`), ce qui est interdit.

Si l'on souhaite maintenant fabriquer des déclarations complexes, on peut le faire ainsi :

1. On commence par formuler une description hiérarchisée en langage courant de l'objet à définir ou à déclarer. En d'autres termes, on commence par l'interprétation en langage parlé, contrairement à ce qui se passe lorsqu'on cherche à résoudre une définition complexe. Supposons que l'on veuille déclarer une fonction `a` qui retourne un pointeur vers des tableaux de pointeurs de fonction, chaque fontion retournant des valeurs `int`. La description de l'objet concerné donne alors, avec la formulation que nous connaissons déjà :
   ❶ `a` est
   ❷ une fonction retournant une valeur de type
   ❸ pointeur vers
   ❹ des tableaux de
   ❺ pointeurs vers
   ❻ des fonctions retournant des valeurs de type
   ❼ `int`.
2. Ensuite, on traduit les données linguistiques à l'aide des opérateurs `[]`, `()` et `*` dans l'ordre donné par la syntaxe du C. On commence par le nom. Les symboles `[]` ou `()` sont toujours placés à droite du nom, et les étoiles toujours à sa gauche.
3. Après chaque étoile, on parenthèse l'expression provisoire obtenue, pour autant qu'on n'ait pas fini de traduire en C tous les éléments de la définition.
4. Lorsque tous les opérateurs sont intégrés, la dernière étape consiste à placer le type de données à gauche de l'expression.

Pour notre exemple, on développe donc la déclaration en C selon les étapes suivantes :

```
¶  a   /* a */
·  a () /* a est une fonction retournant une valeur de type */
,  (*a ()) /* a est une fonction retournant une valeur de type
                pointeur vers */
p  (*a ()) [ ] /* a est une fonction retournant une valeur de type
                    pointeur vers tableaux de */
o  (* (*a ()) [ ] ) /* a est une fonction retournant une valeur
                         de type pointeur vers des tableaux
                         de pointeurs vers */
"  (* (*a ()) [ ] ) ()/* a est une fonction retournant une valeur
                           de type pointeur vers des tableaux
                           de pointeurs vers des fonctions retournant
```

```
                          des valeurs de type */
o  int (* (*a ()) [ ] ) ()/* a est une fonction retournant une
                             valeur de type pointeur vers des
                             tableaux de pointeurs vers des
                             fonctions retournant des valeurs de
                             type int */
```

13.2 Table ASCII

Décimal	Hexadécimal	Caractère	Décimal	Hexadécimal	Caractère	Décimal	Hexadécimal	Caractère	Décimal	Hexadécimal	Caractère
0	00		32	20		64	40	@	96	60	`
1	01	☺	33	21	!	65	41	A	97	61	a
2	02	☻	34	22	"	66	42	B	98	62	b
3	03	♥	35	23	#	67	43	C	99	63	c
4	04	♦	36	24	$	68	44	D	100	64	d
5	05	♣	37	25	%	69	45	E	101	65	e
6	06	♠	38	26	&	70	46	F	102	66	f
7	07	•	39	27	'	71	47	G	103	67	g
8	08	◘	40	28	(	72	48	H	104	68	h
9	09	○	41	29	)	73	49	I	105	69	i
10	0A	◙	42	2A	*	74	4A	J	106	6A	j
11	0B	♂	43	2B	+	75	4B	K	107	6B	k
12	0C	♀	44	2C	,	76	4C	L	108	6C	l
13	0D	♪	45	2D	-	77	4D	M	109	6D	m
14	0E	♫	46	2E	.	78	4E	N	110	6E	n
15	0F	☼	47	2F	/	79	4F	O	111	6F	o
16	10	►	48	30	0	80	50	P	112	70	p
17	11	◄	49	31	1	81	51	Q	113	71	q
18	12	↕	50	32	2	82	52	R	114	72	r
19	13	‼	51	33	3	83	53	S	115	73	s
20	14	¶	52	34	4	84	54	T	116	74	t
21	15	§	53	35	5	85	55	U	117	75	u
22	16	▬	54	36	6	86	56	V	118	76	v
23	17	↨	55	37	7	87	57	W	119	77	w
24	18	↑	56	38	8	88	58	X	120	78	x
25	19	↓	57	39	9	89	59	Y	121	79	y
26	1A	→	58	3A	:	90	5A	Z	122	7A	z
27	1B	←	59	3B	;	91	5B	[	123	7B	{
28	1C	∟	60	3C	<	92	5C	\	124	7C	¦
29	1D	↔	61	3D	=	93	5D	]	125	7D	}
30	1E	▲	62	3E	>	94	5E	^	126	7E	~
31	1F	▼	63	3F	?	95	5F	_	127	7F	⌂

Décimal	Hexadécimal	Caractère	Décimal	Hexadécimal	Caractère	Décimal	Hexadécimal	Caractère	Décimal	Hexadécimal	Caractère
128	80	Ç	160	A0	á	192	C0	└	224	E0	α
129	81	ü	161	A1	í	193	C1	┴	225	E1	ß
130	82	é	162	A2	ó	194	C2	┬	226	E2	Γ
131	83	â	163	A3	ú	195	C3	├	227	E3	π
132	84	ä	164	A4	ñ	196	C4	─	228	E4	Σ
133	85	à	165	A5	Ñ	197	C5	┼	229	E5	σ
134	86	å	166	A6	ª	198	C6	╞	230	E6	µ
135	87	ç	167	A7	º	199	C7	╟	231	E7	τ
136	88	ê	168	A8	¿	200	C8	╚	232	E8	Φ
137	89	ë	169	A9	⌐	201	C9	╔	233	E9	Θ
138	8A	è	170	AA	¬	202	CA	╩	234	EA	Ω
139	8B	ï	171	AB	½	203	CB	╦	235	EB	δ
140	8C	î	172	AC	¼	204	CC	╠	236	EC	∞
141	8D	ì	173	AD	¡	205	CD	═	237	ED	ø
142	8E	Ä	174	AE	«	206	CE	╬	238	EE	∈
143	8F	Å	175	AF	»	207	CF	╧	239	EF	∩
144	90	É	176	B0	░	208	D0	╨	240	F0	≡
145	91	æ	177	B1	▒	209	D1	╤	241	F1	±
146	92	Æ	178	B2	▓	210	D2	╥	242	F2	≥
147	93	ô	179	B3	│	211	D3	╙	243	F3	≤
148	94	ö	180	B4	┤	212	D4	╘	244	F4	⌠
149	95	ò	181	B5	╡	213	D5	╒	245	F5	⌡
150	96	û	182	B6	╢	214	D6	╓	246	F6	÷
151	97	ù	183	B7	╖	215	D7	╫	247	F7	≈
152	98	ÿ	184	B8	╕	216	D8	╪	248	F8	°
153	99	Ö	185	B9	╣	217	D9	┘	249	F9	•
154	9A	Ü	186	BA	║	218	DA	┌	250	FA	·
155	9B	¢	187	BB	╗	219	DB	█	251	FB	√
156	9C	£	188	BC	╝	220	DC	▄	252	FC	ⁿ
157	9D	¥	189	BD	╜	221	DD	▌	253	FD	²
158	9E	₧	190	BE	╛	222	DE	▐	254	FE	■
159	9F	ƒ	191	BF	┐	223	DF	▀	255	FF	

13.3 Fichiers "Include"

NOM	THEME	STANDARD
assert.h	recherche d'erreurs	oui
conio.h	entrées/sorties sur la console	non
ctype.h	classification des caractères	oui
errno.h	codes d'erreurs	oui
fcntl.h	gestion élémentaire des fichiers	non
float.h	arithmétique en virgule flottante	oui
graph.h	fonctions graphiques	non
io.h	gestion élémentaire des fichiers	non
limits.h	arithmétique entière	oui
locale.h	paramètres locaux	oui
math.h	opérations arithmétiques	oui

NOM	THEME	STANDARD
setjmp.h	sauts globaux	oui
signal.h	traitement des signaux	oui
stdarg.h	listes de paramères de longueur variable	oui
stddef.h	général	oui
stdio.h	entrée/sortie	oui
stdlib.h	gestion mémoire, conversions, interruption programme, recherche, tri, etc...	oui
string.h	manipulations de chaînes de caractères	oui
time.h	date et heure	oui

La liste précédente contient des fichiers include qui font partie du standard, ainsi que quelques autres que l'on rencontre sur la majorité des compilateurs. Chaque compilateur dispose souvent, en outre, de quelques autres headers spécifiques.

13.4 Les fonctions de la bibliothèque standard

Tab. 13.2 : Liste des fonctions standard

Nom	Prototype	Description	Header
`abort`	void abort(void)	interruption programme	*stdlib.h*
`abs`	int abs(int a)	valeur absolue	*stdlib.h*
`acos`	double acos(double x)	arc cosinus	*math.h*
`asctime`	char *asctime(struct tm *h)	conversion heure/chaîne	*time.h*
`asin`	double asin(double x)	arc sinus	*math.h*
`assert`	void assert(int exp)	vérification programme	*assert.h*
`atan`	double atan(double x)	arc tangente	*math.h*
`atan2`	double atan2(double y, double x)	arc tangente `y/x`	*math.h*
`atexit`	int atexit(void (*ptrfonc) (void))	fonctions à appeler à la fin du programme	*stdlib.h*
`atof`	double atof(const char *s)	conversion chaîne/valeur `double`	*stdlib.h*
`atoi`	int atoi(const char *s)	conversion chaîne/valeur `int`	*stdlib.h*
`atol`	long atol(const char *s)	conversion chaîne/valeur `long`	*stdlib.h*
`bsearch`	void *bsearch(const void *key, const void *base, size_t num, size_t width, int(*compare)(const void *elem1, const void *elem2))	recherche binaire dans un tableau	*stdlib.h*
`calloc`	void *calloc(size_t n, size_t taille)	réservation de `n*taille` octets mémoire	*stdlib.h*

Tab. 13.2 : Liste des fonctions standard

Nom	Prototype	Description	Header
`ceil`	double ceil(double a)	plus petit entier supérieur ou égal	*math.h*
`clearerr`	void clearerr(FILE *ptrfic)	suppression des indications d'erreur et de fin de fichier	*stdio.h*
`clock`	clock_t clock(void)	temps machine consommé par le programme appelant	*time.h*
`cos`	double cos(double x)	cosinus	*math.h*
`cosh`	double cosh(double x)	cosinus hyperbolique	*math.h*
`ctime`	char *ctime(const time_t *h)	conversion heure/chaîne	*time.h*
`difftime`	double difftime(time_t h2, time_t h1)	calcule `h2-h1` (unité : sec)	*time.h*
`div`	div_t div(int a, int b)	division de a par b (quotient et reste séparés)	*stdlib.h.*
`exit`	void exit(int status)	fin programme	*stdlib.h*
`exp`	double exp(double x)	exponentiation	*math.h*
`fabs`	double fabs(double a)	valeur absolue d'un réel	*math.h*
`fclose`	int fclose(FILE *ptrfic)	ferme fichier	*stdio.h*
`fcloseall`	int fcloseall(void)	ferme tous les fichiers	*stdio.h*
`feof`	int feof(FILE *ptrfic)	test de fin de fichier	*stdio.h*
`ferror`	int ferror(FILE *ptrfic)	test d'erreur lecture/écriture	*stdio.h*
`fflush`	int fflush(FILE *ptrfic)	vide tampon de fichier	*stdio.h*
`fgetc`	int fgetc(FILE *ptrfic)	lit caractères dans fichier	*stdio.h*
`fgetpos`	int fgetpos(FILE *ptrfic, fpos_t *pos)	détermine position dans fichier	*stdio.h*
`fgets`	char *fgets(char *str, int n, FILE *ptrfic)	lit chaîne dans fichier	*stdio.h*
`floor`	double floor(double a)	plus grand entier inférieur ou égal	*math.h*
`fmod`	double fmod(double a, double b)	reste de la division de a/b	*math.h*
`fopen`	FILE *fopen(const char *nomfic, const char *mode)	ouvre fichier	*stdio.h*
`fprintf`	int fprintf(FILE *ptrfic, const char *format, ...)	formatage dans un fichier	*stdio.h*
`fputc`	int fputc(int car, FILE *ptrfic)	écrit caractères dans fichier	*stdio.h*
`fputs`	int fputs(const char *s, FILE* ptrfic)	écrit chaîne dans fichier	*stdio.h*
`fread`	size_t fread(void *buf, size_t taille, size_t n, FILE *ptrfic)	lit blocs de `n*taille` octets dans fichier	*stdio.h*
`free`	void free(void *ptrbloc)	libère mémoire	*stdlib.h*
`freopen`	FILE *freopen(const char *nomfic, const char *mode, FILE *ptrfic)	ferme fichier et affecte pointeur à nouveau fichier	*stdio.h*

Tab. 13.2 : Liste des fonctions standard			
Nom	Prototype	Description	Header
`frexp`	double frexp(double x, int *ptrexp)	sépare mantisse et exposant	*math.h*
`fscanf`	int fscanf(FILE *ptrfic, const char *format, ...)	lecture formatée fichier	*stdio.h*
`fseek`	int fseek(FILE *ptrfic, long offset, int base)	positionnement dans fichier	*stdio.h*
`fsetpos`	int fsetpos(FILE *ptrfic, const fpos_t *pos)	positionnement dans fichier	*stdio.h*
`ftell`	long ftell(FILE *ptrfic)	donne position dans fichier	*stdio.h*
`fwrite`	size_t fwrite(void *buf, size_t taille, size_t n, FILE *ptrfic)	écrit bloc de `n*taille` octets dans fichier	*stdio.h*
`getc`	int getc(FILE *ptrfic)	lit caractères dans fichier	*stdio.h*
`getchar`	int getchar(void)	lit caractères sur entrée standard	*stdio.h*
`getenv`	char *getenv(const char *vnom)	recherche variable d'environnement	*stdlib.h*
`gets`	char *gets(char *buf)	lit chaîne sur entrée standard	*stdio.h*
`gmtime`	struct tm *gmtime(const time_t *sec)	conversion secondes/date et heure	*time.h*
`isalnum`	int isalnum(int z)	vérifie que z est alphanumérique	*ctype.h*
`isalpha`	int isalpha(int z)	vérifie que z est une lettre	*ctype.h*
`iscntrl`	int iscntrl(int z)	vérifie que z est un caractère de contrôle	*ctype.h*
`isdigit`	int isdigit(int z)	vérifie que z est un chiffre	*ctype.h*
`isgraph`	int isgraph(int z)	vérifie que z est un caractère graphique	*ctype.h*
`islower`	int islower(int z)	vérifie que z est une lettre minuscule	*ctype.h*
`isprint`	int isprint(int z)	vérifie que z est un caractère imprimable	*ctype.h*
`ispunct`	int ispunct(int z)	vérifie que z est un signe de ponctuation	*ctype.h*
`isspace`	int isspace(int z)	vérifie que z est un caractère d'espacement	*ctype.h*
`isupper`	int isupper(int z)	vérifie que z est une lettre majuscule	*ctype.h*
`isxdigit`	int isxdigit(int z)	vérifie que z est un chiffre hexadécimal	*ctype.h*
`labs`	long labs(long a)	valeur absolue d'un long	*math.h*
`ldexp`	double ldexp(double m, int exp)	calcul de `m*2exp`	*math.h*
`ldiv`	ldiv_t ldiv(long a, long b)	division de a par b (quotient et reste séparés)	*math.h*

Tab. 13.2 : Liste des fonctions standard

Nom	Prototype	Description	Header
`localtime`	struct tm *localtime(const time_t sec)	conversion secondes/date et heure	*time.h*
`log`	double log(double a)	logarithme naturel	*math.h*
`log10`	double log10(double a)	logarithme décimal	*math.h*
`longjmp`	void longjmp(jmp_buf env, int val)	restaure environnement de pile (sauts non locaux)	*setjmp.h*
`malloc`	void *malloc(size_t n)	allocation de mémoire	*stdlib.h*
`memchr`	void *memchr(const void *buf, int c, size_t n)	recherche première occurrence de `c` dans les `n` premiers octets de `buf`	*string.h*
`memcmp`	int memcmp(const void *buf1, const void *buf2, size_t n)	compare les `n` premiers octets de `buf1` avec les `n` premiers octets de `buf2`	*string.h*
`memcpy`	void *memcpy(void *cible, const void *source, size_t n)	copie `n` octets de source vers cible	*string.h*
`memmove`	void *memmove(void *cible,const void *source)	copie `n` octets de source vers cible	*string.h*
`memset`	void memset(void *buf, int c, size_t n)	remplit les `n` premiers octets de `buf` avec le caractère `c`	*string.h*
`mktime`	time_t mktime(struct tm *ptrh)	conversion heure locale/heure normalisée	*time.h*
`modf`	double modf(double f, double ent)	découpe réel en parties entière et décimale	*math.h*
`perror`	void perror(const char *mess)	écrit messages d'erreur sur sortie d'erreur standard	*stdio.h*
`pow`	double pow(double x, double y)	calcul de `x ^ y`	*math.h*
`printf`	int printf(const char *format, ...)	écriture formatée sur sortie standard	*stdio.h*
`putc`	int putc(int c, FILE *ptrfic)	écrit caractères dans fichier	*stdio.h*
`putchar`	int putchar(int c)	écrit caractères sur sortie standard	*stdio.h*
`puts`	int puts(const char *s)	écrit chaîne sur sortie standard	*stdio.h*
`qsort`	void qsort(void *array, size_t n, size_t taille, int (*comp)(const void *emt1, const void *emt2))	tri de tableau	*stdlib.h*
`raise`	int raise(int signal)	envoie signal au programme exécutant	*signal.h*
`rand`	int rand(void)	génération de nombre pseudo-aléatoire	*stdlib.h*
`realloc`	void *realloc(void *buf, size_t taille)	change taille bloc mémoire	*stdlib.h*
`remove`	int remove(const char *nomfic)	supprime fichier	*stdio.h*

Tab. 13.2 : Liste des fonctions standard

Nom	Prototype	Description	Header
`rename`	int rename(const char *old, const char *new)	renomme fichier	*stdio.h*
`rewind`	void rewind(FILE *ptrfic)	retour au début du fichier	*stdio.h*
`scanf`	int scanf(const char *format, ...)	lecture formatée depuis entrée standard	*stdio.h*
`setbuf`	void setbuf(FILE *ptrfic, char *buf)	crée buffer de fichier	*stdio.h*
`setjmp`	int setjmp(jmp_buf env)	sauve environnement de pile	*stdio.h*
`setvbuf`	int setvbuf(FILE *ptrfic, char *buf, int mode, size_t taille)	contrôle taille du buffer et type de buffférisation	*stdio.h*
`signal`	void (*signal(int sig, void (*shandler)(int))(int)	traitement signal	*signal.h*
`sin`	double sin(double x)	sinus	*math.h*
`sinh`	double sinh(double x)	sinus hyperbolique	*math.h*
`sprintf`	int sprintf(char *buf, const char *format ...)	écriture formatée dans buffer	*stdio.h*
`sqrt`	double sqrt(double a)	racine carrée	*math.h*
`srand`	void srand(unsigned s)	initialise générateur aléatoire	*stdlib.h*
`sscanf`	int sscanf(const char *buf, const char *format, ...)	lecture formatée depuis buffer	*stdio.h*
`strcat`	char *strcat(char *s1, char *s2)	concaténation de chaînes	*string.h*
`strchr`	char *strchr(const char *s, int c)	recherche première occurrence du caractère c dans s	*string.h*
`strcmp`	int strcmp(const char *s1, const char *s2)	comparaison de chaînes	*string.h*
`strcpy`	char *strcpy(char s1, const char *s2)	copie de chaînes	*string.h*
`strcspn`	int strcspn(const char *s1, const char *s2)	recherche d'une sous-chaîne de `s1` ne contenant aucun des caractères de `s2`	*string.h*
`strerror`	char *strerror(int noerr)	pointe sur le message d'erreur correspondant à `noerr`	*string.h*
`strlen`	size_t strlen(const char *s)	calcule longueur de chaîne	*string.h*
`strncat`	char *strncat(char *s1, const char *s2, size_t n)	ajoute les n premiers caractères de `s2` à `s1`	*string.h*
`strncmp`	int strncmp(const char *s1, const char *s2, size_t n)	compare les n premiers caractères de `s1` et `s2`	*string.h*
`strncpy`	char *strncpy(char *s1, const char *s2, size_t n)	copie les n premiers caractères de `s2` sur `s1`	*string.h*
`strpbrk`	char *strpbrk(const char *s1, const char *s2)	recherche dans `s1` des caractères contenus dans `s2`	*string.h*

Tab. 13.2 : Liste des fonctions standard

Nom	Prototype	Description	Header
`strrchr`	char *strrchr(const char *s, int c)	recherche dernière occurrence du caractère c dans s	*string.h*
`strspn`	int strspn(const char *s1, const char *s2)	calcule longueur de la sous-chaîne de `s1` contenant uniquement des caractères de `s2`	*string.h*
`strstr`	char *strstr(const char *s1, const char *s2)	vérifie que `s1` est contenue dans `s2`	*string.h*
`strtod`	double strtod(const char *s, char **end)	conversion chaîne/valeur double	*stdlib.h*
`strtok`	char *strtok(char *s1, const char *s2)	découpe la chaîne `s1` en symboles élémentaires (token) séparés par les caractères de `s2`	*string.h*
`strtol`	long strtol(const char *s, char **end, int base)	conversion chaîne/valeur long	*stdlib.h*
`strtoul`	unsigned long strtoul(const char *s, char **end, int base)	conversion chaîne/valeur non signée `long`	*stdlib.h*
`system`	int system(const char *cde)	commande à faire exécuter par le système d'exploitation	*stdlib.h*
`tan`	double tan(double x)	tangente	*math.h*
`tanh`	double tanh(double x)	tangente hyperbolique	*math.h*
`time`	time_t time(time_t *ptrh)	calcule heure courante en secondes	*time.h*
`tmpfile`	FILE *tempfile(void)	crée fichier temporaire	*stdio.h*
`tmpnam`	char *tmpnam(char *nom)	crée nom pour fichier temporaire	*stdio.h*
`tolower`	int tolower(int c)	conversion en minuscules	*ctype.h*
`toupper`	int toupper(int c)	conversion en majuscules	*ctype.h*
`ungetc`	int ungetc(int c, FILE *ptrfic)	réécrit caractère dans fichier lu	*stdio.h*
`va_arg`	type va_arg(va_list ptrarg, type)	donne paramètre suivant de la fonction	*stdarg.h*
`va_end`	void va_end(va_list ptrarg)	fixe pointeur d'argument sur NULL	*stdarg.h*
`va_start`	void va_start(va_list ptrarg, name_last_fixparameter)	initialise pointeur d'argument	*stdarg.h*
`vfprintf`	int vfprintf(FILE *ptrfic, const char *format, va_list ptrarg)	comme `fprintf`, avec un pointeur vers une liste de paramètres à la place d'une liste de paramètres	*stdio.h*
`vprintf`	int vprintf(const char *format, va_list ptrarg)	comme `printf`, avec un pointeur vers une liste de paramètres à la place d'une liste de paramètres	*stdio.h*

Tab. 13.2 : Liste des fonctions standard

Nom	Prototype	Description	Header
`vsprintf`	int vsprintf(char *buf, const char *format, va_list ptrarg)	comme `sprintf`, avec un pointeur vers une liste de paramètres à la place d'une liste de paramètres	*stdio.h*

Les fonctions de saisie suivantes ne font pas partie du standard ANSI, mais elles sont très utiles et existent sur la plupart des compilateurs :

Tab. 13.3 : Quelques fonctions non standard

Nom	Prototype	Description	Header	Chapitre
`getch`	`int getch(void)`	lit un caractère directement au clavier (sans affichage à l'écran)	`conio.h`	Chapitre *Entrée et sortie*
`getche`	`int getche(void)`	lit un caractère directement au clavier (avec affichage à l'écran)	`conio.h`	Chapitre *Entrée et sortie*
`kbhit`	`int kbhit(void)`	teste l'appui sur une touche	`conio.h`	Chapitre *Fonctions*

Chapitre 14

Index des mots-clés

!

A

B

C

D

E

F

G

H

I

K

L

M

N

O

P

Q

R

S

T

U

V

W